Material- und Logistik- management

Von
Prof. Dr. Gerd Schulte

2., wesentlich erweiterte und verbesserte Auflage

R. Oldenbourg Verlag München Wien

Die Deutsche Bibliothek - CIP-Einheitsaufnahme

Schulte, Gerd:
Material- und Logistikmanagement / von Gerd Schulte. – 2., wesentlich
erw. und verb. Aufl.. – München ; Wien : Oldenbourg, 2001
 ISBN 3-486-25458-8

© 2001 Oldenbourg Wissenschaftsverlag GmbH
Rosenheimer Straße 145, D-81671 München
Telefon: (089) 45051-0
www.oldenbourg-verlag.de

Gedruckt auf säure- und chlorfreiem Papier
Gesamtherstellung: Druckhaus „Thomas Müntzer" GmbH, Bad Langensalza

ISBN 3-486-25458-8

Vorwort zur zweiten Auflage

Die zunehmende Globalisierung und die rasante Entwicklung des Internets haben zum verstärkten Einsatz neuer Methoden im Material- und Logistikmanagement geführt. Neue Bereiche sind: Supply Chain Management, Ideenmanagement, Benchmarking und Outsourcing. Dieser Entwicklung wurde durch die vorliegende erweiterte und umfasssend neubearbeitete zweite Auflage Rechnung getragen. Sowohl dem Internet als auch den neuen Methoden wurde jeweils ein neues Kapitel gewidmet. Das 10. Kapitel behandelt moderne Methoden und Instrumente des Material- und Logistikmanagements, das 11. Kapitel das Internet. Das Kapitel 9 der ersten Auflage beschäftigte sich ausschließlich mit dem Kennzahleneinsatz und Kennzahlensystemen, dieses Kapitel wurde um weitere Instrumente des Logistikcontrollings und des Kostenmanagements erweitert.

Alle Kapitel wurden mehr oder weniger überarbeitet, und allen Kapiteln wurden Lernziele und –aufgaben neu vorangestellt. Insbesondere die umfassende Revision der Normenreihe ISO 9000:2000 führte zu einer umfangreichen Überarbeitung der bisherigen Ausführungen zu diesem Themenbereich im Kapitel 2. Die Fragen und Aufgaben zur Wiederholung am Schluß eines jeden Kapitels wurden erweitert. Geplant ist, daß die Lösungen der Rechenaufgaben als EXCEL-Tabellen unter der folgenden Adresse zur Verfügung gestellt werden:

http://www.bwl-info.de/materialmanagement

Herr Dirk Strüber war und ist mir bei der Einrichtung der Domainadresse und der Downloadpage behilflich, hierfür möchte ich ihm danken. Herrn Dipl. -Volkswirt Martin Weigert vom Oldenbourg Verlag danke ich für die Unterstützung bei der Entstehung der zweiten Auflage dieses Buches.

Gerd Schulte

Vorwort zur ersten Auflage

Ziel des vorliegenden Lehrbuches ist es, den an materialwirtschaftlichen Frage-stellungen interessierten Studierenden und Praktikern einen Überblick über die traditionellen und aktuellen Probleme und Methoden des Material- und Logistik-managements zu geben. Das Buch ist in erster Linie für Studierende an Fach-hochschulen, Berufsakademien und Universitäten gedacht. Interessant dürfte das Buch aber auch für Praktiker sein, die sich über neue Entwicklungen informieren oder sich zum Fachkaufmann Materialwirtschaft und Einkauf ausbilden lassen möchten, da der behandelte Stoff über den Rahmenlehrplan der Industrie- und Handelskammer hinausgeht.

Neben den bewährten traditionellen Instrumenten der Materialwirtschaft (operatives Materialmanagement) wird auch das strategische Materialmanagement behandelt. Anschließend an eine Kennzeichnung des Material- und Logistikmanagements (Kapitel 1) erfolgt die Beschreibung der Standardisierung und Klassifizierung des Materialsortiments (Kapitel 2). In den folgenden drei Kapiteln wird in der Gliederung den gedanklich trennbaren Stufen der Planung, Beschaffung und Bereitstellung des Materials gefolgt: Materialdisposition (Kapitel 3), Material-einkauf (Kapitel 4) und Materiallagerung (Kapitel 5). Neuerungen, wie etwa die Entwicklung vom traditionellen Materialeinkauf zum Beschaffungsmarketing, werden ebenfalls in diesen Kapiteln diskutiert. Die interne und externe Material-flußsteuerung wird dann in Kapitel 6 behandelt. Die Diskussion möglicher Organisationsformen der Materialwirtschaft schließt sich in Kapitel 7 an. Das Kapitel 8 beschäftigt sich mit der strategischen Ausrichtung des Material-managements und ist entsprechend seiner zukünftigen Bedeutung sehr umfangreich gestaltet. Insbesondere neue Strategien des Materialmanagements werden vorgestellt, wie etwa das Global-Sourcing, das Modular-Sourcing und das Simultaneous-Engineering, um nur einige zu nennen. Auch Begriffe, wie Kanban oder Just-in-Time sind nach der Lektüre dieses Kapitels für den Leser keine Fremdwörter mehr. Das letzte Kapitel behandelt die Anwendung von Kennzahlen im Materialmanagement.

Allen Kollegen und Studierenden, die mit Anregungen und Vorschlägen zum Entstehen dieses Buches beigetragen haben, möchte ich an dieser Stelle danken, besonders Herrn Dipl. -Volkswirt Martin Weigert vom Oldenbourg Verlag für seine außergewöhnliche Unterstützung.

Gerd Schulte

Inhaltsverzeichnis

1 Grundlagen des Materialmanagements

Lernziele und -aufgaben

Der Leser soll
1. wichtige Grundbegriffe kennenlernen
2. die gegenwärtige und zukünftige Bedeutung der Globalisierung erkennen
3. den Business-to-Business Internet-Handel kennenlernen
4. die Bedeutung des Materialmanagements erkennen
5. die Ziele und Aufgaben des Materialmanagements kennenlernen
6. das Return-on-Investment Kennzahlensystem anwenden können.

1.1 Historische Entwicklung und Zukunft des Materialmanagements

In den vergangenen Jahren hat sich das Erscheinungsbild der Materialwirtschaft stark geändert. Kurz nach dem 2. Weltkrieg dominierte die Produktion. In der Wiederaufbausituation konnte nahezu alles, was produziert wurde, auch abgesetzt werden. Die Nachfrage auf den Märkten war größer als das Angebot (Verkäufermarkt). Es bestand kaum ein Bedarf nach Marketinginstrumenten. In dieser Zeit der Hochkonjunktur galten Einkauf und Lager lediglich als reine Versorgungsstellen für den Engpaßbereich "Produktion". Die Kosten spielten nur eine untergeordnete Rolle. Eine entsprechende Geringschätzung erfuhren daher die materialwirtschaftlichen Aufgaben. Als dann einige Schlüsselmärkte Sättigungstendenzen signalisierten und für die Unternehmen der steigende Wettbewerbsdruck deutlich spürbar wurde, beschäftigte sich die Theorie und Praxis intensiver mit den Marketinginstrumenten für den Absatzbereich.

Als sich dann - bedingt durch Zins- und Personalkostenanstiege - die Produktion verteuerte, wurden verstärkt Rationalisierungsmaßnahmen in der Produktion durchgeführt. Der Einkauf und die Vorratshaltung wurden allerdings in den wenigsten Fällen in die Betrachtung einbezogen. Lieferzeiten spielten eine eher untergeordnete Rolle, da hinreichend hohe Vorräte gehalten wurden. Die Nachfrageschwäche und der Wettbewerbsdruck hielten weiter an. Verschärft wurde die Situation für die Unternehmen durch die vorübergehende Energiekostenexplosion und Rohstoffverteuerungen.

Die Ölkrise, die im Herbst 1973 ihren Anfang nahm und mit der zweiten Ölkrise der Jahre 1978/80 ihre Fortsetzung fand, stellte die deutsche Wirtschaft vor neue Herausforderungen. Auf der Suche nach Kostensenkungsmöglichkeiten entdeckten die Manager in den Unternehmen den Materialbereich, deshalb wurden die Bestände und das Einkaufsbudget sorgfältig beobachtet. Die Entwicklung organisatorischer Konzepte ließ jedoch noch auf sich warten.[1]

Änderungen der Konsumgewohnheiten und der anhaltende Wettbewerbsdruck führten zur Entwicklung neuer Leistungen, wie kurze sichere Lieferzeiten, hohe Produktverfügbarkeit und ein breites Sortiment. Der Wandel vom Verkäufer- zum Käufermarkt führte zu Änderungen der Produktionsbedingungen, nämlich zu einem Übergang von der Großserienproduktion zur Fertigung individueller Kunden-produkte mit einer entsprechend großen Variantenvielfalt, verbunden mit einer erheblichen Zunahme des Planungs- und Steuerungsaufwandes und mit steigendem Lagerbestands- und Verschrottungsrisiko.[2] Da die Erkenntnis wuchs, daß die Materialwirtschaft an allen wesentlichen Stufen des Wertschöpfungsprozesses be-teiligt ist, führte dies zur Forderung nach einem qualifizierten Materialmanagement.

In der jüngsten Vergangenheit hat das zunehmende ökologische Bewußtsein der Konsumenten und die restriktive Umweltgesetzgebung zu einer wesentlichen Er-weiterung des Materialmanagements geführt. Als neuen wichtigen Aufgabenbereich des Materialmanagements entwickelte sich die Abfallwirtschaft. Beschränkte sich das Aufgabengebiet der Abfallwirtschaft vorerst im wesentlichen auf die Entsorgung in Form der Abfallbeseitigung, werden heute Strategien zur Vermeidung/ Verminderung und Verwertung von Produktionsrückständen in sämtlichen betrieb-lichen Prozessen gefordert. Die Schlüsselrolle kommt dabei dem Materialmanage-ment zu. Der Wandel vom Einkauf über die Materialwirtschaft hin zum Material-management wurde spätestens sichtbar, als größere Konzerne damit begannen, geeignete Materialwirtschaftsmanager als Vorstandsmitglieder auf höchster Führungsebene zu etablieren.[3] Die Abb. 1.1 zeigt zusammenfassend die veränderten Rahmenbedingungen.[4]

Die Entwicklung des Materialmanagements ist noch nicht abgeschlossen. Die vor-handenen Rationalisierungspotentiale müssen ausgeschöpft werden. Ein kleines

---

[1] Vgl. Dorloff, F. (1988), S. 60; Dorloff, F./ Roth, P. (1985), S. 10; Busch, H. (1988), S. 5.
[2] Vgl. Busch, H. (1988), S. 5-6.
[3] Beispiele aus der deutschen Industrie bei Kulow, K. (1991), S.26 - 27.
[4] Vgl. auch Busch, H. (1988), S. 5.

Beispiel mag dies verdeutlichen. Von der gesamten Durchlaufzeit der Produkte (sie beträgt bei einem Serien-PKW weniger als 10 Tage)[1] entfällt derzeit nur ein Bruchteil (ca. 10-15%) auf wertschöpfende Fertigungszeiten. Die restlichen 85-90% der Durchlaufzeit entfallen auf Transport- und Liegezeiten.[2] Durch die Reduzierung der Durchlaufzeiten können Bestände gesenkt und Lieferzeiten verkürzt werden.

	Vergangenheit	Gegenwart und Zukunft
Absatzmarkt	Verkäufermarkt	Käufermarkt
	Niedriger Wettbewerb	Hoher Wettbewerb
	Begrenzte Exportmärkte	Weltorientierung
Beschaffungsmarkt	Einkauf von Teilen	Einkauf von Problemlösungen
	Einfache Lieferanten-Abnehmer-Beziehungen	Partnerschaftliche Zulieferer-Abnehmer-Beziehungen (Strategische Allianzen)
Produkte	Enges Sortiment	Breites Sortiment
	Lange Lebenszyklen	Kurze Lebenszyklen
	Einfache Technologie	Komplexe Technologie
Produktion	Niedrige Flexibilität	Hohe Flexibilität
	Große Losgrößen	Kleine Losgrößen
	Lange Durchlaufzeiten	Kurze Durchlaufzeiten
	Hohe Fertigungstiefe	Geringe Fertigungstiefe
	Make statt Buy	Buy statt Make
Lieferbereitschaft	Niedrige Lieferbereitschaft	Hohe Lieferbereitschaft
	Hohe Bestände	Niedrige Bestände
	Langsame Logistikabwicklung	Schnelle Logistikabwicklung
	Langsamer Transport	Schneller Transport
Informations-technologie	Manuelle Informations-verarbeitung	Computerunterstützte Informationsverarbeitung
Generelle Unternehmens-strategie	Produktionsorientierung	Marktorientierung

Abb. 1.1: Veränderung der betrieblichen Rahmenbedingungen

---

[1] Vgl. Grün, O. (1990), S. 449.
[2] Vgl. Pfohl, H. (1990), S. 61; Zäpfel, G. / Missbauer, H. (1988), S. 25.

Insbesondere die Globalisierung und der rasche Wandel von den traditionellen Informationstechniken zu modernen Kommunikations- und Telekommunikationssystemen stellt das Materialmanagement vor neue Aufgaben. So ermöglicht das **Internet** den weltweiten Einkauf (Global-Sourcing) auf neuen virtuellen Marktplätzen.

Globalisierung definiert die OECD als einen Prozeß, durch den Märkte und Produktion in verschiedenen Ländern immer mehr voneinander abhängig werden, bedingt durch die Dynamik des Handels mit Gütern und Dienstleistungen und durch die Bewegungen von Kapital und Technologien.[1]

Standen bisher kommerzielle Internet-Angebote für Endverbraucher im Mittelpunkt, so gewinnt der direkte Handel im Internet zwischen Unternehmen immer mehr an Bedeutung. Dieser Trend wurde in den USA sehr früh erkannt und hierfür der Begriff Business-to-Business Internet-Handel (B-to-B oder B2B) geprägt.

Business-to-Business Internet-Handel kennzeichnet den weltweiten Handel zwischen Unternehmen auf virtuellen Marktplätzen oder Portalen. Es treffen sich Zulieferer und Abnehmer Online zum Informationsaustausch, dabei nutzen sie gemeinsam Datenbanken und Diskussionsforen. Die Möglichkeiten reichen von der einfachen Darstellung von Teile- und Produktkatalogen bis hin zu börsenähnlichen Auktionen und weltweiten Ausschreibungen.

Vorteile des B-to-B Internet-Handels für Unternehmen sind

- zeitnaher Austausch von Informationen und damit schnelles Reagieren auf Preisänderungen

- Lagerbestandsoptimierung durch schnelle Verfügbarkeit von Teilen und Erzeugnissen

- Aufbau von Kontakten zu neuen Zulieferern

- Ausnutzung des globalen Wettbewerbs.

Schätzungen gehen davon aus, daß sich durch den elektronischen Handel über das Internet (Electronic Commerce, E-Commerce, EC, E-Business) die Beschaffungskosten der Unternehmen um bis zu 70% verringern werden.

---

[1] Vgl. Plate von, B. (1999), S. 3.

1.2 Begriffsbeschreibung

Betrachtet man die Materialwirtschaftsdiskussion, stößt man auf terminologische Probleme. Eine uneinheitliche Begriffsverwendung, konkurrierende theoretische Vorstellungen und Abgrenzungsprobleme an den Schnittstellen zu anderen Funktionsbereichen erschweren die Diskussion. Diese Entwicklung ist jedoch typisch für einen Problembereich, der starken Veränderungen ausgesetzt war und ist. Die Begriffsvielfalt kann als ein Indiz für die aktuelle Aufmerksamkeit angesehen werden, die dem Materialmanagement derzeit geschenkt wird.[1] Eine kurze Beschreibung der wesentlichen Begriffe soll daher helfen, möglichen Mißverständnissen vorzubeugen.

In der Praxis und in der Literatur wird eine Vielzahl von Ausdrücken verwendet, die mit dem Begriff "Materialmanagement" in engem Zusammenhang stehen, ihn ersetzen oder Teilfunktionen des Materialmanagements beschreiben. Zu den am häufigsten gebrauchten Begriffen zählen: Einkauf, Beschaffung, Versorgung, Materialwirtschaft, integrierte Materialwirtschaft und Logistik. Einzelne Begriffe haben sich besonders in bestimmten Bereichen oder Branchen durchgesetzt, so ist im Handel der Begriff "Einkauf", beim Militär "Nachschub" und bei der öffentlichen Hand der Begriff "Beschaffung" sehr gebräuchlich. Aber auch innerhalb der Industriebetriebe werden unterschiedliche Begriffe verwendet. Unter dem Begriff **Beschaffung** werden alle Tätigkeiten verstanden, die darauf abzielen, dem Unternehmen die Güter zur Verfügung zu stellen, die es benötigt, die es aber nicht selbst erzeugt.[2]

Was bedeutet Beschaffung i. w. S.

Die Beschaffung im weiteren Sinne: Zur Aufrechterhaltung des betrieblichen Leistungserstellungsprozesses eines Unternehmens müssen die erforderlichen Produktionsfaktoren beschafft werden. Die Zusammensetzung des Bedarfs ist dabei von der Branche oder Art des Betriebes abhängig. Ein Industriebetrieb weist z. B. einen anderen Bedarf auf als ein Dienstleistungsunternehmen, wie eine Bank oder ein Versicherungsbetrieb. Beschafft werden müssen z. B. Personal, Kapital, Informationen, Waren- und Dienstleistungen (vgl. Abb. 1.2 und 1.3). Die Beschaffung vollzieht sich auf verschiedenen Märkten. Teilmärkte sind z. B. Waren- und Dienstleistungsmarkt (In- und Ausland), Arbeitsmarkt, Geld- und Kapitalmarkt, Informationsmarkt. Hinsichtlich der Produktionsfaktoren, die beschafft werden

---

[1] Vgl. Arnold, U. (1990), S. 10.
[2] Vgl. auch Theisen, P. (1987), S. 423.

müssen, sind in der Praxis weitere spezielle Beschaffungsbegriffe kreiert worden. Eine Auswahl zeigt die nachstehende Abbildung.

Beschaffungsobjekte	Spezielle Beschaffungsbegriffe
• Betriebsmittel und Sachgüter	Anschaffung (Sachinvestition)
• Arbeitsleistungen	Ein- (An-)stellung
• Kapital	Finanzierung
• Werkstoffe und Handelswaren	Beschaffung im engeren Sinn (Einkauf)

Abb. 1.2: Beschaffungsobjekte

Dieser sehr weit gefaßte Beschaffungsbegriff, der die Beschaffung sämtlicher Produktionsfaktoren umfaßt, kann zwar zur Erläuterung des gesamtbetrieblichen Beschaffungswesens herangezogen werden, in der Praxis wird der Begriff "Beschaffung im weiteren Sinne" jedoch abgelehnt. Die Verschiedenartigkeit der zu beschaffenden Objekte und entsprechenden Märkte hat in den Unternehmen zur Bildung spezieller Abteilungen, wie z.B. Anlagenverwaltung, Personalabteilung, Finanzabteilung usw., geführt, die sich dann auf die Beschaffung der einzelnen Objekte spezialisiert haben.

Der Begriff "**Beschaffung (im engeren Sinne)**" ist dagegen durchaus gebräuchlich; er wird häufig synonym mit "**Einkauf**" verwendet. "Beschaffung im engeren Sinne" bezieht sich dann auf die in der Abb. 1.3 dargestellten originären Güter. Bezieht sich die Beschaffung lediglich auf das Material, wird auch der Begriff **Materialbeschaffung** verwendet. Beschaffen heißt, das zu beschaffende Material durch Kauf, Miete, Leasing oder per Gegengeschäft vom Markt ins Unternehmen überführt wird. Daneben besteht noch die Möglichkeit, daß die Beschaffung im eigenen Unternehmen stattfindet, dann nämlich, wenn eine Abteilung entsprechende Stoffe oder Leistungen für andere zur Verfügung stellt.

Der Begriff **Einkauf** hat in der Praxis eine lange Tradition. Mit dem Begriff wurden lange Zeit lediglich rein verwaltende Aufgaben verbunden. Auch in der Literatur wurde der Einkauf bzw. die Beschaffung (i. e. S.) lediglich als Bereitstellungsaufgabe betrachtet, die aus Produktion und Absatz als den dominanten Unternehmungsfunktionen abgeleitet wurde.[1]

---

[1] Vgl. Fieten, R. (1990), S. 377.

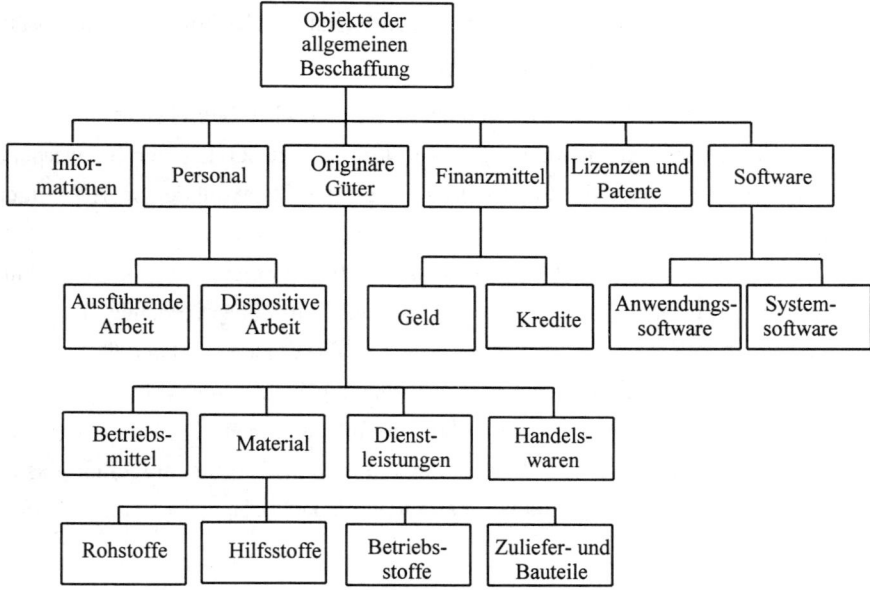

Abb.1.3: Objekte der allgemeinen Beschaffung

Im Zuge der wachsenden Bedeutung des aktiven Materialmanagements haben sich jedoch die Anforderungen an den Einkauf stark geändert. Standen früher eher die routinemäßigen, dispositiven Abwicklungsaufgaben im Vordergrund (verwaltender Einkauf), so wird heute der moderne gestaltende Einkauf gefordert, der eine Managementaufgabe darstellt, die ihren Beitrag zur Erreichung der Unternehmungsziele leisten muß. Um den gewachsenen Aufgaben gerecht werden zu können, ist ein aktives Beschaffungsmarketing erforderlich. Der Begriff "Einkauf" bezeichnet eine materialwirtschaftliche Hauptfunktion.

Insbesondere in der amerikanischen Managementlehre hat der Begriff **Logistik** ("business logistics") seit den sechziger Jahren eine starke Verbreitung gefunden. Der Begriff stammt ursprünglich aus dem militärischen Sprachgebrauch. Logistik in der militärwissenschaftlichen Bedeutung ist die Lehre von der Planung, der Bereitstellung und vom Einsatz der für militärische Zwecke erforderlichen Mittel zur Unterstützung der Streitkräfte. Das logistische System von Streitkräften setzt sich zusammen aus: a) den logistischen Führungsaufgaben (Planung und Einsatz der militärischen Kräfte und Mittel der Logistik und die Nutzung ziviler Leistungen), b) den logistischen Kräften und Mitteln (Logistiktruppen, Versorgungsdienste, feste

Einrichtungen, Vorräte) und c) den logistischen Verfahren (Befehlswege, Grundsätze der Logistik, EDV-Einsatzmöglichkeiten).[1]

Anfang der siebziger Jahre erschienen auch in der deutschen betriebswirtschaftlichen Literatur die ersten Veröffentlichungen zur Logistik, dabei lag der Schwerpunkt eindeutig auf dem Bereich der sog. Marketing-Logistik.[2] Obwohl der Begriff seitdem im deutschsprachigen Raum zunehmend verwendet wird, ist eine einheitliche Begriffsauffassung der Logistik nicht auszumachen. Logistik im weiteren Sinne kennzeichnet sämtliche Transport-, Lager- und Umschlagsvorgänge im Realgüterbereich in und zwischen Betrieben oder Organisationen. Es handelt sich demnach um Prozesse der Raum- und Zeitüberbrückung im Zusammenhang mit Sachgütern (Material, Einrichtungen), Menschen und Informationen. Logistik wird als ein zu gestaltendes Flußsystem von Waren, Materialien und Energien aufgefaßt, das die Beschaffungsmärkte mit den Produktionsstätten und nachgelagerten Verbrauchsorten verbindet.[3]

Die Ausgestaltungsformen der Logistik zeigt die Abb. 1.5. Unter dem Begriff "Unternehmens-Logistik" werden alle Logistikprozesse subsumiert. In Anlehnung an die betrieblichen Grundfunktionen wird weiter zwischen Beschaffungs-Logistik, Produktions-Logistik und Distributions-Logistik unterschieden.

Neben der funktionellen Abgrenzung von Logistiksystemen wird die institutionelle Abgrenzung vorgeschlagen. Entsprechend der üblichen Unterscheidung von Aggregationsebenen in der Volkswirtschaftslehre lassen sich Makro-, Mikro- und Metalogistik unterscheiden. Systeme der Makro-Logistik sind gesamtwirtschaftlicher Art, wie beispielsweise das Güterverkehrssystem einer Volkswirtschaft. Systeme der Mikro-Logistik sind einzelwirtschaftlicher Art, also Systeme einzelner öffentlicher oder privater Organisationen (Abb. 1.4).[4] Zwischen Makro- und Mikro-Logistik ist die Meta-Logistik einzuordnen, wie z.B. der Güterverkehr der in einem Absatzkanal zusammenarbeitenden Organisationen. Die Systeme der Mikro-Logistik lassen sich zunächst weiter nach der Art von Organisationen mit unterschiedlichen Zielsetzungen unterscheiden. Beispiele sind: Krankenhaus-Logistik, Militär-Logistik, Unternehmens-Logistik. Die Unternehmens-Logistik läßt sich weiter nach dem

---

[1] Vgl. Arnold, U. (1986), S. 149; Jünemann, R. (1989), 8-9.

[2] Vgl. Jünemann, R. (1989), S. 9; Ihde, G. (1987), 703-704.

[3] Vgl. Arnold, U. (1986); Pfohl, H. (1990), 11-18; Reichmann, T. (1990), S. 291.

[4] Vgl. Pfohl, H. (1990), 13-15.

jeweiligen Unternehmenszweck aufteilen. Man gelangt dann zur: Industrie-, Handels- und Dienstleistungs-Logistik.

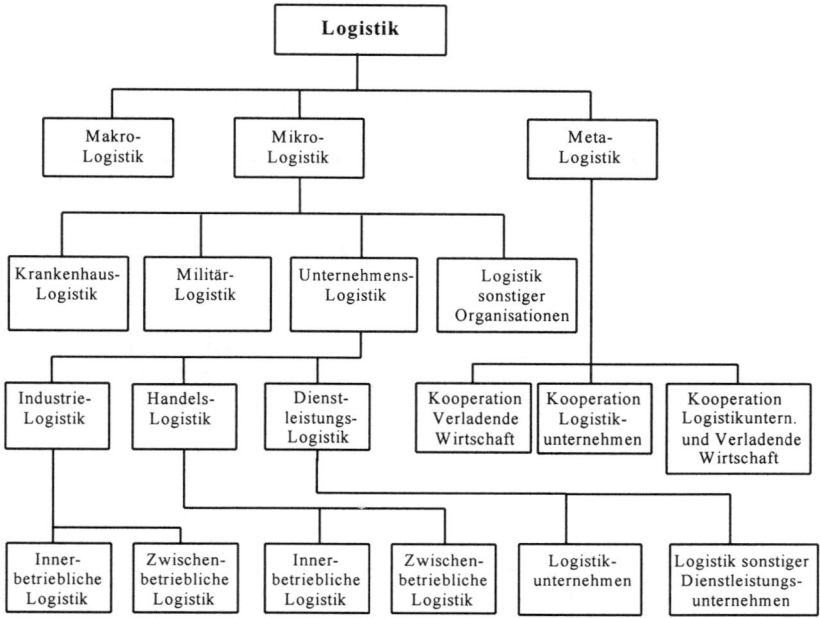

Abb.1. 4: Institutionelle Abgrenzung[1]

Vielfach erfolgt neben der oben genannten institutionellen Abgrenzung der Unternehmens-Logistik eine funktionelle Abgrenzung, so lassen sich die Subsysteme der Unternehmens-Logistik (Industrie-Logistik, Handels-Logistik und Dienstleistungs-Logistik) entsprechend der verschiedenen Phasen des Güterflusses entsprechend der Abb. 1.6 untergliedern.

---

[1] Pfohl, H. (1990), S. 14.

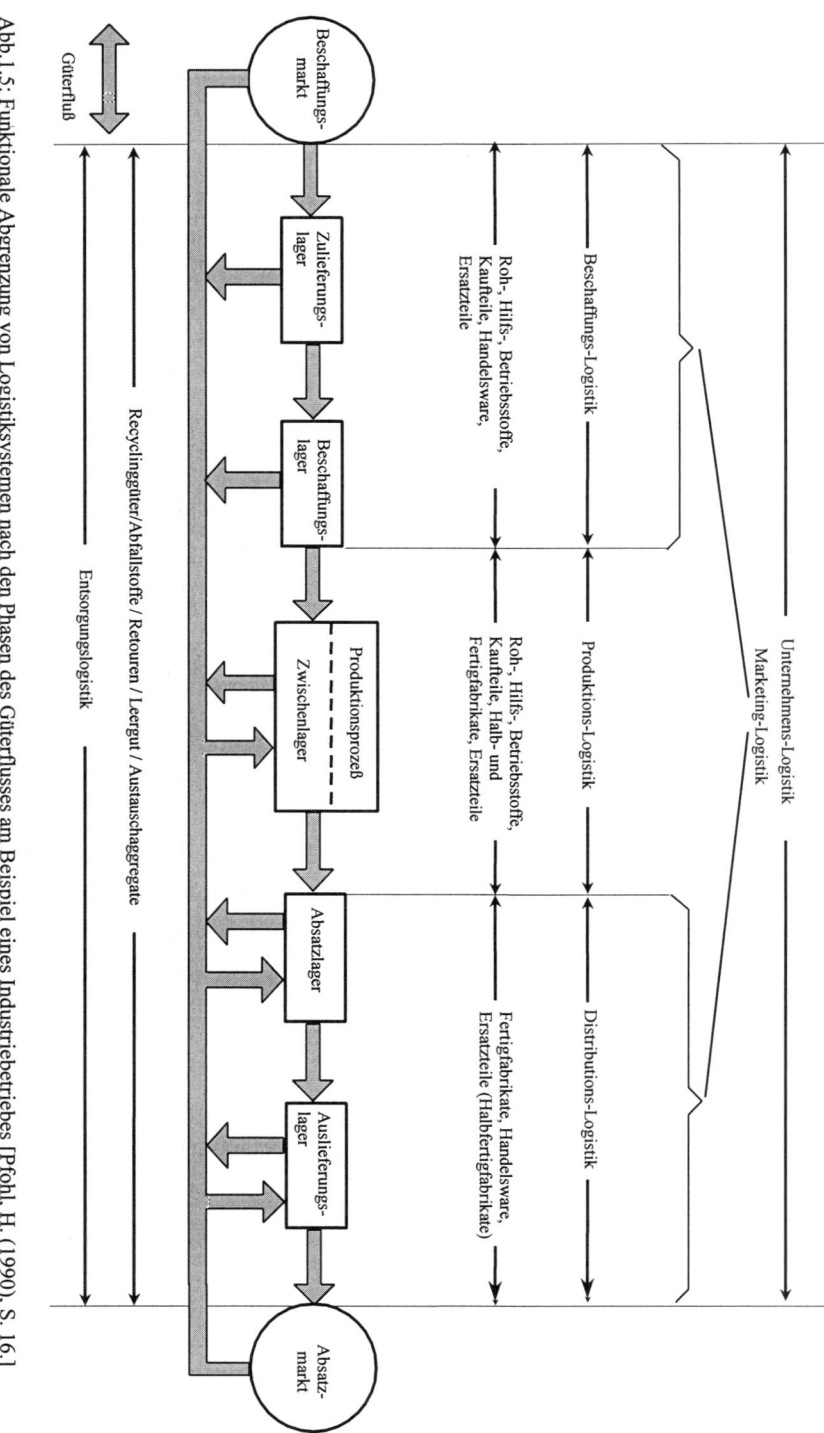

Abb.1.5: Funktionale Abgrenzung von Logistiksystemen nach den Phasen des Güterflusses am Beispiel eines Industriebetriebes [Pfohl, H. (1990), S. 16.]

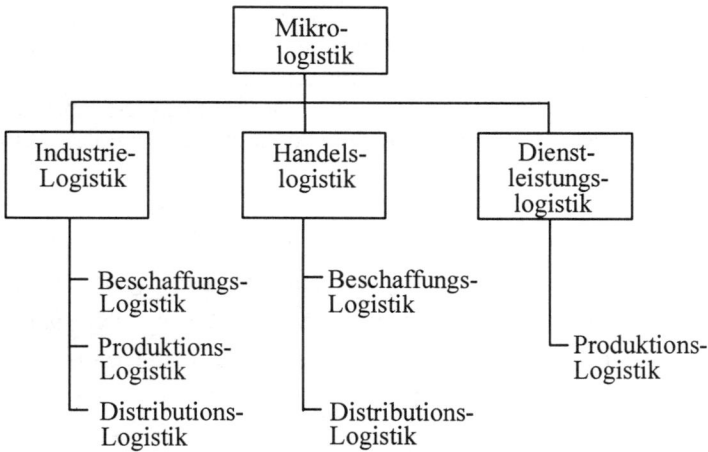

Abb.1.6: Mikro-Logistik

Ein Güterflußsystem, das alle Phasen (Beschaffungs-, Produktions- und Distributions-Logistik) beinhaltet, setzt institutionell ein Industrieunternehmen voraus. Ein Handelsunternehmen dagegen produziert nicht selbst, sondern kauft Waren ein, die dann mit Hilfe der Distributions-Logistik zu den Kunden gelangen. Bei den Dienstleistungsunternehmen entfallen die Beschaffungs-Logistik und die Distributions-Logistik vollständig.

Es kann festgehalten werden, daß der Begriff Logistik eng mit dem Materialmanagement bzw. der integrierten Materialwirtschaft korrespondiert. Die Logistik wird aber wesentlich weiter gefaßt als das Materialmanagement, wobei allerdings viele Überschneidungsfelder existieren. Im deutschsprachigen Raum hat sich in der betrieblichen Praxis seit Mitte der siebziger Jahre der Begriff **Materialwirtschaft** durchgesetzt. Obwohl es sich bei dem Begriff Materialwirtschaft um eine eher unglückliche Übersetzung des amerikanischen "materials management" handelt, trug der Begriff wesentlich zu ihrer Imageverbesserung bei.[1]

Auf dem Kongreß der International Federation of Purchasing and Materials Management (IFPMM) im April 1977 in Venedig hat der Bundesverband für Materialwirtschaft und Einkauf (BME) unter der damaligen Leitung von *H. Schwab* seine Version der Materialwirtschaft bekanntgegeben:

---

[1] Vgl. Eschenbach, R. (1990), S. 16.

Def. MaWi

> "Die Materialwirtschaft ist das Versorgungssystem der Unternehmung vom Lieferanten bis zum Kunden über alle Wertsteigerungsstufen der Unternehmung. Die Materialwirtschaft umfaßt alle Tätigkeiten der Planung, Disposition, Durchführung, Kontrolle für das Einkaufen, Bevorraten, Verteilen, Entsorgen aller zum Erreichen des Unternehmenszwecks notwendigen Güter, Leistungen und Energien."[1]

Die Definition macht deutlich, daß es nicht mehr um eine isolierte Betrachtung oder Optimierung der einzelnen Teilfunktionen, sondern um die ganzheitliche Betrachtung des Einkaufs sowie des gesamten Materialflusses vom Lieferanten durch das Unternehmen bis hin zum Kunden geht. Die so aufgewertete Unternehmensfunktion "Materialwirtschaft" beschäftigt sich nicht mehr ausschließlich mit den Aufgaben Materialdisposition, Einkauf und Bevorratung (Lagerung). Der Funktionsumfang wird um den innerbetrieblichen Transport, die Reststoffverwertung und die Entsorgung erweitert. Werden diese materialwirtschaftlichen Funktionen nicht unabhängig voneinander gesehen, sondern erfolgt die Kopplung der Materialwirtschaft mit anderen betrieblichen Funktionen, wie Forschung und Entwicklung, Fertigung, Absatz, Finanz- und Rechnungswesen usw., wird auch von der **integrierten Materialwirtschaft** gesprochen. Die so erweiterte Materialwirtschaft hat eine Querschnittfunktion, die voll in die Unternehmenspolitik integriert ist.[2] Je nach Funktionsumfang unterscheidet *Grochla*[3] zwischen verschiedenen Ausprägungsformen (Entwicklungsstufen) der integrierten Materialwirtschaft, wie die nachstehende Abb. 1.7 zeigt.

Anstelle des Begriffs "Integrierte Materialwirtschaft" wird zunehmend der Begriff Materialmanagement verwendet, der zum Ausdruck bringt, daß es sich um eine echte Managementfunktion handelt, die alle Phasen des Führungsprozesses (Planung, Steuerung und Kontrolle) beinhaltet. Materialmanagement entspricht inhaltlich damit dem in der Literatur auch verwendeten Begriff "Integrierte Materialwirtschaft". Das Materialmanagement wird dabei sowohl als Querschnittsfunktion als auch Institution aufgefaßt.

---

[1] zitiert bei Busch, F. (1980), S. 26.
[2] Vgl. Puhlmann, M. (1990), S. 11-13.
[3] Vgl. Grochla, E. (1985), S. 175.

Funktionen						
Material-disposition	Einkauf	Lager-wirtschaft	Innerbetrieb-licher Transport	Reststoff-verwertung, Entsorgung	Fertigungs-steuerung	Distribution

Organisationsformen

Integrierte Materialwirtschaft
(klassische Form)

Erweiterte integrierte Materialwirtschaft

Total integrierte Materialwirtschaft
Materialmanagement bzw. Versorgungsmanagement

Abb.1.7: Formen der integrierten Materialwirtschaft[1] *Def.*

In der betriebswirtschaftlichen Literatur werden die Phasen des Führungsprozesses und die damit verbundenen Hauptaufgaben Planung, Steuerung und Kontrolle in der Regel in folgendem Zusammenhang gesehen.

Def. Planung

Die Planung (im engeren Sinne) wird vielfach nur als systematische Entscheidungs-vorbereitung zur Bestimmung zukünftiger Entwicklungen aufgefaßt (Phasen 1 bis 3). Unternehmensplanung ist dann gleichbedeutend mit der systematischen Vorbereitung der Zukunftsgestaltung des Unternehmensgeschehens.

Die in der Planungsphase zu lösende Aufgabe besteht darin, relevante Informationen zu beschaffen. Die Planung setzt Analysen und Prognosen voraus. Außerdem erfolgt in Phase 3 der Vergleich relevanter künftiger Alternativen. Ist der Alter-nativenvergleich abgeschlossen, so wird entschieden, die jeweils bestmögliche Alternative im Hinblick auf das angestrebte Ziel zu realisieren. Diese Entscheidung erfolgt in der 4. Phase. Zusammengenommen bilden die Phasen 1 bis 4 die Planung im weiteren Sinne.

Def. Steuerung

An die Planungsphase schließt sich die Steuerungsphase an. Als Steuerung wird die Durchsetzung der Planung und das Reagieren auf Fehlentwicklungen angesehen

---

[1] Vgl. Grün, O. (1990), S. 470; Grochla, E. (1985), S. 175.

(Gegensteuerung). Die Steuerung ist demnach eine den Realisierungsprozeß beglei-
tende Funktion. Sie ist notwendig, damit die Realisierung der ausgewählten Alternative im Sinne der Planung erfolgt. Eng mit der Steuerung (Phase 5) verbunden ist
die Kontrolle. Die Kontrolle liefert Informationen über Abweichungen, so daß
gegengesteuert werden kann. Die Kontrolle liefert aber auch Informationen für
zukünftige Entscheidungen, so daß die Kontrollinformationen in zukünftige Ent-
scheidungsprozesse einfließen können. Diesen Regelkreislauf zeigt die Abb. 1.8.

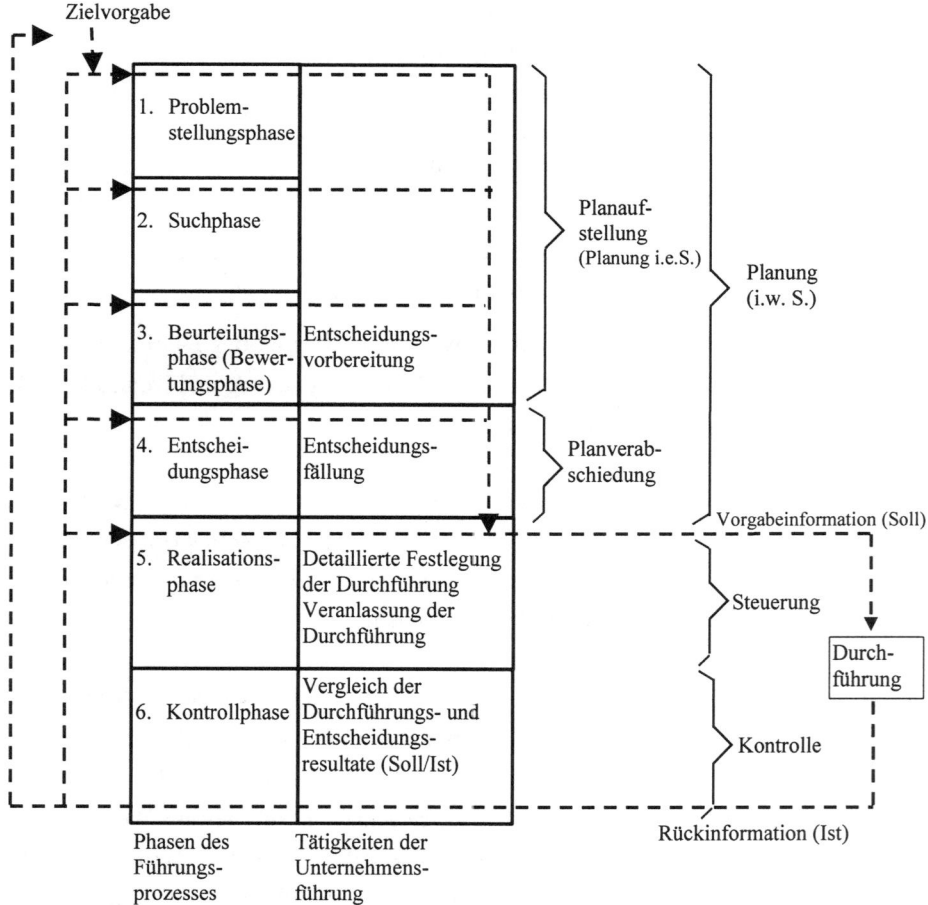

Abb. 1.8: Phasen des Entscheidungsprozesses[1]

Werden die Phasen des Führungsprozesses auf das konkrete Beispiel der kurzfristigen Beschaffung von Material angewendet, so ergeben sich die in der Abb. 1.9
dargestellten Aufgaben in den einzelnen Phasen.

---

[1] Hahn, D. (1985), S. 30.

Allgemeines Phasenschema	Materialbedarfsdeckung als Beispiel zur kurzfristigen Beschaffung von Material
I. Problemstellungsphase	• Erkennen eines Materialbedarfsproblems • Bestätigung des Ziels kostenminimaler Bedarfsdeckung • Analyse betriebsinterner und -externer Bedingungen • Ermittlung des Bedarfs nach Art, Menge, Wert und Termin bzw. der Grenzen auf diesen Bedarfsdimensionen
II. Suchphase	• Ermittlung der Bedarfsdeckungsmöglichkeiten, Suche nach potentiellen Lieferanten, Vorverhandlungen
III. Beurteilungsphase	• Bewertung der Lieferantenangebote mit Hilfe von Einstandspreisvorkalkulationen, Nutzwertanalysen und Scoringmodellen
IV. Entscheidungsphase	• Bildung einer Rangfolge der Angebote • Entschluß über Lieferant und Bestellung • Soll-Vorgaben bezüglich der Bestellung und auf Grund der Vorkalkulation und der Scores
V. Realisationsphase	• Vertragsabschluß, Bestellung • Beschaffungsabwicklung (Einlagerung, innerbetrieblicher Transport)
VI. Kontrollphase	• Feststellung des Durchführungsresultats und Ist-Zustandes, Nachkalkulation und nachträgliche Bewertung • Vergleich von Entscheidung und Durchführungsresultat, von Soll und Ist, von Vor- und Nachkalkulation, von Vor- und Nachbewertung • Abweichungsanalyse, Rückkoppelung zu neuen Entscheidungsprozessen bezüglich der Materialbedarfsdeckung

Abb.1.9: Beispiel zum Entscheidungs-, Realisations- und Kontrollprozeß der kurzfristigen Planung der Materialbeschaffung[1]

Die Materialwirtschaft bzw. das Materialmanagement ist nach dem modernen Verständnis ein zentrales Bindeglied zwischen Absatz- und Beschaffungsmarkt, das maßgeblich zum Erfolg eines Unternehmens beitragen kann. Durch den bedarfsgerechten Einkauf von Rohstoffen, Teilen und Energien besteht eine direkte Verbindung zu den Beschaffungsmärkten. Absatzseitig gewährleistet die Materialwirtschaft in Verbindung mit dem Absatzmarketing, der Entwicklung und Konstruktion, der Verkaufsorganisation, der Auftragsabwicklung und der Warenverteilung eine marktgerechte Versorgung und sichere Produktqualität. Werden den Kunden vom Unternehmen umweltfreundliche Produkte angeboten, so ist bereits bei

---

[1] Vgl. auch Theisen, P. (1987), S. 426.

der Beschaffung der Rohstoffe darauf zu achten, daß die Fertigung der umweltfreundlichen Produkte erfolgen kann. Das Materialmanagement muß mit allen
anderen betrieblichen Funktionsbereichen wie Forschung und Entwicklung, Absatz-
und Produktionsplanung, Fertigung/ Montage, Auftragsabwicklung eng zusammen-
arbeiten. Die Abb. 1.10 zeigt das System des Materialmanagements mit seinen Beziehungen zu den benachbarten betrieblichen Funktionsbereichen, gleichzeitig
werden beispielhaft Aufgaben dargestellt.

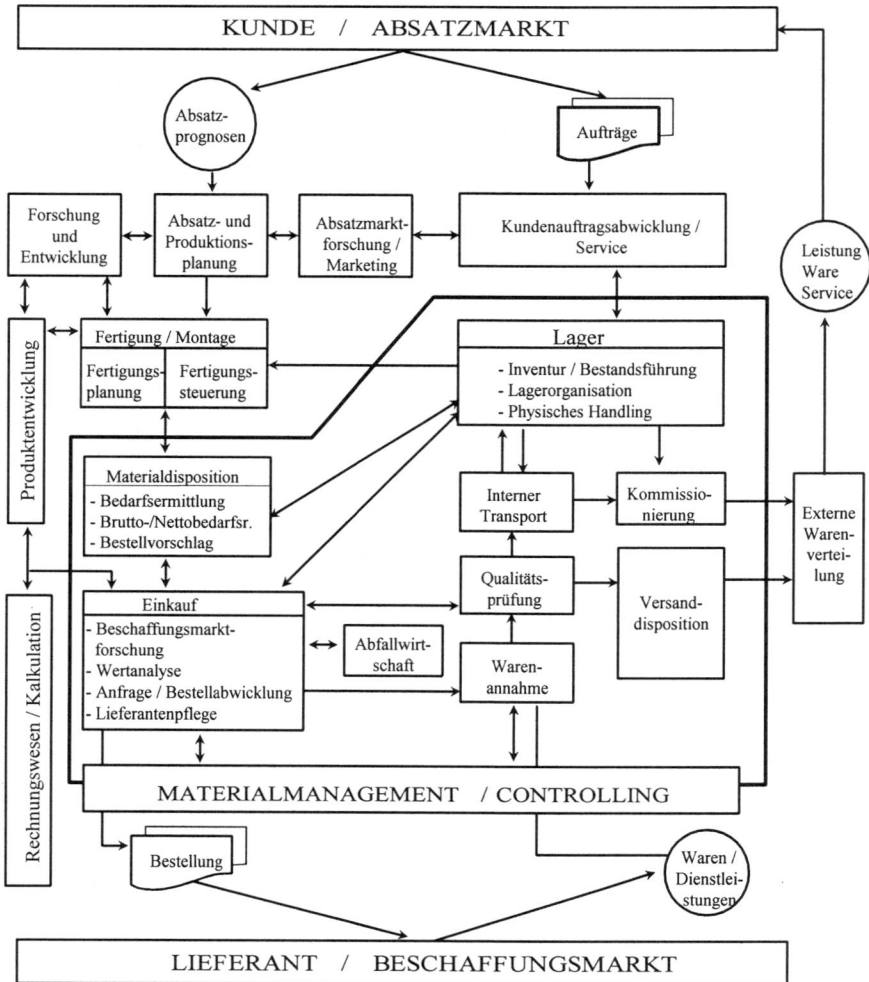

Abb. 1.10: Das System Materialmanagement[1]

---

[1] Dorloff, F. / Roth, P. (1985), S. 11.

1.3 Supply Chain Management

Die Möglichkeiten des elektronischen Handels über das Internet haben zu neuen Organisationsstrukturen der Beschaffungsabwicklung geführt. Eine Ausprägungsform des Electronic Commerce (EC) ist das Supply Chain Management (SCM).

Supply Chain Management ist der organisatorische und informationstechnische Ansatz zur Gestaltung und Koordination von integrierten Logistikketten vom Rohstoffproduzenten über die verschiedenen Fertigungsstufen, den Handel, die Distributoren bis hin zum Endkunden. SCM soll die Bestands- und Abwicklungskosten senken und die Durchlaufzeiten reduzieren.[1]

Eine Supply Chain (Lieferkette) bildet die Gesamtheit aller Geschäftsprozesse ab, die zur Befriedigung der Nachfrage nach Produkten oder Serviceleistungen erforderlich sind.[2] Wesentlich ist, daß sich das Organisationskonzept nicht nur auf die Beziehungen zwischen zwei Unternehmen beschränkt, zwischen denen Lieferbeziehungen bestehen, d.h. Waren- und Geldströme fließen. Beim SCM werden die Elemente Zulieferer, Produzent, Distributor, Handel und Kunde zu einer Kette verknüpft, wie die nachstehende Abbildung zeigt.

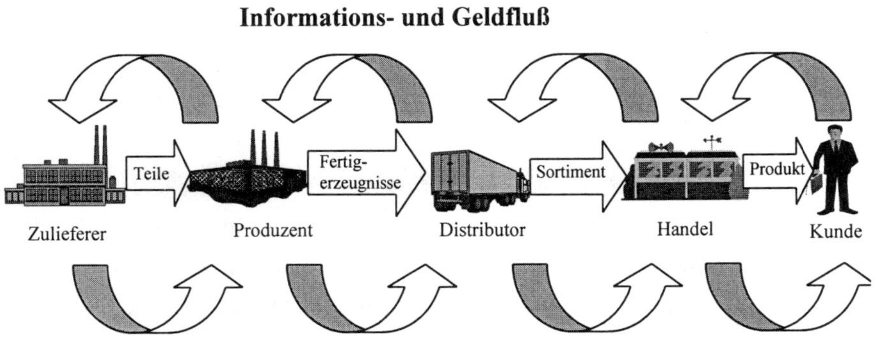

Informations- und Geldfluß

| Zulieferer | Produzent | Distributor | Handel | Kunde |

Abb. 1.11: Aufbau einer Supply Chain[3]

Die SCM führt zu logistischen Versorgungsketten, die alle erforderlichen Geschäftsprozesse beinhaltet und zur Befriedigung der Nachfrage dient.

---

[1] Vgl. auch Schinzer, H. (1999), S. 857.

[2] Vgl. Jirik, C. (1999), S. 547.

[3] Vgl. Schinzer, H. (1999), S. 858.

Folgende Effekte werden im Zusammenhang mit der erfolgreichen Einführung des SCM erwartet:[1]

- Kostenreduktion: Durch verbesserte Abstimmung der Pläne zwischen den Prozeßbeteiligten ergeben sich Reduktionen der Lagerhaltungs- und Betriebskosten.

- Zeitersparnis: Die Beschleunigung der Auftragsabwicklung führt zur Verkürzung der Durchlaufzeiten. Zwischenbetriebliche Liegezeiten lassen sich so vermeiden oder verringern. Die Durchlaufzeiten können bis zu 50% reduziert werden.

- Erhöhung der Kundenzufriedenheit (Verbesserung time-to-market): Dies tritt ein durch die Verbesserung der Termintreue. Die Liefertreue kann durch Supply Chain Management-Lösungen auf bis zu 100% steigen.

- Verbesserung der Frühwarnsysteme: Der Informations- und Datenaustausch entlang der Logistikkette führt zu aktuellen Informationen bei allen Partnern über entstehende Störungen und Restriktionen. Schnelles Reagieren zur Verhinderung von Kapazitäts- und Ressourcenengpässen ist somit möglich.

Alle o.g. Vorteile führen für das jeweils betrachtete beteiligte Unternehmen zu Gewinnsteigerungen.

1.4 Objekte des Materialmanagements

Die Abgrenzung des Materialmanagements bzw. der Materialwirtschaft von anderen betrieblichen Teilbereichen erfolgt in der Literatur mit Hilfe der Objekte und Funktionen (Aufgabenfelder). Unbestritten bildet das Material (Stoff) die wichtigste Objektgruppe der Materialwirtschaft. Es stellt sich deshalb zunächst die Frage, was unter dem Begriff "Material" zu verstehen ist.

Material (lat. materia = Urstoff, Grundstoff) ist der Sammelbegriff für Rohstoffe, Halbzeuge, Hilfsstoffe, Betriebsstoffe, Teile und Baugruppen, die zur Fertigung eines Erzeugnisses erforderlich sind. Gleichberechtigte Begriffe auf derselben Ebene stellen "Handelswaren" und "Erzeugnisse" dar. Dabei bezeichnet man gekaufte Gegenstände, die ohne Be- und Verarbeitung vertrieben werden, als "Handelsware". Als "Erzeugnisse" (Fertigungsendergebnisse) werden in sich geschlossene, aus einer

---

[1] Vgl. Schinzer, H. (1999), S. 858-859.

Anzahl von Baugruppen und/oder Teilen bestehende funktionsfähige Gegenstände bezeichnet. Neben dem Material zählen auch die

- Handelswaren,

- Entsorgungsgüter,

- unfertigen / fertigen Erzeugnisse,

- Ersatzteile für Betriebsmittel,

- Betriebsmittel,

- Energie und

- Dienstleistungen

zum Objektbereich einer total integrierten Materialwirtschaft bzw. eines Material-managements.[1] In der Literatur und Praxis bestehen unterschiedliche Vorstellungen darüber, ob die Betriebsmittel (Anlagegüter) und die fremdbezogenen Dienst-leistungen ebenfalls Objekte der Materialwirtschaft sind. Demgegenüber besteht weitgehend Einigkeit darüber, daß Personen, Kapital sowie Rechte und Lizenzen nicht zu den Objekten der Materialwirtschaft zählen, obwohl bei der Beschaffung dieser Güter die Beratung und Mithilfe des Materialmanagements sicherlich vielfach auch gefragt sein wird.[2] Je nach Aufgabenstellung werden die Objekte des Materialmanagements nach unterschiedlichen technischen und wirtschaftlichen Gesichtspunkten eingeteilt.[3]

---

[1] Vgl. auch Bloech, J. / Rottenbacher, S. (Hrsg.),(1986).

[2] Vgl. auch Eschenbach, R. (1990), S. 17.

[3] Vgl. auch Blohm, H. / Beer, T. / Seidenberg, U. / Silber, H. (1987), S. 154.

Gliederungs-kriterium	Gliederung	Charakteristik	Beispiele
1. Fortschritt in Richtung auf das Fertigerzeugnis	Fertigungs-ausgangsstoffe	Stoffe ohne definierte Form, die gefördert, abgebaut, angebaut oder gezüchtet werden.	a) mineralisch: Erz , Roheisen b) pflanzlich: Kohle, Holz c) tierisch: Fossilien (Rohöl, Erdgas)
	Halbzeuge	sind handelsüblich vorgeformte Rohstoffe.	Bleche Profilstahl
	Halbfabrikate (bzw. unfertige Erzeugnisse)	sind vorgefertigte Teile, die bearbeitet worden sind. Es handelt sich aber noch nicht um verkaufsfähige Erzeugnisse.	Guß- oder Schmiedestücke
	Fremdteile	sind handelsüblich beziehbare Fertigteile und Aggregate.	Lichtmaschinen, Vergaser in der Automobilindustrie
	Handelsware	sind fertig bezogene und ohne Be- oder Verarbeitung zu verkaufende Erzeugnisse.	Nahrungsmittel, Getränke und Tabakwaren im Groß- und Einzelhandel. Bezug und Weiterveräußerung von Zubehörteilen (Radios, Alufelgen usw.) in der Automobilindustrie
2 Fertigungs-technische Beziehung zum Erzeugnis	Rohstoffe (Werkstoffe)	Erzeugnishauptstoffe, die be- oder verarbeitet werden. Sie gehen unmittelbar in das Enderzeugnis ein und sind wert- und mengenmäßig von großer Bedeutung für das herzustellende Erzeugnis.	Holz in der Möbelindustrie, Blech in der Automobilindustrie, Hopfen und Malz bei der Bierherstellung
	Hilfsstoffe	Erzeugnishilfsstoffe gehen ebenfalls in das Enderzeugnis ein, sind aber wert- und mengenmäßig von geringerer Bedeutung als Rohstoffe.	Leim, Schrauben, Nägel, Farbe bei der Möbelherstellung
	Betriebsstoffe	Stoffe, die nicht unmittelbar in das Enderzeugnis eingehen. Sie dienen zur Aufrechterhaltung des Betriebsprozesses und werden unmittelbar oder mittelbar verbraucht.	Treibstoffe, Energie, Schmierstoffe, Wasser, Luft, Gas, Putzmaterial, Kühlstoffe, Heizmaterial
3. Herkunft u. Lagerung	Fertigungsteile	Teile, die vom Unternehmen selbst gefertigt werden.	unternehmensspezifisch verschieden
	Lagerteile	Teile, die fremdbezogen werden und von denen wegen ihrer Bedeutung ein Lagervorrat gehalten wird.	
	Kaufteile	Diese Teile werden nicht gelagert, sondern bei Bedarf gekauft.	
4. Art der Zurechnung auf den Kostenträger	Einzelmaterial	Material, das den Kostenträgern direkt zugerechnet wird.	s. Beispiele Rohstoffe
	Gemeinkosten-material	Material, das den Kostenträgern nicht direkt zugerechnet wird, weil eine unmittelbare Zurechnung nicht erfolgen kann oder eine Einzelerfassung sich nicht lohnt.	s. Beispiele Betriebsstoffe und Hilfsstoffe

5. Abhängigkeit von der Beschäftigung	„Direktes Material"	Die Höhe des Verbrauchs steht im unmittelbaren Zusammenhang mit der erbrachten Leistung. Der Materialeinsatz ändert sich bei einer kurzfristigen Variation des Beschäftigungsgrades.	Papierverbrauch in einer Druckerei
	„Indirektes Material"	Der Verbrauch des Materials bleibt bei einer kurzfristigen Variation des Beschäftigungsgrades konstant.	Pflege- und Reinigungsmittel
6. Wert der Einsatzgüter	A-Teile	Teile, die einen geringen Anteil an der Gesamtmenge und einen hohen Wertanteil am Gesamtwert repräsentieren.	unternehmensspezifisch verschieden
	B-Teile	Teile, die einen mittleren Anteil an der Gesamtmenge und einen mittleren Wertanteil am Gesamtwert repräsentieren.	
	C-Teile	Teile, die eine großen Anteil an der Gesamtmenge und einen niedrigen Wertanteil am Gesamtwert repräsentieren.	
7. Vorhersagbarkeit des Material- verbrauchs	X-Teile	Charakteristisches Merkmal ist der weitgehend konstante Verbrauch.	unternehmensspezifisch verschieden
	Y-Teile	Charateristisches Merkmal ist der tendenziell steigende oder fallende bzw. saisonal schwankende Verbrauch.	
	Z-Teile	Es ist keine Regelmäßigkeit im Verbrauch festzustellen (sporadischer Verbrauch).	
8. Entsorgungsgüter (Rückstand)	Abfälle zur Beseitigung	Im Produktionsprozeß anfallende (schädliche) Rückstände oder beweg- liche Sachen, derer sich das Unter- nehmen entledigen will. Zu den Abfäl- len zählen somit diejenigen Rückstände, für die es (derzeit) keine Verwendungsmöglichkeit gibt. Da die Abfälle nicht verwendbar sind, erfolgt die Deponierung, die Kompostierung oder die Verbrennung.	Produktabfälle, Prüfab- fälle, unbrauchbar ge- wordene Lagerware, nicht mehr benötigte Verpackungsmaterialien und Anlagegüter; Überschuß- und Ausschußmaterialien, obsolete Materialien, Schadstoffe (nicht ver- wendbare, umweltschäd- liche Kuppelprodukte)
	Abfälle zur Verwertung	Im Produktionsprozeß anfallende Rückstände, die dem Recycling zugeführt werden.	Stahlschrott, Kunststoffe
9. Einteilung der Güter nach der Gestalt	Ungeformte Güter	Keine natürlichen Leistungseinheiten. Das Material ist beliebig unterteilbar. Mengenbestimmung durch Messen.	a) Schütt- bzw. Massengüter (Zement, Sand, Erz, Kohle, Getreide, Kies, Granulate etc.) b) Flüssigkeiten (Öle, Chemikalien, Wasser etc.) c) Gase (Edelgase, Inertgas etc.)
	Geformte Güter	Natürliche Leistungseinheiten. Nicht zerteilbare Einheiten. Mengenbestimmung durch Zählen.	Aggregate Langgüter (Rohre, Stangen etc.)

Abb. 1.12: Gliederung der Stoffe nach technischen und wirtschaftlichen Kriterien

1.5   Ziele und Aufgaben des Materialmanagements

1.5.1   Ziele des Materialmanagements

In der Materialwirtschaft hat der Einkauf dafür zu sorgen, daß das "richtige" Material in der "richtigen" Menge und "richtigen" Qualität zu den "richtigen" Terminen am "richtigen" Ort zum "richtigen" Preis zur Verfügung steht. "Richtig" bedeutet dabei, daß die bestmögliche Alternative realisiert wird. In diesem Zusammenhang wird auch von der sog. **6 R-Definition** der Materialwirtschaft gesprochen.

Zur Erfüllung dieser technischen Aufgaben sind Entscheidungen zu treffen,[1]

*   was   (welches Material),
*   wo   (bei welchem Lieferanten) ,
*   wieviel (Bestellmenge),
*   wann   (Bestellzeitpunkt) und
*   wie   (Transporte, Vertragsgestaltung)

zu beschaffen ist.

Der Erfüllung dieser originär technischen Zielsetzungen stellt *Grochla*[2] die öko-nomische Zielsetzung gegenüber und formuliert dann das **materialwirtschaftliche Optimum**. Das materialwirtschaftliche Optimum verlangt, daß über die Erfüllung der technischen Aufgabe hinaus die o.g. Entscheidungen so zu treffen sind, daß möglichst geringe Kosten entstehen. Für die konkrete Planung, Steuerung und Kontrolle der Aufgaben müssen jedoch konkrete materialwirtschaftliche Ziele formuliert werden. Diese Ziele werden dabei aus den Oberzielen des Unternehmens abgeleitet.[3] Ein Zielsystem, das sowohl die Ziele des Einkaufs als auch der Material-Logistik beinhaltet, zeigt die nachstehende Abbildung.

---

[1] Vgl. auch Melzer-Ridinger, R.(1989), S. 12.

[2] Vgl. Grochla, E. (1984), Sp. 2628.

[3] Vgl. auch Grochla, E./ Fieten, R. / Puhlmann, M. (1984), S. 15-19; Grochla, E. /Fieten, R. / Puhlmann, M. / Vahle, M. (1983), S. 35-43; Grün, O. (1990), S. 444-447.

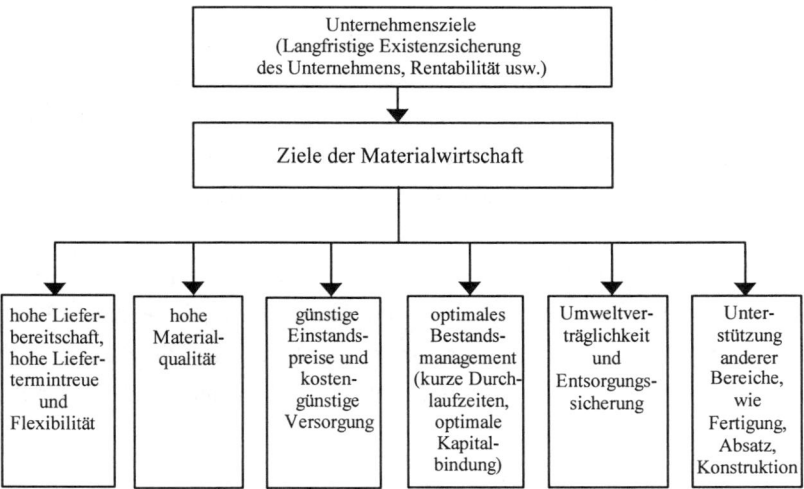

Abb. 1.13: Ableitung der materialwirtschaftlichen Ziele

Im Rahmen einer empirischen Untersuchung hat der BME in Verbindung mit dem Verband Deutscher Maschinen- und Anlagenbauer (VDMA) insgesamt 300 Unternehmen über die materialwirtschaftlichen Ziele befragt. Die Abb. 1.14 zeigt die aus den Angaben erstellte Prioritätenliste. Demnach wird das Ziel "Hohe Lieferbereitschaft" als besonders wichtig angesehen. 263 Unternehmen haben dieses Ziel an die erste Stelle gesetzt.[1]

Ziele	Alle Meldungen (Rang)	Maschinen-bau (Rang)	Elektro-technik (Rang)	Automobil-zulieferanten (Rang)
hohe Lieferbereitschaft	1	1	2	1
Qualitätssicherung	2	3	1	2
niedrige Kosten	3	2	3	3
geringe Kapitalbindung	4	4	4	4
Umwelt-verträglichkeit	5	5	5	5
geringe Fertigungsstufen	6	6	6	6

Abb. 1.14: Prioritäten der materialwirtschaftlichen Zielsetzungen nach Branchen[2]

---

[1] Vgl. Schaeuffelen, H. (1990), S. 13-19.

[2] Schaeuffelen, H. (1990), S. 16.

Das Ziel: Hohe Lieferbereitschaft und Flexibilität

Lieferbereitschaft bedeutet, daß die Materialien den Bedarfsträgern termin- und mengengerecht bereitgestellt werden können (sog. interne Lieferbereitschaft). Um die interne Lieferbereitschaft zu gewährleisten, steht dem Materialmanagement ein umfassendes Instrumentarium (Materialbevorratung, Transportplanung usw.) zur Verfügung, das insbesondere unter Kostengesichtspunkten einzusetzen ist.

Die Zielsetzung der optimalen Lieferbereitschaft geht aber weit über die eher kurzfristige (operative) Betrachtungsweise der internen Lieferbereitschaft hinaus. Spätestens seit den Ölkrisen in den siebziger Jahren hat sich die Erkenntnis durchgesetzt, daß auch eine strategische Betrachtung erfolgen muß, um die langfristige Materialzufuhr sicherzustellen.

Die sich ständig verändernde Umwelt, technische Umwälzungen, Verschärfung des Wettbewerbs auf den internationalen Beschaffungsmärkten, politische Instabilitäten in den Rohstoffländern und Wechselkursrisiken, führten dazu, daß die Planung als Entscheidungsgrundlage den neuen Erfordernissen angepaßt werden mußte. Dies führte zwangsläufig zur Entwicklung neuer Planungs- und Entscheidungsverfahren, mit denen der erhöhten Unsicherheit in der Umweltentwicklung begegnet werden kann. Flexibilität wird so als Fähigkeit verstanden, sich schnell und reibungslos an Änderungen des Bedarfs und Änderungen auf den Beschaffungsmärkten anpassen zu können.[1]

Das Ziel: Qualitätssicherung

Qualität wird in zunehmendem Maße als Wettbewerbsfaktor gesehen. Die Leistungsfähigkeit eines Unternehmens wird dabei an der Qualität seiner Produkte, Dienstleistungen und Informationen gemessen. Ziel ist es, die Zufriedenheit der Kunden zu erreichen und dadurch den unternehmerischen Erfolg auf Dauer zu sichern. Die Qualität der Produkte ist dabei unmittelbar abhängig von der Qualität der eingesetzten Rohstoffe, den zugekauften Bauteilen, also letztlich von der Qualität der Zulieferer. Das Ziel der materialwirtschaftlichen Qualitätssicherung leistet so einen wesentlichen Beitrag zur betrieblichen Qualitätspolitik.

Die Deutsche Gesellschaft für Qualität (DGQ) und das Deutsche Institut für Normung e.V (DIN) definieren die Qualität wie folgt: "Qualität ist die Gesamtheit

---

[1] Vgl. Grochla, E. /Fieten, R. / Puhlmann, M. / Vahle, M. (1983), S. 36.

von Eigenschaften und Merkmalen eines Produkts oder einer Tätigkeit, die sich auf deren Eignung zur Erfüllung gegebener Erfordernisse beziehen".

Die Anforderungen an die betriebliche Qualitätspolitik haben sich in den vergangenen Jahren stark gewandelt. Um das veränderte Qualitätsdenken zu verdeutlichen, ist ein kurzer Rückblick sinnvoll. Bis Ende der siebziger Jahre wurde Qualität vorwiegend mit **Produktqualität** gleichgesetzt. Auf der Basis dieses eindimensionalen und vorwiegend technischen Qualitätsverständnisses wurde die **Meß- und Prüftechnik** ständig erweitert und weiterentwickelt. Diese Entwicklung wurde begleitet durch einen rapiden Anstieg von Normen und Begriffen. Die Qualitätslehre mit ihrer Fachsprache wurde zu einer Aufgabe weniger Spezialisten im Unternehmen. Charakteristisch ist das bis in die Gegenwart reichende Denken in Toleranzgrenzen. Der Qualitätsbegriff impliziert damit einen statischen Charakter und zielt auf die Absicherung einmal festgelegter Anforderungen ab. Die abgeleitete Qualitätsstrategie ist vorwiegend prüfungsorientiert und deshalb kostenaufwendig. Qualität und Wirtschaftlichkeit oder Qualität und Produktivität werden daher vielfach als Gegensätze aufgefaßt.[1]

Zu Beginn der achtziger Jahre wurde die Beteiligung der Mitarbeiter der ausführenden Ebene im Rahmen von **Quality Circles** (QC) diskutiert. Dies sind Gesprächsgruppen, denen fünf bis acht Mitarbeiter angehören, die sich wöchentlich für eine Stunde zusammensetzen, um Qualitätsprobleme zu erörtern, Ursachen nachzugehen, Lösungen und Verbesserungen vorzuschlagen. Quality Circles sollen die kreative und innovative Kraft der Mitarbeiter freisetzen.

Von entscheidender Bedeutung für die Weiterentwicklung von der prüforientierten Qualitätslehre zum umfassenden Qualitätsmanagement kann die Verabschiedung des internationalen Normenwerkes ISO 9000 bis 9004 im Jahre 1987 angesehen werden. Zum ersten Mal wurde damit eine Möglichkeit geschaffen, die Beurteilung der Qualitätsfähigkeit von Industrieunternehmen durchzuführen. Insbesondere für den internationalen Beschaffungsmarkt bieten diese Normen die Chance, Anforderungen an die Qualitätssicherung international abgestimmt mit den Zulieferern vertraglich zu vereinbaren. Die Zulieferer und die Abnehmer können außerdem die Norm im

---

[1] Vgl. Schildknecht, R./ Zink, K. (1990), S. 167.

internationalen Wettbewerb wirksam einsetzen, wenn ihr Qualitätssicherungssystem zertifiziert ist, d.h. von einer fachkundigen Stelle beurteilt und anerkannt ist.[1]

Umfassende Konzepte im Sinne eines **Total Quality Managements** (TQM) sind erst Ende der achtziger Jahre ins Blickfeld des Interesses gerückt. Die TQM-Philosophie besteht darin, die charakteristischen Verhaltensmuster des Unternehmens und seiner Mitglieder nach innen und außen qualitativ zu verändern. Oberstes Ziel ist die ständige Verbesserung des bestehenden Zustandes. Das Unternehmen soll durch Markt- bzw. Kundennähe, Angebot der "besten Qualität" (aus Kundensicht) und bestmöglichen Lieferservice zum "Gewinner im internationalen Wettbewerb" werden. TQM ist ein produkt- und prozeßbezogenes, permanentes und umfassendes Planungs-, Steuerungs- und Kontrollsystem, das auf die Realisierung einer hohen Kundenzufriedenheit abstellt.

Finanziert wird das TQM durch das Reduzieren innerer Verluste, durch Fehlleistungen und Reibungen in der Technik, bei den Menschen und in der Organisation. In zunehmendem Maße setzt sich auch die Erkenntnis durch, daß höhere Qualität nicht die Produktivität hemmt, sondern deren wichtigste Voraussetzung ist. Belegt wird dies insbesondere durch die 1990 erschienene Studie des Massachusetts Institute of Technology "The Machine That Changed the World". Hier wird die qualitätsorientierte Verhaltensform allerdings mit Lean Production (was übersetzt "schlanke" oder "magere" Produktion bedeutet) gleichgesetzt.[2]

Damit eine ökonomische Bestimmung und Lenkung der Qualität überhaupt erfolgen kann, ist die Durchführung einer **effizienten Qualitätskostenrechnung** erforderlich. Erst wenn die Qualitätskosten bekannt sind, können alternative qualitätspolitische Entscheidungen getroffen werden. Es stellt sich deshalb zunächst die Frage, was Qualitätskosten sind. Nach der Typologie der Deutschen Gesellschaft für Qualität (DGQ) lassen sich die Qualitätskosten wie folgt einteilen:

- **Fehlerverhütungskosten** sind Kosten für die vorbeugende Qualitätssicherung. Hierzu zählen alle Kosten, die durch die Planung, Leitung und Steuerung der Qualitätssicherung, der Schulung und der Qualitätsförderung entstehen.
- **Prüfkosten** sind diejenigen Kosten, die für die laufende Qualitätsprüfung anfallen.

---

[1] Vgl. Bläsing, J. (1992), S. 22.
[2] Vgl. Womack, J.P. / Jones, D.T. / Roos, D. (1991).

- **Fehlerkosten** bzw. Fehlerfolgekosten sind Kosten, die durch mangelhafte Qualität der Produkte entstehen.

Fehlerverhütungskosten	• Qualitätsplanung vor Beginn der Fertigung • Durchführbarkeitsuntersuchungen • Lieferantenbeurteilung • Prüfplanung und Leitung der Qualitätssicherung • Versuchsweise Entwicklung und Bau von Meß- und Prüfmitteln • Schulung in Qualitätssicherung / Qualitätsförderungsprogrammen • Qualitätsvergleiche mit dem Wettbewerb • Qualitätsaudit
Prüfkosten	• Wareneingangsprüfungen • Fertigungs- und Zwischenprüfungen • Endprüfungen • Prüfungen bei eigener Außenmontage • Prüfdokumentation • Instandhaltung von Prüfmitteln • Laboruntersuchungen • Durch Prüfung zerstörte Teile • Prüfpersonal
Fehlerkosten	• Ausschuß • Nacharbeit • Wertminderungen

Abb. 1.15: Gliederung der Qualitätskosten

Das Ziel: Günstige Einstandspreise und kostengünstige Versorgung

Die Bedeutung der Zielsetzung Kostensenkung wird besonders deutlich, wenn man bedenkt, daß durchschnittlich 50% der gesamten Herstellkosten in Industrieunternehmen auf die Materialkosten entfallen. Das Materialmanagement hat vielfältige Möglichkeiten auf diverse Kosten des Unternehmens einzuwirken. Die für den Beschaffungsbereich relevanten Kosten sind:

- direkte Materialkosten
- Bestellkosten
- Lagerhaltungskosten
- Fehlmengenkosten.

Direkte Materialkosten (Anschaffungskosten)

Um die direkten Materialkosten (Anschaffungskosten, Beschaffungskosten) zu ermitteln, muß der Einstandspreis mit der eingekauften Menge multipliziert werden. Der Einstandspreis hilft die verschiedenen Preise der Lieferanten vergleichbar zu machen. Die Berechnung des Einstandspreises kann wie folgt vorgenommen werden:

	Angebotspreis (Listeneinkaufspreis)
+	Mindermengenzuschlag bzw. – Mengenrabatt
–	sonstige Rabatte (z. B. Treue-, Funktions-, Wiederverkäufer, Sonderrabatt) und Boni
=	Zieleinkaufspreis
–	Skonto
=	Bareinkaufspreis (bzw. Nettoeinkaufspreis)
+	Fracht-, Transport-, Versicherungskosten
+	Verpackungsrücksendungskosten
	bzw. – Gutschrift für zurückgesandte Verpackung
+	Zölle und Einfuhrspesen
=	**Einstandspreis**

Bestellkosten

Bestellkosten (Bestellabwicklungskosten, Kosten der Eigenleistung zum Zweck der Beschaffung) sind diejenigen Kosten, die innerhalb des Unternehmens für die Materialbeschaffung anfallen. Die durchschnittlichen Kosten einer Bestellung liegen in der Praxis je nach Branche zwischen 50,- DM bis 100,- DM pro Bestellung, wie die BME / VDMA-Umfrage bei 300 Firmen belegt (vgl. Abb. 1.16). Die Höhe der Bestellkosten ist von der Bestellhäufigkeit und nicht von der Bestellmenge abhängig. Die Bestellkosten sind daher wesentlich von der Bestellpolitik der Einkaufsabteilung abhängig. Zu den Bestellkosten zählen u.a. Kosten[1]

- der Materialdisposition (Bedarfs-, Bestands-, Bestellrechnung),
- des internen Transports,
- des Wareneingangs (Warenannahme),
- der Einlagerung und Qualitätskontrolle (anteilig),
- der Materialprüfung,

---

[1] Vgl. auch Bichler, K. (1992), S.112; Pfeiffer, R. (1992), S. 196-197.

- der administrativen Abwicklung (Rechnungsprüfung, Porto-, Telefon-, Telefax-kosten, Schreib- und Vervielfältigungskosten für Fremdbestellungen oder Arbeitspapiere),

- der Beschaffungsmarktforschung und

- der Lieferantenauswahl und Angebotseinholung.

Die Kosten treten in Form von Sachkosten (wie EDV-Kosten) und/oder Personal-kosten auf.

Ziele	Alle Meldungen	Maschinen bau	Elektro-technik	Automobil-zulieferanten
Durchschnittliche Kosten einer Bestellung in DM	69,80 DM	64,40 DM	89,00 DM	50,60 DM
Bestellungen/Mitarbeiter pro Jahr	1900	2070	1470	2190
Durchschnittliche Positionszahl/ Bestellungen	3,1	3,2	2,8	2,3
Lagerkostensatz für Losgrößenberechnung	16,7%	16,5%	15,5%	19,6%

Abb. 1.16: Ausgewählte Kennzahlen nach Branchen[1]

Lagerhaltungskosten

Die Lagerhaltungskosten setzen sich aus zwei Kostenblöcken zusammen. Einerseits handelt es sich um die Kosten, die sich aus der Einlagerung, Lagerung und Aus-lagerung ergeben (sog. Lagerkosten), und andererseits um die Kosten, die durch das im Lager gebundene Vermögen entstehen (sog. Kapitalbindungskosten).

Die Lagerkosten lassen sich weiter unterteilen, nämlich in fixe und variable Lager-kosten. Um **fixe Kosten** handelt es sich, wenn die Kosten (zumindest kurzfristig) nicht von der Lagermenge abhängen. Die Kosten fallen auch dann an, wenn keine Aktivitäten im Lager stattfinden. Beispiele sind:

- Raumkosten (Kosten für die Gebäudeunterhaltung, z.B. Abschreibung, Hypothekenzinsen, Gebäudeversicherung, Beleuchtung, Heizung, Instand-haltung),

- Personalkosten für Lagerpersonal,

- Miete und Leasingraten für Lagerräume, Transportmittel und Lagereinrichtung,

- Abschreibungen auf die Lagereinrichtung und die Transportmittel,

- Instandhaltung und Wartung der Transportmittel und der Lagereinrichtung.

---

[1] Schaeuffelen, H. (1990), S. 15.

Die **variablen Lagerkosten** hingegen sind von der Lagermenge direkt abhängig. Das sind z.B. Kosten für die

- Wartung des Materials im Lager,
- Kosten der Sonderbehandlung, z.B. materialspezifische Lagerung, wie Kühlung,
- Materialflußkosten, z.B. Betriebsstoffe für Transportmittel und die
- Wertberichtigungen infolge Schwund, Verderb und Veralterung.

Der Anteil der Lagerkosten an dem durchschnittlichen Lagerbestandswert wird mit dem Lagerkostensatz ausgedrückt, er zeigt die Kostenintensität der Bevorratung an. In der Praxis liegt der Lagerkostensatz zwischen 15% und 20% (vgl. Abb. 1.17).

$$\text{Lagerkostensatz} \left[\frac{k_1}{100}\right] = \frac{\text{Lagerkosten der Periode (€/ZE)}}{\text{durchschnittl. Lagerbestandswert (€/ZE)}} \, 10$$

Zur Ermittlung des Lagerhaltungskostensatzes, der die Kapitalbindungskosten berücksichtigt, muß zum Lagerkostensatz der kalkulatorische Zinssatz addiert werden.

$$\text{Lagerhaltungskostensatz} \left[\frac{j}{100}\right] = \text{Lagerkostensatz} \left[\frac{k_1}{100}\right] + \text{kalkulator. Zinssatz} \left[\frac{i}{100}\right]$$

Beispiel:
Beträgt der durchschnittliche Lagerbestandswert der Periode 2000000,-€ und fielen im gleichen Zeitraum Lagerkosten in Höhe von 320000,-€ an, ergibt sich ein Lagerkostensatz von 16%. Beträgt der kalkulatorische Zinssatz 10%, so beträgt der Lagerhaltungskostensatz 26%.

$$\frac{k_1}{100} = \frac{320000}{2000000} \cdot 100 \qquad \frac{k_1}{100} = 16\%$$

$$\frac{j}{100} = 16\% + 10\% \qquad \frac{j}{100} = 26\%$$

Abb. 1.17: Beispiel für eine Berechnung des Lagerkostensatzes und Lagerhaltungskostensatzes

Die Festlegung des kalkulatorischen Zinssatzes erweist sich als besonders problematisch. In der Literatur wird vorgeschlagen, den Zinssatz des Kapitalmarktes als Richtschnur anzusetzen. Falls nicht schon im Lagerkostenfaktor berücksichtigt, kann ein Zuschlag für Versicherungen (für das im Lager gebundene Vermögen) oder ein Risikozuschlag für das Lagerrisiko (Verderb, Schwund und Nichtabsetzbarkeit) erfolgen.

Kritisiert wird an dieser Vorgehensweise, daß die Kapitalbindung des Lagers isoliert betrachtet wird und nicht umfassend die alternativen Kapitalverwendungsmöglichkeiten in Betracht gezogen werden. Geklärt werden muß, welcher Nutzen mit dem vorhandenen Kapital bei den verschiedenen alternativen Verwendungsmöglichkeiten zu erzielen ist, um den Zinssatz festzulegen. Die Ermittlung des Zinssatzes im Rahmen dieses Opportunitätskostenkonzeptes erweist sich daher als sehr problematisch.[1]

Als Ausweg wird vorgeschlagen, den Return on Investment als Faktor zu verwenden. Der ROI berücksichtigt dabei sowohl den Umsatzerfolg als auch den Kapitalumschlag. Beide Faktoren stehen im direkten Zusammenhang mit den Kosten des im Lager gebundenen Kapitals. In der Praxis bewegt sich der Lagerhaltungskostensatz zwischen 20% und 35%.[2]

Der Lagerhaltungskostensatz und der Lagerkostensatz können jeweils als Prozentsatz des durchschnittlichen Lagerbestandswertes ausgewiesen werden (s. oben). Handelt es sich bei dem Lagergut nur um eine Materialart, so kann man die Lagerhaltungs- und die Lagerkosten auch auf eine Mengeneinheit beziehen.

Fehlmengenkosten

Fehlmengenkosten entstehen dann, wenn das angeforderte Material zum Bedarfszeitpunkt in der Produktion nicht am gewünschten Ort in der gewünschten Menge und Qualität zur Verfügung steht (direkte Fehlmengenkosten). Wird die Gefahr des Auftretens einer Fehlmenge erkannt und werden geeignete Maßnahmen eingeleitet, die zur Vermeidung der Fehlmenge führen, so werden die hierdurch entstehenden Kosten ebenfalls als Fehlmengenkosten bezeichnet (indirekte Fehlmengenkosten).

Die Abwehr einer drohenden Fehlmenge erfordert oft kostenintensive Anstrengungen, die zu zusätzlichen Kosten führen. Zusätzliche direkte Kosten entstehen z.B. dadurch, weil das Material bei einem Lieferanten mit kürzerer Lieferzeit aber höheren Preisen bestellt werden muß, um die Fehlmenge zu vermeiden. Fehlmengenkosten treten auch dann auf, wenn höherwertige Materialien zur Überbrückung der Störung eingesetzt werden müssen. Weitere zusätzliche Kosten entstehen durch den Einsatz gesonderter Transportmittel (Eilfrachten).

---

[1] Vgl. Zäpfel, G. (1982), S. 189.
[2] Vgl. Bichler, K. (1992), S. 112.

Die Auswirkungen einer Fehlmenge führen im Produktionsbereich zu Opportunitätskosten nicht beschäftigter Betriebsmittel. Wird dann das benötigte Material verspätet
noch geliefert, entstehen Kosten für Überstunden und Sonderschichten, damit die
geplanten Termine eingehalten werden können.

Ist es nicht möglich, die mit den Kunden vereinbarten Termine einzuhalten, können
zusätzliche Mehrkosten in Form von Konventionalstrafen oder Schadenersatz-
zahlungen entstehen. Um den Kunden für die Terminüberschreitung zu entschädigen,
sind dem Kunden Preisnachlässe zuzubilligen. Weitere Erlösschmälerungen können
eintreten, wenn der Kunde die speziell für ihn gefertigte Ware nicht mehr abnimmt.
Noch gravierender können die Auswirkungen sein, wenn die Nichtlieferfähigkeit
zum Verlust von Kunden führt. Die Abb. 1.18 zeigt eine mögliche Aufgliederung der
Fehlmengenkosten.

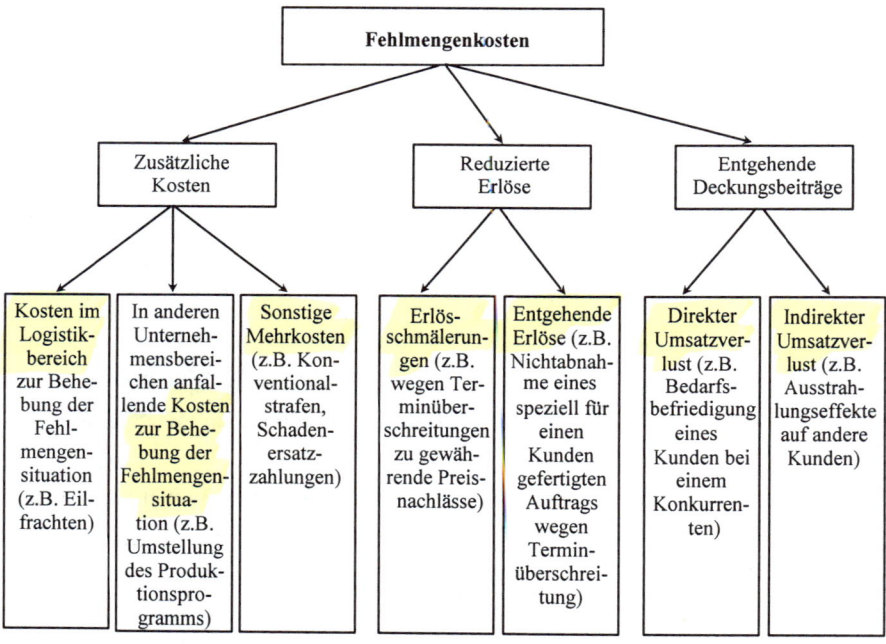

Abb. 1.18: Fehlmengenkosten[1]

Logistikkosten

Erweitert man die bereits erwähnten Bestell-, Lagerhaltungskosten und Fehlmengenkosten um die Kosten der logistischen Leistungen (Transportkosten, Kosten des

---

[1] Vgl. Weber, J. (1990), S. 96.

Produktions- und Absatzbereichs, Kundendienstkosten usw.), so gelangt man zu den Logistikkosten. Da die Entwicklung der logistischen Kosten- und Leistungsrechnung noch nicht abgeschlossen ist, werden unterschiedliche Formen der Logistikkosten vorgeschlagen.[1] Der unscharfe Logistikkostenbegriff wird i.d.R. durch die Aufzählung wichtiger Logistikkostenbestandteile verdeutlicht. Daß die Logistikkosten nicht allgemeingültig abgegrenzt wurden, liegt insbesondere an der Verschiedenartigkeit der Ausprägungsformen logistischer Systeme (Beschaffungs-, Produktions-, Distributions-Logistik, Beziehungen zu Kunden, Lieferanten, Logistikbetrieben usw.).[2]

Das Ziel: Optimales Bestandsmanagement (kurze Durchlaufzeiten, optimale Kapitalbindung)

Die Abbildung 1.5 (S. 10) zeigte bereits den Güterfluß vom Beschaffungsmarkt bis hin zum Absatzmarkt. Diese sog. logistische Kette verläuft vom Zulieferer auf dem Beschaffungsmarkt über die Produktion (z. B. Teilebearbeitung, Vormontage, Montage) über den Vertrieb (Distribution) bis hin zum Abnehmer. In der Fertigung selbst entfallen nur ca. 10-15% der Durchlaufzeiten auf wertschöpfende Fertigungszeiten. Die restlichen 85-90% der Durchlaufzeit entfallen auf Transport- und Liegezeiten. Ziel des Materialmanagements muß es also sein, die Durchlaufzeiten zu verkürzen und die Bestände zu reduzieren. Ein wichtiges Hilfsmittel zur Erreichung dieses Zieles ist der Einsatz neuer Kommunikationstechniken zur Optimierung der Materialströme und Bestände.

Gelingt es, die Durchlaufzeit der Erzeugnisse durch das Unternehmen gleich oder kleiner als die von den Kunden geforderte Lieferzeit zu halten, so ist die Flexibilität am Markt größer, auf externe oder interne Einflüsse kann schneller reagiert werden. Kurze Durchlaufzeiten und kurze Wiederbeschaffungzeiten verringern den Prognosezeitraum, verbessern die Lieferfähigkeit und erlauben eine hohe mengenmäßige Flexibilität bei Marktänderungen. Es muß daher der gesamte Ablauf der Fertigung auf Verkürzungsmöglichkeiten hin untersucht werden.

Das Ziel: Umweltverträglichkeit und Entsorgungssicherheit
Veränderte ökologische Rahmenbedingungen zwingen die Unternehmen heute dazu, den Umweltschutz in ihrem   Zielsystem zu integrieren. Die Vergangenheit hat

---

[1] Vgl. den Überblick bei Pfohl, H. (1990), S. 42-43.
[2] Vgl. Männel, W. (1991), S. 33.

gezeigt, daß durch die Industrialisierung verstärkte Umweltbelastungen auftreten, und zwar in folgender Form:[1]

- Eingriffe in natürliche Regelkreise, durch die vorhandene Gleichgewichte zerstört oder verschoben werden
- Ausbeutung natürlicher Rohstoffvorkommen
- Verschmutzung der Umweltmedien Luft, Wasser, Boden und Rückstände aus Produktion und Konsumtion
- allgemeine Belastungen, wie Lärm und Strahlung.

Jede Form der Leistungserstellung führt zu Belastungen der Umwelt. Einerseits werden der natürlichen Umwelt Ressourcen entnommen, die als Werk-, Hilfs- oder Betriebsstoffe in den Produktionsprozeß einfließen und in der Regel nicht oder nicht beliebig vermehrbar sind, auf der anderen Seite belasten Emissionen die Umwelt, dies sind unerwünschte Kuppelprodukte, wie Luftschadstoffe, Wasserverunreinigungen und Abfälle. Auch das Produkt selbst stellt eine mehr oder weniger große Umweltbelastung dar, da von ihm Emissionen ausgehen können und es später ganz oder teilweise entsorgt werden muß.[2]

Bei der Bevölkerung in den westlichen Industrieländern ist ein gewachsenes Umweltbewußtsein festzustellen, was sich z.B. in verändertem Konsumverhalten und verschärftem Umwelthaftungsrecht äußert. Die Unternehmen müssen mit umweltverträglichen Produkten und Produktionsverfahren reagieren, um auch in Zukunft wettbewerbsfähig zu sein.

Da bereits durch die Auswahl der Stoffe als Input die zukünftige Umweltverträglichkeit des herzustellenden Produktes determiniert wird, kann das Materialmanagement bereits durch die Beschaffung umweltschonender Materialien einen wesentlichen Beitrag zum Umweltschutz leisten. Ein ökologisch orientiertes Materialmanagement sollte daher auch auf andere Bereiche, wie z.B. Produktion und Marketing, einwirken. Für eine schadstoffarme Produktion könnten Vorschläge für den Einsatz entsprechender Stoffe gemacht werden. Auf der Absatzseite könnte die Entwicklung umweltfreundlicher Produkte angeregt werden, die ihrerseits aus umweltfreundlichen Stoffen bestehen.

Weitere Ansatzpunkte zur Realisierung eines umweltorientierten Materialmanagements sind

---

[1] Vgl. Steven, M. (1992), S. 35.
[2] Vgl. Kudert, S. (1990), S. 569-575.

- sparsamer ressourcenschonender Materialeinsatz (hoher Verwertungsgrad)
- Vermeidung nicht wiederverwendbarer Abfälle
- Auswahl umweltverträglicher Transportsysteme
- sichere Lagerung von umweltgefährdenden Stoffen und Abfällen.

Treten unvermeidliche Rückstände an gefährlichen Abfallstoffen auf, müssen diese sicher entsorgt werden. Dem Materialmanagement obliegt die gesamte Entsorgungs-Logistik. Die Entsorgung umfaßt alle Tätigkeiten des Recyclings, der Abfallbeseitigung und des Verkaufs von Reststoffen.

In einem materialwirtschaftlichen Zielsystem müssen ökologische Aspekte integriert werden. Neben Entscheidungskriterien wie Preis, Lieferbedingungen, Qualität, Gebrauchseigenschaft muß auch die Umweltverträglichkeit des Materials bei der Materialbeschaffung berücksichtigt werden, damit eine Substitution von umweltbelastenden Materialien durch umweltverträgliche (recyclingfähige) Materialien erfolgen kann.

1.5.2   Zielkonflikte

Die Ziele innerhalb des materialwirtschaftlichen Zielsystems können verschiedene Verträglichkeitsgrade aufweisen. Die Zielbeziehung kann indifferent (keine Auswirkungen), komplementär und konfliktär (konkurrierend) sein. Liegt eine Zielindifferenz vor, beeinflussen sich die Ziele gegenseitig nicht. Verhalten sich die Ziele komplementär, so unterstützen sich die Ziele gegenseitig. In den meisten Fällen verhalten sich die Ziele jedoch konfliktär, d.h., die Zielerfüllung des einen Zieles führt zu einer negativen Beeinträchtigung der Zielerfüllung des anderen Zieles. Dies soll die Abb. 1.19 verdeutlichen.

Beispiele für Zielkonflikte

a) Hohe Sicherheitsbestände führen zu einer hohen Lieferbereitschaft und zu verringerten Fehlmengenkosten. Dieser Tatsache stehen aber erhöhte Lagerkosten (Personalkosten usw.) und erhöhte Kapitalbindungskosten (Zinsen) gegenüber.

b) Günstige Einstandspreise sind in der Regel mengenabhängig. Dies verleitet dazu, in großen Mengen einzukaufen. Damit verbundene lange Lagerzeiten können zur Beeinträchtigung der Materialqualität führen. Außerdem bedingen große Einkaufsmengen höhere Kapitalbindungskosten.

c) Für die Beurteilung der Umweltverträglichkeit von Stoffen ist ein hoher Informationsstand erforderlich. Oft sind die Einstandspreise für umweltverträgliche Stoffe höher als die herkömmlicher Stoffe. Die Ziele Umweltverträglichkeit und niedrige Kosten können sich demnach auch konfliktär verhalten.

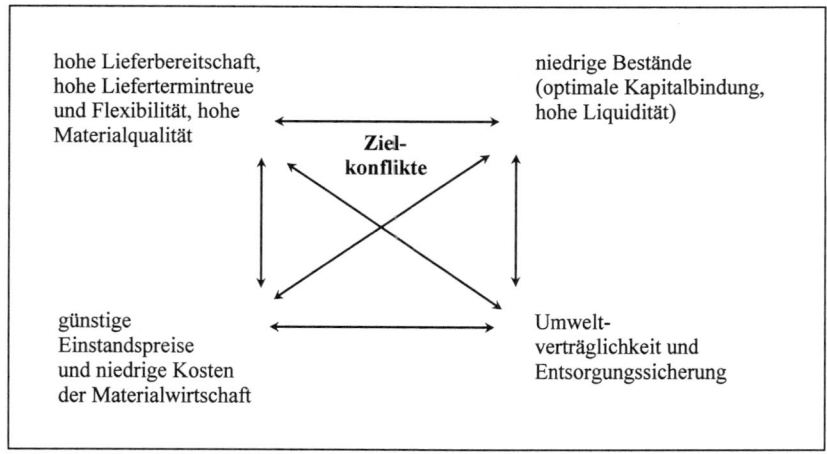

Abb. 1.19: Zielkonflikte[1]

1.5.3 Aufgaben des Materialmanagements

Von den Zielen, die anzustrebende oder erwünschte zukünftige Zustände, Ergebnisse oder Verhaltensweisen darstellen, sind die Aufgaben zu trennen. Aufgaben sind die aus den Zielen resultierenden Handlungsanweisungen oder Tätigkeiten. Die folgenden Fragestellungen können bei der Unterscheidung nützlich sein: Ziel: "Was soll erreicht werden?", Aufgabe : "Wie soll dies erreicht werden?". Um das Ziel "niedrige Bestände (optimale Kapitalbindung)" zu erreichen, sind die Aufgaben Bestellmengenrechnung und Bestandscontrolling erforderlich. Zur Erreichung des Ziels "günstige Einstandspreise" ist ein funktionierendes Beschaffungsmarketing erforderlich. Die Abb. 1.20 zeigt eine Zusammenstellung der operativen Aufgaben des Materialmanagements. **Operative Aufgaben** ergeben sich im wesentlichen durch das Tagesgeschäft. Babei handelt es sich um Planungs-, Durchführungs- und Kontrollaufgaben, die in kurzen Zeitabständen wiederkehren.

---

[1] In Anlehnung an Fuchs, D. (1983), S. 384.

Funktionsbereiche	operative Aufgaben
Materialdisposition	• Bedarfsrechnung • Bedarfsauflösung • Bestellmengenrechnung
Einkauf / Beschaffungsmarketing	• Lieferantenbeurteilung, -auswahl, -pflege • administrative Bestellung • Qualitätsprüfung und -sicherung • Vertragsgestaltung • Preis- u. Bezugskonditionen • Bezugsquellendateiverwaltung • Kapazitätsdateiverwaltung • Zollabwicklung • Beschaffungsmarktforschung
Bevorratung / (Lagerwirtschaft)	• Warenannahme und Eingangskontrolle • Mengenkontrolle • Qualitätssicherung • Lagerhaltung (Werterhaltung der eingelagerten Güter) • Materialbereitstellung • Materialrechnung • Materialpflege • Auslagerung und Kommissionierung • Bestandscontrolling
Innerbetrieblicher Transport (Materialflußplanung und -steuerung)	• Güterumschlag • Gütertransport • Transportsystempflege • Instandhaltungsplanung • Auswahl von Verteilfahrzeugen • Optimale Materialanlieferung • Materialflußsteuerung
Reststoffverwertung und Entsorgung	• Reststoffe erfassen, sammeln • Reststofflagerung und -umformung • Reststoffverkauf • Materialrecycling und Aufbereitung • Entsorgungsplanung • Entsorgen / Deponieren von Abfällen

Abb.1.20: Operative Aufgaben des Materialmanagements

Insbesondere die Realisierung von Preisvorteilen ist die traditionell wohl wichtigste Aufgabenstellung des Materialeinkaufs und dürfte auch weiterhin eine wichtige Aufgabenstellung des Materialeinkaufs bleiben. Ausgedrückt wird dies zumeist mit dem Sprichwort "Im Einkauf liegt der Gewinn".

Die strategischen Aufgabenfelder des Materialmanagements sind darauf ausgerichtet, die Marktchancen zu nutzen, die Marktrisiken zu analysieren und sie für das Unternehmen zu minimieren. Das strategische Materialmanagement ist darauf ausgerichtet, Erfolgspotentiale zu nutzen. Dies bedeutet z.b. die langfristige Sicherung von Rohstoffquellen durch die Mitgestaltung der Beschaffungsmärkte, sofern die Marktmacht vorhanden ist.

Funktionsbereiche	strategische Aufgaben
Einkauf / Beschaffungsmarketing	• Gestaltung des Beschaffungsprogramms • Langfristige Rahmenverträge • Beschaffungsmarktforschung • Erschließung neuer Beschaffungsmärkte • Aufbau von Zulieferern
Bevorratung (Lagerwirtschaft)	• Langfristige Planung der Sicherheitsbestände • Einrichtung eines Eigen- oder Fremdlagers
Innerbetrieblicher Transport (Materialflußplanung u. -steuerung)	• Gestaltung des Materialflusses und der Verpackungen
Reststoffverwertung und Entsorgung	• Gestaltung der Entsorgungs- und Recyclingsysteme • Ermittlung von Substitutionsgütern
Weitere fallweise strategische Aufgaben	• Langfristige Entscheidung über Eigenfertigung oder Fremdbezug • Materialstandardisierung • Kapitalbeteiligungen bei Zulieferern • Imagepflege

Abb. 1.21: Strategische Aufgaben des Materialmanagements

Versteht man die Materialwirtschaft nicht nur als eine aus Produktion und Absatz abgeleitete Bereitstellungsfunktion, sondern auch als eine in die Unternehmensführung integrierte Managementfunktion (Materialmanagement), so müssen viele Aufgaben in enger Kooperation mit den anderen Bereichen durchgeführt werden.

Durch Entscheidungen in anderen Bereichen werden in den meisten Fällen wichtige Rahmendaten für das Materialmanagement fixiert. Wird auf die Mitwirkung des Materialmanagements verzichtet, werden damit schon die besten Chancen zur Beeinflussung der Materialkosten und der Bestände vergeben.[1]

---

[1] Vgl. Puhlmann, M. (1990), S. 21.

Neben den originären Aufgaben des Materialmanagements, wie Einkauf und Bevorratung, ergeben sich zusätzliche Aufgaben aus der Zusammenarbeit mit anderen betrieblichen Funktionsbereichen. Die folgenden Aufzählungen zeigen Beispielaufgaben, die sich aus der Zusammenarbeit ergeben.[1]

1.5.3.1 Die Zusammenarbeit mit der Forschung und Entwicklung, Konstruktion

- Abstimmung bei der lang-, mittel- und kurzfristigen Entwicklungs-, Beschaffungs- und Sortimentsplanung
- Informationsaustausch über neue Stoffe und Produkte
- Beschaffung von Mustern und Konkurrenzprodukten
- Vorschläge für kostengünstigere Alternativen bei Problemlösungen
- Hinweise zur Verwendung von Normteilen
- Hinweise auf mögliche Substitutionsgüter
- Wiederverwendung bewährter Teile, Baugruppen und damit Vermeidung von aufwendigen Neukonstruktionen. Dies wirkt sich zu meist positiv aus (keine neuen Lagerpositionen, Umschulungen, Anlaufkosten und Neuinvestitionen).
- Wechselseitiger Erfahrungs- und Datenaustausch (Vermeidung des sog. "backdoor-selling", d. h., die Entwicklung nimmt Direktkontakte mit den Lieferanten auf unter Ausschaltung des Einkaufs)
- Beteiligung an den regelmäßig durchzuführenden Wertanalysen
- Beteiligung an Make-or-Buy-Analysen (Berücksichtigung der eigenen Fertigungsmöglichkeiten und der technischen Umsetzung im Fall der Eigenfertigung)
- Konstruktion von Produkten/Baugruppen mit leicht trennbaren, recycelbaren Stoffen
- Verschnittoptimierung mit Rechnerprogrammen
- Typenbereinigung

1.5.3.2 Die Zusammenarbeit mit der Fertigung

- Abstimmung über make or buy zusammen mit Kalkulation und Forschung und Entwicklung
- Absprachen über mögliche Entlastungsmaßnahmen (Vorschläge wie Subcontracting = verlängerte Werkbank)
- Programmplanung
- Planung und Änderung des Materialflusses (z. B. Einführung neuer Bereitstellungsmethoden oder Fertigungsverfahren)

---

[1] Vgl. Busch, H. (1980), S. 36-47; Stahlmann, V. (1988), S. 28-30; Puhlmann, M. (1990), S. 21-23.

- Layoutplanung von Lägern, innerbetrieblichen Transportwegen, Fertigungsstätten
- Material-Handling (Palettisierung, Containerisierung)
- Recycling

1.5.3.3   Die Zusammenarbeit mit dem Absatz

- Abwicklung von Gegengeschäften (Kompensationsgeschäfte, bei denen der Lieferant auch als Kunde des Unternehmens auftritt)
- Absatzprognoserechnung (zur Ableitung des Materialbedarfs)
- Festlegung von Distributions- und Transportmitteln

1.5.3.4   Die Zusammenarbeit mit dem Finanz- und Rechnungswesen, Controlling

- Festlegung der Konditionenpolitik im Einkauf
- Budgetierung der Bestände, Materialeinkaufsvolumen und Gemeinkosten in der Materialwirtschaft
- Festlegung der Kapitalbindung in Werkstattbestände (gemeinsam mit der Fertigung)
- Abstimmung von Wareneingang, Einkauf und Rechnungsprüfung/Buchhaltung
- Investitionsplanung bei Transport-, Lager- und Informations- und Kommunikationstechnologien
- Ermittlung und Auswertung materialwirtschaftsorientierter Daten und Kennzahlen für das Controlling
- Entwicklung und Erstellung von Umweltbilanzen (eines Umweltinformationssystems) für das Unternehmen
- Organisation des Inventur-Verfahrens (permanente Inventur, Stichtagsinventur) zusammen mit der Lagerverwaltung
- Kontrolle und Planung des Bestellobligos
- Durchführung der Materialrechnung (Lagerbuchführung)

1.6   Die Bedeutung und Entwicklung des Materialmanagements

Betrachtet man den Materialkostenanteil an der Gesamtleistung der deutschen Industrie, so stellt man fest, daß dieser im Durchschnitt bei 50 bis 60 Prozent liegt. Die Gesamtleistung ergibt sich aus den Umsätzen und den aktivierten Eigenleistungen, plus bzw. minus den Bestandsveränderungen an Erzeugnissen.

Eine weitere wichtige Kennziffer, die die Bedeutung der Materialwirtschaft unterstreicht, ist der Anteil des in Vorräten (Roh-, Hilfs- und Betriebsstoffe, unfertige und fertige Erzeugnisse) gebundenen Kapitals im Verhältnis zum Gesamtvermögen. Ausdrücken läßt sich dies durch das Verhältnis der Vorräte zur Bilanzsumme (Anlagevermögen und Umlaufvermögen). Durchschnittlich 20 bis 30 Prozent beträgt der Anteil der Vorräte an der Bilanzsumme. Die Abb. 1.22 zeigt die Anteile der Materialkosten an der Gesamtleistung für verschiedene Industriezweige.

Branche	Materialaufwand in % der Gesamtleistung	Vorräte in % der Bilanzsumme
	1990	1990
Chem. Industrie	49,1	15,7
Herstellung von Kunststoffwaren	50,2	23,3
Gewinnung und Verarb. von Steinen und Erden	44,6	14,4
Eisenschaffende Industrie	55,9	21,6
Stahl- u. Leichtmetallbau	52,1	34,4
Maschinenbau	48,1	32,3
Straßenfahrzeugbau	60,4	19,4
Elektrotechnik	48,1	20,9
Herstellung von Eisen-, Blech- u. Metallwaren	47,0	28,5
Holzverarbeitung	48,5	27,4
Papier- u. Pappeverarbeitung	53,6	24,1
Textilgewerbe	56,8	32,9
Bekleidungsgewerbe	60,0	40,6
Ernährungsgewerbe	64,3	22,7

Abb. 1.22: Anteile des Materialaufwands an der Gesamtleistung in % und Anteil der Vorräte an der Bilanzsumme in %.[1]

Die Auswirkungen von Einsparungen im materialwirtschaftlichen Bereich auf das Unternehmensergebnis und damit auf die Rendite des investierten Kapitals lassen sich mit Hilfe des ROI-Schemas (Return on Investment-Schema) verdeutlichen. Das Kennzahlensystem wurde bereits 1919 von dem Chemiekonzern DuPont entwickelt und seitdem mehrfach verbessert und ergänzt.[2] Das Du-Pont-System oder ROI-Schema ist als Rechensystem konzipiert und hat die Gestalt einer Kennzahlenpyramide bzw. eines Kennzahlenbaumes (Vgl. Abb. 1.25). Die Spitzenkennzahl ist der "Return on Investment" (ROI). Im deutschsprachigen Raum wird auch der Begriff "Kapitalrentabilität" oder "Ertrag aus investiertem Kapital" verwendet. Wird

---

[1] Zahlen entnommen aus: Deutsche Bundesbank (Hrsg.),(1992), S. 26-31.

[2] Allgemeine Darstellungen: vgl. Küting, K. (1983), S. 291-292; Staehle, W. (1973), S. 224-225; Botta, V. (1985), S. 97-98.

Schlüsse auf die Ursachen des Erfolges (Höhe des Gewinns) gemacht werden. Es wird lediglich ausdrückt, daß mit einem bestimmten Kapitaleinsatz ein bestimmter Gewinn erzielt wurde.

$$\text{ROI} = \frac{\text{Gewinn}}{\text{Gesamtkapital}} \cdot 100$$

Es ist daher notwendig, neben der Bestandsgröße (Gesamtkapital) die Bewegungskomponente (Umsatz) einzubeziehen, denn erst durch den kostenüberdeckenden Umsatz entsteht ja der Gewinn. Die so erweiterte Formel drückt aus, daß der Erfolg auf den Bestimmungsfaktoren a) Umsatzrentabilität (auch Gewinn in % zum Umsatz bzw. Umsatzgewinnrate genannt) und b) dem Kapitalumschlag beruht.

$$\text{ROI} = \underbrace{\frac{\text{Gewinn}}{\text{Umsatz}} \cdot 100}_{\text{Umsatzrentabilität}} \cdot \underbrace{\frac{\text{Umsatz}}{\text{Kapital}}}_{\text{Kapitalumschlag}}$$

Die Umsatzrentabilität als Quotient aus Gewinn und Umsatz gibt an, wieviel Gewinn ein Unternehmen durchschnittlich von 100 € Umsatz erzielt. Es handelt sich also um die Gewinnspanne des Unternehmens. Die zweite Bestimmungsgröße, die Kapitalumschlagshäufigkeit als Quotient aus Umsatz und Kapital zeigt an, wie oft das Kapital bzw. das Vermögen durch den Umsatz umgeschlagen worden ist. Die Kapitalumschlagshäufigkeit ist ein Indiz dafür, wie intensiv das investierte Vermögen genutzt wird. Da die Höhe der Umsatzrentabilität und des Kapitalumschlags im Branchenvergleich stark voneinander abweicht, empfiehlt es sich, Branchendurchschnittswerte zu Vergleichszwecken heranzuziehen.

Branche	Umsatzrentabilität (%)				Kapitalumschlag	
	vor Steuern		nach Steuern			
	1990	1989	1990	1989	1990	1989
Chem. Industrie	6,53	7,67	3,39	3,84	1,19	1,31
Eisenschaffende Industrie	3,97	4,18	2,19	2,25	1,41	1,45
Maschinenbau	4,23	4,60	2,63	2,74	1,28	1,28
Fahrzeugbau	4,17	4,78	1,88	2,11	1,97	2,00
Elektrotechnik	4,11	4,05	2,46	2,10	1,25	1,21
Holzbe- u. Verarbeitung	3,77	3,27	2,71	2,45	1,81	1,83
Textilgewerbe	3,44	3,41	2,33	2,10	1,70	1,90
Ernährungsgewerbe	3,57	2,32	2,53	1,53	1,92	2,01
Großhandel	2,23	1,86	1,49	1,23	2,57	2,69
alle Unternehmen	3,48	3,40	2,18	2,06	1,70	1,70

Abb. 1.23: Branchendurchschnittswerte für Umsatzgewinnrate und Kapitalumschlagshäufigkeit[1]

---

[1] Zahlen entnommen aus: Deutsche Bundesbank (Hrsg.),(1992), S. 26-31.

Ein bestimmter ROI kann auf unterschiedliche Kombinationen der Umsatzrentabilität und des Kapitalumschlags basieren. Es läßt sich deshalb eine ISO-Rentabilitätskurve bilden, die die unterschiedlichen Kombinationen repräsentiert.

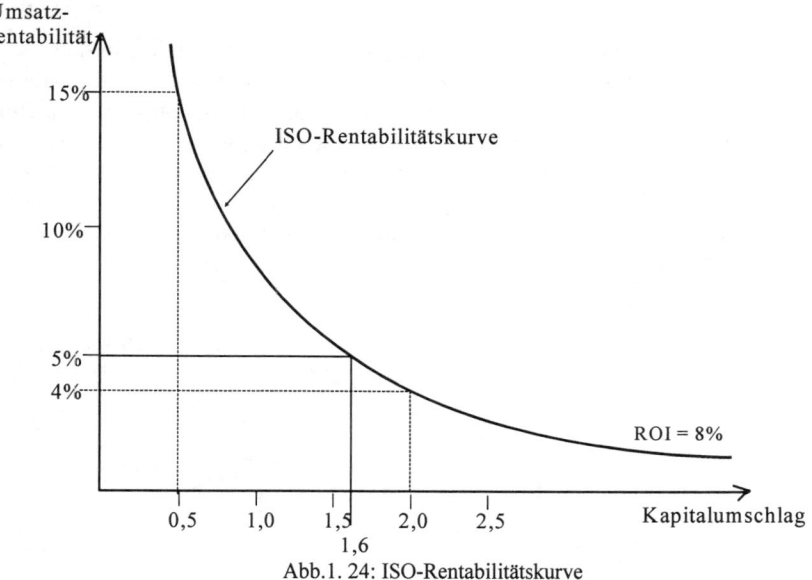

Abb.1. 24: ISO-Rentabilitätskurve

Um die Erfolgsaussichten des Materialmanagements mit Hilfe des ROI-Schemas zu verdeutlichen, muß das ROI-Schema jedoch vollständig erstellt werden (vgl. Abb. 1.25). Die Komponenten des ROI, Kapitalumschlag und Umsatzrentabilität, werden weiter in ihre Bestimmungsfaktoren aufgegliedert. Im oberen Zweig des Schemas wird der Gewinn in seine Erlös- und Kostenbestandteile zerlegt. Die Ermittlung des Gewinns ist davon abhängig, ob dem System eine Teilkosten- oder Vollkostenrechnung zugrunde liegt. Wird das ROI-System auf der Grundlage einer Teilkostenrechnung erstellt, so ergibt sich der Gewinn als Differenz aus Deckungsbeitrag minus fixe Kosten. Handelt es sich um ein Vollkostensystem, ergibt sich der Gewinn aus Umsatz minus Selbstkosten.

Im unteren Zweig des Kennzahlensystems wird die Zusammensetzung des investierten Kapitals genauer analysiert. Das investierte Kapital wird in die Bestandteile Anlagevermögen und Umlaufvermögen gegliedert. Anschließend wird das Umlaufvermögen weiter aufgeteilt in Zahlungsmittel, Bestände (Vorräte) und Forderungen.

Die Aktivitäten des Materialmanagements beeinflussen die Materialkosten im oberen Kennzahlenzweig und die Bestände im unteren Zweig des Kennzahlensystems. Zunächst sollen die Auswirkungen der Senkung der Materialkosten auf den ROI betrachtet werden.

Beispiel:
Das Unternehmen mit der in Abb. 1.25 dargestellten Struktur erzielt in der Ausgangssituation einen ROI in Höhe von 8%. Dieser ROI ergibt sich aus der Multiplikation der Umsatzrentabilität von 5% mit der Kapitalumschlagshäufigkeit in Höhe von 1,6. Bei einem unterstellten Umsatz von 11000,-€ und Materialkosten in Höhe von 5500,-DM ergibt sich ein 50 prozentiger Materialkostenanteil am Umsatz. Gelingt es dem Unternehmen, die Materialkosten um nur 2% zu senken, erhöht sich der ROI auf 9,60%. Eine Senkung der Materialkosten um 10% führt sogar zu einer Verdoppelung des ROI auf 16%.

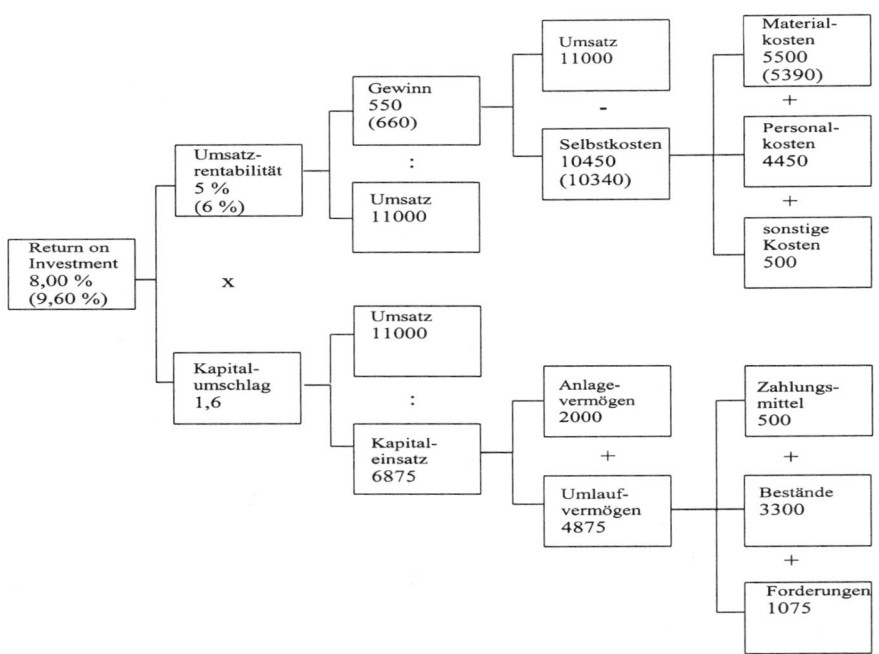

Abb.1.25: Beispiel für die Auswirkung einer 2%igen Materialkostensenkung im Du-Pont-System

Ein ähnlich großer Einfluß auf den ROI geht - je nach Anteil der Vorräte am Umlauf- bzw. Gesamtvermögen - von den Beständen an Material und unfertigen sowie fertigen Erzeugnissen aus. Die Senkung der Vorräte im unteren Zweig des ROI-

Schemas führt so zu einer Erhöhung des ROI. Eine Reduzierung der Vorräte kann z.b. durch den Abbau zu hoher Sicherheitsbestände, die Verbesserung des Materialflusses oder entsprechende Beschaffungsmarketing-Aktivitäten (niedrigere Einstandspreise durch Auswahl neuer Lieferanten, Materialsubstitution) erfolgen.

Die Bestandssenkung führt zu einer Verringerung des investierten Kapitals (unterer Zweig). Da im ROI-Schema mit weniger Kapitaleinsatz der gleiche Gewinn erzielt wird, erhöht sich der ROI. Zur Veranschaulichung im ROI-Schema wird davon ausgegangen, daß das freigesetzte Kapital dem Unternehmen entzogen wird. Mit einem geringeren Kapitaleinsatz wird dann der gleiche Gewinn erzielt. Tatsächlich dürfte aber das durch die Bestandssenkung freigesetzte Kapital im Unternehmen in der Regel einer rentableren Verwendung zugeführt werden. Statt im Lager zu ruhen, kann das Kapital der Produktion (ROI-Schema =Anlagevermögen) zugeführt werden, wo es aktiv arbeiten kann.[1] Wird im ROI-Schema jedoch lediglich das Kapital von den Beständen (Umlaufvermögen) zum Anlagevermögen transferiert, zeigt sich zunächst keine direkte Auswirkung auf den ROI. Langfristig ermöglicht jedoch die Erhöhung der Produktionskapazitäten einen höheren Umsatz und Gewinn, so daß auch dann der ROI steigt. Da zwischen den Beständen und den Materialkosten Interdependenzen bestehen, beeinflußt die Bestandssenkung nicht nur den Kapitalumschlag, sondern auch die Umsatzrentabilität. Die Reduzierung der Bestände führt nämlich zu niedrigeren Lagerhaltungskosten, Versicherungskosten, Raumkosten, Wertberichtigungen usw. Die Abbildung 1.26 zeigt ein ROI-System auf Teilkostenbais.

Materialkostenreduzierung und Umsatz

Um den Gewinnbeitrag der Materialwirtschaft zu verdeutlichen, wird der Materialkostenreduzierung eine vergleichbare Umsatzsteigerung gegenübergestellt.[2] Es wird dann die Frage gestellt: Welche Steigerung der Umsatzerlöse wäre mit einer entsprechenden Materialkostensenkung vergleichbar? Zur überschlagsmäßigen Bestimmung des Gewinnbeitrags der Materialwirtschaft dient die folgende Formel:

	Beispiel:
$$G_M = \frac{M \cdot Sm}{r} \cdot 100$$	$$G_M = \frac{50\% \cdot 2\%}{5\%} \cdot 100 = 20\%$$

G_M = Gewinnbeitrag einer Materialkostensenkung, ausgewiesen als vergleichbare Umsatzerlössteigerung in Prozent; M = Anteil Materialkosten am Umsatz in Prozent, Sm = Senkung der Materialkosten in Prozent; r = Umsatzrentabilität in Prozent

---

[1] Vgl. Grochla, E. /Fieten, R. / Puhlmann, M. / Vahle, M. (1983), S. 21.

[2] Vgl. z.B. Stark, H. (1990), S. 24; Grochla, E. / Fieten, R. / Puhlmann, M. (1984), S. 35.

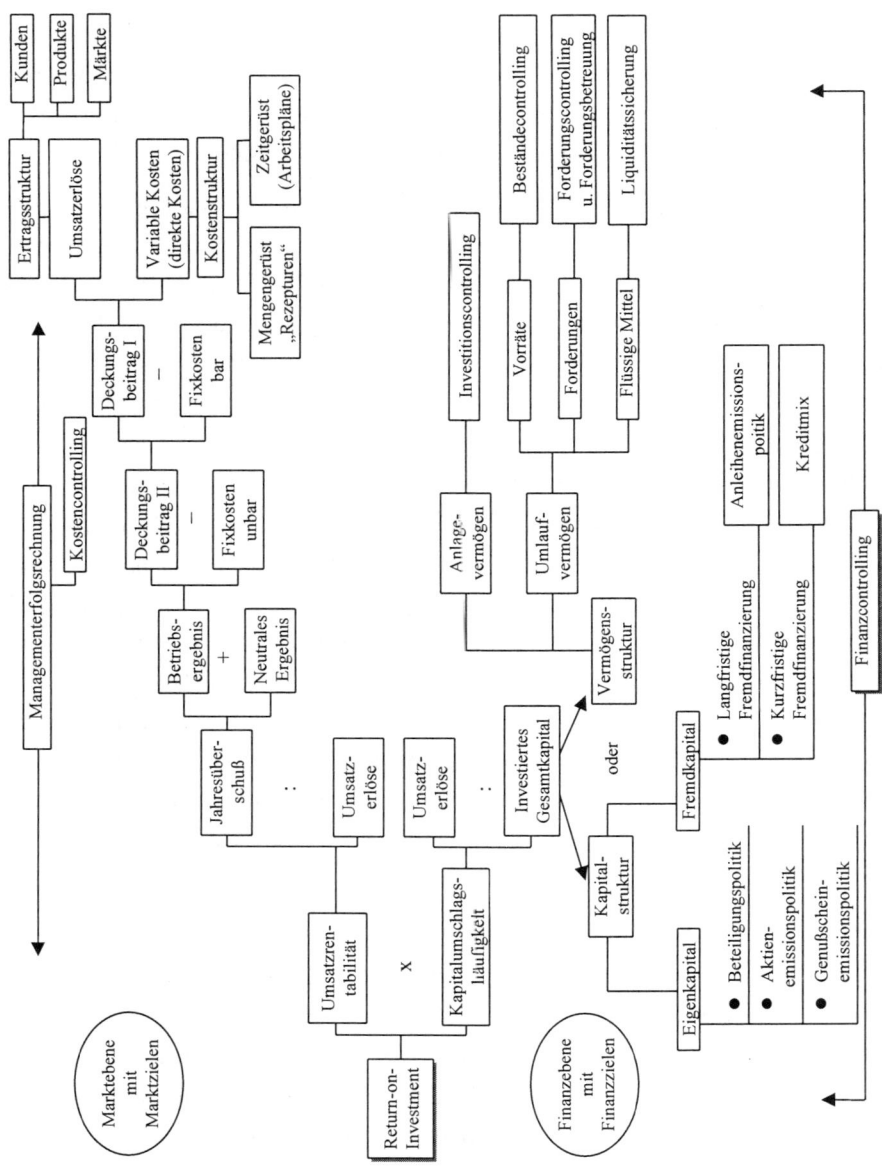

Abb. 1.26:
Erweitertes ROI-
Schema auf
Teilkostenbasis
[Busse, F. (1996), S.
492]

Zu beachten ist, daß die Formel eine proportionale Erhöhung der Kosten (Material-kosten, Personalkosten und sonstige Kosten) impliziert. Bei einer Überprüfung der mit der o.g. Formel ermittelten Werte anhand des ROI-Schemas, müssen auch die Selbstkosten (Materialkosten, Personalkosten und sonstigen Kosten) proportional zur Umsatzsteigerung erhöht werden. Bezogen auf das Beispiel der Abb. 1.25 bedeutet dies, daß eine errechnete 20%ige Steigerung des Umsatzes von 11000 € auf 13200 € eine gleichzeitige Steigerung der Selbstkosten von 10450 € auf 12540 € erfordert. Da die Höhe der vergleichbaren Umsatzsteigerung von der Höhe des Materialkosten-anteils am Umsatz abhängig ist, kann dieser Zusammenhang grafisch dargestellt werden (s. Abb. 1.27). Die Gerade MS_1 beschreibt eine Senkung der Materialkosten um 2% und die Gerade MS_2 eine Senkung um 4 %.

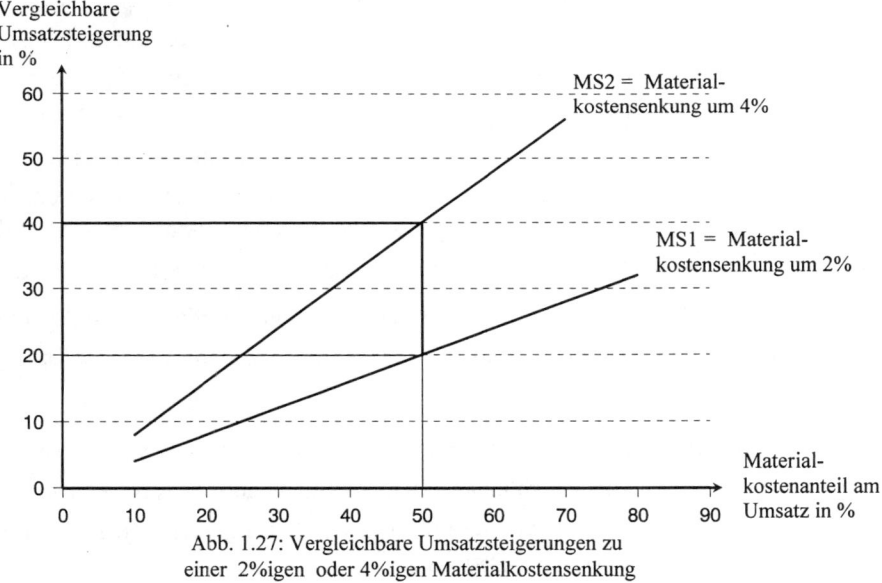

Abb. 1.27: Vergleichbare Umsatzsteigerungen zu
einer 2%igen oder 4%igen Materialkostensenkung

Um die Bedeutung der Bestandsreduzierung zu verdeutlichen, kann eine mögliche Bestandssenkung in Form einer entsprechenden Umsatzerlössteigerung ausgedrückt werden.[1] In diesem Fall lautet dann die Frage: Welche Steigerung der Umsatzerlöse wäre mit einer entsprechenden Bestandssenkung vergleichbar?

---

[1] Vgl. z.B. Stark, H. (1990), S. 24; Grochla, E. / Fieten, R. / Puhlmann, M. (1984), S. 35.

Beispiel:

$$G_B = \frac{r + (i \cdot Sb \cdot B)}{r - (r \cdot Sb)} \cdot 100 - 100 \qquad G_B = \frac{5\% + (10\% \cdot 10\% \cdot 30\%)}{5\% - (5\% \cdot 10\%)} \cdot 100 - 100$$

$$G_B = \frac{5,3\%}{4,5\%} \cdot 100 - 100 = 17,8\%$$

G_B = Gewinnbeitrag einer Materialkostensenkung, ausgewiesen als vergleichbare Umsatzerlössteigerung in Prozent

S_B = Senkung der Bestände in Prozent

i = Kalkulationszinsfuß

B = Anteil der Bestände am Umsatz in Prozent

r = Umsatzrentabilität in Prozent

Bei einer Umsatzrentabilität von 5%, einem Zinssatz von 10% und einem durchschnittlichen Anteil der Bestände am Umsatz von 30% ist eine 10%ige Bestandsreduzierung mit einer Umsatzsteigerung von 17,8% im Absatzbereich vergleichbar. Eine Bestandssenkung um 20% bei sonst gleichen Bedingungen entspricht sogar einer Umsatzsteigerung um 40%. Die Formel berücksichtigt bereits die Zinskosteneinsparungen. Sonstige mögliche Einsparungen bei den Lagerkosten werden dagegen noch nicht berücksichtigt. Der Gewinnbeitrag der Bestandssenkung in Abhängigkeit vom Vorräteanteil am Umsatz läßt sich wiederum grafisch darstellen (s. Abb. 1.28).[1] Die Gerade BS_1 beschreibt eine Bestandssenkung um 10% und die Gerade BS_2 eine Senkung um 20 %. Die Senkung der Bestände wirkt sich auch auf die Materialkosten positiv aus. So sinken die Kapitalbindungskosten, weil geringere Bestände verzinst werden müssen, auch die Lagerkosten (Raumkosten, Personalkosten, Miete usw.) sinken.

Um den gesamten Hebeleffekt, der mit einer Bestandssenkung verbunden ist, zu ermitteln, kann ein Tabellenkalkulationsprogramm eingesetzt werden. Durch entsprechende Verformelungen, die die prozentualen Abhängigkeiten berücksichtigen, kann der gesamte Hebeleffekt ermittelt werden.

---

[1] Vgl. auch Grochla, E. / Fieten, R. / Puhlmann, M. (1984), S. 31.

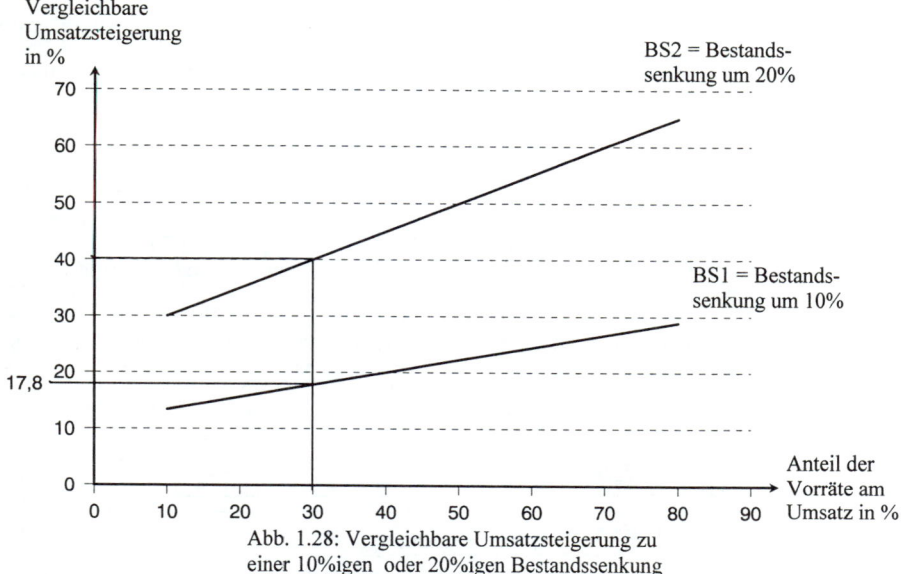

Abb. 1.28: Vergleichbare Umsatzsteigerung zu
einer 10%igen oder 20%igen Bestandssenkung

1.7 Problembereiche des Materialmanagements

Eine vom Betriebswirtschaftlichen Institut für Organisation und Automation der Universität zu Köln (BIFOA) im Winter 1980/81 durchgeführte Befragung bei 120 mittelständischen Unternehmen (Ausgangsstichprobe: 732 Fälle, Rücklaufquote 16%) zu Problembereichen der Materialwirtschaft ergab, daß Schwachstellen vor allem in der Disposition, der Materialkontrolle und der Lagerhaltung vorliegen (s. Abb. 1.29). Begründet werden die Schwachstellen insbesondere mit den unzureichenden Dispositionsverfahren, den häufig fehlenden technisch-organisatorischen Voraussetzungen zur Materialkontrolle und nicht zuletzt mit der "Flucht in die Bestände" aufgrund einer angeblich unzureichenden Prognostizierbarkeit des Absatzmarktes und einer insgesamt mangelhaften Kontrolle der Lagerhaltung. Verbesserungsmöglichkeiten wurden vor allem bei der Beschaffungsmarktforschung gesehen. Fast 40% der Befragten, die angaben, aktuelle Probleme im Bereich der Materialwirtschaft zu haben, führten diese auf unzureichende Planungs- und Kontrollaktivitäten zurück, wobei insbesondere die unbefriedigende Informationsbasis für die Aufgaben Disposition, Lagerhaltung und innerbetrieblicher Transport genannt wurde. Zur Verbesserung der Situation schlugen die Praktiker folgende

Veränderungen vor:[1]

- Verstärkte EDV-Unterstützung für Disposition, Bestandskontrolle und Bestellabwicklung (39,1%)
- Organisatorische Aufwertung der Materialwirtschaft (26,6%)
- Bessere Personalentwicklungsmaßnahmen für Mitarbeiter in der Materialwirtschaft (26,6%)
- Bessere Informationsbasis bezüglich Kosten, Kapitalbindung und Lieferbereitschaft (21,9%)
- Stärkere Koordination innerhalb der Materialwirtschaft sowie zwischen Materialwirtschaft und anderen betrieblichen Bereichen (17,2%)
- Rationellerer Material- und Belegfluß (9,4%).

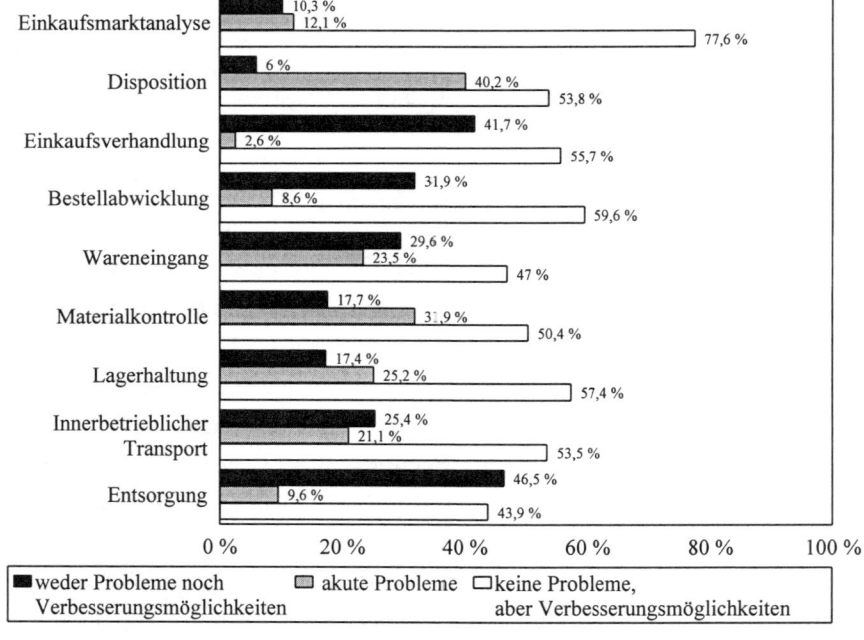

Abb. 1.29: Allgemeine Problemfelder materialwirtschaftlicher Aufgabenbereiche [2]

In einer Arbeit von *Slomkla* wurde die logistische bzw. materialwirtschaftliche Situation von 28 Unternehmen aus der Investitionsgüter-, Grundstoff-, Produktions-

---

[1] Vgl. Grochla,E./ Fieten, R. / Puhlmann, M. / Vahle, M. (1983), S. 572.
[2] Grochla, E. / Fieten, R. / Puhlmann, M. / Vahle, M. (1983), S. 570-571.

güter- und Konsumgüterindustrie in Form von Feldstudien untersucht. Die Abb. 1.30 zeigt die hierbei gefundenen Schwachstellenbereiche und die durchschnittliche Häufigkeit der Nennungen sowie einige herausgegriffene charakteristische Beispiele für Schwachstellenbereiche. Den dominierenden Problembereich bilden laut dieser Untersuchung die Planungs-, Dispositions- und Steuerungssysteme.

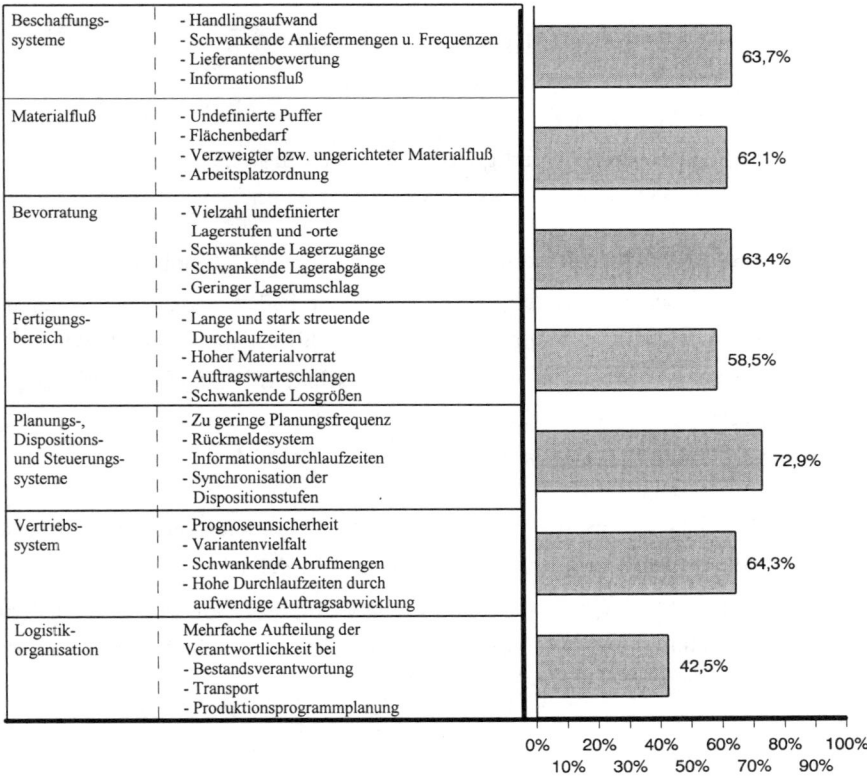

Abb. 1.30: Häufigkeit der Problembereiche nach Slomka[1]

1.8 Entwicklungsstand an deutschsprachigen Universitäten und Hochschulen

In einer von *Thom* und *Briw* durchgeführten empirischen Erhebung in den Jahren 1985 bis 1986/87 kommen sie zu folgendem Ergebnis.[2] Von den 43 befragten Hoch-

---

[1] Slomka, M. (1990), S. 150.
[2] Vgl. Thom, N. / Briw, A. (1989), S. 49-58.

schullehrern gaben 15 an, Forschungsprojekte im Bereich der Materialwirtschaft durchzuführen. Beim Zusammenfassen der Projekte ergab sich die folgende Liste:

- Lagerhaltungsmodelle und -heuristiken
- Strategische Planung in der Materialwirtschaft
- Strategische Beschaffungspolitik
- Materialfluß-Systeme in der Materialwirtschaft
- Informations-Systeme in der Materialwirtschaft
- Controlling in der Materialwirtschaft
- Wertanalyse als Instrument der Materialwirtschaft
- Entscheidung zwischen Eigenfertigung und Fremdbezug
- Computer Integrated Manufacturing (CIM)

Gelehrt werden materialwirtschaftliche Inhalte häufig als Teildisziplin anderer betriebswirtschaftlicher Fachrichtungen, in selteneren Fällen als eigenes Studiengebiet. Materialwirtschaft ist vielfach in anderen Lehrfächern integriert, wie z.B. Industriebetriebslehre, industrielle Produktionswirtschaft, Finanz- und Rechnungswesen, Informatik. Nur 8 Institutionen gaben an, daß eine eigene Vorlesung ausschließlich zum Thema Materialwirtschaft angeboten wird.

Signifikant ist dabei, daß es sich um relativ junge Institutionen handelt, die nach 1970 gegründet wurden. Die Autoren vermuten, daß zu der wachsenden Bedeutung und Emanzipation der Materialwirtschaft gewisse Impulse aus der betrieblichen Praxis zur Entstehung und fachlichen Schwerpunktbildung dieser Institutionen beigetragen haben.

Die folgende Zusammenstellung zeigt die Bedeutung der einzelnen Inhaltskomplexe im materialwirtschaftlichen Unterricht der untersuchten Institutionen. In der ersten Klammer sind die addierten Prozentsätze des betreffenden Themenblocks am gesamten Materialwirtschaftsunterricht angegeben, in der zweiten Klammer folgen Erläuterungen zu den Inhaltskomplexen.

1.   Methoden und Techniken der Materialwirtschaft (730,0), (Bedarfsrechnung, Bestellmengenrechnung, Vorratshaltungsrechnung, Kostenrechnung, ABC-Analyse, Standardisierung, Numerung, Kennzahlen, Wertanalyse, Operations Research)

2. Führungsinstrumente zur materialwirtschaftlichen Zielerreichung (459,0), (Planung, Organisation, Kontrolle und Personalführung in der Materialwirtschaft)

3. Einführung in die Materialwirtschaft (289,3), (Begriff der Materialwirtschaft, Bedeutung in der Praxis, Entwicklung der Lehre)

4. Materialwirtschaft unter dem Einfluß neuer Technologien (256,2), (EDV-unterstütztes Informationsmanagement, Roboterisierung im Lagerbereich, Integration der Materialwirtschaft mit Fertigungssteuerung wie CAD, CAM, CIM)

5. Teilprobleme und Entscheidungen im Bereich der Materialwirtschaft (236,3), (Eigenfertigung oder Fremdbezug, Wahl und Sicherung der Beschaffungsquellen, Investition oder Leasing, Entsorgung und Recycling, Kanban/Just-in-time-production)

6. Prinzipien der Materialbereitstellung (142,9), (Vorratshaltung, Einzelbeschaffung im Bedarfsfall, Einsatzsynchrone Anlieferung)

7. Ziele der Materialwirtschaft in der Unternehmung (107,4), (Zielsystem der Materialwirtschaft; Beitrag zur Erreichung oberster Unternehmungsziele; Teilprobleme bei der Verwirklichung des materialwirtschaftlichen Optimums, wie z.B. Sortiments- und Qualitätsproblem, Mengen- und Zeitproblem, Kapital- und Kostenproblem)

8. Unternehmungsexterne Rahmenbedingungen der Materialwirtschaft (94,9), (volkswirtschaftliche, politische und rechtliche Rahmenbedingungen)

9. Sonstige Inhalte der Materialwirtschaftslehre (20,6)

Die Autoren kommen zu dem Ergebnis, daß die Relevanz der Materialwirtschaft als Grundfunktion mit strategischer Bedeutung im Wettbewerb seit längerer Zeit erkannt wurde, dies aber nur an wenigen wissenschaftlichen Hochschulen und Universitäten des deutschsprachigen Raums dazu geführt hat, daß Materialwirtschaft als eigenständiges Fach gelehrt wird. Die Materialwirtschaft hat sich noch nicht entsprechend ihrer Rolle in der betrieblichen Praxis emanzipiert. Bei den Lehrinhalten überwiegen dispositive Aspekte; strategische Betrachtungsweisen der Managementfunktion sind dagegen unterentwickelt.

Fachhochschulausbildung

An vielen Fachhochschulen und Berufsakademien werden Veranstaltungen aus den Bereichen Materialwirtschaft bzw. Logistik angeboten. Vielfach werden auch materialwirtschaftliche Teilaspekte im Rahmen anderer Veranstaltungen, wie z.B. der Industriebetriebslehre, der Produktionswirtschaft oder der Allgemeinen Betriebswirtschaftslehre behandelt. Eigenständige Studienrichtungen sind noch sehr selten.

Wie eine vom Fachvermittlungsdienst für besonders qualifizierte Fach- und Führungskräfte (FV) in den Jahren 1988/1989 durchgeführte Untersuchung von 678 Stellenangeboten ergab, werden für den Bereich Einkauf, Materialwirtschaft und Logistik insbesondere Stellen für Hochschulabsolventen ausgeschrieben.[1]

- Nur bei 18 % der Stellenangebote, die die Managementvermittlung 1988 akquirierte, genügte eine technische oder kaufmännische Berufsausbildung.
- 30 % der Stellenangebote bezogen sich auf "Akademiker oder vergleichbar qualifizierte Praktiker".
- Zwingend vorausgesetzt wurde bei 52% der Stellenangebote ein abgeschlossenes Studium.

Bezogen auf den gesamte Bereich Materialwirtschaft, Materialmanagement und Logistik als potentielles Arbeitsfeld junger Akademiker, bieten die folgenden Studienabschlüsse die besten Einstellungsvoraussetzungen:

- Diplom-Kaufmann
- Diplom-Ökonom
- Diplom-Betriebswirt FH
- Diplom-Wirtschaftsingenieur
- Diplom-Informatiker einschließlich Wirtschaftsinformatiker und
- Diplom-Ingenieur.

Wegen des heterogenen Aufgabenspektrums ist es jedoch meistens erforderlich, daß sich der Diplom-Kaufmann technisches Wissen aneignet, während andererseits Diplom-Ingenieure oder Diplom-Informatiker sich betriebswirtschaftliche Kenntnisse aneignen müssen. Auf besonderes Interesse stießen in den Stellenausschreibungen des FV die Wirtschaftsingenieure. Die Vorzüge ergeben sich insbesondere durch die duale Ausbildung, da sie bereits während des Studiums technische und betriebswirtschaftliche Studienfächer auszuwählen haben.

1.9   Allgemeine Ausbildungsmöglichkeiten

Seit 1975 bieten die Industrie- und Handelskammern im Rahmen ihrer kaufmännischen Weiterbildungskonzepte die Weiterbildung zum "Fachkaufmann Einkauf/ Materialwirtschaft" an. Im Jahre 1993 schlossen 806 die IHK-Prüfung erfolgreich ab. Insgesamt dürften bisher ca. 8000 Absolventen die Weiterbildungsmaßnahme genutzt haben. Die Zulassungsvoraussetzung für die Prüfung ist in der Regel eine erfolgreiche Abschlußprüfung in einem anerkannten Ausbildungsberuf und eine drei-

---

[1] Vgl. Brexel, E. / Herritsch, H. (1989), S. 12 und 17.

jährige Berufspraxis. Zugelassen werden auch Lehrgangsteilnehmer, die eine mindestens sechsjährige Berufspraxis, davon mindestens drei Jahre im Einkauf, nachweisen können.

In Deutschland, der Schweiz und Österreich bestehen seit den 50er/60er Jahren Berufsvereinigungen, die berufsbegleitende Seminare, Symposien und Veranstaltungen anbieten. In der Bundesrepublik ist dies der BME. In Österreich werden Aus- und Fortbildungsveranstaltungen von der "Arbeitsgemeinschaft Materialwirtschaft" im österreichischen Zentrum für Produktivität und Wirtschaftlichkeit angeboten. In der Schweiz werden diese Aufgaben durch den Schweizerischen Verband für Materialwirtschaft und Einkauf wahrgenommen.[1]

1.10   Anforderungen der Praxis an Materialwirtschaftler

Zu den Anforderungen, die die Praxis an Materialmanager stellt, liegen bisher kaum Untersuchungen vor.[2] Die folgenden Ausführungen beruhen auf einer Auswertung von 178 Stellenanzeigen. Davon erschienen 151 Stellenanzeigen im Zeitraum Oktober 1992 bis September 1993 in der "Frankfurter Allgemeinen Zeitung" (FAZ) und 27 Anzeigen in der "Beschaffung aktuell" im Zeitraum Januar 1993 bis September 1993. In die Auswertung einbezogen wurden Stellenanzeigen mit den in der Abbildung 1.31 aufgeführten Stellenbezeichnungen.

Berufsbezeichnungen	absolut	relativ
Leiter Einkauf	56	31,46%
Einkäufer	38	21,35%
Leiter Logistik	25	14,04%
Leiter Materialwirtschaft	22	12,36%
Leiter Einkauf und Materialwirtschaft	12	6,74%
Leiter Logistik und Materialwirtschaft	8	4,49%
Facheinkäufer	7	3,93%
Technischer Einkäufer	7	3,93%
Leiter Einkauf und Logistik	3	1,69%
	178	100,00%

Abb.1. 31: Stellenbezeichnungen

Die Auswertung der Stellenanzeigen bezüglich der verlangten Qualifikationen zeigt

---

[1] Vgl. Eschenbach, R. (1990), S. 55-56.
[2] Vgl. z.B. Golle, H. (1988), S. 16-17 und (1990), S. 134-135; Heinrich, S. (1992), S. 25-26.

die Abb. 1.32. Am häufigsten genannt wurden die Englisch-Kenntnisse. Angesichts der zunehmenden Internationalisierung der Beschaffungsmärkte dürfte dies nicht weiter verwunderlich sein. Die zweithäufigste Nennung bezog sich auf die DV-Kenntnisse. Diese Kenntnisse wurden teilweise näher beschrieben, so wurden in 11 Anzeigen speziell SAP-Kenntnisse verlangt. Als weitere wichtige Einstellungsvoraussetzung ist die Berufserfahrung zu nennen. Das Minimum an Berufserfahrung wurde überwiegend mit ein bis drei Jahren angegeben. Für Berufsanfänger wirkt sich diese Tatsache erschwerend aus, denn Traineeausbildungen mit dem Schwerpunkt Materialwirtschaft werden im Gegensatz zu anderen betrieblichen Funktionsbereichen derzeit leider nur selten angeboten.

Qualifikationsanforderungen	absolut	relativ
Englisch-Kenntnisse	102	57,30%
EDV-Kenntnisse	82	46,07%
Berufserfahrung im produzierenden Gewerbe	65	36,52%
Branchen- oder marktspezifische Kenntnisse	63	35,39%
Berufserfahrung Einkauf / Einkaufspraxis	56	31,46%
Kenntnisse internationaler Beschaffungsmärkte	41	23,03%
Technisches Wissen / Verständnis	37	20,79%
Vertragssicherheit	25	14,04%
Fremdsprachen allgemein	21	11,80%
Kenntnisse auf nationalen Beschaffungsmärkten	5	2,81%
PPS-Kenntnisse	5	2,81%
(Mehrfachnennungen möglich)		

Abb. 1.32: Kenntnisse von Materialmanagern

Die Auswertung der Stellenanzeigen hinsichtlich der zukünftigen Aufgabenbereiche der ausgeschriebenen Stellen zeigt die Abb. 1.33. Die gleiche Anzahl an Nennungen ergab sich für das Beschaffungsmarketing und die Kommunikation mit anderen Abteilungen im Unternehmen. Der Aufgabenbereich des Beschaffungsmarketings wurde teilweise näher beschrieben, wie z.B. Marktbeobachtung und -betreuung. Die Auswertung der Stellenanzeigen zeigt, daß der Materialmanager eine funktionsübergreifende und hierarchisch hoch angesiedelte Stelle im Unternehmen einnimmt. Bezogen auf die 178 Stellen wurde von Bewerbern überwiegend ein abgeschlossenes Studium verlangt (54,49 %). Als weitere wichtige Fähigkeiten wurden genannt: Verhandlungsgeschick 61 (34,27 %), selbständige Arbeitsweise 58 (32,58 %), Führungsqualitäten 56 (31,46 %), Kontaktfähigkeit 50 (28,09 %) und Durchsetzungsvermögen 30 (16,85 %).

Aufgabenbereiche	absolut	relativ
Beschaffungsmarketing	46	25,84%
Kommunikation	46	25,84%
Koordination materialwirtschaftlicher Abläufe	37	20,79%
Qualifizierung von Lieferanten	33	18,54%
Optimierung der Material- u. Informationsflüsse	31	17,42%
Optimale Logistik	27	15,17%
Kostenmanagement	25	14.04%
Kontrolle der Einkaufspolitik	20	11,24%
Marktbeobachtung	13	7,30%
Global Sourcing	12	6,74%
Produktionskenntnisse und -auswahl	12	6,74%
Entsorungsstrategien entwickeln	3	1,69%
(Mehrfachnennungen möglich)		

Abb. 1.33: Aufgabenbereiche von Materialmanagern

Eine von *Baumgarten und Zibell*[1] durchgeführte Befragung von Logistik-Managern führte zu einem ähnlich vielschichtigen Bild. Sie kommen zu dem Ergebnis, daß ein fundiertes fachübergreifendes Wissen vorausgesetzt wird (Abb. 1.34). Von allen Logistikern wird ein fundiertes Wissen im Bereich der Logistik-Technologien verlangt, gleichgültig, ob sie in der Produktion oder im Vertrieb arbeiten. Die hohen Anforderungen unterscheiden sich von Branche zu Branche nur marginal. Die Autoren weisen insbesondere darauf hin, daß sehr viel höhere Anforderungen in bezug auf die betriebswirtschaftlichen Kenntnisse gestellt werden, als dies z.B. bei einem klassichen Ingenieur der Fall ist.

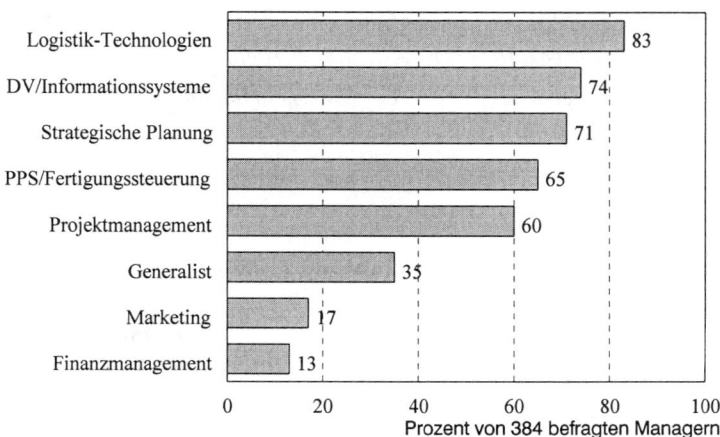

Abb. 1.34: Anforderungsprofil an Logistiker[2]

---

[1] Vgl. Baumgarten, H / Zibell, R. (1989), S. 1-13.
[2] Vgl. Baumgarten, H./ Zibell, R. (1989), S. 7.

Fragen und Aufgaben zur Wiederholung (S. 1 - 57)

---

1. Erläutern Sie die folgenden Begriffe: Materialwirtschaft, Logistik und Beschaffung (i.w.S.)!

2. Nennen Sie die Phasen des Führungsprozesses!

3. Zählen Sie die Objekte der Materialwirtschaft auf!

4. Was bedeutet der Begriff "materialwirtschaftliches Optimum"?

5. Beschreiben Sie das Supply Chain Management!

6. Wie wird der Lagerkostensatz ermittelt?

7. Welche Kosten zählen zu den Bestellkosten?

8. Worin unterscheiden sich Roh-, Hilfs- und Betriebsstoffe?

9. Wie lassen sich die Entsorgungsgüter grob unterteilen?

10. Was versteht man unter dem Total Quality Management (TQM)?

11. Wie wird der Einstandspreis berechnet?

12. Nennen Sie die wichtigsten Ziele des Materialmanagements!

13. Welche Zielkonflikte können entstehen?

14. Auf welche Umstände können Fehlmengenkosten zurückzuführen sein?

15. Was sind Qualitätskosten?

16. Nennen Sie mögliche Aufgabenbereiche des strategischen Managements!

17. Wie hoch ist der Lagerhaltungskostensatz, wenn der durchschnittliche Lagerbestandswert der Periode 800000,- € beträgt und im gleichen Zeitraum Lagerkosten in Höhe von 160000,- € angefallen sind? Es soll ein kalkulatorischer Zinssatz von 10% berücksichtigt werden.

18. Wie ändert sich der ROI, wenn a) ein Unternehmen die Bestände senkt? b) die Materialkosten steigen?

19. Nennen Sie mögliche Problembereiche des Materialmanagements!

20. ROI-Analyse
Die Metall GmbH stellt ein Erzeugnis her und hat im Berichtsjahr insgesamt 8000 ME gefertigt. Im gleichen Zeitraum konnten 6377 Stück zu einem Preis von 20,00 € /ME abgesetzt werden. Für die Fertigung einer ME sind 7,00 € Fertigungsmaterial und 3,00 € Fertigungslöhne angefallen. An sonstigen variablen Fertigungskosten sind 0,50 € je Stück entstanden. Auf die Hallenmiete, Abschreibungen der Maschinen und Wartung entfielen 32.700,- €. Für die Bilanz wurden folgende Daten übermittelt: Grundstücke, grundstücksgleiche Rechte und Bauten = 30.000, Technische Anlagen und Maschinen = 12.000. Forderungen = 6.000, Zahlungsmittel = 1.055. Herstellungskosten pro Stück = 15,00 €.
a) Ermitteln Sie den Return on Investment (Teilkosten) für das Unternehmen.

d) *Welche Auswirkung hat eine Senkung der Lagerbestände um 2% bei einer gleichzeitigen Senkung der Fertigungsmaterialkosten um 5% auf den ROI? Alle anderen Faktoren ändern sich nicht.*

b) *Auf welchen Wert müßte der Kapitalumschlag gesteigert werden, wenn ein ROI von 20% erzielt werden soll?*

f) *Wie ändert sich der ROI, wenn der Kassenbestand halbiert wird?*

g) *Wie wirkt sich eine Preiserhöhung um 5% (10%) auf den ROI aus?*

h) *Um wieviel Prozent müssen die Bestände gesenkt werden, damit der ROI 21% beträgt?*

i) *Eine Großreparatur führt zur Erhöhung des Anlagevermögens um 10%. Wie ändert sich der ROI?*

21) ROI-Analyse II

Die Ralutek GmbH hat die nachstehende stark vereinfachte Plan-Bilanz und Plan G. u. V. erstellt.

Aktiva		Plan-Bilanz		Passiva
A 1)	Immaterielle Vermögensgeg.	3.100,00	P 1) Eigenkapital	59.000,00
A 2)	Sachanlagen	60.000,00	P 2) Fremdkapital (langfristig)	10.500,00
A 3)	Finanzanlagen	11.250,00	P 3) Verbindlichkeiten aus	
A 4)	Rohstoffe	7.450,00	Lieferungen u. Leistungen	7.500,00
A 5)	Hilfsstoffe	700,00	P 4) Gewinn	12.000,00
A 6)	Betriebsstoffe	1.300,00		
A 7)	Unfert. Erzeugnisse	300,00		
A 8)	Forderungen	400,00		
A 9)	Kassenbestand	1.800,00		
A10)	Postgiroguthaben	700,00		
A11)	Bankguthaben	2.000,00		
		89.000,00		89.000,00

Aufwendungen		Plan-G. u. V.		Erträge
Au 1)	Materialaufwand	100.000,00	E 1) Erträge	200.000,00
Au 2)	Personalaufwand	80.000,00		
Au 3)	Zinsaufwand	1.219,00		
Au 4)	Abschreibungen	6.781,00		
G	Gewinn	12.000,00		
		200.000,00		200.000,00

a) *Ermitteln Sie den geplanten Return on Investment (Vollkostenbasis) für das Unternehmen.*

b) *Wie ändert sich der ROI, wenn die Materialkosten um 2 % (10 %) sinken? Alle anderen Einflußfaktoren sollen unverändert bleiben.*

2 Die Standardisierung und Klassifizierung des Materialsortiments

---

Lernziele und -aufgaben

Der Leser soll

1. die mengenbezogene und positionsbezogene ABC-Analyse anwenden können
2. die Ergebnisse der ABC-Analyse grafisch in Form einer Lorenzkurve darstellen können
3. die XYZ-Analyse kennenlernen
4. die Klassengrenzen der ABC-Analyse grafisch und rechnerisch bestimmen können
5. die Materialnumerierung kennenlernen
6. Prüfziffern errechnen können
7. die Materialnormung und Produkttypung und
8. die Neufassung der ISO EN DIN 9000:2000 kennenlernen.

2.1 Die ABC-Analyse

2.1.1 Durchführungsschritte der mengen- und positionsbezogenen ABC-Analyse

Die ABC-Analyse ist ein Instrument zur Materialrationalisierung und Steuerung der Wirtschaftlichkeit des Unternehmens. Das Verfahren hilft, diejenigen Teile zu erkennen, die für das jeweils betrachtete Unternehmen von besonderer Bedeutung sind. Ziel der ABC-Analyse ist es, diejenigen Materialien zu ermitteln, denen besondere Aufmerksamkeit bei der Materialdisposition, dem Einkauf und der Lagerung geschenkt werden soll. Die ABC-Analyse basiert auf der Erkenntnis der Praxis, daß in den meisten Fällen eine relativ kleine Anzahl Güter den Hauptteil des gesamten Verbrauchswertes ausmacht. Der Zweck der ABC-Analyse besteht deshalb darin, die Klassifizierung jedes Materials entsprechend seiner wertmäßigen Bedeutung in die dafür geschaffene Gruppe vorzunehmen. Eine Einteilung der Materialien in drei Gruppen hat sich dabei als zweckmäßig erwiesen, ist jedoch nicht zwingend.

A-Material ist Material, dessen wertmäßiger Verbrauch in einer Periode sehr hoch ist und/oder in besonders großen Mengen verbraucht wird.

B-Material ist Material, dessen wertmäßiger Verbrauch sich im mittleren Bereich
bewegt.

C-Material ist Material, dessen wertmäßiger Verbrauch besonders gering ist oder
das selten eingesetzt wird und/oder sehr preisgünstig ist.

In der Literatur und Praxis werden die Grenzwerte nicht einheitlich festgelegt. Eine
Möglichkeit für die Festlegung der Klassengrenzen zeigt die nachstehende
Aufstellung:

A-Material = 80% des Gesamtwertes aller Materialien entfällt auf ca. 10% des
Gesamtgüterbestandes.

B-Material = Ein Wertanteil von 15% des Gesamtwertes aller Materialien entfällt auf
etwa 20% des Gesamtgüterbestandes.

C-Material = 5% des Gesamtwertes aller Materialien entfällt auf ca. 70% des
Gesamtgüterbestandes.

Bei der Durchführung der ABC-Analyse werden die Wertgruppen (A-Material 80%
des Gesamtwertanteils, B-Material 15% des Gesamtwertanteils und C-Material 5%
des Gesamtwertanteils) vorgegeben. Daraus ergeben sich die Mengenanteile. Ihre
Prozentverteilung hängt vom Umfang der in die Analyse einbezogenen Materialmengen ab. Die idealtypische Verteilung zeigt die nachstehende Abbildung.

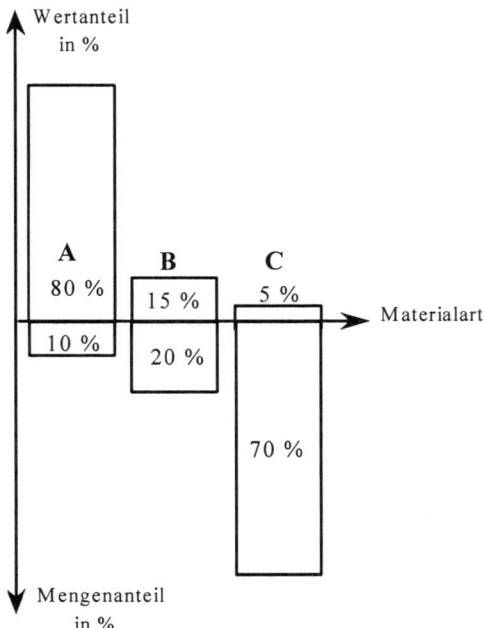

Abb. 2.1: Wert- und Mengenverteilung in Prozent bei der ABC-Analyse

Zur Veranschaulichung der Ungleichverteilung werden üblicherweise Lorenzkurven, benannt nach M. C. Lorenz (1905), verwendet (Abb. 2.2). Würde vollkommene Gleichverteilung vorliegen, so wäre die Lorenzkurve eine 45-Grad-Linie.

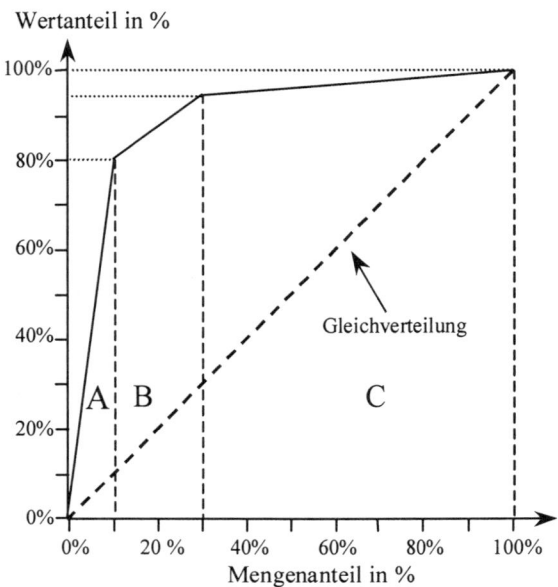

Abb. 2.2: Grafische Darstellungen der ABC-Analyse in Form einer Lorenzkurve

Die ABC-Analyse kann mengenbezogen oder positionsbezogen durchgeführt werden.[1] Bei der mengenbezogenen ABC-Analyse werden die Materialwerte auf die Materialmengen bezogen. Werden die Materialwerte dagegen auf die Material-positionen bezogen, so handelt es sich um eine positionsbezogene ABC-Analyse.

Die mengenbezogene ABC-Analyse wird in folgenden Schritten durchgeführt.

(1) Im ersten Schritt wird der Untersuchungszeitraum festgelegt. Das Ergebnis der ABC-Analyse hat für eine bestimmte Zeit Gültigkeit. Da sich die Rahmenbedingungen im Unternehmen im Zeitablauf jedoch ändern, ist eine regelmäßige Überprüfung erforderlich.

(2) Im nächsten Schritt werden die mengenmäßigen Verbräuche der einzelnen Materialien für eine betrachtete Periode (z.B. ein Jahr) in geeigneten Mengen-einheiten erfaßt. Die Mengen werden dann mit den durchschnittlichen Ein-standspreisen je Mengeneinheit multipliziert. Daraus ergibt sich der Perioden-verbrauchswert für jede einzelne Materialposition.

---

[1] vgl. auch Bellinger, R. (1978), S. 241 f.; Planer, D. (1995), S. 382 f.

(3) Die Materialien werden entsprechend den Periodenverbrauchswerten in absteigender Reihenfolge sortiert. Nach erfolgter Sortierung steht das Material mit dem höchsten Periodenverbrauchswert an erster Stelle. Es folgt das Material mit dem nächsthöchsten Periodenverbrauchswert usw. Im Beispiel Abb. 2.3 wird der Sortiervorgang mit Hilfe der Rangziffern dargestellt. Ist der Sortiervorgang abgeschlossen, so werden die Periodenverbrauchsmengen und die Periodenverbrauchswerte summiert. Man erhält so die Gesamtverbrauchsmenge und den Gesamtverbrauchswert.

(4) Für jeden geordneten Periodenverbrauchswert wird der Prozentanteil am Gesamtverbrauchswert errechnet. Die ermittelten Prozentwerte werden kumuliert.

(5) Die Klassengrenzen werden festgelegt und so die Wertgruppen gebildet.

(6) Die Materialien werden klassifiziert.

(7) Für jede Periodenverbrauchsmenge wird der Prozentanteil an der Gesamtverbrauchsmenge ermittelt. Die ermittelten Prozentwerte werden kumuliert.

(8) Zur Veranschaulichung des Ergebnisses erfolgt eine grafische Darstellung in Form einer Lorenzkurve (Kumulationskurve).

Die positionsbezogene ABC-Analyse unterscheidet sich lediglich im Schritt (7) von der mengenbezogenen ABC-Analyse. Soll die positionsbezogene ABC-Analyse durchgeführt werden, so ist der Schritt (7) auszutauschen:

(7^P) Ermittlung des prozentualen Anteils einer Materialposition an der Gesamtzahl der Positionen. Bei n Positionen ergibt sich für jede Position 100/n %. Die ermittelten Prozentwerte werden kumuliert.

Die angegebene Vorgehensweise soll an einem Beispiel verdeutlicht werden. Zur Vereinfachung werden dabei lediglich 10 Materialpositionen und deren Jahres betrachtet.

Zunächst soll die **mengenbezogene ABC-Analyse** durchgeführt werden. Im Schritt (2) werden die Spalten [1] bis [4] eingetragen und in Spalte [5] die wertmäßigen Verbräuche errechnet, indem die Mengen der Materialien mit den Preisen je Einheit multipliziert werden. Im Schritt (3) wird in der Spalte [6] für jeden Periodenverbrauchswert der Rang bestimmt. Der höchste Wert erhält den Rang 1, der zweithöchste den Rang 2 usw.

Material-position	Kurzbezeichnung	Perioden-verbrauch	Preis pro ME in €	Periodenver-brauchswert (€)	Rang
[1]	[2]	[3]	[4]	[5] = [3] • [4]	[6]
I	Elektromotor	120	200,00	24.000,00	1
II	Montagekonsole	50	10,00	500,00	10
III	Schutzgitterstab	1000	3,50	3.500,00	4
IV	Gehäuse	200	40,00	8.000,00	2
V	Schmutzfilter	200	5,00	1.000,00	7
VI	Schalldämpfer	160	5,00	800,00	8
VII	Klemme	1250	2,00	2.500,00	5
VIII	Manschette	700	10,00	7.000,00	3
IX	Dichtungsringe	280	2,50	700,00	9
X	Luftrad	40	50,00	2.000,00	6

Abb. 2.3: Periodenverbrauchsmengen und Periodenverbrauchswerte

Im Schritt (3) werden die Materialien entsprechend den Rangziffern sortiert (Abb. 2.4, Spalte [7]). Anschließend werden in der Spalte [9] die Prozentwerte errechnet und in Spalte [11] kumuliert. Die Klassengrenzen werden bei 80% für die A-Materialien, bei 95% für die B-Materialien und bei 95 % bis 100 % für die C-Materialien festgelegt. Die Materialien werden klassifiziert (Spalte [12]).

Rang	Material-position	Periodenverbrauchswert			Klasse
		€	%	% kum.	
[7]	[8]	[9]	[10] = [9] in %	[11] = [10] kum.	[12]
1	I	24.000,00	48,00%	48,00%	A
2	IV	8.000,00	16,00%	64,00%	A
3	VIII	7.000,00	14,00%	78,00%	A
4	III	3.500,00	7,00%	85,00%	B
5	VII	2.500,00	5,00%	90,00%	B
6	X	2.000,00	4,00%	94,00%	B
7	V	1.000,00	2,00%	96,00%	C
8	VI	800,00	1,60%	97,60%	C
9	IX	700,00	1,40%	99,00%	C
10	II	500,00	1,00%	100,00%	C
		50.000,00			

Abb. 2.4: Sortierte Materialpositionen

Bei der mengenbezogenen ABC-Analyse beziehen sich die Verbrauchswerte auf die Verbrauchsmengen, daher müssen für die Verbrauchsmengen ebenfalls die

Prozentwerte errechnet und kumuliert werden (Spalte [16] und Spalte [17]). Die Ergebnisse werden graphisch dargestellt (Abb. 2.6).

Rang	Material-position	Periodenverbrauch			Position	
		Menge	%	% kum.	%	% kum.
[13]	[14]	[15]	[16]=[15]in %	[17] = [16] kum.	[18]	[19]=[18] kum.
1	I	120	3,00%	3,00%	10%	10%
2	IV	200	5,00%	8,00%	10%	20%
3	VIII	700	17,50%	25,50%	10%	30%
4	III	1.000	25,00%	50,50%	10%	40%
5	VII	1.250	31,25%	81,75%	10%	50%
6	X	40	1,00%	82,75%	10%	60%
7	V	200	5,00%	87,75%	10%	70%
8	VI	160	4,00%	91,75%	10%	80%
9	IX	280	7,00%	98,75%	10%	90%
10	II	50	1,25%	100,00%	10%	100%
	10 Positionen =100%	4.000			100%	

Abb. 2.5: Kumulierte prozentuale Verbrauchsmengen und kumulierte prozentuale Materialpositionen

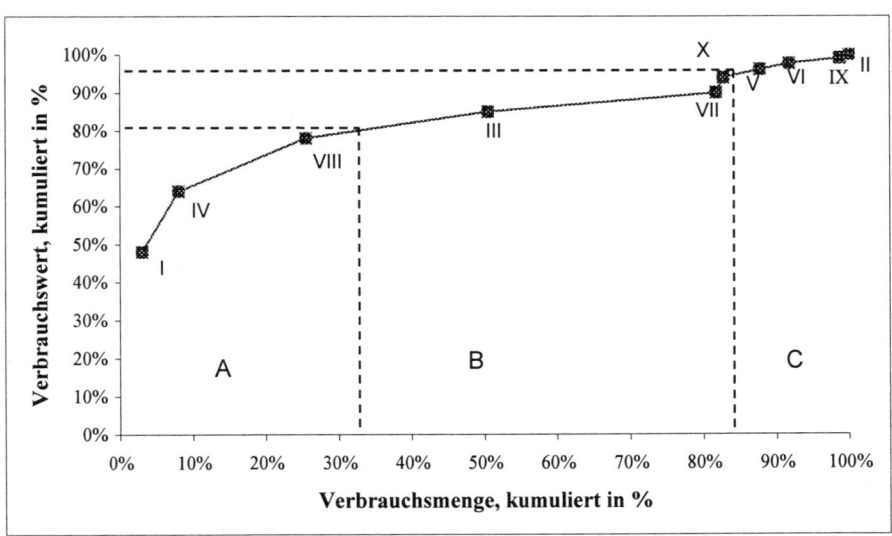

Abb. 2.6: Graphik der mengenbezogenen ABC-Analyse

Die erforderlichen Daten für die positionsbezogene ABC-Analyse werden in den Spalten [18] und [19] errechnet. Auffällig ist, daß die graphische

Darstellung der positionsbezogenen ABC-Analyse der klassischen Lorenzkurve entspricht.

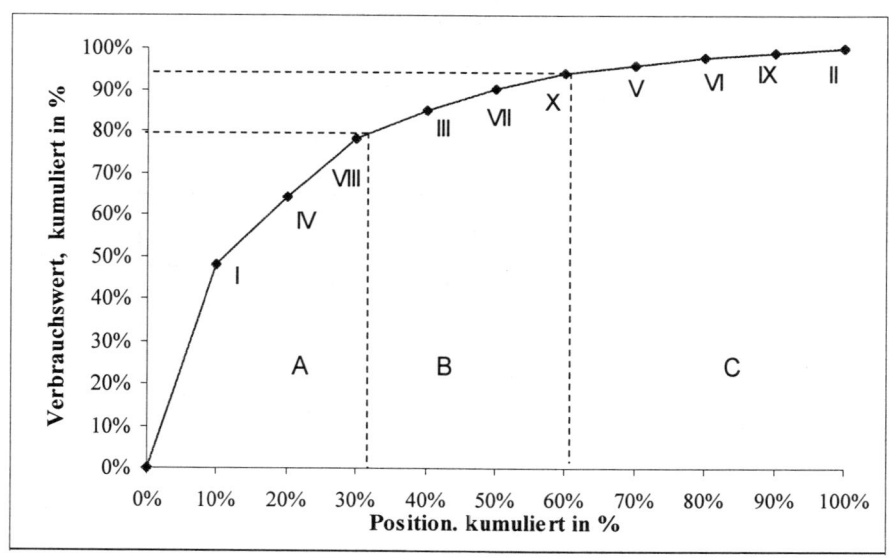

Abb. 2.7: Graphik der positionsbezogenen ABC-Analyse

Beide Verfahren führen zur gleichen Einteilung der Materialien.

A-Güter	B-Güter	C-Güter
I Elektromotor IV Gehäuse VIII Manschette	III Schutzgitter VII Klemme X Luftrad	II Montagekonsole V Schmutzfilter IX Dichtungsring VI Schalldämpfer

Abb. 2.8: Ergebnis der ABC-Analyse

A-Teile	B-Teile
Materialdisposition	
• Programmorientierte (deterministische) Bedarfsermittlung mit Hilfe von Stücklisten, Teileverwendungsnachweisen	• Verbrauchsgesteuerte (stochastische) Bedarfsermittlung
• Sehr genaue Berechnung der Bestellmengen und Bestellzeitpunkte	• Vereinfachte Bestellrechnung, z.B. Bestellpunktverfahren
• Kurze Beschaffungsintervalle	• Lange Beschaffungsintervalle
• Kurze Anlieferungsrhythmen	• Lange Anlieferungsrhythmen
• Sorgfältige Planung und Überwachung der Sicherheits- und Meldebestände	• Großzügige Sicherheitsbestände
Beschaffungsmarktforschung	
• Intensive Analyse und Beobachtung der Beschaffungsmärkte	• Beschränkung auf wenige Informationsquellen
• Sorgfältige Lieferantenauswahl	• Verzicht auf intensive Lieferantenanalyse
Einkauf / Bestellabwicklung	
• Besondere Bestellvorbereitung und Vertragsgestaltung	• Vereinfachte Bestellabwicklung
• Genaue Terminkontrollen	• Einschränkung der bzw. Verzicht auf Terminkontrollen
• Genaue Qualitätsprüfung	• Einschränkung der bzw. Verzicht auf Qualitätsprüfung
• Sorgfältige Prüfung der Preise und Konditionen	• Einfache Prüfung der Preise und Konditionen
Lagerverwaltung	
• Präzise Überwachung der Bestände	• Grobe Überwachung der Bestände
• Permanente Inventur	• Stichprobeninventur
• Periodische Soll/Ist-Vergleiche	• Sporadische Soll/Ist-Vergleiche
Sonstiges	
• Durchführung von Wertanalysen	• Keine Wertanalysen
• Große Anstrengung für Normierung und Variantenreduktion	• Geringe Anstrengung für Normierung

Abb. 2.9: Maßnahmen zur Behandlung der A- und C-Materialien

Bedenkt man, daß bereits bei kleinen und mittleren Unternehmen die Anzahl der Teilearten in die Tausende geht, schafft die ABC-Analyse eine erste Selektion der wertmäßig bedeutendsten Stoffe. Dies führt zu einer erhöhten Transparenz und ermöglicht die Konzentration auf die wesentlichen Materialien. Außerdem ist die Einführung von einfachen Verfahren für diejenigen Materialarten möglich, die von untergeordneter Bedeutung für das Unternehmen sind.

2.1.2   Änderung der Lagerbestände und des Bestellverhaltens nach Durchführung der ABC-Analyse

Im folgenden sollen zwei mögliche Maßnahmen nach Durchführung einer ABC-Analyse an einem einfachen Beispiel demonstriert werden.[1]

Es soll von folgenden Daten ausgegangen werden:

Anzahl der Materialpositionen = 500

Materialverbrauchswert pro Jahr = 24.000.000,00 €

Betrachtungszeitraum = 1 Jahr, d.h. 240 Arbeitstage (AT)

Jede Materialposition wird einmal pro Monat (alle 20 AT) bestellt und sofort geliefert (Abrufhäufigkeit = 20 AT).

Sicherheitszeit für alle Materialpositionen = 20 AT

(1) Ermittlung des täglichen Materialverbrauchswertes

$$\text{Materialverbrauchswert pro Tag} = \frac{\text{Materialverbrauchswert pro Jahr}}{\text{Anzahl der Fabrikarbeitstage}}$$

$$100.000,00\,\text{EUR} = \frac{24.000.000\,\text{EUR}}{240\,\text{AT}}$$

(2) Ermittlung des durchschnittlichen Lagerbestandes[2]

Der durchschnittliche Lagerbestand (Lagerbestandswert) entspricht der halben Bestellmenge. Wird ein Sicherheitsbestand für eine Materialposition gehalten (was hier unterstellt werden soll), so muß der Sicherheitsbestand addiert werden. Der Sicherheitsbestand (wertmäßig) ergibt sich wie folgt:

Sicherheitsbestand = Sicherheitszeit · Materialverbrauchswert pro Tag

2.000.000,00 € = 20 AT · 100.000,00 €

$$\text{Durchschnittlicher Lagerbestand} = \frac{\text{Bestellmenge}}{2} + \text{Sicherheitsbestand}$$

$$3.000.000,00\,\text{EUR} = \frac{100.000,00\,\text{EUR} \cdot 20\,\text{AT}}{2} + 2.000.000,00\,\text{EUR}$$

(3) Ermittlung der Anzahl der Bestellungen

Bestellungen je Materialposition = Arbeitstage pro Jahr : Abrufhäufigkeit

12 Bestellungen = 240 AT : 20 AT

Bestellanzahl gesamt = Bestellungen je Materialposition · Anzahl der Materialpositionen

---

[1] In Anlehnung an Bichler, K. (1997), S. 96 - 98.

[2] Wird auch mittlerer Lagerbestand genannt.

6.000 Bestellungen = 12 Bestellungen · 500 Materialpositionen

Angenommen, eine durchgeführte ABC-Analyse führt zu folgendem Ergebnis:

Klassi-fizierung	Anzahl der Material-positionen	%-Anteil an den gesamten Pos.	Materialverbrauchs-wert im Jahr (€)	%-Anteil am gesamten Materialverbrauchs-wert
[1]	[2]	[3]	[4]	[5]
A	50	10%	19.200.000,00	80%
B	100	20%	3.600.000,00	15%
C	350	70%	1.200.000,00	5%
gesamt	500		24.000.000,00	

Abb. 2.10: Ausgangsdaten

Auf der Basis der ABC-Analyse werden für die klassifizierten Materialien folgende Maßnahmen getroffen:

a) Festlegung der Sicherheitszeit

A-Teile = 10 AT
B-Teile = 20 AT
C-Teile = 40 AT

b) Festlegung des Bestellrhythmus (Abrufhäufigkeit)

A-Teile = 5 AT
B-Teile = 20 AT
C-Teiel = 60 AT

(1) Ermittlung des täglichen Materialverbrauchswertes je Teileart

Der Materialverbrauchswert pro Tag je Teileart wird mit dem Prozentanteil der Teileart am gesamten Materialverbrauchswert (Spalte [5] der Abb. 2.10) multipliziert, z.B. wird für die A-Teile der Materialverbrauch an A-Teilen pro Tag errechnet, indem man den Materialverbrauch pro Tag (100.000,00 €) multipliziert mit dem Prozentanteil der A-Teile am gesamten Materialverbrauchswert (80 %). Es ergibt sich dann der tägliche Materialverbrauchswert an A-Teilen in Höhe von 80.000,00 €. Für die B- und C-Teile werden die täglichen Materialverbrauchswerte in gleicher Weise errechnet.

A-Teile = 100.000,00 € · 80% = 80.000,00 €

B-Teile = 100.000,00 € · 15% = 15.000,00 €

C-Teile = 100.000,00 € · 5% = 5.000,00 €

(2) Ermittlung der durchschnittlichen Lagerbestände je Teileart

$$\text{A-Teile} = 1.000.000,00 \text{ EUR} = \frac{80.000,00 \text{ EUR} \cdot 5 \text{ AT}}{2} + 80.000,00 \text{ EUR} \cdot 10 \text{ AT}$$

$$\text{B-Teile} = 450.000,00 \text{ EUR} = \frac{15.000,00 \text{ EUR} \cdot 20 \text{ AT}}{2} + 15.000,00 \text{ EUR} \cdot 20 \text{ AT}$$

$$\text{B-Teile} = 350.000,00 \text{ EUR} = \frac{5.000 \text{ EUR} \cdot 60 \text{ AT}}{2} + 5.000,00 \text{ EUR} \cdot 40 \text{ AT}$$

Der gesamte durchschnittliche Lagerbestand beträgt

 1.000.000,00 €
  450.000,00 €
  <u>350.000,00 €</u>
 1.800.000,00 €

(3) Ermittlung der Anzahl der Bestellungen

Zunächst wird die Anzahl der Bestellungen je Materialposition berechnet.

A-Teil = 48 Bestellungen = 240 AT : 5 AT
B-Teil = 12 Bestellungen = 240 AT : 20 AT
C-Teil = 4 Bestellungen = 240 AT : 60 AT

Die Berechnung der Bestellanzahl aller Teile erfolgt, indem die Anzahl der Bestellungen je Position multipliziert werden mit Anzahl der Materialpositionen (Spalte [2] der Abb. 2.10). Anschließend wird die Summe aller Bestellungen gebildet.

A-Teile = 2.400 Bestellungen = 50 Positionen · 48 Bestellungen
B-Teile = 1.200 Bestellungen = 100 Positionen · 12 Bestellungen
C-Teile = <u>1.400 Bestellungen</u> = 350 · 4 Bestellungen
insgesamt: 5.000 Bestellungen

Auswirkungen der auf der Grundlage der ABC-Analyse getroffenen Maßnahmen:

	ohne ABC-Analyse	mit ABC-Analyse	
Durchschnittlicher Lagerbestand	3.000.000,00 €	1.800.000,00 €	Senkung des ges. Ø Lagerbestandes um 40%
Bestellungen aller Materialpositionen	6.000	5.000	Verminderung der Bestellungen um 16,67%

2.1.3 Grafische und rechnerische Bestimmung der Klassengrenzen

Bisher wurde von den folgenden Wertgrenzen ausgegangen:

A-Teile = 80% des Gesamtwertes des Materials
B-Teile = 15% des Gesamtwertes des Materials
C-Teile = 5% des Gesamtwertes des Materials.

Diese Grenzen sind nicht verbindlich. In der Literatur werden auch andere Grenzen vorgeschlagen, z.B. (70%, 20%, 10%)[1] oder (60%,30%,10%)[2].

Die Festlegung der Klassengrenzen einerseits und der Kurvenverlauf der Lorenzkurve (Kumulationskurve) andererseits beeinflussen die Anzahl der A-Teile, B-Teile und C-Teile, die sich bei der Klassifikation ergeben. Je flacher der Kurvenverlauf ist, desto mehr Teile fallen in die A-Klasse. Würde die Lorenzkurve die Linie a sein und die Klassengrenze für A-Teile auf 80% festgelegt, wären 80% der gesamten Teile A-Teile. Umgekehrt gilt, je steiler die Lorenzkurve ansteigt, desto weniger Teile fallen in die A-Klasse und werden als A-Teile klassifiziert.

Eine Möglichkeit bei der positionsbezogenen ABC-Analyse besteht darin, die Klassengrenzen nicht willkürlich, sondern grafisch oder mathematisch zu bestimmen.[3] Die grafische Bestimmung soll anhand der folgenden Abbildung erklärt werden.

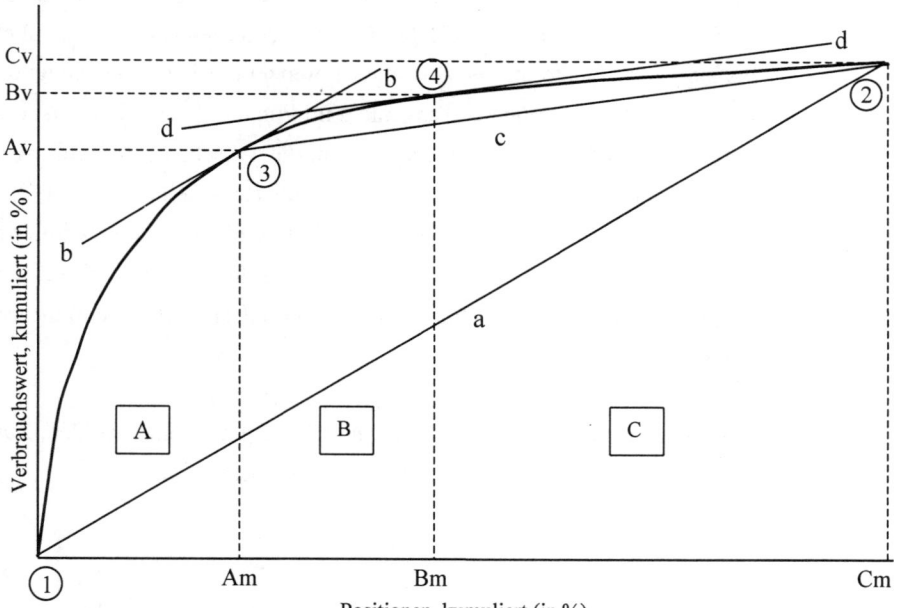

Abb. 2.11: Grafische Ermittlung der Klassengrenzen

[1] Vgl. Luger, A./ Geisbüsch, H.-G./Neumann, J. (1991), S. 56.
[2] Vgl. Eschenbach, R. (1990), S. 171.
[3] Vgl. Daniels, H.-J. (1977), S. 73.

Die Abbildung zeigt eine Lorenzkurve (konvexe Funktion) für eine positions-bezogene ABC-Analyse. Auf der horizontalen Achse (Abszisse oder x-Achse) sind die kumulierten Materialpositionen und auf der senkrechten Achse (Ordinate oder y-Achse) die kumulierten Verbrauchswerte abgetragen. Der Punkt 2 entspricht dem Abschnitt Cm (100% der Materialpositionen) auf der Abszisse und dem Abschnitt Cv (100% der Materialverbräuche) auf der Ordinate. Die Gerade a vom Punkt 1 bis zum Punkt 2 zeigt eine mögliche Gleichverteilung. Die Steigung dieser Geraden ist 1. Für die Klassenbestimmung soll die Gerade a verwendet und auf der konvexen Lorenzkurve derjenige Punkt gefunden werden, der ebenfalls die Steigung 1 aufweist. Dies kann man durch Parallelverschiebung erreichen. Die Gerade a wird an die Lorenzkurve verschoben. Die Tangente b hat dann im Punkt 3 die gleiche Steigung wie die Gerade a. Alle Teile, die zwischen dem Koordinatenursprung (Punkt 1) und dem Punkt Am liegen, gehören zu den A-Teilen. Die Klassengrenze für die kumulierten Verbrauchssätze (in Prozent) entspricht dem Punkt Av auf der Ordinate.

Der Punkt 3 ist Ausgangspunkt für die Bestimmung der Klassengrenze für die B-Teile. Es wird die Gerade c vom Punkt 3 bis Punkt 2 eingezeichnet und parallel verschoben, bis sie als Tangente an der konvexen Lorenzkurve liegt. Die Steigung der Geraden c ist gleich der Steigung der Tangente d im Punkt 4. Dieser Punkt ist die Klassengrenze für die B-Teile. Die Materialpositionen, die zwischen dem Punkt Am und Bm auf der Abszisse liegen, sind B-Teile. Der kumulierte Anteil der B-Teile am gesamten Verbrauch ist der Abschnitt Av bis Bv auf der Ordinate. Der kumulierte Anteil der C-Teile an den gesamten Positionen ist der Abschnitt Bv bis Cv auf der Abszisse. Der kumulierte Anteil der Verbrauchswerte, der auf die C-Teile entfällt, ist auf der Ordinate Bu bis Cu.

Mit Hilfe der Differentialrechnung können die Punkte 3 und 4 berechnet werden. Zur Berechnung der Steigung wird der folgende Differenzenquotient verwendet:

$$m_{ij} = \frac{y_j - y_i}{x_j - x_i}$$

Dies soll am obigen Zahlenbeispiel (Abb. 2.4, Spalte [11], S. 64 und Abb. 2.5, Spalte [19], S. 65) gezeigt werden. Die Steigung der Lorenzkurve bei 20% (Position kumuliert) wird z.B. wie folgt berechnet:

$$1,6 = \frac{64,00\% - 48,00\%}{20\% - 10\%}$$

Solange die Steigung größer als 1 ist, handelt es sich um A-Teile. Dies ist bis einschließlich Teil VIII der Fall.

Damit die B-Teile von den C-Teilen getrennt werden können, muß jetzt eine weitere Klassengrenze bestimmt werden. Die Grenze entspricht dem Punkt 4 in der Abbildung 2.11, es ist die Steigung der Geraden d, die wie folgt berechnet wird:

$$m_c = \frac{\text{kum. Verbrauchswert (B – Teile und C – Teile)}}{\text{kum. Positionsanteile (B – Teile und C – Teile)}}$$

$$0{,}314 = \frac{100{,}00\% - 78{,}00\%}{100{,}00\% - 30{,}00\%}$$

Material-position	Position kum.	Perioden-verbrauchswert, kum.	Steigung	Klasse
[1]	[2]	[3]	[4]	[5]
	0%	0%	-	-
I	10%	48,00%	4,80	4,8> 1 = A-Teil
IV	20%	64,00%	1,60	1,6 > 1 = A-Teil
VIII	30%	78,00%	1,40	1,4 > 1 = A-Teil
III	40%	85,00%	0,70	0,7 > 0,314= B-Teil
VII	50%	90,00%	0,50	0,5 > 0,314= B-Teil
X	60%	94,00%	0,40	0,4 >0,314= B-Teil
V	70%	96,00%	0,20	0,2 < 0,314 = C-Teil
VI	80%	97,60%	0,16	0,16 < 0,314 = C-Teil
IX	90%	99,00%	0,14	0,14 < 0,314 = C-Teil
II	100%	100,00%	0,10	0,10 < 0,314 = C-Teil

Abb. 2.12: Klassifizierung mit Hilfe der Steigung der Lorenzkurve

2.1.4 Weitere Anwendungsmöglichkeiten der ABC-Anlyse

Vielfach wird die einseitige Ausrichtung der klassischen ABC-Analyse auf die Kriterien Wertanteil und Mengenanteil kritisiert. Neben dem Anteil am Einkaufsumsatz (Wertanteil) können weitere Kriterien in die Betrachtung einbezogen werden, die kurz vorgestellt werden sollen.[1]

---

[1] Vgl. Sonnemann, K. / Pahlitzsch, W. (1986), S. 49-51.

a) ABC-Analyse nach Preisen

Eine erste Variante der ABC-Analyse besteht darin, daß die Klassifizierung nicht auf der Basis der Materialverbrauchswerte (Menge mal Preis) erfolgt, sondern lediglich die Preise die Grundlage der Klassifikation bilden.

Ap - Teile =	Teile mit einem hohen Preis
Bp - Teile =	Teile mit einem mittleren Preis
Cp - Teile =	Teile mit einem niedrigen Preis

Anstelle der jeweils gültigen Preise können auch die zu erwartenden Preisänderungen die Basis der Klassifikation bilden. Besondere Aufmerksamkeit sollte in diesem Fall den Materialien gewidmet werden, bei denen starke Preisschwankungen zu erwarten sind.

Ap - Teile =	bei diesen Teilen werden sehr große Preisänderungen erwartet
Bp - Teile =	bei diesen Teilen werden mittlere oder durchschnittliche Preis-änderungen erwartet
Cp - Teile =	bei diesen Teilen werden kleine oder keine Preisänderungen erwartet

b) ABC-Analyse nach der Wiederbeschaffungszeit

Diese Einteilung reicht allein für die Planung und Disposition i.d.R. nicht aus. Die Einteilung kann lediglich bei kleinen Unternehmen grobe Anhaltspunkte liefern.

A_W - Teile =	diese Teile sind nur langfristig (sechs oder mehrere Monate) wiederbeschaffbar
B_W - Teile =	diese Teile sind mittelfristig (mehrere Wochen) wiederbeschaff-bar
C_W - Teile =	diese Teile sind kurzfristig (sofort oder nach wenigen Tagen) wiederbeschaffbar

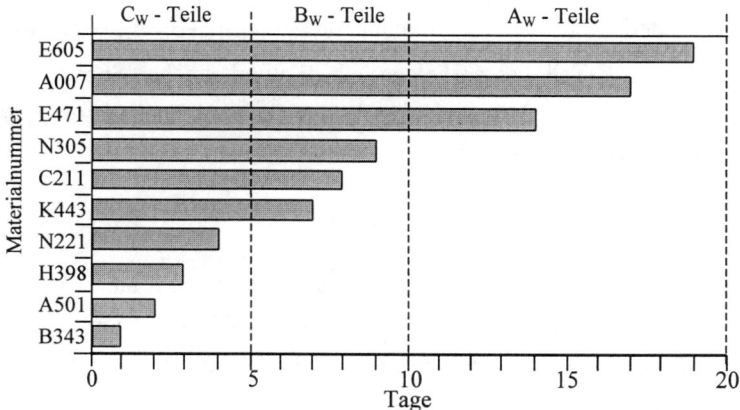

Abb. 2.13: ABC-Analyse nach der Wiederbeschaffungszeit

c) ABC-Analyse nach den zu erwartenden qualitativen Veränderungen

Diese Variante der ABC-Analyse ermöglicht es, diejenigen Teile zu selektieren, die starken qualitativen Veränderungen unterworfen sind oder bei denen eine Substitution durch neue Teile zu erwarten ist.

A_q - Teile =	bei diesen Teilen ist ein schneller technischer Fortschritt zu beobachten. Dem Lebenszyklus dieser Teile sollte besondere Aufmerksamkeit geschenkt werden.
B_q - Teile =	bei diesen Teile ist nur ein durchschnittlicher technischer Fortschritt zu beobachten
C_q - Teile =	diese Teile unterliegen nur einem geringen oder keinem technischen Fortschritt

d) ABC-Analyse nach den zu erwartenden Auswirkungen auf die Produktion

Diese Einteilung der Teile soll dazu beitragen, die internen Risiken sichtbar zu machen, d.h., die Gütereinteilung erfolgt hinsichtlich ihrer Bedeutung im Produktionsprozeß.

A_a - Teile =	das Fehlen dieser Teile bewirkt Ausfälle oder schwere Störungen in der Produktion
B_a - Teile =	das Fehlen dieser Teile bewirkt leichtere Produktionsstörungen
C_a - Teile =	das Fehlen dieser Teile wirkt sich nicht auf die Produktion aus

Wird die Klassifikation der Güter nach mehreren Kriterien durchgeführt, so kann auf die individuellen Schwächen eines Gutes eingegangen werden. Ergibt sich beispielsweise für ein Material die folgende Kombination: C-C_p-A_w-B_q-A_a-Gut, so handelt es sich zwar um ein C-Teil, dessen Fehlen jedoch zu erheblichen Störungen in der Produktion führen kann. Die Bedeutung des Teils wir dadurch noch verstärkt, daß die Wiederbeschaffungszeit langfristig ist.

Anwendung der ABC-Analyse auf Lieferanten

Eine Klassifikation der Lieferanten kann mit Hilfe des Einkaufsvolumen je Lieferant (Lieferantenumsatz) erfolgen. Ziel dieser Lieferantenklassifikation ist es, die Lieferanten in umsatzstarke und umsatzschwache Lieferanten zu trennen. Zu unterscheiden sind:

A - Lieferanten =	umsatzstarke Lieferanten, auf die 80% des gesamten Einkaufsvolumens des Unternehmens entfällt
B - Lieferanten =	Lieferanten, auf die 15% des gesamten Einkaufsvolumens des Unternehmens entfällt
C - Lieferanten =	umsatzschwache Lieferanten, auf die 5% des gesamten Einkaufsvolumens des Unternehmens entfällt

Anwendungsmöglichkeiten der ABC-Analyse in anderen Funktionsbereichen

Obwohl der Anwendungsschwerpunkt der ABC-Analyse im Bereich des Materialmanagements liegt, ist die Anwendung nicht auf den Beschaffungsbereich beschränkt. Die denkbaren Anwendungsmöglichkeiten sind sehr vielfältig. Die ABC-Analyse ermöglicht z.B. die Klassifizierung[1]

- der Altersstruktur von Maschinen und Produkten
- der Umsätze, Deckungsbeiträge nach Produkten und Geschäftsgebieten
- der Auslieferungshäufigkeit nach Zielorten
- der Reklamationen nach Erzeugnissen
- des Energieverbrauchs je Produktart
- der Produkte nach verschiedenen umweltgefährdenden Inhaltsstoffen
- der Kosten (Ermittlung der Kosten, die für einen hohen Kostenanteil verantwortlich sind und auf die die kostenpolitischen Interventionen auszurichten sind[2])
- der Abnehmer und
- der durchzuführenden Aufgaben[3].

---

[1] Vgl. Stahlmann, V. (1988), S. 176-177.
[2] Vgl. hierzu Reiß, M. / Corsten, H. (1990), S. 396.
[3] Beispiel s. Fiedler, R. (1998), S. 281-286.

Daß die ABC-Analyse eine große praktische Bedeutung hat, belegt die vom BME und VDMA durchgeführte empirische Untersuchung. Von den 300 im Jahre 1990 befragten Unternehmen gaben 75% an, bereits ABC-Analysen durchzuführen. 16% der Unternehmen berichteten, daß sie den Einsatz in den nächsten drei Jahren planen. Die XYZ-Analyse wird dagegen nur von 29% der Unternehmen eingesetzt. Allerdings gaben seinerzeit 36% der Befragten an, dieses Analyseverfahren in den kommenden drei Jahren einsetzen zu wollen.[1]

2.2 Die XYZ-Analyse

Eine weitere Methode zur Klassifizierung des Materials ist die XYZ-Analyse (oft auch RSU-Analyse genannt). Das Kriterium zur Klassifizierung ist dabei die Einteilung der Beschaffungsgüter nach der Möglichkeit, den voraussichtlichen Bedarf vorherzusagen. Betrachtet man den Verbrauch der Materialarten über einen längeren Zeitraum, so ist festzustellen, daß es Materialien gibt, die in relativ konstanter Menge verbraucht werden (stetiger Verbrauch), bei anderen Stoffen ist der Verbrauch durch bestimmte Schwankungen gekennzeichnet (halbstetiger Verbrauch), und schließlich gibt es Materialien, deren Verbrauch völlig unregelmäßig ist (stochastischer Verbrauch). Die XYZ-Analyse klassifiziert das Material in:

X-Güter =	hohe Vorhersagegenauigkeit (stetiger Verbrauch = gelegentliche geringe Verbrauchsschwankungen)
Y-Güter =	mittlere Vorhersagegenauigkeit (halbstetiger Verbrauch = trendmäßige oder saisonale Schwankungen)
Z-Güter =	niedrige Vorhersagegenauigkeit (stochastischer Verbrauch = unregelmäßige Schwankungen).

Erfahrungswerte aus der Praxis zeigen, daß etwa 50% der Teile X-Teile sind. 20% aller Teile fallen in die Y-Klasse, und ca. 30% aller Teile sind schließlich Z-Teile.[2] Anstelle der Bezeichnung XYZ-Analyse wird, vor allem in älteren Publikationen, auch der Begriff RSU-Analyse verwendet. R steht dabei für regelmäßiger Verbrauch, S für schwankender Verbrauch und U für unregelmäßiger Verbrauch. Die Gruppierung des Materials mit Hilfe der XYZ-Analyse dient vor allem als Entscheidungshilfe für die Bestimmung des Materialbereitstellungsverfahrens, d.h., sie liefert die Entscheidungsgrundlage dafür, ob für einzelne Materialien eine fertigungs-

---

[1] Vgl. Schaeuffelen, H. (1990), S. 17.
[2] Vgl. Hartmann, H. (1988), S. 132; Specht, O. (1993), S. 138.

synchrone Anlieferung Just-in-Time-Beschaffung, Vorratshaltung oder Einzelbeschaffung im Bedarfsfall vorzusehen ist. Besonders aus der Kombination der XYZ-
Analyse mit der ABC-Analyse (Abb. 2.14) lassen sich diejenigen Materialarten
selektieren, die einer Untersuchung auf Eignung für JiT-Konzepte (JiT-Beschaffung
oder JiT-Produktion) unterzogen werden sollten. *Horst Wildemann*[1] schlägt vor, die
Materialien, die in die eingerahmten Bereiche der Abb. 2.14 fallen, einer genauen
Untersuchung zu unterziehen.

Vorhersage- genauigkeit	Wertigkeit		
	A	**B**	**C**
X	hoher Verbrauchswert hohe Vorhersage- genauigkeit stetiger Verbrauch	mittlerer Verbrauchswert hohe Vorhersage- genauigkeit stetiger Verbrauch	niedriger Verbrauchswert hohe Vorhersage- genauigkeit stetiger Verbrauch
Y	hoher Verbrauchs- wert mittlere Vorhersage- genauigkeit halbstetiger Verbrauch	mittlerer Verbrauchswert mittlere Vorhersage- genauigkeit halbstetiger Verbrauch	niedriger Verbrauchswert mittlere Vorhersage- genauigkeit halbstetiger Verbrauch
Z	hoher Verbrauchswert niedrige Vorhersage- genauigkeit stochastischer Verbrauch	mittlerer Verbrauchswert niedrige Vorhersage- genauigkeit stochastischer Verbrauch	niedriger Verbrauchswert niedrige Vorhersage- genauigkeit stochastischer Verbrauch
	besonders geeignet für JiT-Konzepte		

Abb. 2.14: Beispiel für die Gruppenbildung im Rahmen der ABC-Analyse[2]

2.3   Materialnormung und Produkttypung

Bei der Standardisierung wird eine Vereinheitlichung von Gütern angestrebt. Die
Standardisierung umfaßt dabei die Fixierung bestimmter Eigenschaften von Gütern
(Produkten und Materialien). Es lassen sich die folgenden Arten der Standardisierung
unterscheiden[3]:

- Normung (Materialstandardisierung)
- Typung (Fertigproduktstandardisierung)
- Mengenstandardisierung

---

[1] Vgl. Wildemann, H. (1988), S. 172-175.
[2] Wildemann, H. (1988), S. 174.
[3] Vgl. Oeldorf, K. / Olfert, K. (1985), S.51.

2.3.1 Normung

In der zweiten Hälfte des vorigen Jahrhunderts führte die wachsende Zergliederung der Arbeitsvorgänge in Deutschland zu ersten Festlegungen auf der Ebene von Wirtschaftsverbänden. Die ersten zentralen institutionellen Verankerungen von Normen wurden erst im Zusammenhang mit der Kriegswirtschaft im ersten Weltkrieg vorgenommen. Im Jahre 1926 wurde der "Deutscher Normenausschuß eV" (DNA) gegründet, der sich mit der Normierung der gesamten nationalen Erzeugung befaßte. Die Namensänderung des Vereins erfolgte 1975 in "DIN Deutsches Institut für Normung e.V.", um die Unterscheidung zwischen der Institution und dem Ergebnis der Normung herauszustellen.[1] In der Bundesrepublik Deutschland existieren z. Z. mehr als 25000 DIN-Normen. [2]

Der Begriff "Normung" wird in der DIN 820 folgendermaßen definiert.

> "Normung ist die planmäßige, durch interessierte Kreise gemeinschaftlich durchgeführte Vereinheitlichung von materiellen und immateriellen Gegenständen zum Nutzen der Allgemeinheit. Sie darf nicht zu einem wirtschaftlichen Sondervorteil einzelner führen. Sie fördert die Rationalisierung und Qualitätssicherung in Wirtschaft, Technik, Wissenschaft und Verwaltung. Sie dient der Sicherheit von Menschen und Sachen sowie der Qualitätsverbesserung in allen Lebensbereichen. Sie dient außerdem einer sinnvollen Ordnung und der Information auf dem jeweiligen Normungsgebiet".[3]

Die Normenarbeit wird von Normenorganisationen geleistet oder gebilligt. Die Ergebnisse der Normungen sind die Normen. Deutsche Normen erhalten die Bezeichnung DIN. Die Normenarbeit des DIN orientiert sich gem. DIN 820 an den folgenden Grundsätzen:[4]

- **Freiwilligkeit:** Normen sind nicht wie technische Vorschriften gesetzlich verankert. Es handelt sich lediglich um Empfehlungen. Festzustellen ist jedoch, daß der Gesetzgeber häufig auf Normen zurückgreift. Anwendungspflichten können sich daher aus Rechts- oder Verwaltungsvorschriften sowie Verträgen ergeben.

- **Öffentlichkeit**: Alle Normungsvorhaben und Entwürfe sowie die DIN-Normen sollen jedermann leicht zugänglich sein.

---

[1] Vgl. Hahn, D. / Laßmann, G. (1990), S. 173.
[2] Vgl. Wolfmeyer, P. (1990), S. 18.
[3] Vgl. DIN 820.
[4] Vgl. Hahn, D. / Laßmann, G. (1990), S. 175.

- **Beteiligung aller interessierten Kreise**: Bei der Normenerarbeitung sollen alle interessierten gesellschaftlichen Gruppen beteiligt werden.

- **Widerspruchsfreiheit**: Normen dürfen nicht in Widerspruch zu bestehenden Normen sowie Rechts- und Verwaltungsvorschriften stehen.

- **Sachbezogenheit**: DIN-Normen orientieren sich an Sachverhalten, nicht an Wertvorstellungen.

- **Ausrichtung am allgemeinen Nutzen**: Der Inhalt der Normen orientiert sich an den Erfordernissen der Allgemeinheit. Der Allgemeinnutzen geht vor dem Individualnutzen.

- **Ausrichtung an den Stand der Technik**: Normen basieren auf der Grundlage technisch-wissenschaftlicher Erkenntnisse. Sie sorgen für eine rasche Umsetzung neuer Erkenntnisse.

- **Ausrichtung an den wirtschaftlichen Gegebenheiten**: Normen werden nicht zum Selbstzweck erstellt. Jede Normsetzung muß auf ihre wirtschaftliche Wirkungen hin untersucht werden.

Die Norm ist ein Dokument, das bei zahlreichen Transaktionen als Referenz dient, so daß ihr Allgemeingültigkeit zukommt.

Die internationale Zusammenarbeit im Bereich der Normung wurde 1926 durch die "International Federation of the National Standardizing Association" (ISA) begründet. Heute bilden die "International Standardization Organization" (ISO) und die "International Electrotechnical Commission" (IEC), beide mit Sitz in Genf, die Institutionen der internationalen Normung. ISO befaßt sich mit der allgemeinen internationalen Standardisierung. IEC ist für die weltweite Vereinheitlichung auf dem elektrotechnischen Gebiet tätig. Jedes Land ist mit einem nationalen Normungsinstitut Mitglied dieser Organisationen.[1]

Die Normung wird auf nationaler, regionaler und internationaler Ebene durchgeführt. Die Abb.2.15 zeigt die bedeutendsten Normungsinstitutionen.

---

[1] Vgl. Hahn, D. / Laßmann, G. (1990), S. 176.

Arten der Normen	Wichtige Beispiele
Internationale Normen	• ISO - Normen (International Organization for Standardization) • IEC - Normen (International Electrotechnical Commission) • CEN - Normen (Comité Européen de Coordination des Normes) • CENTELEC (Comit, Européen de Normalisation Electrotechnique)
Nationale Normen	• DIN - Normen (herausgegeben vom Deutschen Normen-ausschuß) • ASA - Normen (American Standards Association)
Verbandsnormen	• VDI - Richtlinien (Verband Deutscher Ingenieure) • VDE - Bestimmungen (Verband Deutscher Elektrotechniker) • VDMA - Einheitsblätter (Verband Deutscher Maschinen- und Anlagenbau)
Werksnormen	• aus DIN-Norm abgeleitete Werksnormen • eigenentwickelte Werksnormen • von (großen) Lieferanten oder Abnehmern übernommene Werksnormen

Abb. 2.15: Einteilung von Normen[1]

Auf europäischer Ebene sind CEN (Europäisches Komitee für Normung) und CENTELEC (Europäisches Komitee für elektrotechnische Normung), beide mit Sitz in Brüssel, die Träger der Normarbeit. Sie erstellen die europäischen Normen und die sog. Harmonisierungsdokumente. Außerdem werden für Bereiche, in denen rascher technischer Fortschritt herrscht (z.B. Infomations- und Kommunikationstechnik), sog. europäische Vornormen (ENV) herausgegeben. Die Mitglieder sind die nationalen Normierungsinstitutionen der Mitgliedsländer der Europäischen Gemeinschaft (EG) und der Europäischen Freihandelszone (EFTA).

Mit CEN assoziiert ist die AECMA (Association Européenne des Constructeurs de Matériel Aérospatial). Die ECISS (Europäisches Komitee für Eisen- und Stahlnormung) ist dem CEN angeschlossen. Weitere Verbindungen bestehen zu ITSTC (Informationstechnik-Lenkungskomitee), ETSI (Europäisches Institut für Telekommunikationsnormen), CEPT (Europäische Konferenz der Verwaltung für Post- und Fernmeldewesen),Conference Europeenne des EWOS (European Workshop for

---

[1] Vgl. Grochla, E./ Fieten,R. / Puhlmann, M. (1984), S. 67.

open Systems).[1] Die europäische Normung will durch gemeinsam erarbeitete technische Normen, sog. europäische Normen (EN), gemeinsame technische Grundlagen schaffen und zum Abbau von Handelshürden beitragen.

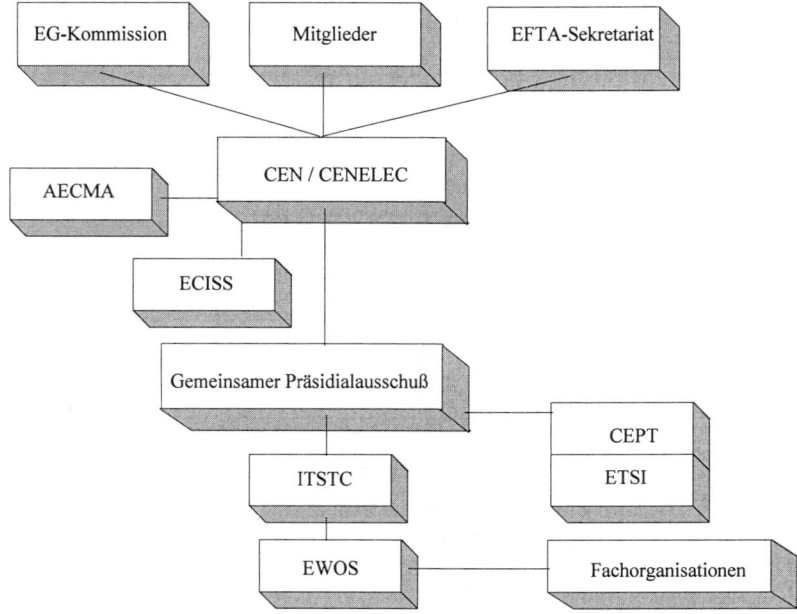

Abb. 2.16: Gliederung der Normungsinstitutionen[2]

Die EG-Normenpolitik ist durch folgende Prinzipien gekennzeichnet:[3]

- Harmonisiert werden lediglich die grundlegenden Sicherheitsanforderungen, wie die von Gesundheit, Personen, Umwelt und Verbrauchern, bei großen Produktgruppen, wie z.B. bei Bauprodukten, Maschinen und Druckbehältern.
- Die Normungsinstitute erhalten den Auftrag zur Erarbeitung der notwendigen harmonisierten Normen.
- Es gilt allgemein die Annahme, das die nach europäischen Normen hergestellten Produkte die grundlegenden Anforderungen erfüllen.

Festzustellen ist jedoch, daß die Schaffung eines echten Binnenmarktes auf dem Gebiet der Normen sehr viel Zeit erfordert. Eine Periode der Unsicherheit und der Querelen scheint vorprogrammiert zu sein.

---

[1] Vgl. DIN 1989.

[2] Vgl. Wolfmeyer, P. (1990), S. 18 und DIN 1989.

[3] Vgl. Wolfmeyer, P. (1990), S. 22.

Inhalt und Grad der Normen

Normen beziehen sich auf ganz unterschiedliche Dinge. Nach dem Inhalt unterscheidet die DIN 820 die folgenden Normen:

Norm	Bezeichnung
Dienstleistungsnorm	Dienstleistungsnorm ist eine Norm, in der technische Grundlagen für Dienstleistungen festgelegt sind.
Gebrauchstauglich-keitsnorm	Gebrauchstauglichkeitsnorm ist eine Norm, in der objektiv feststellbare Eigenschaften in bezug auf die Gebrauchs-tauglichkeit eines Gegenstandes festgelegt sind. Entspricht DIN 66 050 (Ausgabe Juni 1966).
Liefernorm	Liefernorm ist eine Norm, in der technische Grundlagen und Bedingungen für Lieferungen festgelegt sind. Beispiel: Technische Lieferbedingungen.
Maßnorm	Maßnorm ist eine Norm, in der Maße und Toleranzen von materiellen Gegenständen festgelegt sind. Bisher auch Abmessungsnorm genannt.
Planungsnorm	Planungsnorm ist eine Norm, in der Planungsgrundsätze und Grundlagen für Entwurf, Berechnung, Aufbau, Ausführung und Funktion von Anlagen, Bauwerken und Erzeugnissen festgelegt sind.
Prüfnorm	Prüfnorm ist eine Norm, in der Untersuchungs-, Prüf- und Meßverfahren für technische und wissenschaftliche Zwecke zum Nachweis zugesicherter und/oder erwarteter (geforderter) Eigenschaften von Stoffen und/oder von technischen Erzeugnissen festgelegt sind.
Qualitätsnorm	Qualitätsnorm ist eine Norm, in der die für die Verwendung eines materiellen Gegenstandes wesentlichen Eigenschaften beschrieben und objektive Beurteilungskriterien festgelegt sind.
Sicherheitsnorm	Sicherheitsnorm ist eine Norm, in der Festlegungen zur Abwendung von Gefahren für Menschen, Tiere und Sachen (Anlagen, Bauwerke, Erzeugnisse u.ä.) enthalten sind.
Stoffnorm	Stoffnorm ist eine Norm, in der physikalische, chemische und technologische Eigenschaften von Stoffen festgelegt sind.
Verfahrensnorm	Verfahrensnorm ist eine Norm, in der Verfahren zum Herstellen, Behandeln und Handhaben von Erzeugnissen festgelegt sind.
Verständigungsnorm	Verständigungsnorm ist eine Norm, in der zur eindeutigen und rationellen Verständigung terminologische Sachverhalte, Zeichen oder Systeme festgelegt sind.

Abb. 2.17: Inhalt der Normen[1]

---

[1] Vgl. auch Hahn, D. / Laßmann, G. (1990), S. 178.

Der **Grad der Normung** wird in dreifacher Hinsicht beurteilt. Die Norm ist breit, wenn sie sich auf viele der Gesichtspunkte erstreckt, die für den Gegenstand der Norm in Betracht kommen; sie ist in bezug auf einen bestimmten Gesichtspunkt tief, wenn sie viele der möglichen Festlegungen enthält; sie ist umfangreich, wenn sie innerhalb eines vorgesehenen Bereiches (Fachgebiet, Wirtschaftsgebiet) viele der vorhandenen Normungsmöglichkeiten erfaßt. Der Umfang der Normung hängt dabei im wesentlichen von den wirtschaftlichen Gegebenheiten und technischen Möglichkeiten ab.[1]

Die **Materialnormung** führt zur Vereinheitlichung von Materialien durch das Festlegen von Bezeichnungen, Größen, Abmessungen, Formen, Farben und Qualitäten. Durch diese Standardisierung wird die Vielzahl denkbarer technischer Lösungen reduziert. Die genormten Materialien wirken sich auf alle materialwirtschaftlichen Funktionsbereiche kostensparend aus.

Vorteile beim Einkauf sind

- größere Bestellmengen (und damit verbundene Mengenrabatte und günstige Frachtkostensätze)
- vereinfachte Beschaffung (Zwischen den Beteiligten treten weniger Mißverständnisse auf. Eindeutige Materialspezifikationen bedingen weniger Rückfragen, was weniger Lieferverzögerungen impliziert.)
- schnellere Beschaffung (schnelle Verständigung zwischen Lieferant und Abnehmer)
- günstige Einstandspreise (Hohe Stückzahlenfertigung beim Lieferanten führt zu niedrigen Preisstellungen.)
- vereinfachte Materialeingangsprüfung
- Vereinfachungen in der Materialrechnung (Vereinfachung der Lagerbuchführung, weniger Konten).

Vorteile im Lager und Transportwesen sind

- geringere Lagerhaltungskosten
- geringere Sicherheitsbestände
- vereinfachte Transporte (einheitliche Maße)
- zunehmende Übersichtlichkeit im Lager

Vorteile in der Konstruktion und Fertigung sind

- wirtschaftlichere Losgrößen
- Vereinfachung der Fertigungsverfahren, da weniger Spezialmaschinen notwendig sind

---

[1] Vgl. Hinterhuber, H. (1984), Sp. 2779.

- Vereinfachung der Konstruktion.

Vorteile beim Reparaturdienst sind

- Vereinfachung der Reparaturen
- besserer Ersatzteildienst
- schnellere Abwicklung von Serviceleistungen.

Die Materialnormung strebt eine Vereinheitlichung der eingesetzten Teile und des Materials an. Sie unterstützt damit eine möglichst universelle Verwendung. Dies reduziert die Teilevielfalt.

2.3.2 Produkttypung

Während man die Vereinheitlichung von Teilen und Material als Materialnormung bezeichnet, handelt es sich bei der Vereinheitlichung ganzer Erzeugnisse um Produkttypung oder kurz Typung.

Bei der Typung wird die Vereinheitlichung ganzer Erzeugnisse in bezug auf die Art und Form, Größe, Leistung oder sonstigen gemeinsamen Merkmale angestrebt.

Die Typung führt zu Kostenvorteilen, sie führt jedoch auch zu einer Reduzierung der angebotenen Erzeugnistypen (Verringerung der Produktpalette). Dieser Umstand ist aus absatzpolitischer Sicht nicht erwünscht. Es ergibt sich also ein Dilemma zwischen den absatzpolitischen und materialwirtschaftlichen Zielen. Das Marketing ist an einer möglichst großen Produktpalette interessiert, da die Produkte so zielgruppengerecht abgesetzt werden können. Aus materialwirtschaftlicher Sicht wird die Vereinheitlichung der Produkte angestrebt, da sich hierdurch die Teilevielfalt reduzieren läßt. Die Individualität der Erzeugnisse geht dabei jedoch verloren.

Die Typung führt zu den bereits auf Seite 70 genannten Vorteilen der Normung. Darüber hinaus gibt es folgende Vorteile: [1]

- Kostensenkung durch rationellere Fertigung
- Verkaufspreissenkung durch geringere Kosten
- Substituierbarkeit
- Verkürzung der Lieferzeiten, da die erforderlichen Teile bei mehreren Lieferanten verfügbar sind
- Vereinfachung der Einhaltung von Sicherheitsvorschriften, da die Anzahl der aufwendigen Sicherheitsprüfungen abnimmt.

---

[1] Vgl. Oeldorf, G. / Olfert, K. (1985), S. 58-59.

Den genannten Vorteilen stehen allerdings die folgenden Nachteile gegenüber:

- Beschränkung des Wettbewerbs durch die Vereinheitlichung
- Hemmung des technischen Fortschritts
- Gefahr der Uniformierung und Vermassung.

Führt das Unternehmen selbst die Standardisierung der Produkte durch, so handelt es sich um eine innerbetriebliche Typung. Für ein Unternehmen hat die innerbetriebliche Typung eine große Bedeutung, da die Gestaltung der Endprodukte ein wesentlicher Wettbewerbsfaktor ist. Da i.d.R. nicht alle Erzeugnisse gleichermaßen zum Erfolg des Unternehmens beitragen, ist eine Überprüfung erforderlich, ob alle vorhandenen Typen erhalten bleiben müssen (Sortiments- oder Typenbereinigung).

Die Typung kann auch überbetrieblich erfolgen. Die überbetriebliche Typung wird initiiert durch[1]

- die Kooperation branchengleicher Unternehmen (Die Typung trägt zur Verbesserung der Markttransparenz, der Flexibilität und der Kapazitätsauslastung der kooperierenden Unternehmen bei),
- die Arbeit in Verbänden, z.B. dem Rationalisierungskuratorium der Deutschen Wirtschaft (RKW),
- Forderungen von Großabnehmern, die den liefernden Unternehmen aufgrund ihrer Marktstellung die standardisierten Eigenschaften der Produkte vorschreiben (große Versandhäuser, staatliche Stellen, große öffentliche Unternehmen wie Telekom, Bahn),
- Vorschriften und Gesetze. (Die Vorgabe staatlicher Regelungen dürfte jedoch der Ausnahmefall sein).

Die Konzentration auf Normteile ist sowohl für die Lieferanten als auch für die Abnehmer vorteilhaft. Allerdings darf nicht vergessen werden, daß die Typenbereinigung auch zur Beschränkung des Erzeugnisprogramms führt.

2.3.3 Baukastensystem

Um die genannten unterschiedlichen Interessenlagen des Materialmanagements und des Marketingmanagements zu verringern oder sogar aufzuheben, bietet sich der Einsatz von Baukastensystemen an.

---

[1] Vgl. Oeldorf, G. / Olfert, K. (1985), S. 58-59.

> Baukastensysteme sind modulare Systeme, die eine verschiedenartige Zusammensetzung gleicher genormter Bauteile oder Baugruppen ermöglichen, wobei jeweils ein anderer Enderzeugnistyp entsteht.

Verringert wird durch den Mehrfacheinsatz der unterschiedlich zu kombinierenden gleichen Bauteile und -gruppen die Anzahl der Teilevarianten. Gleichzeitig entstehen durch die unterschiedliche Weise der Zusammensetzung jeweils andere Formen des Grundtyps. Jede Kombination stellt so eine Art spezieller Standardausführung dar. Werden zusätzlich nichtstandardisierte Zusatzkomponenten einbezogen, so ist die Vielfalt des Angebotes leicht zu erweitern.[1] Baukastensysteme ermöglichen eine große Typenvielfalt mit vergleichsweise kleinem Materialsortiment.[2]

Der Einsatz von Baukastensystemen führt zu Kostensenkungen in der Fertigung und kürzeren Lieferzeiten bei gleichzeitiger Vielfalt des Produktionsprogramms. Das Baukastensystem führt dabei nicht zur Einschränkung der Produktpalette. Nachteilig ist, daß die Entwicklung von Baukastensystemen sehr zeit- und kostenaufwendig ist. Als problematisch erweist sich die Entscheidung über die Materialqualität. Da die Enderzeugnisse an die Bauteile unterschiedlich hohe Qualitätsanforderungen stellen, muß sich ein einheitliches Bauteil an den höchsten Anforderungen ausrichten. Erzeugnisse, die keine so hohen Qualitätsanforderungen an das Bauteil stellen, sind dann überdimensioniert.[3]

2.3.4 Die DIN EN ISO 9000 : 1994 Normenreihe

Besondere Beachtung hat in den vergangenen Jahren die DIN EN ISO-9000-9004 Normenreihe erfahren. Da sich auch in den nächsten Jahren viele Unternehmen mit diesen Normen auseinandersetzen müssen, soll dieses Normenwerk näher betrachtet werden.

Die Normenreihe 9000 - 9004 der ISO wurde im Jahre 1987 veröffentlicht und bisher in über 120 Ländern übernommen. Sie wird unter der Bezeichnung EN ISO 9000-9004 vom europäischen Komitee für Normung (CEN) als europäische Norm und unter der Bezeichnung DIN EN ISO 9000-9004 vom Deutschen Institut für Normung (DIN) als deutsche Norm herausgegeben. Die Normenreihe DIN EN ISO 9000:1994 ist die zweite Revision der Ursprungsversion der Normenreihe aus dem Jahre 1987.

---

[1] Vgl. Zäpfel, G. (1982), S. 61-62.
[2] Vgl. Grün, O. (1990), S. 485.
[3] Vgl. Zäpfel, G. (1982), S. 61.

Ab dem Jahr 2001 wird die Normenreihe ISO 9000:2000 die Normenreihe ISO 9000:1994 ersetzen.

2.3.4.1 Aufbau des Normenwerkes

Unternehmen, die von Zulieferern Material und Teile beziehen, sind darauf angewiesen, daß die Zulieferer die Materialqualität einhalten, denn die Qualität der zugekauften Teile und Materialien beeinflußt unmittelbar die Qualität der eigenen Produkte. Unter der Qualitätsfähigkeit des Zulieferers ist dabei zu verstehen, daß dieser über längere Zeit hinweg in der Lage ist, die Spezifikationen des Abnehmers sicher zu erfüllen. Auch unvorhersehbare Störungen und Personalwechsel beim Zulieferer dürfen nicht zu Qualitätseinbußen führen. Dies hat bereits sehr früh viele Unternehmen dazu veranlaßt, an die Qualitätsfähigkeit ihrer Zulieferer bestimmte Anforderungen zu stellen und diese auch in Verträge einfließen zu lassen. Mit dem Normenwerk ISO 9000 - 9004 wurde erstmals eine umfassende Vereinheitlichung zahlreicher unterschiedlicher nationaler und internationaler Firmenanforderungen vorgelegt.[1]

Das Normenwerk enthält Regeln über den zweckmäßigen Aufbau von Qualitäts-sicherungssystemen in unterschiedlichen Nachweisstufen und kann die Grundlage für Qualitätssicherungssysteme sein, die zwischen Abnehmer und Zulieferer vereinbart werden.

In der Bundesrepublik Deutschland wurde zu diesem Zweck die Deutsche Gesellschaft zur Zertifizierung von Qualitätssicherungssystemen mbH (DQS) gegründet. Das Unternehmen stellt nach der Prüfung des Qualitätssicherungssystems ein Zertifikat aus. Weitere akkreditierte Zertifizierer in Deutschland sind:

- TÜV-Cert e.V., Bonn
- Verband der Sachversicherer (VdS) e.V., Köln (zertifiziert vorwiegend im Bereich von Gefahrgutmeldeanlagen)
- Deutsche Gesellschaft zur Zertifizierung von Qualitätssicherungssystemen (DQS) e.V., Berlin
- Dekra AG, Prüf- und Zertifizierungsstelle, Stuttgart
- Germanischer Lloyd, Hamburg
- LRQA Lloyds Register Quality Assurance, GB-Croydon
- Landesgewerbeanstalt Bayern, Nürnberg
- Staatliches Materialprüfungsamt Nordrhein-Westfalen (MPA, NRW), Dortmund (zertifiziert vorwiegend Fertigungsunternehmen)
- Verein des Schienenfahrzeugbaus zur Zertifizierung und Warenkennzeichnung e.V., Berlin

---

[1] Vgl. Engelhardt, W. / Schütz, P. (1991), S. 397-398; Bläsing, J. (1989), S. 38.

- TÜV Bayern-Sachsen, München
- NIS Ingenieurgesellschaft mbH, Hanau
- Det Norske Veritas Qualitätssicherungsservice (DNVQS), Essen
- Bureau Veritas Quality International Ltd, Essen
- VDE Prüf- und Zertifizierungsinstitut, Offenbach (zertifiziert in Zusammenarbeit mit der DQS)
- Vector Technische Unternehmensberatung GmbH, Troisdorf (Personalzertifizierer für zerstörungsfreie Werkstoffprüfung)

Abb. 2.18: Akkreditierte Zertifizierer[1]

Die Zertifizierung kann sich auf das gesamte Unternehmen oder lediglich auf einzelne Bereiche beziehen. Das Zertifikat wird i.d.R für drei Jahre ausgestellt, wobei halbjährlich bis jährlich Überwachungsaudits vorgenommen werden. Nach Ablauf der drei Jahre kann eine Verlängerung beantragt werden. Die Zertifizierung hat für den Zulieferer den Vorteil, daß mit dem Qualitätsstandard bei den Abnehmern geworben werden kann (Imageverbesserung).

Wird einem Abnehmer ein Zertifikat vorgelegt, so kann er sich auf die festgestellte Qualität des Zulieferers verlassen. Weitere Prüfungen entfallen. Da hierdurch Mehrfachprüfungen verschiedener Abnehmer überflüssig sind, hat die Zertifizierung einen nicht unerheblichen Rationalisierungseffekt.

Im Jahre 1991 wurde eine empirische Untersuchung zu den Gründen der Zertifizierung durchgeführt. Befragt wurde eine repräsentativ ausgewählte Gruppe bereits zertifizierter Unternehmen mit weniger als 500 Mitarbeitern. Die Abb. 2.19 zeigt die Begründungen, die zur Zertifizierung führten.

---

[1] Vgl. o.V. (1993), S. 32.

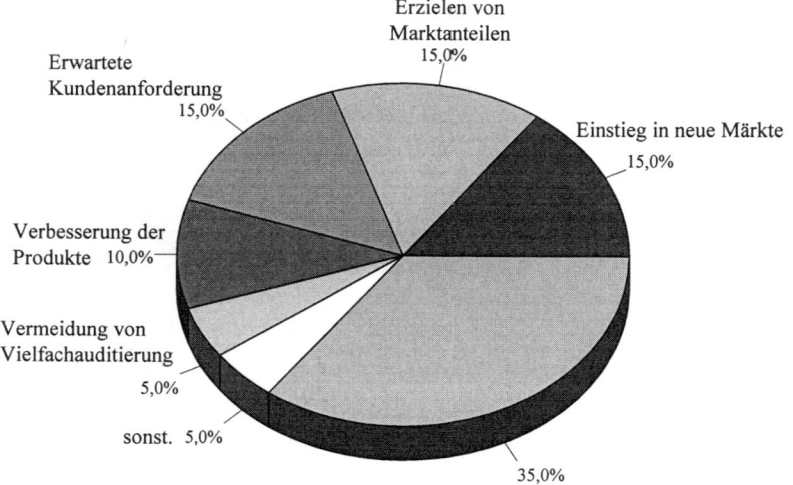

Abb. 2.19: Zertifizierungsgründe[1]

2.3.4.2 Normenbestandteile

Die Bestandteile des Normenwerks ISO 9000 bis 9004 zeigt die Abb. 2.20.

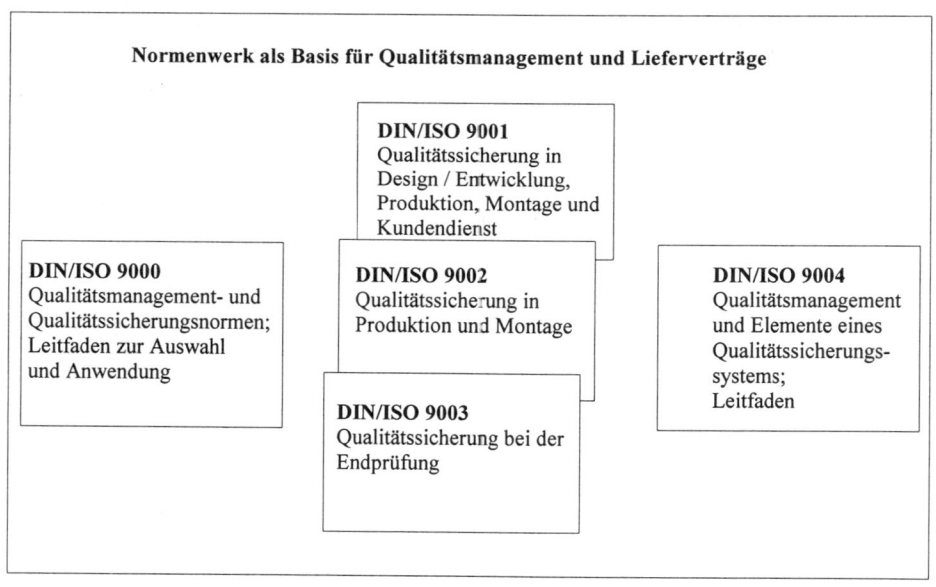

Abb. 2.20: Normenwerk DIN/ISO 9000-9004

---

[1] Zahlen entnommen aus VDMA-DGQ-Schrift (1992), S. 18, keine Angabe der statistischen Grundgesamtheit.

ISO 9000 stellt einen Leitfaden zur Auswahl und Anwendung der Normen für das Qualitätsmanagement und die Qualitätsnachweisstufen zur Verfügung. Sie erklärt die wesentlichen Beziehungen zwischen den Grundbegriffen und gibt außerdem eine Anleitung zur Benutzung der Normenserie. Der Einsatz dieser Norm wird daher stets in Verbindung mit einer anderen Norm erfolgen. Sie stellt keine separate Nachweisstufe für Qaulitätssicherungs-Systeme (QS-Systeme) dar.

ISO 9001 ist die Qualitätssicherungsnachweisstufe für Entwicklung und Konstruktion, Produktion, Montage und Kundendienst. Die Norm bezieht sich auch auf die Entwicklung, die Konstruktion und den Kundendienst. Sie kommt daher besonders dann zum Einsatz, wenn es sich um Produktneuentwicklungen handelt oder sonstige Entwicklungsrisiken bestehen.[1]

ISO 9002 ist die Qualitätssicherungsnachweisstufe für Produktion und Montage. Produktion bezieht sich dabei nicht ausschließlich auf die Fertigung von Gütern, sondern auch auf Dienstleistungen. Diese Norm findet am häufigsten in der Industrie und im Bereich Transport und Logistik Anwendung.

ISO 9003 beschränkt sich auf die Anwendung von Qualitätssicherungselementen bei der Endprüfung. Sie stellt eine inhaltliche Einschränkung zu ISO 9001 und 9002 dar. Diese Norm allein genügt nicht den Anforderungen des Qualitätsbewußtseins. Sie findet dann Anwendung, wenn der Kunde lediglich diesen Nachweis verlangt.

ISO 9004 ist ein übergeordneter Leitfaden für das Qualitätsmanagement und für Elemente eines Qualitätssicherungssystems. Die Unternehmensführung kann aus einem Grundstock von Elementen die für sich geeigneten QS-Elemente für das eigene QS-System entnehmen. ISO 9004 kann nur mit einer der drei vorgenannten Nachweisstufen angewandt werden. Der Umfang und die Tiefe der Darlegung werden insbesondere durch die Art des Produkts, der Marktanforderungen und des Fertigungsprozesses bestimmt.

2.3.4.3 Ablauf der Zertifizierung

Die Zertifizierung verläuft unabhängig vom jeweils beauftragten Institut in den in der Abb. 2.21 aufgeführten vier Schritten.

---

[1] Vgl. auch VDMA-DGQ-Schrift (1992), S. 16.

Im ersten Vertragsabschnitt erhält das Unternehmen nach einem Informationsge-
spräch einen Fragenkatalog, mit dessen Hilfe festgestellt werden soll, ob das
Qualitätssicherungssystem in dem geforderten Maß eingeführt und dokumentiert ist
und ein Audit durchgeführt werden kann. Das Unternehmen erhält vom Zertifizierer
einen Abschlußbericht. Im zweiten Schritt werden die Auditoren festgelegt und die
Unterlagen des Qualitätssicherungssystems, das QS-Handbuch und Verfahren sowie
Arbeitsanweisungen einer Prüfung unterzogen. In der dritten Phase wird nach einem
Vorbereitungsgespräch ein Audit im Unternehmen durchgeführt. Das QS-System
wird abschließend beurteilt. Im vierten und letzten Vertragsabschnitt erfolgt die
Erteilung des Zertifikates, das dann drei Jahre Gültigkeit hat. Voraussetzung hierfür
ist jedoch, daß die jährlich stattfindenden Überwachungsaudits ein anforderungs-
gerechtes QS-System bestätigen.

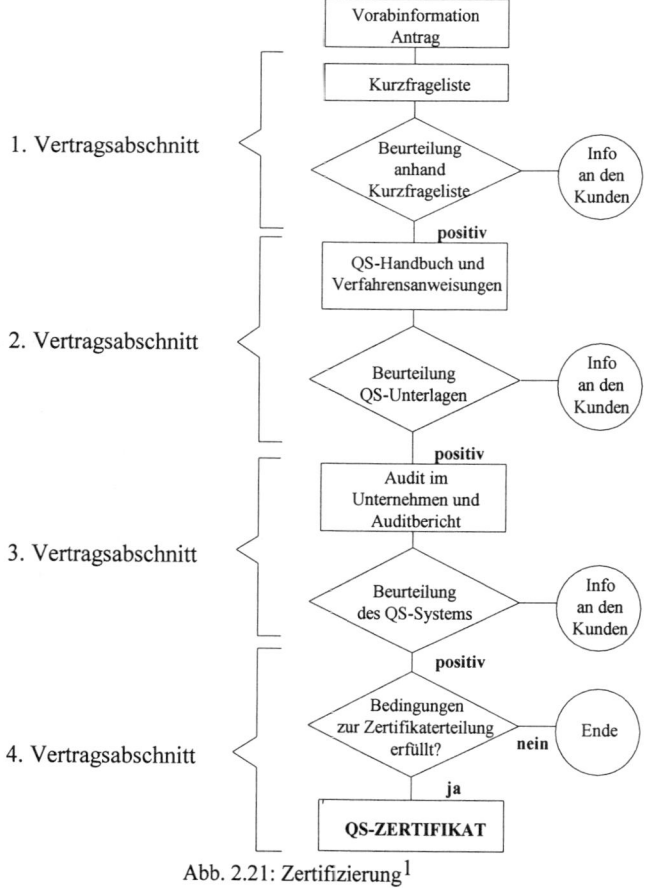

Abb. 2.21: Zertifizierung[1]

---

[1] Vgl. DQS (1993).

2.3.4.4 Qualitätsmanagement-System

Die Normenreihe ISO 9000 kann als Orientierungshilfe für den Aufbau eines wirkungsvollen Qualitätsmanagement-Systems aufgefaßt werden. Die Einführung eines Qualitätsmanagement-Systems (QM-Systems) ist eine Entscheidung der Unternehmensleitung. Grundsätze, Ziele und das Unternehmensleitbild sollten Eingang in das QM-System finden. Die Qualitätspolitik muß verkündet und durchgesetzt werden. Auf der Basis gesetzter Ziele sind qualitätsrelevante Aufgaben und Abläufe zu beschreiben. Dabei können bereits vorhandene Anweisungen, Formulare und Unterlagen gesammelt und geprüft werden.

Für alle qualitätsbeeinflussenden Arbeiten und Vorgänge sind Arbeitsanweisungen und für alle wesentlichen Abläufe Verfahrensanweisungen zu erstellen. Das QM-System selbst wird im QM-Handbuch beschrieben.

Abb. 2.22: Aufbau eines Qualitätsmanagement-Systems[1]

---

[1] Bayerisches Staatsministerium für Wirtschaft, Verkehr und Technologie (Hrsg.), (1999), S. 19.

2.3.5 Die Neufassung der ISO 9001 : 2000

2.3.5.1 Neuer Aufbau der Normenreihe

Die in den Jahren 1987 bis 2000 gemachten Erfahrungen mit der ISO 9000 ff. Normenreihe führten zu einer umfassenden Revision der Normenreihe. Folgende Einwände wurden gegen die bisherige Normenreihe vorgebracht:

a) Das Normenwerk ist durch viele Ergänzungen und Erweiterungen sehr umfangreich und somit schwer überschaubar geworden.

b) Die Normenreihe läßt sich nicht pragmatisch genug auf kleine und mittlere Unternehmen anwenden.

c) Die bisherigen 20 Qualitätselemente sind relativ statisch und bilden die betrieblichen Abläufe nicht realistisch genug ab.

d) Die Entwicklung integrierter Managementsysteme wird behindert.[1]

Diese Mängel versucht die neue ISO 9000:2000 zu beseitigen. Sie ist somit als Weiterentwicklung der bisherigen Normenreihe zu verstehen. Die bisherigen 25 Normen, Leitfäden und Normenentwürfe werden auf nur vier Kernnormen konzentriert. Dies sind

- ISO 9000:2000 = Begriffe/Definitionen

- ISO 9001:2000 = Nachweisforderungen (bisher ISO 9001 / 9002 / 9003)

- ISO 9004:2000 = Anleitung zur Verbesserung der Leistungen

- ISO 19011 = Auditwesen, Leitfaden für das Auditieren von QM- und UM-Systemen.

2.3.5.2 Prozeßorientierung der Norm

In den Mittelpunkt der Betrachtung werden nicht mehr die bisherigen 20 Elemente des QM-Systems gestellt, sondern die betrieblichen Prozesse und Abläufe. Grundlage für die neue Struktur ist das allgemeine Prozeßmodell.

Ein ablauforientiertes QM-System (s. nachstehende Abbildung) begleitet alle betrieblichen Prozesse. Es werden Führungsprozesse und alle Aufgaben der unterstützenden Bereiche mit einbezogen. Für alle diese Funktionen gilt:[2]

- alle zu erfüllenden Aufgaben sind klar zu formulieren

- die Verantwortung und Zuständigkeit sowie die Schnittstellen sind zu definieren

---

[1] Vgl. Bayerisches Staatsministerium für Wirtschaft, Verkehr und Technologie (Hrsg.), (2000), S. 2.

[2] Vgl. Bayerisches Staatsministerium für Wirtschaft, Verkehr und Technologie (Hrsg.), (2000), S. 4.

- die zur Aufgabenerfüllung erforderlichen Mittel sind bereitzustellen

- die Aufgabenerfüllung muß überwacht und der Erfolg bewertet werden

- die Verbesserungsmöglichkeiten müssen identifiziert und umgesetzt werden.

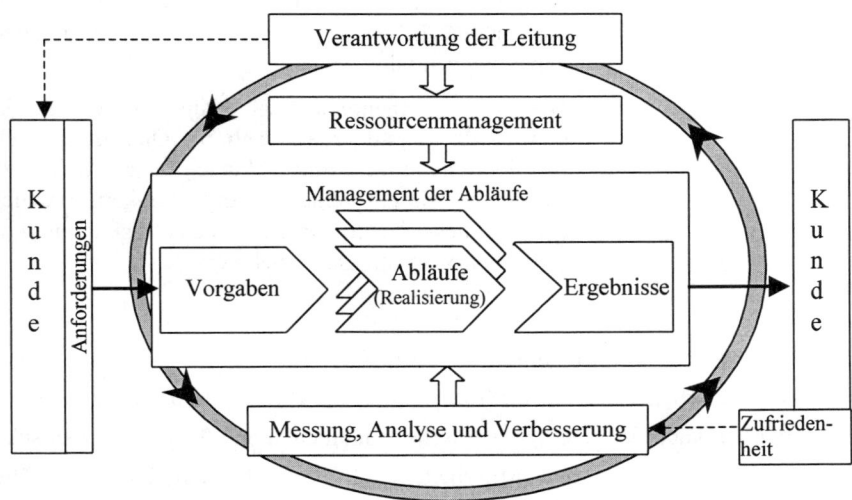

Abb. 2.23: Prozeßorientiertes QM-System gem. ISO 9000:2000

Wie die Abbildung 2.23 zeigt, ist der Ausgangspunkt der Produktherstellung oder Dienstleistung der Kundenbedarf. Die Kundenanforderungen bilden die Vorgaben für den Leistungserstellungsprozeß (Realisierung). Damit die Produkte weiterentwickelt und verbessert werden können, muß sich das Unternehmen (bzw. die betrachtete Organisation) an der Kundenzufriedenheit orientieren. Die zentrale Frage besteht daher zunächst darin, ob das angebotene Produkt (die Dienstleistung) den Anforderungen der Kunden entspricht. Die Informationen über die Kundenanforderungen und die Zufriedenheit der Kunden führen in einen permanenten Verbesserungskreislauf, in den die Unternehmensleitung und das Ressourcenmanagement eingebunden sind.

Die neue Normenreihe ISO 9000:2000 läßt sich wie folgt charakterisieren:

Kundenorientierung: Vom Unternehmen müssen die Kundenwünsche erfaßt und ausgewertet werden. Die Kundenorientierung kann zur Definition des Begriffs Qualität genutzt werden. „Qualität ist das, was der Kunde wünscht".

Produktorientierung:	Das Unternehmen prüft, ob die Produkte den Markt- und Kundenforderungen entsprechen und ob das Unternehmen die Fähigkeiten besitzt, die Forderungen zu erfüllen.
Mitarbeiterorientierung:	Die Mitarbeiter müssen so qualifiziert sein, daß sie die Aufgaben ordnungsgemäß durchführen können. Die regelmäßige Erhebung der Mitarbeiterzufriedenheit ist dabei von zentraler Bedeutung.
Praxisorientierung:	Die neue Normenreihe ISO 9000:2000 eignet sich sowohl für Hersteller als auch für Dienstleister. Die Normenreihe stellt Empfehlungen und Hilfen zur Verfügung, sie hat keinen Zwangscharakter. Vielmehr kann jedes Unternehmen Anpassungen an die speziellen Verhältnisse vornehmen.

2.3.5.3 Das integrierte Management-Handbuch

Damit jeder Mitarbeiter durch seine Tätigkeit auf die Erreichung der Unternehmensziele hinwirken kann, ist eine systematische Dokumentation für jeden Arbeitsplatz
erforderlich. Insbesondere neue Mitarbeiter und Vertretungen in Krankheitsfällen
haben so die Möglichkeit, sich mit dem Arbeitsplatz vertraut zu machen. In den
Arbeitsanweisungen werden die auf den einzelnen Arbeitsplatz bezogenen Tätigkeiten aufgeführt. Anforderungen, die die Kunden oder die Umwelt an den Arbeitsplatz stellen, sollten ebenfalls mit aufgenommen werden. Außerdem werden die
Schnittstellen zu anderen Arbeitsplätzen und Tätigkeiten fixiert.

In **Verfahrensanweisungen** werden grundlegende Betriebsabläufe festgehalten. Die
einzelnen Verfahren, Verantwortlichkeiten und die Schnittstellen zu anderen
Abläufen werden detailliert beschrieben.

Ein wesentlicher Faktor für die Einführung eines Qualitätsmanagement-Systems ist
die Auswahl eines geeigneten Qualitäts- und Umweltbeauftragten (Qualitäts-
management- und Umweltmanagementbeauftragten). Der QM-UM-Beauftragte
sollte eine entsprechende Qualifikation besitzen und notfalls eine einführende
Schulung erhalten. Der QM-UM-Beauftragte muß gewährleisten, daß das QM-
System gemäß den Forderungen der ISO eingeführt und aufrechterhalten wird. Der
obersten Leitung muß er über die Leistungsfähigkeit des QM-Systems und
notwendige Verbesserungen berichten. Außerdem ist in der gesamten Organisation
das Bewußtsein für die Kundenforderungen sicherzustellen.[1]

---

[1] Vgl. ISO 9001:2000E, S.26.

Im Managementhandbuch (QM-Handbuch) werden i.d.R. Unternehmensziele und die Unternehmenspolitik sowie die Aufbau- und Ablauforganisation des betreffenden Unternehmens dargestellt. Zur Darstellung dienen Organigramme und Ablaufdiagramme.

Neben den o.g. Arbeits- und Verfahrensanweisungen können Prüfanweisungen, Checklisten und Formulare Eingang ins Handbuch finden. Damit das Handbuch auch an Prüfer und Kunden weitergegeben werden kann, empfiehlt es sich, Dokumente, die firmeninternes Know-how enthalten, als Anhang zum Handbuch zusammen-zufassen. Der Anhang wird dann nicht nach außen gegeben. Die nachstehende Abbildung zeigt die Bestandteile eines integrierten Management-Handbuches. Außerdem werden einflußnehmende Personen und Faktoren dargestellt.

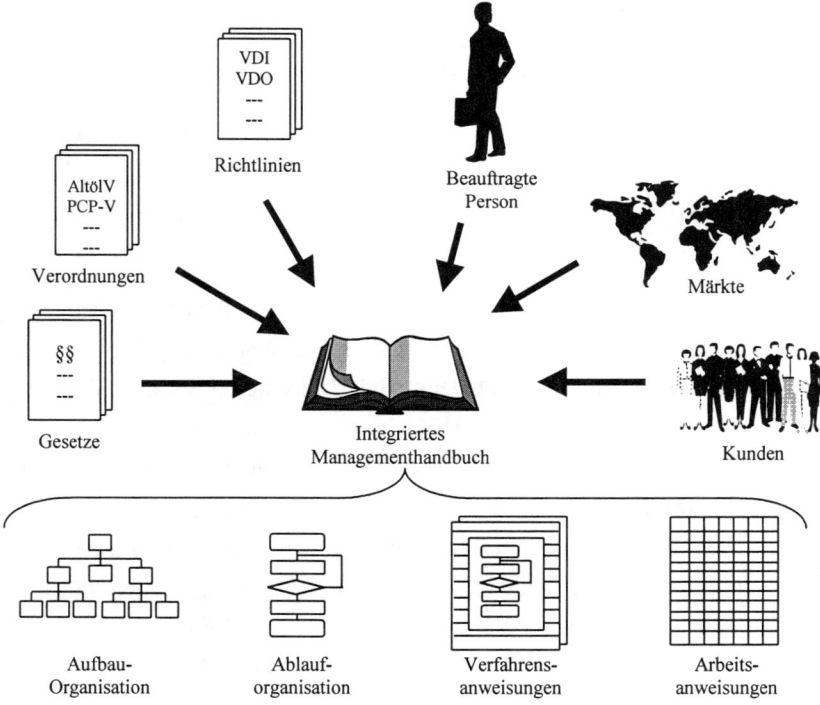

Abb. 2.24: Das integrierte Management-Handbuch

Jedes Unternehmen sollte eigenständig ein Managementhandbuch erarbeiten. Ein Beispiel für den Aufbau eines prozeßorientierten Managementhandbuches zeigt die Abbildung 2.25.

Kapitel 1:	Einleitung (Inhaltsverzeichnis; Benutzerhinweise; Prozeßstruktur)
Kapitel 2:	Führungsprozesse (Vorwort der Geschäftsleitung; Firmenportrait; Qualitäts- und Umweltpolitik) Organisation des Unternehmens (Unternehmensziele, Planung, Lenkung und Prüfung (KVP – kontinuierlicher Verbesserungsprozeß))
Kapitel 3:	Kernprozesse (Marketing; Verkauf; Vertragsabschluß; Baustellenvorbereitung; Montageablauf; Baustelle beenden; Baustellen-Nachsorge)
Kapitel 4:	Dienstleistungsprozesse (Geschäftsleitung; Finanzbuchhaltung; EDV; Technisches Büro; QM-UM-Beauftragter; Personalverwaltung; Materialwirtschaft/Einkauf)
Kapitel 5:	Verfahrensanweisungen
Kapitel 6:	Arbeitsanweisungen
Kapitel 7	Formblätter/Checklisten

Abb. 2.25: Beispiel für die Gliederung eines prozeßorientierten Handbuches

2.4 Die Materialnumerierung

Nummernsysteme begegnen uns in vielfältiger Weise im täglichen Leben, man denke nur an die Personalausweisnummer, die Sozialversicherungsnummer oder die Matrikelnummer - wenn Sie Student sind. Einzelnen Personen sind Nummern zugeordnet, so daß jede Person mit Hilfe der Nummer identifiziert werden kann. Das gleiche gilt auch für Objekte, wie beispielsweise Autokennzeichen, Hausnummern und Bankleitzahlen. Im Unternehmen erhalten Betriebsmittel, Arbeitsplätze, Kostenstellen, Aufträge, Rechnungen und die Arbeitnehmer Nummern, anhand der sie eindeutig identifiziert werden können. Die Begriffe der Nummerung sind in DIN 6763 festgelegt. Anstatt Nummerung wird vielfach auch der Begriff **Verschlüsselung** verwendet. Gemäß DIN 6763 ist unter Nummerung das Bilden, Erteilen, Verwalten und Anwenden von Nummern zu verstehen. Für die Vergabe der Nummern bzw. Schlüssel stehen Ziffern, Buchstaben und Sonderzeichen zur Verfügung. Abhängig davon, aus welchen Zeichen die Nummer zusammengesetzt wird, unterscheidet man die in der Abb. 2.26 dargestellten Nummern.

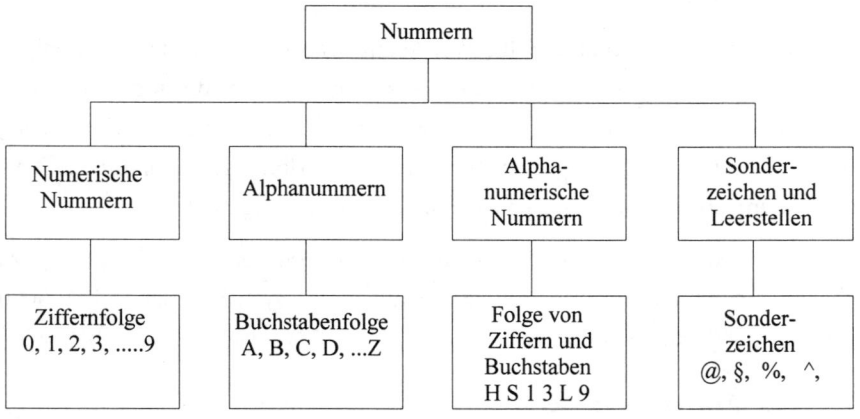

Abb. 2.26: Nummerungsarten gem. DIN 6763

Nummern lassen sich einteilen

1) nach Aufgaben der Nummern: identifizierende und klassifizierende Nummern sowie Prüfnummern

2) nach dem Aufbau der Nummer: Verbundnummernsystem oder Parallelnummernsystem.

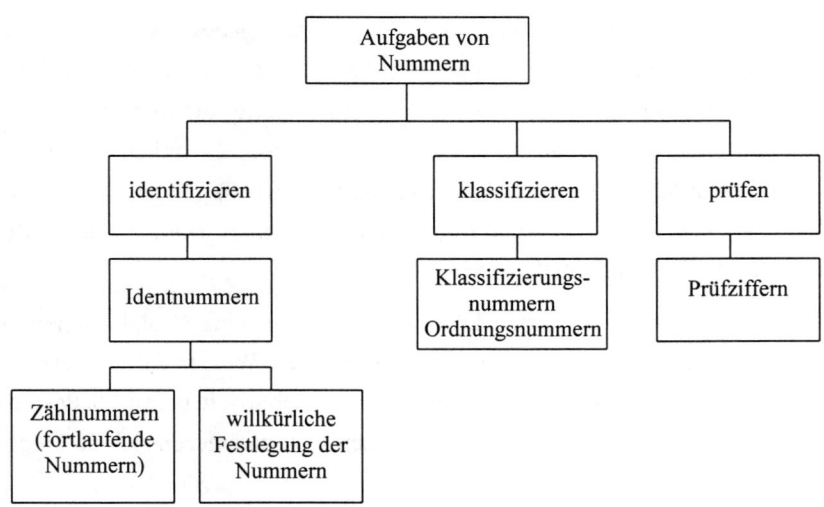

Abb. 2.27: Aufgaben von Nummern gem. DIN 6763

2.4.1 Identnummern

Identnummern (identifizierende Schlüssel) kennzeichnen ein Objekt mit wenigen Zeichen. In der einfachsten Form handelt es sich um Zahlen, die fortlaufend vergeben werden. Lücken (freibleibende Nummern) im Schlüssel entstehen nicht, soweit die Nummernvergabe konsequent fortlaufend erfolgt. Die willkürliche Vergabe der Nummern birgt allerdings die Gefahr der Doppelvergabe.[1]

Werden die Identnummern konsequent und richtig vergeben, sind sie einfach zu handhaben. Bereits mit einem 5 stelligen Identnummernsystem lassen sich 100000 Gegenstände eindeutig identifizieren.

2.4.2 Klassifizierungsnummern

Klassifizierungsnummern (klassifizierende Schlüssel) ordnen die kennzeichnenden Objekte nach vorgegebenen Kriterien in Klassen ein. Sie setzen sich aus mehreren Teilen (Teilschlüsseln) zusammen, die jeweils eine Aussage über das zu verschlüsselnde Objekt machen.

Zu den Klassifizierungsnummern gehören beispielsweise die Kontenrahmen der Buchführung. Die Kontenrahmen sind nach dem dekadischen Prinzip gegliedert. Ein Kontenrahmen umfaßt 10 Kontenklassen, die jeweils in 10 Kontengruppen gegliedert sind. Die Untergliederung der Kontengruppen ergibt dann die Konten, die sich ihrerseits wieder in Unterkonten aufgliedern lassen. Jedes Konto erhält eine Nummer, die die Stellung des Kontos innerhalb des Kontenrahmens angibt. Im Industriekontenrahmen (IKR) hat das Konto "Betriebsstoffe" die Kontonummer 203. Die erste Ziffer (2) gibt an, daß das Konto der Kontenklasse 2 (Umlaufvermögen und aktive Rechnungsabgrenzung) angehört. Die zweite Ziffer (0) gibt an, daß das Konto der Kontengruppe "Roh-, Hilfs- und Betriebsstoffe" angehört. Durch die letzte Ziffer wird das Konto "Betriebsstoffe" eindeutig bestimmt.

Klassifizierende Nummernsysteme können mit Alphanummern, alphanumerischen Nummern oder numerischen Nummern gebildet werden. Werden Ziffern verwendet, so können mit den Ziffern 0 bis 9 (eine Stelle im Schlüssel) genau 10 Positionen verschlüsselt werden. Verwendet man Buchstaben A-Z, so ergeben sich 26 Möglichkeiten je Stelle.

Werden alphanumerische Nummern verwendet, so können die Materialien mit Abkürzungen verschlüsselt werden, die einen leichten Rückschluß auf das Material

---

[1] Vgl. auch Stahlknecht, P. (1989), S. 167-169.

zulassen, was zur Erleichterung im Umgang mit den Materialnummern führen kann. Man spricht daher bei den klassifizierenden Schlüsseln auch von "sprechenden Schlüsseln". Ein Beispiel für einen sprechenden Schlüssel wäre R S M 0 5 5 5 V 2 0. Die Materialnummer steht für: Rohe Sechskantschraube mit Mutter, DIN 555, galvanisch verzinkt, Durchmesser 20 Millimeter.

Die Abb. 2.28 zeigt einen weiteren klassifizierenden Nummernschlüssel.

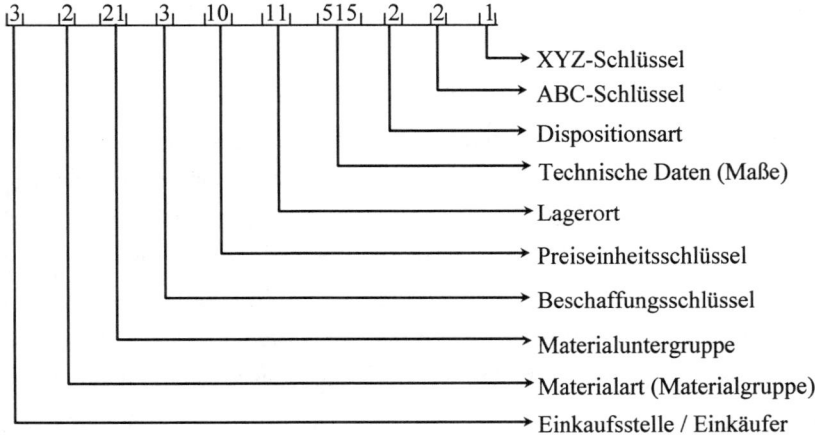

Abb. 2.28: Klassifizierender Nummernschlüssel

Die Klassifizierungsmerkmale lassen sich beliebig erweitern. Ergänzt werden könnte der Schlüssel um: verwendete technische Unterlagen (Stückliste, Zeichnung, Montageanleitung, Schaltplan), Normenschlüssel (DIN-Normteil, Werksnormteil), Status-Schlüssel (Wartungsteil, Verwendungsteil, aktives Teil, ungültiges Teil), Werksschlüssel (Kennzeichnung des Werkes oder der Verwaltung), Entnahmeschlüssel.[1]

Klassifizierende Nummernsysteme zeichnen sich durch folgende Vorteile aus:

- Materialien und Teile, die eine ähnliche Beschaffenheit oder gleiche Merkmale aufweisen, lassen sich zu entsprechenden Gruppen zusammenfassen.
- Durch die aufbauende Gliederung und entsprechende Verschlüsselung wird die Merkfähigkeit für die Nummern erhöht.

Den Vorteilen stehen die folgenden Nachteile gegenüber:

---

[1] Vgl. auch Oeldorf, G. / Olfert, K. (1985), S. 84.

- Nicht alle Merkmale lassen sich in das Nummernsystem aufnehmen, da sonst die Materialnummern zu lang werden würden.
- Der Aufbau (Auswahl der Klassifizierungsmerkmale) erfordert lange Vorbereitungszeit und geschultes Personal.
- Der Schlüssel kann leicht "platzen", wenn für ein Merkmal nicht genügend Stellen vorgesehen sind.
- Die Umordnung oder Reorganisation eines einmal festgelegten Schlüsselsystems ist sehr aufwendig.

2.4.3 Prüfziffer

Der Umgang mit Materialnummern birgt die Gefahr, daß diese falsch erfaßt und verarbeitet werden. Übertragungsfehler treten bei der DV-technischen Erfassung oder beim Abschreiben auf. Fehler beruhen auf Hör-, Lese- oder Eintastfehlern und sind allgemein auf menschliches Versagen (z.B. Müdigkeit) oder auf Umwelteinflüsse (Lärm, Blendung) zurückzuführen. Die Ziffernfolge kann einfach oder mehrfach vertauscht werden. Ebenfalls können Ziffern ausgelassen werden. Fehlerhafte Materialnummern führen zu Informationsverlusten und Fehlinterpretationen.[1]

Prüfziffern, auch Prüfnummern, Kontrollziffern, selbstprüfende Nummern genannt, werden von der DV-Anlage errechnet und an die letzte Stelle der Materialnummer angehängt. Nach der Vergabe der Prüfziffer durch das DV-Programm wird sie zum Bestandteil der gesamten Materialnummer.

Die Prüfziffer wird ständig mit der allgemeinen Materialnummer (Grundnummer) mitgeführt und stets mit erfaßt bzw. eingegeben. Mit oder nach jeder Dateneingabe wird vom Programm die Prüfnummer vom Rechner neu errechnet und mit der eingegebenen Prüfnummer verglichen (Gültigkeitskontrolle). Stimmt die neu berechnete Prüfnummer nicht mit der alten überein, so erfolgt eine Fehlermeldung.

Ein einfaches Verfahren zur Berechnung einer Prüfnummer ist die Berechnung der Quersumme der Grundnummer. Die letzte Stelle der berechneten Summe ist dann die Prüfziffer, die an die Grundnummer angehängt wird. Bei diesem Verfahren werden Zahlendreher jedoch nicht erkannt.

---

[1] Vgl. Stahlknecht, P. (1989), S. 411.

Ein anderes Verfahren, das auch diesen Fehler erkennt, ist das 11-er-Verfahren. Es soll für die Materialnummer 35816375 die dazugehörige Prüfziffer ermittelt werden. Wie die Abb. 2.29 zeigt, weist der Platzhalter x darauf hin, daß die noch nicht berechnete Prüfziffer angehängt werden soll.

Jede Ziffer der Grundnummer, an die die Prüfziffer angehängt werden soll, wird, von hinten beginnend, mit den Faktoren (2, 3, 4, 5,...) multipliziert. Die so ermittelten Produkte werden summiert, die Summe durch 11 dividiert. Der sich ergebende Rest wird von 11 subtrahiert. Die Zahl, die sich ergibt, ist die Prüfziffer.

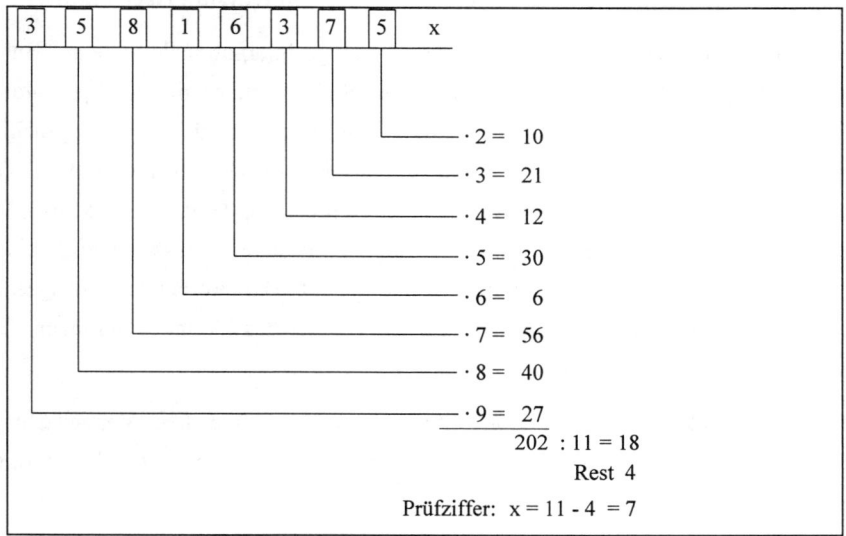

Abb. 2.29: Berechnung einer Prüfziffer

Die Prüfziffer 7 des Beispiels wird nun an die Grundnummer angehängt. Es ergibt sich die Nummer 358163757. Wie bereits erwähnt, wird bei jeder Eingabe der Materialnummer die Prüfnummer neu errechnet und verglichen. Eine weitere Möglichkeit zur Überprüfung zeigt die Abb. 2.30. Erneut werden die Produkte für jede Stelle der gesamten Materialnummer errechnet und aufsummiert. Die Summe wird durch 11 geteilt. Ergibt sich bei der Division kein Rest, so ist die Material-nummer richtig eingegeben.

3	5	8	1	6	3	7	5	7	
9	8	7	6	5	4	3	2	1	
27	40	56	6	30	12	21	10	7	$\sum 209$

209 : 11 = 19 Rest 0

Abb.2.30: Kontrolle der Prüfziffer

2.4.4 Verbundnummernsysteme

Beim **Verbundnummernsystem** (Verbundschlüssel) erfolgt die Beschreibung des Objektes durch einen klassifizierenden Teil und einen identifizierenden Teil. Der klassifizierende Teil und der identifizierende Teil sind **miteinander verbunden**.

Ein typischer Verbundschlüssel ist z.B. das 10-stellige Internationale Standard-Buchnummern-System (ISBN). Die erste Ziffer einer ISBN-Nummer gibt den Sprachraum an. Für die Bundesrepublik Deutschland, Österreich und die deutschsprachige Schweiz ist dies eine 3. Die 2. bis 4. Ziffer ist die Verlagsnummer. Die Verlagsnummern werden von der Buchhändler-Vereinigung GmbH (Frankfurt a.M.) vergeben. Der Oldenbourg Verlag hat z.B. die Verlagsnummer 486. Die 5. bis 9. Ziffer wird vom Verlag für die Buchtitel festgelegt. Der Verlag kann insgesamt 100000 identifizierende Titelnummern für die Bücher des Verlages vergeben. Die zehnte Ziffer ist die Prüfziffer.

Weitere Verbundschlüssel sind: Bankleitzahlen, Auto-Kennzeichen, Versicherungsnummern der Renten- und Sozialversicherungen und das europäische Artikelnummernsystem (EAN).[1]

Die Abb. 2.31 zeigt ein Beispiel für die Verbundnummer eines Materials. Wie das Beispiel des Verbundschlüssels zeigt, sind der klassifizierende und identifizierende Teil der Nummer untrennbar miteinander verbunden.

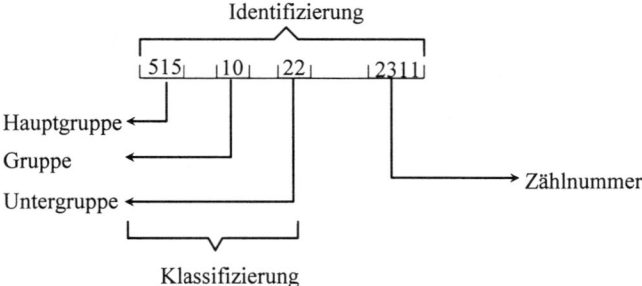

Abb. 2.31: Beispiel Verbundnummernsystem

---

[1] Vgl. Stahlknecht, P. (1989), S. 168.

2.4.5 Parallelnummernsysteme

Beim Parallelnummernsystem wird das Objekt durch einen identifizierenden Teil gekennzeichnet und zusätzlich durch einen davon unabhängigen klassifizierenden Teil beschrieben. Parallelschlüssel sind z.B. die Flugnummern der Deutschen Lufthansa und die Zugnummern der Bundesbahn. So steht beispielsweise LH 211 AB3 für Flug Nr. 211 (identifizierend) und AB3 für Airbus A300 (klassifizierend). Die Zugnummer IC 652 steht für den Zug Nr. 652 (identifizierend). IC steht für die Zugart Intercity (klassifizierend).[1] Ein Beispiel für die Materialverschlüsselung mit einem Parallelschlüssel zeigt die Abb. 2.32.

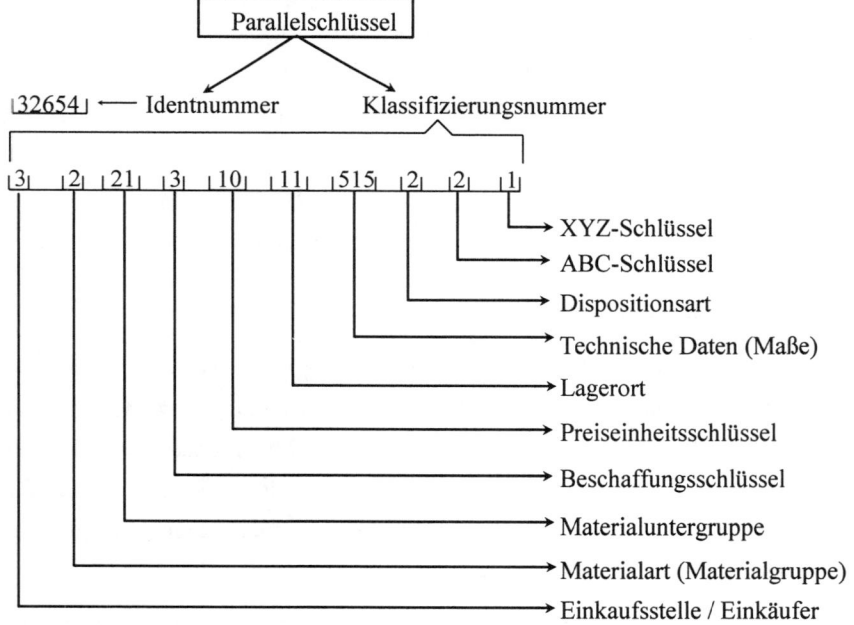

Abb. 2.32: Beispiel Parallelnummernsystem

Die Vorteile des Parallelnummernsystems ergeben sich aus der Unabhängigkeit der Identnummer von der Klassifizierungsnummer. Das System wird dadurch flexibler.

- Da die Klassifizierungsnummern getrennt geführt werden, kann eine Änderung oder Neuorganisation relativ einfach erfolgen.
- Die Vergabe der Identnummern können fortlaufend vergeben werden, so daß besondere Kenntnisse bei der Vergabe der Nummern nicht erforderlich sind.

---

[1] Vgl. Stahlknecht, P. (1989), S. 169.

- Die Identnummer bleibt immer mit dem Material oder Teil verbunden, lediglich die Klassifizierungsnummer kann sich ändern.
- Da die Identnummern unsystematisch vergeben werden können, sind für diese nur wenig Stellen erforderlich.

Diesen Vorteilen steht der Nachteil gegenüber, daß mehr Stellen erforderlich als bei der Verwendung des Verbundnummernsystems. Dieser Nachteil kann bei DV-Einsatz jedoch vernachlässigt werden.

Allgemeine Probleme jeder Verschlüsselung sind:[1]

- die Eindeutigkeit der Nummer
- die Aussagefähigkeit der Nummer
- der Ausschluß von Verwechselungsmöglichkeiten
- die Länge der Nummer (Probleme der Dateneingabe bzw. -erfassung)
- die Stellenreservierung für neu hinzukommende Objekte
- die Wiederverwendung frei werdender Nummern
- die Flexibilität bei Änderungen
- die Gültigkeit über längere Zeiträume.
-

2.4.6   Materialnummern und DV-Einsatz

Eine große Rolle spielen die Nummernsysteme für integrierte DV-Systeme und die Produktionsplanungs- und -steuerungssysteme. Die Teilenummern werden in einer zentralen Materialdatenbank abgelegt. Die Daten der Materialdatenbank müssen funktionsübergreifend und redundanzfrei geführt werden, so daß auch für verschiedene Zwecke auf die Daten zurückgegriffen werden kann, z.B. für die Konstruktion, die Disposition und den Einkauf.

Die Abbildung 2.33 zeigt Möglichkeit der zentralen Datenverarbeitung mehrerer Firmen innerhalb eines Konzerns, mehrerer Werke innerhalb einer Firma und mehrerer Lagerorte innerhalb eines Werkes. Der Materialstamm (Stammsatz) ist daher hierarchisch gegliedert und in Segmente aufgeteilt. Die Daten, die in einem Segment hinterlegt werden, gelten jeweils für eine bestimmte Ebene innerhalb einer Organisation. Die Abb. 2.33 zeigt die Segmentstruktur und einige ausgewählte Datenelemente aus Sicht der Materialwirtschaft, die auf bestimmten Ebenen hinterlegt werden.

---

[1] Vgl. Stahlknecht, P. (1989), S. 169.

Jeder Materialstammsatz ist so durch eine eindeutige Materialidentifikation, die Materialnummer, gekennzeichnet. Sie kann bis zu 18 Stellen langsein und numerisch oder alphanumerisch definiert werden. Die Vergabe der Materialnummern erfolgt automatisch vom System oder wird vom Benutzer individuell vergeben.[1]

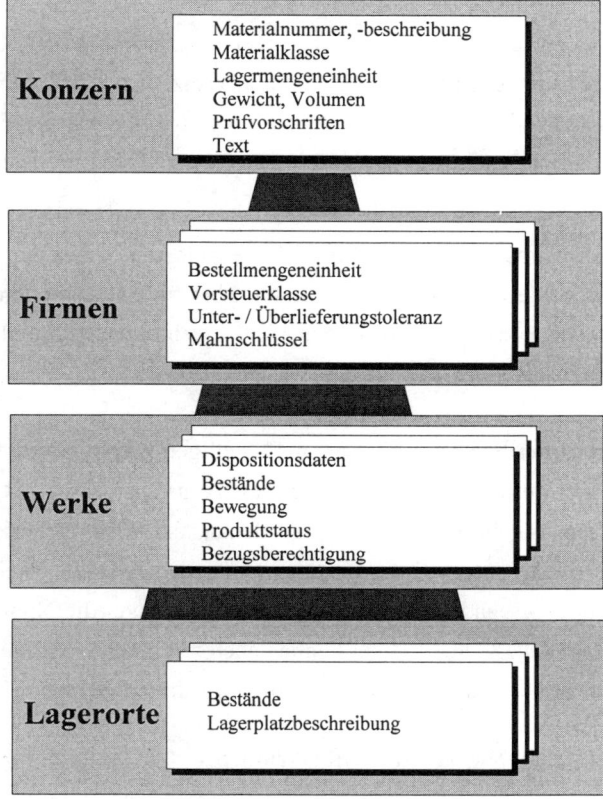

Abb. 2.33: Struktur eines Materialstammsatzes (SAP, RM-MAT)

2.4.7   Verschlüsselung mit Strichcodes

Um der zeitaufwendigen manuellen Eingabe der Materialnummern in die DV-Anlage entgegenzuwirken, werden zunehmend Strichcodes (engl.: bar code, Balkencodes) eingesetzt. Hierbei handelt es sich um genormte oder herstellerspezifische Strich-codes, die bei der Eingabe magnetisch oder optisch gelesen werden (vgl. Abb. 2.34). Strichcodes sind eine Serie von parallelen dunklen Balken unterschiedlicher Breite auf hellem Untergrund. Die meisten Codes basieren auf einem Binärprinzip mit einer Anzahl von schmalen und breiten Strichen/ Lücken.Die Sequenz dieser schmalen

---

[1] Vgl. SAP (Hrsg.), (1993), S. 28-29.

und breiten Striche bzw. Lücken ergibt eine bestimmte numerische oder alpha-
numerische Aussage. Die Strichcodes werden auf Papierbelege, Verpackungen,
Paletten oder Etiketts gedruckt. Gelesen werden die Codes optisch mit Scannern.
Eine elektronische Auswertung (Dekodierung) interpretiert die Impulse als Daten.

Ein Beispiel für ein Strich-System ist das bereits erwähnte EAN-System, das sich
insbesondere im Lebensmittelbereich durchgesetzt hat. EAN steht für Europäische
Artikelnummer oder europaeinheitliche Artikelnummer. Da das EAN-System nicht
mehr auf Europa beschränkt ist, wird auch von der "Internationalen Artikelnummer"
gesprochen.

Das System wurde bereits im Jahre 1977 beschlossen. Unter den 12 Mitbegründer-
staaten waren alle EG-Staaten. Inzwischen haben sich viele weitere Länder, darunter
auch die USA, Japan, Australien und mehrere südamerikanische Staaten,
angeschlossen.

Der Aufdruck der Striche erfolgt beim 13-stelligen EAN-Code auf einer Fläche von
10 cm². Unter der Strichfolge steht die Angabe in Klarschrift (OCR-B-Schrift). Für
das Einlesen ist diese zusätzliche Zahlenangabe nicht erforderlich. Sollte der
Strichcode nicht automatisch eingelesen werden können, weil der Strichcode
beispielsweise beschädigt oder verschmutzt ist, so kann die Nummer auch manuell
eingetippt werden. Kleine Artikel können auch mit einer 8-stelligen Kurzversion des
EAN-Codes auf einer Fläche von ca. 6 cm² aufgedruckt werden.

Der 13-stellige EAN-Code ist wie folgt aufgebaut:

a) 1. und 2. Stelle Länderkennzeichen (Bundesrepublik =40-43)
b) Stellen 3 bis 7 Betriebsnummer des Herstellers
c) Stellen 8 bis 12 vom Hersteller vergebene Artikelnummer
d) Stelle 13 die Prüfziffer.

Die ersten beiden Stellen der EAN (Vorziffern oder Präfix) identifizieren das
Herstellerland. Diese Länderkennung wird durch die EAN-Zentrale in Brüssel
vergeben. In der Bundesrepublik ist die EAN wie folgt aufgebaut: [1]

Für die Vergabe der bundeseinheitlichen Betriebsnummern ist die Centrale für
Coorganisation (CCG) in Köln zuständig. Die CCG ist eine Gemeinschaftsgründung

---

[1] Vgl. Hansen, H. (1992), S. 163-164; Stahlknecht, P. (1989), S. 348.

von Handel und Industrie. Die Artikelnummern werden von den Herstellern in der Regel "chaotisch" - also ohne Nummernsystem - vergeben.

Neben dem weltweit eingesetzten EAN-Code wird im Handel in den USA und Kanada UPC A und UPC E eingesetzt. Der Codabar wird im medizinisch-klinischen Bereich eingesezt.

Der Code 2/5 interleaved, der Code 128 und der Code 39 werden in Industriebereichen eingesetzt.

Länder-kennzeichen	Bundeseinheitliche Betriebsnummer „bbn"					individuelle Artikelnummer des Herstellers					Prüf-ziffer
4	0	1	2	3	4	5	0	0	3	1	5	4
Centrale für Coorganis. für die Bundes-republik Deutschland	FRANZ SCHUSTER KG Travestr. 20 2400 Lübeck					Lübecker Edelmarzipan Geschenkpackung 100 g					99 % Sicher-heit

Europäische Artikelnummer (EAN)

4 006512 000060

Abb. 2.34: Beispiel Barcodes

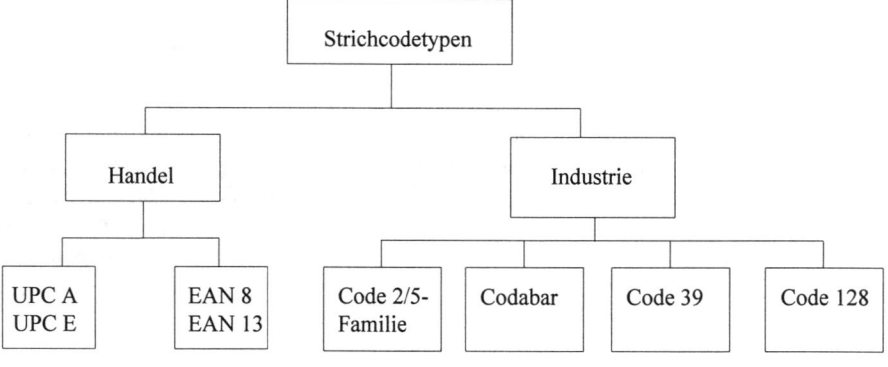

Abb. 2.35: Strichcodetypen

Merkmale	Code 2/5-Familie	Codabar	Code 39	Code 128
Zeichenvorrat	10 Ziffern	10 Ziffern 16 (Ziffern und Sonderzeichen)	43 (Ziffern, Großbuchstaben u. Sonderzeichen)	128 ASCII
Selbstprüfung	ja	ja	ja	ja
variable Zeichenlänge	ja/nein 2/5 interl. geradzahlig	ja	ja	ja
Zeichen	numerisch	numerisch mit Sonderzeichen	alphanumerisch	Full-ASCII-Zeichensatz

Abb. 2.36: Beschreibung der Strichcodetypen

Fragen und Aufgaben zur Wiederholung (S. 60 - 109)

1. *Was versteht man unter Normung und Produkttypung?*

2. *Nach welchen Kriterien werden Materialien bei den folgenden Verfahren klassifiziert: ABC-Analyse, XYZ-Analyse?*

3. *Beschreiben Sie das Verbundnummernsystem!*

4. *Wie lautet die Prüfziffer der Materialnummer 31816 bei der Anwendung des Verfahrens Modulus 11?*

5. *Was versteht man unter Normung?*

6. *Welche Vorteile hat die Materialnormung?*

7. *Welche wesentlichen Neuerungen sind mit der Normenreihe ISO 9000:2000 verbunden?*

8. *ABC-Analyse*
   Die Hansa GmbH setzt im Rahmen ihrer Produktion die in der nachstehenden Tabelle aufgeführten 15 Materialien ein. Bisher wurden die Beschaffungsaktivitäten für alle Materialpositionen einheitlich auf der Grundlage allgemeingültiger vorhandener Beschaffungsrichtlinien durchgeführt. Um die Materialwirtschaft effizienter zu gestalten, soll eine ABC-Analyse durchgeführt werden. Die Ergebnisse sollen die Grundlage für spätere Umstellungsmaßnahmen sein.

Es liegen die folgende Daten vor.

Mat.-Nr.	Menge	Einstandspreis €
1001	190	270,00
1002	12.820	2,00
1003	520	5,10
1004	600	7,50
1005	2.220	0,30
1006	4.000	2,10
1007	35.000	0,08
1008	15.000	0,12
1009	100	23,00
1010	150	9,50
1011	60	12,50
1012	7.000	0,50
1013	3.000	1,25
1014	500	0,40
1015	500	0,30

a) Führen Sie eine mengenbezogene ABC-Analyse durch! (Richtwerte für die Klassifikation 80%, 15%, 5%)

b) Welche Maßnahmen könnten für A-Teile und welche Maßnahmen für C-Teile getroffen werden?

3 Die Materialdisposition

Lernziele und -aufgaben

Der Leser soll

1. die Verfahren der Bedarfsermittlung
2. verschiedene Formen der Erzeugnisstrukturdarstellung
3. die Stücklistengrundformen
4. die Grundformen der Teileverwendungsnachweise *Umkehrg v. Stücklisten*
5. das Gozinto-Verfahren
6. die programmgebundenen und verbrauchsorientierten Verfahren der Materialbedarfsplanung
7. Materialverbrauchsverläufe
8. Bestellrechnung kennenlernen.

3.1 Gegenstand der Materialdisposition

Bei der Materialdisposition (dem operativen Materialmanagement) handelt es sich
um das Tagesgeschäft, d.h. wiederkehrende dispositive Entscheidungen. Disposition
bedeutet dabei soviel wie das Verfügen und Entscheiden über die Materialbereitstellung.

> Unter Materialdisposition werden alle Entscheidungen zusammengefaßt, die dar-
> auf gerichtet sind, das Unternehmen mengen- und termingerecht mit allen erfor-
> derlichen Materialien oder Handelswaren zu versorgen.

Die Materialdisposition legt Plangrößen fest, wieviel Material in einem bestimmten
Zeitraum für einen Bedarfsort, einen Kunden oder einen Produktionsauftrag beschafft
werden muß. Die Planung erfolgt in der Regel in Form der rollenden Planung, d.h., es
wird jeweils für einem Tag, eine Woche, einen Monat der Materialbedarf geplant.

Zur Materialdisposition zählen die folgenden Aufgabengebiete:

- Verfahren der Bedarfsermittlung (Bedarfsplanung)
- Bestandsrechnung
- Bestellrechnung.

Die **Bedarfsermittlung** ist die Voraussetzung einer optimalen Versorgung der Bedarfsstellen mit Material. Bei den Verfahren der Bedarfsermittlung geht es darum, den zukünftigen Materialbedarf zu ermitteln, d.h., es soll festgestellt werden, wieviel Material für die Aufrechterhaltung des Geschäftsbetriebes benötigt wird. Die **Bestandsrechnung** dient zur Erfassung aller Materialbewegungen (mengen- und wertmäßig) zum Zweck der Ermittlung der Materialbestände. Die **Bestellrechnung** dient schließlich der Ermittlung der Bestellmengen. Der Materialbedarf läßt sich wie folgt einteilen:

3.2 Materialbedarfsarten

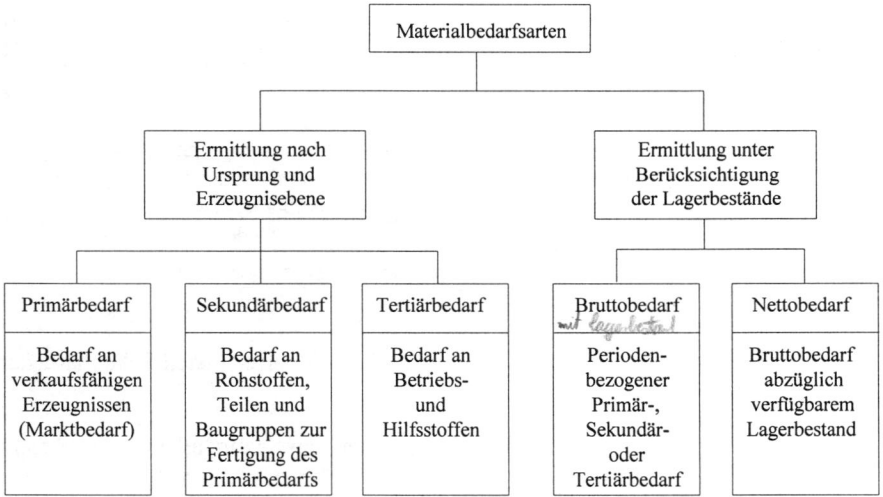

Abb. 3.1: Gliederung der Materialbedarfsarten[1]

Erfolgt die Einteilung nach dem **Ursprung** und der **Erzeugnisebene**, so unterscheidet man zwischen Primär-, Sekundär- und Tertiärbedarf.

---

[1] Vgl. Grochla, E. / Fieten, R. / Puhlmann, M. (1984), S. 76.

Primärbedarf	Die aufgrund von Absatzüberlegungen vorgegebene Anzahl an Erzeugnissen bildet den Primärbedarf. Zum Primärbedarf zählen neben den Fertigerzeugnissen auch die Ersatzteile, die für den Verkauf bestimmt sind.
Sekundärbedarf	Damit der Primärbedarf gedeckt werden kann, muß der Bedarf an Rohstoffen, Teilen und Baugruppen (Repetierfaktoren) bekannt sein, der zur Erzeugung des Primärbedarfs erforderlich ist. Dieser Bedarf ist der Sekundärbedarf.
Tertiärbedarf	Der Tertiärbedarf ist der erforderliche Bedarf an Hilfs- und Betriebsstoffen.

Abb. 3.2: Bedarfsarten nach dem Ursprung und der Erzeugnisebene

Erfolgt die Einteilung der Bedarfe unter Berücksichtigung der Lagerbestände, so unterscheiden wir zwischen Brutto- und Nettobedarf.

Bruttobedarf:	Der Bruttobedarf beinhaltet die Lagerbestände.
Nettobedarf :	Der Nettobedarf ergibt sich durch die Subtraktion der Bestände vom Bruttobedarf: Nettobedarf = Bruttobedarf - Bestände Der Nettobedarf eines Teiles oder einer Baugruppe gibt diejenige Menge an, die in der Planperiode nicht verfügbar ist. Die Netto-bedarfsrechnung hat daher die Aufgabe, zu prüfen, ob der Bruttobedarf bereits durch die Lagerbestände abgedeckt wird.

Abb. 3.3: Bedarfsarten unter Berücksichtigung der Lagerbestände

Zusatzbedarf

Der Zusatzbedarf ist der Bedarf, der sich zusätzlich zum errechneten Sekundärbedarf ergibt, z.B.:[1]

- Für eine Baugruppe oder ein Bauteil liegt neben dem Sekundärbedarf ein Primärbedarf vor, das bedeutet, es werden zusätzliche Einheiten für den Ersatzteilservice benötigt.

- Es werden zusätzliche Einheiten benötigt, um Ausschuß, Schwund und Ungenauigkeiten entgegenzuwirken.

Der **Gesamtbedarf** ist die Summe aus Sekundär- und Zusatzbedarf. Der Gesamtbedarf entspricht dem Bruttobedarf.

Beispiel: Nettobedarfsberechnung[2]

Das Fertigerzeugnis E1 wird aus drei Teilen des Bauteils T1 zusammengesetzt. In den nächsten 4 Perioden sollen insgesamt 320 Stück abgesetzt werden (Primärbedarf gesamt für E1 = 320 Einheiten). Die Primärbedarfe der einzelnen Perioden zeigt die erste Zeile der Abb. 3.4. Da für die Herstellung einer Einheit des Fertigerzeugnisses

---

[1] Vgl. Harlander, N. / Platz, G. (1989), S. 172.
[2] Vgl. Harlander, N. / Platz, G. (1989), S. 172-173.

E1 genau 3 Teile T1 benötigt werden, beträgt der Sekundärbedarf in der ersten Periode (120 · 3 Teile) = 360 Einheiten. Die Sekundärbedarfe für die Perioden 2, 3 und 4 zeigt die Zeile 2 der Tabelle. Für den Ersatzteilservice werden in der ersten Periode 30, in der zweiten Periode 20, in der dritten Periode ebenfalls 20 und in der vierten Periode 30 Einheiten des Teils T1 benötigt. Wird für jede Periode zum Sekundärbedarf der Zusatzbedarf addiert, so ergibt sich der jeweilige Bruttobedarf (Zeile 4). Wird vom Bruttobedarf der vorhandene Lagerbestand (Zeile 5) des Teils subtrahiert, so erhält man den Nettobedarf (Zeile 6) in Höhe von 330 Stück.

Zeile	Bedarfsart	Periode				
		1	2	3	4	gesamt
1	Primärbedarf T_0	120	40	60	100	320
2	Sekundärbedarf T_1	360	120	180	300	960
3	Zusatzbedarf T_1	30	20	20	30	100
4	Bruttobedarf T_1	390	140	200	330	1060
5	Bestände des Teils T_1	60	0	0	0	60
6	Nettobedarf T_1	330	140	200	330	1000

Abb. 3.4: Beispiel zur Unterscheidung der Bedarfsarten

3.3 Die Vorlaufverschiebung

Die Vorlaufverschiebung ermöglicht eine zeitgenaue Materialbeschaffung für die Fertigstellung des Produktes bzw. Loses. Teile der niedrigen Fertigungsstufen müssen bestellt oder gefertigt werden, bevor die Bearbeitung auf der nächst höheren Fertigungsstufe begonnen werden kann. Es wird so gewährleistet, daß eine termingerechte Fertigstellung erfolgt.

3.4 Verfahren der Bedarfsermittlung

Die Bedarfsermittlung kann

- marktorientiert
- programmorientiert (deterministisch)
- verbrauchsorientiert (stochastisch)
- durch Schätzung

erfolgen. Die Verfahren werden in der Praxis häufig nebeneinander oder kombiniert verwendet. Wie die nachstehende Abbildung zeigt, ist die Auswahl des Verfahrens abhängig von der Bedarfsart.

	Primärbedarf	Sekundärbedarf	Tertiärbedarf
Bedarfsermittlung	marktorientiert: Festlegung des Produktionsplanes auf der Grundlage der Auftragseingänge (bei Auftragsfertigung) oder Absatzerwartung (Schätzung des Absatzes von Enderzeugnissen bei Fertigung für den anonymen Markt)	programmorientiert: Aus dem Produktionsplan wird der Bedarf abgeleitet. Die Kenntnis der Erzeugnisstruktur wird vorausgesetzt. *Voraussetzung für programmgebundene Materialbedarfsplanung*	verbrauchsorientiert: An dem Verbrauch der Vergangenheit orientierte Übertragung des Bedarfs in die Zukunft (Prolongation)
Hilfsmittel	• Befragung • Beobachtung • Zeitreihenanalysen	• Stücklisten • Arbeitspläne	• Mittelwertberechnungen • Exponentielle Glättung • Regressionsanalyse

Abb. 3.5: Verfahren der Bedarfsermittlung[1]

3.5 Erzeugnisstrukturdarstellungen

Die Darstellung von Erzeugnissen in unterschiedlichen Formen dienen zur bildlichen, gegenständlichen oder beschreibenden Wiedergabe der Erzeugnisse, deren Bestandteile (Baugruppen und Einzelteile), Beschaffenheit und Eigenschaften. Die Darstellung der Erzeugnisse ist für die programmorientierte Bedarfsermittlung notwendig, um die Materialbedarfsmengen bestimmen zu können. Um den Bedarf an Stuhlbeinen berechnen zu können, muß bekannt sein, wieviel Teile (Stuhlbeine) in ein Enderzeugnis eingehen. Um die Zusammensetzung der Erzeugnisse darzustellen, bieten sich die folgenden Erzeugnisdarstellungen an:

- bildliche Darstellung (z. B. Fotografie, Zeichnungen, Skizzen)
- gegenständliche Darstellungen (verkleinerte Modelle von Schiffen, vergrößerte Modelle vom Mikrochips)

---

[1] Vgl. auch Hapke, W. (1988), S. 29.

- beschreibende Textdarstellungen (Arbeitsanweisungen, Konstruktionsbeschreibungen)
- listenförmige Darstellungen (Stücklisten, Teileverwendungsnachweise)
- graphische Darstellungen (z.B. Gozintographen).

Die grafischen und listenförmigen Darstellungen sollen näher betrachtet werden. Erzeugnisstrukturen können nach Fertigungs-, Dispositionsstufen oder Auflösungsstufen grafisch dargestellt werden. Die Darstellungsarten zeigt die Abb. 3.6.

Die Fertigungsstufen zeigen den fertigungstechnischen Ablauf des Enderzeugnisses. Die Stufenzählung beginnt dabei gewöhnlich mit Null. Kommen gleiche Teile in verschiedenen Fertigungsstufen vor, entsteht durch mehrmaligen Abgleich ein erhöhter Arbeitsaufwand. Da die Wiederholteile die Bedarfsermittlung erschweren, kann auch eine Darstellung entsprechend der Dispositionsstufen erfolgen. Bei dieser Darstellungsweise werden Teile, die in unterschiedlichen Fertigungsstufen vorkommen in der tiefsten Fertigungsstufe, in der sie vorkommen, zusammengefaßt. Die Darstellung einer Erzeugnisstruktur nach Dispositionsstufen zeichnet sich dadurch aus, daß jedem Teil nur eine Fertigungsstufe als Dispositionsstufe zugeordnet wird. Das Teil T3 wird beispielsweise in der Fertigungsstufe 1 und 2 benötigt. Das Teil T3 wird dann bereits in der Fertigungsstufe 2 disponiert, es muß daher bei der Dispositionsstufe 2 eingeordnet werden.[1]

Eine weitere Form der Erzeugnisdarstellung kann nach Auflösungsstufen erfolgen. Diese Darstellung führt wie die Darstellung nach Dispositionsstufen zu Vereinfachungen. Die Einteilung erfolgt nach geeigneten Kriterien, die beispielsweise von der Konstruktionsabteilung vorgegeben werden. Bei der Einteilung der Stufen wird jedoch von den Rohstoffen zum Enderzeugnis hin gezählt.[2]

---

[1] Vgl. Glaser , H./ Geiger, W. / Rohde, V. (1991), S. 54-56.
[2] Vgl. Kopsidis, R. (1989), S. 48.

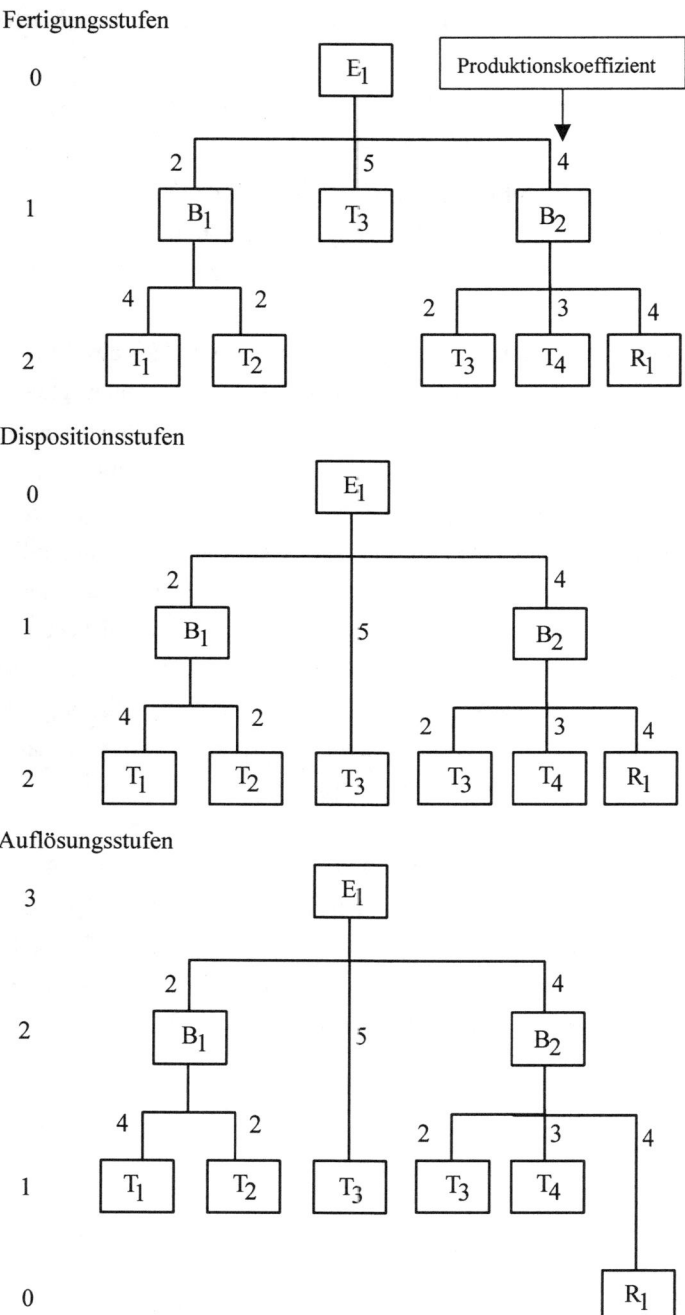

E = Enderzeugnis, B = Baugruppe, T = Teil, R = Rohstoff

Abb. 3.6: Darstellungsmöglichkeiten der Erzeugnisstruktur

3.6 Listenförmige Darstellungen

In der Praxis erfolgt die listenförmige Darstellung der Erzeugnisse vor allem in Form von Stücklisten und Teileverwendungsnachweisen. Sowohl die Stücklisten als auch die Teileverwendungsnachweise lassen sich weiter untergliedern, wie die Abb. 3.7 zeigt.

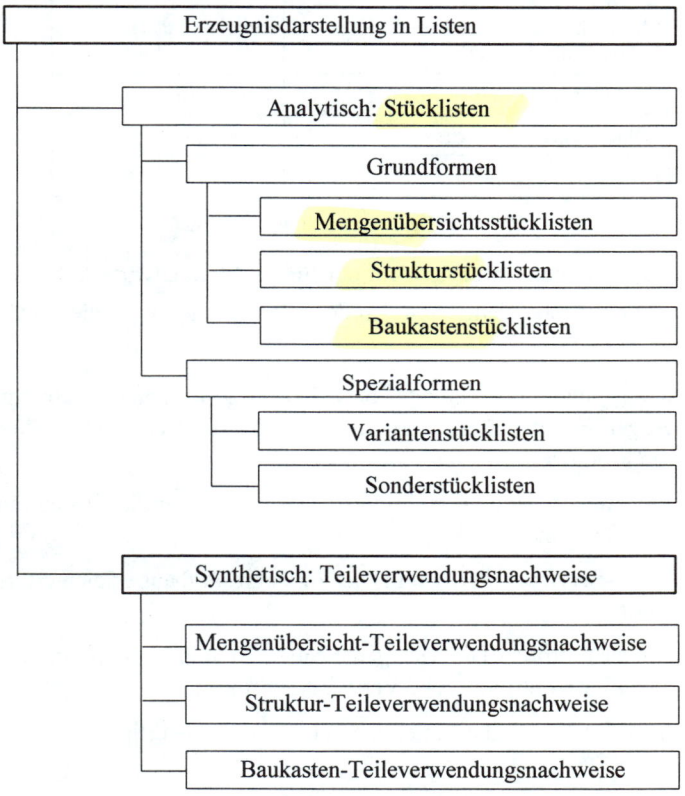

Abb. 3.7: Erzeugnisdarstellung in Listen

Eine Stückliste ist ein analytisch aufgebautes Verzeichnis, das in tabellarischer Form zeigt, aus welchen Bestandteilen (Bauteilen, Baugruppen, Rohstoffen) ein Erzeugnis zusammengesetzt ist.

Teileverwendungsnachweise sind **synthetisch** aufgebaute Verzeichnisse (umgekehrte Stücklisten), die zeigen, für welche Erzeugnisse einzelne Teile verwendet werden.

Stücklisten werden vor allem im Maschinenbau, Fahrzeugbau, Apparatebau, technischen Großanlagen- und Gerätebau (wie etwa Haushaltsgeräte, Elektrowerkzeuge) verwendet. In einigen Industriezweigen werden anstelle des Begriffs "Stückliste" andere Bezeichnungen benutzt, wie z.B.:[1]

Industriezweig	Listen
Chemische Industrie und Nahrungsmittelindustrie	Rezeptur, Zutatenliste
Bauindustrie	Materialliste
Stahlerzeugende Industrie	Gattierliste
Holzverarbeitende Industrie	Holzliste

Abb. 3.8: Bezeichnungen für Stücklisten

Stücklisteninformationen sind aber nicht nur für die Materialwirtschaft, sondern auch für andere Funktionsbereiche von großer Bedeutung, wie die nachstehenden Beispiele zeigen:

a)   Forschungs- und Entwicklungs- bzw. Konstruktionsabteilungen: Stücklisten von fertigen Erzeugnissen bilden die Basis für die Neu- und Weiterentwicklung von Produkten.

b)   Rechnungswesen: Stücklisten bilden die Grundlage für die Kostenträgerstückrechnung (Vor- und Nachkalkulation).

c)   After-Sales-Service: Die Kenntnis des Erzeugnisaufbaus erleichtert den Reparaturdienst.

d)   Produktionskontrolle: Die Mengenangaben in den Stücklisten können als Sollgrößen für Kontrollzwecke Verwendung finden.

e)   Grundlage für die Montageanleitung bei der Auftragsfertigung.

Stücklisten und Verwendungsnachweise können je nach Ausgestaltung die folgenden Informationen enthalten:[2]

Basisdaten

•   Sachnummer des Materials

•   Materialbezeichnung

•   Maßeinheit des Materials

•   Beschaffungs-, Charakterschlüssel des Materials

---

[1] Steinbuch, P. / Olfert, K. (1984), S. 262.
[2] Vgl. Oeldorf, G./ Olfert, K. (1985), S. 99.

Technische Daten

- Gesicht je Einheit des Materials
- Konstruktionsabteilung
- Konstrukteur

Daten der Materialwirtschaft

- ABC-Schlüssel
- Lagerort des Materials
- Materialpreis
- Lieferant des Materials

Daten des Rechnungswesens

- Verrechnungswert
- Materialkonto
- Kalkulationsschlüssel des Materials
- Kostenträger
- Durchschnittspreis des Materials

Die Abb. 3.9 zeigt die Stückliste für ein automatisches Feuerzeug.

Stückliste		Produkt: Automatisches Feuerzeug	Zeichnungs-Nr.: 163-000		
Pos-Nr.	St. je Einheit	Benennung	Zeichnungs-Nr., DIN-Nr.	Werkstoff und Abmessungen	Bemer-kungen
1	1	Tank	163-001	Ms 63 weich 0,8	vernickelt
2	1	Hülse	163-002	Ms 63 weich 0,8	glatt, vernickelt, mit Prägung
3	1	Plattform	163-003	Ms 63 weich 0,6	vernickelt
4	1	Rahmen	163-004	Ms 58 weich 0,8	vernickelt
5	1	Drucktaste	163-005	Ms 63 weich 0,8	vernickelt
6	1	Dochtkappe	163-006	Ms 58 weich 0,8	vernickelt
7	1	Deckel	163-007	Al 98 weich 0,5	
8	1	Schaltfelder	163-008	Federbandstahl 10 x 0,2	weiß poliert
9	1	Gelenk	163-009	Ms 63 halbhart 0,8	
10	1	Zugfedereinhänghaken	163-010	Ms 63 halbhart 16 x 6 x 1,0	
11	1	Reibrad			Fremdbezug
12	1	Verschlußkappe	163-011	Ms 63 weich 0,5	vernickelt
13	1	Dochtrohr	163-012	Ms 58 3 $\varnothing$	vernickelt
14	1	Steinrohr	163-013	Ms 58 3 $\varnothing$	
15	1	Achsschraube zur Drucktaste	163-014	St 33-2	vernickelt
16	1	Zugfeder			Fremdbezug
17	1	Steinfeder			Fremdbezug
18	2	Zylinderschraube	DIN 84	St 33-4	
19	1	Steinschraube	163-015	Ms 58	
20	1	Rechtsschraube für Dochtkappe	163-016	St 33-2	vernickelt
21	1	Linksschraube für Dochtkappe	163-017	St 33-2	vernickelt
22	1	Lagerrohr für Reibrad	163-018	St 50-1 2,3 $\varnothing$	
23	1	Lagerschraube für Reibrad	163-019	St 33-2	
24	1	Bolzen zur Steinfeder	163-020	St 33-2	

Abb. 3.9: Beispiel einer Stückliste[1]

3.6.1 Grundformen der Stücklisten

Die Grundformen der Stücklisten zeigt die Abb. 3.10.

---

[1] Vgl. Hammer, E. (1977), S. 187.

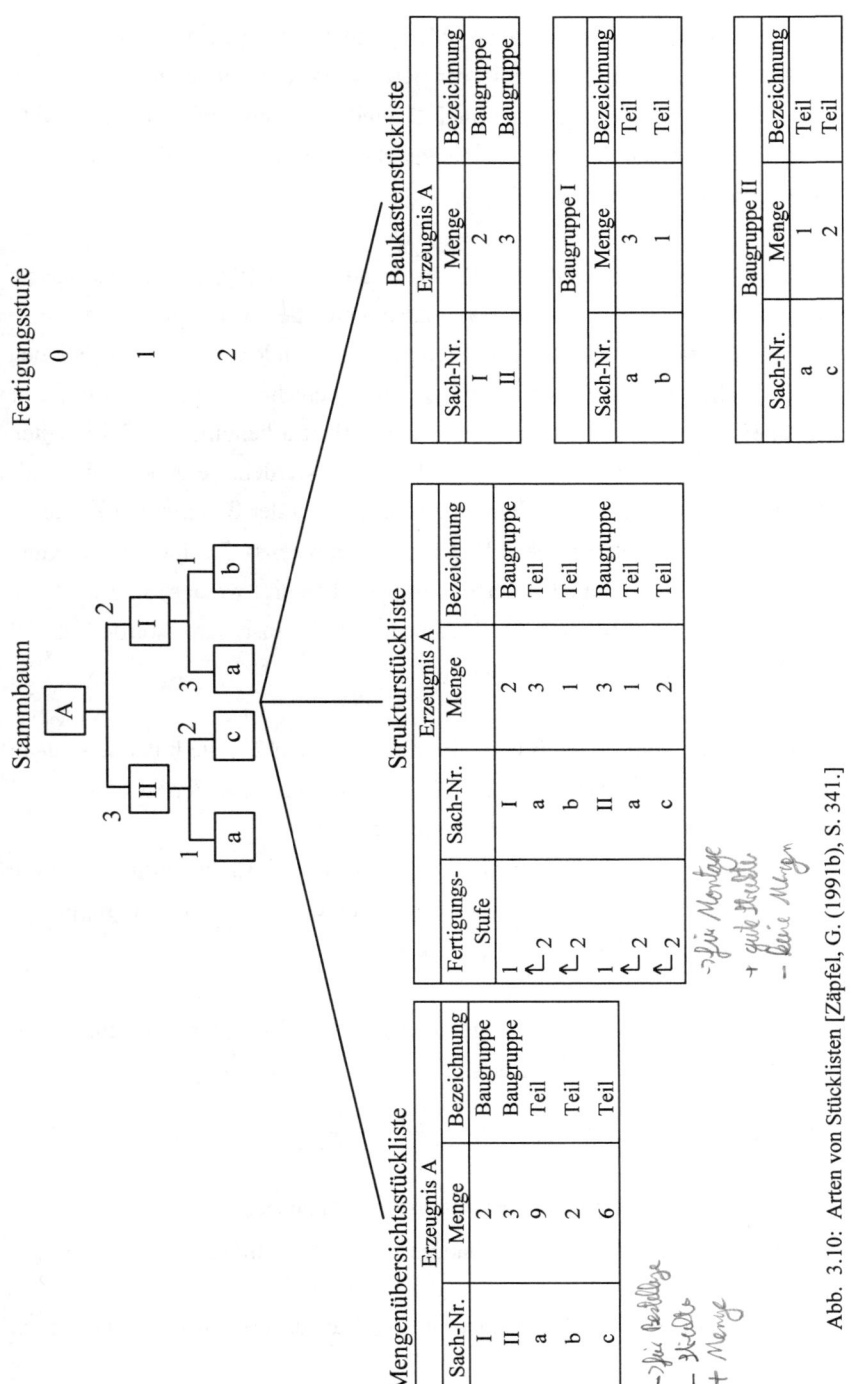

Abb. 3.10: Arten von Stücklisten [Zäpfel, G. (1991b), S. 341.]

3.6.1.1 Mengenübersichtsstückliste

Eine Mengenübersichtsstückliste (auch Mengenstückliste genannt) enthält alle Komponenten eines Erzeugnisses mit der jeweiligen Gesamtmenge, die in ein Erzeugnis eingehen. Die Baugruppen und Bauteile werden lediglich aufgezählt, wobei Teile, die mehrfach an unterschiedlicher Stelle in ein Erzeugnis eingehen, in einer Position zusammengefaßt werden.

Wie die Mengenübersichtsstückliste des Beispiels der Abb. 3.10 zeigt, werden für die Fertigung des Enderzeugnisses A insgesamt 2 Einheiten der Baugruppe I und 3 Einheiten der Baugruppe II benötigt. Zur Fertigung des Enderzeugnisses A werden insgesamt 9 Einheiten des Teils a benötigt. Dies berechnet sich wie folgt: Zur Fertigung einer Einheit des Bauteils II wird eine Einheit a benötigt. Da 3 Einheiten des Bauteils II für das Enderzeugnis benötigt werden, ergeben sich als Zwischensumme 3 Teile a. Für die Fertigung einer Einheit der Baugruppe I werden 3 Einheiten des Teils a benötigt (rechter Ast des Stammbaums). Da für die Fertigung des Enderzeugnisses A 2 Einheiten der Baugruppe I benötigt werden, sind $2 \cdot 3 = 6$ Einheiten des Teils a erforderlich (Zwischensumme II). Insgesamt werden also 9 Einheiten (Zwischensumme I und II) benötigt.

Für die Fertigung des Enderzeugnisses A werden außerdem 2 Teile b benötigt, denn das Teil geht einmal in die Baugruppe I ein. Von dieser Baugruppe werden zwei Einheiten für die Fertigung des Enderzeugnisses benötigt.
Außerdem werden 6 Einheiten des Teils c benötigt, denn 2 Einheiten gehen in die Baugruppe II ein. Zur Fertigung des Enderzeugnisses werden 3 Baugruppen II benötigt, so daß $2 \cdot 3 = 6$ Einheiten des Teils a erforderlich sind.

Wie die Abb. 3.10 zeigt, gibt die Mengenübersichtsstückliste keine Auskunft über die Fertigungsstruktur eines Erzeugnisses.

Wesentliche Vorteile der Mengenübersichtsstückliste sind:

- Der gesamte Mengenbedarf eines Erzeugnisses wird gezeigt.
- Mehrfach verwendete Bauteile und Baugruppen werden in einer Position ausgewiesen.
- Treten bei Kaufteilen Preisänderungen auf, so können die Auswirkungen rasch beurteilt werden.

Den Vorteilen stehen folgende Nachteile gegenüber:

- Die Erzeugnisstruktur ist nicht erkennbar.

- Liegt eine mehrstufige Fertigung vor, so ist eine DV-technische Umwandlung in eine strukturierte Stückliste ohne Zusatzinformationen nicht möglich.

- Liegen mehrere Fertigungsstufen vor, so ist die Mengenübersichtsstückliste nicht als Fertigungsunterlage verwendbar.

Anwendungsfälle

Mengenübersichtsstücklisten können zur Materialdisposition eingesetzt werden, insbesondere dann, wenn eine einfache Fertigungsform vorliegt. Sie können außerdem wertvolle Hilfsmittel sein, wenn es um die Fragestellung der Auswirkungen von Mengenänderungen eines bestimmten Teils geht, etwa bei wertanalytischen Untersuchungen und bei der Beurteilung von Einstandspreisänderungen von Kaufteilen.

3.6.1.2 Strukturstücklisten

Strukturstücklisten enthalten Mengenangaben und zeigen gleichzeitig die Zusammensetzung eines Enderzeugnisses. Die Mengenangaben beziehen sich jeweils auf eine Mengeneinheit der direkt übergeordneten Baugruppe eines Erzeugnisses. Aus einer Strukturstückliste kann daher der Mengenbedarf der einzelnen Teile nicht direkt abgelesen werden, wie dies bei der Mengenübersichtsstückliste der Fall ist. Ein Beispiel für eine Strukturstückliste zeigt die Abb. 3.10.

Vorteile der Strukturstücklisten sind:

- Die Fertigungsstruktur eines Erzeugnisses wird angezeigt.

- Da die Bedarfe entsprechend der Fertigungsstufen angezeigt werden, kann eine zeitlich differenzierte Bedarfsermittlung erfolgen.

Den Vorteilen stehen folgende Nachteile gegenüber:

- Da die Wiederholteile für jede Stufe angezeigt werden, in der sie vorkommen, ergibt sich ein hoher Speicherbedarf.

- Liegen komplexe Fertigungsstrukturen vor, sind Strukturstücklisten unübersichtlich.

- Auswirkungen von Preis- und Mengenänderungen lassen sich nicht direkt ablesen.

Strukturstücklisten dienen insbesondere konstruktiven und fertigungstechnischen Zwecken. Die Materialdisposition mit Strukturstücklisten ist gegenüber dem Einsatz von Mengenübersichtsstücklisten sehr umständlich.

3.6.1.3 Baukastenstücklisten

Baukastenstücklisten enthalten jeweils die Baugruppe oder Einzelteile der nächsttieferen Fertigungsstufe. Liegt eine mehrstufige Fertigungsstruktur vor, so ergeben sich mehrere Baukastenstücklisten. Die Mengenangaben beziehen sich jeweils auf die höhere Baugruppe oder das Enderzeugnis. Für das Beispiel der Abb. 3.10 ergeben sich drei Baukastenstücklisten.

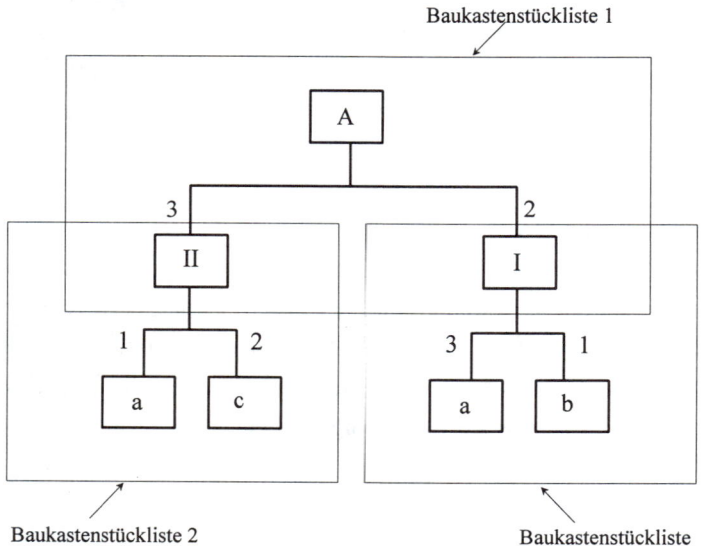

Abb. 3.11: Baukastenstücklisten

Der Vorteil der Baukastenstückliste ist, daß gleiche Baugruppen nur einmal gespeichert werden müssen. Baukastenstücklisten ermöglichen deshalb eine redundanzfreie Stücklistenspeicherung.

Der Nachteil dieser Stücklistenform ist, daß der Gesamtbedarf an allen Komponenten eines Erzeugnisses nicht auf einen Blick sichtbar ist.

Baukastenstücklisten werden als Arbeitsunterlage für den Werkstattbetrieb bei der Baugruppenkalkulation verwendet.[1]

---

[1] Vgl. Zäpfel, G. (1991b), S. 341.

3.6.2 Sonderformen

	Varianten-stückliste	Gleichteilestückliste	Plus-Minus-Stückliste
Beschreibung	ordnet mehrere ähnliche Erzeugnisse einem Grundtyp zu. Variantenstücklisten lassen sich in allen Stücklistengrundformen ausführen.	enthält alle Teile und Baugruppen, die in den Varianten einer Erzeugnisgruppe in derselben Menge enthalten sind. Um ein vollständiges Erzeugnis ableiten zu können, müssen noch Ergänzungsstücklisten eingeführt werden. Diese enthalten die übrigen Teile.	bezieht sich auf einen Grundtyp. Sie enthält nur noch in der Variante zusätzlich vorkommende und die entfallenden Teile und Baugruppen
Einsatz-bereiche	wird eingesetzt, wenn strukturell ähnliche Erzeugnisse gefertigt werden, die eine große Zahl gleicher Teile besitzen.	wird in der Serienfertigung bei feststehenden Varianten eingesetzt.	wird in der Serienfertigung eingesetzt, um spezielle Kundenwünsche aus der Grundausführung ableiten zu können.

Abb. 3.12: Sonderformen von Stücklisten[1]

3.6.3 Verwendungsnachweise

Für einige betriebswirtschaftliche Fragestellungen ist eine **synthetische Betrachtung** erforderlich, d.h., es stellt sich die Frage: Worin ist ein Teil oder eine Komponente enthalten? Diese Sichtweise ist z.B. in dem Augenblick wichtig, wenn ein Teil nicht lieferbar ist und man wissen möchte, welche Enderzeugnisse von diesem Versorgungsengpaß betroffen sind. Solche Informationen liefern Verwendungsnachweise (Teileverwendungsnachweise), die quasi umgekehrte Stücklisten darstellen. Die Verwendungsnachweise führen in einer Liste die übergeordneten Erzeugnisse auf, in denen ein Teil mit den entsprechenden Mengen vorkommt. Die Verwendungsnachweise lassen sich wie die Stücklisten in die Grundformen Mengenübersichtsverwendungsnachweis, Strukturverwendungsnachweis, Baukastenverwendungsnachweis gliedern.

Das Beispiel Abb. 3.13 zeigt die Grundformen für das Teil c, wobei unterstellt wird, daß das Teil c in die Baugruppen II und III eingeht, die ihrerseits wiederum zur Produktion des Enderzeugnisses A bzw. des Enderzeugnisses B notwendig sind.

---

[1] Vgl. Blohm, H. / Beer, T./ Seidenberg, U./ Silber, H.(1987), S. 219.

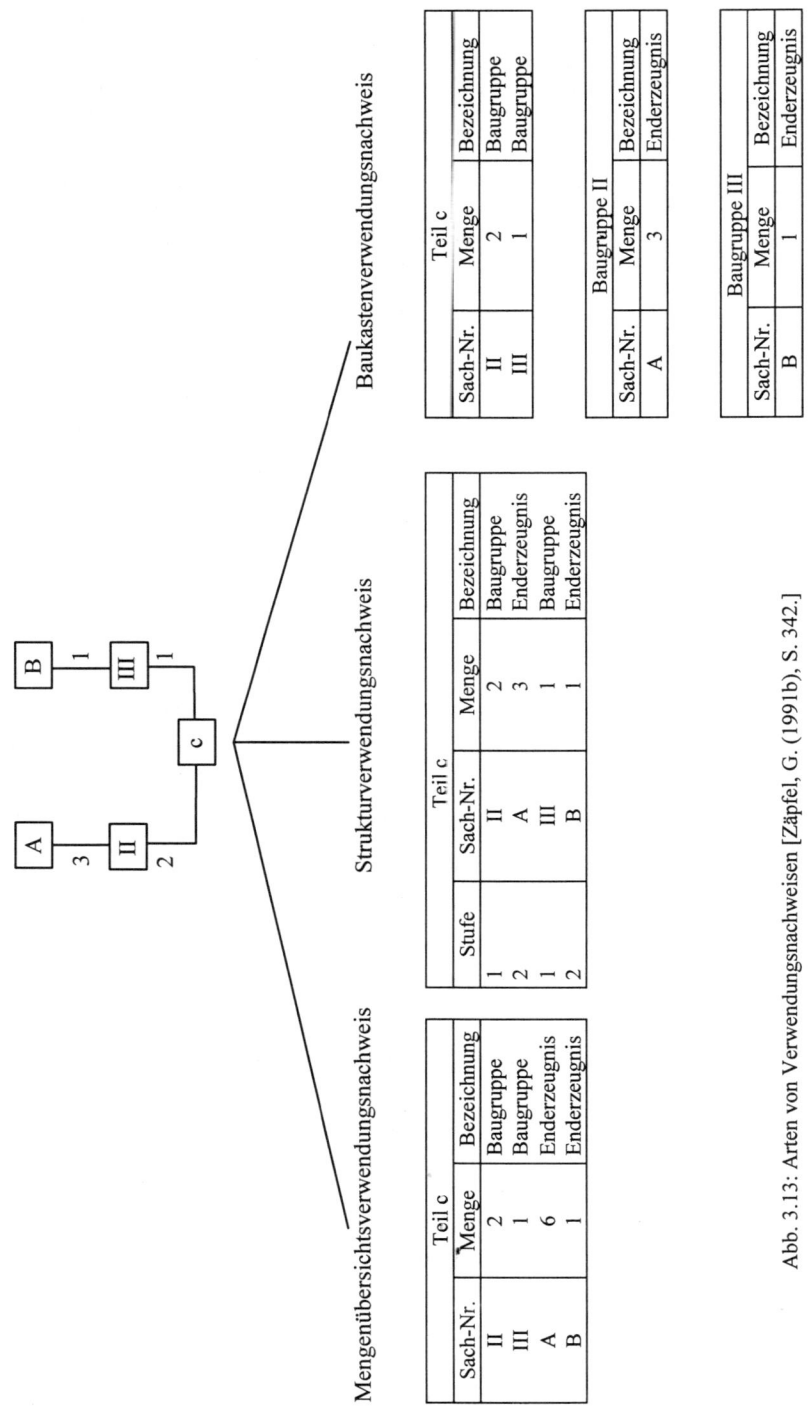

Abb. 3.13: Arten von Verwendungsnachweisen [Zäpfel, G. (1991b), S. 342.]

3.7 Programmgebundene Verfahren der Materialbedarfsplanung

Bei der programmgebundenen Materialbedarfsplanung (auch auftragsorientierte oder deterministische Materialbedarfsplanung genannt), wird der Materialbedarf unmittelbar aus dem Produktionsprogramm der Planungsperiode abgeleitet. Das Produktionsprogramm sind die Kunden- und Lageraufträge, die den Primärbedarf angeben. Zur Ermittlung des Teilebedarfs können Stücklisten eingestzt werden (analytische Methode) oder es werden Teileverwendungsnachweise eingesetzt (synthetische Methode). Eine Weiterentwicklung der analytischen und synthetischen Methode ist das im nächsten Abschnitt dargestellte Gozinto-Verfahren. Die Anwendung der programmgebundenen Verfahren beschränkt sich wegen des hohen Rechenaufwandes in der Praxis häufig auf A-Materialien. Für C-Materialien werden die verbrauchsorientierten (stochastischen) Verfahren eingesetzt.

3.7.1 Auswertung der Mengenbeziehungen mit Hilfe von Gozintographen

Die Bezeichnung Gozintograph geht auf *A. Vazsonyi*[1] zurück. Vazsonyi selbst zitiert den fiktiven italienischen Mathematiker Zepartzat Gozinto. Es handelt sich dabei um einen Kalauer, weil Gozinto soviel bedeuten soll wie "the part that goes into".

Der Gozintograph

Jeder Graph besteht aus einer Menge von Knoten, die durch Pfeile (auch Kanten genannt) miteinander verbunden sind. Ein Beispiel für einen Gozintographen, an dem die Teilebedarfsberechnung durchgeführt werden soll, zeigt die Abb. 3.14. Die Knoten symbolisieren die Baugruppen (B), Teile (T) und Rohstoffe (R) in der Mehrstufenfertigung. Die Mengenbeziehungen zwischen den Gütern (Direktbeziehungen) werden durch die Zahlen an den Pfeilen, den sog. **Produktionskoeffizienten**, angegeben. Die Knoten enthalten in der oberen Hälfte die Angabe der Erzeugnis- bzw. Teilebezeichnung. In der unteren Hälfte wird die Größe des Primärbedarfs aufgeführt.

---

[1] Vgl. Vazsonyi, A. (1962), S. 385-390.

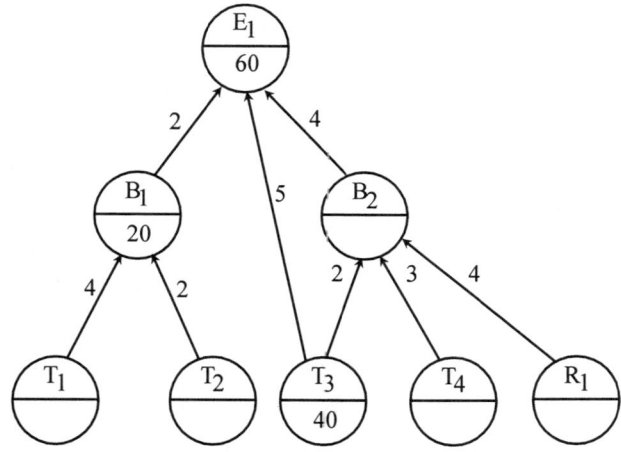

Abb. 3.14: Beispiel Gozintograph

Für das Enderzeugnis E_1 beträgt der Primärbedarf 60 Einheiten, d.h., es werden insgesamt 60 Einheiten des Fertigerzeugnisses E_1 benötigt. Das Erzeugnis E_1 wird aus zwei Einheiten der Baugruppe B_1, vier Einheiten der Baugruppe B_2 und zusätzlich fünf Teilen T_3 gefertigt. Neben den Einheiten für die Produktion der 60 Einheiten des Fertigerzeugnisses liegt ein Primärbedarf von zusätzlich 20 Stück der Baugruppe B_1 (für Ersatzteilverkauf bzw. Lagerung) vor. In die Baugruppe B_1 gehen 4 Teile T_1 und 2 Teile T_2 ein. In die Baugruppe B_2 gehen 2 Teile T_3 und 3 Teile T_4 und 4 Einheiten R_1 ein. Außerdem werden 40 Einheiten des Teils T_3 benötigt.

Die Teilebedarfsberechnung des in der Abb. 3.14 gezeigten Gozintographen zeigt die Abbildung 3.15. Die Berechnung der Bedarfsmengen erfolgt ausgehend vom Endprodukt retrograde (rückschreitend) entlang den Mengeneinsatzbeziehungen hin zu den Teilen auf der letzten Fertigungsstufe. Zur systematischen Auswertung werden sequentiell nur jeweils diejenigen Erzeugnisse als Ausgangsprodukte für die Rückwärtsrechnung gewählt, deren Gesamtbedarf, d.h. - bei gegebenem Primärbedarf - deren gesamter Sekundärbedarf bereits bekannt ist. Der gesamte Sekundärbedarf eines Erzeugnisses ist dann ermittelt, wenn alle von diesem Knoten im Gozintographen ausgehenden Pfeile und über diese dann auch die Gesamtbedarfsmengen all seiner Folgeprodukte abgearbeitet sind.[1]

---

[1] Vgl. Fandel, G. (1980), S. 450-451.

Von dem Enderzeugnis E_1 gehen keine abzuarbeitenden Pfeile aus. Die Mengen werden demnach nicht für nachgelagerte Produkte benötigt, so daß für E_1 kein Sekundärbedarf zu berechnen ist bzw. dieser gleich Null gesetzt werden kann. Der Gesamtbedarf (Spalte 5 der Abb. 3.15) entspricht somit dem Primärbedarf. Im ersten Schritt sind die in den Knoten E_1 mündenden Pfeile $B_1{\to}E_1$, $T_3{\to}E_1$ und $B_2{\to}E_1$ abzuarbeiten. Durch Multiplikation des Produktionskoeffizienten $a_{j \cdot j}$ des Pfeiles ($B_1 \to E_1$) 2 folgt aus dem Primärbedarf- bzw. Gesamtbedarf von 60 Einheiten des Enderzeugnisses E_1 als Zwischenergebnis der vorläufige Sekundärbedarf $s_j \cdot (j)$ von 120 Einheiten der Baugruppe B_1. Die Fertigung der 60 Einheiten des Endproduktes E_1 erfordert über den Produktionskoeffizienten $T_3{\to}E_1$ = 5 einen zusätzlichen Sekundärbedarf des Teiles T_3 in Höhe von 300 Einheiten. Für die durch den Pfeil B_2 ${\to}E_1$= 4 ausgedrückte Mengenbeziehung ergibt sich ein zusätzlicher Sekundärbedarf der Baugruppe B_2 in Höhe von 240 Einheiten.

Da alle in den Knoten E_1 einfließenden Pfeile berechnet sind, muß ein neuer Knoten für die weitere Berechnung gewählt werden. Es kann zwischen B_1 und B_2 gewählt werden, da aus beiden Knoten keine Pfeile abgehen, für die noch keine Berechnung erfolgt ist. Hier soll zunächst der Knoten B_1 gewählt werden. Der Primärbedarf für das Bauteil B_1 beträgt 20 Einheiten. Die 20 Einheiten sind in die 3. Spalte einzutragen. Neben diesem Primärbedarf beträgt der bereits ermittelte Sekundärbedarf 120 Einheiten (9. Spalte). Der Gesamtbedarf des Teiles B_1 beträgt daher insgesamt 140 Einheiten (5. Spalte). In den Knoten B_1 fließen die Pfeile $T_1{\to}$ B_1= 4 und $T_2{\to}B_1$= 2 ein. Diese sog. vorhergehenden Produkte sind in die Spalte 6 einzutragen. In Spalte 7 werden die entsprechenden Produktionskoeffizienten eingetragen. Der Gesamtbedarf von 140 Einheiten des Bauteils B_1 erfordert den Sekundärbedarf des Teiles T_1 von 560 Einheiten und den Sekundärbedarf des Teiles T_2 von 280 Einheiten. Für den Knoten B_2 sind die gleichen Schritte durchzuführen. Die "vorhergehenden Produkte" T_3, T_4 und R_1 sind mit den entsprechenden Produktionskoeffizienten in die Spalte 6 und 7 einzutragen. Durch Multiplikation des Gesamtbedarfs in Höhe von 240 Einheiten mit den entsprechenden Produktions-koeffizienten T_3=2,T_4=3 und R_1= 4 ergeben sich die partiellen Sekundärbedarfe (Spalte 8) T_3= 480, T_4= 720 und R_1= 960. Für den kumulierten partiellen Sekundärbedarf ergibt sich für T_3 der Wert 780. Zu den errechneten 480 Einheiten müssen noch die aus dem 1. Rechenschritt ermittelten 300 Einheiten addiert werden. Die Werte für T_4 und R_1 sind in die Spalte 9 zu übertragen, da für diese Teile noch kein Sekundärbedarf im Rechenschritt 1 ermittelt wurde. Im Rechenschritt 3 sind wieder alle Knoten in die Berechnung einzubeziehen, aus denen keine Pfeile hinausfließen, die noch nicht abgearbeitet wurden. Es sind dies T_1, T_2, T_4 und R_1.Für keines dieser Teile liegt ein Primärbedarf vor, so daß in die Spalte 3 entsprechend Nullen eingetragen werden können. Die Sekundärbedarfe (Spalte 4) der Teile sind aus der Spalte 9 zu übertragen, d.h. es sind für $T_1 = 560$, $T_2 = 280$, $T_4 = 720$ und für $R_1 = 960$ einzutragen. Da keines der Erzeugnisse "vorhergehende Produkte" aufweist, kann der 4. Rechenschritt durchgeführt werden.

Der letzte Knoten T_3 zeigt einen Primärbedarf von 40 Stück an. Zusätzlich werden 780 Einheiten als Sekundärbedarf benötigt. Die Zahl ist aus der Spalte 7 zu entnehmen. Für das Teil T_3 ergibt sich somit ein Gesamtbedarf in Höhe von 820 Einheiten.

3.7.2 Gleichungssystem

Die in der Abb. 3.14 durch Gozintographen dargestellte Erzeugnisstruktur läßt sich auch als lineares Gleichungssystem darstellen.

(1) $E_1 = 60$

(2) $B_1 = 20 + 2 E_1$

(3) $B_2 = 4E_1$

(4) $T_1 = 4B_1$

(5) $T_2 = 2 B_1$

(6) $T_3 = 40 + 5E_1 + 2 B_2$

(7) $T_4 = 3B_2$

(8) $R_1 = 4B_2$

Die Lösung des Gleichungssystems ergibt dann:

$E_1 =$	60		$T_2 =$	280
$B_1 =$	140		$T_3 =$	820
$B_2 =$	240		$T_4 =$	720
$T_1 =$	560		$R_1 =$	960

(1) Rechen-schritte	(2) Ausgangs-produkt j	(3) Primärbedarf y_j	(4) Sekundär-bedarf s_j	(5) Gesamtbedarf $x_j = y_j + s_j$	(6) Vorher-gehende Produkte $j´$	(7) Produktions-koeffizient $a_{jj'}$	(8) Partieller Sekundär-bedarf der vorher-gehenden Produkte $s_{j'}(j)= a_{jj'} \cdot x_j$	(9) Kumulierter partieller Sekundärbedarf der vor-hergehenden Produkte $\sum_j s_{j'}(j)$
1	E_1	60	0	60	B_1	2	120	120
					T_3	5	300	300
					B_2	4	240	240
2	B_1	20	120	140	T_1	4	560	560
					T_2	2	280	280
					T_3	2	480	780
	B_2	0	240	240	T_4	3	720	720
					R_1	4	960	960
3	T_1	0	560	560				
	T_2	0	280	280				
	T_4	0	720	720				
	R_1	0	960	960				
	T_3	40	780	820				

Abb. 3.15: Gesamtbedarfsberechnung zum Gozintographen der Abb. 3.14.

3.7.3 Teilebedarfsberechnung mit Matrizen

Sind die Mengenbeziehungen des Gozintographen (Abb. 3.14) noch einfach nachvollziehbar, so nimmt der Rechenaufwand bei komplexeren Erzeugnisstrukturen
rasch zu. Es empfiehlt sich dann, die Matrizenrechnung einzusetzen.[1] Die im
Gozintograph dargestellten Mengenbeziehungen können in Form einer **Direktbedarfsmatrix** (auch Baukastenmatrix genannt) dargestellt werden, wie die nachstehende Abbildung zeigt. Die Zahlenangaben beziehen sich auf das o.g. Beispiel.

		E_1	B_1	B_2	T_1	T_2	T_3	T_4	R_1
	E_1	0	0	0	0	0	0	0	0
	B_1	2	0	0	0	0	0	0	0
	B_2	4	0	0	0	0	0	0	0
$D=$	T_1	0	4	0	0	0	0	0	0
	T_2	0	2	0	0	0	0	0	0
	T_3	5	0	2	0	0	0	0	0
	T_4	0	0	3	0	0	0	0	0
	R_1	0	0	4	0	0	0	0	0

Abb. 3.16: Direktbedarfsmatrix

Die Matrix ist dabei folgendermaßen zu lesen: Suchen Sie ein Bauteil, eine Baugruppe oder den Rohstoff aus der ersten Kommentarspalte heraus, gehen Sie in die
entsprechende Zeile hinein. Die Zahl, auf die Sie stoßen, gibt an, wieviel Teile des
Rohstoffs oder Bauteils für ein Teil des oben in der ersten Kommentarzeile angegebenen Teils (Rohstoff, Bauteil, Zwischenprodukt) benötigt werden.

Die Direktbedarfsmatrix enthält nur die Menge der einzelnen Materialien, die direkt
in die nächst höhere Gruppe eingeht. Die Spalten der Direktbedarfsmatrix D können
als **Baukastenstückliste** gelesen werden. Die Zeilen der Matrix D geben die
Teileverwendungsnachweise aller für die Fertigung des Enderzeugnisses E_1
benötigten Materialien an.

Die Direktbedarfsmatrix liefert keine Informationen darüber, wieviel Einheiten der
Baugruppen, Bauteile und Rohstoffe insgesamt für die Fertigung des Enderzeug-

---

[1] Vgl. auch Busse von Colbe, W. (1986), S. 609-612; Fandel, G. (1980), S. 452-453; Kopsidis, R.
(1989), S. 56-61.

nisses benötigt werden. Diese Informationen liefert die Gesamtbedarfsmatrix (auch Verflechtungsmatrix genannt).

Die **Gesamtbedarfsmatrix** zeigt, wieviel Einheiten von jedem Bauteil, jeder Baugruppe, jedem Rohstoff benötigt werden, um eine Einheit des Enderzeugnisses E_1 herzustellen. Diese Matrix kann mit Hilfe der Matrizen-Arithmetik ermittelt werden. Benennt man die Direktbedarfsmatrix mit D, die Gesamtbedarfsmatrix mit G und die Einheitsmatrix mit E, so gilt:

$$G = D \cdot G + E$$
$$E \cdot G - D \cdot G = E$$
$$(E - D) \cdot G = E$$
$$G = (E - D)^{-1}$$

Die Differenz E - D soll als **Technologiematrix** T bezeichnet werden. Somit gilt auch:

$$G = T^{-1}$$

Die Berechnung der Gesamtbedarfsmatrix erfolgt über mehrere Rechenschritte. Zunächst muß von der Einheitsmatrix (A) die Direktbedarfsmatrix (D) abgezogen werden. Das Resultat ist die sog. **Technologiematrix** (T). Es gilt also:

$$E - D = T.$$

Einheitsmatrix (E)

1	0	0	0	0	0	0	0
0	1	0	0	0	0	0	0
0	0	1	0	0	0	0	0
0	0	0	1	0	0	0	0
0	0	0	0	1	0	0	0
0	0	0	0	0	1	0	0
0	0	0	0	0	0	1	0
0	0	0	0	0	0	0	1

−

Direktbedarfsmatrix (D)

0	0	0	0	0	0	0	0
2	0	0	0	0	0	0	0
4	0	0	0	0	0	0	0
0	4	0	0	0	0	0	0
0	2	0	0	0	0	0	0
5	0	2	0	0	0	0	0
0	0	3	0	0	0	0	0
0	0	4	0	0	0	0	0

=

Technologiematrix (T)

1	0	0	0	0	0	0	0
-2	1	0	0	0	0	0	0
-4	0	1	0	0	0	0	0
0	-4	0	1	0	0	0	0
0	-2	0	0	1	0	0	0
-5	0	-2	0	0	1	0	0
0	0	-3	0	0	0	1	0
0	0	-4	0	0	0	0	1

Im nächsten Schritt muß die Technologiematrix invertiert werden. Die invertierte Technologiematrix entspricht dann der Gesamtbedarfsmatrix:

$$T^{-1} = G.$$

Die Berechnung der inversen Matrix kann auf verschiedene Weise durchgeführt werden. Am einfachsten erfolgt die Berechnung mit Hilfe von modernen Tabellen-kalkulationsprogrammen, die in der Regel spezielle Befehle für die Matrizen-operationen zur Verfügung stellen. Wird die Berechnung manuell durchgeführt, so müssen diverse Zeilenoperationen durchgeführt werden, wie noch dargestellt werden soll.

Die erforderlichen Rechenschritte ergeben sich aus der Matrizen-Arithmetik. Die Operationen mit der Einheitsmatrix und die Anwendung der Inversion ersetzen die Division. Eine inverse Matrix hat - analog zu inversen Zahlen - die Eigenschaft, daß eine Multiplikation mit der ursprünglichen Matrix von rechts wie von links die Ein-heitsmatrix ergibt.

Ausgangspunkt für die Inversion der Matrix T durch Zeilenoperationen ist die um die Einheitsmatrix E erweiterte Matrix (T|E). Diese Matrix wird durch Zeilenoperationen so verändert, daß an der Stelle der Matrix T die Einheitsmatrix E erscheint. Die ursprüngliche Einheitsmatrix wird durch die Zeilenoperationen in die inverse Matrix $T-1$ transformiert, so daß am Ende der Zeilenoperationen die erweiterte Matrix $(E|T^{-1})$ vorliegt.[1]

Die Technologiematrix T wird im ersten Schritt um eine neue Einheitsmatrix E erweitert. Dann werden die Zeilen so transformiert, daß in der linken Hälfte der zusammengefaßten Matrix die Einheitsmatrix entsteht. In diesem Beispiel ist es nicht erforderlich, die erste Zeile umzuformen, da diese bereits der Form der Einheits-matrix entspricht. Die erste Zeile wird als Pivotzeile bezeichnet und dazu verwendet, die ersten Elemente der anderen Zeilen in den Wert Null zu transformieren. Um das erste Element der zweiten Zeile (-2) in eine Null zu transformieren, muß die Pivotzeile zweimal zur zweiten Zeile addiert werden. Die erforderliche Operation steht hinter der entsprechenden Zeile (+ 2 · Zeile 1). Das Ergebnis der Zeilenumformung zeigt die zweite Matrix. Damit unter der 1 der ersten Zeile ausschließlich Nullen erscheinen, muß noch die dritte und sechste Zeile umgeformt werden. Sind die drei Umformungen abgeschlossen, wird eine neue Matrix erstellt. Dabei wird die zweite Zeile die Pivotzeile und damit der Ausgangspunkt für die neuen Zeilenoperationen, wie die Abb. 3.17 zeigt.

---

[1] Vgl. Ramb, B. (1982), S. 257-258.

Technologiematrix	Einheitsmatrix	Operation

1	0	0	0	0	0	0	0	1	0	0	0	0	0	0	0	
-2	1	0	0	0	0	0	0	0	1	0	0	0	0	0	0	$+2\cdot$ Zeile 1
-4	0	1	0	0	0	0	0	0	0	1	0	0	0	0	0	$+4\cdot$ Zeile 1
0	-4	0	1	0	0	0	0	0	0	0	1	0	0	0	0	
0	-2	0	0	1	0	0	0	0	0	0	0	1	0	0	0	
-5	0	-2	0	0	1	0	0	0	0	0	0	0	1	0	0	$+5\cdot$ Zeile 1
0	0	-3	0	0	0	1	0	0	0	0	0	0	0	1	0	
0	0	-4	0	0	0	0	1	0	0	0	0	0	0	0	1	

1	0	0	0	0	0	0	0	1	0	0	0	0	0	0	0	
0	1	0	0	0	0	0	0	2	1	0	0	0	0	0	0	
0	0	1	0	0	0	0	0	4	0	1	0	0	0	0	0	
0	-4	0	1	0	0	0	0	0	0	0	1	0	0	0	0	$+4\cdot$ Zeile 2
0	-2	0	0	1	0	0	0	0	0	0	0	1	0	0	0	$+2\cdot$ Zeile 2
0	0	-2	0	0	1	0	0	5	0	0	0	0	1	0	0	
0	0	-3	0	0	0	1	0	0	0	0	0	0	0	1	0	
0	0	-4	0	0	0	0	1	0	0	0	0	0	0	0	1	

1	0	0	0	0	0	0	0	1	0	0	0	0	0	0	0	
0	1	0	0	0	0	0	0	2	1	0	0	0	0	0	0	
0	0	1	0	0	0	0	0	4	0	1	0	0	0	0	0	
0	0	0	1	0	0	0	0	8	4	0	1	0	0	0	0	
0	0	0	0	1	0	0	0	4	2	0	0	1	0	0	0	
0	0	-2	0	0	1	0	0	5	0	0	0	0	1	0	0	$+2\cdot$ Zeile 3
0	0	-3	0	0	0	1	0	0	0	0	0	0	0	1	0	$+3\cdot$ Zeile 3
0	0	-4	0	0	0	0	1	0	0	0	0	0	0	0	1	$+4\cdot$ Zeile 3

1	0	0	0	0	0	0	0	1	0	0	0	0	0	0	0
0	1	0	0	0	0	0	0	2	1	0	0	0	0	0	0
0	0	1	0	0	0	0	0	4	0	1	0	0	0	0	0
0	0	0	1	0	0	0	0	8	4	0	1	0	0	0	0
0	0	0	0	1	0	0	0	4	2	0	0	1	0	0	0
0	0	0	0	0	1	0	0	13	0	2	0	0	1	0	0
0	0	0	0	0	0	1	0	12	0	3	0	0	0	1	0
0	0	0	0	0	0	0	1	16	0	4	0	0	0	0	1

Abb. 3.17: Berechnung der inversen Matrix der Technologiematrix

		E_1	B_1	B_2	T_1	T_2	T_3	T_4	R_1
	E_1	1	0	0	0	0	0	0	0
	B_1	2	1	0	0	0	0	0	0
	B_2	4	0	1	0	0	0	0	0
G =	T_1	8	4	0	1	0	0	0	0
	T_2	4	2	0	0	1	0	0	0
	T_3	13	0	2	0	0	1	0	0
	T_4	12	0	3	0	0	0	1	0
	R_1	16	0	4	0	0	0	0	1

Abb. 3.18: Gesamtbedarfsmatrix

Mengenübersichtsmatrix

Wird von der Gesamtbedarfsmatrix G noch die Einheitsmatrix E subtrahiert, so daß die Hauptdiagonale Nullen aufweist, entsteht eine Mengenübersichtsmatrix M.

$$M = G - E$$

Die Mengenübersichtsmatrix kann als Stückliste oder als Teileverwendungsnachweis gelesen werden. Wird die Matrix spaltenweise gelesen, so zeigt die Matrix an, wieveil Einheiten zur Erstellung einer Einheit der in der Kopfzeile angegebenen Baugruppe benötigt werden. Wird die Matrix zeilenweise gelesen, so ergibt sich der Teileverwendungsnachweis. Sucht man ein Teil aus der ersten Kommentarspalte aus, so zeigen die Zahlen in der entsprechenden Zeile die Mengen an, die in die jeweiligen Baugruppen der Kopfzeile eingehen.

		E_1	B_1	B_2	T_1	T_2	T_3	T_4	R_1
	E_1	0	0	0	0	0	0	0	0
	B_1	2	0	0	0	0	0	0	0
	B_2	4	0	0	0	0	0	0	0
M =	T_1	8	4	0	0	0	0	0	0
	T_2	4	2	0	0	0	0	0	0
	T_3	13	0	2	0	0	0	0	0
	T_4	12	0	3	0	0	0	0	0
	R_1	16	0	4	0	0	0	0	0

Abb. 3.19: Mengenübersichtsmatrix

Die ermittelte Gesamtbedarfsmatrix kann zu einem weiteren Zweck verwendet werden. Sie ermöglicht es nämlich, schnell und einfach die Primärbedarfe der Teile und Baugruppen zu berücksichtigen, so daß der gesamte Bedarf an Teilen ermittelt werden kann, der für die Fertigung und für das Lager benötigt wird. Multipliziert man die Gesamtbedarfsmatrix (Inverse der Technologiematrix) mit dem **Primärbedarfsvektor** $y = (60, 20, 0, 0, 0, 40, 0, 0)$ aus dem Gozintographen der Abb. 3.14, so erhält man den **Gesamtbedarfsvektor** g, der angibt, wieviel Teile insgesamt in der nächsten Periode benötigt werden.

$$g = G \cdot y \quad \text{oder} \quad g = T^{-1} \cdot y$$

Gesamtbedarfsmatrix								Primärbedarfsvektor	Gesamtbedarfsvektor	Erzeugnis
1	0	0	0	0	0	0	0	60	60	E1
2	1	0	0	0	0	0	0	20	140	B1
4	0	1	0	0	0	0	0	0	240	B2
8	4	0	1	0	0	0	0	0	560	T1
4	2	0	0	1	0	0	0	0	280	T2
13	0	2	0	0	1	0	0	40	820	T3
12	0	3	0	0	0	1	0	0	720	T4
16	0	4	0	0	0	0	1	0	960	R1

Die Matrixgleichung lautet: Gesamtbedarfsmatrix $\cdot$ Primärbedarfsvektor $=$ Gesamtbedarfsvektor.

Wird vom Gesamtbedarfsvektor der Primärbedarfsvektor abgezogen, so erhält man als Vektordifferenz sämtliche Sekundärbedarfe.

$$s = (0, 120, 240, 560, 280, 780, 720, 960)$$

Während die Direktbedarfsmatrix und die Gesamtbedarfsmatrix für jedes Produktionsgut nur einmal erstellt wird, da sich die Zusammensetzung der Produkte nicht ständig ändert, kann die Zusammensetzung des Primärbedarfsvektors ständig variiert werden, um den Periodenbedarf zu planen.

3.8 Verbrauchsorientierte Verfahren der Materialbedarfsplanung

Nicht immer sind die Verfahren der programmgebundenen Materialbedarfsplanung zweckmäßig. Es müssen dann die verbrauchsorientierten Verfahren der Material-bedarfsplanung (stochastische Materialbedarfsplanung) angewendet werden, da diese Verfahren einen geringeren Aufwand verursachen. Der Aufwand hängt allerdings auch von der Auswahl des zu verwendenden verbrauchsorientierten Verfahrens ab. Bei den Verfahren, die im einzelnen noch näher vorgestellt werden, handelt es sich um Zeitreihenanalysen, die nicht auf den Bereich der Materialwirtschaft beschränkt sind. Die Verfahren werden auch angewandt für Umsatzprognosen im Absatzbereich, Aktienkursprognosen und volkswirtschaftliche „Wirtschafts"-Prognosen zur Nachfrage-, Beschäftigungs-, Absatz-, Preis- und Zinsentwicklung. Zur Vorhersage des Materialbedarfs eignen sich die verbrauchsorientierten Verfahren insbesondere dann, wenn[1]

- es sich um Güter des Tertiärbedarfs (Hilfsstoffe, Betriebsstoffe, Verschleißteile) handelt. Dies sind in der Regel die C-Güter. Erstes Hilfsmittel zur Bestimmung derjenigen Teile, die der verbrauchsgebundenen Materialdisposition unterzogen werden sollen, ist demnach die ABC-Analyse.

- die Verfahren der programmgebundenen Materialbedarfsplanung nicht anwend-bar sind. Dies ist in der Regel dann der Fall, wenn keine eindeutige Beziehung zwischen dem Materialverbrauch und dem Produktionsprogramm besteht (unplanmäßig hoher Ausschuß bei neuen Fertigungstechniken, Ermittlung des Ersatzteilbedarfs, Büromaterial).

- eine Anwendung der deterministischen Methoden wirtschaftlich nicht sinnvoll erscheint.

Bei den verbrauchsorientierten Verfahren der Materialbedarfsplanung handelt es sich um verschiedene mathematisch-statistische Methoden. Bei allen Verfahren ist es erforderlich, daß Verbrauchswerte bzw. Materialbedarfswerte der Vergangenheit (Beobachtungswerte) über einen bestimmten Zeitraum vorliegen (Zeitreihen), auf deren Basis dann eine Prognose der zukünftigen Materialbedarfswerte erfolgen kann.

---

[1] Vgl. Oeldorf, G./ Olfert, K. (1985), S. 120.

Es wird dabei unterstellt, daß die zukünftigen Verbrauchswerte in ähnlicher Weise eintreten werden wie die zurückliegenden Beobachtungswerte (Extrapolation).

> Mit den Methoden der verbrauchsorientierten Materialbedarfsplanung soll der Materialbedarf für zukünftige Perioden prognostiziert werden. Dabei wird von den in der Vergangenheit für eine Materialart aufgetretenen Bedarfswerten mit Hilfe bestimmter Prognosemethoden auf den zukünftigen, in dem zugrunde gelegten Planungszeitraum (Prognoseperiode), anfallenden Bedarf an der betreffenden Materialart geschlosssen.[1]

Für die Auswahl des geeigneten Bedarfsprognoseverfahrens ist das Erkennen eines charakteristischen Verbrauchsverlaufs einer Zeitreihe von besonderer Bedeutung. Als sehr hilfreich erweisen sich dabei Grafikprogramme oder Grafik-Tools, die in den gängigen Tabellenkalkulationsprogrammen enthalten sind, um die Entwicklung der Daten zu visualisieren.

3.8.1 Materialverbrauchsverläufe

Folgende Bedarfsmodelle lassen sich unterscheiden:[2]

1. konstanter Verbrauchsverlauf (Materialbedarf) in Abhängigkeit von der Zeit
2. trendförmiger Verbrauchsverlauf in Abhängigkeit von der Zeit
3. saisonal schwankender Verbrauchsverlauf in Abhängigkeit von der Zeit
4. trend-saisonaler Verbrauchsverlauf in Abhängigkeit von der Zeit.

Außer den o.g. Bedarfsverläufen ist auch ein unregelmäßiger Materialverlauf denkbar, der keinem der o.g. Modelle zugeordnet werden kann.

3.8.1.1 Konstanter Verbrauchsverlauf

Ein konstanter bzw. horizontaler Verbrauchsverlauf liegt vor, wenn die Verbrauchs- werte langfristig um eine annähernd konstante Verbrauchshöhe schwanken. Die Verbrauchshöhe ist in diesem Fall langfristig konstant und schwankt lediglich kurz- fristig um einen bestimmten Mittelwert. Die Verbrauchsschwankungen unterliegen dabei zufälligen Einflüssen und lassen keine Regelmäßigkeit erkennen. Die festzustellenden Abweichungen vom Mittelwert gleichen sich langfristig aus. Es handelt sich um einen gleichbleibenden Trend, man spricht auch von einem Trend nullter Ordnung. Die Abb. 3.20 zeigt einen typisch konstanten Verbrauchsverlauf.

---

[1] Vgl. Glaser, H. (1986), S. 6.
[2] Vgl. auch Hartmann, H. (1988), S. 216-218; Kopsidis, R. (1989), S. 62-64; Melzer-Ridinger, R. (1989), S. 92-96.

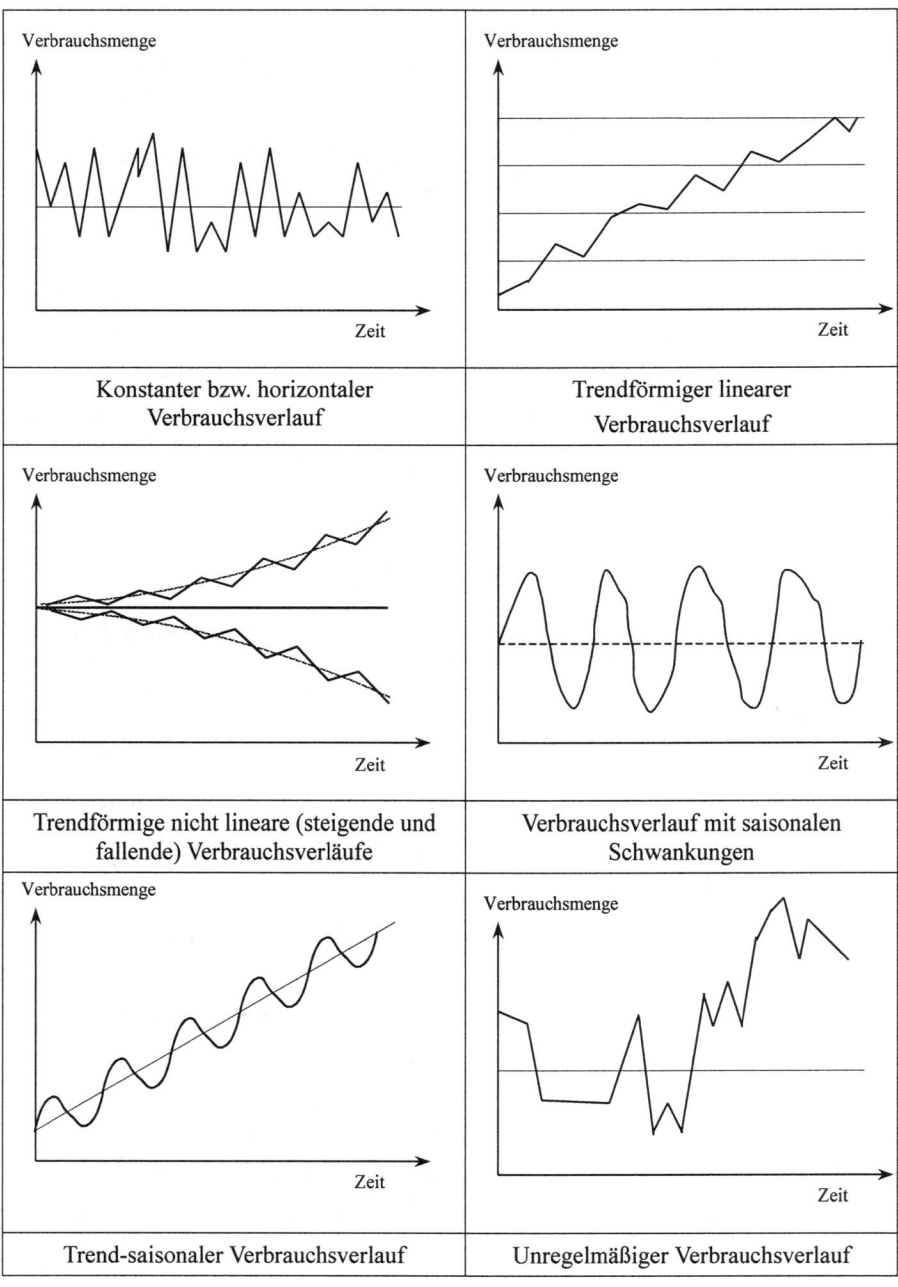

Abb. 3.20: Verbrauchsverläufe

3.8.1.2 Trendförmiger Verbrauchsverlauf

Wird bei der Betrachtung des Materialverbrauchs über einen längeren Zeitraum festgestellt, daß der Verbrauch um einen Mittelwert schwankt, der linear oder nicht linear steigt oder fällt, so liegt ein trendförmiger Verbrauchsverlauf vor. Steigt oder fällt der Materialverbrauch linear, so handelt es sich um einen linearen Trend. Steigende oder fallende Verläufe, die keinen linearen Trend aufweisen, werden trendförmige nicht lineare Verbrauchsverläufe genannt.

3.8.1.3 Saisonaler Verbrauchsverlauf

Lassen sich periodisch wiederkehrende Verbrauchsschwankungen feststellen, so liegt ein saisonaler Bedarfsverlauf vor. Folgende Bedingungen sollten für den saisonalen Verbrauchsverlauf erfüllt sein:

- Die zyklisch wiederkehrenden Spitzen- und Minimalverbräuche sollten um 30-50% vom langfristigen Durchschnittsverbrauch abweichen, also wesentlich über oder unter den zufälligen Bedarfsschwankungen liegen.[1]

- Die zyklischen Schwankungen sollten auf eine eindeutige Ursache zurückzuführen sein, die auch in Zukunft die Schwankungen verursacht.

Die Ursachen für zyklische Verbrauchsschwankungen können vielfältiger Art sein. Häufig lassen sich Verbrauchsschwankungen auf saisonale Schwankungen im Absatzbereich zurückführen, wofür z.B. der Wechsel der Jahreszeiten, Feiertage, wie Weihnachten und Ostern, Ferien- und Urlaubszeiten, Wetter, Messetermine usw. verantwortlich sein können. Eine weitere Ursache kann in der Rohstoffversorgung selbst liegen. Beispielsweise ergeben sich saisonale Verbrauchsschwankungen durch Erntezeiten in Konserven- und Zuckerfabriken.

Die Kombination aus dem Verbrauchsverlauf mit saisonalen Schwankungen und dem trendförmigen Verbrauchsverlauf ergibt den trend-saisonalen Verbrauchsverlauf.

3.8.1.4 Bedarfsvorhersage bei konstantem Materialverbrauch

Für die Bedarfsvorhersage finden die folgenden Verfahren Anwendung:

- Mittelwertberechnungen

- Verfahren der exponentiellen Glättung

- Regressionsanalysen.

---

[1] Vgl. Hartmann, H. (1988), S. 217.

3.8.1.5 Mittelwertberechnungen

Die einfachsten Prognoseverfahren sind die Mittelwertberechnungen, die sich insbesondere für regelmäßige Bedarfsverläufe eignen.[1]

Arithmetisches Mittel

Das einfachste Prognoseverfahren des Materialbedarfs ist die Bildung des arithmetischen Mittels (einfacher Durchschnittsverbrauch). Zur Ermittlung des Prognosewertes werden die Bedarfsmengen der vergangenen Perioden addiert und durch die Anzahl der Perioden (n) dividiert. Der Prognosewert entspricht dem Mittelwert. Die allgemeine Formel lautet:

$$V_{t+1}^* = \frac{\sum\limits_{t=1}^{n} x}{n} \quad \text{bzw.} \quad V_{t+1}^* = \frac{1}{n} \sum\limits_{t=1}^{n} t$$

V_{t+1}^* = Verbrauchsprognose für die Periode t+1

x_t = tatsächlicher Verbrauch in der Periode t

Der Prognosewert für die nachfolgenden Perioden ist dann der ermittelte Durchschnittswert.

Beispiel:

Der Verbrauch eines Materials hat sich in den vergangenen 12 Monaten wie folgt entwickelt. Für die Periode t = 13 soll der Verbrauch prognostiziert werden.

Periode t	1	2	3	4	5	6	7	8	9	10	11	12
Monat	Jan.	Feb.	März	April	Mai	Juni	Juli	Aug.	Sep.	Okt.	Nov.	Dez.
Material-verbrauch in Tonnen	100	104	96	104	96	105	99	104	98	106	97	103

Abb. 3.21: Beispiel Verbrauchszahlen

$$x_{13}^* = \frac{1}{12} \sum\limits_{t=1}^{12} x_t = \frac{1}{12} (100 + 104 + 96 + ... + 103) = 101$$

Für den 13. Monat (Januar) wird der Wert 101 Tonnen prognostiziert. Soll auch für die nachfolgenden Monate 14, 15 usw. eine Prognose abgegeben werden, so ist der gleiche Durchschnittswert anzunehmen. Erst wenn ein neuer tatsächlich eingetretener Verbrauchswert vorliegt ist, wird ein neuer Durchschnittswert gebildet, wobei im obigen Beispiel dann 13 Werte in die Berechnung eingehen würden.

---

[1] Vgl. auch Moosmüller, G. (1988), S. 209-211; Kopsidis, R. (1989), S. 64-66; Corsten, H. (1991), S. 316-319; Oeldorf, G./ Olfert, K. (1985), S. 125-128.

Vorteil des Verfahrens:

- Einfache Berechnung.

Nachteile des Verfahrens sind:

- Für die Berechnung müssen alle Daten gespeichert werden. Dies führt zu einem erhöhten Speicherbedarf, was angesichts moderner Speichermedien zwar kein besonderes Problem mehr darstellt, aber das Handling größerer Datenmengen erfordert, was die Gefahr von Fehlern birgt.

- Alle Daten gehen mit dem gleichen Gewicht in die Berechnung ein. Der älteste Wert der Zeitreihe erhält somit die gleiche Bedeutung wie der jüngste Vergangenheitswert.

Gleitende Mittelwerte

Bei der Ermittlung der gleitenden Mittelwerte werden nicht alle verfügbaren Verbrauchsdaten der Vergangenheit berücksichtigt, sondern nur die jüngsten Vergangenheitswerte. So ist gewährleistet, daß eine schnelle Anpassung an veränderte Bedarfsentwicklungen erfolgt. Im ersten Schritt muß die Anzahl der Perioden (n) festgelegt werden, deren Verbräuche in die Prognose einfließen sollen. Der Prognosewert basiert dann nur auf den Verbrauchswerten dieser Perioden. Wird ein neuer tatsächlich eingetretener Verbrauchswert festgestellt, so wird dieser Wert gegen den ältesten Verbrauchswert ausgetauscht. Für die Ermittlung des gleitenden Mittelwertes gilt:

$$V^*_{t+1} = \frac{x_t + x_{t-1} + x_{t-2} + x_{t-(n-1)}}{n} \quad , \quad t = n - 1, ..., T.$$

Beispiel:

Wird der in der Abbildung 3.21 dargestellte Verbrauchsverlauf unterstellt und n mit 3 Perioden festgesetzt, so entwickeln sich die Prognosewerte wie folgt:

$$V^*_3 = \frac{96 + 104 + 100}{3} = 100,00$$

$$V^*_4 = \frac{104 + 96 + 104}{3} = 101,33$$

$$V^*_5 = \frac{96 + 104 + 96}{3} = 98,66$$

...

$$\downarrow \quad \downarrow \quad \downarrow$$

$$V^*_{12} = \frac{103 + 97 + 106}{3} = 102,00$$

Die Abbildung 3.22 zeigt die Prognosewerte für n = 3 und n = 5 im Überblick. Als Prognosewert für die Periode t = 13 wird der jeweils letzte berechnete Mittelwert herangezogen.

Soll in der Periode 12 neben dem Prognosewert für die 13. Periode auch eine Prognose für die Perioden 14, 15 usw. erfolgen, ist ebenfalls der letzte Mittelwert der Prognosewert. Angenommen, die in der Abbildung 3.22 dargestellte Zeitreihe mit 12 Werten liegt vor und n beträgt 3, so gehen nur die letzten drei Verbrauchswerte (106, 97, 103) in die Prognose für die Periode 13 ein.

Vorteile des Verfahrens:

- Herausglätten von zufälligen Schwankungen

- geringer Speicherplatzbedarf.

Nachteile des Verfahrens sind:

- Trendentwicklungen lassen sich nicht rechtzeitig erkennen.

- Ein Problem ist die Festlegung der Größe n. Wird n sehr klein gewählt, werden also nur die jüngsten Vergangenheitswerte in die Mittelwertberechnung einbezogen, erfolgt eine rasche Reaktion auf Veränderungen des Verbrauchsverlaufs; andererseits darf n nicht zu klein sein, weil dann zufällige Schwankungen nicht genügend geglättet werden. Die Abb. 3.22 zeigt in der Gegenüberstellung, für n = 3 und n = 5, die unterschiedlichen Prognosewerte.

- Auch wenn nur eine konstante, begrenzte Anzahl der Verbrauchswerte der Zeitreihe in die Mittelwertbildung einbezogen wird, ist die Gewichtung der einbezogenen Werte gleich.

Gewogene gleitende Mittelwerte

Um den Nachteil der gleichen Gewichtung aller Zeitreihenwerte zu mindern, können die einzelnen Verbrauchswerte der Zeitreihe unterschiedlich gewichtet werden, um so zu einer genaueren Prognose zu gelangen. Die Gewichtung ermöglicht es, die Aktualität jüngerer Verbrauchszahlen gegenüber älteren Verbrauchszahlen zu berücksichtigen. Die Gewichte (k_i) für die jüngsten Vergangenheitswerte werden größer gewählt als die Gewichte für die älteren Werte. Für die Ermittlung des gewichteten gewogenen Mittelwertes gilt die folgende Formel. Sie unterscheidet sich von der oben genannten Formel für das arithmetische Mittel nur durch die Einführung der Gewichtung:

$$V_{t+1}^{**} = \quad = \sum_{i=1}^{n} x_t \times k_i$$

Bei der Wahl der Gewichte (k_0, ...,k_{n-1}) ist darauf zu achten, daß die Summe der Gewichte 1 ergeben muß:

$$\sum_{i=1}^{n-1} k_i$$

Wie beim Verfahren der gleitenden Mittelwerte, kann auch bei der Ermittlung der gleitenden gewogenen Mittelwerte die Anzahl der einzubeziehenden Verbrauchswerte (n) eingeschränkt werden. Die Verbrauchswerte werden dann mit den Gewichten multipliziert. Anschließend werden die so ermittelten Produkte addiert:

$$V_{t+1}^{**} = k_0 \, x_t + k_1 \, x_{t-1} + k_2 \, x_{t-2} + \ldots k_{n-1} \, x_{t-(n-1)}$$

Beispiel:
Es sollen drei Werte mit unterschiedlichen Gewichten in die Mittelwertberechnung einbezogen werden. Der Dezemberverbrauch (103 Tonnen) geht mit einem Gewicht von 80 % = k_0 in den Mittelwert ein. Das Gewicht des Novemberverbrauch (97 Tonnen) wird mit 15 % = k_1 festgelegt. Der Oktoberverbrauch (106 Tonnen) geht mit einem Gewicht von 5 % = k_2 in die Berechnung ein.

$$V_{13}^{**} = 0,8 \cdot 103 + 0,15 \cdot 97 + 0,05 \cdot 106 = 102,25$$

Der Prognosewert für die 13. Periode beträgt demnach 102,25 Tonnen. Soll zum Gegenwartszeitpunkt (12. Periode) auch für die 14. und 15. Periode der Verbrauch prognostiziert werden, wird ebenfalls der Wert 102,25 Tonnen angenommen.
Die Abbildung 3.22 zeigt für n =5, (k_0= 0,6, k_1=0,2; k_2=0,15, k_3=0,04, k_4=0,01)

Vorteil des Verfahrens:

Gegenüber den bereits genannten Verfahren erfolgt keine Gleichbehandlung aller Werte. Die jüngeren Werte gehen mit einem höheren Gewicht in die Mittelwertbildung ein als der älteste Wert.

Nachteile des Verfahrens sind:

• Als Problem erweist sich die Bestimmung der Gewichte; je nach Wahl der Gewichte gelangt man zu sehr unterschiedlichen Ergebnissen.

• Da nicht alle Daten in die Berechnung einbezogen werden, tritt bei großen Zeitreihen ein Informationsverlust auf.

Periode	Verbrauch x_t	Gleitende Mittelwerte V^*_{t+1} (n=3)	Gleitende Mittelwerte V^*_{t+1} (n=5)	Gewogene gleitende Mittelwerte V^{**}_{t+1} (n=3; k_0= 0,8, k_1= 0,15; k_2= 0,05)	Gewogene gleitende Mittelwerte V^{**}_{t+1} (n=5; k_0= 0,6, k_1=0,2; k_2=0,15, k_3=0,04, k_4=0,01)
1	100	—	—	—	—
2	104	—	—	—	—
3	96	100,00	—	97,40	—
4	104	101,33	—	102,80	—
5	96	98,67	100,00	97,20	97,96
6	105	101,67	101,00	103,60	102,68
7	99	100,00	100,00	99,75	99,92
8	104	102,67	101,60	103,30	102,83
9	98	100,33	100,40	98,95	99,61
10	106	102,67	102,40	104,70	103,81
11	97	100,33	100,80	98,40	99,25
12	103	102,00	101,60	102,25	102,06

Abb. 3.22: Gleitende Mittelwerte und gewogene gleitende Mittelwerte

3.8.2 Exponentielle Glättung 1. Ordnung

Wozu dient d. Verfahren?

Das Verfahren der exponentiellen Glättung 1. Ordnung eignet sich für Zeitreihen ohne Trend- und Saisonkomponente, also für konstante (horizontale) Verbrauchs-verläufe. Das Verfahren wurde von *R. G. Brown* 1959 entwickelt, indem er die beiden folgenden Gesichtspunkte kombinierte:[1]

- Abnehmende Gewichtung der Zeitreihenwerte mit zunehmendem Abstand zur Gegenwart.

- Der Prognosewert für die nächste Periode (V^*_{t+1}) besteht aus dem Prognosewert V^*_t für die Periode t, korrigiert um einen bestimmten Prozentsatz des Prognosefehlers der Periode t.

Es sollen folgende Variablen verwendet werden:

V^*_{t+1} = Materialbedarfsprognose für die Periode t+1, vorgenommen am Ende der Periode t,

V = Materialbedarfsprognose für die Periode t, vorgenommen am Ende der Periode t-1.

x_t = Tatsächlich eingetretener Materialbedarf in der Periode t

α = Glättungskonstante

---

[1] Vgl. Hansmann, K-W. (1980), S. 18-19.

Bei der exponentiellen Glättung wird die alte Vorhersage V mit dem tatsächlich eingetretenen Verbrauch x_t aus der Lagerstatistik verglichen und der Prognosefehler festgestellt. Die alte Prognose und ein bestimmter Prozentsatz des alten Planfehlers ergeben dann die neue Vorhersage. Den Prozentsatz nennt man Glättungsparameter, Glättungskonstante, Alphafaktor, Glättungskoeffizient oder Gewichtungsparameter. Der neue Vorhersagewert wird wie folgt berechnet: *Schritte zur exponen. Glättung*

Neuer Vorhersagewert für die nächste Periode = Alter Vorhersagewert + Glättungskonstante · (tatsächlicher Verbrauch - alter Vorhersagewert).

$$V^*_{t+1} = V^*_t + \alpha\,(x_t - V^*_t), \qquad 0 < \alpha < 1$$

α = Glättungskonstante

x_t = tatsächlicher Verbrauchswert in der Periode t

V^*_{t+1} = neuer Vorhersagewert für die nächste Periode t+1

= alter Vorhersagewert für die gegenwärtige Periode

Durch einfache Umstellung der Formel ergibt sich:

$$V^*_{t+1} = \alpha\,x_t + (1-\alpha)\,V^*_t \quad , \quad 0 < \alpha < 1$$

Diese Gleichung ist die Grundformel der exponentiellen Glättung. Zur Fortschreibung der Prognose ist immer nur der alte Prognosewert, der neueste tatsächlich eingetretene Verbrauchswert x_t und der Glättungsparameter α erforderlich.

Die exponentielle Glättung kann als ein Sonderfall der Methode der gewogenen gleitenden Mittelwerte aufgefaßt werden, bei dem der Gewichtungsfaktor $\alpha\,(1-\alpha)^i$ ist. [1]

$$k_i = \alpha\,(1-\alpha)^i \qquad i = 0, ..., T$$

Die Gewichtung ist eine exponentiell abnehmende Funktion des Alters der Vergangenheitswerte. Mit zunehmendem Alter wird der Einfluß der älteren Daten (exponentiell fallend) kleiner. Dies hat auch zur Namensgebung des Verfahrens geführt.

Die Bedingung , daß die Summe der Gewichte $\sum k_i$ insgesamt 1 ergibt, ist erfüllt, da es sich um eine unendliche geometrische Reihe mit dem Anfangswert α und dem Faktor $(1-\alpha)$ handelt, der die Bedingung für die Konvergenz dieser Reihe $(|1-\alpha|) < 1$ erfüllt.

---

[1] Vgl. Moosmüller, G. (1988), S. 210-211.

$$\sum_{i=0}^{\infty} k_i = \alpha + \alpha \left(1-\alpha\right) + \alpha \left(1-\alpha\right)^2 + \alpha \left(1-\alpha\right)^3 + \dots = \alpha \frac{1}{1-\left(1-\alpha\right)} = 1$$

Die Summe aller Gewichte ist gleich 1.

Der jüngste Verbrauch erhält das größte Gewicht = α, der zweitjüngste Verbrauch erhält das zweitgrößte Gewicht = α (1 - α), der drittjüngste Verbrauch erhält das drittgrößte Gewicht = α (1 - α)^2 usw.

$$\alpha \sum_{i=0}^{\infty} \left(1-\alpha\right)^i = 1$$

Beispiel:

Ausgangsdaten sind wieder die Verbrauchsdaten der Abbildung 3.21. Es soll ein Glättungsparameter von 0,3 verwendet werden.

Periode	Verbrauch x_t	Mittelwert V^*_{t+1} $\alpha = 0,3$	Berechnung $V^*_{t+1} = \alpha \, x_t + \left(1-\alpha\right) V^*_t$
1	100	100,00	$0,3 \cdot 100 + (1-0,3) \cdot 100,00 = 100,00$
2	104	101,20	$0,3 \cdot 104 + (1-0,3) \cdot 100,00 = 101,20$
3	96	99,64	$0,3 \cdot 96 + (1-0,3) \cdot 101,20 = 99,64$
4	104	100,95	$0,3 \cdot 104 + (1-0,3) \cdot 99,64 = 100,95$
5	96	99,46	$0,3 \cdot 96 + (1-0,3) \cdot 100,95 = 99,46$
6	105	101,12	$0,3 \cdot 105 + (1-0,3) \cdot 99,46 = 101,12$
7	99	100,49	$0,3 \cdot 99 + (1-0,3) \cdot 101,12 = 100,49$
8	104	101,54	$0,3 \cdot 104 + (1-0,3) \cdot 100,49 = 101,54$
9	98	100,48	$0,3 \cdot 98 + (1-0,3) \cdot 101,54 = 100,48$
10	106	102,14	$0,3 \cdot 106 + (1-0,3) \cdot 100,48 = 102,14$
11	97	100,59	$0,3 \cdot 97 + (1-0,3) \cdot 102,14 = 100,59$
12	103	101,32	$0,3 \cdot 103 + (1-0,3) \cdot 100,59 = 101,32$

Abb. 3.23. Beispiel exponentielle Glättung 1. Ordnung

An dem obigen Beispiel wird auch deutlich, daß für die Prognose der Periode 13 nur der in der Periode 12 eingetretene Verbrauchswert und der Vorhersagewert der Periode 11 erforderlich sind.

3.8.3 Exponentielle Glättung mit EXCEL

Sollten Sie nicht über das Tabellenkalkulationsprogramm verfügen, können Sie diesen Abschnitt überspringen. Es ist möglich, die in der Abbildung 3.24 dargestellten Berechnungen selbst zu verformeln[1] oder aber das Add-In **Analyse-Funktionen** des Programms EXCEL zu nutzen. Im folgenden wird die Vorgehensweise bei der Nutzung des Add-In´s näher beschrieben.

Tragen Sie zunächst die Eingabedaten entsprechend der Abbildung 3.24 in die Spalten B und C ein.

Im nächsten Schritt ist zu prüfen, ob das Add-In **Analyse-Funktionen** im Programm bereits enthalten ist. Klicken Sie auf das Menü **Extras**. Ist als letzter Menüpunkt der Befehl **Analyse-Funktionen** nicht vorhanden, klicken Sie bitte auf **Add-In-Manager**. Es öffnet sich die Dialogbox **Add-In-Manager**. Markieren Sie das Feld **Analyse-Funktionen** und bestätigen Sie mit **OK**. Wenn Sie jetzt das Menü **Extras** öffnen, wird der Befehl **Analyse-Funktionen** angezeigt. Die exponentielle Glättung kann jetzt durchgeführt werden. Klicken Sie im Menü **Extras** auf **Analyse-Funktionen**. Es öffnet sich die Dialogbox **Analyse-Funktionen**. Doppelklick dann auf **Exponentielles Glätten**. Es öffnet sich die Dialogbox **Exponentielles Glätten** (s. Abb. 3.24). Tragen Sie im Feld Eingabebereich den Zellbereich ein, in dem sich die Eingabedaten befinden. Am einfachsten funktioniert dies, indem sie auf den kleinen roten Pfeil neben dem Eingabebereich klicken und mit der Maus die Eingabedaten (nur Verbrauchsmengen) markieren und dann mit Enter bestätigen. Geben Sie jetzt im Feld Glättungsparameter den Wert 0,7 ein. Im Programm EXCEL muß der Wert (α - 1) eingegeben werden. Möchten Sie den Glättungsparameter 0,3 (entsprechend der bisherigen Vorgehensweise) verwenden, ist 0,7 einzutippen (1 – 0,3 = 0,7). Im nächsten Schritt ist der Eingabebereich festzulegen. Sollen die Prognosewerte direkt neben den Eingabewerten (Verbräuchen) stehen, muß der Ausgabebereich eine Zelle höher als der Eingabebereich beginnen.

Wenn Sie jetzt mit OK bestätigen, wird das Programm die Berechnung bis Zelle D13 durchführen. (Abb. 3.25). Der letzte Prognosewert wird nicht errechnet. Kopieren Sie einfach die Formel der Zelle D13 in die Zelle D14.

---

[1] Sie können unter der im Vorwort angegebenen Internetadresse das Beispiel downloaden.

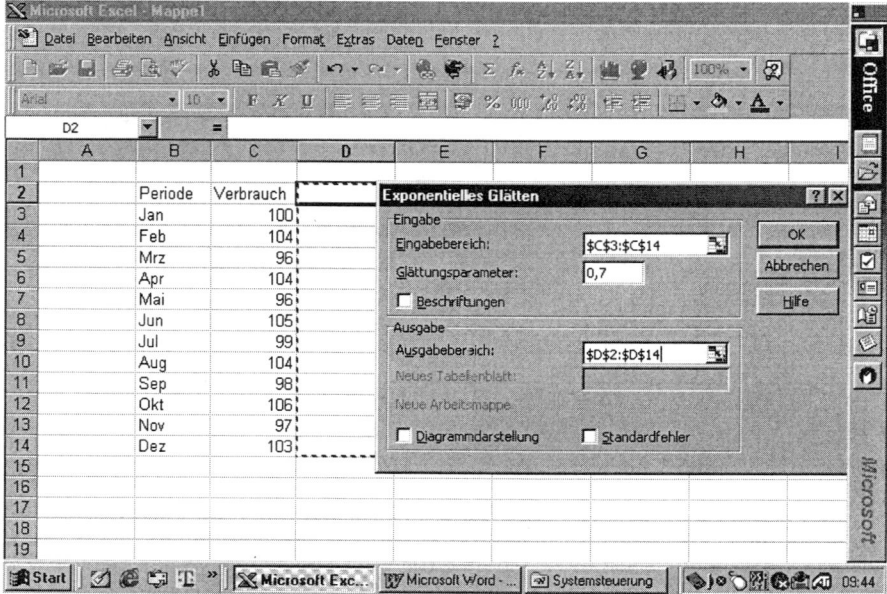

Abb. 3.24. Exponentielle Glättung mit Excel 1

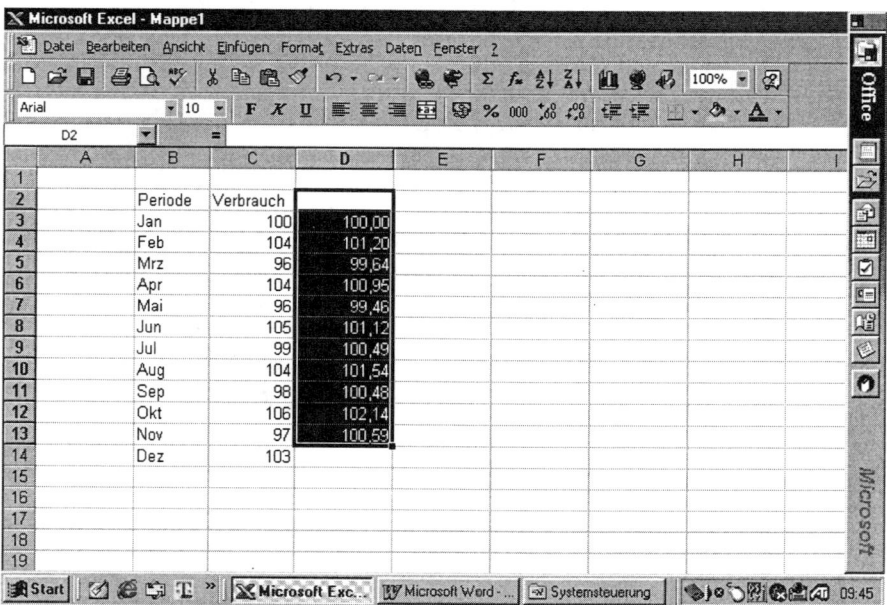

Abb. 3.25 Exponentielle Glättung mit Excel 2

3.8.4 Die Wahl des Glättungsparameters

Die Festlegung der Höhe des Glättungsparameters hat einen erheblichen Einfluß auf die Prognose. Die Festlegung erfolgt subjektiv und sollte die Erfahrungen vergangener Planungsperioden berücksichtigen. Außerdem muß dem Anwender die Auswirkung der Variation des Glättungsparameter bekannt sein. In der Praxis hat sich ein Wert von $\alpha = 0{,}1$ bis $\alpha = 0{,}3$ bewährt.

Der Faktor muß die Bedingung $0 < \alpha < 1$ erfüllen. Würde der Glättungsparameter mit $\alpha = 1$ festgelegt (Fall 1), so ginge der alte Prognosewert überhaupt nicht in die neue Prognose ein. Der festgestellte Verbrauchswert x_t wäre dann gleich mit dem Prognosewert. Bei einem Glättungsparameter $\alpha = 0$ (Fall 2) würde ausschließlich der letzte Prognosewert in die neue Prognose eingehen ($V^*_{t+1} = V^*_t$).

$$V^*_{t+1} = \alpha\, x_t + (1-\alpha)\, V^*_t$$

(1) Fall 1: $\alpha = 1$ $\qquad\qquad V^*_{t+1} = 1\, x_t + (1-1)\, V^*_t, \qquad V^*_{t+1} = x_t$

(2) Fall 2: $\alpha = 0$ $\qquad\qquad V^*_{t+1} = 0\, x_t + (1-0)\, V^*_{t,}, \qquad V^*_{t+1} = V^*_{t,}$

Wie bereits beschrieben, ist die Reihe der Gewichte unendlich. Der jüngste Verbrauchswert wird mit dem größten Gewicht $= \alpha$, der dann folgende Verbrauch mit dem zweitgrößten Gewicht $= \alpha\,(1-\alpha)$ und der nächste Verbrauchswert mit dem Gewicht $= \alpha\,(1-\alpha)^2$ bewertet usw. Die Gewichtssumme muß 1 ergeben.

$$\alpha \sum_{i=0}^{\infty} (1-\alpha)^i = 1$$

Setzt man für den Glättungsparameter unterschiedliche Werte retrograd für verschiedene Perioden in die Exponentialfunktion ein, so kann man feststellen, inwieweit die Höhe des Glättungsparameters die Gewichtung der Vergangenheitswerte beeinflußt.[1] Die Abbildung 3.26 zeigt den Einfluß der Vergangenheitsdaten auf den zu ermittelnden Prognosewert (Mittelwert) bei unterschiedlichen Glättungsparametern.

---

[1] Vgl. Müller-Merbach, H. (1974), S. 578.

Periode(i)	$(1-\alpha)^i$ für		
	$\alpha = 0,1$	$\alpha = 0,3$	$\alpha = 0,5$
Gegenwart	0,1	0,3	0,5
1	0,09	0,21	0,25
2	0,081	0,147	0,125
3	0,0729	0,1029	0,0625
4	0,06561	0,07203	0,03125
5	0,059049	0,050421	0,015625
6	0,0531441	0,0352947	0,0078125
7	0,04782969	0,02470629	0,00390625
8	0,043046721	0,017294403	0,001953125
9	0,0387420489	0,0121060821	0,0009765625

Abb. 3.26: Gewichtung der Vergangenheitsdaten bei unterschiedlichen Glättungsparametern

Die Ergebnisse der Abb. 3.26 zeigen deutlich, daß für einen großen Glättungs-
parameter ($\alpha = 0,5$) bereits der Wert der sechsten Vorperiode mit weniger als einem
Prozent gewichtet wird. Der Einfluß nimmt sehr schnell ab. Bei noch höheren
Glättungsparametern geht der Einfluß vergangener Werte noch schneller zurück.
Anders ist die Situation bei einem niedrigen Glättungsparameter. Bei $\alpha = 0,1$ geht
der jüngste (gegenwärtige) Verbrauch mit 10% in die neue Vorhersage ein. Der
Vergangenheitswert der Periode i=1 beeinflußt den Prognosewert noch mit 9%, der
Wert der Periode i=2 noch mit 8,1% usw. Man sieht, auch bei einem kleinen
Glättungsparameter nimmt der Einfluß der älteren Verbrauchsdaten von Periode zu
Periode ab. Der Gewichtsabfall ist jedoch erheblich geringer, so daß noch relativ
viele alte Werte die neue Vorhersage beeinflussen.

3.8.4.1 Reaktion auf einen Impuls

Angenommen, es liegt ein konstanter Materialverbrauch von 100 Tonnen vor (Abb.
3.27). In der Periode 2 trat jedoch ein einmalig höherer Materialverbrauch in Höhe
von 300 Tonnen auf. Die Frage lautet, wie diese einmalige „Störung" sich bei der
Prognose in der Periode 12 auswirkt, wenn ein niedriger oder ein großer
Glättungsparameter vorliegt. Es zeigt sich, daß ein niedriger Glättungsparameter ($\alpha =
0,1$) mehr glättet als ein größerer Glättungsparameter. Jedoch ist festzustellen, daß es
sehr lange dauert, bis der „Normalverbrauch" von 100 Tonnen wieder erreicht wird.
Die Auswirkungen der Störung in Periode 2 beeinflussen die Prognose für die
Perioden 13, 14 usw. noch, wie die Abbildung 3.27 zeigt.

3.8.4.2 Reaktion auf eine signifikante Niveauänderung

In einem weiterer Beispiel soll untersucht werden, wie sich die verschiedenen Glättungsparameter verhalten, wenn eine signifikante Niveauänderung eintritt. Angenommen, in der zweiten Periode ist der Materialverbrauch von 100 Tonnen sprunghaft auf 300 Tonnen gestiegen. Anders wie im ersten Fall des Impulses ist der Materialbedarf jedoch in den folgenden Perioden nicht wieder gesunken, sondern verharrt auf dem erhöhten Verbrauchsniveau. Wie die Abb. 3.28 zeigt, reagiert ein großer Glättungsparameter sehr schnell auf die veränderten Bedingungen und paßt sich dem neuen Verbrauchsniveau an. Anders verhält sich der niedrige Glättungsparameter ($\alpha = 0{,}1$). So ist eine Anpassung an das erhöhte Niveau in der Prognoseperiode 12 noch nicht erfolgt, während sich der Glättungsparameter 0,3 in der 12. Periode auch den geänderten Bedingungen weitestgehend angepaßt hat.

t	Verbrauch V_t	exponentiell geglättete Mittelwerte V^*_t für		
		0,1	0,3	0,5
1	100	100,00	100,00	100,00
2	300	120,00	160,00	200,00
3	100	118,00	142,00	150,00
4	100	116,20	129,40	125,00
5	100	114,58	120,58	112,50
6	100	113,12	114,41	106,25
7	100	111,81	110,08	103,13
8	100	110,63	107,06	101,56
9	100	109,57	104,94	100,78
10	100	108,61	103,46	100,39
11	100	107,75	102,42	100,20
12	100	106,97	101,69	100,10
13	100	106,28	101,19	100,05
14	100	105,65	100,83	100,02
15	100	105,08	100,58	100,01
16	100	104,58	100,41	100,01
17	100	104,12	100,28	100,00
18	100	103,71	100,20	100,00
19	100	103,34	100,14	100,00
20	100	103,00	100,10	100,00

Reaktion auf einen Impuls

t	Verbrauch V_t	exponentiell geglättete Mittelwerte V^*_t für		
		0,1	0,3	0,5
1	100	100,00	100,00	100,00
2	300	120,00	160,00	200,00
3	300	138,00	202,00	250,00
4	300	154,20	231,40	275,00
5	300	168,78	251,98	287,50
6	300	181,90	266,39	293,75
7	300	193,71	276,47	296,88
8	300	204,34	283,53	298,44
9	300	213,91	288,47	299,22
10	300	222,52	291,93	299,61
11	300	230,26	294,35	299,80
12	300	237,24	296,05	299,90
13	300	243,51	297,23	299,95
14	300	249,16	298,06	299,98
15	300	254,25	298,64	299,99
16	300	258,82	299,05	299,99
17	300	262,94	299,34	300,00
18	300	266,65	299,53	300,00
19	300	269,98	299,67	300,00
20	300	272,98	299,77	300,00

Reaktion auf eine signifikante Niveauveränderung

Abb. 3.27: Zahlenbeispiele für unterschiedliche Glättungsparameter

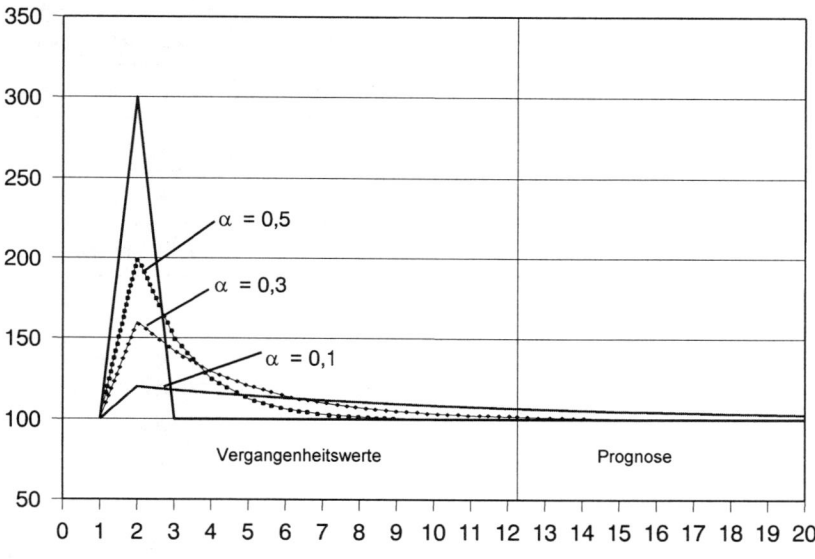

Abb. 3.28: Auswirkungen des Glättungsparameters beim Auftreten eines Impulses

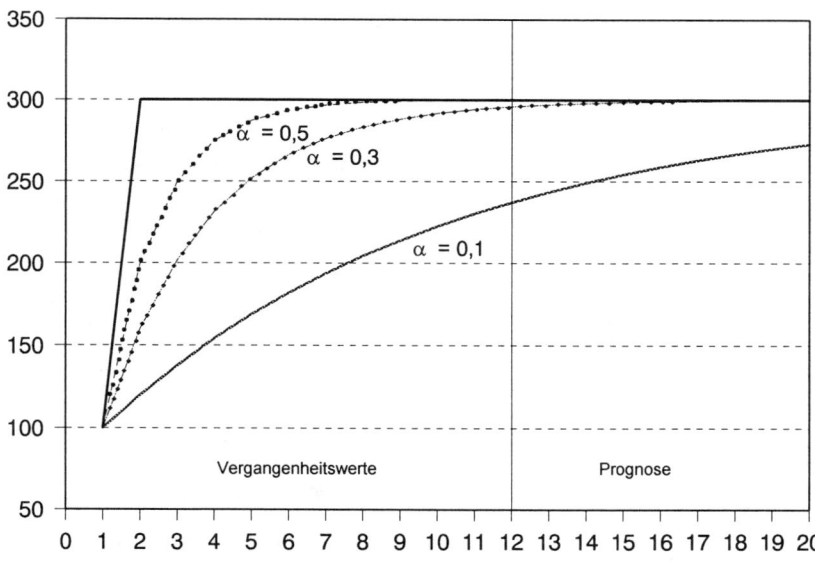

Abb. 3.29: Auswirkungen des Glättungsparameters beim Auftreten einer signifikanten
Niveauänderung

Die beiden Beispiele zeigen das Dilemma des Anwenders. In der Abbildung 3.30
werden die Sachverhalte im Vergleich dargestellt.

	„Großes" α	„Kleines" α
Berücksichtigung von Vergangenheitswerten	gering	stark
Berücksichtigung neuester Werte	stark	gering
Glättung der Zeitreihe	gering	stark
Anpassung an Niveauverschiebungen	schnell	langsam

Abb. 3.30: Tendenzielle Wirkungen unterschiedler α-Werte[1]

3.8.5 Bedarfsvorhersage bei trendförmigem Verbrauchsverlauf

Liegt ein trendförmiger Verbrauchsverlauf vor, können die folgenden Verfahren eingesetzt werden:

- Exponentielle Glättung 2. Ordnung

- Exponentielle Glättung 1. Ordnung mit Trendkorrektur

- Regressionsanalyse.

3.8.6 Exponentielle Glättung 2. Ordnung

Das Verfahren soll am folgenden Beispiel demonstriert werden. Der Verbrauch des Materials hat sich in den vergangenen 12 Monaten wie folgt entwickelt. Es kann ein linearer Trend unterstellt werden. Es soll der zukünftige Verbrauch der Perioden t = 13, 14, 15 prognostiziert werden.

Periode t	1	2	3	4	5	6	7	8	9	10	11	12
Monat	Jan.	Feb.	März	April	Mai	Juni	Juli	Aug.	Sep.	Okt.	Nov.	Dez.
Material- verbrauch in Tonnen	80	95	90	105	110	108	121	115	130	126	134	143

Abb. 3.31: Beispiel für Verbrauchszahlen mit linearem Trend

Zunächst werden die gleichen Rechenschritte wie bei der exponentiellen Glättung 1. Ordnung durchgeführt. Das Ergebnis dieser Wertermittlung dient bei der exponentiellen Glättung zweiter Ordnung jedoch nur als sogenannter Mittelwert erster Ordnung. Die bereits bekannte Formel zur Berechnung des ersten Mittelwertes lautet

---

[1] Vgl. Corsten, H. (1991), S. 321.

$$V^{*(1)}_{t+1} = V^{(1)*}_{t} + \alpha \, (x_t - V^{(1)*}_t) \qquad \text{oder} \qquad V^{*(1)}_{t+1} = \alpha \, x_t + (1-\alpha) V^{(1)*}_t$$

Alle neu eingeführten Indizes weisen lediglich darauf hin, daß es sich um den Mittelwert erster Ordnung handelt. Für das Beispiel werden in der Abbildung 3.34 (dritte Spalte) die Mittelwerte erster Ordnung errechnet. Da für die Periode 1 noch kein alter Mittelwert vorliegt, wird der Verbrauch von 80 Tonnen willkürlich für die erste Periode mit dem ersten Mittelwert gleichgesetzt.

Um die durch die exponentielle Glättung erster Ordnung bereits geglätteten Zufallsschwankungen noch mehr zu glätten, werden im zweiten Schritt die ermittelten Mittelwerte erster Ordnung nochmals geglättet. Dies ergibt dann den Mittelwert der Mittelwerte. Die zur Ermittlung des sog. zweiten Mittelwertes erforderliche Formel ändert sich gegenüber der ersten Glättungsformel nur dadurch, daß anstelle der Verbrauchswerte (x_t) jetzt die bereits ermittelten Mittelwerte erster Ordnung treten.

$$V^{*(2)}_{t+1} = V^{(2)*}_{t} + \alpha \, (V^{(1)*}_{t} - V^{(2)*}_t) \qquad \text{oder} \qquad V^{*(2)}_{t+1} = \alpha \, x_t^{(1)} + (1-\alpha) V^{(2)*}_t$$

$V^{*(1)}_{t+1} =$ Mittelwert 1. Ordnung

$V^{*(2)}_{t+1} =$ doppelt geglätteter Mittelwert

Die Berechnung der zweiten Mittelwerte $V^{*(2)}_{t+1}$ erfolgt in der vierten Spalte der Abbildung 3.34. Auch in diesem Fall liegt für die Periode 1 noch kein $V^{*(2)}_{t}$ vor, so daß auch dieser Wert geschätzt werden muß. Es wird einfach für den Wert $V^{*(2)}_{t+1}$ der erste $V^{*(1)}_{t+1}$- Wert (= 80 Tonnen) eingesetzt.

Mit Hilfe der beiden ermittelten Mittelwerte $V^{*(1)}_{t+1}$ und $V^{*(2)}_{t+1}$ kann sowohl der Mittelwert V^{**}_{t+1} als auch der Trend b_t bestimmt werden. Wie beschrieben, tritt bei der exponentiellen Glättung zweiter Ordnung der Mittelwert erster Ordnung an die Stelle des tatsächlichen Verbrauchs. Die Fortschreibung erfolgt nach der gleichen Formel wie bei der exponentiellen Glättung erster Ordnung. Der Mittelwert zweiter Ordnung $V^{*(2)}_{t+1}$ liegt daher um dieselbe Menge hinter dem Mittelwert erster Ordnung zurück, wie dieser hinter dem erwarteten Verbrauch herhinkt.

$$V^{*(1)}_{t+1} - V^{*(2)}_{t+1} = V^{**}_{t+1} - V^{*(1)}_{t+1}$$

Umgestellt nach M_t ergibt sich:

$$V^{**}_{t+1} = 2 \, V^{*(1)}_{t+1} - V^{*(2)}_{t+1}$$

Die beiden Mittelwerte $V^{*(1)}_{t+1}$ und $V^{*(2)}_{t+1}$ lassen sich so zu einem neuen Mittelwert V^{**}_{t+1} zusammenfassen. Für das Beispiel werden die Werte in der fünften Spalte der

Abbildung 3.34 berechnet. Der so zusammengefaßte Mittelwert V^{**}_{t+1} bzw. der Vorhersagewert antizipiert den Trendanstieg bis zur Vorhersageperiode. Die Berücksichtigung des Trends in der Beispielrechnung (Abb. 3.34) ist demnach erst ab der 13. Periode erforderlich.

Im nächsten Schritt soll der Trend b_t errechnet werden. Die zeitliche Verzögerung, mit der der Mittelwert 2. Ordnung hinter dem Mittelwert 1. Ordnung liegt, entspricht:[1] $\dfrac{1-\alpha}{\alpha}$.

Wenn angenommen wird, daß alle beobachteten Verbrauchswerte auf der Trendgeraden liegen und sie eine Steigung von b aufweist, dann ist der Mittelwert 2. Ordnung $V^{*(2)}_{t+1}$ um $\dfrac{1-\alpha}{\alpha} b_t$ kleiner als der Mittelwert 1. Ordnung $V^{*(1)}_{t+1}$.

Wird der Ursprung des Koordinatensystems in die Gegenwart (Periode t) versetzt, so gilt:

$$V^{**}_{t+1}= V^{*(1)}_{t+1} + V^{*(1)}_{t+1} - V^{*(2)}_{t+1}$$

Die Steigerung der Trendfunktion am Ende der Verbrauchsperiode kann mit der folgenden Formel berechnet werden:

$$b=\frac{\alpha}{1-\alpha}\ (V^{*(1)}_{t+1}- V^{*(2)}_{t+1})$$

Für das Beispiel sind die errechneten Werte in der sechsten Spalte der Abb. 3.34 dargestellt.

Um die Werte für die Prognoseperiode (im Beispiel ab Periode 13) zu ermitteln, muß die Trendkonstante zu dem letzten errechneten Mittelwert V^{**}_{t+1} addiert werden.

Für die Berechnung der Prognosewerte ist dann die folgende allgemeine Formel anzuwenden:

$$\hat{V}^{**}_{t+1} = V^{**}_{t+1} +i\cdot b$$

Die Abbildung 3.34 verdeutlicht den Zusammenhang. Für den ersten Prognosewert ist die Trendkonstante einmal, für die zweite Periode zweimal zu addieren etc.

---

[1] Ausführlicher dargestellt bei Glaser , H./ Geiger, W. / Rohde, V. (1991), 107-114.

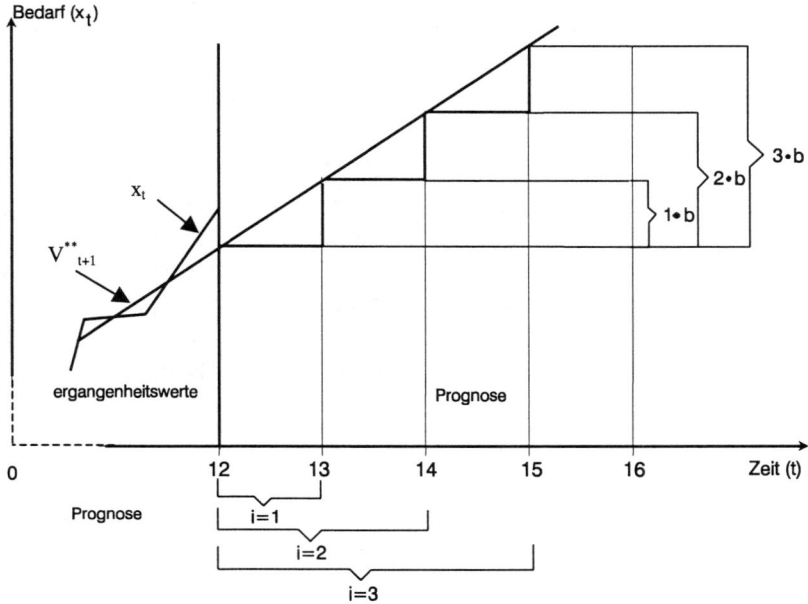

Abb. 3.32: Behandlung der Trendkonstanten bei exponentieller Glättung 2. Ordnung

Wendet man die Formel auf das Beispiel an, so ergeben sich die folgenden Werte, die ebenfalls in der zusammenfassenden Abb. 3.36 aufgeführt sind:

Berechnung in Periode	Prognosewert für die Periode	Berechnung $(b = 4,76)$	Prognosewert $\hat{V}^{**}_{t+1}$
12	13	140,25	140,25
13	14	140,25 + 4,76	145,01
14	15	140,25 + 2 · 4,76	149,77
15	16	140,25 + 3 · 4,76	154,53
16	17	140,25 + 4 · 4,76	159,29
17	18	140,25 + 5 · 4,76	164,05
18	19	140,25 + 6 · 4,76	168,80
19	20	140,25 + 7 · 4,76	173,56
20	21	140,25 + 8 · 4,76	178,32

Abb. 3.33: Ermittlung der Prognosewerte für das Beispiel exponentielle Glättung 2. Ordnung

Die errechneten Verbrauchswerte sowie die Prognosewerte der Abb. 3.36 sind zur Veranschaulichung in der Abbildung 3.36 grafisch dargestellt. Es wird mit einem Glättungsfaktor von 0,3 gerechnet.

Periode	Verbrauch in Tonnen x_t	Mittelwert 1 $V^{*(1)}_{t+1}$	Mittelwert 2 $V^{*(2)}_{t+1}$	Vorhersagewerte V^{**}_{t+1}	Trendkonstante b_t
[1]	[2]	[3]	[4]	[5]	[6]
1	80	80,00	80,00	80,00	0,00
2	95	84,50	81,35	87,65	1,35
3	90	86,15	82,79	89,51	1,44
4	105	91,81	85,49	98,12	2,70
5	110	97,26	89,03	105,50	3,53
6	108	100,48	92,46	108,51	3,44
7	121	106,64	96,72	116,56	4,25
8	115	109,15	100,45	117,85	3,73
9	130	115,40	104,93	125,87	4,49
10	126	118,58	109,03	128,14	4,09
11	134	123,21	113,28	133,13	4,25
12	143	129,15	118,04	140,25	4,76
13				145,01	
14				149,77	
15				154,53	
16				159,29	
17				164,05	
18				168,80	
19				173,56	
20				178,32	

Prognosewert in Periode 12 für Periode 13

Abb. 3.34: Beispiel exponentielle Glättung 2. Ordnung

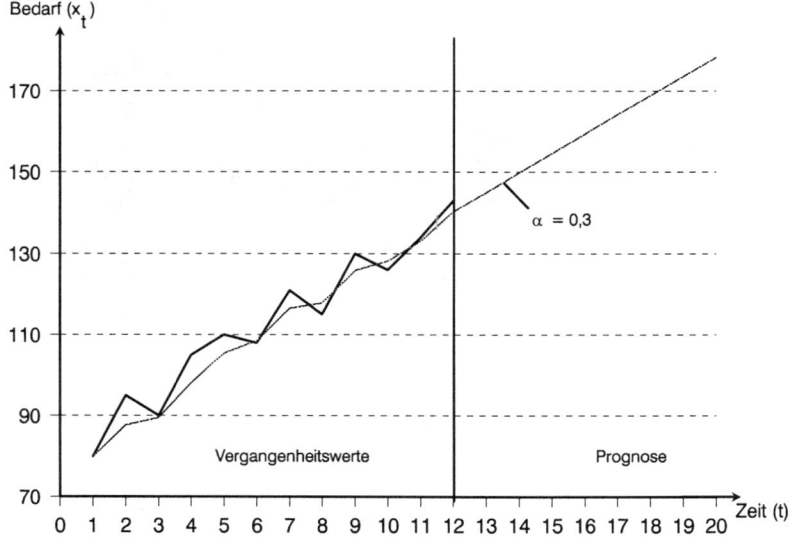

Abb. 3.35: Grafische Darstellung für das Beispiel exponentielle Glättung 2. Ordnung

3.8.7 Exponentielle Glättung 1. Ordnung mit Trendkorrektur

Im Gegensatz zur exponentiellen Glättung 2. Ordnung wird bei der exponentiellen Glättung 1. Ordnung mit Trendkorrektur keine doppelte Glättung der Verbrauchswerte vorgenommen. Wie der Name schon sagt, erfolgt jedoch eine Korrektur des berechneten Mittelwertes $V^{*(1)}_{t+1}$. Die Vorhersagewerte werden bei der exponentiellen Glättung 1. Ordnung mit Trendkorrektur mit der folgenden Formel bestimmt:[1]

$$\bar{V}^{*}_{t+1} = V^{*(1)}_{t+1} + \frac{1-\alpha}{\alpha}.$$

3.8.8 Vor- und Nachteile der exponentiellen Glättung

Die exponentielle Glättung hat folgende Vorteile:[2]

* Da nur wenige elementare Rechenschritte für die Methode erforderlich sind, läßt sich das Verfahren leicht programmieren.

* Der Speicherplatzbedarf ist gering.

* Die Prognosemethode kann mit einem einzigen Parameter (α) gesteuert werden.

* Die Gewichtung der Verbrauchsmengen in Richtung Vergangenheit nimmt exponentiell ab.

Gegenüber den genannten Vorteilen gibt es folgende Nachteile:

* Unbefriedigend ist die Tatsache, daß eine objektive Bestimmung des Glättungsparameters (α) nicht erfolgen kann.

* Als einziger Einflußfaktor wird lediglich die „Zeit" berücksichtigt. Es ist aber bedenklich, eine Zeitreihe nur aus sich selbst heraus zu prognostizieren. Der Einsatz scheint daher nur bei mangelnder Kenntnis quantifizierbarer kausaler Einflußfaktoren auf die Zeitreihe gerechtfertigt zu sein.[3]

* Als problematisch ist auch die Gewichtung der Schätzfehler anzusehen. Handelt es sich nämlich um reine Zufallsschwankungen, so ist eine Gewichtung der „Fehler" überflüssig, sind die Abweichungen jedoch auf kausale Einflußfaktoren zurückzuführen, dann ist der Einsatz kausaler Methoden (z.B. die Regressionsanalyse) besser.

---

[1] Vgl. Glaser, H. (1986), S. 9-11; Kopsidis, R. (1989), S. 75.

[2] Vgl. Hoitsch, H.-J. (1985), 181-183.

[3] Vgl. Hoitsch, H.-J. (1985), 181-183.

3.8.9 Regressionsanalyse

allge. Definition

Die Regressionsanalyse wird in den Wirtschaftswissenschaften dazu eingesetzt, Beziehungen zwischen zwei oder mehr Merkmalen zu untersuchen. Anwendung findet sie z.B. im Marketing und in der Marktforschung, wo die Beziehungen zwischen der Verkaufsfläche und dem Umsatz oder die Aufwendungen für Werbung und dem Umsatz untersucht werden.

In der Literatur wird auch eine vereinfachte Version der Regressionsanalyse vorgestellt, die sich ausschließlich auf Zeitreihen bezieht (die sog. Trendrechnung).[1] Im folgenden wollen wir uns jedoch der Regressionsanalyse zuwenden.[2] Die Aufgabe der Regressionsanalyse besteht darin, die Art der Abhängigkeit zwischen zwei Variablen (Einfachregression) oder mehreren Variablen (Mehrfachregression bzw. multiple Regression) zu untersuchen. Es soll diejenige mathematische Funktion gefunden werden, mit der sich die zwischen den Variablen bestehende Abhängigkeit am besten beschreiben läßt. Soll eine Einfachregression durchgeführt werden, so wird angenommen, daß die Variable Y von einer Variablen X abhängig ist.

- Y ist die abhängige oder zu erklärende Variable (Regressand).

- X ist die unabhängige oder erklärende Variable (Regressor).

Bei der hier zu behandelnden linearen Regression hat die Regressionsfunktion die Form

$y = a + bx$

Da die Regressionsanalyse zur Bedarfsvorhersage eingesetzt werden soll, wird angenommen, daß die festgestellten Verbrauchswerte lediglich von der Zeit (t_i) abhängig sind. Die Variable (x_i) für die Bedarfsmenge wird beibehalten, so daß gilt:

$x_i = a + bt_i$

---

[1] Vgl. z.B. Müller-Merbach, H. (1974b), S. 481; Sturm, M. (1981), S. 151-152.

[2] Vgl. Bleymüller, J. / Gehlert, G. / Gülicher, H. (1981), S. 135-140; Müller-Merbach, H. (1974b), S. 478-482.

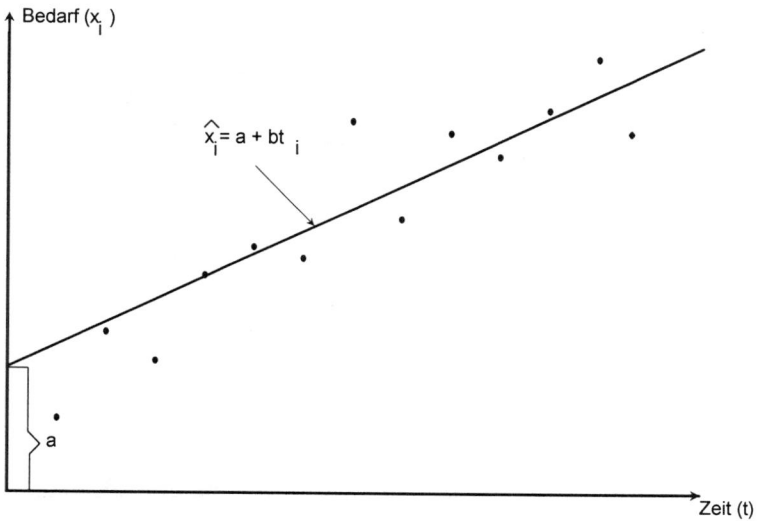

Abb. 3.36: Streudiagramm

Die Abweichungen (e_i) zwischen den beobachteten Verbrauchswerten (x_i) und den geschätzten Werten $\hat{x}_i$ werden als Residuen bezeichnet. Da es sowohl positive als auch negative Abweichungen gibt, müssen die Abweichungen quadriert werden, damit sich die Abweichungen nicht gegenseitig aufheben. Ziel ist es, die Funktion so durch die Punktwolke zu legen, daß die Summe der Abweichungsquadrate (SAQ) ein Minimum ergibt.

$$SAQ = \sum_{i=1}^{n} e_i^2 = \sum_{i=1}^{n} (x_i - \hat{x}_i)^2$$

Die Methode wird daher auch **Methode der kleinsten Quadratsumme** genannt. Die Abbildung 3.36 zeigt die Ermittlung der Abweichungen an einem Beispiel. Die Abbildung 3.37 verdeutlicht die Quadrierung der Abweichungen.

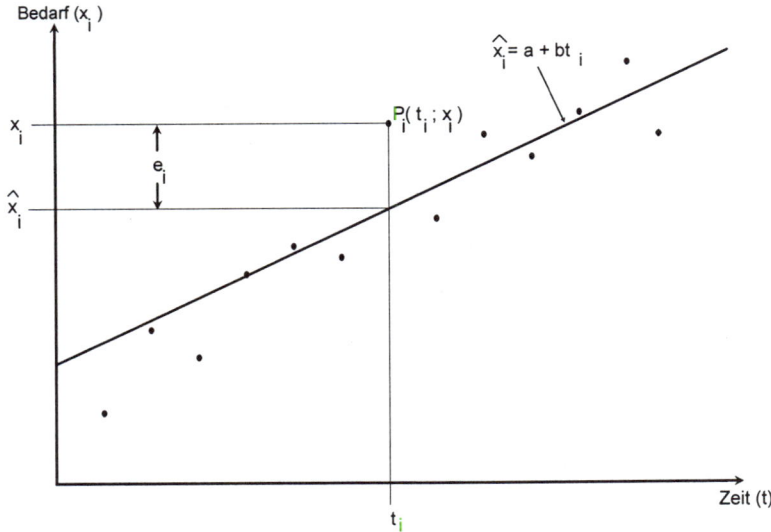

Abb. 3.36: Ermittlung der Abweichungen

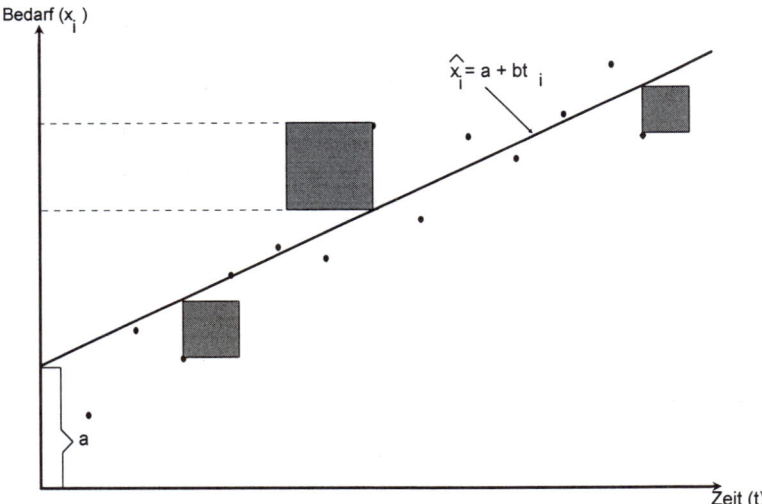

Abb. 3.37: Abweichungsquadrate im Streudiagramm

Die Summe der Abweichungsquadrate wird als Funktion der beiden Regressionskoeffizienten (a und b) angesehen. Da hier eine lineare Einfachregression vorliegt,
sind die Regressionskoeffizienten so zu bestimmen, daß die folgende Funktion ein
Minimum ergibt: [1]

---

[1] Vgl. Bleymüller, J. / Gehlert, G. / Gülicher, H. (1981), S. 137.

$$SAQ_{(a,b)} = \sum_{i=1}^{n} (x_i - \hat{x}_i)^2$$

$$SAQ_{(a,b)} = \sum_{i=1}^{n} (x_i - a - bt_i)^2 \longrightarrow \text{Minimum}$$

Die Ermittlung des Minimums der Funktion ermittelt man, indem die beiden partiellen Ableitungen erster Ordnung gleich null gesetzt werden:.

$$\frac{\delta\,SAQ}{\delta\,a} = \frac{\delta\,SAQ}{\delta\,b} = 0$$

Die Bildung der partiellen Ableitungen ergibt:

$$\frac{\delta\,SAQ}{\delta\,a} = -2 \cdot \sum_{i=1}^{n} (x_i - a - bt_i \;\; .$$

$$\frac{\delta\,SAQ}{\delta\,b} = -2 \cdot \sum_{i=1}^{n} t\,(x_i - a - bt_i \;\; .$$

Anschließend werden die beiden partiellen Ableitungen gleich Null gesetzt. Nach Auflösung der Summen ergibt sich das folgende Gleichungssystem:

$$n\,a + b\sum_{i=1}^{n} t_i = \sum_{i=1}^{n} x_i$$

$$b\sum_{i=1}^{n} t_i + b\sum_{i=1}^{n} t_i^2 = \sum_{i=1}^{n} t_i \cdot x_i$$

Für die gesuchten Regressionskoeffizienten ergeben sich die sog. (Kleinste-Quadrate-) Normalgleichungen. Mit dem Gleichungssystem können nun a (Achsenabschnitt oder absolutes Glied) und b (Steigungsmaß der Trendgeraden) bestimmt werden:

$$a = \frac{\displaystyle\sum_{i=1}^{n} t_i^2 \sum_{i=1}^{n} x_i - \sum_{i=1}^{n} t_i \sum_{i=1}^{n} t_i \cdot x_i}{n\displaystyle\sum_{i=1}^{n} t_i^2 - \left(\sum_{i=1}^{n} t_i\right)^2}$$

$$b = \frac{n\displaystyle\sum_{i=1}^{n} t_i \cdot x_i - \sum_{i=1}^{n} t_i \sum_{i=1}^{n} x_i}{n\displaystyle\sum_{i=1}^{n} t_i^2 - \left(\sum_{i=1}^{n} t_i\right)^2}$$

Daß es sich hier um ein Minimum der Funktion SAQ handelt, kann anhand der höheren partiellen Ableitungen bewiesen werden.

Beispiel:

Obwohl sich die Durchführung der Regressionsanalyse mit Hilfe eines modernen Tabellenkalkulations-, Graphik- oder Statistikprogramms sehr einfach gestaltet, soll hier die Berechnung mit den erforderlichen Zwischenschritten „zu Fuß" erfolgen. Ausgangswerte sind wieder die Daten der Abb. 3.31, S. 158. Hilfreich zur Ermittlung der Werte für die Normalgleichungen ist die nachstehende Arbeitstabelle.

Periode i	Periode t_i	Verbrauchswerte x_i	t_i^2	$t_i \cdot x_i$
1	1	80	1	80
2	2	95	4	190
3	3	90	9	270
4	4	105	16	420
5	5	110	25	550
6	6	108	36	648
7	7	121	49	847
8	8	115	64	920
9	9	130	81	1170
10	10	126	100	1260
11	11	134	121	1474
12	12	143	144	1716
Σ	78	1357	650	9545

Abb. 3.38: Arbeitstabelle für die Regressionsanalyse

Für das Beispiel ergeben sich folgende Werte:

$n = 12$; $\Sigma t_i = 78$; $\Sigma t_i^2 = 650$; $\Sigma x_i = 1357$; $\Sigma t_i \cdot x_i = 9545$.

$$a = \frac{\sum_{i=1}^{n} t_i^2 \sum_{i=1}^{n} x_i - \sum_{i=1}^{n} t_i \sum_{i=1}^{n} t_i \cdot x_i}{n \sum_{i=1}^{n} t_i^2 - \left(\sum_{i=1}^{n} t_i\right)^2} \qquad a = \frac{650 \cdot 1357 - 78 \cdot 9545}{12 \cdot 650 - (78)^2} \qquad a = \frac{137540,00}{1716,00} = 80,15$$

$$b = \frac{n \sum_{i=1}^{n} t_i \cdot x_i - \sum_{i=1}^{n} t_i \sum_{i=1}^{n} x_i}{n \sum_{i=1}^{n} t_i^2 - \left(\sum_{i=1}^{n} t_i\right)^2} \qquad b = \frac{12 \cdot 9545 - 78 \cdot 1357}{12 \cdot 650 - (78)^2} \qquad b = \frac{8694}{1716} = 5,0664$$

Die Kleinste-Quadrate-Regressionsfunktion lautet:

$$\hat{x}_i = a + bt_i \quad \hat{x}_i = 80,15 + 5,0664t_i$$

Setzen wir jetzt für die Prognoseperioden die Werte (i = t = 13, ... , 17) ein, so ergeben sich die folgenden Bedarfsmengen:

$$\hat{x}_{13} = 80,15 + 5,0664t \cdot 13 = 146,02$$

$$\hat{x}_{14} = 80,15 + 5,0664t \cdot 14 = 151,08$$

$$\hat{x}_{15} = 80,15 + 5,0664t \cdot 15 = 156,15$$

$$\hat{x}_{16} = 80,15 + 5,0664t \cdot 16 = 161,2$$

$$\hat{x}_{17} = 80,15 + 5,0664t \cdot 17 = 166,28$$

$$\hat{x}_{18} = 80,15 + 5,0664t \cdot 18 = 171,35$$

Die nachstehende graphische Darstellung zeigt die Vergangenheitswerte in Form einer Punktwolke, durch die die Regressionsgerade gelegt wurde. Die Prognosewerte entsprechen dann den Werten auf der Regressionsgeraden von der Periode t = 13 bis zur Periode T= 18.

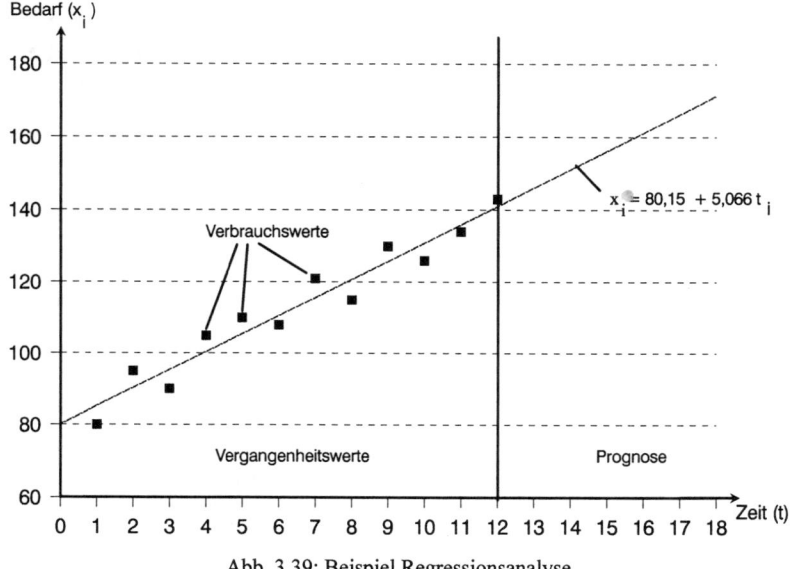

Abb. 3.39: Beispiel Regressionsanalyse

Die nichtlineare Regressionsanalyse wird durchgeführt, wenn die Punktwolke der Verbrauchswerte keinen linearen Trend erkennen läßt. In diesem Fall muß versucht werden, die Abhängigkeit der Variablen mit Hilfe einer nichtlinearen Funktion möglichst gut zu beschreiben.

$$y = a + bt + ct^2 + dt^3 + \ldots + zt^n$$

Zur Berechnung der nichtlinearen Regressionsfunktionen sollte in jedem Fall ein Statistikprogramm zu Hilfe genommen werden. Auf die Darstellung wird deshalb hier verzichtet.

3.8.10 Regressionsanalyse mit EXCEL

Vergewissern Sie sich zunächst, ob das Add-In „Analyse-Funktionen" bereits im Programm enthalten ist. Öffnen sie das Pull-down-Menü **EXTRAS**. Ist als letzter Menüpunkt der Befehl **Analyse-Funktionen** nicht vorhanden, muß das Add-In mit dem Add-In-Manager installiert werden. Die Vorgehensweise ist auf Seite 151 beschrieben worden.

Tragen Sie zuerst die Eingabedaten in die Tabelle ein. Klicken Sie anschließend im Menü **Extras** auf **Analyse-Funktionen**. Es öffnet sich die Dialogbox **Analyse-Funktionen**. Sie müssen dann auf den Befehl **Regression** doppelt klicken. Es öffnet sich die Dialogbox **Regression** (s. Abb. 3.40). Tragen Sie im Feld Y-Bereich den Zellbereich ein, in dem sich die Verbrauchswerte, und im Feld X-Bereich den Zellbereich ein, in dem sich die Perioden befinden. Markieren Sie anschließend das Feld Ausgabebereich und geben Sie in das Feld Ausgabebereich die Zelladresse ein, ab der die Ausgabedaten angezeigt werden sollen. Bestätigen Sie mit OK. Es wird dann das Ergebnis angezeigt (s. Abb. 3.41).

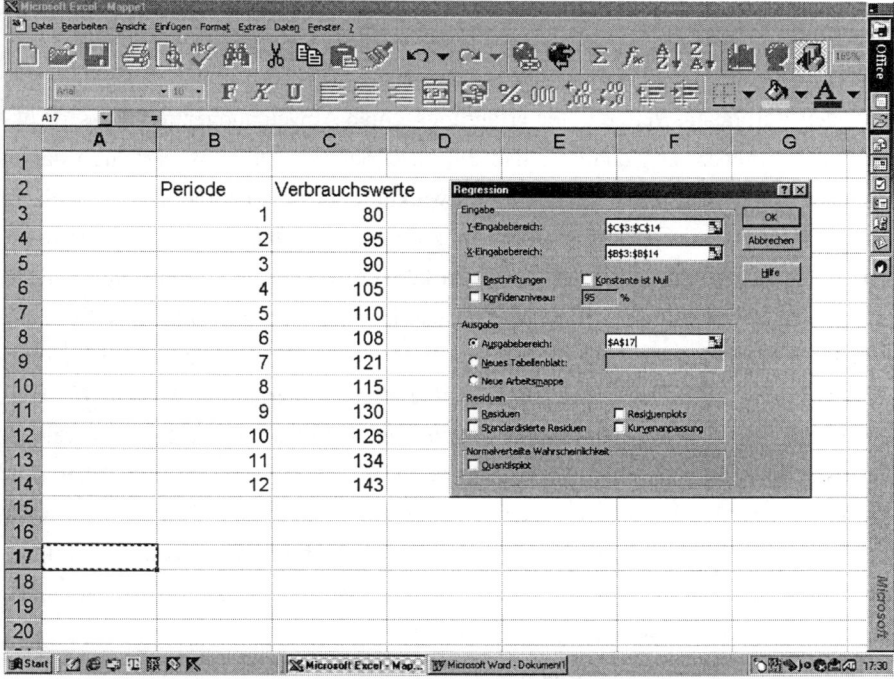

Abb. 3.40: Regressionsanalyse mit EXCEL 1

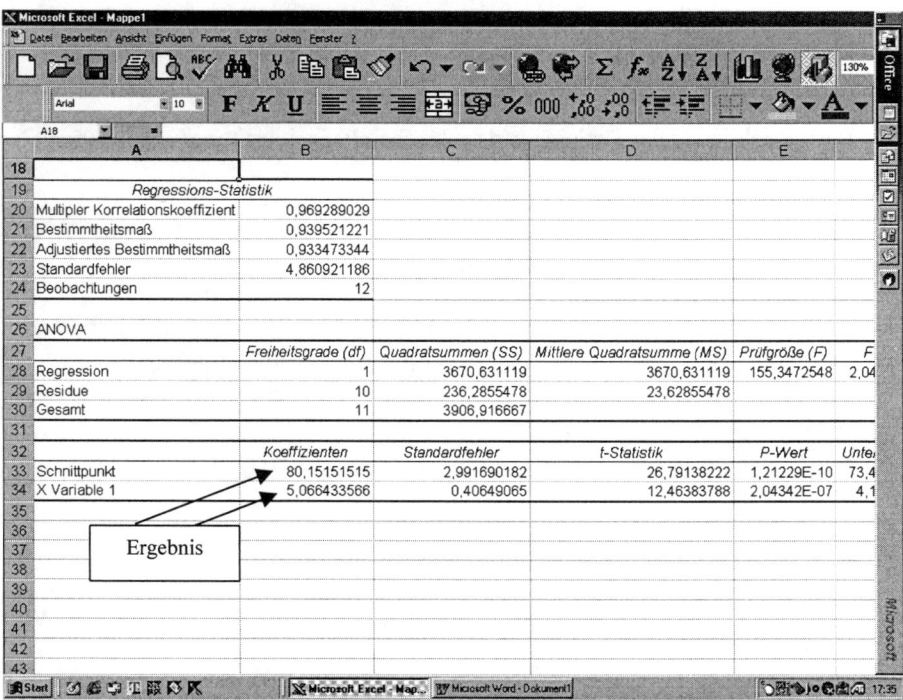

Abb. 3.41: Regressionsanalyse mit EXCEL 2

3.8.11 Die Fehlervorhersage

Zwischen dem prognostizierten Bedarf (Vorhersagewerten) und den tatsächlich auftretenden Verbrauchswerten treten erfahrungsgemäß Abweichungen auf. Diese Prognosefehler ergeben sich dadurch, daß die beschriebenen Prognoseverfahren davon
ausgehen, daß sich die vergangene Entwicklung des Materialbedarfs auch in
Zukunft fortsetzen wird. Abweichungen zwischen den tatsächlichen Verbrauchswerten (Istdaten) und den Prognosewerten können sowohl positiv als auch negativ
sein. Beide Abweichungen wirken sich nachteilig für das Unternehmen aus. Wird der
zukünftige Bedarf zu hoch eingeschätzt, so wachsen die Lagerbestände an. Dies führt
zu einer erhöhten Kapitalbindung und somit erhöhten Lagerhaltungskosten. Wird der
zukünftige Bedarf dagegen unterschätzt, treten Fehlmengenkosten auf. Der Vergleich
der tatsächlich eingetretenen Verbrauchswerte mit den Prognosen ist daher sehr
wichtig. Die Kontrolle darf sich dabei jedoch nicht allein auf die Dokumentation der
Abweichungen beschränken, sondern es muß eine Abweichungsanalyse erfolgen.
Wird dabei der Grund für die Abweichungen festgestellt, so können folgende
Maßnahmen getroffen werden:

- Wechsel des Vorhersageverfahrens

- Erhöhung des Glättungsparameters, um eine schnellere Anpassung an die
  veränderten Bedingungen zu erreichen, sofern die exponentielle Glättung als
  Prognoseinstrument eingesetzt wurde

- Berücksichtigung der Fehlereintrittswahrscheinlichkeit im Prognoseverfahren.

3.8.11.1 Standardabweichung

Ein Maß für die Beurteilung der Güte der gemachten Prognose ist die Standardabweichung. Die Standardabweichung wird in der Regel mit Sigma (σ) abgekürzt.
Die Berechnung der Standardabweichung erfolgt mit der folgenden Formel:

$$\sigma = \sqrt{\frac{1}{n}\sum_{t}^{n}\left(x_t - M_t^*\right)^2}$$

σ = Standardabweichung
n   = Anzahl der Verbrauchsperioden
x_t = tatsächlicher Verbrauchswert in der Periode t
M_t^* = Prognosewert (berechneter Mittelwert für die Periode t, berechnet mit den vorgestellten Verfahren)
t   = Periodenindex

Stehen kein Statistikprogramm oder modernes Tabellenkalkulationsprogramm zur Verfügung, die eine schnelle Berechnung der Standardabweichung ermöglichen, so muß die Berechnung der Standardabweichung in mehreren Schritten erfolgen. Die Abb. 3.42 zeigt ein Beispiel. Durch die Quadrierung der Abweichungen wird erreicht, daß alle Abweichungen positiv werden. Positive und negative Abweichungen heben sich dann nicht mehr gegenseitig auf.

Ist die Standardabweichung sehr groß, so war die Prognose sehr ungenau. Die Abweichungen streuen dann sehr weit um das arithmetische Mittel. Wird für die Standardabweichung ein kleiner Wert ermittelt, so wich die Prognose nur geringfügig vom tatsächlichen Bedarf ab.

Periode	x_t	M_t^*	$(x_t - M_t^*)$	$(x_t - M_t^*)^2$
1	100,00			
2	104,00	100,00	4,00	16,00
3	96,00	101,20	-5,20	27,04
4	104,00	99,64	4,36	19,01
5	96,00	100,95	-4,95	24,50
6	105,00	99,46	5,54	30,69
7	99,00	101,12	-2,12	4,49
8	104,00	100,49	3,51	12,32
9	98,00	101,54	-3,54	12,53
10	106,00	100,48	5,52	30,47
11	97,00	102,14	-5,14	26,42
12	103,00	100,59	2,41	5,81
			Σ	209,29
			Anzahl (n)	11
				19,03
			$\sqrt{19,03} =$	**4,36**

Abb. 3.42: Berechnung der Standardabweichung

Nach den Gesetzen der Wahrscheinlichkeit ist davon auszugehen, daß langfristig 50% der tatsächlichen Verbrauchswerte über und 50% unter den vorhergesagten Werten liegen werden, sofern eine **Normalverteilung** der Prognosefehler vorliegt. Die Dichtefunktion (Verteilungsfunktion) der Standardnormalverteilung zeigt die Abbildung 3.43. Sie weist die folgenden Eigenschaften auf:[1]

- Zwischen den beiden eingezeichneten Wendepukten (+/- 1 σ) liegen 68,27 % der Meßwerte.

- 95,45 % der Meßwerte liegen zwischen +/- 2 σ vom Mittelwert aus.

- 99,73 % der Meßwerte liegen zwischen +/- 3 σ vom Mittelwert aus.

---

[1] Vgl. Bleymüller, J. / Gehlert, G. / Gülicher, H. (1981), S. 60-61.

Die Bedarfswerte verteilen sich symmetrisch um den Mittelwert, d.h., die positiven und negativen **Prognosefehler** treten mit der gleichen Wahrscheinlichkeit (50%) auf. Ausgehend von der Normalverteilung, läßt sich durch die Berechnung der Standardabweichung vorhersagen, mit welcher Wahrscheinlichkeit Prognosefehler auftreten, die größer oder kleiner als der Mittelwert sind. Betrachtet man die Eigenschaften der Glockenkurve, so ist festzustellen, daß zwischen den Wendepunkten 68,27 % der Bedarfswerte liegen. Die Wendepunkte liegen jeweils eine Standardabweichung σ vom Mittelwert entfernt. Eine Standardabweichung entspricht graphisch dem Abstand zwischen einem der beiden Wendepunkte und dem Mittelwert der Glockenkurve. Zwischen dem Mittelwert und einem Wendepunkt liegen dabei 34,135 %. Die Wahrscheinlichkeit, daß der Prognosefehler entweder negativ oder kleiner als eine Standardabweichung ist, beträgt 84,13 %. Erhöht man jetzt den prognostizierten Bedarfswert um einen Zuschlag von $z = 1 \cdot \sigma$, so werden (50% + 34,13% = 84,13%) der Nachfrage abgedeckt. Ein Zuschlag von $z = 2 \cdot \sigma$ bringt eine Abdeckung der Nachfrage in 97,72 % der Fälle. Wird eine Erhöhung um $Z = 3 \cdot \sigma$ vorgenommen, so wird die Nachfrage sogar in 99,87% der Fälle gedeckt.[1]

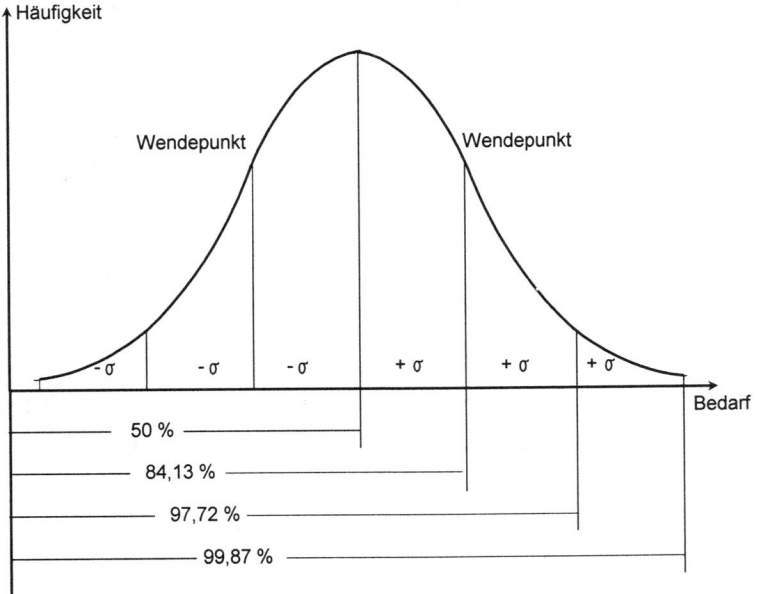

Abb. 3.43: Gaußsche Normalverteilung

Der gleiche Effekt wird erzielt, wenn die Prognosewerte beibehalten werden und ein Sicherheitsbestand in Höhe der Standardabweichung, der doppelten oder dreifachen

[1] Vgl. Harlander, N. / Platz, G. (1989), S. 182-183.

Standardabweichung gehalten wird. Das Verfahren kann somit auch zur Planung des Sicherheitsbestandes herangezogen werden.

Durch die Erhöhung der Bedarfsprognose kann die Lieferbereitschaft (Servicegrad) erhöht werden. Der Servicegrad wird wie folgt berechnet:

$$\text{Servicegrad} = \frac{\text{Befriedigtes Bedarfsvolumen in geplanter Servicezeit}}{\text{Angefordertes Bedarfsvolumen}} \cdot 100$$

bzw.

$$\text{Servicegrad} = \frac{\text{Anzahl der voll befriedigten Bedarfsfälle}}{\text{Gesamtzahl der Bedarfsfälle}} \cdot 100$$

3.8.11.2 Mittlere absolute Abweichung (MAD = mean absolute deviation)

Die mittlere absolute Abweichung ist ebenfalls ein Streuungsmaß, das alle Meßwerte einer Verteilung berücksichtigt. Die Summe der Differenzen zwischen tatsächlichen und prognostizierten Verbrauchswerten wird im Unterschied zur Berechnung der Standardabweichung nicht quadriert, sondern in Betragsstriche gesetzt.

$$MAD_t = \frac{1}{n} \sum_{t=1}^{n} | x_t - M_t^* | \qquad\qquad MAD_{11} = \frac{1}{11} \sum | 46,29 | = 4,21$$

MAD = mittlere absolute Abweichung
n   = Anzahl der Verbrauchsperioden
x_t = tatsächlicher Verbrauchswert in der Periode t
M_t^* = Prognosewert (berechneter Mittelwert der Periode t)
t   = Periodenindex

Bezogen auf die in der Abb. 3.42 dargestellten Prognosefehler ergibt sich für die 11 Vergleichsperioden (Vergleich tatsächlich eingetretener Werte mit den Prognosewerten) ein MAD_{11} von 4,21. Bei der Berechnung des MAD wird die erste Periode, in der der Startwert M_1 geschätzt wurde, nicht berücksichtigt, da hierdurch das Bild verzerrt würde.[1]

3.8.11.3 Abweichungssignal

Die Feststellung eines Prognosefehlers ist, für sich allein gesehen, wenig aussagefähig. So hat ein Prognosefehler von 500 Stück in einer Periode eine andere Bedeutung, wenn der Peridodenbedarf 600 Stück beträgt, als bei einem Periodenbedarf von 60000 Stück. Es ist daher sinnvoll, den mittleren absoluten Fehler MAD als Bezugsgröße heranzuziehen. Wird der kumulierte Prognosefehler zur mittleren absoluten Abweichung (MAD_t) ins Verhältnis gesetzt, so erhält man das

---

[1] Vgl. auch Hansmann, K.-H. (1980a), S. 131.

Abweichungssignal[1] (auch Kontrollsignal, Fehlerkoeffizient, Tracking Signal genannt):

$$ABS_t = \frac{\sum\limits_{t=1}^{n} (x_t - M_t^*)}{MAD_t}$$

Die Daten der Zeitreihe sind Abb. 3.44 zu entnehmen.

Periode	tatsächlicher Verbrauch in Tonnen x_t	prognostizierter Verbrauch M_t^*	Prognosefehler Abweichung $(x_t - M_t^*)$	Kumulierte Prognosefehler $\sum\limits_{t=1}^{n}(x_t - M_t^*)$	Kumulierte absolute Prognosefehler $\sum\limits_{t=1}^{n}(|x_t - M_t^*|)$	Mittlere absolute Abw. MAD_t	Kontrollsignal (ABS_t)
1	100,00	-----	-----	-----	-----	-----	-----
2	104,00	100,00	4,00	4,00	4,00	4,00	1,00
3	96,00	101,20	-5,20	-1,20	9,20	4,60	-0,26
4	104,00	99,64	4,36	3,16	13,56	4,52	0,70
5	96,00	100,95	-4,95	-1,79	18,51	4,63	-0,39
6	105,00	99,46	5,54	3,75	24,05	4,81	0,78
7	99,00	101,12	-2,12	1,63	26,17	4,36	0,37
8	104,00	100,49	3,51	5,14	29,68	4,24	1,21
9	98,00	101,54	-3,54	1,60	33,22	4,15	0,39
10	106,00	100,48	5,52	7,12	38,74	4,30	1,65
11	97,00	102,14	-5,14	1,98	43,88	4,39	0,45
12	103,00	100,59	2,41	4,39	46,29	4,21	1,04

Abb. 3.44: Ermittlung der mittleren absoluten Abweichungen

Betrachtet man die Abweichungen $(x_t - M_t^*)$ über einen längeren Zeitraum, so werden die positiven und negativen Zufallsabweichungen langfristig gleichgroß sein, so daß die Summe der Abweichungen (Spalte 5 der Abb. 3.44) langfristig kaum unter oder über Null liegen wird. Anders ist dies jedoch, wenn eine Strukturveränderung eingetreten ist, wenn ein falsches Vorhersageverfahren gewählt oder der Glättungsparameter zu niedrig gewählt wurde. In diesen Fällen wächst das Abweichungssignal schnell an. Dies soll an einem Beispiel gezeigt werden.

Beispiel

Die Prognosewerte der Tabelle wurden auf der Grundlage des gleitenden arithmetischen Mittels mit N=5 errechnet. Bis zur Periode 12 liegt ein konstanter

---

[1] Vgl. Harlander, N. / Platz, G. (1989), S. 184; Melzer-Ridinger, R. (1989), S. 113-115.

Verbrauchsverlauf vor. Ab Periode 13 treten erhöhte Verbrauchswerte auf. Das Abweichungssignal steigt sehr deutlich an. Je länger das falsche Prognosemodell beibehalten wird, desto größer wird der Wert des Abweichungssignals.

Mittlere absol. Abw. MAD_t	Periode	tatsäch-licher Ver-brauch in Tonnen x_t	prog-nosti-zierter Ver-brauch M_t^*	Prognose-fehler Ab-weichung $(x_t - M_t^*)$	Kumulierte Prognosefehler $\sum_{t=1}^{n}(x_t - M_t^*)$	Kumulierte absolute Prognose-fehler $\sum_{t=1}^{n}(|x_t - M_t^*|)$	Abweichungs-signal (ABS_t) $-2,5 \le ABS \le +2,5$	
	1	100,00						
	2	104,00						
	3	96,00						
	4	104,00						
	5	96,00						
5,00	6	105,00	100,00	5,00	5,00	5,00	1,00	
3,50	7	99,00	101,00	-2,00	3,00	7,00	0,86	
3,67	8	104,00	100,00	4,00	7,00	11,00	1,91	
3,65	9	98,00	101,60	-3,60	3,40	14,60	0,93	
4,04	10	106,00	100,40	5,60	9,00	20,20	2,23	
4,27	11	97,00	102,40	-5,40	3,60	25,60	0,84	
3,97	12	103,00	100,80	2,20	5,80	27,80	1,46	
4,53	13	110,00	101,60	8,40	14,20	36,20	3,14	Meldung
5,93	14	120,00	102,80	17,20	31,40	53,40	5,29	Meldung
7,62	15	130,00	107,20	22,80	54,20	76,20	7,11	Meldung
9,02	16	135,00	112,00	23,00	77,20	99,20	8,56	Meldung

Abb. 3.45: Ermittlung der Abweichungssignale

Der gleiche Effekt stellt sich auch ein, wenn ein Abwärtstrend vorliegt und das falsche Prognosemodell verwendet wird oder wenn aus einem ursprünglich aufwärts-gerichteten Bedarfsverlauf (Trendmodell) nach einiger Zeit ein gleichbleibender Bedarfsverlauf wird.

Im obigen Beispiel wird die Toleranzgrenze von +/- 2,5 in der Periode 13 über-schritten. Es stellt sich die Frage, wie hoch die Toleranzgrenze festgelegt werden sollte. Wird die Grenze zu niedrig angesetzt, erfolgt bereits bei kleinen zufälligen Schwankungen eine Meldung, die eigentlich auf signifikante Veränderungen hinweisen soll. Wird umgekehrt die Grenze zu hoch angesetzt, wird nicht rechtzeitig auf Veränderungen hingewiesen, die eine Überprüfung des Vorhersageverfahrens erfordern.

Eine zusammenfassende Beurteilung der Prognosesysteme zeigt die folgende Abbildung.

Merkmale / Methoden	Berücksichtigung des Trends			Berücksichtigung der Saisonalität		Sporadische Anwendung	Anpassungsgeschwindigkeit an neueste Vergangenheitsdaten	Rechenaufwand	Eignung der Prognosen		
	konstant	linear	nicht linear	ohne Trend	mit Trend				kurzfristige	mittelfristige	langfristige
Einfacher Mittelwert	ja					geeignet	sehr langsam	sehr gering	mittel bis gut	mittel bis gut	schlecht
Gleitender Mittelwert	ja	(ja)				geeignet	sehr langsam	sehr gering	mittel bis gut	mittel bis gut	schlecht
Gewogener gleitender Mittelwert	ja	(ja)		ja		geeignet	sehr langsam	gering	mittel	mittel bis gut	mittel
Einfache Regression	(ja)	ja		(ja)	(ja)	geeignet	langsam	gering	mittel	gut	gut
Multiple Regression	(ja)	(ja)	ja	ja	ja	schlecht		mittelgroß			
Exponentielle Glättung 1. Ordnung	(ja)	(ja)	(ja)	ja	ja	nicht geeignet	sehr schnell	mittel	gut	mittel	schlecht
Exponentielle Glättung 2. Ordnung	(ja)	ja				nicht geeignet	sehr schnell	mittelgroß	gut	mittel	schlecht
Exponentielle Glättung 3. Ordnung	(ja)	(ja)	(ja)	ja	ja	schlecht	sehr schnell	sehr groß	sehr gut	mittel	schlecht
Exponentielle Glättung bei saisonaler Nachfrage	(ja)	(ja)	(ja)	ja	ja						

ja = Verfahren geeignet   (ja) = Verfahren bedingt geeignet

Abb. 3.46: Eignung und Aufwand mathematischer Prognosemethoden [Vgl. Eversheim, W./ Fischer, W./ Seifert, H. (1980), S. 94.]

3.9 Bestellrechnung

Stand im vorigen Abschnitt die Materialbedarfsprognose im Mittelpunkt, so soll im folgenden Abschnitt geklärt werden, wie groß die Bestellmenge und der Materialbestand sein sollen und wann die Bestellungen erfolgen müssen. Alle drei Parameter sind nicht unabhängig voneinander. Zunächst lautet jedoch die Frage: Wieviel Material soll bestellt werden, damit die Gesamtkosten möglichst gering ausfallen? Zur Ermittlung dieser kostenoptimalen Bestellmenge dient das Grundmodell der optimalen Bestellmengenformel.

3.9.1 Die klassische Bestellmengenformel

Das Grundmodell der optimalen Bestellmengenformel wurde von *F. Harris* (1915) entwickelt und von *D. Stefanic-Allmayer* (1927) und *K. Andler* (1929) eingeführt.[1] Ziel der Ermittlung der optimalen Bestellmenge ist es, den Gesamtbedarf einer Planperiode so in Bestellmengen aufzuspalten, daß die mit der Beschaffung verbundenen Kosten minimiert werden. Zur Ermittlung der kostenminimalen Bestellmenge verwendet man die optimale Bestellmengenformel (Andler-Formel).

Obwohl das Modell sehr alt ist und von nahezu unrealistischen Annahmen ausgeht, bildet es doch die Grundlage für viele anspruchsvolle Modelle. Die folgenden Prämissen werden gemacht, um die kostenoptimale Bestellmenge zu ermitteln:[2]

- es wird nur eine Materialart betrachtet,

- konstanter Materialbedarf pro Zeiteinheit,

- vorgegebener Jahresbedarf,

- es treten keine Fehlmengen auf,

- konstante Materialqualität,

- konstante Beschaffungspreise,

- isolierte Beschaffung, d.h., es existieren keine Verbundbeziehungen der Bestellkosten,

- konstante Bestellkosten,

- beliebig teilbare Beschaffungsmengen,

- beliebig bestimmbare Lieferzeitpunkte,

---

[1] Vgl. Bogaschewsky, R. (1989), S. 542; Corsten, H. (1991), S.341.
[2] Vgl. Bichler, K. (1992), S. 111; Corsten, H. (1991), S. 341-342; Zimmermann, H-J. (1975), S. 376.

- es bestehen keine Restriktionen hinsichtlich der Beschaffungsmenge, der Lagermenge u.ä.,

- es existieren keine Sicherheitsbestände,

- am Lager treten keine Mengenverluste auf,

- der Lagerbestand ist gleich Null,

- die variablen Lager- und Bestellkosten verhalten sich proportional zur Bestellmenge,

- die Lieferung erfolgt sofort, sobald der Lagerbestand auf Null gesunken ist.

In den weiteren Ausführungen werden die folgenden Abkürzungen verwendet:

B   = Gesamtbedarf der Materialart für eine Planperiode
K_G = Gesamtkosten
p   = Einstandspreis pro Mengeneinheit
i   = kalkulatorischer Zinskostensatz
k_l = Lagerkostensatz
$\dfrac{j}{100}$ = Lagerhaltungskostensatz in Prozent (Zinskostensatz + Lagerkostensatz)
k_B = Bestellkosten pro Bestellung (Bestellkosten, die von der Bestellmenge unabhängig sind)
K_B = (Fixe) Bestellkosten der Planperiode (ein Jahr)
K_L = Lagerkosten pro Planperiode (ein Jahr)
x   = unbekannte Bestellmenge als Entscheidungsvariable
n   = Bestellhäufigkeit

3.9.2 Entscheidungsrelevante Kosten

Im Grundmodell werden die Lagerhaltungskosten und die Bestellkosten berücksichtigt. Fehlmengenkosten sind definitionsgemäß ausgeschlossen[1], da die Lieferung sofort erfolgt, sobald der Lagerbestand auf Null gesunken ist.

Bestellkosten

Bestellkosten fallen im Unternehmen für die Materialbeschaffung an. Die Höhe der Bestellkosten ist von der Bestellhäufigkeit abhängig. Die Bestellhäufigkeit (n) läßt sich ermitteln, indem der Gesamtbedarf der betrachteten Planperiode (B) durch die Bestellmenge (x) geteilt wird. Werden 12000 Stück eines bestimmten Materials benötigt und beträgt die Bestellmenge 3000 Stück, so beträgt die Bestellhäufigkeit 4. Werden beim gleichen Jahresbedarf 1000 Stück bestellt, so beträgt die Bestellhäufigkeit 12. Allgemein gilt:

---

[1] Zu den Kostenarten vgl. S. 25 ff.

$$n = \frac{B}{x}$$

Die gesamten Bestellkosten der Planperiode ergeben sich aus dem Produkt Bestell-häufigkeit · Bestellkosten pro Bestellung (k_b).

$$K_B = k_b \cdot n \quad \text{oder} \quad K_B = k_b \cdot \frac{B}{x}$$

Angenommen die Bestellkosten pro Bestellung betragen 75,00 €, so ergeben sich bei einer viermaligen Bestellung (4 · 75,00 € = 300,00 €) Bestellkosten für die gesamte Planperiode (K_B). Beträgt die Bestellhäufigkeit n = 12, so fallen die Bestellkosten zwölfmal an. Die gesamten Bestellkosten der Planperiode betragen in diesem Fall (12 · 75,00 € = 900,00 €) usw.

Wird in der Planperiode oft bestellt, so sind die einzelnen Bestellmengen niedrig, die Bestellkosten der gesamten Periode (K_B) fallen aber dagegen hoch aus.

Lagerhaltungskosten

Über die Bestellmenge lassen sich nicht nur die Bestellkosten beeinflussen, sondern auch die Lagerhaltungskosten. Dies sind Kosten, die von der Höhe der Lager-bestände abhängig sind (Kapitalbindungskosten, Mieten, Versicherungen).[1]

Beispiel:

Der für Materialbedarf (B) für ein Jahr (Planperiode) beträgt 12000 Stück. Der Ein-standspreis (p) für das Material beträgt 1,- € / Stück. Die Bestellkosten (k_b) betragen 75,00 € je Bestellung. Der Lagerhaltungskostensatz (j/100) beträgt 20% . Das Material wird kontinuierlich über die gesamte Planperiode verbraucht.

Zur Ermittlung der Lagerhaltungskosten wird zunächst der mittlere bzw. durch-schnittliche Lagerbestand ermittelt. Der mittlere Lagerbestand entspricht der halben Bestellmenge:

$$\text{Mittlerer Lagerbestand} = \frac{\text{Bestellmenge (x)}}{2}$$

Die Abbildung 3.47 zeigt den Zusammenhang zwischen dem mittleren Lagerbestand und der Bestellmenge. Sobald das Lager auf Null gesunken ist, wird das Lager ohne Zeitverzug sofort um die Bestellmenge wieder aufgefüllt. Soll die Gesamtmenge (12000 Stück) in vier Bestellmengen aufgeteilt werden, so müssen viermal 3000 Stück bestellt werden. Der mittlere Lagerbestand beträgt dann 1500 Stück. Dies entspricht der Hälfte der Bestellmenge. Wird zwölfmal bestellt, so beträgt die

---

[1] Vgl. S. 26.

Bestellmenge 1000 Stück. Der mittlere Lagerbestand beträgt in diesem Fall 500 Stück (Abb. 3.48).

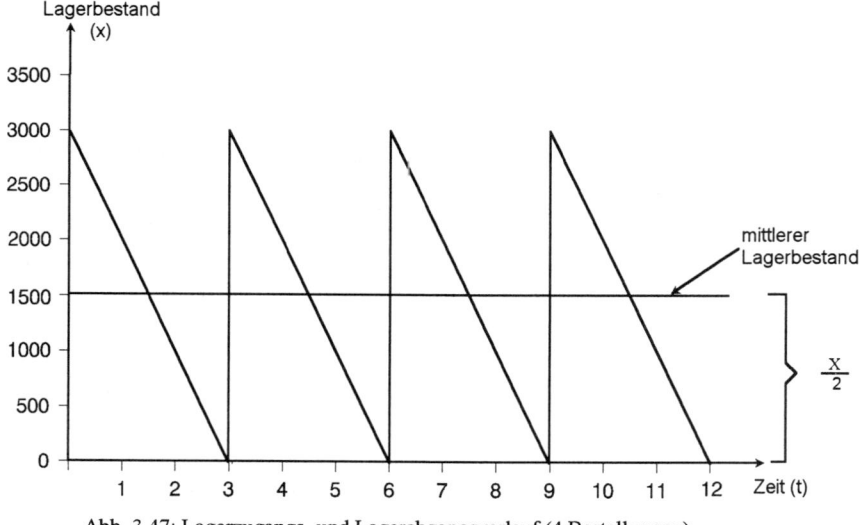

Abb. 3.47: Lagerzugangs- und Lagerabgangsverlauf (4 Bestellungen)

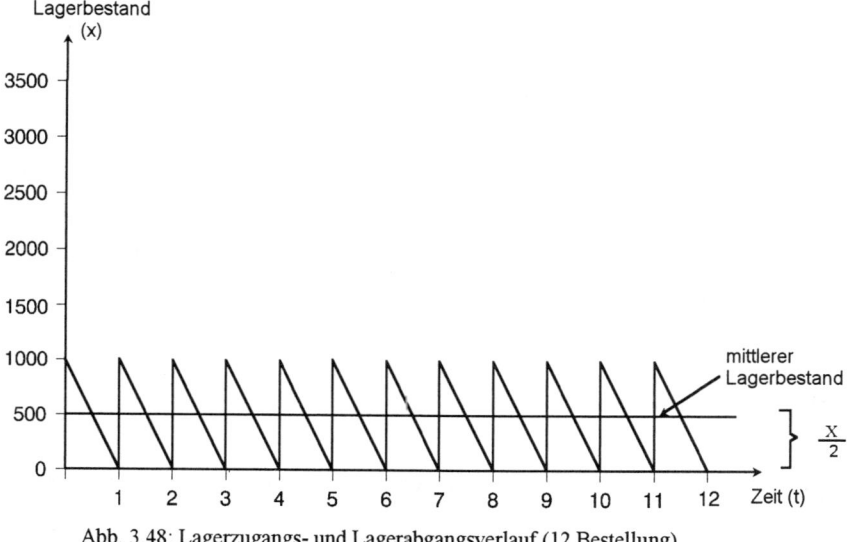

Abb. 3.48: Lagerzugangs- und Lagerabgangsverlauf (12 Bestellung)

Im nächsten Schritt muß der Lagerbestandswert ermittelt werden. Hierzu wird der mittlere Lagerbestand bzw. die halbe Bestellmenge mit dem Einstandspreis (p) multipliziert. Um anschließend die Lagerhaltungskosten der Periode zu ermitteln, muß noch der mittlere Lagerbestandswert mit dem Lagerhaltungskostenfaktor multipliziert werden:[1]

$$K_L = \frac{x}{2} \cdot p \cdot \frac{j}{100}$$

Die Berechnung des Lagerkostensatzes wurde bereits im 1. Kapitel S. 30 gezeigt.
In der Abbildung 3.49 sind in der vierten Spalte die Lagerhaltungskosten für das Beispiel aufgeführt.
Wie die Tabelle verdeutlicht, sinken die Lagerhaltungskosten, je öfter bestellt wird. Eine hohe Bestellhäufigkeit führt aber andererseits zu erhöhten Bestellkosten, wie bereits erwähnt. Wie die Gegenüberstellung der Bestellkosten und der Lagerhaltungskosten zeigt, verhalten sich die Kosten gegensätzlich, es handelt sich bei der Bestimmung der optimalen Bestellmenge um ein Optimierungsproblem.
Gesucht wird diejenige Bestellmenge, bei der die Zielfunktion (Gesamtkosten) ihr Minimum hat. Diese Menge ist die sog. optimale Bestellmenge (x_{opt}). Das Minimum der Gesamtkostenkurve liegt genau im Schnittpunkt der Bestellkosten- und der Lagerhaltungskostenkurve (Abb. 3.50).
Zur mathematischen Ermittlung der optimale Bestellmenge gilt:

$$K_G = K_B + K_L \longrightarrow Min.$$

Durch Einsetzen der Formel zur Ermittlung der Bestellkosten einerseits und die Formel für die Ermittlung der Lagerhaltungskosten andererseits erhält man die folgende Funktion für die Gesamtkosten (K_G):

$$
\begin{array}{ccccc}
K_G & K_B & + & K_L & \\
 & \Downarrow & & \Downarrow & \\
K_G = & k_b \cdot \dfrac{B}{x} & + & \dfrac{x}{2} \cdot p \cdot \dfrac{j}{100} &
\end{array}
$$

Durch Ausmultiplizieren erhält man:

$$K_G = k_b \cdot \frac{B}{x} + \frac{p \cdot j}{200} \cdot x$$

Zur Ermittlung des Minimums ist diese Funktion nach x zu differenzieren und die erste Ableitung gleich Null zu setzen. Zusätzlich muß die zweite Ableitung positiv sein.

---

[1] Zur Ermittlung des Lagerhaltungskostenfaktors vgl. S. 30.

$$\frac{d\,K_G}{d\,x} = -\frac{B \cdot k_B}{x^2} + \frac{p \cdot j}{200} = 0 \; ; \qquad \frac{d^2\,K_G}{d^2\,x} \rangle \; 0$$

$$\frac{B \cdot k_B}{x^2} = \frac{p \cdot j}{200} \quad / \cdot x^2 : \frac{p \cdot j}{200}$$

$$x^2 = \frac{200 \cdot k_B \cdot B}{p \cdot j}$$

$$x_{opt\;(1\,2)} = \sqrt{\frac{200 \cdot B \cdot k_B}{p \cdot j}}$$

Der Wert x_{opt} kann gem. der obigen Formel für die optimale Bestellmenge einen positiven und negativen Wert annehmen. Da es aber eine negative Bestellmenge nicht gibt, ist nur der positive Wert für die Bestellmengenermittlung relevant.

Für das Beispiel ergibt sich:

$$x_{opt} = \sqrt{\frac{200 \cdot 12000 \cdot 75}{1 \cdot 20}} = \sqrt{\frac{180000000}{20}} = \sqrt{9000000} = 3000 \text{ Stück}$$

Jahresbedarfsmenge = 12000 Stück
Kosten pro Bestellung = 75,00 €
Lagerhaltungskostensatz = 20 %

Bestell-häufigkeit (Bestellungen im Jahr)	Bestellmenge (Stück) (x) Bestellwert €	mittlerer Lagerbe-standswert (€)	Lager-haltungs-kosten (€)	Bestell-kosten (€)	Gesamtkosten (€)
[1]	[2]	[3] = [2] / 2	[4] = [3] · j/100	[5] = [1] · kB	[6] = [4] + [5]
1	12000	6000	1200	75	1275
2	6000	3000	600	150	750
3	4000	2000	400	225	625
4	3000	1500	300	300	600
5	2400	1200	240	375	615
6	2000	1000	200	450	650
7	1714	857	171	525	696
8	1500	750	150	600	750
9	1333	667	133	675	808
10	1200	600	120	750	870
11	1091	545	109	825	934
12	1000	500	100	900	1000

$\Leftarrow x_{opt}.$ (bei Zeile 4)

Abb. 3.49: Beispiel optimale Bestellmenge

Die Abb. 3.50 zeigt die graphische Darstellung der Kostenverläufe in Abhängigkeit von der Bestellmenge. Die Gesamtkostenkurve (K_G) zeigt anschaulich, daß die optimale Bestellmenge (x_{opt}) dort liegt, wo die Gesamtkostenkurve ihr Minimum hat. Dies Minimum liegt immer im Schnittpunkt von Bestellkosten- und Lagerhaltungskostenkurve.

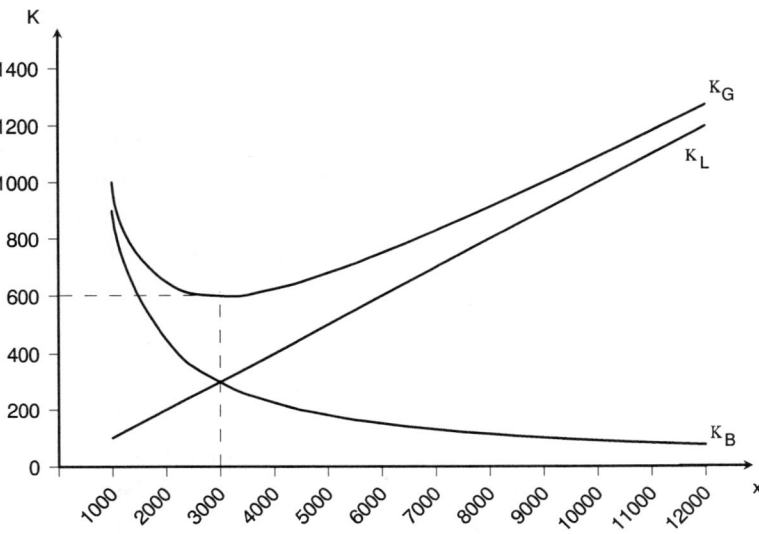

Abb. 3.50: Graphische Darstellung der Kostenverläufe

Wie für die optimale Bestellmenge kann auch für die **optimale Bestellhäufigkeit** eine entsprechende Formel hergeleitet werden. Sie lautet:

$$n_{opt\ (1\ 2)} = \sqrt{\frac{B \cdot p \cdot j}{200 \cdot k_b}} \qquad n_{opt\ (1\ 2)} = \sqrt{\frac{12000 \cdot 1 \cdot 20}{200 \cdot 75}} = \sqrt{\frac{240000}{15000}} = \sqrt{16} = 4$$

In der Planperiode sollte 4mal bestellt werden. Die so berechnete Bestellhäufigkeit entspricht der in der Abbildung 3.49 ermittelten Bestellhäufigkeit.

Bei den bisherigen Ausführungen wurden die Lagerhaltungskosten als Prozentsatz berücksichtigt. Es ist auch möglich die Lagerkosten auf ein Stück zu beziehen. Für das o.g. Beispiel ergeben sich z.B. Lagerhaltungskosten in Höhe von 0,2 € / St. Werden die Lagerhaltungskosten als Prozentsatz ausgewiesen, steht nach der Umformung und Ableitung 200 auf dem Bruchstrich in der Formel. Diese Zahl ergibt sich aus der Ermittlung des durchschnittlichen Lagerbestandes und der Multiplikation mit dem Lagerhaltungskostensatz in Prozent. Gehen die Lagerhaltungsksoten pro Stück in die Berechnung ein, so steht in der Formel zur Berechnung der optimalen Bestellmenge auf dem Bruchstrich eine 2.

$$x_{opt\,(1\,2)} = \sqrt{\frac{2 \times B \times k_B}{k_j}} \;, \qquad x_{op:\,(1\,2)} = \sqrt{\frac{2 \times 12000 \times 75}{0,2}} = 3.000 \text{ Stück}$$

B = Gesamtbedarf der Materialart für eine Planperiode
k_B = Bestellkosten pro Bestellung
k_j = Lagerhaltungskosten pro Stück

Betrachtet man die Tabelle zur Bestimmung der optimalen Bestellmenge und die graphische Darstellung, so ist festzustellen, daß das Minimum der Gesamt-kostenkurve genau dort liegt, wo die Lagerhaltungskosten den Bestellkosten entsprechen. Diese Tatsache nutzt man beim Part-Period-Verfahren. Gesucht wird dann diejenige Menge, bei der beide Kostenarten gleich sind.

3.9.3 Die optimale Losgrößenbestimmung

Die Andler-Formel kann auch zur Bestimmung der optimalen Fertigungslosgröße (optimale Losgröße) verwendet werden. Die Losgrößenberechnung findet bei der Serien- und Sortenfertigung Anwendung. Bei der Serienfertigung werden qualitativ verwandte, **fertigungstechnisch** aber recht unterschiedliche Erzeugnisse gefertigt, z.B. Möbelproduktion. Bei der Sortenfertigung werden qualitativ verwandte, fertigungstechnisch aber weitgehend identische Erzeugnisse in großen Mengen her-gestellt. (Bsp.: Schokolade Schrauben, Zündkerzen, Wein). In der Regel liegen den einzelnen Sorten ein Grundprodukt zugrunde. Sorten sind dann Varianten des gleichen Grundproduktes. Verändert werden einzelne Merkmale des Produktes, dies können Maße (Lederjacken verschiedener Größen aus gleichem Leder), Material (Hosen gleichen Schnitts aus verschiedenen Stoffen), Materialzusätze (Zusatzstoffe bei Bier-, Schokoladen- und Käsesorten).

Die Losgröße bezeichnet die Stückzahl eines Erzeugnisses, die hintereinander auf einer Maschine oder einer Reihe von Maschinen hergetellt werden.

Ziel der optimalen Losgrößenbestimmung ist es, die Produktionskosten zu minimieren. Zu den Produktionskosten zählen:

Rüstkosten: dies sind Kosten die durch den Serien- oder Sortenwechsel verursacht werden. Beim Wechsel der Sorte müssen die Maschinen neu eingestellt oder gesäuber werden. Da diese Rüstkosten bei jeder Umrüstung der Anlage anfallen, werden sich auch losfixe Kosten oder auflagefixe Kosten bezeichnet.

Lagerhaltungskosten : dies sind Lagerkosten und Zinskosten. Die gefertigten Produkte müssen bis zum Verkauf gelagert werden. Es handelt sich um losvariable Kosten. Werden jeweils nur kleine Mengen produziert (kleine Losgröße), so sind die Lagerhaltungskosten gering. Umgekehrt führen große Losgrößen zu hohen Lagerhaltungskosten.

Kleine Losgrößen führen zu geringen Lagerhalungskosten, es fallen aber für jeden Umrüstvorgang die Rüstkosten an. Ziel der Losgrößenplanung ist es, die Losgrößen so feszulegen, daß beide Kostenarten zusammen minimal sind. Das einfach Losgrößenmodell entwpricht der Formel der optimalen Bestellmenge. Die Bestellkosten müssen lediglich durch die Rüstkosten ersetzt werden:

$$x_{opt\,(1\,2)} = \sqrt{\frac{2 \times B \times k_F}{k_j}}\quad,$$

B   = Jahresbedarf (Absatzmenge für eine Planperiode)
k_F = Rüstkosten pro Sortenwechsel (auflagefixe Kosten)
k_j = Lagerhaltungskosten pro Stück (losvariable Kosten)
x   = unbekannte Fertigungsmenge als Entscheidungsvariable (optimale Losgröße)

Beispiel
Die Absatzmenge beträgt 60.000 Teile. Die Rüstkosten liegen bei 450,00 €. Die Lagerhaltungskosten pro Stück betragen 6,00 €. Die optimale Losgröße ergibt sich dann wie folgt:

$$x_{opt\,(1\,2)} = \sqrt{\frac{2 \times 60000 \times 450}{6}} = 3000\ \text{Stück}$$

Bei der vorgegebenen Absatzmenge von 60.000 Stück und einer Losgröße von 3000, müssen 20 Fertigungslose in der Periode produziert werden.

3.9.4 Die Bestimmung der optimalen Losgröße bei endlicher Produktionsgeschwindigkeit

Bei den bisherigen Grundmodell der optimalen Losgröße und auch der optimalen Bestellmenge wurde davon ausgegangen, daß das Lager mit einer unendlichen Geschwindigkeit aufgefüllt wurde. Es wurde die Losgröße x in einer unendlichen Produktionsgeschwindigkeit produziert und dann das Lager aufgefüllt. Die Produktionszeit war dabei null. Diese Annahme ist unrealistisch.

Es soll davon ausgegangen werden, daß in der Zeit t_p produziert wird und das Lager aufgeüllt wird. Gleichzeitig erfolgt die Entnahme aus dem Lager in der Absatzzeit t_a. Die Abbildung 3.51 zeigt die Zusammenhänge. Das Lager wird in der Produktionszeit t_p mit der Produktionsgeschwindigkeit v aufgeüllt. Abgebaut wird das Lager mit der Absatzgeschwindigkeit r. Die Produktionsgeschwindigkeit muß immer größer als die Absatzgeschwindigkeit sein: $v > r$.

Die Zeit t_a ist die Zeit, in der die Gegenstände vom Lager genommen werden. Da bereits während der Produktionszeit t_p parallel Gegenstände vom Lager genommen werden, ist der maximale Lagerbestand L_m kleiner als die Menge x. Die Menge x muß um diejenige Menge korriegiert werden, die während der Produktionsdauer t_p abgesetzt wurden.

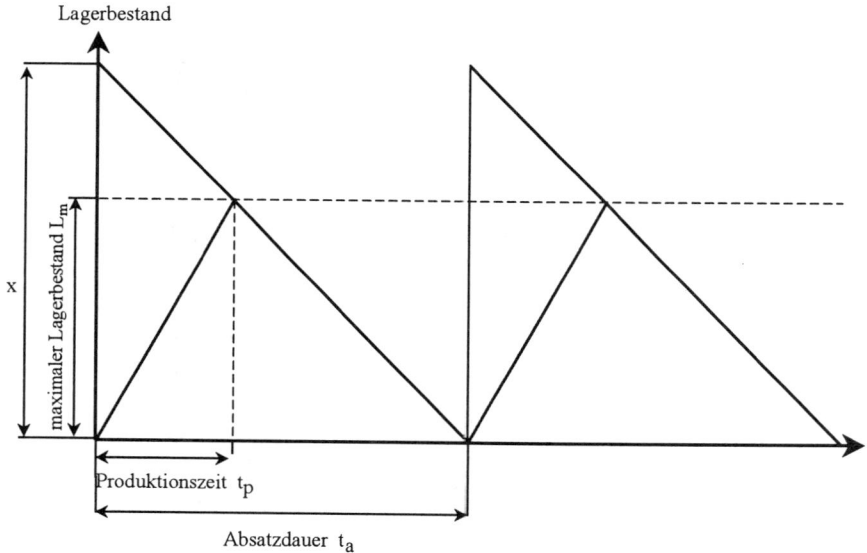

Abb. 3.51: Losgrößenbestimmung bei endlicher Produktionsgeschwindigkeit

Der maximale Lagerbestand wird wie folgt berechnet:

$$L_m = x - \frac{x}{v} \cdot r \ \text{ oder } \ L_m = x\left(1 - \frac{r}{v}\right)$$

Der durchschnittliche Lagerbestand wird wie folgt berechnet:

$$\varnothing LB = \frac{x}{2}\left(1 - \frac{r}{v}\right)$$

Die klassische Losgrößenformel muß um den Korrekturfaktor $\left(1-\dfrac{r}{v}\right)$ geändert werden.

$$x_{opt\ (1,\,2)}=\sqrt{\frac{2\times B\times k_F}{k_j\left(1-\dfrac{r}{v}\right)}}$$

Anstelle des Korrekturfaktors, der die Geschwindigkeiten enthält, kann auch der folgende Korrekturfaktor verwendet werden, der die Produktionszeit und die Absatzdauer beinhaltet:

$$\left(1-\frac{t_p}{t_a}\right)$$

$$x_{opt\ (1,\,2)}=\sqrt{\frac{2\times B\times k_F}{k_j\left(1-\dfrac{t_p}{t_a}\right)}}$$

Beispiel

Gesamtbedarf der Periode B	60.000 Stück
Rüstkosten k_F	450 €
Lagerhaltungskosten pro Stück (losvariable Kosten) k_j	0,5 €
Produktionsgeschwindigkeit v	6.000 Stück pro Tag
Absatzgeschwindigkeit r	1.200 Stück pro Tag
Losgröße $x_{opt\ (1,\,2)}=\sqrt{\dfrac{2\times B\times k_F}{k_j\left(1-\dfrac{r}{v}\right)}}$	$12.000\ \text{Stück}=\sqrt{\dfrac{2\times 60.000\times 480}{0,5\left(1-\dfrac{1200}{6000}\right)}}$
Gesamtzahl der Lose in der Periode $=\dfrac{B}{x_{opt}}$	$5\ \text{Lose}=\dfrac{60.000\ \text{Stück}}{12.000\ \text{Stück}}$
Produktionszeit für ein Los $=\dfrac{x_{opt}}{v}$	$=\dfrac{12.000\ \text{Stück}}{6.000\ \text{Stück}}=2\ Tage$
Absatzdauer eines Loses $=\dfrac{x_{opt}}{r}$	$=\dfrac{12.000\ \text{Stück}}{1.200\ \text{Stück}}=10\ Tage$
Maximalger Lagerbestand $L_m=x-\dfrac{x}{v}\cdot r$	$9.600\ \text{Stück}=12.000-\dfrac{12.000}{6.000}\cdot 1.200$

3.9.5 Die Ermittlung der optimalen Bestellmenge unter Berücksichtigung von Mengenrabatten

Bei der Berechnung der optimalen Bestellmenge unter Berücksichtigung von Mengenrabatten wird die Prämisse des Grundmodells aufgehoben, daß ein konstanter Beschaffungspreis vorliegt. Damit stellt die Aufhebung dieser Prämisse die wohl wichtigste Modifikation bzw. Erweiterung des klassischen Bestellmengenmodells dar.[1]

In der Praxis werden von den Lieferanten häufig Mengenrabattstaffelungen vorgenommen. Mengenrabatte sind Preisnachlässe, die der Lieferant dem Kunden bei der Abnahme größerer Mengen gewährt. Der Kunde soll einen Anreiz bekommen, größere Mengen abzunehmen, da der Preis je Mengeneinheit (Stückpreis) mit der Erhöhung der Abnahmemenge niedriger ausfällt. Üblicherweise werden die Preise entsprechend der Abnahmemenge gestaffelt. Es sind aber auch andere Formen denkbar, wie Mengenstaffelungen, bei denen Gratiseinheiten abgegeben werden, oder die Rabattsätze werden in Prozentsätzen ausgewiesen. In diesen Fällen muß für das nachstehende Modell eine Umrechnung in effektive €-Beträge erfolgen, so daß die Bezugspreise in Preise mit der Dimension € pro Mengeneinheit ausgewiesen werden.

Bei der folgenden Betrachtung ist zu beachten, daß der Staffelpreis nicht nur für die Mengeneinheit gilt, die in eine Rabattzone fällt, sondern die Gesamtbestellmenge mit dem entsprechenden Preis multipliziert wird.

Beispiel:

Es liegt die folgende Rabattstaffelung vor:

Rabattzone	Mengen	Preis je Mengeneinheit
I	0 - 3999	1,00 €
II	4000 - 7999	0,90 €
III	über 8000	0,80 €

Führt die Bestellmengenrechnung dazu, daß 7500 Stück bestellt werden sollen, so gilt für alle Materialeinheiten der Preis von 0,90 €. Der Gesamtbetrag wäre dann: 7500 · 0,90 = 6750 €.

Die Gewährung von Mengenrabatten durch den Lieferanten führt dazu, daß die direkten Materialkosten (Einstandspreis · Bezugsmenge) mit der Erhöhung der Bestellmenge relativ abnehmen. Gleichzeitig sind mit großen Bestellmengen auch

---

[1] Vgl. Glaser, H. (1986), S. 19-20; Zwehl von, W. (1974), S. 521.

höhere Lagerhaltungskosten verbunden. In der folgenden Betrachtung steht also die Entwicklung der Lagerhaltungskosten im Vordergrund, während davon ausgegangen wird, daß die Bestellkosten pro Bestellung, wie im Grundmodell, konstant bleiben.

Der Einstandspreis bzw. Beschaffungspreis pro Mengeneinheit beeinflußt die Steigung der Lagerhaltungskostenkurve. In dem Beispiel (Abb. 3.52) sind die Lagerhaltungskostenkurven für drei Einstandspreise (p_1, p_2, p_3) eingezeichnet. Mit Zunahme der Bestellmenge nimmt die Steigung der Lagerhaltungskostenkurven ab. So weist die Kurve für den Preis p_3 einen flacheren Verlauf auf als der für die Preise p_2 oder p_3. Die für die jeweiligen Rabattabschnitte relevanten Lagerhaltungskostenkurvenabschnitte werden jetzt zu der Bestellkostenkurve addiert, man erhält dann die in der Abb. 3.53 dargestellte Gesamtkostenkurve. Die Rabattstaffelung führt dazu, daß die Gesamtkostenkurve für jede Bestellmenge, die der Mindestmenge einer neuen Rabattzone entspricht, einen Sprung aufweist.

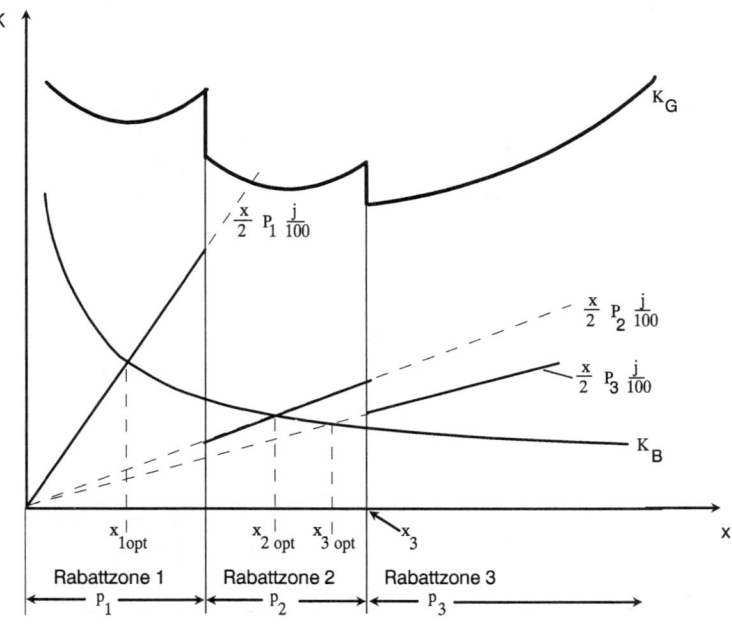

Abb. 3.52: Bestellmengenermittlung bei Mengenrabatten

Zur Ermittlung der Bestellmenge ist der Vergleich relativer Minima erforderlich. Der Vergleich kann folgendermaßen geschehen: Zunächst werden für die verschiedenen Beschaffungspreise mit der Andlerschen Formel die optimalen Bestellmengen (x_{1opt}; x_{2opt}, x_{3opt}) ermittelt, bis die größte zulässige Bestellmenge errechnet ist. Zulässig ist eine mit der Andlerschen Formel ermittelte (optimale) Bestellmenge immer dann, wenn sie auch in die entsprechende Rabattzone fällt, für die der angesetzte

Beschaffungspreis je Materialeinheit Gültigkeit besitzt. In der Abb. 3.52 ist die Menge x_{1opt} und die Menge x_{2opt} zulässig, die Menge x_{3opt} hingegen liegt außerhalb der mit dem Beschaffungspreis p3 korrespondierenden Rabattzone 3. Diese (relativ) optimale Bestellmenge ist daher nicht zulässig. Im nächsten Schritt sind die mit den beiden größten zulässigen (relativ) optimalen Bestellmengen entstehenden Kosten (x_{2opt}) mit den Kosten zu vergleichen, die bei Bestellmengen entstehen, wenn die nachfolgende Rabattzonengrenze gerade überschritten wird (Menge x3 in der Abb. 3.52). Die Menge, die im Vergleich der betreffenden Mengen die geringsten Kosten aufweist, ist die **absolut kostenoptimale Bestellmenge**.[1]

In unserem Beispiel liegen die Gesamtkosten der Bestellmenge x3 an der Rabattzone 3 unter den Gesamtkosten der (zulässigen) optimalen Bestellmenge x_{2opt}, wie die Abbildung 3.53 zeigt, so daß die Menge x3 die absolut kostenoptimale Bestellmenge darstellt.

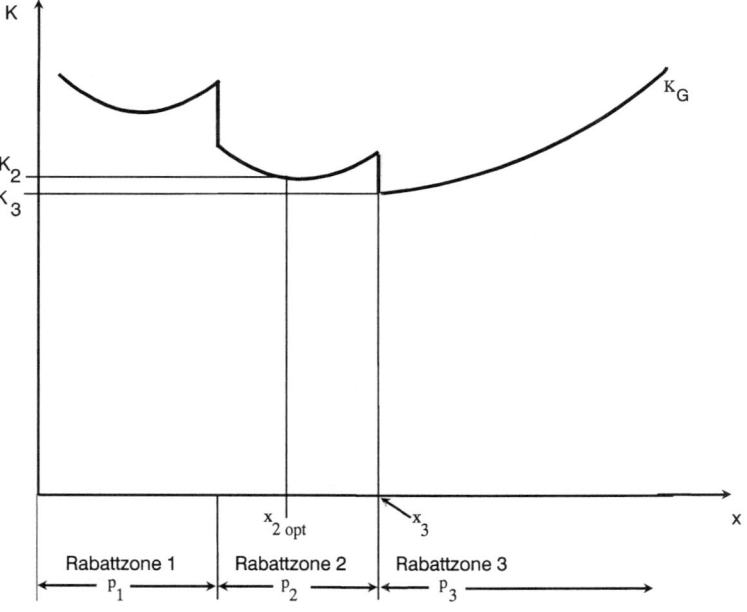

Abb. 3.53: Ermittlung der absolut kostenoptimalen Bestellmenge

Führt die Ermittlung der (relativ) optimalen Bestellmenge mit dem niedrigsten Preis zu einer zulässigen Menge, fällt die (relativ) optimale Bestellmenge also in die mit dem Preis korrespondierende Rabattzone, so entfällt der Vergleich mit den Kosten

---

[1] Vgl. Glaser, H. (1986), S. 20-21.

im Grenzbereich der nächst höheren Rabattzone. Dies wäre der Fall, wenn X_{3opt} in der Rabattzone 3 läge.

Zusammenfassend nochmals die Schritte, die sich leicht programmieren lassen: [1]

1. Ermittlung der optimalen Bestellmenge für die unterschiedlichen Beschaffungspreise.

2. Ermittlung der größten zulässigen (relativ) optimalen Bestellmenge (in der Regel die Menge mit dem niedrigsten Bestellpreis).

3. Vergleich der Kosten der größten (relativ) optimalen Bestellmenge mit den Kosten der Bestellmenge, die dann bestellt werden müßte, wenn die nachfolgende Rabattzone gerade überschritten würde.

4. Auswahl derjenigen Bestellmenge, die von den beiden Alternativen die geringsten Gesamtkosten aufweist.

3.9.6 Die Ermittlung der optimalen Bestellmenge unter Berücksichtigung von Preiserhöhungen

Für ein bestimmtes Material kündigt der Lieferant Preiserhöhungen zu einem bestimmten Termin an. Es stellt sich die Frage, ob eine größere Menge vor der Preiserhöhung bestellt werden sollte. Die Überlegung führt zu zwei gegenläufigen Tendenzen:

* Wird vor der Preiserhöhung noch eine große Menge zum „alten" Preis bestellt, so fällt der zukünftige Gewinn (der in die Periode fällt, wenn der neue Preis bereits gilt) höher aus, als wenn das Material zum „neuen" Preis beschafft werden muß. Dies gilt natürlich nur, wenn sich die übrigen Kosten nicht ändern. Diese Tatsache führt zu der Überlegung, eine möglichst große Menge zum „alten Preis" zu bestellen.

* Je mehr noch zum „alten" Preis bestellt wird (unter Annahme gleichförmigen Verbrauchs), desto größer ist der auf eine Zeiteinheit bezogene mittlere Lagerbestand und sind somit die Lagerhaltungskosten. Dies führt zu der Überlegung, die Preiserhöhung nicht auszunutzen, um den zukünftigen Bedarf abzudecken.[2]

Die durch die Preiserhöhung ermöglichte Einsparung geht teilweise oder sogar ganz durch die Lagerhaltungskosten verloren. Ziel der Ermittlung der optimalen Bestellmenge unter Berücksichtigung von Preiserhöhungen ist es, die Bestellmenge zu bestimmen, bei der die Differenz zwischen der Einkaufsersparnis und den Lagerhaltungskosten am größten ist.

---

[1] Ausführlich bei Zwehl von, W. (1974), S. 534-525.
[2] Vgl. Bichler, K. (1992), S. 120-123.

Die Einsparung ergibt sich wie folgt:

$$E_s = (p_n - p_a) \cdot x \qquad E_s = \text{Ersparnis, } p_a = \text{alter Preis, } p_n = \text{neuer Preis, } x = \text{Bestellmenge}$$

Die Lagerkosten ergeben sich nach der nachstehenden Formel. Gegenüber der bereits bekannten Formel zur Ermittlung der Lagerkosten ist der Durchschnittsverbrauch m (Menge je Zeiteinheit) mit zu erfassen. Mit x/m wird die Zeit ausgedrückt, die mit der Bestellmenge überbrückt wird.

$$K_L = \frac{x}{m} \cdot \frac{x}{2} \cdot p_a \cdot \frac{j}{100} \qquad \text{ergibt umgeformt: } K_L = \frac{p_a \cdot j}{200 \cdot m} \cdot x^2$$

Zur Ermittlung der Gewinnfunktion G müssen von der Ersparnisfunktion E_S die Lagerkosten K_L abgezogen werden.

$$G = E_s - K_L$$

$$G = (p_n - p_a) \cdot x - \frac{p_a \cdot j}{200 \cdot m} \cdot x^2$$

Um das Gewinnmaximum zu ermitteln, ist diese Funktion nach x zu differenzieren und die 1. Ableitung gleich Null zu setzen. Zusätzlich muß die zweite Ableitung negativ sein.

$$\frac{dG}{dx} = (p_n - p_a) - \frac{p_a \cdot j}{100 \cdot m} \cdot x = 0$$

Da die zweite Ableitung konstant negativ ist, liegt ein Extremwert (Maximum) vor.

$$\frac{d^2 G}{dx^2} = -\frac{p_a \cdot j}{100 \cdot m} \quad \text{für } x > 0$$

$$(p_n - p_a) = \frac{p_a \cdot j}{100 \cdot m} \cdot x$$

$$x_{opt} = \left(\frac{p_n}{p_a} - 1 \right) \cdot \frac{100 \cdot m}{j}$$

Beispiel:

Ein Unternehmen bezieht von einem Zulieferer ein bestimmtes Teil zum Einstandspreis von 2,-€. Pro Woche werden 190 Teile benötigt. Der Zulieferer teilt mit, daß er den Preis für das Teil erhöhen will. Der Einstandspreis steigt dann um 10 % (0,20 €) je Stück auf 2,20 €. Es stellt sich die Frage, wieviel Teile noch zum alten Preis (2,00 €) bestellt werden sollen, wenn der Lagerhaltungskostensatz 20% (0,38% pro Woche) beträgt? Dem Unternehmen stehen genügend Lagerflächen zur Verfügung.

$$x_{opt} = \left(\frac{2,20 \text{ DM}}{2,00 \text{ DM}} - 1 \right) \cdot \frac{100 \cdot 190}{0,38} = 5000 \text{ Stück}$$

Die Abbildung 3.54 zeigt die Gegenüberstellung der Bestellmengen mit den möglichen Ersparnissen in tabellarischer Form.

Bestellmenge x	Ersparnis $E_S = (p_n - p_a) \cdot x$	Lagerhaltungs-kosten $K_L = \dfrac{p_a \cdot j}{200 \cdot m} \cdot x^2$	Gewinn $G = E_S - K_L$
500	100	5	95
1000	200	20	180
1500	300	45	255
2000	400	80	320
2500	500	125	375
3000	600	180	420
3500	700	245	455
4000	800	320	480
4500	900	405	495
5000	1000	500	**500**
5500	1100	605	495
6000	1200	720	480
6500	1300	845	455
7000	1400	980	420
7500	1500	1125	375
8000	1600	1280	320

Abb. 3.54: Ersparnisberechnung

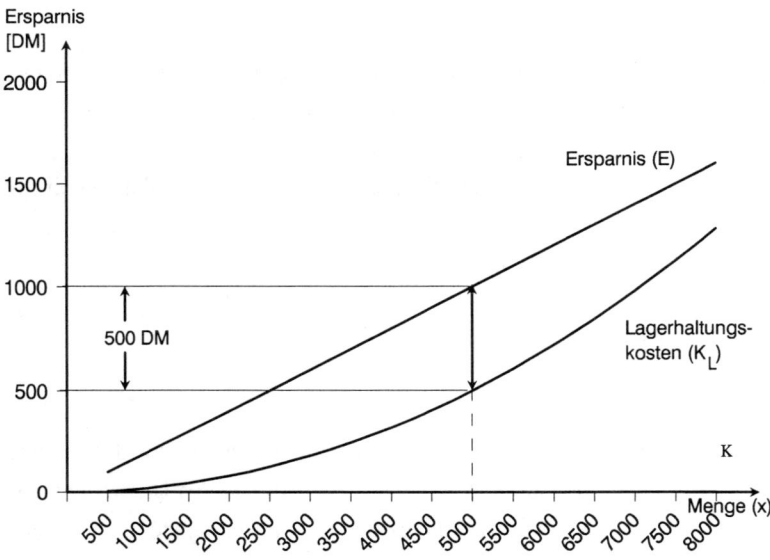

Abb. 3.55: Darstellung der Ersparnis- und Lagerhaltungskostenfunktion

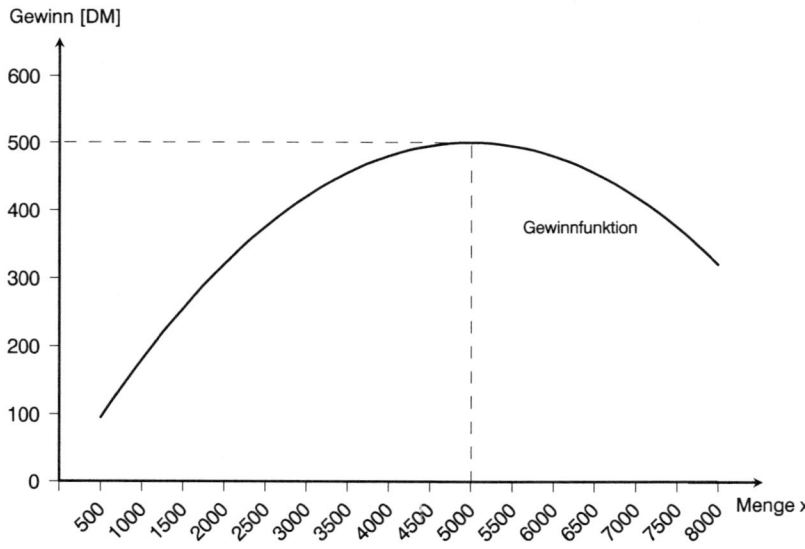

Abb. 3.56: Darstellung der Gewinnfunktion

3.9.7 Die Ermittlung der optimalen Bestellmenge unter Berücksichtigung von Fehlmengen

Eine weitere Modifikation der klassischen optimalen Bestellmengenformel kann durch die Einführung von Fehlmengenkosten für verspätete Lieferungen infolge ungenügend großer Lagerbestände erfolgen.

Bezeichnen wir die Fehlmengenkosten pro Mengen- und Zeiteinheit mit k_F und die Lagerkosten pro Mengen- und Zeiteinheit mit k_L, so ergibt sich die optimale Bestellmenge nach der folgenden Formel:

$$x_{opt(F)} = \sqrt{\frac{200 \cdot B \cdot k_B}{p \cdot j}\left(1 + \frac{k_L}{k_F}\right)}$$

Die optimale Bestellmengenformel unter Berücksichtigung der Fehlmengen ist für die Praxis nicht relevant. Die Annahme, daß ein anderes Unternehmen die fehlenden Güter sofort in der gewünschten Qualität zur Verfügung stellt, ist realitätsfremd.[1]

---

[1] Vgl. Busse von Colbe, W. (1986), S. 623.

3.10 Bestellterminrechnung

Die Bestellterminrechnung dient dazu, die Zeitpunkte zu ermitteln, zu denen die Bestellungen erfolgen sollen. Der Bestellzeitpunkt steht dabei im engen Zusammenhang mit der Bestellmengenrechnung. Im wesentlichen lassen sich die folgenden zwei Verfahren unterscheiden:

• Bestellpunktverfahren

• Bestellrhythmusverfahren.

Die Verfahren werden im wesentlichen dann angewandt, wenn der Bedarf eine stochastische Größe ist. Die Bestellmengen und die Bestellintervalle sind dann die entscheidenden Entscheidungsvariablen. Bestellintervalle entsprechen dabei den Zeiträumen zwischen den Bestellzeitpunkten. Zu einem bestimmten Bestellzeitpunkt wird eine Bestellung ausgelöst und das Lager auf eine bestimmte Höhe aufgefüllt.

3.10.1 Bestellpunktverfahren

Beim Bestellpunktverfahren (Meldebestandsverfahren) löst eine bestimmte Bestandshöhe (Meldebestand oder Bestellpunkt) eine Bestellung des Materials aus. Der Meldebestand (x_m)(auch Bestellbestand genannt) muß so groß sein, daß die vorhandene Menge ausreicht, damit die Wiederbeschaffungszeit (t_w) überbrückt wird. Die Wiederbeschaffungszeit (t_w) ist die Zeitspanne zwischen dem Zeitpunkt des Erreichens des Meldebestandes und dem Zeitpunkt der neuen Lieferung (Auffüllen des Lagers). Die Wiederbeschaffungszeit (t_w) umfaßt die Zeit der Meldung an den Einkauf, den Bestellvorgang im Einkauf und die Lieferzeit des Lieferanten sowie die Dauer der Warenannahme bis zur Einlagerung.
Zusätzlich enthält der Meldebestand eine Sicherheitsmenge (x_r) (auch Sicherheitsbestand genannt). Diese Menge wird nur dann angegriffen, wenn ein nicht vorhersehbarer Mehrverbrauch auftritt oder Lieferverzögerungen die Auffüllung des Lagers verhindern. Die mit der Sicherheitsmenge überbrückbare Zeit wird Sicherheitszeit (t_r) genannt. Sie läßt sich berechnen, wenn der durchschnittliche Verbrauch (v) bekannt ist. Den Zusammenhang zeigt Abb. 3.57.

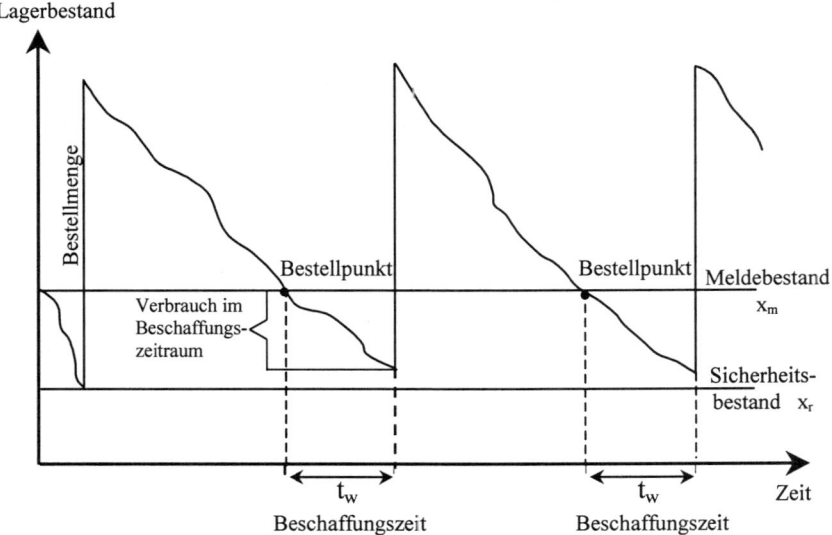

Abb. 3.57: Bestellpunktverfahren

Der Bestellpunkt kann wie folgt errechnet werden:

$$x_m = v \cdot t_w + x_r = v \cdot t_w + v \cdot t_r$$

v   = Verbrauch je Zeiteinheit
x_m = Meldebestand
t_w = Wiederbeschaffungszeit
t_r = Sicherheitszeit
x_r = Sicherheitsbestand

Die Höhe des Meldebestandes ist abhängig:

- vom durchschnittlichen Verbrauch pro Periode (Lagerabgangsgeschwindigkeit) (v)

- von der Wiederbeschaffungszeit (t_w)

- von dem Risiko, daß der Verbrauch und/oder die Wiederbeschaffungszeit sich ändern. Ausgedrückt wird dies mit der Sicherheitszeit (t_r) oder dem Sicherheitsbestand (x_r).

Wenn die Beschaffungszeit (t_w) sehr kurz ist, erfolgt der Verbrauch der Periode kontinuierlich erfolgt und das Risiko des Lieferausfalls bzw. Mehrverbrauchs gering ist, so kann ein geringer Meldebestand festgelegt werden.

Da der Idealfall eines kontinuierlichen Verbrauchs (Lagerabgang) den Ausnahmefall darstellt, werden i.d.R. Sicherheitsbestände (früher auch eiserne Bestände genannt) vorgehalten, die vor unvorhersehbaren Mehrverbräuchen und Lieferterminüberschreitungen schützen.

Beispiel:

Wenn der durchschnittliche Tagesbedarf an Batterien 90 Stück und die Beschaffungszeit 30 Tage beträgt und die Sicherheitszeit so lang sein soll, daß 20 Tage überbrückt werden können, so beträgt der Meldebestand 4500 Stück.:

$x_m = v \cdot t_w + v \cdot t_r$ v = Verbrauch je Zeiteinheit x_m = Meldebestand t_w = Wiederbeschaffungszeit t_r = Sicherheitszeit x_r = Sicherheitsbestand	4500 Stück = 90 Stück · 30 Tage + 90 Stück · 20 Tage

Wurde für die Batterien eine optimale Bestellmenge von x = 5400 Stück errechnet, so wird jeweils nach 60 Tagen neu bestellt. Der Bestellrhythmus (t*) wird wie folgt errechnet:

$$t^* = \frac{x}{v} \qquad\qquad 60 \text{ Tage} = \frac{5400 \text{ Stück}}{90 \text{ Stück}}$$

Der Bestellrhythmus beträgt somit 60 Tage.

3.10.2 Die Bestimmung des Sicherheitsbestandes

Die Festlegung der Sicherheitszeit und des Sicherheitsbestandes erfolgt häufig gefühlsmäßig, z.B. als Fixmenge oder als prozentualer Zuschlag zum mittleren Bedarf während der Wiederbeschaffungszeit.

Zweckmäßiger ist jedoch die Bestimmung nach statistischen Gesetzen in Abhängigkeit von den auf den Vergangenheitswerten basierenden Bedarfsvorhersagen.[1]

Die Höhe des Sicherheitsbestandes läßt sich mit folgender Formel berechnen:

$$x_r = \lambda \cdot \sigma$$

Der Sicherheitsfaktor λ ist ein Mehrfaches der Standardabweichung σ.[2]

Je nach angestrebter Lieferbereitschaft bzw. angestrebtem Servicegrad muß die Standardabweichung mit dem entsprechenden Sicherheitsfaktor multipliziert werden.

Sicherheitsfaktor λ	1	1,28	1,65	2	2,33	2,58	3	3,29
Lieferbereitschaft	84,1%	90%	95%	97,7%	99,01%	99,5%	99,86%	99,95%

---

[1] Vgl. Zimmermann, W. (1989), S. 394-395.

[2] Vgl. auch die Ausführungen zur Fehlervorhersage S. 152 ff.

Der Bestellpunkt (Meldebestand) läßt sich dann mit der folgenden Formel berechnen:

$$x_m = v \cdot t_W + \lambda \cdot \sigma$$

x_m = Meldebestand
v = Verbrauch je Zeiteinheit
t_w = Beschaffungszeit
σ = Standardabweichung des Bedarfes
λ = Sicherheitsfaktor

Beispiel:

Beträgt der durchschnittliche Bedarf während einer 30-tägigen Beschaffungszeit 2700 Stück und beträgt die Standardabweichung 1091 Stück, so erhält man folgende alternative Sicherheitsbestände:

a) Lieferbereitschaft 90,00 % = 1,28 · (σ) 1091 Stück = 1396 Stück
b) Lieferbereitschaft 95,00 % = 1,65 · (σ) 1091 Stück = 1800 Stück
c) Lieferbereitschaft 97,70 % = 2 · (σ) 1091 Stück = 2182 Stück
d) Lieferbereitschaft 99,86 % = 3 · (σ) 1091 Stück = 3273 Stück

Die entsprechenden Meldebestände sind:

a) Lieferbereitschaft 90,00% = 2700 Stück + 1396 Stück = 4096 Stück
b) Lieferbereitschaft 95,00% = 2700 Stück + 1800 Stück = 4500 Stück
c) Lieferbereitschaft 95,00% = 2700 Stück + 2182 Stück = 4882 Stück
d) Lieferbereitschaft 99,86% = 2700 Stück + 3273 Stück = 5973 Stück

Schwankt der Bedarf (Verbrauch) sehr stark, so muß der Sicherheitsbestand x_r von Periode zu Periode neu bestimmt werden.

3.10.3 Bestellrhythmusverfahren

Beim Bestellrhythmusverfahren erfolgen die Bestellungen in bestimmten Zeitintervallen. Auslöser für eine Bestellung ist also nicht das Erreichen oder Unterschreiten einer bestimmten Menge, sondern der Ablauf einer vorgegebenen Zeitspanne. Bei dem in Abb. 3.58 aufgeführten Verfahren richtet sich die Bestellmenge nach dem Sollbestand, d.h., das Lager wird in festen Zeitintervallen auf einen Sollbestand aufgefüllt. Da der Lagerabgang von Periode zu Periode Schwankungen unterliegt, ergeben sich jeweils unterschiedliche Bestellmengen. Diese Bestellmengenpolitik ist oft im Großhandel anzutreffen (Fester Vertreterbesuchsrhythmus führt zur Auffüllung des Bestandes bis zum Sollbestand). Das Bestellrhythmusverfahren kann auch so modifiziert werden, daß in festen Zeitintervallen eine gleich große Menge bestellt wird. Die Menge sollte dabei möglichst der optimalen Bestellmenge entsprechen.

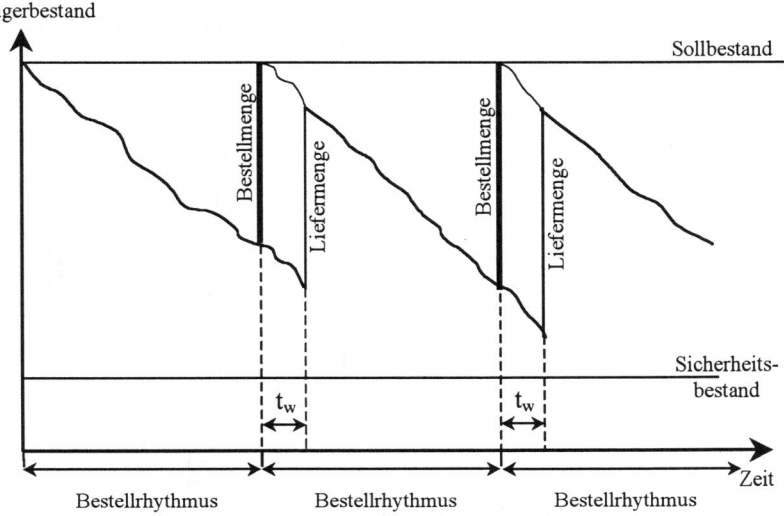

Abb. 3.58: Bestellrhythmusverfahren

3.10.4 Bestellpolitiken

In der Praxis sind unterschiedliche Strategien (Bestellpolitiken) entwickelt worden, nach denen die Bestellungen durchgeführt werden. Die Strategien beruhen dabei auf Zeit- und Mengenkomponenten. Da die Bestellmengen und Bestellintervalle die Lagerbestandshöhen beeinflussen, werden die Politiken in der Literatur oft auch unter dem Oberbegriff **Lagerhaltungspolitiken** subsumiert. Die Abb. 3.59 zeigt zunächst die einfachen Strategien, die sich aus den Aktionsparametern Bestellinervall und Bestellmenge ableiten lassen.[1]

	Bestellintervall t	
	fix	variabel
Bestellmenge q fix	(t,q)-Politik	(s,q)-Politik
Bestellmenge q variabel	(t,S)-Politik	(s,S)-Politik

Abb. 3.59: Bestellmenge und Bestellintervall

(t,q) - Politik

Es wird in festen Zeitintervallen t* eine gleichgroße Menge q* bestellt. Die Menge sollte dabei möglichst der **optimalen Bestellmenge** entsprechen. Erfolgen in den Perioden sehr unregelmäßige Entnahmen, führt die (t,q)-Politik zu sehr stark

---

[1] Vgl. Zimmermann, W. (1989), S. 393-397; Busse von Colbe, W. (1986), S. 598-603.

schwankenden Lagerbeständen (B_1,B_2,B_3,B_4). Es muß daher ein Sicherheitsbestand gehalten werden.

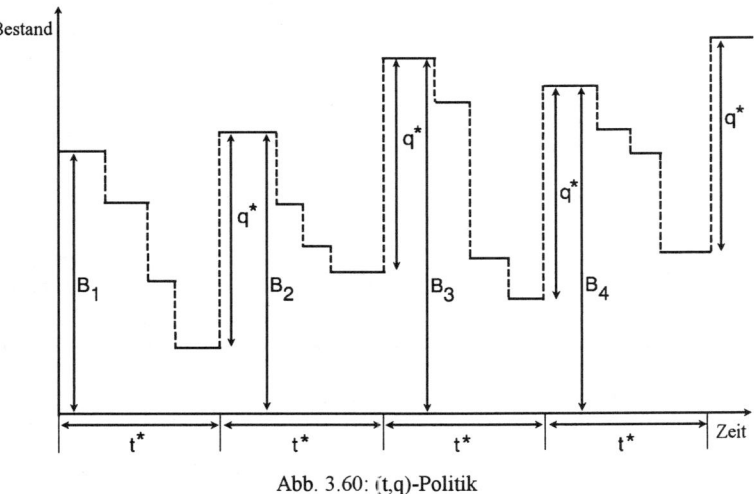

Abb. 3.60: (t,q)-Politik

(t,S) - Politik

Es wird in festen Zeitintervallen t* auf einen Sollbestand in Höhe S aufgefüllt. Da der Lagerabgang von Periode zu Periode Schwankungen unterliegt, ergeben sich jeweils unterschiedliche Bestellmengen (q_1, q_2, q_3, q_4). Auch dies Verfahren kann infolge der festen Bestellzyklen zu Fehlbeständen führen. Diese Bestellmengen-politik ist im Großhandel oft anzutreffen (Fester Vertreterbesuchsrhythmus führt zur Auffüllung des Bestandes bis auf den Sollbestand).

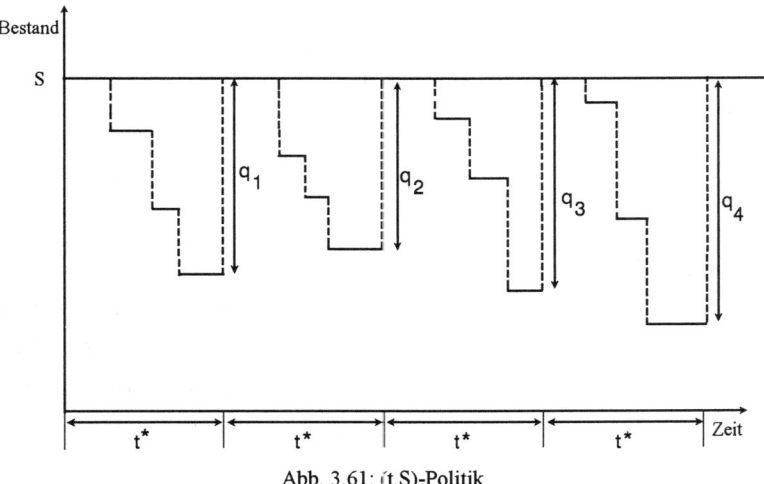

Abb. 3.61: (t,S)-Politik

(s,q) - Politik

Die (s,q)-Politik entspricht dem oben bereits beschriebenen Bestellpunktverfahren. Nach jeder Entnahme wird der Lagerbestand überprüft. Wird bei der Überprüfung festgestellt, daß die Menge s unterschritten ist, erfolgt die Bestellung einer konstanten Menge q*. Da immer die gleiche Menge q* bestellt wird, ergeben sich bei unregelmäßigen und unterschiedlich großen Entnahmemengen verschieden hohe Lagerbestände (B_1,B_2,B_3,B_4).

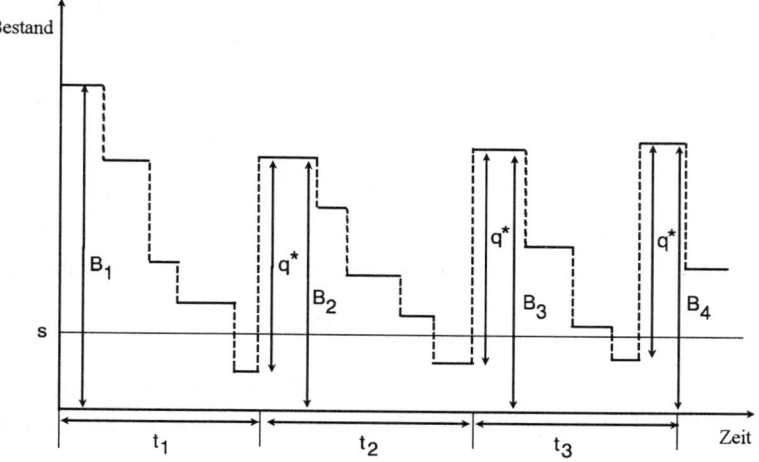

Abb. 3.62: (s,q)-Politik

(s,S) - Politik

Auch bei der (s,S)-Politik wird nach jeder Entnahme überprüft, ob die Menge s unterschritten wird. Ergibt die Überprüfung, daß die Menge s unterschritten ist, erfolgt die Bestellung. Bestellt wird die Menge, die nötig ist, damit der Bestand bis auf den Sollbestand S aufgefüllt wird. Die Bestellmengen q_i variieren in dem Maße, in dem die Bestelluntergrenze s unterschritten worden ist. Der Bestellzyklus variiert ebenfalls in Abhängigkeit von der Höhe und Häufigkeit der Entnahmen. Erfolgt kein Lagerabgang zwischen der Bestellung und dem Lagerzugang, so ist der Sollbestand S konstant.

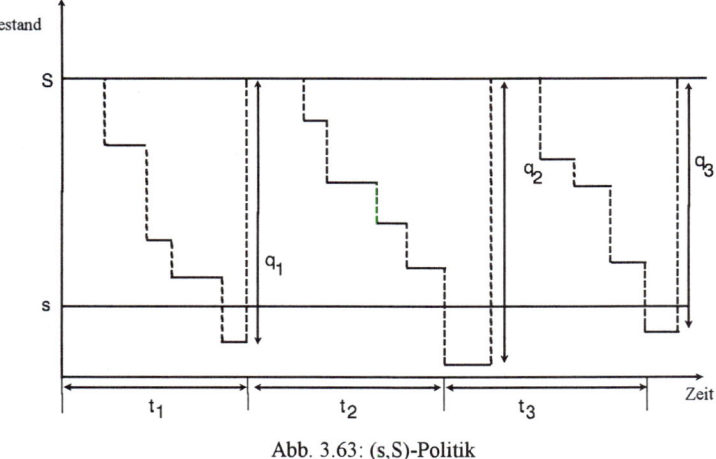

Abb. 3.63: (s,S)-Politik

Bei der adaptiven (s,S)-Politik werden alle Größen in gewissen Zeitabständen an die veränderte Situation angepaßt. Die (s,S)-Politik wird vielfach als die günstigste angesehen.

(t,s,S)-Politik

Meldebestand

Dies Verfahren ist eine Erweiterung der (t,S)-Politik. Zusätzlich wird die Untergrenze s eingeführt. In regelmäßigen Zeitabständen (festen Zeitintervallen t*) wird der Lagerbestand überprüft. Ergibt die Überprüfung, daß die Grenze s erreicht oder unterschritten wurde, wird auf den Sollbestand S aufgefüllt. Da die Bestellung erst durch die Unterschreitung der Untergrenze s ausgelöst wird, kann der mittlere Lagerbestand gegenüber der einfachen (t,S)-Politik gesenkt werden. Die Gefahr von Fehlmengen ist aber auch bei diesem Verfahren gegeben, sofern unregelmäßige und unterschiedlich große Abgänge vorliegen.

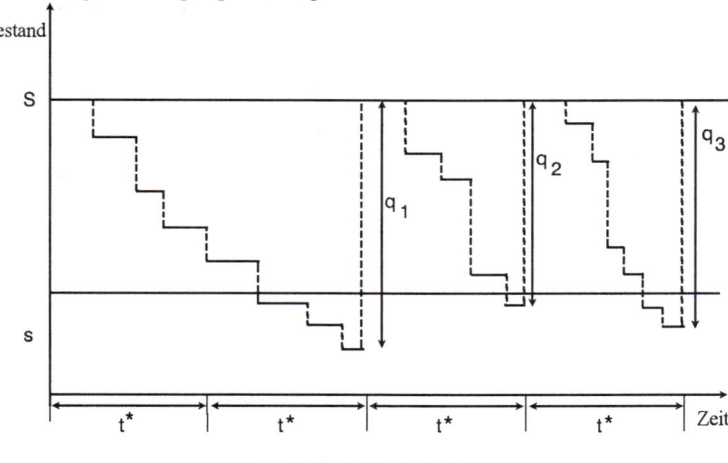

Abb. 3.64: (t,s,S)-Politik

(t,s,q)-Politik

Das Verfahren entspricht der (t,q)-Politik, erweitert um die Untergrenze s. Bei dieser Politik erfolgt ebenfalls in konstanten Intervallen t* eine Überprüfung des Bestandes. Wird bei der Überprüfung festgestellt, daß die Untergrenze s erreicht oder unterschritten worden ist, wird eine konstante Menge (q*) bestellt. Durch die Einführung der Untergrenze s liegt der durchschnittliche Lagerbestand niedriger als bei der (t,q)-Politik. Da es bei diesem Verfahren keinen Sollbestand S gibt, können sich auch bei diesem Verfahren sehr unterschiedlich hohe Lagerbestände bilden.

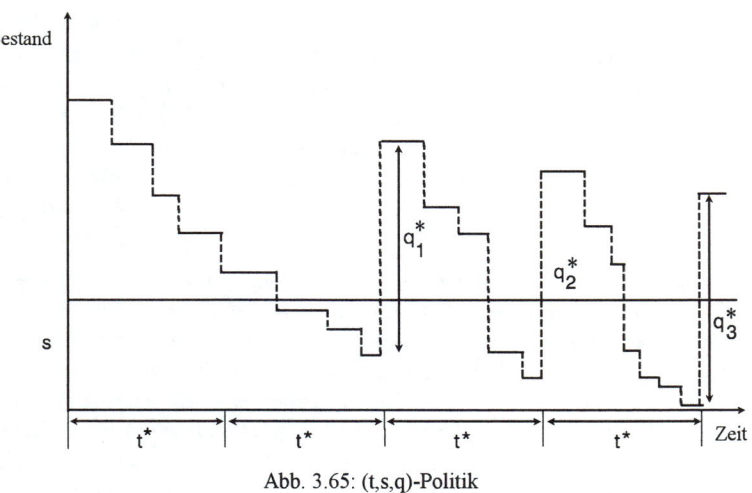

Abb. 3.65: (t,s,q)-Politik

Fragen und Aufgaben zur Wiederholung (S. 112 - 205)

1. *Welche Voraussetzungen müssen gegeben sein, damit die programmgebundenen Verfahren der Materialbedarfsplanung durchgeführt werden können?*

2. *Welche Stücklistengrundformen kennen Sie?*

3. *Welche Vor- und Nachteile kennzeichnen eine Mengenübersichtsstückliste?*

4. *Was ist eine Strukturstückliste?*

5. *Was sind Verwendungsnachweise? Welche Formen können unterschieden werden?*

6. *Wie unterscheiden sich Netto- und Bruttobedarf?*

7. *Welche Verbrauchsverläufe (Modelle) kennen Sie?*

8. *Beschreiben Sie kurz die Verwendung des arithmetischen Mittels (einfache Durchschnittsberechnung) als Prognoseinstrument! Welche allgemeinen Einwände lassen sich gegen das Verfahren vorbringen?*

9. *Der Disponent Peter Peters der Firma Schrauben GmbH disponiert den Schraubenbedarf mit Hilfe der exponentiellen Glättung erster Ordnung. Herr Peters ist nicht bereit, den verwendeten Glättungsfaktor bekanntzugeben. Er teilt Ihnen jedoch mit, daß der letzte vorhergesagte Wert 4000 Teile war. Tatsächlich wurden 4200 Teile benötigt. Für die nächste Periode prognostiziert Herr Peters einen Bedarf von 4080 Teile. Welchen Glättungsfaktor hat er verwendet?*

10. *Zeichnen Sie den folgenden GOZINTO-Graphen! In das Endprodukt E1 gehen die drei Baugruppen B1, B2 und B3 ein. Von B1 gehen 2 Teile, von B2 gehen 4 Teile und von B3 gehen 5 Teile in das Endprodukt E1 ein. B1 setzt sich aus 4 Teilen T1 und 2 Teilen T2 zusammen. In B2 gehen 2 Teile T3 und 3 Teile T4 sowie 4 Teile R1 ein. In B3 gehen 3 Teile R1 und 2 Teile T4 ein. Neben den drei Baugruppen gehen 5 Teile T3 direkt in E1 ein. Für Lagerzwecke werden zusätzlich 20 Teile von B1 und 30 Teile B3 benötigt. Von dem Enderzeugnis werden 60 Stück benötigt. Tragen Sie den Zusatzbedarf in die Zeichnung ein!*

11. *In einem Maschinenbauunternehmen wird das Produkt E gefertigt. Zur Produktion des Erzeugnisses E werden drei Rohstoffe eingesetzt, die zu drei Zwischenprodukten weiterverarbeitet werden, aus denen das Erzeugnis E hergestellt wird. Das Zwischenprodukt G1 wird aus 2 Teilen R1 und 3 Teilen R2 produziert, in das Zwischenprodukt G2 gehen ein Teil G1 sowie 2 Teile des Rohstoffs R3 ein. Das Zwischenprodukt G3 setzt sich aus einem Teil R3, 2 Teilen G1 sowie 2 Teilen G2 zusammen. Aus 3 Teilen G3 sowie 2 Teilen G2 wird schließlich das Endprodukt E gefertigt. a) Erstellen Sie den Gozintographen. b) Entwickeln Sie aus dem Gozintographen die Direktbedarfsmatrix! c) Ermitteln Sie die Technologiematrix! d) Welcher Schritt ist erforderlich, um die Gesamtbedarfsmatrix zu ermitteln?*

12. *Erklären Sie die Begriffe „Primärbedarf", „Sekundärbedarf" und „Tertiärbedarf"!*

13. *Für ein Fertigerzeugnis wurde der nachstehende Gozintograph erstellt.*

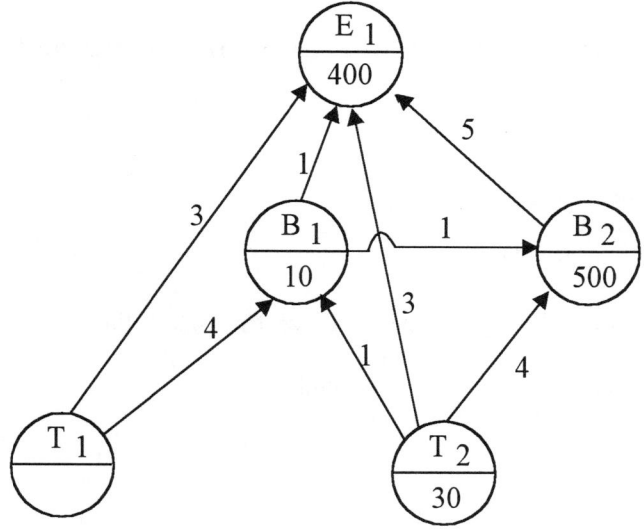

a) *Ermitteln Sie den Gesamtbedarf mit Hilfe einer Tabelle (s. Abb. 3.15, S. 133)!*
b) *Erstellen Sie die Direktbedarfsmatrix!*
c) *Berechnen Sie den Gesamtbedarf mit Hilfe der Matritzenrechnung!*

14. *Der Bedarf an Schrauben hat sich in den vergangenen Monaten wie folgt entwickelt:*

Jan.	Feb.	März	April	Mai	Juni	Juli	Aug.	Sept.
38.000	42.900	41.000	40.000	34.356	40.100	43.400	39.000	34.000

Ermitteln Sie die Prognosewerte tabellarisch für die Monate April bis Oktober mit Hilfe

a) der gleitenden Mittelwerte (N =4)
b) der gewichteter gleitender Mittelwerte (Gewichte = 0,1;0,2;0,3;0,4)
c) der exponentiellen Glättung erster Ordnung (Glättungsparameter = 0,3)!

4 Materialeinkauf und Beschaffungsmarketing

Lernziele und –aufgaben
Der Leser soll
1. die Einkaufsabwicklung
2. verschiedene Vertragsformen
3. den Inhalt und die Instrumente des Beschaffungsmarketings
4. die Beschaffungsmarktforschung
5. die Instrumente der Beschaffungspolitik
6. die Nutzwertanalyse kennenlernen.

4.1 Materialeinkauf

Wird im Rahmen der Materialdisposition ein konkreter Materialbedarf ermittelt oder fordert die Fertigung bzw. eine Fachabteilung Material an, muß der Materialbeschaffungsvorgang ausgelöst werden. Grundsätzlich lassen sich hier zwei Möglichkeiten unterscheiden: a) die Eigenfertigung und b) der Fremdbezug (Einkauf). Da in den meisten Fällen der Fremdbezug des Materials überwiegt, sollen zunächst die mit dem Einkauf in Verbindung stehenden Aufgaben näher beschrieben werden.

Alle Tätigkeiten, die mit der Materialbeschaffung von der Materialanforderung bis hin zum Eingang der bestellten Waren in Verbindung stehen, werden dem Einkauf zugeordnet.

Beim traditionellen Materialeinkauf handelt es sich lediglich um eine Funktion des Materialmanagements, die neben der Materialdisposition, der Bevorratung, dem innerbetrieblichen Transport und der Reststoffverwertung und Entsorgung steht.

Der Begriff "Beschaffungsmarketing" ist weiter gefaßt als der Einkauf. Beschaffungsmarketing beinhaltet die Beschaffungsmarktforschung, d.h. die Informationsgewinnung über die Beschaffungsmärkte sowie die in zunehmendem Maße geforderte aktive Beeinflussung und Gestaltung der Beschaffungsmärkte nach den eigenen Zielvorstellungen, die sich mit dem Begriff "Beschaffungspolitik" umschreiben läßt.[1]

Das Beschaffungsmarketing stellt somit eine Erweiterung der Einkaufsfunktion dar.

---

[1] Vgl. z.B. Koppelmann, U. (1986), S. 306; Hammann, P. / Lohrberg, W. (1986), S. 40.

4.1.1 Einkaufsabwicklung

Die Hauptaufgabe des Einkaufs besteht in dem Erwerb von Eigentum- bzw. Verfügungs- oder Nutzungsrechten über den ihm gemeldeten oder von ihm selbst erwarteten Materialbedarf.

Die Durchführung des Einkaufs erfolgt üblicherweise in den in der Abbildung 4.1 aufgeführten Schritten.

4.1.2 Anforderung (Bedarfsanmeldung)

Ausgelöst wird der Vorgang der Angebotseinholung i.d.R. durch einen konkreten Bedarf. Die Materialanforderung erfolgt dabei entweder vom Lager, der Fertigung oder von den Fachabteilungen (Beispiel: Bedarf an Handelswaren wird durch den Verkauf, Bedarf an Büromaterial durch die Verwaltung angemeldet). Im ersten Schritt wird die Richtigkeit der Anfrage überprüft. Eventuell sind dabei Rückfragen an die Anfrager oder Abstimmungen mit dem Lager erforderlich. Hierdurch wird sichergestellt, daß nicht ein neuer Bestellvorgang ausgelöst wird, obwohl noch ausreichend Lagerbestände vorhanden sind. Die Bedarfsanmeldung kann papierlos über ein lokales Netzwerk (abgekürzt LAN) erfolgen. Soweit die DV-technischen Voraussetzungen nicht gegeben sind, kann der Bedarf auch mit einem entsprechenden Formular signalisiert werden (Abb. 4.1).

Im nächsten Schritt muß der Einkäufer feststellen, welche Lieferanten für die Lieferung des angeforderten Materials in Frage kommen. Die Auswahl der potentiellen Lieferanten erfolgt mit Hilfe der Lieferantendateien. Sollten für das Material noch keine entsprechenden Daten vorhanden sein, erfolgt die Auswahl mit Hilfe von Bezugsquellenverzeichnissen (Branchen- und Adressbücher, Industriekataloge, Messekataloge, CD-ROMs). Ebenfalls zu den Informationsmedien zählen externe Datenbanken und das Internet.

Anfragen an Lieferanten erfolgen aber nicht nur in konkreten Bedarfsfällen, sie können auch für die Informationsgewinnung im Rahmen der Beschaffungsmarktforschung erfolgen. Auf diese Daten kann später in zukünftigen Bedarfsfällen zurückgegriffen werden.

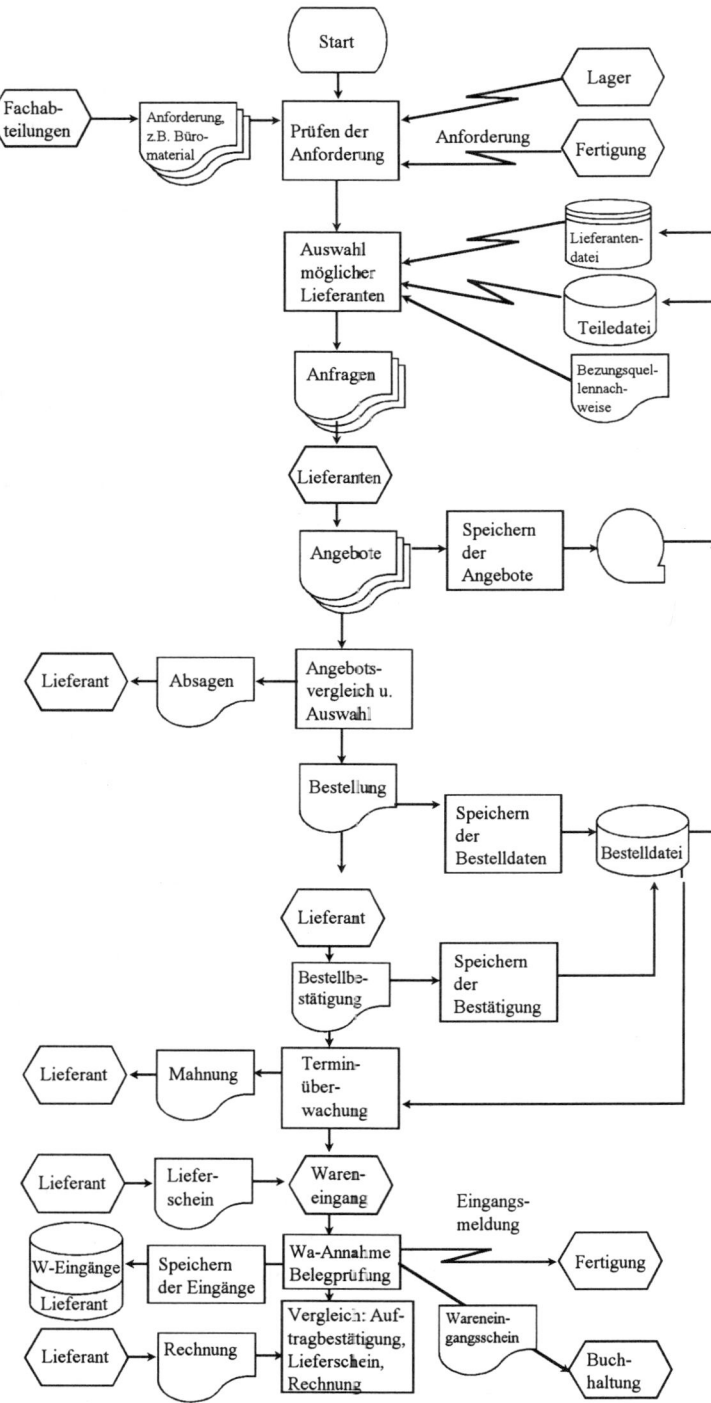

Abb. 4.1: Beispiel eines Datenflußplanes für den Einkauf

4.1.3 Anfragen (Einholen von Angeboten)

Die Anfrage wird an alle oder an bestimmte in Frage kommende Lieferanten gerichtet. In der Vergangenheit erfolgte dies schriftlich unter Verwendung bestimmter Anfrageformulare. In zunehmendem Maße werden allerdings auch hierfür moderne Informations- und Kommunikationstechniken eingesetzt (FAX, Electronic-Mail, ISDN, Datex-P, Datex-L). Mit der Anfrage wird der Lieferant aufgefordert, für ein bestimmtes Teil ein Angebot abzugeben.

Je präziser die Angaben in der Anfrage sind, desto einfacher gestaltet sich der spätere Vergleich der Angebote. Der Anfragetext sollte daher die folgenden Angaben aufweisen:

- Materialangabe, möglichst mit Normbezeichnung, Materialnummer
- genaue Mengenangabe
- Terminangabe zur Angebotsabgabe, Liefertermin
- Verpackungsart und Versandvorschriften
- Lieferbedinungen
- Qualitätsangabe und Leistungen (Sonderleistungen)
- Preisgestaltung einschließlich Zahlungsbedingungen.

4.1.4 Angebotsprüfung und Preisvergleich

Mit der Angebotsprüfung und dem Preisvergleich soll das beste Angebot aus den zugegangenen Angeboten ausgewählt werden. Der Vergleich der Angebote bezieht sich dabei auf die Qualität, den Liefertermin und den Preis. Bei der Angebotsprüfung unterscheidet man zwischen formeller und materieller Angebotsprüfung.

a) Formelle Angebotsprüfung
Geprüft wird zuerst, ob die im Angebot enthaltenen Angaben mit denen der Anfrage übereinstimmen. Die formelle Prüfung sollte möglichst nach dem Angebotseingang erfolgen, damit bei festgestellten Abweichungen Rückfragen an den Anbieter gerichtet werden können. Ein Angebot muß alle wesentlichen Angaben enthalten, d.h. Art, Beschaffenheit, Güte, Menge und Preis der Ware sowie Lieferzeit, Lieferungs- und Zahlungsbedingungen und den Erfüllungsort.

b) Materielle Angebotsprüfung
Die materielle Angebotsprüfung ist die inhaltliche Auswertung der erhaltenen Angebote. Es erfolgt ein Vergleich der Qualitäten, Lieferzeiten, Preise und des

Lieferantenstandortes. Die Angebotsangaben sind i.d.R. nicht unabhängig voneinander, so daß eine bessere Qualität oft mit einem höheren Preis verbunden ist. Stimmen die angebotenen Qualitäten überein, so kann ein Preisvergleich entsprechend der Abb. 4.2 durchgeführt werden.

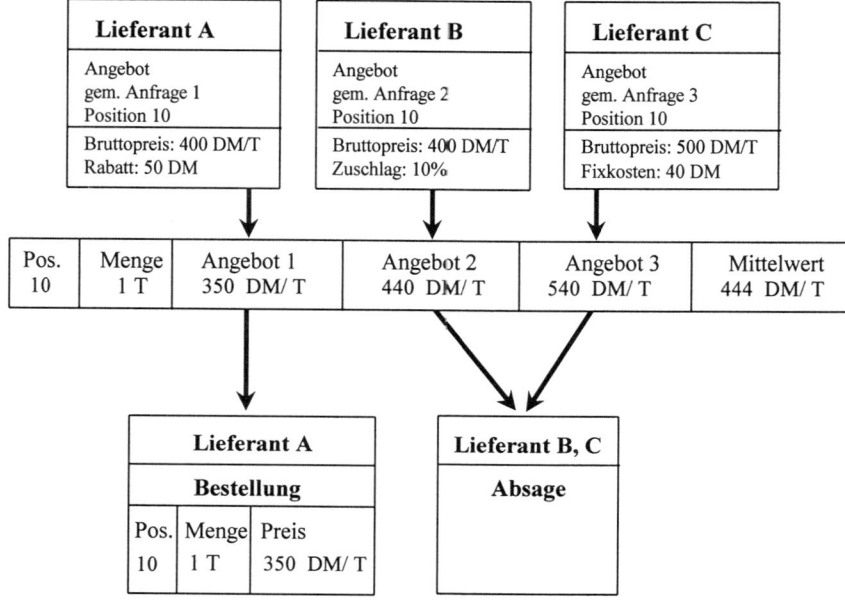

Abb. 4.2: Angebotsabwicklungen [1]

Die Preisangaben können auch Festpreise, gleitende Preise (bestimmte Kostenelemente werden an Preisgleitklauseln gekoppelt) oder Tagespreise (Notierungen an den Rohstoffbörsen) sein.

Neben Preis, Qualität und Termin können aber auch andere Auswahlkriterien beim Angebotsvergleich herangezogen werden, wie z.B.

- Produktbestandteile
- Substituierbarkeit
- Herstellungsverfahren
- Umweltverträglichkeit
- Beschaffungswege und Ressourcenverfügbarkeit
- Wiederverwendbarkeit und Entsorgung.

---

[1] Vgl. SAP (Hrsg.),(1993) S. 52.

4.1.5 Bestellung

Die Bestellung ist die Angebotsannahme. Teilt der Einkäufer dem Lieferanten mit, daß er die im Angebot offerierten Materialien liefern soll, so ist ein Vertrag im Sinne des § 433 ff. BGB zustandegekommen. Der Lieferant übersendet dem Abnehmer eine Auftragsbestätigung. Die Auftragsbestätigung sollte nochmals mit dem Angebot verglichen werden. Die Bestelldaten werden gespeichert, um einen ständigen Überblick über die Bestellaußenstände (Bestellobligo genannt) zu haben. Die gespeicherten Daten ermöglichen eine genaue Kontrolle der Liefermengen und Liefertermine.

4.1.6 Ablaufkontrolle

Die laufende Terminüberwachung per DV ermöglicht es, den Lieferanten anzumahnen, falls die Materialien nicht vertragsgerecht geliefert werden. Insbesondere bei für die Produktion wichtige Materialien ist eine genaue Lieferterminüberwachung unbedingt erforderlich.

4.1.7 Materialannahme und Materialeingangsprüfung

Dem Eingang des Materials kann eine Versandanzeige des Lieferanten vorgeschaltet sein.

Die Anlieferung des Materials erfolgt im Lager oder direkt in der Fertigung (z. B. bei der JiT-Beschaffung). Hier werden die Warenbegleitpapiere mit den Bestelldaten und dem tatsächlich gelieferten Material verglichen. Treten Abweichungen der folgenden Art auf:

- Falschlieferung,
- die gelieferte Menge übersteigt die bestellte Menge,
- die gelieferte Menge unterschreitet die bestellte Menge,
- das Material wurde in der falschen Qualität geliefert,

so sind weitere Schritte erforderlich. Dann müssen entsprechende Maßnahmen, wie Nachlieferungen, Rücksendungen, Preisnachlässe, Schadenersatz, Minderung oder Wandlung mit dem Lieferanten abgesprochen werden.

4.1.8 Prüfen der Eingangsrechnung

Nach Erhalt der Lieferantenrechnung wird die Rechnung erfaßt und mit der Auftragsbestätigung und den Bestelldaten verglichen. Geprüft wird die sachliche Richtigkeit
der Rechnung. Wird der ordnungsgmäße Wareneingang (richtige Menge, richtige
Qualität, richtiger Lieferzeitpunkt) bestätigt, wird die Rechnung zur Zahlung
freigegeben. Die Bezahlung der Rechnung erfolgt durch die Buchhaltung
(Kreditorenbuchhaltung). Der Kaufvertrag ist damit erfüllt.

4.1.9 Verträge für den Einkauf

Die grundlegenden Vertragsarten für den betrieblichen Einkauf sind im Bürgerlichen
Gesetzbuch (BGB) geregelt.

a) Kaufvertrag (§ 433 BGB)

"(1) Durch den Kaufvertrag wird der Verkäufer einer Sache verpflichtet, dem Käufer
die Sache zu übergeben und das Eigentum an der Sache zu verschaffen. Der Verkäufer eines Rechtes ist verpflichtet, dem Käufer das Recht zu verschaffen und, wenn
das Recht zum Besitz einer Sache berechtigt, die Sache zu übergeben. (2) Der Käufer
ist verpflichtet, dem Verkäufer den vereinbarten Kaufpreis zu zahlen und die
gekaufte Sache abzunehmen."

b) Werkvertrag (§ 631 BGB)

"(1) Durch den Werkvertrag wird der Unternehmer zur Herstellung des
versprochenen Werkes, der Besteller zur Entrichtung der vereinbarten Vergütung
verpflichtet. (2) Gegenstand des Werkvertrags kann sowohl die Herstellung oder
Veränderung einer Sache als ein anderer durch Arbeit oder Dienstleistung
herbeizuführender Erfolg sein."

c) Werklieferungsvertrag (§ 651 BGB)

"(1) Verpflichtet sich der Unternehmer, das Werk aus einem von ihm zu
beschaffenden Stoffe herzustellen, so hat er dem Besteller die hergestellte Sache zu
übergeben und das Eigentum an der Sache zu verschaffen."

Leasing-, Miet-, Pacht- und Leihverträge beziehen sich i.d.R. auf Produktionsfaktoren, die zum Gebrauch bestimmt sind (Betriebsmittel). Auch diese Verträge
können im Einzelfall für den Einkauf relevant sein.

4.1.10 Spezielle Verträge für den Materialeinkauf

In der Praxis haben sich zahlreiche Spezialvertragsformen entwickelt, die den Bedürfnissen der Vertragsparteien entsprechen. Zu den wichtigsten speziellen Vertragsformen zählen:[1]

a) Rahmenvertrag

Kennzeichnend für einen Rahmenvertrag ist, daß er bestimmte Kauf- und Verkaufsbedingungen, eventuell auch die Preise für einen Zeitraum oder bis zur Abnahme einer gewissen Gesamtmenge festlegt. Nicht festgelegt wird im Rahmenvertrag die Abnahmemenge. Werden in Rahmenverträgen dennoch Liefermengen genannt, so handelt es sich um bloße Absichtserklärungen des Ein- und Verkäufers, innerhalb eines Zeitraumes die im Vertrag genannten Mengen abzunehmen bzw. zu liefern. Da die im Rahmenvertrag festgelegten Vertragsmodalitäten für beide Parteien verbindlich sind, führt dies dazu, daß während der Vertragsdauer keine Änderungen der vereinbarten Konditionen eintreten können, was für beide Vertragsparteien eine gewisse Planungssicherheit schafft.

b) Abrufvertrag

Im Gegensatz zum o.g. Rahmenvertrag wird beim Abrufvertrag (Kauf auf Abruf) die Abnahme einer bestimmten Menge innerhalb eines festgelegten Zeitraums vereinbart. Der Käufer legt die Liefertermine später fest, d.h., er ruft die Ware ab. Mit dem Abschluß eines Abrufvertrages sind für den Käufer die nachstehenden Vorteile verbunden: Verringerung der Lagerkosten und des Lagerrisikos, Ausnutzung von Mengenrabatten durch die Festlegung einer großen Abnahmemenge, Sicherung der Versorgung über einen bestimmten Zeitraum.

c) Sukzessivlieferungsvertrag

Der Sukzessivlieferungsvertrag ist eine Variante des Abrufvertrages. Im Gegensatz zum Abrufvertrag, bei dem die Liefertermine nicht festgelegt werden, erfolgt beim Sukzessivlieferungsvertrag die Vereinbarung über Teillieferungen (meist in gleich großen Mengen) zu vertraglich fest vereinbarten Terminen. Die Vorteile dieser Vertragsform für den Käufer entsprechen denen des Abrufvertrages. Für den Verkäufer bietet der Vertrag den Vorteil einer sicheren Vorausplanung.

---

[1] Vgl. Hartmann, H. (1990), S. 402-405; Kopsidis, R. (1989), S. 101.

d) Spezifikationskauf (Gattungskauf)

Bei dieser Vertragsform wird die Art der zu liefernden Ware (Spezifikation) erst später festgelegt. Der Käufer verpflichtet sich, die Ware innerhalb eines bestimmten Zeitraumes zu spezifizieren, d.h. Form, Maße oder Gattung festzulegen.

e) Optionsvertrag

Bei dieser Vertragsform erhält der Käufer das einseitige Recht, innerhalb der Optionsfrist vom Verkäufer eine bestimmte Materialmenge zu beziehen. Die Vertragsform ermöglicht es dem Käufer die Deckung von unsicheren Bedarfsfällen vorzunehmen. Der Vertrag kann auch für Teilmengen gelten, d.h., benötigt der Käufer nach der Abnahme einer fest vereinbarten Mindestmenge weitere Mengenanteile, kann er die zusätzliche Menge, über die er eine Option erworben hat, im Bedarfsfall in Anspruch nehmen.

f) Vormerkvertrag

Besteht Unsicherheit in bezug auf die Bedarfshöhe beim Käufer, so können die Vertragsparteien einen Vormerkvertrag abschließen, bei dem eine Vormerkung (Reservierung) beim Verkäufer erfolgt. Fest vereinbart wird eine Lieferung, die Liefermenge jedoch stellt eine unverbindliche Vereinbarung dar. Die endgültig zu liefernde Menge wird vom Käufer erst nachträglich bestimmt.

g) Verträge mit Gleitklauseln

Die ungewisse Entwicklung der Marktpreise führt vielfach dazu, daß der Verkäufer nicht bereit ist, einen bestimmten Materialpreis vertraglich zu garantieren. In solchen Fällen wird er die Ware unter Einschaltung einer Preisvorbehaltsklausel (z.B. freibleibend, unverbindlich, bestens) anbieten. Eine andere Möglichkeit besteht darin, daß die Vertragsparteien eine **Preisgleitklausel** vereinbaren. Der Preis wird dann an die Entwicklung eines anderen Gutes oder Indexes gebunden.

4.2 Vertragsbedingungen

Mit den Liefer- und Zahlungsbedingungen legen die Vertragsparteien fest, wann und in welcher Form die Ware zu liefern ist. Außerdem wird die Höhe des Kaufpreises und die Qualität festgelegt.

4.2.1 Zahlungsbedingungen

Die Zahlungsbedingungen legen fest, ob zum vereinbarten Preis (fester oder frei-bleibender Preis) Preiszuschläge in Form von Mindermengenzuschlägen oder Zu-schläge für den Ausgleich von Währungsrisiken zu addieren sind bzw. Preisnachlässe in Form von Rabatten, Boni oder Skonti subtrahiert werden können. Vertraglich vereinbart wird auch, ob es sich um einen Bar- oder Zielpreis handelt. Beim Barkauf fallen Lieferung und Zahlung zusammen. Beim Zielkauf tritt eine Kreditsituation ein, da der Betrag erst nach einem festgelegten Zahlungsziel bezahlt werden braucht, es sei denn, der Käufer bezahlt sofort und zieht Skonto ab. Der Zahlungszeitpunkt kann auch vor dem Lieferzeitpunkt vereinbart werden, wenn sog. Vorauszahlungen (Vorkasse) erfolgen.

4.2.2 Lieferbedingungen

Die Lieferbedingungen legen die Lieferzeit fest, außerdem wird vereinbart, wer die mit der Lieferung zusammenhängenden Verlade- und Transportkosten zu tragen hat. Beispiele für Lieferbedingungen sind "ab Fabrik", "ab Lager", d.h., der Käufer trägt sämtliche Beförderungskosten (Anfuhr-, Fracht- und Abfuhrkosten). Die Bedingung "frei Fabrik benannter Ort" (Haus, Lager, Speicher) bedeutet, daß der Verkäufer die Beförderungskosten trägt. "Frachtfrei Bestimmungsort" ("frei Bahnhof") bedeutet, daß der Verkäufer die Anfuhr- und Frachtkosten bis zum Bestimmungsort trägt. Der Käufer übernimmt die Abfuhrkosten vom Bestimmungsort zu seinem Sitz.
Der Bezug von Waren aus dem Ausland birgt besondere Risiken. Beschädigungen, Verlust der Ware oder nicht ausgeführte Lieferungen können sich auf das Vertrauens-verhältnis der Parteien auswirken, so daß Rechtsstreitigkeiten entstehen. Der Importeur muß die Kaufverträge daher so exakt formulieren, daß es keine Aus-einandersetzungen zwischen dem importierenden Unternehmen und dem aus-ländischen Lieferanten über Transportkosten und Gefahrenübergang gibt. Zur Ver-meidung von Mißverständnissen und Streitigkeiten hat die internationale Handels-kammer in Paris 1936 eine Reihe von Regeln erarbeitet und unter dem Namen INCOTERMS (= International Rules for the Interpretation of Commercial Terms) bekanntgemacht. Die INCOTERMS sind internationale Regeln zur Auslegung von handelsüblichen Vertragsformeln. Sie beschreiben den Kostenübergang und den Gefahrenübergang vom Ort und Zeitpunkt an, an dem der Verkäufer die Ware an den Käufer bzw. Frachtführer übergibt. Diese Regelungen wurden in den Jahren 1953, 1967, 1976, 1980 ergänzt und erweitert. Letztmalig wurde 1990 eine Neufassung der

INCOTERMS veröffentlicht, um die Regeln den veränderten Bedingungen der internationalen Handelspraxis anzupassen. Eine Anpassung erfolgte insbesondere an die veränderten Transporttechniken.

Die INCOTERMS 1990 wurden in vier unterschiedliche Gruppen eingeteilt. Die erste Gruppe besteht aus nur einer einzigen Klausel, nach der der Verkäufer dem Käufer die Ware auf seinem eigenen Gelände zur Verfügung stellt. Es handelt sich hierbei um die **E-Klausel** EXW. Die gesamten INCOTERMS zeigt die Abbildung 4.3. Die zweite Gruppe bilden die **F-Klauseln**, bei denen sich der Verkäufer verpflichtet, die Ware einem vom Käufer benannten Frachtführer zu übergeben. Zu den F-Klauseln zählen FCA, FAS und FOB. Die dritte Gruppe bilden die C-Klauseln, nach denen der Verkäufer den Beförderungsvertrag abzuschließen hat, ohne das Risiko des Verlustes oder der Beschädigung der Ware oder zusätzlicher Kosten, die auf Ereignisse nach dem Abtransport zurückzuführen sind, zu tragen. Zu den C-Klausen gehören CFR, CIF, CPT und CIP. Die vierte und letzte Gruppe bilden die D-Klauseln, nach denen der Verkäufer alle Kosten und Risiken übernimmt, bis die Ware im benannten Bestimmungsland eintrifft. D-Klauseln sind DAF, DES, DEQ, DDU und DDP.[1]

Klausel	Beschreibung
EXW (EX WORKS ... named place) AB WERK ...benannter Ort, wie z.B. ab Mühle, ab Fabrik, ab Lagerhaus	"Ab Werk" bedeutet, daß der Verkäufer seine Lieferverpflichtung erfüllt, sobald er die Ware auf seinem Gelände dem Käufer zur Verfügung stellt. Der Käufer ist für die Verladung und den Transport verantwortlich.
FCA (FREE CARRIER ...named place) FREI FRACHTFÜHRER ... benannter Ort	Der Verkäufer erfüllt seine Lieferverpflichtung, wenn er die zur Ausfuhr freigemachte Ware dem vom Käufer benannten Frachtführer am benannten Ort oder an der benannten Stelle übergibt. Ein Frachtführer verpflichtet sich durch einen Beförderungsvertrag, die Beförderung per Schiene, Straße, Luft, Binnengewässer oder in einer Kombination dieser Transportarten durchzuführen bzw. durchführen zu lassen.
FAS (FREE ALONGSIDE SHIP) FREI LÄNGSSEITE SCHIFF ... benannter Verschiffungshafen	Der Verkäufer erfüllt seine Lieferverpflichtung, wenn er die Ware längsseits des Schiffs am Kai bereitstellt. Ab diesem Zeitpunkt gehen alle Kosten und Gefahren des Verlustes oder der Beschädigung der Ware auf den Käufer über.
FOB (FREE ON BOARD ... named port of shipment) FREI AN BORD ... benannter Verschiffungshafen	FOB bedeutet, daß der Verkäufer seine Lieferverpflichtung erfüllt, wenn die Ware die Schiffsreling in dem benannten Verschiffungshafen überschritten hat. Ab diesem Zeitpunkt hat der Käufer alle Kosten und Gefahren des Verlustes oder der Beschädigung der Ware zu tragen.
CFR (COST AND FREIGHT ...named port of destination) KOSTEN UND FRACHT ...benannter Bestimmungshafen	CFR bedeutet, daß der Verkäufer die Kosten und die Fracht tragen muß, die erforderlich sind, um die Ware zum benannten Bestimmungshafen zu befördern; jedoch gehen die Gefahren des Verlustes oder der Beschädigung der Ware ebenso wie zusätzliche Kosten, die auf Ereignisse nach Lieferung der

---

[1] Vgl. ICC (Hrsg.), (1990), S.5-8.

	Ware an Bord zurückzuführen sind, vom Verkäufer auf den Käufer über, sobald die Ware die Schiffsreling im Verschiffungshafen überschritten hat.
CIF (COST, INSURANCE AND FREIGHT ... named port of destination) KOSTEN, VERSICHERUNG, FRACHT ... benannter Bestimmungshafen	CIF bedeutet, daß der Verkäufer die gleichen Verpflichtungen wie bei der CFR-Klausel hat, jedoch zusätzlich die Seetransportversicherung gegen die vom Käufer getragene Gefahr des Verlustes oder der Beschädigung der Ware während des Transports abzuschließen hat. Der Verkäufer schließt den entsprechenden Versicherungsvertrag ab und zahlt die Versicherungsprämie.
CPT (CARRIAGE PAID TO ... named place of destination) FRACHTFREI ... benannter Bestimmungsort	CPT bedeutet, daß der Verkäufer die Fracht für die Beförderung der Ware bis zum benannten Bestimmungsort trägt. Die Gefahren des Verlustes oder der Beschädigung der Ware gehen ebenso wie zusätzliche Kosten, die auf Ereignisse nach Lieferung der Ware an den Frachtführer zurückzuführen sind, vom Verkäufer auf den Käufer über, sobald die Ware dem Frachtführer übergeben worden ist.
CIP (CARRIAGE AND INSURANCE PAID TO ... named place of destination) FRACHTFREI VERSICHERT ... benannter Bestimmungsort	CIP bedeutet, daß der Verkäufer die gleichen Verpflichtungen wie bei der CPT-Klausel hat, jedoch zusätzlich die Transportversicherung gegen die vom Käufer getragenen Gefahren des Verlustes oder der Beschädigung der Ware während des Transports zu beschaffen hat. Der Verkäufer schließt die Versicherung ab und zahlt die Prämie.
DAF (DELIVERED AT FRONTIER) GELIEFERT GRENZE ... benannter Ort	DAF bedeutet, daß der Verkäufer seine Lieferverpflichtung erfüllt, wenn die zur Ausfuhr freigemachte Ware an der benannten Stelle des benannten Grenzortes zur Verfügung gestellt wird, jedoch vor der Zollgrenze des benachbarten Landes.
DES (DELIVERED EX SHIP ... named port of destination) GELIEFERT AB SCHIFF ... benannter Bestimmungshafen	DES bedeutet, daß der Verkäufer seine Lieferverpflichtung erfüllt, wenn die Ware, die vom Verkäufer nicht für die Einfuhr freizumachen ist, dem Käufer an Bord des Schiffes im benannten Bestimmungshafen zur Verfügung gestellt wird.
DEQ [DELIVERED EX QUAY (DUTY PAID) ... named port of destination] GELIEFERT AB KAI VERZOLLT ... benannter Bestimmungshafen	DEQ bedeutet, daß der Verkäufer seine Lieferverpflichtung erfüllt, wenn er die zur Einfuhr freigemachte Ware dem Käufer am Kai des benannten Bestimmungshafens zur Verfügung stellt. Der Verkäufer trägt alle Gefahren und Kosten einschließlich Zölle, Steuern und anderer Kosten für die Lieferung der Ware bis zu diesem Ort.
DDU (DELIVERED DUTY UNPAID ... named place of detination) GELIEFERT UNVERZOLLT ... benannter Bestimmungsort	DDU bedeutet, daß der Verkäufer seine Lieferverpflichtung erfüllt, wenn die Ware am benannten Ort im Einfuhrland zur Verfügung gestellt wird. Der Verkäufer trägt alle Kosten und Gefahren der Beförderung bis zu diesem Ort (außer den bei der Einfuhr anfallenden Zölle, Steuern und anderen öffentlichen Abgaben) sowie die Kosten und Gefahren der Erledigung der Ausfuhr von Ausfuhrzollformalitäten.
DDP (DELIVERED DUTY PAID ... named place of destination) GELIEFERT VERZOLLT ... benannter Bestimmungsort	DDP bedeutet, daß der Verkäufer seine Lieferverpflichtung erfüllt, wenn die Ware am benannten Ort im Einfuhrland zur Verfügung gestellt wird. Der Verkäufer trägt alle Gefahren und Kosten der Lieferung der zur Einfuhr freigemachten Ware bis zu diesem Ort einschließlich Zölle, Steuern und anderer Abgaben.

Abb. 4.3: Überblick INCOTERMS[1]

---

[1] Zusammengestellt aus ICC (Hrsg.), (1990), S. 19 - 197.

4.3 Beschaffungsmarketing

Marketing wird als die systematische marktorientierte Führung des Unternehmens bezeichnet.[1] Der Ausgangspunkt der Überlegungen ist, daß ein Unternehmen langfristig nur dann seine Ziele erreicht, also seine Existenz sichern kann, wenn es sich am Markt ausrichtet und orientiert. Dies bedeutet, daß das Unternehmen kurzfristig sich an den Markt anpassen muß und langfristig eine Marktbeeinflussung anstreben sollte.

Der Begriff "Beschaffungsmarketing" ist als Gegenstück zum Absatzmarketing geprägt worden. Während sich das Absatzmarketing mit den nachgelagerten Märkten (Absatzmärkte) und der Nachfrage und dem Angebot auf diesen Märkten beschäftigt, ist das Beschaffungsmarketing auf die dem Unternehmen vorgelagerten Beschaffungsmärkte ausgerichtet. Wie bereits erwähnt, bezieht sich der Beschaffungsbegriff auf alle für den Produktionsprozeß erforderlichen Faktoren. Das Beschaffungsmarketing i.w.S. bezieht sich also auf Personalmärkte, Informationsmärkte, Finanzmittelmärkte, Roh-, Hilfs- und Betriebsstoffmärkte.[2] Beschaffungsmarketing i.e.S. bezieht sich dagegen ausschließlich auf den Materialbereich. Es stellen sich zunächst die folgenden Fragen:

• Was ist unter Beschaffungsmarketing zu verstehen?

• Was unterscheidet den traditionellen Einkauf vom Beschaffungsmarketing?

Beschaffungsmarketing ist auf die systematische Nutzung der Marktchancen auf den Beschaffungsmärkten (i.e.S.) ausgerichtet. Soweit möglich sollen mit entsprechenden Gestaltungsmitteln die Märkte beeinflußt werden.

Beschaffungsmarketing befaßt sich mit der Gestaltung der Interaktionsbeziehung zwischen dem leistungsbeziehenden Unternehmen mit den entsprechenden Lieferanten unter Berücksichtigung der Unternehmensziele und der Unternehmensumwelt.

---

[1] Vgl. Meffert, H.(1989), S. 32.
[2] Vgl. auch Raffée, H. (1979), S. 4 - 6.

4.3.1 Einteilung der Beschaffungsmärkte

Die Beschaffungsmarktforschung beschäftigt sich mit den jeweiligen Märkten, die sich wie folgt einteilen lassen:[1]

a) Einteilung nach den Materialien
- Rohstoffmärkte
- Hilfs- und Betriebsstoffmärkte
- Halbzeugmärkte
- Markt für Normteile
- Markt für Bauelemente
- Markt für Baugruppen
- Markt für Fremdfertigungsteile - Substitutionsgütermärkte

b) geographische Einteilung
- Auslandsmärkte (s.a. Global Sourcing)
- Inlandsmärkte

c) Marktformen

Eine weitere Klassifikation der Märkte geht auf *Stackelberg* zurück. Die Einteilung erfolgt nach der Anzahl der Marktteilnehmer auf der Angebots- und Nachfrageseite und ihre relative Größe, d.h. den Anteil am Angebot bzw. an der Nachfrage des betrachteten Marktes. Unterschieden wird zwischen einem großen, wenigen mittel-großen und zahlreichen kleinen Anbietern und Nachfragern. Durch die Kombination erhält man die in der Abb.4.4 dargestellten neun Marktformen. Das Merkmal "viele" liegt vor, wenn die Zahl der Marktteilnehmer so groß ist, daß die Maßnahmen eines Anbieters bzw. Nachfragers für das Gesamtmarktgeschehen unerheblich sind und keine Reaktionen der anderen hervorrufen. Das Merkmal "wenige" liegt vor, wenn die Zahl der anbietenden bzw. nachfragenden Marktteilnehmer so klein und ihre jeweiligen Marktanteile folglich so groß sind, daß Maßnahmen eines Marktteilnehmers bei den Konkurrenten Gegenmaßnahmen auslösen.[2] Die Markteinteilung ist wesentlich für die Erklärung der Preisbildung auf den Märkten.

---

1 Vgl. Eversheim, W./ Fischer,W./ Seifert, H. (1980, S. 46-47.
2 Vgl. Bänsch, A. (1991), S. 167-168.

Nachfrager: Anbieter	einer	wenige	viele
einer	Bilaterales Monopol	Beschränktes Angebots- monopol	Angebots- monopol
wenige	beschränktes Nachfrage- monopol	Bilaterales Oligopol	Angebots- oligopol
viele	Nachfrage- monopol	Nachfrage- oligopol	Polypol

Abb. 4.4: Marktformen

d) Intensität

Bei der Betrachtung der Intensität der Bemühungen im Rahmen der Beschaffungsmarktforschung gelangt man zur Unterscheidung zwischen Untersuchungen der
Märkte in der eigenen Fertigungsstufe (sog. Eigenmärkte) und derjenigen Märkte, die
den eigenen Märkten im Veredelungsprozeß vorgelagert sind (sog. Vormärkte).[1]

e) Branchen und Größenklassen

Weitere Markteinteilungen können nach der Branche oder Marktgröße erfolgen.

4.3.2 Inhalt und Instrumente des Beschaffungsmarketings

Der Begriff "Beschaffungsmarketing" wird in der Literatur sehr unterschiedlich verwendet.[2] Einerseits erfolgt eine Beschreibung dessen, was Beschaffungsmarketing ist
bzw. sein soll, andererseits erfolgt eine Aufzählung der Teilbereiche, die das
Beschaffungsmarekting beinhalten soll.

Harlander und *Platz*[3] charakterisieren das Beschaffungsmarketing mit den Kriterien:

- Lieferantenorientierung
- Kreativität
- Systematische Entscheidungsfindung
- Betriebliche Koordination.

---

[1] Vgl. Hapke, W. (1990), S.15.
[2] Vgl. Schröder, M. (1993), S. 17-25.
[3] Vgl. Harlander, N. / Platz, G. (1989), S. 30-31.

Lieferantenorientierung bedeutet dabei, daß bereits vor einer Produkteinführung auf dem Markt überlegt werden muß, welche Materialideen der Lieferant anzubieten hat. Es muß ein Informationsfluß vom Lieferanten zum Abnehmer erfolgen. Dies entspricht der Idee des Simultaneous Engineerings.

Kreativität bzw. eine kreative Gedankenfindung soll dann einsetzen, sobald sich das Unternehmen über die Beschaffungsmärkte informiert hat. Zusammen mit den Funktionsbereichen Produktion und Absatz müssen Lösungen gefunden werden, die den Möglichkeiten des Beschaffungsmarktes und den Vorstellungen des Absatzmarktes entsprechen.

Systematische Entscheidungsfindung bedeutet, daß nur Entscheidungen gefällt werden, wenn ein Abwägen zwischen mehreren Alternativen auf der Basis umfassender Informationen erfolgt ist. Sämtliche Vorhaben sind sorgfältig zu planen und an den übergeordneten Zielsetzungen auszurichten.

Die **betriebliche Koordination** sind die dispositiven und objektbezogenen Maßnahmen der Materialwirtschaft. Dazu gehört ebenfalls eine gleichberechtigte Stellung dieses Bereiches zu den anderen Ressorts unterhalb der Unternehmensleitung.

Das Beschaffungsmarketing läßt sich grob in die folgenden Teilbereiche gliedern:

- Beschaffungsmarktforschung
- Instrumente zur Marktgestaltung (Beschaffungspolitiken)
- Lieferantenauswahl und -pflege.

4.3.3 Die Beschaffungsmarktforschung

Die Beschaffungsmarktforschung ist das Pendant zur Absatzmarktforschung und kann als ein Teilgebiet der Marktforschung aufgefaßt werden. Sie stellt jedoch ein eigenständiges Tätigkeitsfeld dar, da erhebliche Unterschiede zwischen den Absatzmärkten und den Beschaffungsmärkten (i.e.S.) bestehen. Die Beschaffungsmarktforschung soll vermeiden helfen, daß Risiken, die von den Beschaffungsmärkten ausgehen, zu spät erkannt werden. Sie liefert u.a. die Ausgangsdaten für Prognosen über die zukünftige Entwicklung auf den Beschaffungsmärkten. Es werden Informationen gesammelt über

- kostengünstige Substitutionsmaterialien
- neue Beschaffungswege
- Alternativlösungen zur Lagerbewirtschaftung
- Wiederverwertung von Abfallprodukten (Recycling).

Eine funktionierende Beschaffungsmarktforschung ist die Voraussetzung für den optimalen Einkauf. Die Beschaffungsmarktforschung umfaßt alle Maßnahmen zur Gewinnung von Informationen, die die Beschaffungsmärkte betreffen. Gleichzeitig dient sie der Informationsaufbereitung. Sie soll durch optimale Kenntnisse der Beschaffungsmärkte und deren methodische Auswertung und Anwendung die Verwirklichung eines optimalen Beschaffungserfolges ermöglichen.

Die Aufgaben der Beschaffungsmarktforschung sind.[1]

- Umfassende Informationsversorgung des Materialmanagements
- Erhöhung der Markttransparenz
- Erkennen und Beurteilen zukünftiger Entwicklungen auf den Beschaffungsmärkten
- Preiskontrollen
- Vorbereitung und Unterstützung der Beschaffungspolitik
- Erkennen von kostengünstigen Substitutionsmaterialien und neuen Beschaffungswegen
- Entwicklung von Alternativlösungen zur Lagerbewirtschaftung
- Vorschläge zur Wiederverwertung von Abfallprodukten (Recycling)
- Argumentationshilfen für Einkaufsverhandlungen.

Um diese Aufgaben erfüllen zu können, müssen die erforderlichen Informationen gesammelt, aufbereitet und archiviert werden.
Die Hauptaufgabe der Beschaffungsmartkforschung liegt in der Analyse der Marktbedingungen. Insbesondere interessieren das Materialmanagement.

a) das Beschaffungsmarktpotential, dies ist die maximal mögliche Beschaffungsmenge eines Materials im relevanten Markt,

b) das Beschaffungsmarktvolumen, hierbei handelt es sich um die von allen Nachfragern in einem relevanten Markt bezogenen Beschaffungsmengen,

c) die Beschaffungsmarktstruktur, d.h. der Aufbau, die beteiligten Lieferanten und die Mitnachfrager,

d) die zukünftige Marktentwicklung, d.h. mittel- bis langfristige Änderungen, die sich auf den Märkten vollziehen,

e) das Verhalten der Konkurrenten (Mitnachfrage),

---

[1] Vgl. Reusch, A. (1990), S. 4; Harlander, N. / Platz, G. (1989), S. 35.

f) die bestehenden Marktrisiken (insbesondere bei Auslandsbeschaffungsmärkten: Umweltrisiken und ökologisches Verhalten potentieller Lieferanten, politische Risiken, Wechselkursrisiken).

Aufbereitet werden die analysierten Untersuchungsergebnisse in Form von.

- Grafiken
- Statistiken
- Kennzahlen
- Berichten.

Gespeichert werden Informationen in entsprechenden Dateien, z.B.

a) Lieferantendateien

Eigentumsverhältnisse

Management

Produktpalette, Fertigungsverfahren, Qualitätsstandards

Bilanzen

Vorratshaltung

Lieferung an Konkurrenten

Service

Beratung, Kommunikation und Kooperationsbereitschaft

b) Preis- und Konditionendatei

Preislisten

Zahlungsbedingungen und Lieferbedingungen

Rabatte

Lieferantenkredite

Versicherungskosten

Gegengeschäftsmöglichkeiten

Einsatz von Transportmitteln

Verpackungsbedingungen / Verpackungsrücksendungen

c) Bestell- und Termindatei

Lieferzeit, Liefertermine

Bestellvorschlagsprogramme

d) Material-, Teiledatei

Artikelnummern und -bezeichnungen

Umweltverträglichkeit

Verpackungsanforderungen

Entsorgungsmöglichkeiten

Recyclingmöglichkeiten

4.3.4 Ausprägungsformen der Beschaffungsmarktforschung

Die Beschaffungsmarktforschung läßt sich nach unterschiedlichen Kriterien gliedern, wie die nachstehende Abbildung zeigt.

Einteilungskriterium	Ausprägungsform	Kurzbeschreibung
Traditionelle Einteilung nach dem Zeitbezug und Inhalt des Datenmaterials	Analyse des Beschaffungsmarktes	Einmalige Datenerhebung
	Beobachtung des Beschaffungsmarktes	Kontinuierliche Marktbeobachtung
	Beschaffungsmarktprognose	Prognose zukünftiger Entwicklungen
Erhebungsmethoden	Primärforschung	Datenerhebung für bestimmte neue Zwecke
	Sekundärforschung	Auswertung vorhandener Daten für neue Zwecke
Zeitliche Einteilung	Retrospektive Beschaffungsmarktforschung	Kontrolle vergangener Entscheidungen
	Adspektive Beschaffungsmarktforschung	Betrachtung der aktuellen Situation
	Prospektive Beschaffungsmarktforschung	Prognoseinformationen
Informationsinhalte	Demoskopische Beschaffungsmarktforschung	Verhalten der Marktteilnehmer
	Ökoskopische Beschaffungsmarktforschung	Wirtschaftliche Größen, die aus den Handlungen der Marktteilnehmer resultieren

Abb. 4.5: Einteilungsmöglichkeiten der Beschaffungsmarktforschung

Die traditionelle Einteilung der Beschaffungsmarktforschung erfolgt analog zur Absatzmarktforschung.[1] Es lassen sich deshalb die folgenden drei Bereiche unterscheiden:

- Analyse des Beschaffungsmarktes

- Beobachtung des Beschaffungsmarktes

- Beschaffungsmarktprognose.

---

[1] Vgl. Bänsch, A. (1991), S. 7-8.

Die **Analyse** eines Beschaffungsmarktes (Marktinventur) ist eine einmalige Untersuchung eines räumlich und nach Leistungsarten abgegrenzten Beschaffungsmarktes;
sie dient der Bestandsaufnahme zu einem bestimmten Zeitpunkt. Die Marktanalyse
gibt beispielsweise Auskunft über die Zahl der Lieferanten, Lieferanten-Know-how,
regionale Verteilung, vorhandene Kapazitäten, Größe, Investitionsneigung,
Leistungsfähigkeit, Termintreue, Preise und Konditionen. Die Beschaffungsmarkt-
analyse kann weitere Informationen über die Risikoanfälligkeit und die Ressourcenverfügbarkeit der Beschaffungsmärkte liefern. Besonderen Stellenwert erhalten die
Informationen, wenn die Analyse internationaler Rohstoffmärkte erfolgt.

Bei der **Beobachtung** des Beschaffungsmarktes handelt es sich um einen kontinuierlichen Prozeß. Sie soll Aufschlüsse über Veränderungen der relevanten Markt-
faktoren geben. Veränderungen der Kapazitäten der Lieferanten, Qualitätsver-
änderungen, Preisschwankungen, Angebotsverschiebungen und technische Weiter-
entwicklungen sollen möglichst schnell festgestellt werden.

Bei der **Beschaffungsmarktprognose** erfolgt eine Prognose der zukünftigen Marktentwicklung. Die Prognose kann dabei in Form von Vorausberechnungen oder
Schätzungen auf der Basis vorhandener Daten erfolgen. Prognosen können aber auch
auf Grund von Erfahrungen oder intuitiven Annahmen erstellt werden. Bekannt sind
die Prognosen über die zeitliche Lieferfähigkeit erdölexportierender Länder, bei
denen ein Vergleich der Hochrechnung der Fördermengen mit den vorhandenen
Erdölreserven erfolgt. Prognosen werden durch plötzlich auftretende Störungen
erschwert. Rohstoffverknappungen, Ernteausfälle und Gesetzesänderungen sind
vielfach nicht oder nur schwer ins Kalkül einzubeziehen.

Erfolgt die Einteilung der Beschaffungsmarktforschung nach den **Erhebungs-**
methoden, so gelangt man zur Unterscheidung zwischen der Sekundärforschung und
der Primärforschung. Die **Sekundärforschung** stützt sich auf bereits vorhandenes
Datenmaterial, das oft für andere Zwecke erstellt wurde. In diesem Zusammenhang
wird auch der Begriff sekundärstatistisches Material verwendet. Als
Informationsquellen dienen externes Datenmaterial, wie Statistiken, Börsenberichte,
Jahrbücher, Informationen von Markt- und Wirtschaftsforschungsinstituten,
Geschäftsberichte der Lieferunternehmen, Presseveröffentlichungen, Fachbücher und
Fachzeitschriften, Kataloge, Lieferantenangebote, Prospektmaterial, externe
Datenbanken. Ebenfalls als Informationsquelle können Daten dienen, die im

Unternehmen selbst vorliegen, wie Berichte von Einkäufern, Kostenrechnungsdaten, Statistiken. Diese Erhebungsmethode ist vergleichsweise einfach und kann vom Schreibtisch aus durchgeführt werden, es wird daher auch die Bezeichnung desk research verwendet.

Vielfach reichen die Informationen, die durch die Sekundärforschung gewonnen werden, jedoch nicht aus. In diesen Fällen kann die Überlegung erfolgen, die Primärforschung zur Informationsgewinnung einzusetzen. Die **Pirmärforschung** stützt sich im wesentlichen auf Befragungen und Beobachtungen. Anstelle des Begriffs Primärforschung wird auch die Bezeichnung Feldforschung (field research) verwendet. Im Vergleich zur Sekundärforschung ist sie i.d.R. sehr aufwendig. Die bekannteste Form der Primärforschung ist die Befragung, Sie kann telefonisch, schriftlich oder per elektronischen Datenaustausch erfolgen. Befragt werden können nicht nur Lieferanten, auch die Befragung von anderen Abnehmern (bestimmter Lieferanten) ist möglich. Oftmals sind es die Lieferanten selbst, die Referenzlisten an potentielle Abnehmer ausgeben, aus denen diese sich über die Qualität der Leistungen überzeugen können. Beobachtungen und Befragungen von Lieferanten können anläßlich von Betriebsbesichtigungen, Messebesuchen, Fachtagungen oder Lieferantentagen erfolgen. Primäre Daten können auch aufgrund von Probekäufen, Angeboten der Lieferanten oder Ausschreibungen gewonnen werden.

Auskunftquellen können weiterhin Banken, Verbände, Makler und Kammern sein. Hierbei kann es um Primärforschung oder aber Sekundärforschung gehen, wenn es sich um sekundäre Daten handelt.

Erfolgt die Einteilung der Beschaffungsmarktforschung nach dem **Informations-inhalt**, wie sie oft auch in der Absatzmarktforschung vorgenommen wird, so läßt sich die Unterscheidung in demoskopische und ökoskopische Beschaffungsmarkt-forschung vornehmen.

Die **Demoskopie** (Meinungsumfrage) beschäftigt sich mit dem menschlichen Verhalten der Marktteilnehmer. Die demoskopische Beschaffungsmarktforschung beschäftigt sich mit den Handlungssubjekten (z.B. Lieferanten und Vorlieferanten) und ihren subjektiven und objektiven Überlegungen. Zu den wesentlichen demoskopischen Methoden zählen die Befragung in Form von Erhebungen und Anfragen, die Beobachtung und das Experiment in Form von Probekäufen. Die demoskopische Beschaffungsmarktforschung ist gegenüber der ökoskopischen

Beschaffungsmarktforschung von untergeordneter Bedeutung. Die **ökoskopische Beschaffungsmarktforschung** (Ökoskopie) beschäftigt sich mit der Erforschung der Handlungsergebnisse der Lieferanten. Zu den ökoskopischen Methoden zählen beispielsweise[1]

- Marktanteilsberechnungen

- Trendberechnungen (für Entwicklungen der Faktoren Marktanteile, Preis, Qualitäten, Termine)

- Elastizitätsberechnungen (Ermittlung der Preisnachfrageelastizität, Kreuzpreiselastizitäten)

- Ermittlung von Konjunkturschwankungen (Ifo-Konjunkturspiegel)

- Ermittlung von Saisonschwankungen

- Lieferantengruppenanalysen.

Die Einteilung der Beschaffungsmarktforschung nach der Zeit führt zu folgender Unterscheidung:[2]

- retrospektive Beschaffungsmarktforschung

- adspektive (rekognostizierende) Beschaffungsmarktforschung

- prospektive Beschaffungsmarktforschung.

Bei der retrospektiven Beschaffungsmakrtforschung erfolgt die Informationsgewinnung aus der nachträglichen Kontrolle der getroffenen Beschaffungsentscheidungen. Sie soll Unterlagen für die Richtigkeit geplanter Beschaffungsverhandlungen liefern. Die wichtigsten Kriterien sind Preis, Qualität, Konditionen und Termine. Die adspektive Beschaffungsmarktforschung ist dagegen auf die Gegenwart ausgerichtet. Die Informationen dienen dem kurzfristigen taktischen Verhandeln der Einkäufer. Schließlich ist die prospektive Beschaffungsmarktforschung mit der bereits erwähnten Marktprognose gleichzusetzen. Ihre Aufgabe ist die Gewinnung, Aufbereitung und Verarbeitung von Entwicklungstendenzen.

4.3.5 Beschaffungspolitik

Die Beschaffungspolitik bildet den zweiten wesentlichen Bereich des Beschaffungsmarketings.[3] Lange Zeit wurde die Notwendigkeit auf den Beschaffungsmarkt

---

[1] Vgl. Harlander, N. / Platz, G. (1989), S. 41.

[2] Vgl. Harlander, N. / Platz, G. (1989), S. 39.

[3] Vgl. Überblick bei Mertens, J. (1986), S. 50.

gerichtete Maßnahmen zu ergreifen vernachlässigt. Es herrschte die Meinung, daß es sich auf der Einkaufsseite überwiegend um Käufermärkte handelt, auf denen sich der Einkäufer lediglich passiv verhalten kann. Vom Arbeitskreis *Weber-Hax* der *Schmalenbach-Gesellschaft* wurde 1960 vorgeschlagen, ein der Absatzseite entsprechendes beschaffungspolitisches Instrumentarium zu schaffen.[1] Heute ist der Teil der Beschaffungspolitik fester Bestandteil der Literatur zur Materialwirtschaft.

Bei der Beschaffungspolitik geht es darum, die aus der Beschaffungsmarktforschung gewonnenen Erkenntnisse in entsprechende Beschaffungspolitiken umzusetzen, um die materialwirtschaftlichen Ziele zu erreichen. Insbesondere soll Einfluß auf die Leistungen, Konditionen und Vertragsbedingungen der Lieferanten ausgeübt werden. Die Möglichkeiten der Einflußnahme sind abhängig von den vorhandenen Machtverhältnissen, wie sie bereits in Abb. 4.4 dargestellt wurden. Zu den Instrumenten der Beschaffungspolitiken zählen die in der Abb. 4.6 dargestellten Insturmente.

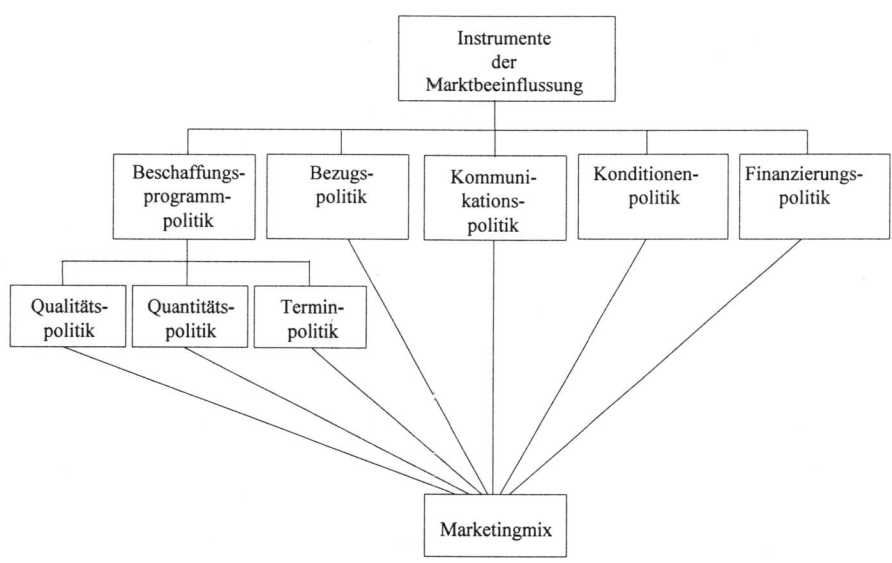

Abb. 4.6: Instrumente der Marktbeeinflussung

4.3.5.1 Beschaffungsprogrammpolitk

Alle Maßnahmen, die zur Festlegung des Beschaffungsprogramms nach Art, Quantität, Qualität und Zeitpunkt dienen, gehören zur Beschaffungsprogrammpolitik.

---

[1] Vgl. Arbeitskreis Weber-Hax (Hrsg.),(1960), S. 197.

Das beschaffende Unternehmen erbringt für den Lieferanten wesentliche (Vor-) Dispositionsleistungen. Zur Beschaffungsprogrammpolitik zählt die Qualitätspolitik, die Quantitätspolitik und die Terminpolitik. Das beschaffende Unternehmen führt beispielsweise Qualitätskontrollen durch. Durch diese Tätigkeit erbringt das nachfragende Unternehmen auch für das anbietende Unternehmen eine Überwachungsleistung (Kontrolle der Qualität aus Nachfragersicht).[1]

Die **Qualitätspolitik** soll das Finden, Bestimmen und Bereitstellen der optimalen Materialqualität bewirken. Sie ist vorwiegend langfristig ausgerichtet. In Anlehnung an die Marketingterminologie wird unterschieden zwischen[2]

a) Materialinnovation = Entwicklung neuer Einsatzstoffe

b) Materialvariation = Schaffung alternativer Materialien (Substitution)

c) Materialeliminierung = Maßnahmen der Herausnahme eines Materials aus dem Beschaffungsprogramm.

Zu den Maßnahmen im Produktgestaltungspolitischen Bereich zählen Gestaltungs- und Leistungsvorschriften und Gestaltungstoleranzen. Mit den Vorschriften wird direkter Einfluß auf die Teile- bzw. Materialgestaltung ausgeübt. Die bindenden Vorgaben beziehen sich z.B. auf den Einsatz konkreter Materialien, die Oberflächenbehandlung, die Fertigungsverfahren und die Festlegung konkreter Abmessungen.[3]

Die **Quantitäts- bzw. Mengenpolitik** ist eine weitere Möglichkeit, Politik zu betreiben. Das Materialmanagement hat die Möglichkeit, einen langfristigen Bedarf z.B. durch feste Vereinbarungen über die zu liefernde Menge oder mit einem Rahmenabkommen zu decken. Zentrales Instrument der Quantitätspolitik ist die Beschaffungsmenge.

Im Rahmen der **Terminpolitik** erfolgt die Festlegung der Liefertermine unter Berücksichtigung der Lieferfähigkeit der Anbieter. Hierbei werden generell kurzfristige Lieferzeiten angestrebt. Das beschaffende Unternehmen strebt jedoch auch eine langfristige Versorgungssicherheit an. Durch entsprechende vertragliche Vereinbarungen, wie etwa Konventionalstrafen, kann dies sichergestellt werden.

---

[1] Vgl. Hammann, P./ Lohrberg, W. (1986), S. 52.

[2] Vgl. auch Kopsidis, R. (1989), S. 194.

[3] Vgl. Hildebrandt, H. (1990), S. 24.

4.3.5.2 Konditionenpolitik

Die Konditionenpolitik bezieht sich auf die finanziellen Bedingungen, zu denen die Güter bereitgestellt werden sollen. Wird lediglich die Beeinflussung der Preise betrachtet, so wird von der Preispolitik gesprochen. Neben den Preisen sind für den Einkäufer aber auch die Zahlungsbedingungen, Finanzierungshilfen und Lieferbedingungen von Interesse. Die Verhandlungen mit den Lieferanten beziehen sich bei der Konditionenpolitik auf

- Preisnachlässe
- Zahlungsbedingungen und Finanzierungshilfen, z.B. in Form von Lieferantenkrediten
- Liefer- und Garantiebedingungen.

Hinzuweisen ist noch darauf, daß die Konditionenpolitik nicht unabhängig von der Qualitätspolitik gesehen werden darf. Die Preisbildung erfolgt i.d.R. auf den Märkten. Wesentlich für die Möglichkeit, auf die Preisbildung Einfluß zu nehmen, sind daher die vorhandenen Marktverhältnisse. Je nach Anzahl der Anbieter und Nachfrager, wie sie in der Abb. 4.6 aufgeführt sind, lassen sich unterschiedliche Strategien ableiten, auf die hier allerdings nicht im einzelnen eingegangen werden soll.

Weitere wesentliche Elemente sind die Markttransparenz und die vorhandenen Preiselastizitäten. Die Markttransparenz ist ebenfalls abhängig von den gegebenen Marktverhältnissen. Die Beschaffungsmarktforschung dient somit zur Verbesserung der Erhöhung der Transparenz der Beschaffungsmärkte und dadurch der betrieblichen Wettbewerbsfähigkeit. Je größer die Anzahl der Anbieter ist, desto schwieriger und kostenintensiver ist die Beschaffung von relevanten Informationen.

Elastizitäten werden in den Wirtschaftswissenschaften für viele Zwecke eingesetzt. Grundsätzlich geht es immer darum, Ursachen-Wirkungszusammenhänge aufzuzeigen. Elastizitäten zeigen dabei den Grad der Abhängigkeit zwischen wirtschaftlichen Größen an.

Um auszudrücken, wie groß die von einer Preisänderung eines Materials ausgelöste Änderung der nachgefragten Menge des gleichen Materials ist, wird die Elastizität der Nachfrage in bezug auf den Preis des Materials verwendet. Es wird dabei die folgende Formel verwendet:

$$\text{Elastizität} = \frac{\text{relative Mengenänderung}}{\text{relative Preisänderung}}$$

Bezeichnet man die Menge mit x, ihre Änderung mit δ x, den Ausgangspreis mit p und die Änderung mit δ p, so kann man für die Berechnung der Elastizität (E) auch schreiben:

$$E = \frac{\dfrac{\delta x}{x}}{\dfrac{\delta p}{p}}$$

Von Interesse ist, ob die Elastizität größer oder kleiner als 1 ist. Ist die Elastizität größer als 1, so handelt es sich um eine elastische Nachfrage. Steigt also der Preis um 1%, wird die Nachfragemenge um mehr als 1% sinken. Liegt die Elastizität zwischen 0 und 1, so spricht man von einer unelastischen Nachfrage. Eine Preisänderung von 1% bewirkt in diesem Fall einen Nachfragerückgang von weniger als 1%.

4.3.5.3 Kommunikationspolitik

Kommunikationspolitik dient der Anbahnung, dem Aufbau und der Gestaltung von Lieferanten-Abnehmer-Beziehungen und der Pflege bestehender Beziehungen. Mittel der Marketingkommunikation sind z.B. die Beschaffungswerbung, Messeaktivitäten und Lieferantenbesuche. Da sich die Kommunikationspolitik in erster Linie an die Lieferanten wendet, wird auch von **Lieferantenpolitik** gesprochen.

Ziel der Kommunikationspolitik ist, ein positives Abnehmerimage beim Lieferanten aufzubauen bzw. zu erhalten. Die Kommunikationspolitik soll die Beschaffungsbedingungen verbessern. Wird zu diesem Zweck die Beschaffungswerbung eingesetzt, so ist sie den spezifischen Bedingungen der Beschaffungssituation anzupassen. Da es sich i.d.R. um eine kleine Zielgruppe handelt, bieten sich hierfür Informationsbroschüren, Anzeigen in Fachzeitschriften und persönliche Besuche an.

4.3.5.4 Bezugspolitik

Das letzte vorzustellende Instrument der Beschaffungspolitik ist die Bezugspolitik. Die Bezugspolitik entspricht der Distributionspolitik des Absatzmarketings. Es geht demnach um die Wahl der Bezugswege und um die physische Bewegung des Materials zwischen den Lieferanten und dem Abnehmer. Entsprechend dem aus dem absatzseitigen Marketing bekannten Marketing-Mix, soll das Materialmanagement ein **Beschaffungsmarketing-Mix** anstreben.

4.3.6 Lieferantenauswahl mit der Nutzwertanalyse

Mit Hilfe der Nutzwertanalyse kann eine differenzierte Lieferantenbeurteilung erfolgen. Die Nutzwertanalyse ist streng von der Wertanalyse zu unterscheiden. Die Grundlage der Nutzwertanalyse (benefit-, utilityanalysis) ist der subjektive Wertbegriff. *C. Zangemeister* definiert die Nutzwertanalyse wie folgt:

> Nutzwertanalyse ist die Analyse einer Menge komplexer Handlungsalternativen mit dem Zweck, die Elemente dieser Menge entsprechend den Präferenzen des Entscheidungsträgers bezüglich eines multidimensionalen Zielsystems zu ordnen. Die Abbildung dieser Ordnung erfolgt durch die Angabe der Nutzwerte (Gesamtwerte) der Alternativen.[1]

Die Erklärung der Nutzwertanalyse erfolgt häufig anhand eines Privatmannes, der überlegt, welchen Neuwagen er kaufen soll.[2] Der potentielle Autokäufer hat bestimmte Vorstellungen über die Beschaffenheit des Personenkraftwagens, den er kaufen will. Diese Vorstellungen sind Wirtschaftlichkeitsziele (Anschaffungskosten, Betriebskosten, Reparaturkosten, KFZ-Steuer, Kfz-Versicherungsprämie), Technikziele (Hubraum, Höchstgeschwindigkeit, KW bzw. PS) und Gebrauchszweckziele (Sitzplätze, Kofferraum), aber auch Ziele wie Prestige und Ansehen. Dieses Zielbündel wird im Sprachgebrauch der Nutzwertanalyse als multidimensionales Zielsystem bezeichnet. Diesem multidimensionalen Zielsystem des Autokäufers steht ein großes Angebot an Fahrzeugen gegenüber, die die geforderten Eigenschaften mehr oder weniger erfüllen. In der Terminologie der Nutzwertanalyse handelt es sich um eine Menge komplexer Handlungsalternativen. Aus dieser Menge möglicher Alternativen soll dann mit Hilfe der Nutzwertanalyse ein Fahrzeugtyp ausgewählt werden.

Die Nutzwertanalyse kann für verschiedene betriebswirtschaftliche Problemstellungen eingesetzt werden:

- Investitionen im Sozialbereich
- Umweltinvestitionen
- Auswahl von Fahrzeugen für den Fuhrpark
- Standortwahl
- Auswahl eines Produktionssystems oder einer DV-Anlage

---

[1] Vgl. Zangemeister, C. (1976), S. 45.
[2] Vgl. Zangemeister, C. (1976), S. 79 ff.

Die Nutzwertanalyse kann auch für Problemstellungen im Bereich der Materialwirtschaft eingesetzt werden. Das Materialmanagement kann die Nutzwertanalyse
z.B. zur Bewertung und Auswahl von Produktionssystemen oder Lager- und
Transportsystemen einsetzen[1].

Die erforderlichen Verfahrensschritte der Nutzwertanalyse sind:[2] *wichtig*

Grundschritte	globale Maßnahmenbeschreibung
1. Festlegung und Strukturierung der Zielkriterien	Auswahl der für die Beurteilung zugrunde gelegten Kriterien. Die Zielkriterien werden aus dem dem Problem zugrundeliegenden Zielsystem abgeleitet.
2. Gewichtung der Zielkriterien	Mit Hilfe entsprechender Gewichtungsfaktoren werden die Zielkriterien gewichtet. Die Gewichtung zeigt die Bedeutung der einzelnen Kriterien an.
3. Teilnutzenbestimmung	Für jede Alternative wird überprüft, in welchem Maße sie die Kriterien erfüllt. Abbildung der Alternativen im Wertesystem.
4. Nutzwertermittlung für jede Alternative	Für jede Alternative wird der Nutzwert ermittelt, dazu erfolgt die Zusammenfassung der ermittelten Teilnutzen (Wertsynthese).
5. Beurteilung der Vorteil-haftigkeit	Auswahl der Alternative mit dem höchsten Nutzwert.

Abb. 4.7: Verfahrensschritte der Nutzwertanalyse

Die Abbildung 4.8. zeigt das Grundmodell der Nutzwertanalyse.

Schritt 1

Im erste Schritt der Nutzwertanalyse werden die Zielkriterien zusammengestellt.
Zielkriterien sind Ansprüche, die die Entscheidungsträger formulieren. Bei der
Auswahl der Kriterien sollten keine Überschneidungen vorliegen. Außerdem sollten
die Zielkriterien möglichst unabhängig voneinander sein. Bereits bei der
Formulierung der Zielkriterien sollte darauf geachtet werden, daß die Zielkriterien

---

[1] Vgl. z.B. Franken, R. (1984), S. 91 - 97; Horvath, P. / Mayer, R. (1988), S.48-51.

[2] Vgl. Blohm, H. / Lüder, K. (1978), S. 164.

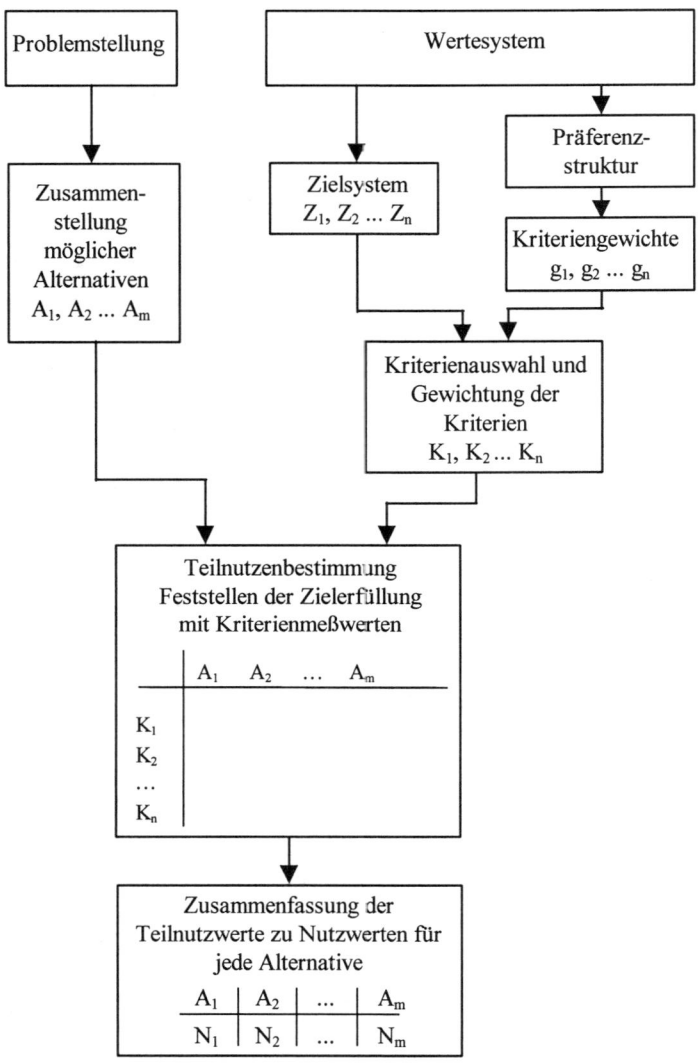

Abb. 4.8: Grundmodell der Nutzwertanalyse[1]

möglichst präzise und vollständig dargestellt werden. Zur Systematisierung der Zielkriterien sollte eine **Zielkriterienhierarchie** erstellt werden. Die Abb. 4.9 zeigt einen Kriterienkatalog, der für die Beurteilung herangezogen werden kann.

---

[1] Schulte, G. (1999), S. 120.

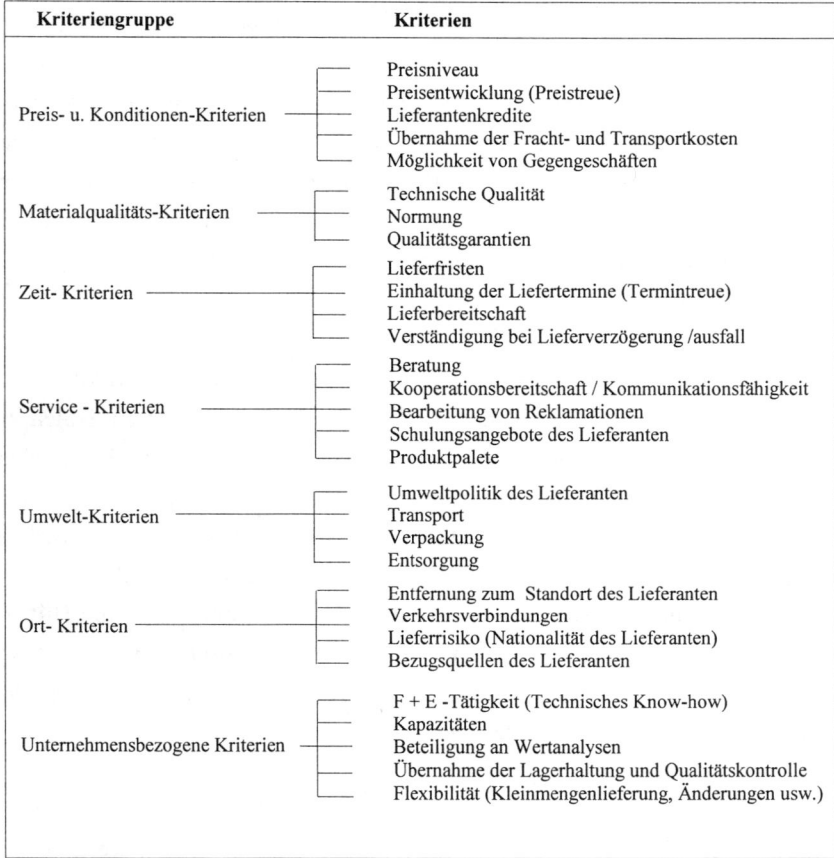

Kriteriengruppe	Kriterien
Preis- u. Konditionen-Kriterien	Preisniveau Preisentwicklung (Preistreue) Lieferantenkredite Übernahme der Fracht- und Transportkosten Möglichkeit von Gegengeschäften
Materialqualitäts-Kriterien	Technische Qualität Normung Qualitätsgarantien
Zeit- Kriterien	Lieferfristen Einhaltung der Liefertermine (Termintreue) Lieferbereitschaft Verständigung bei Lieferverzögerung /ausfall
Service - Kriterien	Beratung Kooperationsbereitschaft / Kommunikationsfähigkeit Bearbeitung von Reklamationen Schulungsangebote des Lieferanten Produktpalete
Umwelt-Kriterien	Umweltpolitik des Lieferanten Transport Verpackung Entsorgung
Ort- Kriterien	Entfernung zum Standort des Lieferanten Verkehrsverbindungen Lieferrisiko (Nationalität des Lieferanten) Bezugsquellen des Lieferanten
Unternehmensbezogene Kriterien	F + E -Tätigkeit (Technisches Know-how) Kapazitäten Beteiligung an Wertanalysen Übernahme der Lagerhaltung und Qualitätskontrolle Flexibilität (Kleinmengenlieferung, Änderungen usw.)

Abb. 4.9: Zielkriterienkatalog für die Lieferantenauswahl

Schritt 2:

Den einzelnen Zielkriterien wird i.d.R. im Hinblick auf das Gesamtziel nicht die gleiche Bedeutung beigemessen. Dieser Tatsache wird durch die Gewichtung der einzelnen Zielkriterien Rechnung getragen. Dabei empfiehlt es sich, zuerst die Kriteriengruppen zu gewichten. Die Kriteriengruppe Preise und Konditionen erhält in unserem Beispiel die Gewichtung 0,20, d.h., die Kriteriengruppe Preise geht mit einem Anteil von 20% ins Kalkül ein. Zu beachten ist, daß die Summe der Kriteriengruppengewichte immer 1 bzw. 100% ergibt. Ist die Gewichtung der Kriteriengruppen abgeschlossen, müssen die Einzelkriterien der Kriteriengruppen, bezogen auf die Kriteriengruppen, gewichtet werden. Für das Beispiel bedeutet dies, daß zunächst die Kriterien der Kriteriengruppe Preise und Konditionen bestimmt werden müssen. Es wird wiederum subjektiv festgelegt, welchen Stellenwert jedes Einzelkriterium im Verhältnis zur Kriteriengruppe, zu der es gehört, haben soll. Für jede Kriteriengruppe werden die einzelnen Kriterien gewichtet, ohne daß die Gruppengewichte berücksichtigt werden. Das Kriterium Preisniveau wird z.B. mit 25 gewichtet. Alle anderen Kriteriengruppen erhalten kleinere Gewichtungen. Auch hier ist darauf zu achten, daß die Summe der Gewichte 100 (100 %) ist. Die Kriteriengewichtung unter Berücksichtigung der Gruppengewichte (Spalte 4 der Abbildung 4.11) ergeben sich als Produkt aus Kriteriengewichten und Kriteriengruppengewichten ohne Berücksichtigung der Gruppengewichte (Spalte 3).

Schritt 3

Die Alternativen A_i sind entsprechend ihren voraussichtlichen Auswirkungen bezüglich aller Zielkriterien Z_j zu beschreiben. Zu diesem Zweck werden Skalen, wie sie die Abbildung 4.11 zeigen, erstellt, mit denen die Messung der Zielerreichung ermittelt wird. Es erfolgt für jede Alternative eine Prüfung, in welchem Maße sie die Kriterien erfüllt. Die zum Zweck der Messung erstellten Skalen sollten eine kardinale Teilnutzenskala mit einem Minimalwert von 0 und einem Maximalwert von 20 aufweisen. Die Teilnutzen für die alternativen Lieferanten können dann mit Hilfe der Zielerreichungsskalen bestimmt werden. Sind die Teilnutzenwerte ermittelt, müssen die ermittelten Werte noch mit den Kriteriengewichten multipliziert werden. Man erhält dann die gewichteten Teilnutzenwerte.

Schritt 4

Der vierte Schritt der Nutzwertanalyse dient zur Ermittlung der Nutzwerte. Die ermittelten gewichteten Teilnutzenwerte jeder Alternative müssen zu Nutzwerten zusammengefaßt werden. Eine verbreitete Methode zur Zusammenfassung ist die Additionsregel.[1] Ein Nutzwert ist dann die Summe der mit den Kriteriengewichten multiplizierten Teilnutzenwerte.

$$N_j = \sum_{j=1}^{n} n_{ij} \cdot g_j$$

Zur Berechnung kann die nachstehende Tabelle verwendet werden.

---

[1] vgl. z.B. Braun, G., 1982, S. 51-54.

		Alternative A_1			Alternative A_2		
Ziel-kriterium	Gewicht	Gewichtetes Kriterium	Zielerfül-lungsgrad	Teilnutzen-bestimmung	Gewichtetes Kriterium	Zielerfül-lungsgrad	Teilnutzen-bestimmung
Z_1	g_1	K_1	n_{11}	$N_{11}=g_1 \cdot n_{11}$	K_1	n_{12}	$N_{12}=g_1 \cdot n_{12}$
Z_2	g_2	K_2	n_{21}	$N_{21}=g_2 \cdot n_{21}$	K_2	n_{22}	$N_{22}=g_2 \cdot n_{22}$
Z_3	g_3	K_3	n_{31}	$N_{31}=g_3 \cdot n_{31}$	K_3	n_{32}	$N_{32}=g_3 \cdot n_{32}$
...	...	...	...	...	...	...	...
		Nutzwert von A_1		N_1	Nutzwert von A_2		N_2

Abb. 4.10: Rechenschema der Nutzwertanalyse

Diejenige Alternative ist zu realisieren, die den höchsten Nutzwert aufweist.

4.3.7 Skalierungsverfahren: Ermittlung der Zielerfüllungsgrade

Die Ermittlung der Zielerfüllungsgrade hat den Charakter einer Nutzenmessung. Jede Alternative ist hinsichtlich jedes einzelnen Beurteilungskriteriums (Teilzieles) zu beurteilen. Dabei gehen die Präferenzen der Entscheidungsträger (Bewerter) ein. Zur Messung der Zielerreichung oder des Zielerreichungsgrades können unterschiedliche Skalen eingesetzt werden. **Kardinalskalen,** das sind Intervall- oder Verhältnis-skalen, sind zur Messung der Zielerreichung besonders gut geeignet; denn bei diesen Skalen besteht nicht nur die Möglichkeit, eine Rangordnung aufzustellen, sondern auch die Abstände zwischen den einzelnen Merkmalsausprägungen lassen sich feststellen.

Eine Intervallskala zeichnet sich dadurch aus, daß die Abstände, d.h. die Intervalle zwischen zwei benachbarten Skalenwerten, konstant sind (Beispiel: Tempera-turskala). Verhältnisskalen ermöglichen einen paarweisen Vergleich der Skalenwerte untereinander. Es kann bei dieser Skala z.B. die Aussage über die Zielerfüllung gemacht werden: Die Zielerfüllung der Alternative A ist doppelt so hoch wie die von B (Gewichte, Maße, Zeit). Ordinalskalen sind dadurch gekennzeichnet, daß zwischen den einzelnen Merkmalsausprägungen eine natürliche Rangordnung festzustellen ist. So kann eine größer-kleiner Beziehung aufgestellt werden. Die Abstände zwischen den Merkmalsausprägungen sind aber nicht quantifizierbar (Beispiele: Examens-noten, Güteklassen bei Lebensmitteln, Härteskala). Bei Nominalskalen stehen Ausprägungen gleichberechtigt nebeneinander, so daß keine natürliche Reihenfolge feststellbar ist (Beispiele: Religion, Farbe, Geschlecht, Autokennzeichen).

Zielkriterien	Kriterien-gruppen-gewichte	Kriteriengewichte ohne Berücksicht. der Gruppen-gewichte	Kriteriengewichte mit Berücksicht. der Gruppengewichte
1. Kriteriengruppe: Preise u. Konditionen	0,20		
1.1. Preisniveau		25	5,0
1.2. Preisentwicklung		20	4,0
1.3. Lieferantenkredite		20	4,0
1.4. Übernahme Fracht-/ Transportkosten		15	3,0
1.5. Möglichkeit von Gegengeschäften		20	4,0
Summe		100	
2. Kriteriengruppe: Materialqualität	0,25		
2.1. Technische Qualität		40	10,0
2.2. Normung		20	5,0
2.3. Qualitätsgarantien		40	10,0
Summe		100	
3. Kriteriengruppe: Zeit	0,20		
3.1. Lieferfristen		20	4,0
3.2. Einhaltung der Liefertermine		30	6,0
3.3. Lieferbereitschaft		20	4,0
3.4. Verständigung bei Lieferverzögerungen		30	6,0
Summe		100	
4. Kriteriengruppe: Service	0,10		
4.1. Beratung		25	2,5
4.2. Kooperationsbereitschaft		30	3,0
4.3. Bearbeitung von Reklamationen		20	2,0
4.4. Schulungsangebote		10	1,0
4.5. Produktpalette		15	1,5
Summe		100	
5. Kriteriengruppe: Umwelt	0,15		
5.1. Umweltpolitik d. Lieferanten		30	4,5
5.2. Transport		10	1,5
5.3. Verpackung		40	6,0
5.4. Entsorgung		20	3,0
Summe			
6. Kriteriengruppe: Ort	0,05		
6.1. Entfernung zum Lieferantenstandort		20	1,0
6.2. Verkehrsverbindungen		20	1,0
6.3. Lieferrisiko		40	2,0
6.4. Bezugsquellen des Lieferanten		20	1,0
Summe		100	
7. Kriteriengruppe: Unternehmen	0,05		
7.1. F&E-Tätigkeit		10	0,5
7.2. Kapazitäten		20	1,0
7.3. Beteiligung an Wertanalysen		20	1,0
7.4. Übernahme der Lagerhaltung o. Qualitätskontrolle		20	1,0
7.5. Flexibilität		30	1,5
Summe	1,00	100	100,0

Abb. 4.11: Zielkriteriengewichtung

Zielkriterien	Klasse 1 $n_j = 20$ (sehr gut)	Klasse 2 $n_j = 15$ (gut)	Klasse 3 $n_j = 10$ (befriedigend)	Klasse 4 $n_j = 5$ (schlecht)	Klasse 5 $n_j = 0$ (sehr schlecht)
1.1. Preisniveau	liegt unterhalb sämtlicher Konkurrenten	liegt unterhalb der meisten Konkurrenten	liegt so hoch wie die meisten Konkurrenten	liegt oberhalb der meisten Konkurrenten	liegt oberhalb sämtlicher Konkurrenten
1.2. Preisentwicklung	absolute Preistreue	kaum Preisabweichung	normale Preisentwicklung	nicht vorhersagbar	extrem unsicher
1.3. Lieferantenkredite	ja (ohne Einschränkungen)	mit geringen Einschränkungen	möglich	nur eingeschränkt	nicht möglich
1.4. Übernahme Fracht-Transportkosten	immer	oft	manchmal	selten	nie
1.5. Gegengeschäfte	problemlos	relativ leicht	möglich	nur schwierig	nie möglich
2.1. Technische Qualität	Reklamationsquote < 0,2%	Reklamationsquote 0,2 % < 0,5%	Reklamationsquote 0,5 % < 1%	Reklamationsquote 1 % < 3%	Reklamationsquote > 3%
2.2. Normung	strikte Einhaltung	kaum Abweichungen	teilweise Abweichungen	starke Abweichung	keine Einhaltung
2.3. Qualitätsgarantien	uneingeschränkt	mit kleinen Einschränkungen	normal	gering	kaum
3.1. Lieferfristen	keine	selten	möglich	manchmal	oft sehr lange
3.2. Einhaltung der Liefertermine	Verzugsquote < 0,2%	Verzugsquote 0,2 % < 0,5%	Verzugsquote 0,5 % < 1%	Verzugsquote 1 % < 2%	Verzugsquote > 2 %
3.3. Lieferbereitschaft	sehr gut	gut	befriedigend	schlecht	sehr schlecht
3.4. Verständigung bei Lieferverzögerungen	sehr leicht	gut	normal	schwer	sehr problematisch
4.1. Beratung	sehr gut	gut	befriedigend	kaum	keine
4.2. Kooperationsbereitschaft	sehr hoch	hoch	mittel	nur mäßig	gering
4.3. Bearbeitung von Reklamationen	innerhalb von 3 Tagen	innerhalb von 3 bis 7 Tagen	innerhalb von 7 bis 20 Tagen	innerhalb von 20 bis 30 Tagen	über 30 Tage
4.4. Schulungsangebote	sehr gut	gut	befriedigend	vorhanden und ausbaufähig	nicht vorhanden
4.5. Produktpalette	lieferfähig für Großteil des Teilespektrums	lieferfähig für 75% des Teilespektrums	lieferfähig für 50% des Teilespektrums	lieferfähig für 20% des Teilespektrums	lieferfähig nur für bestimmte Teile

	überzeugend /vorbildlich	gute	im üblichen Rahmen	wenig ausgeprägt	nicht erkennbar
5.1. Umweltpolitik d. Lieferanten	überzeugend /vorbildlich	gute	im üblichen Rahmen	wenig ausgeprägt	nicht erkennbar
5.2. Transport	sehr umweltfreundlich	sehr geringe Umweltbelastung	geringe Umweltbelastung	Umweltbelastung noch im Toleranzbereich	überdurchschnittliche Umweltbelastung
5.3. Verpackung	sehr umweltfreundlich	sehr geringe Umweltbelastung	geringe Umweltbelastung	Umweltbelastung noch im Toleranzbereich	überdurchschnittliche Umweltbelastung
5.4. Entsorgung	volle Rücknahme und Entsorgung von Abfällen	in den meisten Fällen Rücknahme und Entsorgung von Abfällen	teilweise Rücknahme und Entsorgung von Abfällen	fallweise Rücknahme und Entsorgung von Abfällen	keine Rücknahme von Abfällen
6.1. Entfernung zum Lieferantenstandort	< 50 km	50 km < 200 km	200 km < 400 km	400 km < 1000 km	> 1000 km
6.2. Verkehrsverbindungen	sehr gut (alle Verkehrsträger = Straße, Schiene, Schiffahrt, Luftverkehr, Rohrleitungen)	gut (fast alle Verkehrsträger = Straße, Schiene, Luftverkehr, Rohrleitungen)	nicht alle Verkehrsträger (Straße, Schiene, Luftverkehr)	nur einige (Straße, Schiene)	nur ein Verkehrsträger (Straße)
6.3. Lieferrisiko	kein Risiko	gering	möglich	hoch	risikoreich
6.4. Bezugsquellen des Lieferanten	sehr gut	gut	befriedigend	ausreichend	schlecht
7.1. F+E-Tätigkeit	vorbildlich	gut	normal	schlecht	keine
7.2. Kapazitäten	sehr hoch	hoch	ausreichend	gering	sehr knapp
7.3. Beteiligung an Wertanalysen	Das notwendige Know-how ist vorhanden.	Das notwendige Know-how ist größtenteils vorhanden.	Das notwendige Know-how ist kaum vorhanden und kann leicht ergänzt werden.	Das notwendige Know-how ist nur sehr gering vorhanden.	Das notwendige Know-how ist nicht vorhanden.
7.4. Übernahme der Lagerhaltung o. Qualitätskontrolle	ist unproblematisch	leicht möglich	grundsätzlich möglich	eher problematisch	ausgeschlossen
7.5. Flexibilität	sehr schnelle Anpassung an veränderte Bedingungen	problemlose Anpassung bei veränderten Bedingungen	fragliche Anpassung bei veränderten Bedingungen	schwerfällige Anpassung	keine Anpassung

Abb. 4.12: Messung der Zielerreichung

Ziel-kriterien	Teilnutzenwerte Lieferanten I, II u. III)			Kriterien-gewichte	Gewichtete Teilnutzenwerte		
	I	II	III		I	II	III
1.1	15	20	10	5,0	75	100	50
1.2	10	20	5	4,0	40	80	20
1.3	10	10	5	4,0 ·	40	40	20
1.4	5	15	10	3,0	15	45	30
1.5	10	10	10	4,0	40	40	40
2.1	15	10	10	10,0	150	100	100
2.2	5	15	5	5,0	25	75	25
2.3	10	10	5	10,0	100	100	50
3.1	5	20	10	4,0	20	80	40
3.2	15	15	5	6,0	90	90	30
3.3	15	10	15	4,0	60	40	60
3.4	5	10	15	6,0	30	60	90
4.1	10	5	20	2,5	25	12,5	50
4.2	15	15	20	3,0	45	45	60
4.3	10	15	20	2,0	20	30	40
4.4	10	15	10	1,0	10	15	10
4.5	5	10	5	1,5	7,5	15	7,5
5.1	5	10	5	4,5	22,5	45	22,5
5.2	10	5	10	1,5	15	7,5	15
5.3	5	5	15	6,0	30	30	90
5.4	0	0	10	3,0	0	0	30
6.1	5	0	15	1,0	5	0	15
6.2	5	5	20	1,0	5	5	20
6.3	10	5	10	2,0	20	10	20
6.4	5	10	5	1,0	5	10	5
7.1	5	10	5	0,5	2,5	5	2,5
7.2	10	15	20	1,0	10	15	20
7.3	5	0	5	1,0	5	0	5
7.4	15	5	5	1,0	15	5	5
7.5	20	10	5	1,5	30	15	7,5
					958	1115	980

Abb. 4.13: Ermittlung der Teilnutzen und Nutzwerte

4.4 Beurteilung des Verfahrens

Die Nutzwertanalyse ist keine geschlossene Entscheidungsrechnung, die zu eindeutigen objektiven Ergebnissen gelangt. Ziel des Verfahrens ist es vielmehr, Entscheidungen zu belegen und transparent zu machen. Das Verfahren hat gegenüber anderen einfachen Punktebewertungsverfahren den Vorteil, daß die Auswahl auch von Externen eindeutig nachvollziehbar ist, denn die Kriterienauswahl und –gewichtung sind nachprüfbar.

Die Durchführung von Nutzwertanalysen ist sehr aufwendig. Das Verfahren sollte insbesondere bei komplexen Nicht-Renditeprojekten und bei Großprojekten durchgeführt werden. Wichtig ist, daß die ausgewählten Zielkriterien unabhängig voneinander sind. Die Auswahl der Zielkriterien sollte möglichst so erfolgen, daß eine kardinale Meßbarkeit der Zielerreichung gewährleistet ist.

Fragen und Aufgaben zur Wiederholung (S. 208 - 244)

1. Beschreiben Sie den Ablauf der Einkaufsfunktion!

2. Erläutern Sie den Begriff Beschaffungsmarketing!

3. Welche Aufgaben hat die Beschaffungsmarktforschung?

4. Welche Methoden der Beschaffungsmarktforschung kennen Sie?

5. Was versteht man unter Primärforschung und Sekundärforschung?

6. Worin liegt der Unterschied zwischen demoskopischer und ökoskopischer Beschaffungsmarktforschung?

7. Nennen Sie verschiedene Beschaffungspolitiken!

8. Welche speziellen Verträge für den Einkauf kennen Sie?

9. Erläutern Sie den Begriff "Elastizität"!

10. Zu welchen Zwecken kann in der Materialwirtschaft die Nutzwertanalyse verwendet werden? Nennen Sie Beispiele!

11. Welche Ziele werden mit der Nutzwertanalyse verfolgt?

12. Zählen Sie die Verfahrensschritte der Nutzwertanalyse auf!

13. Was versteht man unter einem bilateralen Oligopol?

14. Die B & A GmbH beabsichtigt, einen neuen Gabelstapler zu erwerben. Es soll eine Nutzwertanalyse durchgeführt werden. Erstellen Sie einen Kriterienkatalog für den Gabelstapler!

15. Nennen Sie Ihnen bekannte Kreativitätstechniken, die zur Ideenfindung eingesetzt werden können!

→ komplexe Handlungsalternative
→ Teilnutzen [Anwendung auf eine Alternative]
→ Aufstellen v. Kriterien

5 Materialbewirtschaftung und Materialbevorratung

Lernziele und –aufgaben

Der Leser soll

1. wichtige Lagerfunktionen
2. Motive und Aufgaben der Lagerhaltung
3. Einteilungsmöglichkeiten von Lägern
4. Lagerplatzzuordnungen
5. Vor- und Nachteile verschiedener Läger
6. Kommissionierungsverfahren
7. Verfahren der mengenmäßigen Erfassung des Materialverbrauchs
8. Bewertungsverfahren des Materialverbrauchs und –bestandes kennenlernen.

5.1 Die Lagerfunktion

Die Lagerfunktion stellt neben der Materialdisposition und dem Einkauf eine wichtige Funktion der Materialwirtschaft dar. Die Motive für die Lagerhaltung sind vielfältig und lassen sich am einfachsten mit den Funktionen beschreiben, die ein Lager wahrnehmen kann. Die nachstehende Abbildung zeigt die Lagerfunktionen im Überblick.

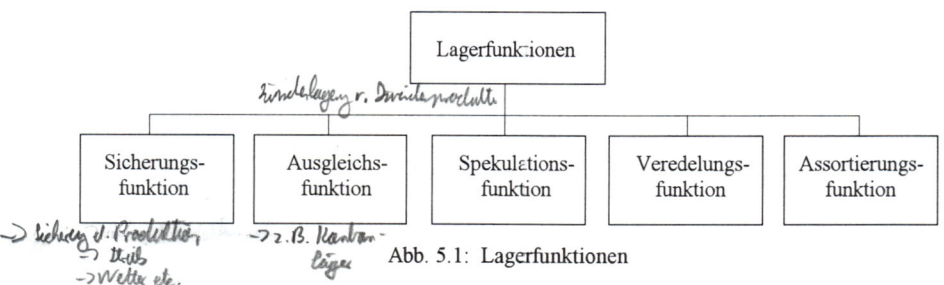

Abb. 5.1: Lagerfunktionen

Das Lager übernimmt eine Ausgleichsfunktion, d.h., das Lager soll die Mengen und die Zeit zwischen den Materiallieferungen und dem Bedarf ausgleichen und dadurch eine reibungslose Durchführung der Fertigung sichern. Das erforderliche Material soll zu jedem Zeitpunkt für die Bedarfsträger abrufbereit zur Verfügung stehen. Es wird daher auch von der Bereitstellungsfunktion des Lagers gesprochen.

Die zweite wichtige Lagerfunktion ist die Sicherungsfunktion, d.h., Läger schützen vor unvorhersehbaren Liefer- oder Bedarfsschwankungen. So führen z.B. Ernteausfälle, Transportstörungen, Streiks, Lieferzeitüberschreitungen, politische Ein- oder Ausfuhrverbote zu unerwarteten Störungen in der Materialversorgung. Aber nicht nur die Unsicherheiten auf den Beschaffungsmärkten und beim Materialtransport führen zur Einrichtung von Sicherheitslägern, auch die Materialnachfrage im Unternehmen selbst macht Sicherheitsläger notwendig. So können in der Fertigung Materialmehrverbräuche auftreten, die nur mit Lagerbeständen gedeckt werden können. Kann die Nachfrage aus der Fertigung nicht befriedigt werden, entstehen Fehlmengenkosten.[1] Läger können auch eine Spekulationsfunktion haben. Erwartete Preis- und Qualitätsänderungen oder Versorgungsschwierigkeiten auf den Beschaffungsmärkten können zu der Entscheidung führen, mehr Material zu lagern, als momentan benötigt wird.

Eine weitere Funktion, die ein Lager wahrnehmen kann, ist die Veredelungs- oder Produktionsfunktion. Als Veredelungsfunktion bezeichnet man die gewollte Qualitätsverbesserung der Bestände (z.B. Alterung, Gärung, Trocknung). In einigen Fällen entsteht auch erst durch die Lagerung das gewünschte Erzeugnis. Die Lagerung ist in diesem Fall Teil des Produktionsprozesses. Beispiele: Weinproduktion, Käseproduktion, Alkoholproduktion oder Klavierproduktion.

Die Assortierungs- bzw. Darbietungsfunktion bezieht sich auf die Sortimentsbildung im Handel. Die Lagerung dient hier zur Sortierung von Sammellieferungen und zur Darbietung der einzelnen Sorten. Beim Sortiment ist zu unterschieden zwischen der

- Tiefe des Sortiments, hierunter ist das Angebot einer großen Auswahl von Artikeln mit gleichem Verwendungszweck in unterschiedlicher Qualität, Aufmachung, Packungsgröße, aber zu unterschiedlichen Preisen zu verstehen,

- Breite des Sortiments, hierunter ist das Angebot einer Vielzahl verschiedenartiger Artikel zu verstehen, die dazu dienen, einen großen Bedarfsumfang von Waren mit unterschiedlichem Verwendungszweck zu decken.

Typische Handelsbetriebe, die ein breites, aber flaches Sortiment haben, sind Verbrauchermärkte. Fachgeschäfte hingegen weisen ein tiefes, aber schmales Sortiment auf.

---

[1] Zu den Fehlmengenkosten vgl. S. 31.

5.2 Die Motive der Lagerhaltung

Im Jahre 1986 wurde von *Küpper* und *Hoffmann*[1] eine schriftliche Befragung von 460 Unternehmen verschiedener Branchen durchgeführt. Im Rahmen der Befragung sollten u.a. die Motive der Lagerhaltung ermittelt werden. Insgesamt äußerten sich 181 Unternehmen verschiedener Branchen zu den Zielsetzungen ihrer Lagerhaltungspolitik. Die Ergebnisse lassen sich wie folgt zusammenfassen: Das meistgenannte Ziel der Lagerhaltung ist die Gewährleistung der Lieferzuverlässigkeit (77,9 %). An zweiter Stelle folgt die Minimierung der Lagerhaltungskosten (56,9%), gefolgt von dem Ziel der Ausnutzung günstiger Lieferkonditionen beim Einkauf (51,0 %). Die Abbildung 5.2 zeigt die genannten Motive, unterteilt nach unterschiedlichen Fertigungsverfahren, im Überblick.

	Alle Unternehmen	Einzelfertigung	Massenfertigung	unverbund. Fertig.	alternative Fertig.	Kuppelprodukt. feste Mbz.[2]	Kuppelprodukt. variable Mbz.	Sortenfertigung	Kleinserienfertig.	Großserienfertig.
	von 181	von 73	von 29	von 65	von 54	von 10	von 15	von 17	von 74	von 56
Günstige Lieferkonditionen beim Einkauf	94 51,9 %	48 65,8 %	17 58,6 %	28 43,1 %	31 57,4 %	8 80,0 %	7 46,7 %	9 52,9 %	40 54,1 %	26 46,4 %
Transportkostenvorteile beim Absatz	43 23,8 %	15 20,5 %	12 41,4 %	19 29,2 %	13 24,1 %	4 40,0 %	5 33,3 %	8 47,1 %	14 18,9 %	12 21,4 %
Rüstkostensenkung durch große Fertigungslose	61 33,7 %	23 31,5 %	10 34,5 %	29 44,6 %	25 46,3 %	4 40,0 %	5 33,3 %	10 58,8 %	28 37,8 %	20 35,7 %
Überbrückung v. Angebots- u. Nachfr.-schwankungen	77 42,5 %	24 32,9 %	18 62,1 %	31 47,7 %	21 38,9 %	4 40,0 %	6 40,0 %	10 58,8 %	32 43,2 %	32 57,1 %
Schutz vor Unsicherheit	84 46,4 %	33 45,2 %	15 51,7 %	31 47,7 %	28 51,9 %	6 60,0 %	7 46,7 %	12 70,6 %	39 52,7 %	29 51,8%
Spekulationsmotive	5 2,8 %	0 0,0 %	1 3,4 %	3 4,6 %	2 3,7 %	2 20,0 %	0 0,0 %	1 5,9 %	0 0,0 %	1 1,8 %
Gewährleistung der Lieferzuverlässigkeit	141 77,9 %	57 78,1 %	24 82,8 %	53 81,5 %	46 85,2 %	9 90,0 %	12 80,0 %	13 76,5 %	62 83,8 %	50 89,3 %
Minimierung der Lagerhaltungskosten	103 56,9 %	43 58,9 %	15 51,7 %	35 53,8 %	34 63,0 %	9 90,0 %	12 80,0 %	8 47,1 %	45 60,8 %	31 55,4 %
Pufferung zwischen den Produktionsstufen	4 2,2 %	2 2,7 %	0 0,0 %	1 1,5 %	1 1,9 %	0 0,0 %	0 0,0 %	1 5,9 %	2 2,7 %	1 1,8 %
sonstige Motive	5 2,8 %	3 4,1 %	3 10,3 %	2 3,1 %	2 3,7 %	2 20,0 %	1 6,7 %	1 5,9 %	1 1,4 %	2 3,6 %

Abb. 5.2: Ziele der Lagerhaltung[3]

5.3 Aufgaben der Lagerung

Die Aufgaben der Lagerung lassen sich unterteilen in Aufgaben mit überwiegend technischem und solche mit überwiegend administrativem Charakter, wie die Abb. 5.3 zeigt.

---

[1] Vgl. Küpper, H-U. / Hoffmann, H. (1988), S. 587 - 601.

[2] Bei der Kuppelproduktion entstehen in einem Produktionsprozeß zwangsläufig mehrere verschiedene Produkte, die zueinander in einem starren oder variablen Mengenverhältnis stehen.

[3] Küpper, H-U. / Hoffmann, H. (1988), S. 589.

Was läuft ab bei Annahme d. Teile am Lager?

5.3.1 Aufgaben mit überwiegend technischem Charakter

a) Materialannahme und -einlagerung

- Materialannahme, die eingehenden Teile werden auf Wareneingangspufferplätzen abgestellt

- Materialidentifizierung und Qualiätsprüfung, die Vollständigkeit und Beschaffenheit der Ware wird überprüft

- Feststellen von Transportschäden und Fehllieferungen

- Eingabe oder Erfassung der Daten in die EDV, Ausstellen und Verteilen von Materialeingangspapieren   *↳ Barcodes*

- Körperliche Einlagerung mit Lagerplatzauswahl und -zuordnung

*Welche Methode, d. mengen-
mäßigen Erfassung hier für d.
- Konstruktionsmethode
- retrograde
S. 280 ff.*

b) Umformung und Pflege der Bestände (Warenbehandlung)
- Werterhaltung durch Pflege und Überwachung der Bestände
- Umformung *→ Teile zu Containern zusammenfassen*
- Leergutbehandlung

c) Auslagerung

- Auftragsvorbereitung (Eingabe der Daten , Ausstellen der Materialausgabescheine)

- Transportvorgänge

d) Wartung der Lagereinrichtung

d) Kommissionierung

5.3.2 Aufgaben mit überwiegend administrativem Charakter

a) Materialrechnung
- Lagerbestandsrechnung
- Verbrauchsrechnung
- Inventur

b) Lagerstatistik
- Kennzahlenermittlung und -vergleich
- Feststellen und Eliminieren von Lagerhütern

c) Maßnahmen zur Normung und Standardisierung

d) Pflege von Behördenkontakten

e) Überprüfung von Frachtpapieren

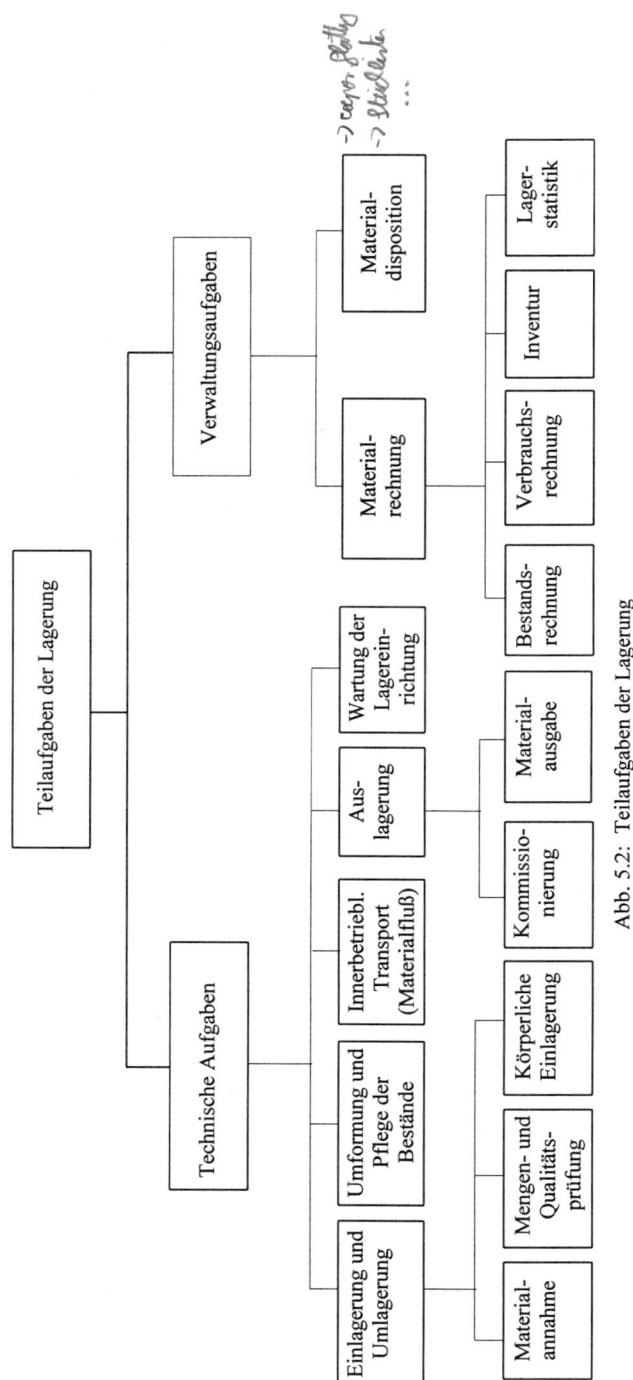

Abb. 5.2: Teilaufgaben der Lagerung

5.4 Die Einteilung der Läger

Die Einteilung der Läger kann nach sehr unterschiedlichen Kriterien erfolgen. Einen ersten Überblick zeigt die Abbildung 5.4.

Einteilungs-kriterium	Lagereinteilung *Produktillage*							
Lagerfunktion	Vorratsläger und Sicherheitsläger		Entkopplungsläger u. zyklische Läger	Veredelungs-läger		Assortierungs- und Darbietungsläger		
Lagerstufen	Lagerstufe 1		Lagerstufe 2		Lagerstufe 3	Lagerstufe 4		Lagerstufe 5
Lagerplatz-ordnung	Lager mit fester Zuordnung der Lagergüter			Querverteilung			Freie (chaotische) Zuordnung der Lagergüter	
Betriebliche Funktions-bereiche	Beschaffungslager			Zwischenlager			Absatzlager	
Lagergüter	Roh-stoff-lager	Werk-zeuglager	Halb- und Fertigerzeug-nislager	Ersatz-teil-lager	Büro-material-lager	Betriebs-stofflager	Handels-waren-lager	Abfall-lager
Lagerhierarchie	Hauptlager				Nebenlager			
Lagersortierung	Stofforientiertes Lager			Verbrauchsorientiertes Lager				
sachliche Zentralisation	Zentrales Lager			Dezentrales Lager				
Eigentümer	Eigenlager			Fremdlager				
spezifische Eigenschaften	Stückgutlager		Schüttgutlager			Flüssiggutlager		
Lagertechnik	Flachlager Bodenlager	Block-lager	Flachregal-lager	Einfach-regallager	Durchlauf-regallager	Verschiebe-regallager		Hoch-regal-lager
Mittel der Lagertechnik	Palettenlager		Containerlager		Behälterlager		Lager ohne Lagermittel	
Bewegung der Lagergüter im Lagersystem	Statisches Lagersystem (z.B. Bodenblocklager)			Dynamisches Lagersystem (z.B. Durchlaufregallager)				
Standort	Internes Lager			Außenlager				
Bauart	Offenes Lager (Freilager)		Halboffenes Lager	Geschlossenes Lager		Speziallager		
Lagersteuerung	Manuelles Lager		DV-unterstütztes Lager			Vollautomatisches Lager		

Abb. 5.4: Lagereinteilung

5.4.1 Lagereinteilung entsprechend den Lagerfunktionen

Entsprechend den bereits oben erwähnten Lagerfunktionen können unterschiedliche Läger gebildet werden.

a) Vorratsläger und Sicherheitsläger

Sind Änderungen in der Bedarfs- oder Beschaffungssituation vorherzusehen, so werden Vorratsläger eingerichtet. Ist z.B. die Beschaffung der Rohstoffe wegen bestimmter Erntezeiten oder der Witterungsbedingungen in den Rohstoffländern saisonabhängig, so dienen Vorratsläger dazu, die Zeiten zu überbrücken, in denen die Rohstoffe nicht beschafft werden können. Diese Läger ermöglichen eine gleichbleibende Beschäftigung über das ganze Jahr und nehmen so eine Ausgleichs- bzw. Pufferfunktion wahr. Diese Läger werden auch **Antizipationsläger** genannt. Vorratsläger werden auch aus spekulativen Motiven angelegt oder gehalten. Solche Läger werden dann angelegt oder gehalten, wenn z.B. Preiserhöhungen erwartet werden.

Ist die Sicherheit der Materialversorgung das Motiv für die Lagerhaltung, so handelt es sich um Sicherheitsläger. Gibt es keine sicheren Informationen über den Zeitpunkt und die Höhe des Materialbedarfs, so ist eine unverzügliche Bedarfsbefriedigung nur möglich, wenn entsprechende Lagerbestände gehalten werden. Sicherheitsläger schützen vor zufallsabhängigen Lieferzeiten bei der Beschaffung. Je höher die Lagerbestände sind, um so größer ist die Zuverlässigkeit, daß der Materialbedarf auch befriedigt werden kann.[1] In diesem Fall ist eine hohe Lieferbereitschaft gegeben.

c) Entkopplungsläger

Bei vielen Produktionsvorgängen arbeiten Anlagen und Arbeitskräfte in mehreren Stufen mit unterschiedlichen Ausbringungsraten. In diesen Fällen machen die Läger die einzelnen Stufen in gewisser Weise voneinander unabhängig, sie entkoppeln sie.[2] Auch in diesem Fall übernehmen die Läger eine Ausgleichs- bzw. Pufferfunktion, diese allerdings innerbetrieblich zwischen den einzelnen Werkstätten oder Maschinen.

d) Zyklische Läger

Diese Läger entstehen dadurch, weil die Güter losweise beschafft oder hergestellt werden. Beträgt etwa der Jahresbedarf 24000 Stück, so können 24 mal 1000 Mengeneinheiten beschafft werden. Diese Vorgehensweise ist mit hohen Bestellkosten

---

[1] Vgl. Witte, Th. (1984), S. 308.
[2] Vgl. Witte, Th. (1984), S. 308.

verbunden. Wird dagegen nur einmal pro Jahr bestellt, so sind die Bestellkosten niedrig, die Lagerhaltungskosten hingegen hoch. Die Festlegung der Bestellmenge erfolgt mit Hilfe der Berechnung der optimalen Bestellmengenrechnung, die die gegenläufigen Kostenentwicklungen berücksichtigt. Die Bestandsentwicklung verläuft zyklisch. Man spricht daher von zyklischen Lägern.[1]

e) Veredelungsläger (Produktivläger)

Wie bereits erwähnt, erhalten einige Güter erst durch die Lagerung bestimmte gewünschte Eigenschaften. Bei diesen Erzeugnissen besteht eine enge Verbindung zwischen der Lagerung und der Produktion. Man spricht daher auch von Produktivlägern. Da die Produktionsfunktion im allgemeinen nicht zum Funktionsbereich des Materialmanagements gehört, soll hier nicht weiter auf diese Lagerart eingegangen werden.

d) Assortierungs- und Darbietungsläger

Zur Erfüllung der Assortierungs- und Darbietungsfunktion können entsprechende Läger eingerichtet werden. Entsprechende Läger finden sich vorwiegend im Handel.

5.4.2 Lagerstufen

Entsprechend den betrieblichen Funktionsbereichen wird im Zusammenhang mit der Lagereinteilung auch von den sog. Lagerstufen gesprochen. Es sind die folgenden Lagerstufen zu unterscheiden:[2]

Lagerstufe	Merkmale
Lagerstufe 1	Diese Lagerstufe umfaßt die Läger, die zwischen Materialbeschaffung und Fertigung eingerichtet sind. Es handelt sich um Läger, die der Fertigung vorgelagert sind (Beschaffungs- bzw. Eingangsläger).
Lagerstufe 2	Hierbei handelt es sich um Läger im Fertigungsbereich (Zwischenläger).
Lagerstufe 3	Diese Lagerstufe umfaßt die Läger nach der Fertigung. Es handelt sich demnach in erster Linie um Absatz- bzw. Endläger.
Lagerstufe 4	Läger, in denen Handelswaren gelagert werden (Handelsläger), sind der vierten Lagerstufe zuzuordnen.
Lagerstufe 5	Die Läger, die der betrieblichen Verwaltung dienen, werden der Lagerstufe 5 zugeordnet (Bürobedarfsläger).

Abb. 5.5: Lagerstufen

---

1 Vgl. Witte, Th. (1984), S. 308.

2 Vgl. Kroeber-Riel, W. (1966), S. 78-81; Kopsidis, R. (1989), S. 115-116.

5.4.3 Lagerplatzzuordnung

Feste Zuordnung bedeutet, daß bestimmte Güter an ganz bestimmten Plätzen gelagert werden. Durch die Anwendung dieser Variante wird die Übersichtlichkeit gesteigert. Jedoch ist diese Form der Platzzuordnung mit einem hohen Platzbedarf verbunden, weil der Platzbedarf für die einzelnen Lagergüter an der größtmöglichen Lagermenge auszurichten ist.

Chaotische Zuordnung (vollständig freie Lagerplatzzuordnung) bedeutet, daß die Güter entsprechend ihrem Eingang auf den vorhandenen freien Lagerplätzen eingelagert werden. Es erfolgt keine Trennung der Güter nach der Güterart. Für die Lagerverwaltung ist es daher sehr wichtig, zu wissen, an welchen Orten sich die Güter befinden. Die chaotische Lagerung setzt die laufende Verfolgung der jeweiligen Lagerplatzbewegungen mittels EDV voraus. Die Abb. 5.6 zeigt beispielhaft die Zuordnung der Lagerplätze. Die Lagerplätze sind entsprechend der oberen Kommentarzeile und der ersten Kommentarspalte wie ein Kalkulationsblatt eines Tabellenkalkulationsprogramms aufgebaut. Jeder einzelne Lagerplatz ist genau adressierbar. Diese Form der Zuordnung ist mit dem Vorteil verbunden, daß eine bessere Platzausnutzung erfolgt, da keine Reserveplätze vorgehalten werden müssen.

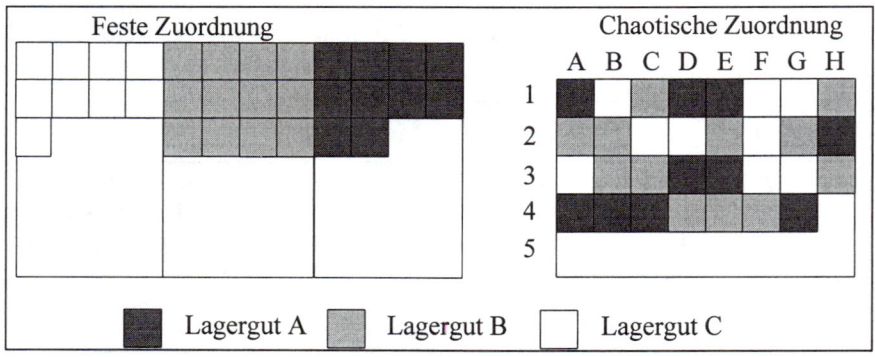

Abb. 5.6: Lagerplatzzuordnung

Die **Querverteilung** und die **freie Lagerplatzzuordnung innerhalb fester Bereiche** sind zwei Varianten der festen und chaotischen Zuordnung. Im ersten Fall werden mehrere Einheiten eines Artikels über verschiedene Gänge verteilt, im zweiten Fall erfolgt die freie (chaotische) Lagerplatzzuordnung nur innerhalb vorgegebener Bereiche.[1]

---

[1] Ausführlicher bei Pfohl, H. (1990), S. 130-132.

5.4.4 Läger entsprechend betrieblicher Funktionsbereiche

Läger können auch entsprechend der betrieblichen Funktionen (Beschaffung, Produktion, Absatz) gebildet werden. Man gelangt so zu

- Beschaffungs- bzw. Eingangslägern
- Zwischenlägern
- Absatz- bzw. Endlägern.[1]

[ungefähr gleich mit Stufen S. 257]

a) Beschaffungs- bzw. Eingangsläger

Die Beschaffungs- bzw. Eingangsläger verbinden die Güterströme aus der Umwelt mit dem Bedarf des Unternehmens, speziell der Produktion. Beschaffungsläger stellen in der Regel sowohl Antizipations- als auch Reserveläger dar. Antizipationsläger sind sie deshalb, weil sie eine Ausgleichsfunktion in zeitlicher und mengenmäßiger Hinsicht vornehmen, wenn unterschiedlich strukturierte Beschaffungs- und Fertigungsprozesse vorliegen. Sie können aber auch Reserveläger sein, um Bedarfsschwankungen und unvorhersehbaren Störungen auf den Beschaffungsmärkten entgegenzuwirken.

b) Zwischenläger

Diese Läger dienen als Pufferläger zwischen den Fertigungsprozessen. Die wichtigsten Funktionen sind die Ausgleichs- und die Sicherungsfunktion. Das Spekulationsmotiv hat dagegen für die Zwischenläger kaum eine Bedeutung.

c) Absatz- bzw. Endläger

Absatzläger, auch End-, Versand- oder Fertigerzeugnisläger genannt, bilden das Bindeglied zwischen dem Unternehmen und den Absatzmärkten des Unternehmens. Sie haben eine Synchronisationsfunktion zwischen zeitlich und mengenmäßig voneinander abweichenden Produktionsprozessen und den Absatzvorgängen. So können beispielsweise Saisonwaren, wie z.B. Weihnachts-, Bade- oder Wintersportartikel, abweichend von den Absatzzeiträumen produziert werden. Die Absatzläger nehmen aber auch eine Sicherungsfunktion wahr. Beim Auftreten einer erhöhten Konsumentennachfrage kann diese zunächst aus den Absatzlägern befriedigt werden, bis eine Anpassung der Produktion erfolgt. Gegen hohe Absatzlagerbestände lassen sich jedoch viele Argumente aufführen, wie z.B. hohe Lagerhaltungskosten, Risiko des Nachfragewandels und technische Veralterung.

---

[1] Vgl. Kupsch, P. (1979), Sp. 1031-1032.

5.4.5 Lagereinteilung entsprechend den Lagergütern

Erfolgt die Einteilung der Läger entsprechend den gelagerten Objekten, so gelangt man zu der folgenden Einteilung:[1]

- Stofflager, (Roh-, Hilfs- und Betriebsstofflager), auch Materiallager genannt
- Werkzeuglager
- Erzeugnislager (Halb- und Fertigerzeugnislager)
- Handelswarenlager
- Büromateriallager
- Abfall- bzw. Reststofflager

a) Stoffläger (Materialläger)

Stoffläger, auch Wareneingangslager, Beschaffungslager oder Kaufteilelager genannt, nehmen alle fremd zugekauften Rohstoffe und Teile auf. Stoffläger entsprechen somit den bereits erwähnten Eingangs- oder Beschaffungslägern bzw. Lägern der 1. Lagerstufe. Eine Aufteilung in Rohstoff-, Hilfsstoff- und **Betriebsstofflager** ist vielfach sinnvoll. Die Ausgliederung des Betriebsstofflagers ist in den meisten Fällen sogar vorgeschrieben.

b) Betriebsstofflager

Im Betriebsstofflager werden die Betriebsstoffe, wie Fette, Öle, Energiestoffe, Schmiermittel gelagert. Besondere Sicherheitsbestimmungen (Brandschutzbestimmungen, Umweltschutzbestimmungen) machen es in der Regel erforderlich, daß die Betriebsstoffe getrennt von anderen Lagergütern gelagert werden müssen.

c) Werkzeug- und Ersatzteilläger

In Werkzeug- und Ersatzteillägern werden Werkzeuge und Ersatzteile gelagert. Es handelt sich hierbei in erster Linie um Werkzeuge, die relativ schnell verschleißen und daher oft ersetzt werden müssen. Diese Lagerart ist der 2. Lagerstufe zuzuordnen.

d) Erzeugnisläger

In Erzeugnislägern werden Halbfabrikate (Zwischenerzeugnisse) und Fertigfabrikate gelagert. Eine Aufteilung in Halbfabrikate- und Fertigfabrikateläger kann vorgenommen werden. Erfolgt eine Aufteilung, so gehören die Halbfabrikateläger zur 2. Lagerstufe und die Fertigfabrikateläger zur 3. Lagerstufe.

---

[1] Vgl. auch Bichler, K. (1992), S. 183-185; Kupsch, E.(1979), Sp. 1032 -1034.

e) Handelswarenläger

Handelswarenläger bzw. Handelsläger dienen zur Lagerung von Handelswaren. Für einen Handelsbetrieb ist dies das einzige Lager, das neben dem Büromateriallager unterhalten wird. Industriebetriebe unterhalten in der Regel ebenfalls Handelswarenläger, da sie Handelswaren zur Komplettierung der Produktpalette einsetzen. Bezogen auf die o.g. Lagerstufen gehört das Handelswarenlager zur 4. Lagerstufe.

f) Abfälle- und Reststoffläger

In Abfälle- und Reststofflägern werden diejenigen Stoffe gelagert, die im Produktionsprozess angefallen sind und entsorgt, deponiert oder dem Recycling zugeführt werden sollen. Auch für diese Läger gelten je nach Stoffen besondere gesetzliche Vorschriften für die Lagerung. Da die Lagerung der Abfälle und Reststoffe in der Regel an die Fertigung anschließt, sind diese Läger der 3. Lagerstufe zuzuordnen.

g) Büromateriallläger

Im Büromateriallager werden die Büromaterialien gelagert, die insbesondere im Verwaltungsbereich benötigt werden. Dieses Lager ist der 5. Lagerstufe zuzuordnen. Die nachstehende Abbildung zeigt die Funktionen, getrennt nach Haupt- und Nebenfunktionen, die von den Lagerarten erfüllt werden.

Lagerfunktion \ Lagerarten	Sicherungs-funktion	Spekulations-funktion	Ausgleichs-funktion	Veredelungs-funktion	Assortierungs-funktion
Rohstofflager	x	(x)	x		
Betriebsstofflager	x		x		
Werkzeug- und Ersatzteillager	x				
Halbertig-fabrikatelager	x		x	x	(x)
Fertigfabrikate-lager		(x)	x		(x)
Absatzlager	x	x			x
x Hauptfunktion **(x)** Nebenfunktion					

Abb. 5.7: Funktionen der objektbezogenen Lagerarten[1]

---

[1] Vgl. Kupsch, P. (1979), Sp. 1034.

5.4.6 Einteilung der Läger entsprechend der Hierarchie

Die Unterteilung in Haupt- und Nebenlager bezieht sich auf die Lagergröße und die Größe der Lagerbestände. Läger mit Marktverbindung (Eingangs-, Absatzläger) sind deshalb in der Regel Hauptläger. Im Gegensatz hierzu werden in Nebenlägern zumeist Güter gelagert, die von innerbetrieblichen Einheiten, z.B. der Fertigung, stammen und Bedarfsträger in der Unternehmung beliefern.[1]

5.4.7 Lagersortierung

Erfolgt eine Einteilung nach der Sortierung, so unterscheidet man zwischen stofforientierten und verbrauchsorientierten Lägern. Die stofforientierten Läger enthalten nur Bestände einer Güterart oder Gütergruppe. Beispiele sind Stahl-, Eisen-, Treibstofflager. Eine Einrichtung von stofforientierten Lägern erfolgt häufig dann, wenn die Stoffe von mehreren Produktionsstätten benötigt werden. Verbrauchsorientierte Läger werden hinsichtlich ihrer Sortierung nach der erwarteten gütermäßigen Zusammensetzung des Bedarfs im Fertigungs- und Vertriebsbereich gebildet. Diese Form der Läger wird häufig am Anfang der Fließfertigung angeordnet, da Unterbrechungen bei diesem Fertigungstyp[2] hohe Kosten verursachen.[3]

5.4.8 Sachliche Zentralisation der Läger

Wird eine sachliche Zentralisation der Lagergüter in einem räumlich zusammengefaßten Lager vorgenommen, so handelt es sich um ein **Zentrallager**. Umgekehrt liegt eine sachliche Dezentralisation der Läger vor, wenn die entsprechenden Güter oder Güterkategorien in mehrere Bestände aufgeteilt werden und in verschiedenen Lägern gelagert werden. Mit der Einrichtung eines Zentrallagers sind die in der nachstehenden Übersicht aufgeführten Vor- und Nachteile verbunden.

---

[1] Vgl. Kupsch, E.(1979), Sp. 1035.

[2] Zur Fließfertigung s. Blohm, H./ Beer, T./ Seidenberg, U./ Silber, H. (1987), S. 208-209; Corsten, H. (1991), 32-35; Hahn, D. / Laßmann, G. (1990), S. 40-42.

[3] Vgl. Kupsch, E.(1979), Sp. 1034.

Zentrallager	
Vorteile	**Nachteile**
<ul><li>Hoher Flächen- und Raumnutzungsgrad (Berechnung s. S. 449)</li><li>Geringe Grundstücks- und Gebäudekosten</li><li>Bessere Umsetzung der Automation in einem einzelnen Lager</li><li>Bessere Überwachungs- und Kontrollmöglichkeiten</li><li>Erfahrungsgemäß geringere Sicherheitsbestände als bei vielen dezentralen Sicherheitsbeständen</li><li>Weniger Personal im Lagerbereich und dadurch weniger Personalkosten</li><li>Bessere Ausnutzung der Fördermittel (z.B. Fahrzeuge)</li><li>Einmalige Einrichtung umfangreicher technischer Lagereinrichtungen (Umweltschutz, Diebstahlsicherung, Klimatechnik)</li><li>Niedrige Verwaltungskosten</li><li>Hohe Umschlagshäufigkeit</li></ul>	<ul><li>Lange Transportstrecken zwischen Lagerort und Bedarfsträgern</li><li>Höhere Transportkosten und längere Transportzeiten</li><li>Geringe Flexibilität, z.B. bei kurzfristigen unvorhergesehen Bedarfen</li><li>Längere Zugriffsdauer im Bedarfsfall</li><li>Bedarfsferne Disposition</li><li>Mehr Bürokratie durch zentrale Verwaltung</li></ul>

Abb. 5.8: Vor- und Nachteile des Zentrallagers

Die in der Abb. 5.8 aufgeführten Vorteile des Zentrallagers erweisen sich als Nachteile dezentraler Läger. Gleiches gilt für die Nachteile des Zentrallagers, die als Vorteile der dezentralen Läger angesehen werden können. Vielfach wird die Einrichtung von dezentralen Lägern bereits dadurch determiniert, daß die Entfernungen zwischen den einzelnen Fertigungsstätten sehr groß sind. Außerdem bieten sich dezentrale Läger dann an, wenn große, schwere und sperrige Güter zu lagern sind. Auch bei räumlich getrennten Werken ist eine Dezentralisation meistens unumgänglich. Um die Vorteile der zentralen und der dezentralen Lagerung zu vereinen, bietet sich die gemischte Lagerung an, bei der es sowohl dezentrale Läger als auch ein Zentrallager gibt, wie die nachstehende Abbildung zeigt.

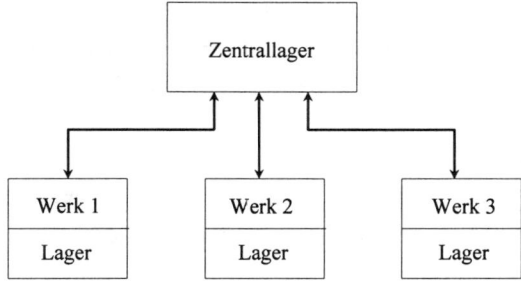

Abb. 5.9: Gemischte Lagerung

Eine besondere Form der dezentralen Läger sind die in der Praxis oft zu findenden **"Handläger"**. Diese Läger ermöglichen einen schnellen Zugriff im Bedarfsfall, ohne die zeitliche bürokratische Abwicklung über das Zentrallager. Da diese Form der Lagerung kaum zu überwachen ist, besteht die Gefahr des Diebstahls und der Veralterung, außerdem können diese Läger erhebliche Kapitalreserven binden.

5.4.9 Gliederung der Läger nach den Eigentümern

Erfolgt die Einteilung der Läger nach den Eigentümern, so gelangt man zur Unterscheidung zwischen **Eigenlägern** und **Fremdlägern**. In der traditionellen Form der Versorgung werden sowohl bei den Zulieferern als auch bei den Abnehmern isoliert voneinander Lager- bzw. Sicherheitsbestände vorgehalten. Bei den folgenden Lagerformen spielt die Eigentumsfrage eine besondere Rolle.

a) Konsignationsläger

Konsignationsläger, auch Kommissionsläger genannt, sind Läger, die von Lieferanten bei ihren Kunden eingerichtet und mit Gütern versorgt werden. Das Lagergut in diesen Lägern stellt Kommissionsgut dar, d.h., es befindet sich im Eigentum des Lieferanten. Die Einrichtung von Konsignationslägern bietet die Möglichkeit, die Lagerhaltungskosten, insbesondere die Kapitalbindungskosten, zu senken. Der Lieferant, der das Konsignationslager einrichtet, wird **Konsignant** oder Kommittent genannt. Der Kunde, bei dem das Lager eingerichtet wird, ist der **Konsignatar** bzw. Kommissionär. Der Konsignatar entnimmt laufend je nach Bedarf aus dem Konsignationslager Güter und rechnet unmittelbar nach Ablauf einer zuvor vereinbarten Periode mit dem Konsignanten ab. Die rechtliche Grundlage bildet der Konsignationslagervertrag. [1] Ein Beispiel zeigt die Abb. 5.10.

b) Speditionslager

Hierbei handelt es sich um Läger, in denen Güter gesammelt werden, um wirtschaftliche Transportmengen für den Ferntransport bereitzustellen. Im Nahverkehr werden von den Unternehmen kleine Sendungseinheiten zu einem Speditionslager gebracht und hier zu einer Sammelsendung mit einem Bestimmungsort zusammengestellt.

c) Ausgleichslager

Ein Ausgleichslager hat die Aufgabe, Lagergüter vom Hersteller in großen Mengen aufzunehmen und zwischenzulagern. Die Verteilung der Güter erfolgt dann in kleineren Mengen an die Kunden.

---

[1] Vgl. Eschenbach, R. (1990), S. 232-234.

Konsignationslagervertrag

↳ Firmenlage auf eigenem Betriebsgelände

Zwischen der Firma... (Abnehmer) und der Firma... (Lieferer) wird nachstehender Konsignationslagervertrag für unbestimmte Dauer geschlossen.

§ 1   Ab... richtet der Lieferant im Betrieb ... des Abnehmers ein Konsignationslager ein.

§ 2   Die Konsignationsgegenstände sind: (z.B. folgende Ersatzteile für eine ...-Anlage)

1..., Anzahl...

2..., Anzahl...

usw.

§ 3   Der Abnehmer stellt für das KL folgende Räume einschließlich Heizung, Reinigung, Beleuchtung, Bewachung, Wasser und Abwasser ohne Berechnung zur Verfügung:

1...

2...

usw.

§ 4   Die Lieferung der Konsignationsgegenstände erfolgt zu Lasten des Lieferanten / des Abnehmers mit Lieferschein frei KL. Die ordnungsgemäße Lieferung wird durch die Lagerleitung des Abnehmers dem Lieferanten oder seinem Frachtführer bestätigt. Die Einlagerung der Konsignationsgegenstände erfolgt durch Personal des Abnehmers auf Kosten des Abnehmers.

§ 5   Die Konsignationsgegenstände werden durch den Lieferanten / den Abnehmer gegen Feuer, Wasser, Einbruchdiebstahl... versichert.

§ 6   Die Konsignationsgegenstände werden vom Lieferanten durch Anhängezettel als Konsignationsware des Lieferanten gekennzeichnet. Der Verwendungszweck der Konsignationsgegenstände ist auf dem Anhängezettel vermerkt. (z.B. Welle für die...-Anlage).

§ 7   Der Lieferant ist berechtigt, bei dringendem Bedarf für andere Abnehmer Waren aus dem KL zu entnehmen.

§ 8   Dem Lieferanten ist es gestattet, während der üblichen Geschäftszeiten zu Kontrollen, Inventuren oder Entnehmen das KL zu betreten.

§ 9   Der Abnehmer ist berechtigt, jederzeit Konsignationsgegenstände aus dem KL zu entnehmen. Diese entnommenen Konsignationsgegenstände gelten als am Entnahmezeitpunkt zu den Allgemeinen Einkaufsbedingungen des Abnehmers und zu den vereinbarten Preisen verkauft.

§ 10 Bis zum ...Arbeitstag jedes Folgemonats (=Meldemonat) sendet der Abnehmer dem Lieferanten eine Bestellung über die entnommenen Konsignationsgegenstände. Diese ist die Grundlage für die Rechnungserstellung des Lieferanten.

§ 11 Der Lieferant füllt bis zum Ende des jeweiligen Meldemonats das KL auf den vereinbarten Bestand auf. Für Konsignationsgegenstände, die innerhalb dieser Frist nicht geliefert werden können, sendet der Lieferant dem Abnehmer eine Aufstellung mit genauer Angabe des verbindlichen Liefertermins.

§ 12 Bei Vertragsende nimmt der Lieferant alle noch lagernden Konsignationsgegenstände zurück. Die Kosten des Abtransportes trägt der Lieferant.

§ 13 Dieser Konsignationslagervertrag kann von beiden Vertragspartnern mit einer Frist von ...Monaten zum Ende eines Kalenderjahres gekündigt werden.

Abb. 5.10: Beispiel eines Konsignationslagervertrages[1]

---

[1] Vgl. Eschenbach, R. (1990), S. 237-238.

d) Lagerhausgesellschaften

Lagerhausgesellschaften vermieten gewerbsmäßig Lagerflächen. In großen Hafenstädten gibt es große Lagerhausgesellschaften, in denen Güter vor oder nach der Verschiffung zwischengelagert werden.

e) JiT-Lager (Externes Lager)

Der Zulieferer oder mehrere Zulieferer produzieren nach eigenen Kriterien (d.h. verbrauchsentkoppelt vom Abnehmer), liefern aber die gesamte Menge in ein externes Beschaffungslager in der räumlichen Nähe zum Abnehmer. Aus diesem Beschaffungslager, das der Abnehmer, die Zulieferer oder auch ein Dritter unterhält, wird die Produktion des Abnehmers verbrauchssynchron beliefert, wie die Abbildung 142 zeigt. Der Grundgedanke der externen Beschaffungsläger ist, die Bestände in der logistischen Kette zwischen den Zulieferern und den Abnehmern zu senken.

Durch die Zusammenlegung der Bestände der Zulieferer und Abnehmer kann bei gleicher Versorgungssicherheit der Gesamtbestand verringert werden. Dies hat eine Reduzierung der Lagerhaltungskosten zur Folge.[1]

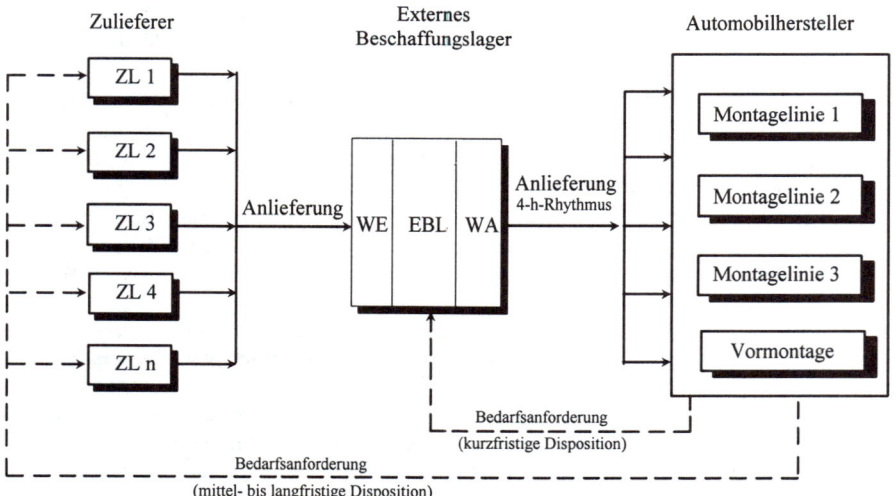

EBL= Externes Beschaffungslager
ZL = Zulieferer
WE = Warenannahme
WA = Warenausgang

Abb. 5.11: Bedarfsorientierte Anlieferung durch das Externe Beschaffungslager[2]

---

[1] Vgl. Jünemann, R. / Strebel, Th. (1990), S. 25.
[2] Vgl. Jünemann, R. / Stebel, Th. (1990), S. 23.

Wirtschaftliche Vorteile für den Abnehmer

- Ausnutzung komparativer Kostenvorteile
- Senkung der Lagerkosten
- Senkung der Kapitalbindungskosten
- Liquiditätsverbesserung

Qualitative Vorteile
- Höhere Bestandstransparenz
- Integration der Funktionsbereiche
- Bessere Zusammenarbeit zwischen Zulieferern, Abnehmer und Spediteuren
- Höhere Flexibilität

Technische Vorteile
- Zentralisierung der Versorgung
- Kurze Anlieferungszeiten und -wege
- Montagegerechte Kommissionierung möglich
- Höhere Versorgungssicherheit
- Möglichkeit verstärkter Automatisierung

Vorteile für den Zulieferer

- Bildung produktionsgerechter Lieferlose
- Kontinuität im Produktionsprozeß

5.4.10 Einteilung der Läger nach den spezifischen Eigenschaften der Lagergüter

Je nach den spezifischen Eigenschaften der Güter (Flüssigkeiten, Schüttgüter oder Stückgüter) sind Läger mit technischen Voraussetzungen erforderlich, die die Lagerung der Stoffe ermöglichen. Die Einteilung entsprechend dem Lagergut führt zu folgender Einteilung:

Transportgüter	Beispiele für Lagergüter	Läger
Schütt- bzw. Massengüter	Zement, Getreide, Sand, Kohle, Erz, Späne, Steine, Kies	Schüttläger (Bodenlagerung oder Bunker)
Flüssigkeiten	Wasser, Öle, Chemikalien, flüssige Metalle	Tanklager
Gase	Luft, Edelgase, Inertgas	Tanklager
Stückgüter	Fässer, Kisten, Ballen, Harasse, Säcke	Stapel- bzw. Blockläger, Regalläger
Langgüter	Rohre, Stangen	Bodenlager
Kleinpackungen	Papier, Holz, Kunststoffe	Regallager

Abb. 5.12: Lagereinteilung entsprechend den spezifischen Eigenschaften der Lagergüter[1]

---

[1] Vgl. auch Rupper, R. (1988), S. 183.

Unter Stückgut wird ein individualisiertes Gut verstanden, das stückweise gehandhabt wird und stückweise in die Transportinformation eingeht (DIN 30781). Schüttgüter, Flüssigkeiten und Gase lassen sich teilweise in Stückgüter überführen. Werden diese nämlich in **Packmittel,** wie Dosen, Flaschen, Kisten, Säcke, Schachteln, Tuben oder Beutel, abgefüllt, so ergeben sich sog.
Packstücke, die in der Handhabung quasi den Stückgütern entsprechen (s. Abb. 5.13). Die Lagerung der Packstücke kann dann wie bei den Stückgütern erfolgen. "Packmittel" wird gem. DIN 55405 wie folgt definiert:

> "Ein Packmittel ist ein Erzeugnis aus Packstoff, das dazu bestimmt ist, das Packgut zu umhüllen oder zusammenzuhalten, damit es versand-, lager- und verkaufsfähig wird."

Ausgangsmaterial aller Packmittel sind Packstoffe, wie Glas, Holz, Keramik, Kunststoff, Metall, Papier, Karton, Pappe, textile Packstoffe. Aus den Packstoffen werden folgende Packmittel erstellt: Beutel, Kartons, Dosen, Kanister, Fässer, Kästen, Kisten, Säcke, Schachteln, Steige, Tuben, Gläser.

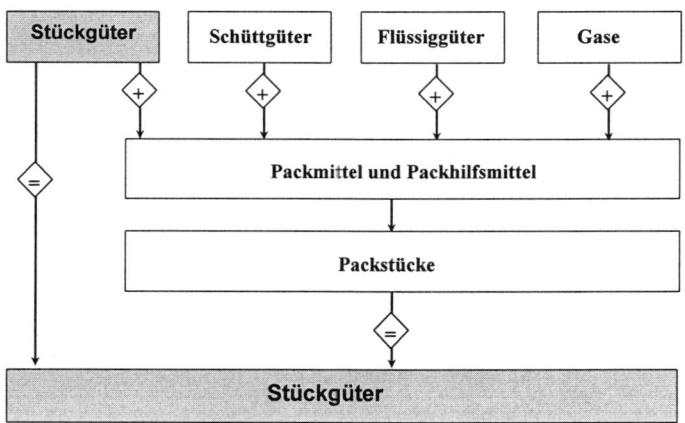

Abb. 5.13: Packmittel und Packhilfsmittel[1]

5.4.11 Einteilung nach Lagersystemen (Lagertechnik)

5.4.11.1 Bodenlagerung

Die einfachste Art der Lagerung bildet die Bodenlagerung. Die Lagergüter werden dabei mit oder ohne Lagerhilfsmittel am Boden gelagert. Diese Form der Lagerung

---

[1] Vgl. auch Jünemann, R. (1989), S. 125.

eignet sich besonders für schwere oder sperrige Güter. Sind die Lagergüter nicht stapelbar, so ergibt sich eine schlechte Raumausnutzung, die trotz der geringen Einrichtungskosten zu vergleichsweise hohen Investitionskosten pro Lagereinheit führen kann. Vielfach können auch zunächst nicht stapelfähige Güter durch den Einsatz geeigneter Ladehilfsmittel, wie z.B. Behälterpaletten, stapelfähig gemacht werden. Die maximale Stapelhöhe hängt von der Deckenhöhe des Lagerraumes, den verfügbaren Fördermitteln zum Stapeln der Lagereinheiten, der Tragfähigkeit des Bodens und der Belastbarkeit der unteren Lagereinheiten ab. Gegebenenfalls wird die Stapelhöhe auch durch die Belastbarkeit der verwendeten Lagerhilfsmittel bestimmt.[1] Die Bodenlagerung kann in Form der Block - oder Zeilenlagerung erfolgen (Abb. 5.14). Bei der Blocklagerung werden die Güter auf dem Boden in großflächigen Blöcken gelagert und häufig übereinander gestapelt. Ein direkter Zugriff kann nur auf die obersten Ladeeinheiten des Stapels an den Gängen zwischen den Blöcken erfolgen. Der Zugriff auf mehrere Lagergüter wird erreicht, wenn die Anordnung zeilenförmig erfolgt. Die Zeilenlagerung erhöht die Zugriffsmöglichkeiten, führt aber in der Regel zu einer schlechteren Flächennutzung. Die Stapelhöhe sollte eine Höhe von 8 bis 9 Metern nicht überschreiten, da sonst die Kippsicherheit nicht gegeben ist. Zwischen den Zeilen oder Blöcken muß eine ausreichende Gangbreite vorhanden sein, damit die Fördermittel (Stapler) mühelos zwischen dem Lagergut bewegt werden können. Einsatzfälle: Zellstoffballen, Kisten, Kunststoffbehälter und Faßbehälter.

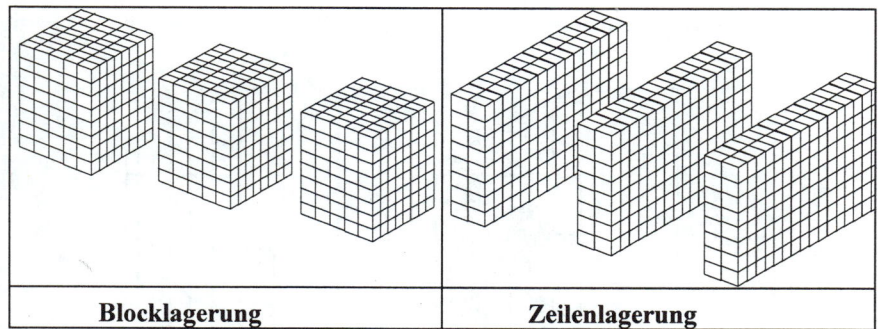

Blocklagerung   **Zeilenlagerung**

Abb. 5.14: Block- und Zeilenlagerung

---

[1] Vgl. auch Jünemann, R. (1979), Sp. 1080.

Blocklager / Zeilenlager	
Vorteile	**Nachteile**
• Keine oder nur geringe Investitions- kosten für die Einrichtung des Lagers • Kaum Störanfälligkeit, wenn das Lager- gut standsicher gestapelt wird • Geringer Personalbedarf • Relativ hohe Flexibilität	• Höhennutzung nur eingeschränkt möglich, Kippgefahr durch hohe Belastung des Lager- gutes • Kein freier Zugriff, da jeweils nur die vor- dere obere Palette im Zugriff ist • Geordnete Lagerplatzbelegung erforderlich • Geringe Automatisierung bzw. Mechanisierungsmöglichkeiten • Das für das Lager meist erwünschte Fifo- Prinzip (First-in-first-out) läßt sich meistens überhaupt nicht oder nur bei sortierten Blöcken und Zeilen verwirklichen, wobei dies dann häufig mit Umlagerungen ver- bunden ist.

Abb. 5.15: Vor- und Nachteile der Block- bzw. Zeilenlagerung[1]

5.4.11.2 Fachregallagerung

Das Lagergut wird bei der Lagerung im Fachregallager in Gestellen aus Holz, Metall oder Beton gelagert (Abb. 5.16). Auch prinzipiell nicht aufeinander stapelbare Lagereinheiten können so vertikal übereinander gelagert werden. Die Lagerbögen sind je nach Ausführung unterschiedlich verstellbar, so daß auch Lagergüter unter- schiedlicher Größenordnung gelagert werden können. Die Ausgestaltung des Fachregallagers hängt von der Lagermenge, der Lagersortimentsbreite, der Um- schlagshäufigkeit und der Raumverfügbarkeit ab. Die Regalhöhe sollte 2 m nicht überschreiten, so daß die Regalfächer vom Lagerpersonal gut erreichbar sind. Das System wird vorwiegend eingesetzt für Kleinteile, Büromaterial oder kleine Fertig- erzeugnisse.

a) Greifhöhe
b) Greiftiefe

Abb. 5.16: Fachregallager

---

[1] Vgl. auch Jünemann, R. (1989), S. 134; ders. (1979), Sp. 1078.

Fachregallager	
Vorteile	**Nachteile**
• Gute Übersichtlichkeit	• Ungünstige Greifpositionen für das Lagerpersonal
• Einfache Bedienung	
• Geringe Störanfälligkeit	• Hoher Persoanlaufwand bei manueller Bedienung (Wegstrecken, Greifleistungen)
• Wahlfreier Zugriff auf alle Lagergüter	
• Mittlere Investitionskosten (abhängig von der Ausstattung)	• Relativ hoher Flächenbedarf und geringe Raumnutzung bei manueller Regalbedienung
• Relativ hohe Flexibilität (schnelle Anpassungsfähigkeit an geänderte Artikelstruktur, gute Ausbaufähigkeit)	Raum- und Flächennutzungsgrad: RNG ca. 15 %, FNG ca. 40 %[1] (Berechnung s. S. 449).
• Gute Bestandskontrolle	
• Hohe Umschlagsleistungen möglich	
• Chaotische Lagerung möglich	

Abb. 5.17: Vor- und Nachteile des Fachregallagers[2]

5.4.11.3 Palettenregallager

Palettenregallager sind für die Lagerung palettierter Güter konzipiert. Je nach Gestaltung der Regale stehen die Paletten auf Auflageriegeln, Auflagewinkeln, Kragarmen oder Fachböden. Die Regallagersysteme erlauben in der Regel eine nachträgliche Änderung der Höheneinteilung, so daß abhängig vom unterschiedlichen Volumen der Lagergüter eine gute Raumausnutzung erreicht werden kann.[3] Die Stapelhöhe liegt je nach Gebäudehöhe zwischen 7 und 15 m. Die Entwicklung der Staplertechnik ermöglicht heute Gangbreiten unter 1,5 m in Palettenregallagern.[4] Der Einsatz dieser Lagertechnik empfiehlt sich besonders dann, wenn große Materialmengen gelagert werden müssen und gleichzeitig ein großes Sortiment vorliegt.

---

[1] Vgl. Budde, R. / Schwarz, W. (1983), S. 452.

[2] Vgl. Kettner, J. / Schmidt, J. / Greim, H. (1984), S. 308.

[3] Vgl. Jünemann, R. (1979), Sp. 1081 - 1082.

[4] Vgl. Bichler, K. (1992), S. 189.

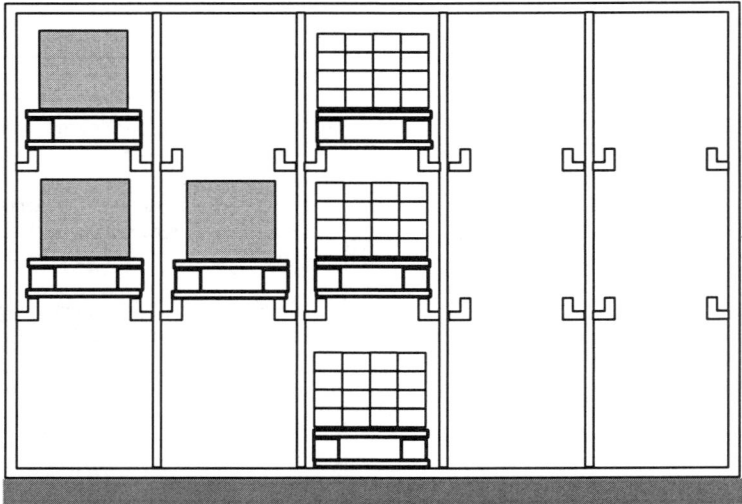

Abb. 5.18: Palettenregallager

Palettenregallager	
Vorteile	**Nachteile**
• Mittleres Investitionsvolumen • Mittlere Flächen- und Raumnutzung • Hohe Umschlagsleistungen möglich • Einfache Bedienung • Hohe Flexibilität • Wahlfreier Zugriff auf alle Lagergüter • Automatisierungs- und Mechanisierungs- möglichkeit • Gute Kommissionierungsmöglichkeiten • Gute Bestandskontrolle	• Ausnutzung des Raumnutzungsgrades wird durch die Fördertechnik bzw. die mögliche Stapelhöhe beschränkt. • Je nach Mechanisierungs- bzw. Automatisierungsgrad personalintensiv • Flächennutzung von der Wahl der Förder-mittel abhängig

Abb. 5.19: Vor- und Nachteile des Palettenregallagers[1]

5.4.11.4 Durchlaufregallager

Beim Durchlaufregallager gleiten die Lagergüter auf Rollen, Schienen oder Fach-böden von der Einlagerungs- zur Entnahmestelle (Abb. 5.20). In vielen Fällen macht man sich hierbei die Schwerkraft zu nutze, indem die Einlagerungs- und Aus-lagerungsseite unterschiedliche Höhen aufweisen (Abb. 5.21).

Durchlaufregallager eignen sich insbesondere für Lagergüter mit hohem Gewicht und kleiner Artikelanzahl (kleinem Sortiment). Vorteilhaft ist der Einsatz auch, wenn die

[1] Vgl. Kettner, J. / Schmidt, J. / Greim, H. (1984), S. 310; Bichler, K. (1992), S. 189.

Lagergüter druckempflindlich und nicht stapelbar sind. Je nach Anforderungen durch Größe, Gewicht und Abmessungen der Ladeeinheiten werden bei der Gestaltung der Kanäle unterschiedliche Förderprinzipien realisiert:[1]

- Tragrollen, durchgehend oder geteilt: schwere Lasten auf Paletten oder in Behältern mit glattem Boden; bei horizontaler Bahnanordnung elektromotorischer Antrieb; zur seitlichen Führung sind Schienen vorteilhaft.

- Röllchenbahnen, Röllchenschienen: für leichte bis mittelschwere Lasten in Behältern mit glattem Boden oder Führungsprofil. Die Anordnung der Bahnen oder Schienen sollte je nach Gewicht und Behälterboden an den Außenseiten oder verteilt über die Kanalbreite erfolgen.

- L-Profile: beidseitig des Kanals für leicht rutschende Lasten mit oder ohne Leitkufen oder für mittelschwere bis schwere Lasten mit Rollvorrichtung an der Behälterunterseite.

- Fachboden: für leicht rutschende Lasten oder für mittelschwere Lasten mit Roll- oder Gleitvorrichtungen an der Behälterunterseite; seitliche Führungsschienen erforderlich.

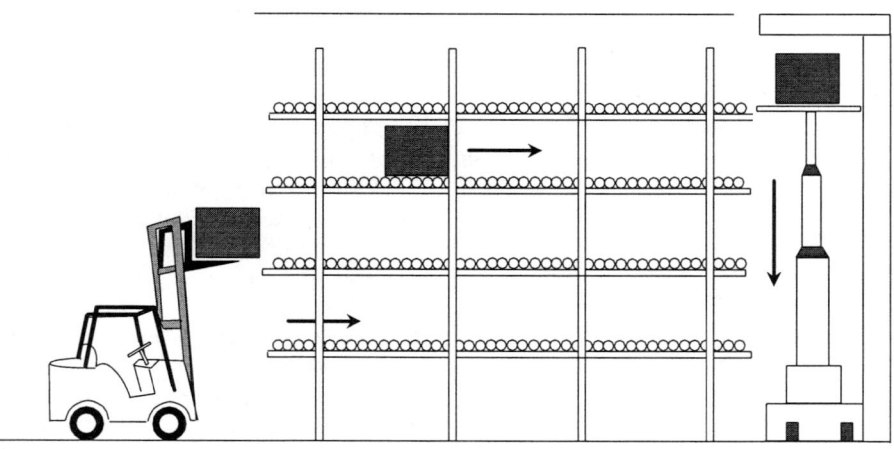

Abb. 5.20: Durchlaufregallager

---

[1] Vgl. Kettner, J. / Schmidt, J. / Greim, H. (1984), S. 319.

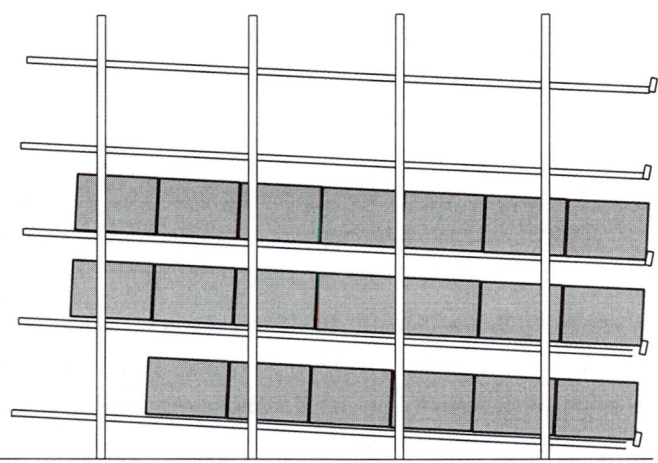

Abb. 5.21: Durchlaufregallager mit Ausnutzung der Schwerkraft

Durchlaufregallager	
Vorteile	**Nachteile**
• Absolutes First-in-first-out-Prinzip, d.h., die zuerst eingehenden Teile werden als erstes wieder ausgelagert • Keine Gassenbildung bei Entnahme durch Gabelstapler erforderlich, da selbständiges Nachrücken der Ladeeinheiten • Relativ hoher Raum- und Flächennutzungsgrad: RNG ca. 40 %, FNG ca. 75 % (Berechnung s. S. 449)[1] • Automatisierung möglich • Anpassung an geändertes Sortiment möglich, wenn die Abmessungen der Ladeeinheiten innerhalb der Aufnahmemöglichkeit der Kanäle liegen • Gute Überwachung der Bestände • Hohe Zugriffs- und Entnahmeleistung möglich	• Pro Kanal nur eine Teileart sinnvoll • Meist nur bei kleinem Sortiment anwendbar • Kein wahlfreier Zugriff auf alle Einheiten, d.h., nur Direktzugriff auf den Frontbereich des Regals • Aufwendige Kommissionierung bei Teilentnahmen • Investitionsbedarf ist von der gewählten fördertechnischen Ausstattung abhängig • Störanfälligkeit (insbesondere der Röllchenschienensysteme) • Behälter können sich im Kanal verkannten • Anpassungsaufwand bei Palettensystemen • Paletten müssen mit Ladungssicherung ausgestattet sein • Laufende Betriebskosten durch Wartung • Keine chaotische Lagerung

Abb. 5.22: Vor- und Nachteile des Durchlaufregals[2]

---

[1] Vgl. Budde, R. / Schwarz, W. (1983), S. 452.

[2] Vgl. Kettner, J. / Schmidt, J. / Greim, H. (1984), S. 320; Bichler, K. (1992), S. 190 u. 198.

5.4.11.5 Verschieberegallager (Kompaktregallager)

Das Lagergut lagert wie beim Fach- oder Palettenregallager in Regalzeilen. Die Regale sind jedoch auf Führungsschienen montiert, so daß die Regale auf den Schienen horizontal verschoben werden können. Da die Regalzeilen, wie in Abb. 5.23 dargestellt, aneinandergeschoben werden, so daß die Zwischengänge entfallen, ergibt sich ein relativ hoher Flächennutzungsgrad. Der Einsatz von Verschieberegalen empfiehlt sich dann, wenn kleine bis mittlere Mengen je Artikel gelagert werden und ein mittleres Sortiment vorliegt.

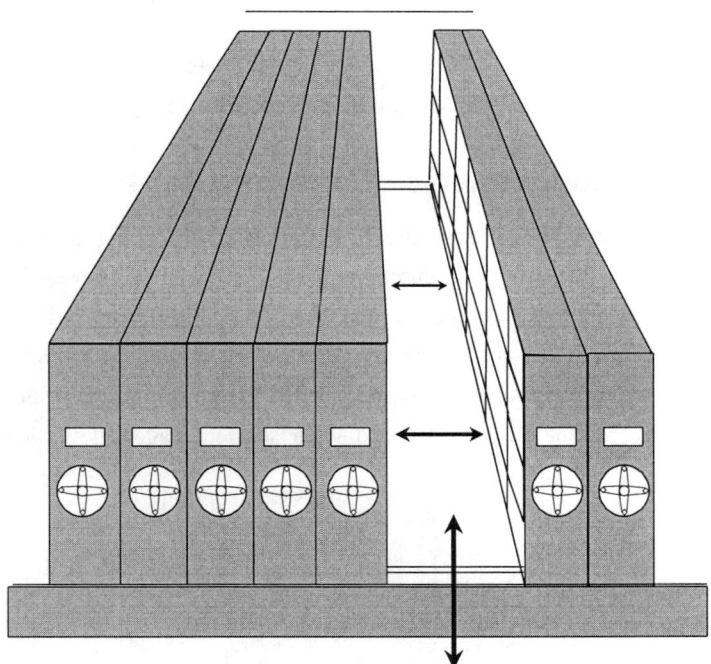

Abb. 5.23: Verschieberegal (horizontal)

Verschieberegallager	
Vorteile	**Nachteile**
• Hoher Flächen- und Raumnutzungsgrad im Vergleich zu Regalen mit Zeilenanordnung und Gängen • Chaotische Lagerung ist möglich • First-in-first-out ist möglich • Lagergut kann unter Verschluß gehalten werden • Mittlere Anpassungsfähigkeit an geänderte Sortimentstrukturen • Besserer Staubschutz gegenüber normalen Fachbodenregalen • Verschieben der Regale ist automatisierbar	• Geringe Umschlagsleistung bei hoher Flächenausnutzung, da wenig Regalgänge • Direkter Zugriff nur bei auseinander-gefahrenen Regalzeilen möglich • Kommissionieren nur eingeschränkt möglich • Je nach Bauform und Traglast entsprechende Bodenträgerfähigkeit erforderlich (Konzentration von Gewichten) • Beschränkte Ausbaufähigkeit • Relativ hohe Störanfälligkeit • Relativ hoher Investitonsaufwand • Hohe Bodenqualität und Belastbarkeit erforderlich, da das Lager kompakt auf relativ kleiner Fläche steht

Abb. 5.24: Vor- und Nachteile des Verschieberegallagers[1]

5.4.11.6 Verschiebeumlaufregallager (Paternosterregallager)

Beim Verschiebeumlaufregal sind die Regalzeilen übereinander angeordnet. Der Zugriff auf die Regalzeilen erfolgt durch vertikales Verschieben der Regalzeilen, wie die Abb. 5.25 zeigt. Das gesamte Regalsystem kann mit Blechwänden verkleidet werden, so daß jeweils nur an den offenen Seiten die Lagerteile entnommen werden können. Das System eignet sich insbesondere für kleine und mittelgroße Teile bei eingeschränktem Sortiment. Eine Auslegung für schwere Lagerteile ist jedoch auch möglich.

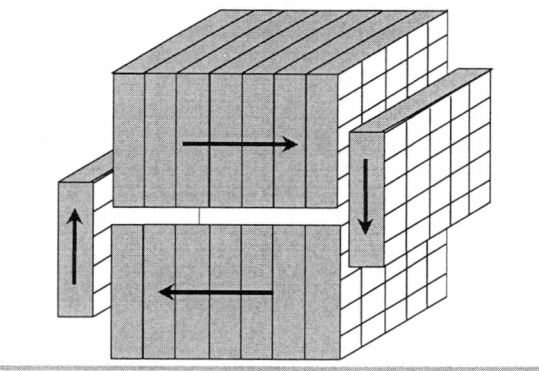

Abb. 5.25: Verschieberegal (horizontal)

---

[1] Vgl. Kettner, J. / Schmidt, J. / Greim, H. (1984), S. 322; Bichler, K. (1992), S. 194-195.

Verschiebeumlaufregallager (Paternosterregallager)	
Vorteile	**Nachteile**
• Hoher Flächen- und Raumnutzungsgrad • First-in-first-out ist möglich • Mechanisier- und automatisierbar • Freie Lagerplatzzuordnung möglich • Lagergut lagert staubgeschützt • Günstige Entnahmemöglichkeit aus ergonomischer Sicht	• Geringe Zugriffsleistung • Geringe Flexibilität bei schwankender Umschlagsleistung • Fehlende Ausbaubarkeit • Je nach Ausgestaltung mittlere bis hohe Investitionskosten • Kommissionierung erfordert serielle Bearbeitung, dadurch erhöhter Vorbereitungsaufwand (Steuerung) • Systemtechnisch begrenzte Kommissionierleistung, da nur eine begrenzte Personenzahl entnehmen kann • Relativ hohe Störanfälligkeit • Bei Systemstörung ist keine Entnahme möglich

Abb. 5.26: Vor- und Nachteile des Verschiebeumlaufregallagers[1]

5.4.11.7 Hochregallager

Das Hochregallager ist ein eingeschossiges Regallager. Die Bedienung erfolgt durch schienengebundene Regalförderzeuge (RFZ) oder durch Hochregalstapler. Hochregallager haben eine Höhe von 40 m und sind bis zu 200 m lang. Ein Hochregallager empfiehlt sich dann, wenn große Mengen und verschiedenartige Lagergüter mit schnellem Zugriff gelagert werden müssen.[2] Die Abb. 5.27 zeigt die Funktionsweise des Hochregallagers. Die Paletten gelangen über die Rollbahnen (1) und (3) zu den Staustrecken (2) und (3), wo sich die Paletten sammeln. Der Drehtisch (4) fungiert als Weiche. Die Palettenprüfung erfolgt an der Stelle (5). Gleichzeitig können hier mit einem Barcodleser die Daten an den Rechner übermittelt werden. Über die Ausschleusstrecke (6) können Paletten entnommen werden. Über die Einschleusstrecke (7) und den Verschiebehubwagen (8) wird das Lagergut zum Regalförderzeug befördert. Das Regalförderzeug lagert dann die Paletten ein.

---

[1] Vgl. Kettner, J. / Schmidt, J. / Greim, H. (1984), S. 326; Bichler, K. (1992), S. 194.
[2] Vgl. Grün, O. (1990), S. 528.

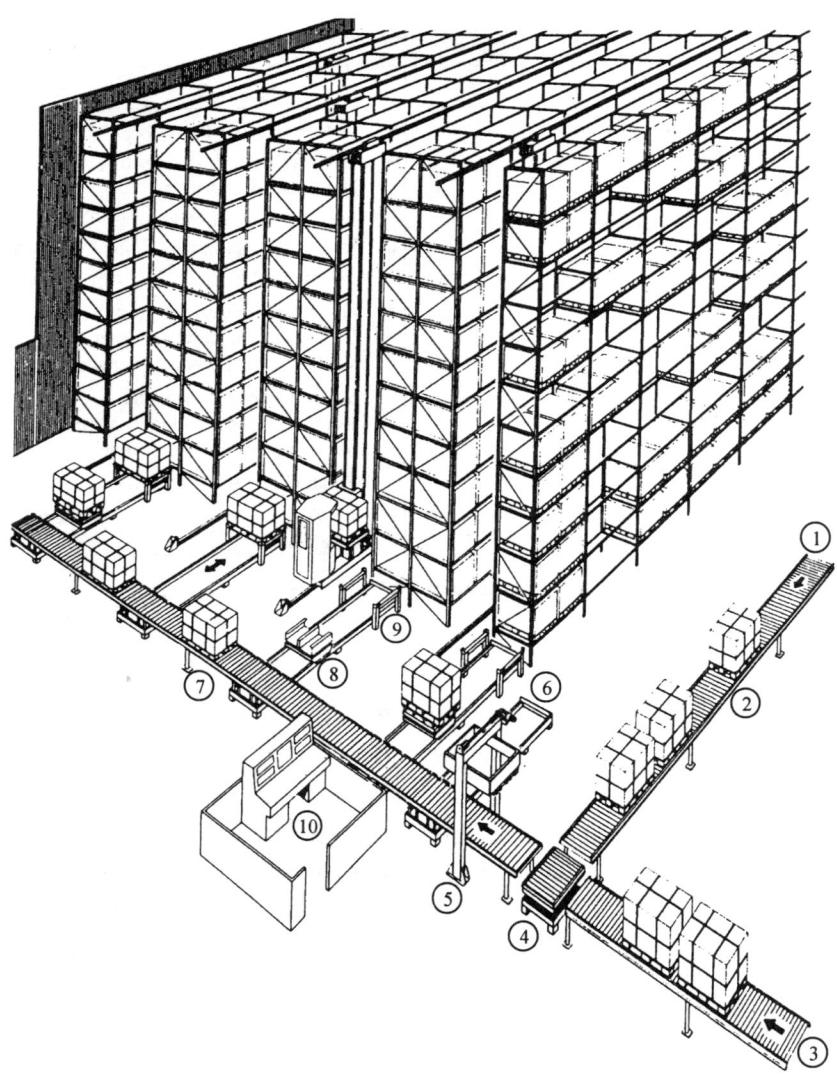

1 Wareneingang aus der Fertigung
2 Staustrecke
3 Wareneingang von der Rampe
4 Drehtisch
5 Palettenprüfeinreichtung

6 Ausschleusstrecke für fehlerhafte Paletten
7 Einschleusstrecke
8 Verschiebehubwagen
9 Übernahmebereich
10 Steuerpult

Abb. 5.27: Hochregallager[1]

---

[1] Grün, O. (1990), S. 529.

Ein- und Auslagerung im Hochregallager

Das Einlagern kann in jedes freie Regalfach erfolgen (sog. "Random-Lagerung"). Welche Fächer frei sind, erfährt die Lagermaschine direkt von einem Rechner, der die Verwaltung der Regalfächer übernimmt und unmittelbar mit dem Regalförderzeug gekoppelt ist. Sind mehrere freie Fächer vorhanden, so kann zur Vermeidung unnötiger Wege der Lagermaschine das jeweils nächste Fach angesteuert werden. Angestrebt wird dadurch eine Optimierung der Ein- und Auslagerungszeiten.

Es ist auch möglich, die Vergabe der Regalfächer nach dem Gewicht der Paletten vorzunehmen. Paletten mit hohem Gewicht werden auf freien Lagerplätzen im unteren Bereich eingelagert, leichtere Paletten in den höheren Bereichen.

Vor der Einlagerung erfolgt eine optische Konturenkontrolle, die dazu dient, Lagereinheiten mit nicht zulässigen Abmessungen auszusondern. Im Hochregal können auch Fächer unterschiedlicher Größe vorhanden sein. Die Art und die Abmessungen der Fächer müssen dem Rechner ebenfalls bekannt sein. Für die Auslagerung erhält die Lagermaschine vom Rechner die Koordinaten des Lagerfaches übermittelt, aus dem die Palette oder der Behälter zu entnehmen ist.

Hochregallager	
Vorteile	**Nachteile**
• Hoher Flächen - und Raumnutzungsgrad • Wahlfreier Zugriff auf alle Regalfächer • Hohe Umschlagsleistung (in Abhängigkeit von der Anzahl der Lademaschinen) • Niedrige Betriebskosten • Hoher Grad der Automatisierung • Bei geeigneten Fördermitteln gute Kommissioniermöglichkeit • Hohe Umschlagsleistung • Große Anpassungsfähigkeit an geänderte Sortimentsstruktur	• Hohe Störanfälligkeit wegen des hohen Standes der Automatisierung • Bindung der Fördermittel (Lagermaschinen) an den Lagerbereich • Hoher Investitionsbedarf

Abb. 5.28: Vor- und Nachteile des Hochregallagers[1]

5.4.12 Einteilung nach der Bauart des Lagers

Großvolumige und witterungsunempfindliche Güter werden oft im Freien gelagert. Materialien, wie z.B. Steine, Dachziegel, Kunststoffrohre oder Alu-Teile, können im

---

[1] Vgl. Kettner, J. / Schmidt, J. / Greim, H. (1984), S. 326; Bichler, K. (1992), S. 191.

Freilager gelagert werden. Die Lagerflächen sind in der Regel gepflastert und einge-
zäunt.

Halboffene Läger bestehen aus Überdachungen und eventuell Seitenwänden. Die
unter den Überdachungen gelagerten Güter werden durch die Dächer vor Regen
geschützt. Halboffene Läger dienen dazu, Güter zu lagern, die zwar regenempfindlich
sind, jedoch keinen Schutz vor anderen Witterungseinflüssen wie Kälte oder Wärme
benötigen.

Geschlossene Läger sind Gebäude, die aus Wänden und Dächern bestehen. Die
gelagerten Güter werden so vor Witterungseinflüssen, aber auch vor Diebstahl durch
das Gebäude geschützt.

Spezialläger sind Gebäude oder Einrichtungen, die auf die speziellen Bedürfnisse der
zu lagernden Güter ausgerichtet sind, wie z.B. Kühlhäuser.

5.4.13 Einteilung der Läger nach dem Automatisierungsgrad

a) Manuelle Läger

In der extremsten Ausprägungsform erfolgen in einem manuellen Lager die Ein- und
Auslagerungsprozesse ausschließlich durch die Muskelkraft des Lagerpersonals. Als
Hilfsmittel dienen Leitern, Podeste, Kommissionierungskörbe, Handkarren und -
wagen. Auch der Belegfluß erfolgt manuell. Manuelle Läger sind nur noch vereinzelt
in kleineren Unternehmen des Handwerks oder des Handels zu finden.[1]

b) Mechanisierte Läger

Wird die menschliche Arbeitskraft durch Geräte ersetzt, die mit Kraftstoff- oder
Elektroenergie betrieben werden, so spricht man von mechanisierten Lägern. Der
Einsatz entsprechender Flurfördermittel, wie sie in Abb. 5.31 dargestellt sind, zur
Ein-, Um- und Auslagerung vereinfacht die Lagerarbeit sehr. Größere Lasten können
so schneller über weite Entfernungen transportiert werden. Die Mechanisierung der
Läger ist der erste Schritt auf dem Wege zur Automatisierung der Läger.

c) Automatisierte Läger

Im Gegensatz zu den mechanisierten Lägern erfolgt in automatisierten Lägern die
Lagerarbeit mit Hilfe ferngesteuerter Maschinen. Das Lagerpersonal übernimmt nur

---

[1] Vgl. Kopsides, R. (1989), S. 128.

noch die Überwachung und Steuerung der Abläufe. Aber auch diese Tätigkeiten werden zunehmend von der DV übernommen. Die Flurfördermittel, die die Regale bedienen, und die Prozeßrechner sind miteinander vernetzt. Die Datenübertragung von den Fördermitteln zu den Prozeßrechnern erfolgt über Funk oder Infrarot. Über das lokale Netz oder die lokalen Netze sind die Prozeßrechner mit dem Zentralrechner verbunden. Die Abb. 5.29 zeigt ein Beispiel für ein Steuerungskonzept für ein automatisches Lager.

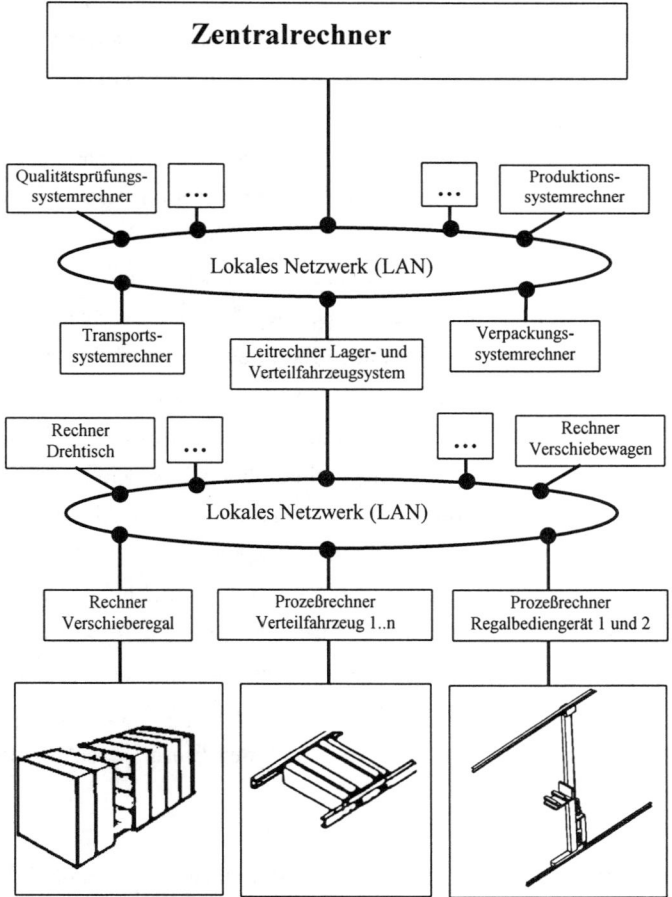

Abb. 5.29: Steuerungskonzept eines automatisierten Lagers[1]

5.5 Ladehilfsmittel

Ladehilfsmittel dienen dazu, daß das Lagergut transportiert und gelagert werden kann.

---

[1] Jünemann, R. (1989), S. 660.

> Ladehilfsmittel oder Ladungsträger sind tragende Mittel zur Zusammenfassung von Gütern zu einer bestimmten Ladeeinheit (DIN 30 781).

Die Zusammenfassung mehrerer Gütereinheiten führt insbesondere zu Transporter-leichterungen, aber vielfach auch zu einem Schutz vor äußeren Beschädigungen. Daneben ist es möglich, anhand der Anzahl der verwendeten Ladehilfsmittel, beispielsweise Behälter, Rückschlüsse auf die gelagerten bzw. verwendeten Mengen zu ziehen. Die Ladehilfsmittel dienen somit auch als Instrument zur Informations-gewinnung. Welches Ladehilfsmittel letztlich Verwendung findet, hängt von der Beschaffenheit des Lagergutes selbst und von der Beschaffenheit der vorhandenen Förder- und Transporteinrichtungen und den vorhandenen Lägern ab. Sie tragen zur Materialflußkostenreduzierung und Lieferserviceerhöhung bei, da durch sie ein rationeller Einsatz der Lager-, Förder-, Verkehrs- und Handhabungsmittel erfolgen kann. Die bedeutendsten Ladehilfsmittel zeigt die Zusammenstellung der Abb. 5.30.

Paletten sind stapelbare Plattformen mit tragender Funktion, die in der Regel mehrere Einheiten des Lagergutes aufnehmen können und zusammenfassen. Sie werden in vielfältigen Formen als Ladehilfsmittel verwendet. In der Bundesrepublik Deutschland gibt es die **Europalette** aus Holz mit den Abmessungen 800 mm x 1200 mm und die sogenannte Chemiepalette mit den Abmessungen 1000 mm x 1200 mm.[1] Paletten bestehen aus unterschiedlichen Materialien, wie Holz, Kunststoff oder Metall. Die sog. **Flachpaletten** [(Abb. 5.30 (1)] sind in den Abmessungen 1000 mm x 1200mm, 800 mm x 1200 mm und 600 mm x 800 mm in der DIN 15141 genormt. Paletten fördern die Mechanisierung des Lagerwesens und helfen, Verpackungs- und Personalkosten zu sparen.[2] Neben den Flachpaletten werden Paletten mit Aufbauten eingesetzt. Auf den Paletten befinden sich dann verschiedene Aufsetzrahmen, wie z.B. Rohrbügelrahmen [Abb. 5.30 (3)], Rungen [Abb. 5.30 (4)] oder andere Halterungsgestelle. Vielfach werden erst durch den Einsatz der Aufbauten die Güter stapelfähig.

Eine Besonderheit bilden die faltbaren Aufsetzrahmen [Abb. 5.30 (6)]. Sie besitzen ähnliche Eigenschaften wie die Gitterboxpaletten und sind stapelbar. Der auf die Palette aufsetzbare faltbare Rahmen ermöglicht jedoch bei Leertransporten eine wesentliche Platzeinsparung. Befindet sich auf der Palette ein fester Behälteraufbau,

---

[1] Vgl. Jünemann, R. (1989), S. 133.
[2] Vgl. Kopsidis, R. (1989), S. 123.

so handelt es sich um sog. **Behälterpaletten** (auch Boxpaletten genannt). Eine sehr verbreitete Behälterpalette ist die **Gitterboxpalette**. Gitterboxenpaletten [Abb. 5.30 (7)] nehmen für gewöhnlich nicht stapelbare Kleinteile auf. Sie bestehen aus drei festen Gitterwänden und einer geteilten abnehmbaren Vorderwand. Diese Gitterboxpalette gem. DIN 15155 hat die Abmessungen 800 x 1200 x 970 mm. **Vollwandboxpaletten** [Abb. 5.30 (8)] sind ähnlich aufgebaut wie die Gitterboxpaletten. Sie zeichnen sich jedoch dadurch aus, daß der Boden und die Wände nicht aus Gittern, sondern aus vollen Platten bestehen.

Weitere Spezialpaletten sind die **Einwegpalette** und die **Tankpalette.** Tankpaletten sind mit einem geschlossenen festwandigen Behältnis ausgestattet, das flüssige, gasförmige und teilweise auch schüttbare Güter aufnehmen kann. Auch sie werden in der Regel in genormten Maßen (800 mm x 1200 mm und 1000 mmm x 1200 mm) verwendet und sind stapelbar.

Weitere Spezialpaletten sind **Faßpaletten**, die Fässer aufnehmen können, und **Werkstückträger**. Werkstückträger nehmen nicht stapelbare Werkstücke auf, die innerhalb eines Unternehmens von Maschine zu Maschine transportiert werden.

Die verladende Wirtschaft hat sich in der Bundesrepublik auf die Euro-Gitterbox-Pool-Palette und die Pool-Flachpalette geeinigt. Die Pool-Palette wird frei getauscht, das heißt, daß eine beladene Palette gegen eine leere getauscht wird.
Im Eisenbahnverkehr gibt es
- den Deutschen Palettenpool für den Tausch zwischen Kunden und den Deutschen Bahnen sowie
- den Europäischen Palettenpool für den Tausch zwischen den Deutschen Bahnen und ausländischen Eisenbahnen.

Vielfach erübrigt sich so der unmittelbare Rücktransport der Paletten zum Absender. Für den Tausch der Paletten werden Paletten-Tauschgebühren und Paletten-Verzögerungsentgelte, falls die Rückgabefrist nicht eingehalten wurde, berechnet.[1]
Neben den Paletten zählen auch Behälter und Container zu den Ladehilfsmitteln. Beispiele zeigt die Abb. 5.30.

---

[1] Vgl. Bichler, K. (1992), S. 219.

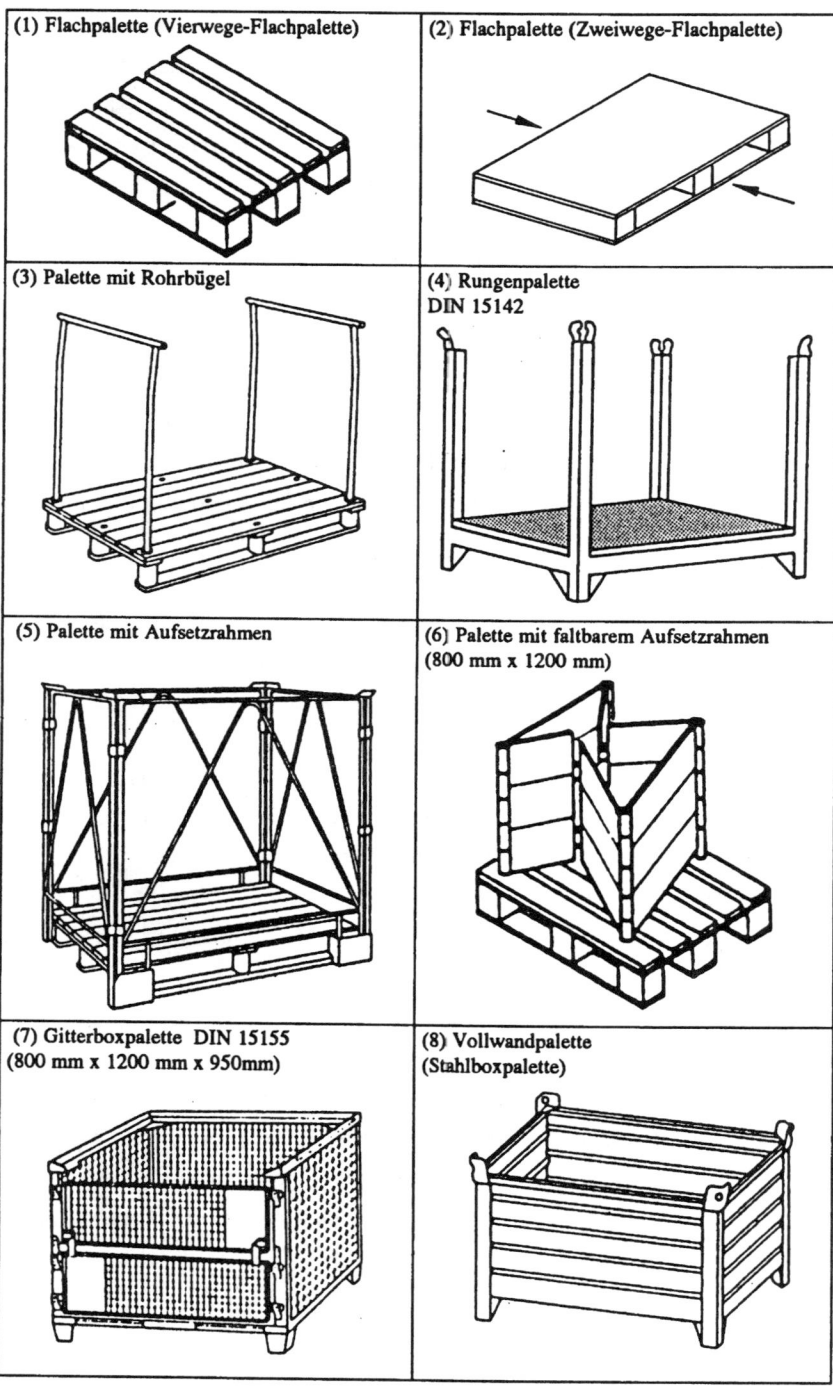

(1) Flachpalette (Vierwege-Flachpalette)

(2) Flachpalette (Zweiwege-Flachpalette)

(3) Palette mit Rohrbügel

(4) Rungenpalette DIN 15142

(5) Palette mit Aufsetzrahmen

(6) Palette mit faltbarem Aufsetzrahmen (800 mm x 1200 mm)

(7) Gitterboxpalette DIN 15155 (800 mm x 1200 mm x 950mm)

(8) Vollwandpalette (Stahlboxpalette)

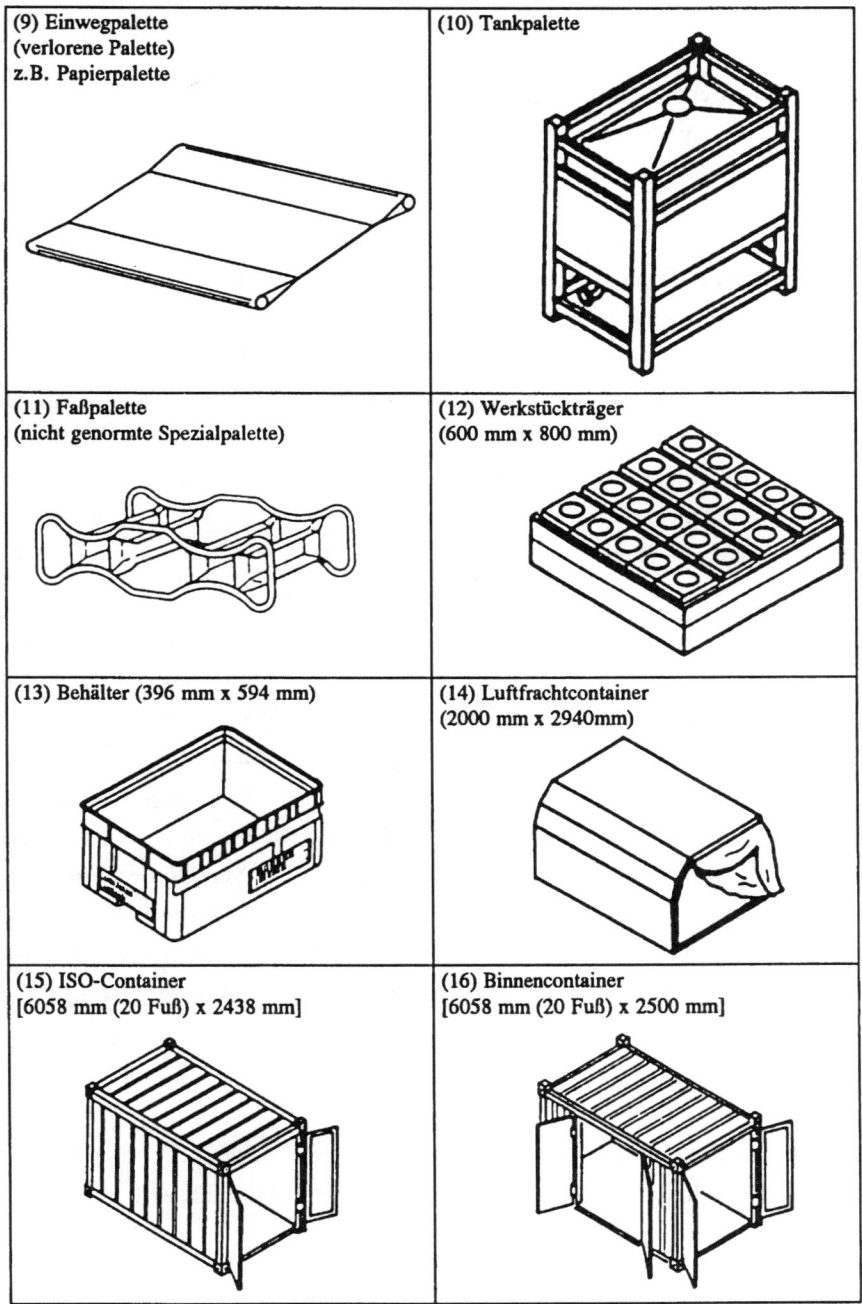

Abb. 5.30: Zusammenstellung wichtiger Ladehilfsmittel[1]

---

[1] Vgl. auch Jünemann, R. (1989), S. 134; ders. (1979), Sp. 1078; Franken, R. (1984), S. 82-83.

5.6 Fördermittel

In der VDI-Richtlinie 2411 wird Fördern definiert als "das Fortbewegen von Gütern in beliebiger Richtung und über begrenzte Entfernungen durch technische Hilfsmittel".

Jeder Fördervorgang besteht aus dem Aufnehmen, dem Fortbewegen und dem Wiederablegen des Gutes. Diese Tätigkeiten werden von Fördermitteln (auch Transportmittel oder Lagerbediengeräte genannt) ausgeführt. Sie dienen zur Ein-, Um- und Auslagerung. Die Auswahl des geeigneten Fördermittels ist abhängig vom **Fördergut**, der **Fördermenge** und der **Förderstrecke**. Während die Förderung von Flüssigkeiten und Gasen ausschließlich mit Rohrleitungen erfolgt, werden bei Schüttgütern Förderbänder oder Behälter verwendet. Eine besonders große Auswahl an Fördermitteln steht für Stückgüter zur Verfügung. Eine Auswahl an Flurfördermitteln zeigt die Abb. 5.31.

Grundlegendes Unterscheidungsmerkmal der Fördermittel ist der Fördergutstrom. Erfolgt der Fördergutstrom kontinuierlich oder wird er unterbrochen? Die Einteilung erfolgt dann in **Stetigförderer** und **Unstetigförderer**. Stetigförderer erzeugen einen kontinuierlichen Fördergutstrom (beim Schüttgut) oder einen diskret kontinuierlichen Fördergutstrom (beim Stückgut). Die Be- und Entladung erfolgt in der Regel während des Betriebes. Stetigförderer sind grundsätzlich mit ortsgebundenen Einrichtungen, wie Schienen, Ständern o.ä., versehen. Die Stetigförderer sind daher sehr unflexibel. Unstetigförderer zeichnen sich durch einen unterbrochenen Förderstrom aus. Die Be- und Entladung erfolgt meistens während des Stillstandes. Unstetigförderer haben meist einen eigenen Antrieb. Sie können mit und ohne ortsfeste Einrichtungen realisiert sein und weisen so entsprechende Unterschiede in der Flexibilität auf.[1]

Sowohl die Stetigförderer als auch die Unstetigförderer lassen sich weiter in flurgebundene und flurfreie Fördermittel aufgliedern, wie die Abb. 5.32 zeigt.

---

[1] Vgl. die ausführliche Darstellung bei Jünemann, R. (1989), S. 192-270.

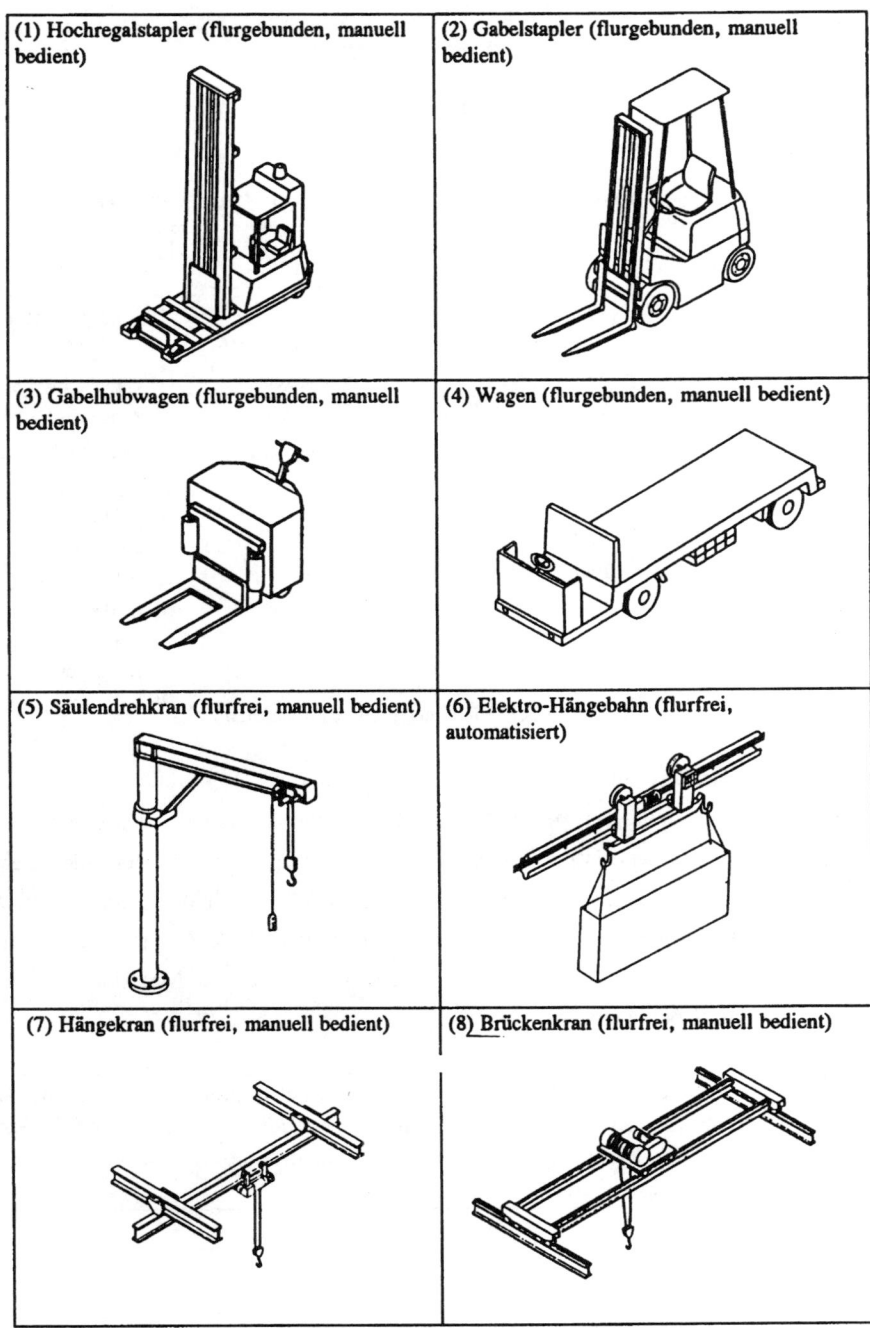

Abb. 5.31: Zusammenstellung wichtiger Fördermittel[1]

---

[1] Vgl. auch Jünemann, R. (1989), S.219-225; ders. (1979), Sp. 1082.

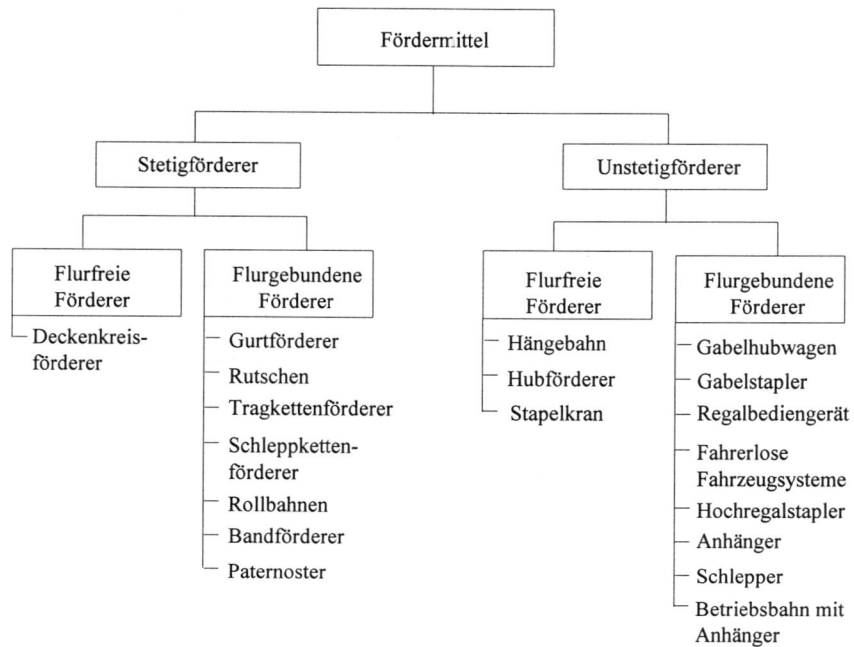

Abb. 5.32 Einteilung der Flurfördermittel[1]

5.7 Kommissionieren

Eine Aufgabe des Lagerpersonals ist das Kommissionieren. Darunter ist das Zusammenstellen bestimmter Materialien bzw. Erzeugnisse für einen oder mehrere Aufträge zu verstehen. Zum Kommissionieren gehört auch das Suchen und Auffinden der Lagerplätze, die Entnahme, der Transport und die Abgabe der verlangten Güter an einem vorbestimmten Ort. Solche Orte sind die Materialausgabe, die Packerei, das Arbeitslager.

"Kommissionieren ist das Zusammenstellen von bestimmten Teilmengen (Artikel) aus einer bereitgestellten Gesamtmenge (Sortiment) aufgrund von Bedarfsinformationen (Aufträge). Dabei findet eine Umformung eines lagerspezifischen in einen verbrauchsspezifischen Zustand statt."[2]

[1] Vgl. Jünemann, R. (1989), S. 149 u. S. 151.
[2] VDI (1977), 3590, Blatt 1,2 u. 3.

In größeren Unternehmen gibt es eigene Kommissionierlager, in denen die Kommissionierung erfolgt.

Wichtigste Elemente eines Kommissionierungssystems sind neben dem Lagerort, wo die Kommissionierung erfolgt, der Mensch (Kommissionierer), Transportmittel und der Kommissionierauftrag.

Entsprechend dem Automatisierungsgrad eines Kommissionierungssystems lassen sich manuelle, teilautomatisierte und automatisierte Kommissionierungssysteme unterscheiden.

5.7.1 Manuelle Kommissionierung

Der Mensch ist den Kommissionierautomaten hinsichtlich der Schnelligkeit der Entnahme noch überlegen.[1]

5.7.2 Teilautomatisierte Kommissionierung

Ein Beispiel für die teilautomatisierte Kommissionierung ist die papierlose Kommissionierung. Der Lagerverwaltungsrechner wandelt die Aufträge (Kundenaufträge, Aufträge der Fertigung) in Kommissionieraufträge um. Die erstellten Kommissionieraufträge werden per Datenfunk oder Infrarot-Datenübertragung an ein tragbares Terminal des Kommissionierers übermittelt, wie die Abb. 5.33 zeigt. Über das Display des Terminals bekommt der Kommissionierer die Entnahmeanweisungen angezeigt. Umgekehrt kann er über die Tastatur oder den angeschlossenen Barcode-Lesestift Daten an den Rechner übermitteln. Der Kommissionierer liest am Entnahmeort mit dem Lesestift die Artikelnummer des Barcode-Etikettes am Lagerbehälter.

Das System prüft dann die Richtigkeit des Artikels, gibt die Entnahme frei und führt die Entnahmebuchung durch. Nähert sich der Behälterbestand Null, so prüft der Kommissionierer den Istbestand und meldet diesen dem System. Der Buchbestand kann so ständig mit den Istbeständen vor Ort abgestimmt werden.[2]

---

[1] Vgl. Jünemann, R. (1989), S. 405.
[2] Vgl. Jodin, D. / Frerich-Saguarna, R. (1988), S. 57.

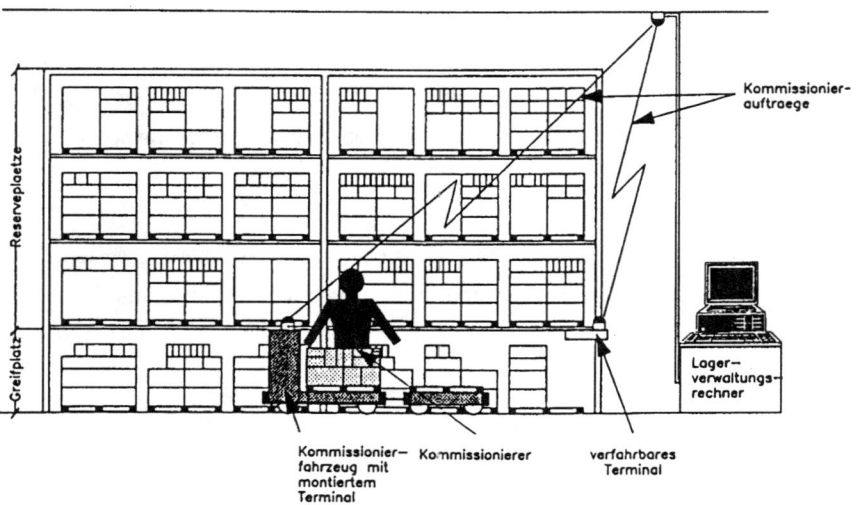

Abb. 5.33: Teilautomatisiertes Kommissionierungssystem [1]

Vorteile der papierlosen Kommissionierung sind:

- Einsparung an Leer-, Verteilzeiten
- Kein Lesen der Belege durch das Personal
- Kein Handhaben von Belegen
- Beide Hände sind frei.

5.7.3 Automatisierte Kommissionierung

Ein automatisiertes Kommissionierungssystem zeichnet sich dadurch aus, daß die Kommissionieraufträge selbständig und in vollständiger Form bearbeitet werden. Beispiele für solche Systeme sind Kommissionierroboter, wie der in Abb. 165 dargestellte Kommissionierroboter für Packstücke, und die automatische Schachtkommissionierung[2]. Die vollautomatische Kommissionierung ist bisher kaum im Einsatz, da der Einsatz wirtschaftlich kaum vertretbar ist. Sie stellt jedoch eine wichtige und zukunftsträchtige Entwicklungstechnik dar.[3]

---

[1] Jodin, D. / Frerich-Sagurna, R. (1988), S. 57.

[2] Nähere Beschreibungen bei Jünemann, R. (1989), S. 676-679; Jodin, D. / Frerich-Sagurna, R. (1988), S. 58-59.

[3] Vgl. Jünemann, R. (1989), S. 669.

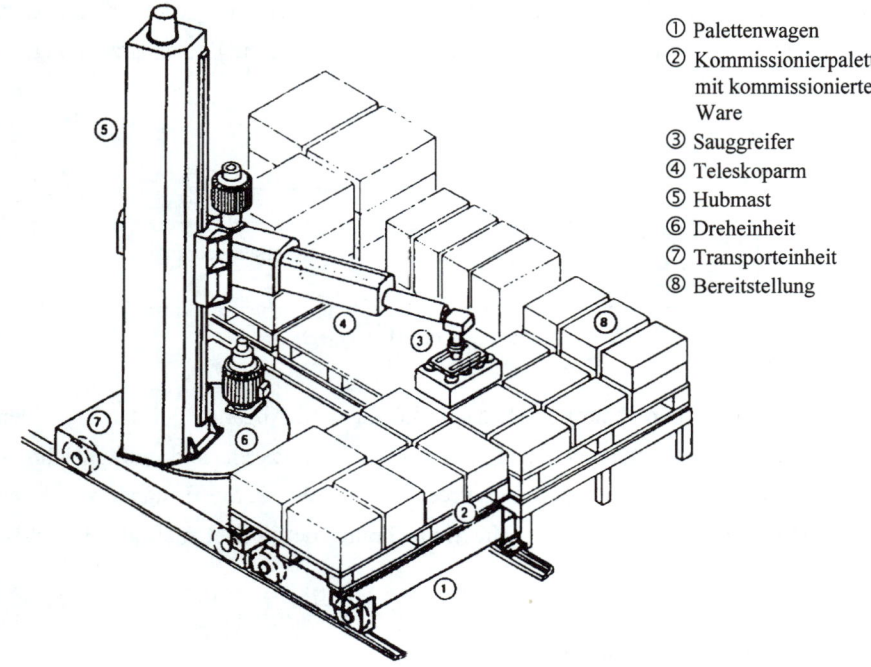

① Palettenwagen
② Kommissionierpalette
   mit kommissionierter
   Ware
③ Sauggreifer
④ Teleskoparm
⑤ Hubmast
⑥ Dreheinheit
⑦ Transporteinheit
⑧ Bereitstellung

Abb. 5.34: Kommissionierroboter[1]

5.8 Die Materialrechnung (Lagerbuchführung)

Die Materialrechnung oder Materialbuchhaltung, auch Materialabrechnung oder Lagerbuchführung genannt, dient zur rechnerischen Erfassung der Materialbewegungen und -bestände im Lager. Neben dem originären Kontrollzweck, die Bestände möglichst gering zu halten und unwirtschaftliche Materialverbräuche festzustellen, liefert die Materialrechnung auch Daten für andere Bereiche. Die Daten werden insbesondere für das interne und externe Rechnungswesen (Finanzbuchhaltung, Kosten- und Leistungsrechnung, Betriebswirtschaftliche Statistik und Vergleichsrechnung, Planungsrechnung) bereitgestellt. Während das Materialmanagement sowohl an den mengen- als auch wertmäßigen Beständen interessiert ist, benötigt das Rechnungswesen in erster Linie die Bestandswerte. Die Wertangaben der Bestände werden im externen Rechnungswesen für die Erstellung der Bilanzen benötigt. Die Angaben dienen aber auch als Kalkulationsgrundlage und für

---

[1] Jünemann, R. (1989), S. 670.

Kontrollrechnungen. Die Materialrechnung umfaßt die laufende Materialrechnung, auch Stoffrechnung oder Verbrauchsrechnung genannt, und die Bestandsrechnung.

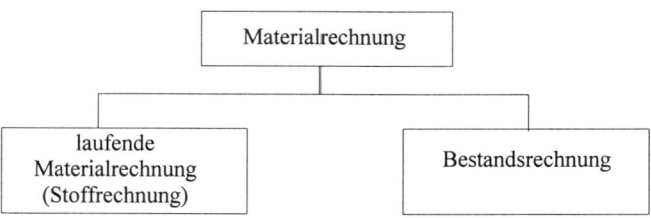

Abb. 5.35: Einteilung der Materialrechnung

Die laufende Materialrechnung dient dazu, die Zu- und Abgänge bei den einzelnen Materialarten laufend mengen- und wertmäßig zu erfassen und aufzuzeichnen. Ebenfalls zu den Aufgaben der Materialrechnung gehört es, die Bestände zu führen und zu bewerten. Diesen Teil der Materialrechnung bezeichnet man als Bestandsrechnung.

Folgende Bestandsarten sind zu unterscheiden:

a) Lagerbestand: bezeichnet den im Lager befindlichen tatsächlich körperlich vorhandenen Bestand an Material (bzw. Erzeugnissen) zu einem bestimmten Zeitpunkt. Der Lagerbestand wird durch den körperlichen Zugang von Material erhöht und durch den körperlichen Abgang von Material vermindert.

b) Buchbestand: Werden die Lagerbestandsveränderungen durch Fortschreibung der Zu- und Abgänge erfaßt (s.a. Skontrationsmethode oder Fortschreibungsmethode), so läßt sich der Buchbestand errechnen. Der Buchbestand kann, bedingt durch Zähl-, Meß-, Schreib- und Übertragungsfehler, vom tatsächlich vorhandenen Lagerbestand abweichen. Um festzustellen, ob der Buchbestand mit dem tatsächlichen Lagerbestand übereinstimmt, wird die Inventur durchgeführt.

c) Inventurbestand: Den zum Zeitpunkt der Inventur ermittelten Lagerbestand nennt man Inventurbestand. Der Inventurbestand entspricht dem zum Zeitpunkt der Inventur festgestellten körperlich vorhandenen Lagerbestand.

5.8.1 Die mengenmäßige Erfassung des Materialverbrauchs

Zur Erfassung des mengenmäßigen Materialverbrauchs können die in Abb. 5.36 genannten Verfahren herangezogen werden. Die Verfahren unterscheiden sich im wesentlichen darin, daß entweder der Verbrauch direkt über die Erfassung des

Materialverbrauchs erfolgt oder indirekt mit Hilfe des Materialendbestandes berechnet wird.

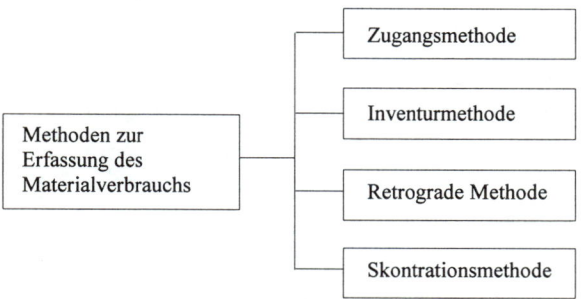

Abb. 5.36: Methoden zur Erfassung des mengenmäßigen Materialverbrauchs

5.8.1.1 Die Zugangsmethode

Die einfachste Form, den mengenmäßigen Materialverbrauch zu ermitteln, ist die Zugangsmethode. Bei der Zugangsmethode wird davon ausgegangen, daß die angelieferten Materialmengen mit den mengenmäßigen Materialverbräuchen übereinstimmen (Materialeingang = Materialverbrauch). Die während einer Abrechnungsperiode angelieferten Materialmengen werden gleichzeitig auch als Materialverbrauchsmengen aufgefaßt. Auf eine Bestandsführung wird dabei vollkommen verzichtet.

Da der Materialverbrauch in der Regel nicht mit den Zugängen übereinstimmt, ist das Verfahren nur in wenigen Fällen einsetzbar. So kann die Methode, wenn die Einkaufsmengen einer Periode mit den jährlichen Verbrauchsmengen übereinstimmen, etwa bei geringwertigen Gemeinkostenmaterialien angewandt werden. Es gibt auch Material, das direkt für den sofortigen Verbrauch beschafft wird, so daß eine Lagerung und eine Bestandsführung nicht erforderlich ist. Eine weitere Anwendungsmöglichkeit besteht bei der JiT-Beschaffung, da auch bei ihr die Lagerung entfällt. Bei der Zugangsmethode wird der Materialverbrauch mit den effektiven Anschaffungskosten bewertet, denn die Materialkosten werden mit den Ausgaben für Materialeinkäufe der Abrechnungsperiode gleichgesetzt.

5.8.1.2 Die Inventurmethode (Befundrechnung)

Bei der Inventurmethode, auch Befundrechnung genannt, wird aus dem Anfangsbestand, den Zugängen und dem am Ende der Abrechnungsperiode ermittelten Endbestand der Materialverbrauch der Abrechnungsperiode ermittelt. Wesentliches Element dieser Methode ist also die am Ende der Abrechnungsperiode durchzuführende körperliche Bestandsaufnahme des Materials durch Zählen, Messen oder Wiegen (Inventur). Die Zugänge können mit Hilfe von Liefer- oder Wareneingangsscheinen erfaßt werden. Der Materialverbrauch wird aus der allgemeinen Fortschreibungsformel

$$\text{Anfangsbestand} + \text{Zugang} - \text{Abgang} = \text{Endbestand}$$

wie folgt abgeleitet:

	Anfangsbestand
+	Zugänge gemäß Lieferscheinen
-	Endbestand laut Inventur
	Materialverbrauch der Periode (Ist-Verbrauch)

Die Inventurmethode ermöglicht keinen differenzierten Ausweis des Abgangs nach verschiedenen Abgangsarten. So sind Schwund, Verderb, Diebstahl, Mehrverbrauch wegen Unwirtschaftlichkeit und nicht registrierter Abgänge auch bei diesem Verfahren nicht feststellbar. Ein weiterer Nachteil besteht darin, daß das Verfahren keine Auskunft darüber gibt, welche Stellen die Materialien empfangen haben. Außerdem kann die zeitliche Verteilung der Verbräuche nicht festgestellt werden. Wegen des mit der Inventur verbundenen Arbeitsaufwands erfolgt manchmal auch nur eine Schätzung des Endbestandes.

5.8.1.3 Retrograde Methode (Rückrechnungsmethode)

Bei der retrograden Methode geht man von der Anzahl der produzierten Enderzeugnisse aus, um den Materialverbrauch zu ermitteln. Die Ermittlung erfolgt in Form einer **Rückrechnung** vom Endprodukt zu den Materialien. Um das Verfahren anwenden zu können, müssen die Materialmengen bekannt sein, die in eine Einheit eines Erzeugnisses eingehen. Informationen darüber, erhält man aus den Stücklisten bzw. Rezepturen oder dem Gozintographen. Ist die Standardverbrauchsmenge je Stück des Endproduktes bekannt, so muß nur noch die Anzahl der produzierten Endprodukte mit der Standardverbrauchsmenge multipliziert werden.

$$\left[\begin{array}{l} \text{Standardverbrauch je Einheit} \\ \text{(erfaßt durch Stücklisten} \\ \text{oder Rezepturen)} \end{array} \right] \cdot \left[\begin{array}{l} \text{Hergestellte} \\ \text{Erzeugnisse der} \\ \text{Periode} \end{array} \right] = \begin{array}{l} \text{Material -} \\ \text{verbrauchsmenge} \end{array}$$

Die retrograde Methode ermöglicht die differenzierte Ermittlung der Materialverbrauchsmengen nach Produktarten. Da die über die Rückrechnung ermittelten
Materialverbrauchsmengen nicht unbedingt mit den tatsächlich aufgetretenen Istverbrauchsmengen übereinstimmen müssen, handelt es sich um eine errechnete **Sollverbrauchsmenge**. Auch bei der Anwendung der retrograden Methode muß von Zeit
zu Zeit eine Inventur durchgeführt werden, um die errechneten Sollverbrauchsmengen mit den effektiven Istverbrauchsmengen abzustimmen.[1]
Die retrograde Methode geht davon aus, daß die Sollverbrauchsmengen mit den
Istverbrauchsmengen übereinstimmen. Schwund, Verderb, Diebstahl, Mehrverbrauch
wegen Unwirtschaftlichkeit und nicht registrierter Abgänge werden auch bei diesem
Verfahren nicht erfaßt. Sind die Werte als Erfahrungswerte bekannt, so kann die
errechnete Sollverbrauchsmenge um einen bestimmten Prozentsatz erhöht werden.

5.8.1.4 Die Skontrationsmethode (Fortschreibungsmethode)

Ein genaues Verfahren zur Erfassung des Materialverbrauchs ist die Skontrationsmethode (Fortschreibungsmethode). Alle Zu- und Abgänge werden belegmäßig
erfaßt. Die **Lieferscheine** dienen dabei als Belege, um die Zugänge zu erfassen, und
die Materialentnahmen werden über **Materialentnahmescheine** registriert.

Eine weitere Möglichkeit zur Erfassung der Zu- und Abgänge kann über EAN-Codes
/ Barcods erfolgen.

Für jede Materialentnahme wird ein Materialentnahmebeleg ausgestellt, der die
folgenden Angaben enthalten sollte:[2]

    Materialartenbezeichnung
    Materialnummer
    Kennzeichnung des Lagerortes
    Ausgabemenge
    Preis je Mengeneinheit
    Materialkosten (Verbrauchsmenge x Preis)
    Kontierungsangaben
        Kostenstellen-Nr. (Verbrauchende Stelle)
        Kostenträger-Nr.(Auftrags- oder Artikel-Nr.)
    Ausgabevermerke
    Datum

---

[1] Vgl. Gabele, E. / Fischer, P. (1992), S. 69.
[2] Vgl. Kilger, W. (1992), S. 81.

Name

Lagerort

Empfangsbestätigung (Unterschrift des Empfängers)

Buchungsvermerke

Datum

Name

Die Abb. 5.37 zeigt einen Materialentnahmeschein. Abb. 5.38 ist ein Beispiel, bei dem neben der Materialentnahme auch weitere Maßnahmen, wie Rücklieferung, Verschrottung, vorgesehen sind. Die Materialentnahmescheine dienen in der Materialrechnung als Beleg für Entnahmebuchungen. Die Kostenrechnung verwendet die Entnahmescheine als Zurechnungsbasis von Materialverbräuchen auf Kostenträger und Kostenstellen. Die Durchführung der Materialrechnung bzw. Lagerbuchhaltung kann manuell oder mit Hilfe der EDV durchgeführt werden.

Materialentnahmeschein			Kostenstellen-Nr.:			4711
Nr.: 0070815	Ausstellungsdatum: 18.05.1993		Kostenträger-Nr.:			0302115
Materialnummer	Materialbezeichnung	Mengen-einheit	Ausgabe-menge	Preis je Einheit	Material-kosten	
AX 1301 MA 2233	Dichtungsring Verschlußklappe	Stück Stück	500 400	DM 1,20 DM 7,00	DM 600,00 DM 2.800,00	
Summe:					DM 3.400,00	
	Ausgabe		Empfänger:		Buchung	
Datum: 18.05.1993	Name: Peter Peters	Lagerort: A 15	Name: Clemens Buch		Datum: 21.05.1993	Name: A. Müller

Abb. 5.37: Beispiel eines Materialentnahmescheins

5.8.1.5 Die Schätzung des Materialverbrauchs oder des Materialbestandes

Die Schätzung des Materialverbrauchs oder der Bestände ist nur dann empfehlenswert, wenn es wirtschaftlich nicht sinnvoll erscheint, eine genauere Methode der Erfassung des Materialverbrauchs heranzuziehen, da die Schätzung die Gefahr des Verschätzens impliziert. Grundlage der Schätzung bilden Erfahrungswerte, von denen aus man auf den Materialverbrauch in einer bestimmten Periode schließt. Die Schätzung kann auch in Kombination mit den o.g. Verfahren eingesetzt werden.

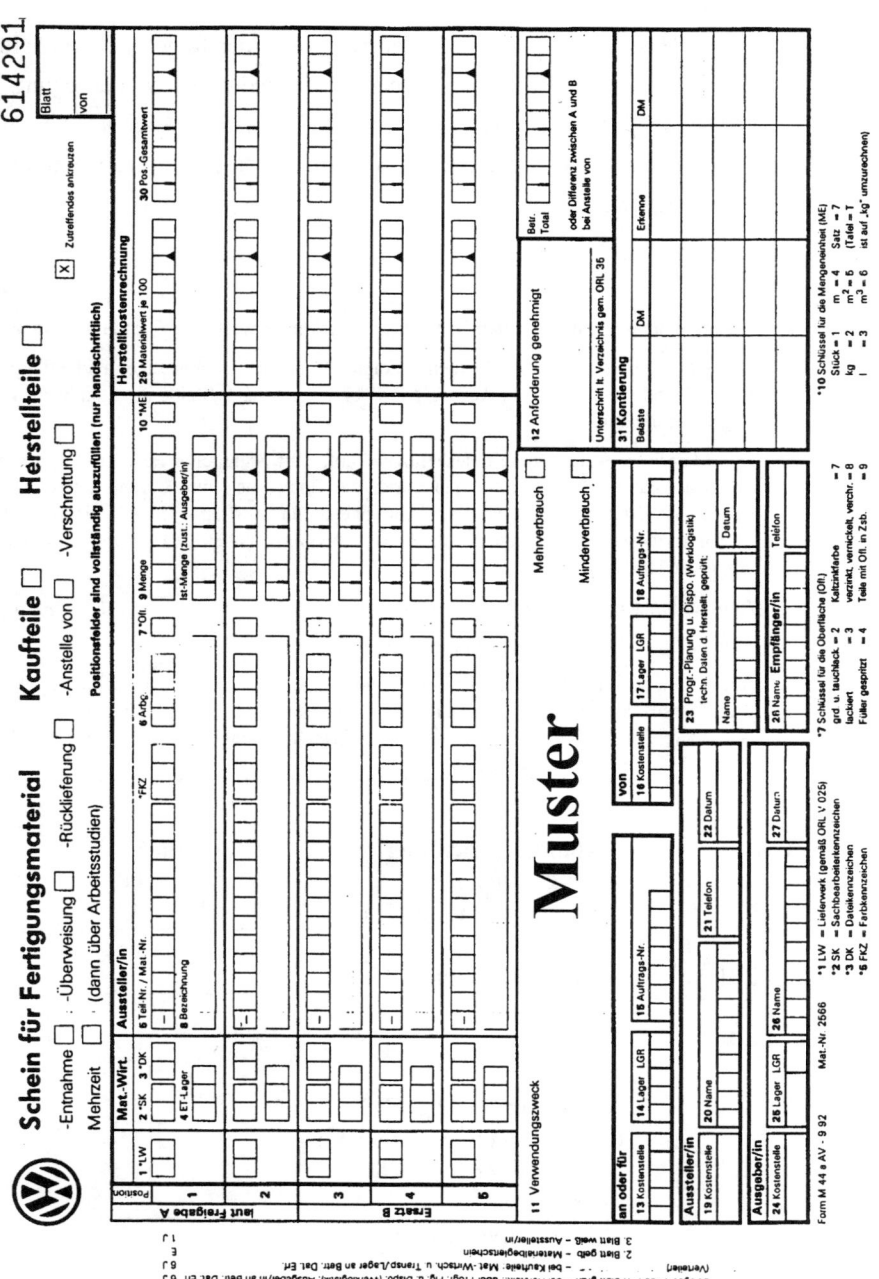

Abb. 5.38: Beispiel II eines Materialentnahmescheins

Wahl des Verfahrens

Die behandelten Materialerfassungsmethoden werden in der Regel nicht einheitlich für alle Materialarten angewandt. Ein erster Anhaltspunkt für die Festlegung des Verfahrens bietet die ABC-Analyse. Es können für verschiedene Materialarten unterschiedliche Verfahren parallel durchgeführt werden. Die Verfahren sollen an einem Beispiel demonstriert werden.

Beispiel:[1]

Die Bestandsentwicklung in einer Stuhlfabrik im Monat November zeigt die folgende Auflistung:

4.11.01	Der Anfangsbestand an Stuhlbeinen beträgt 100 Stück. Buchmäßiger und effektiver Bestand sind gleich. Für den Auftrag Nr. 4711 werden für 8 Stühle die Stuhlbeine vom Lager genommen.
5.11.01	Der Materialverwalter fordert den Einkauf auf, 100 Stuhlbeine zu bestellen, da der Mindestbestand von 70 Stuhlbeine durch die Entnahme vom Vortag unterschritten worden ist. Abgang von 5 weiteren Stuhlbeinen für Auftrag 4711, da einige Stühle wegen fortgesetzten Wackelns (sukzessive Kürzungsversuche waren vergeblich) neu ausgerüstet werden mußten.
7.11.01	Anlieferung der am 5.11.01 bestellten Stuhlbeine.
8.11.01	Abgang für Auftrag 4712 (12 Stühle) (morgens).
	Am Nachmittag macht die Revisionsabteilung unangemeldet eine Bestandsaufnahme. Als Ergebnis der Inventur wurden 112 Stuhlbeine festgestellt. Die Zählung wurde wegen der Abweichung von der Buchinventur mehrfach durchgeführt, so daß Zählfehler ausgeschlossen werden können.

Datum	Bestandsentwicklung	Stück
4.11.01	Anfangsbestand	100
4.11.01	Abgang für Auftrag 4711	32
		68
5.11.01	Abgang für Auftrag 4711	5
		63
7.11.01	Zugang	100
		163
8.11.01	Abgang für Auftrag 4712	48
	Buchbestand lt. Fortschreibung	115
	Inventurbestand (effektiver Endbestand)	112
	nicht registrierter Abgang	3

---

[1] Bei dem Beispiel handelt es sich um eine geänderte Fassung der Fallstudie Grob, H. (1985), S. 547-548.

Da aufgrund des effektiven Endbestandes nur 112 Stuhlbeine vorhanden waren, liegt der Verdacht nahe, daß ein Diebstahl vorliegt. Allerdings kann auch ein Zählfehler bei den Materialentnahmen oder beim Zugang aufgetreten sein. Der Abgang aufgrund der objektiv recherchierbaren Bestandsentwicklung, der insgesamt 88 Stuhlbeine beträgt, setzt sich aus folgenden Abgangsarten zusammen:

Wirtschaftlicher Verbrauch	80
Mehrverbrauch wegen Unwirtschaftlichkeit	5
nicht registrierter Abgang (Diebstahl)	3
Summe effektiver Abgang	88

a) Zugangsmethode

Bei der Zugangsmethode entspricht der Zugang dem Verbrauch. Da im betrachteten Zeitraum 100 Stuhlbeine als Zugang verbucht wurden, ist nach der Zugangsmethode ein Verbrauch von 100 Stuhlbeinen anzusetzen.

b) Inventurmethode

Die Bewertung des mengenmäßigen Materialverbrauchs

Anfangsbestand	100
+ Zugänge gem. Lieferscheinen	100
- Endbestand laut Inventur	112
Materialverbrauch der Period	88

Die Inventurmethode kommt hier zum Verbrauchswert von 88 Stück. Eine Aufspaltung nach Abgangsarten ist nicht möglich.

c) Retrograde Methode (Rückrechnungsmethode)

Ausgehend von den produzierten vierbeinigen Stühlen (20 Stück) läßt sich der Verbrauch nach der Retrograden Methode wie folgt berechnen:

Standardverbrauch	· Hergestellte Erzeugnisse der Periode	= Materialverbrauch
4 Stuhlbeine	· 20 Stühle	= 80 Stuhlbeine

Der Verbrauch beträgt gemäß der retrograden Methode 80 Stuhlbeine.

d) Die Skontrationsmethode (Fortschreibungsmethode)

		Stück
4.11.01	Anfangsbestand	100
4.11.01	- Abgang für Auftrag 4711	32
		68
5.11.01	- Abgang für Auftrag 4711; Mehrverbrauch	5
		63
7.11.01	+ Zugang	100
		163
8.11.01	- Abgang für Auftrag 4712	48
	Endbestand lt. Fortschreibung	115
	Inventurbestand lt. Erhebung des Revisors	112
	Inventurdifferenz	3

Die registrierten Abgänge belaufen sich auf 32 + 5 + 48 = 85 Stuhlbeine. Als Inventurdifferenz wurden 3 Stuhlbeine ermittelt.

Bei der Fortschreibungsmethode wird sowohl der wirtschaftlich bedingte Verbrauch als auch der aus Unwirtschaftlichkeit resultierende Mehrverbrauch festgestellt, da für alle Materialabgänge ein Materialentnahmeschein auszustellen ist. Nicht erfaßt wird hingegen z.B. Diebstahl.

5.8.2 Die Bewertung des Materialverbrauchs

Für die Bewertung des mengenmäßigen Materialverbrauchs und der Materialbestände stehen die in Abb. 170 aufgeführten Wertansätze zur Verfügung.

Wenn die Bewertung der Materialbestände für die Erstellung der Bilanz oder die Bewertung des verzehrten Materials im Rahmen der Istkostenrechnung erfolgt, bietet es sich an, die nach den bilanzrechtlichen Vorschriften anzusetzenden Anschaffungskosten auch in die Kostenrechnung zu übernehmen.

In der Bilanz werden die vorhandenen **Bestände** an Roh-, Hilfs- und Betriebsstoffen als Aktivposten unter der Position Vorräte aufgeführt (§ 266 HGB). Handelsrechtlich sind die Vorräte gem. § 253 Abs. 1 HGB grundsätzlich als Anschaffungs- oder Herstellungskosten zu bewerten. Die bezogenen Vorräte müssen als Anschaffungskosten bilanziert werden. Bei der Bilanzierung ist das **strenge Niederstwertprinzip** (§ 253 Abs.3 HGB) zu beachten, das besagt, daß von zwei am Bilanzstichtag möglichen Wertansätzen (den Anschaffungs- oder Herstellungskosten auf der einen Seite und dem Börsen- oder Marktpreis auf der anderen Seite) der jeweils niedrigere Wert anzusetzen ist.

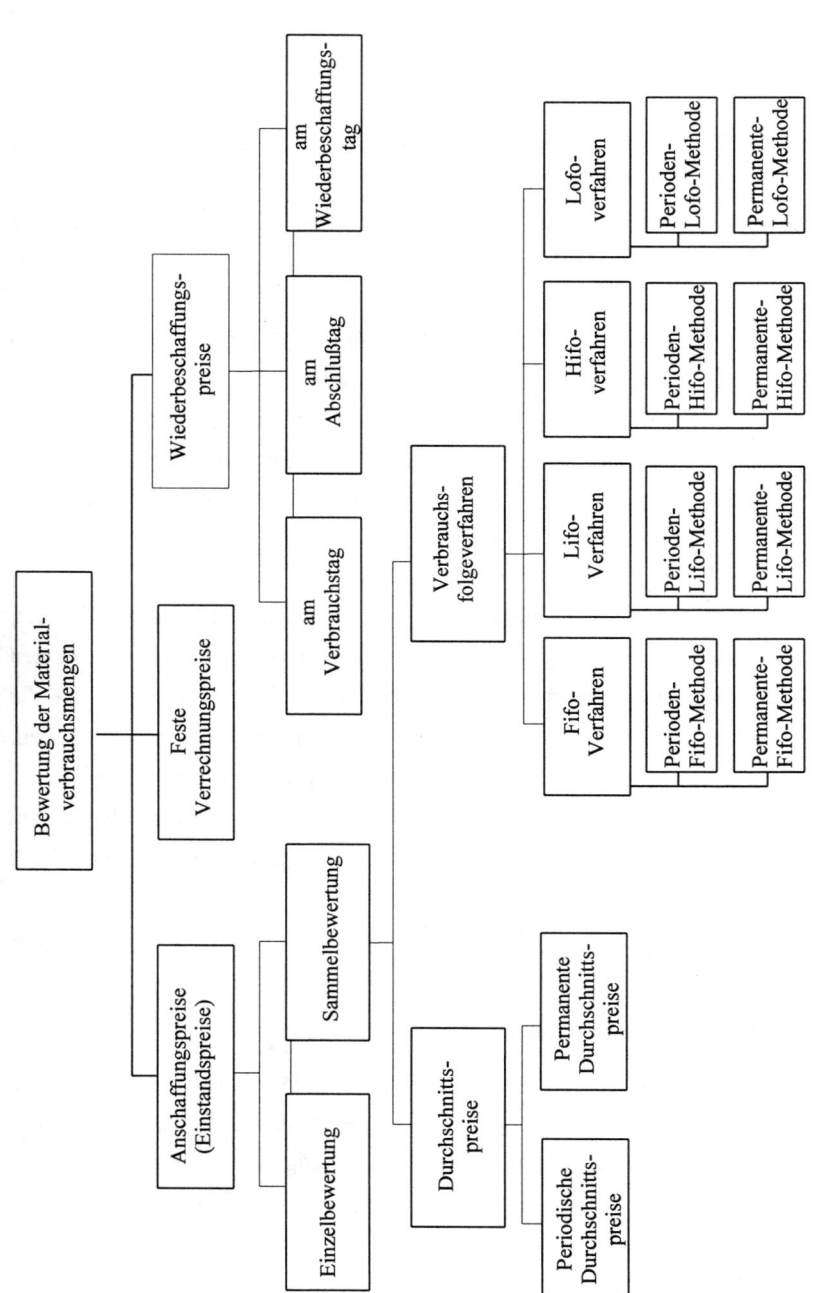

Abb. 5.39: Die Bewertung der Materialverbrauchsmengen

Die Grundlage der Bewertung der **Materialverbrauchsmengen** erfolgt zu den historischen Anschaffungskosten, d.h. zu den Preisen, die zum Zeitpunkt der Beschaffung tatsächlich bezahlt wurden. Die Summe der effektiven Anschaffungskosten entspricht dem Einstandspreis.[1]

5.8.2.1 Einzelbewertungsverfahren

Die Bewertung der Vermögensgegenstände (und demnach auch der Vorräte) ist die Bewertung nach § 252 Abs. 1 Nr. 3 HGB einzeln durchzuführen. Die **Einzelbewertung** setzt voraus, daß z.B. gleichartige Vorräte mit unterschiedlichen Anschaffungs- oder Herstellungskosten getrennt gelagert und im Rahmen der Lagerbuchhaltung auch getrennt verwaltet werden müssen.

Die Bewertung zu **effektiven Anschaffungspreisen** erfolgt in erster Linie in Unternehmen mit Auftragsfertigung, bei der die Rohstoffe und Teile speziell für bereits vorliegende Kundenaufträge angeschafft werden. Es handelt sich dabei in der Regel nur um hochwertige Materialien oder Teile, die unmittelbar nach der Anlieferung in die Fertigung eingehen oder nach Einkaufspartien getrennt gelagert werden.[2]

In den meisten Fälle geht eine Materialart jedoch in verschiedene Erzeugnisse ein, und gleiche Stoffe werden in großen Mengen gemeinsam gelagert. Schwanken innerhalb einer Rechnungsperiode die Beschaffungspreise, so lassen sich oft die individuellen Anschaffungspreise der Materialien nicht mehr genau feststellen. Möglich ist auch, daß es im Verlauf der Lagerung oder Produktion zur Vermischung von Vorräten (z.B. Schüttgütern, Flüssigkeiten oder Gasen) kommt. In allen diesen Fällen ist die Einzelbewertung bei sich ändernden Preisen problematisch bzw. oft gar nicht durchführbar.

In diesen Fällen bietet es sich an, die entsprechenden Werte anhand von **Sammelbewertungsverfahren** für das Vorratsvermögen zu ermitteln.[3]

5.8.2.2 Sammelbewertungsverfahren

Unter dem Begriff Sammelbewertung werden die Durchschnittsmethoden und die Verbrauchsfolgeverfahren zusammengefaßt. Voraussetzung für die Anwendung der Sammelbewertungsverfahren ist, daß es sich um gleichartige Gegenstände handelt.

---

[1] Vgl. zur Ermittlung des Einstandspreises S. 25.

[2] Vgl. Gabele, E. / Fischer, P. (1992), S. 72; Eisele, W. (1990), S. 467.

[3] Vgl. Freidank, C. (1992), S. 100-101.

Methode	Bewertung des Verbrauchs	Bewertung des Bestandes
Durchschnittsmethode	durchschnittliche Anschaffungskosten als arithmetisches Mittel aus dem Anfangsbestand und allen Zugängen der Materialien (=durchschnittlicher Buchbestandswert)	
First in, first out (Fifo)	Anschaffungskosten der zuerst gekauften Materialien	Anschaffungskosten der zuletzt gekauften Materialien
Last in, first out (Lifo)	Anschaffungskosten der zuletzt gekauften Materialien	Anschaffungskosten der zuerst gekauften Materialien
Highest in, first out (Hifo)	höchste Anschaffungskosten	niedrigste Anschaffungskosten
Lowest in, first out (Lofo)	niedrigste Anschaffungskosten	höchste Anschaffungskosten

Abb. 5.40: Sammelbewertungsverfahren[1]

Beispiel:

Die Materialbuchhaltung einer Stuhlfabrik weist für eine Materialart für den Zeitraum 1.1. bis 31.4. die folgenden Lagerbewegungen aus:

	Datum	Stück	€ je Stück	Wert €
Anfangsbestand	1.1.	130	10,00	1300,00
1. Zugang	15.1.	70	12,00	840,00
2. Zugang	15.2.	90	9,00	810,00
3. Zugang	18.2.	80	11,00	880,00
4. Zugang	1.4.	110	11,00	1210,00
Summe:		480		5040,00
Abgänge				
1. Abgang	1.2.	160		
2. Abgang	1.3.	90		
3. Abgang	5.3.	70		
4. Abgang	15.4.	70		
Verbrauch		390		

Abb. 5.41: Ausgangsdaten

Werden die Zu- und Abgänge zusammengefaßt, so ergeben sich die Werte der nachstehenden Abbildung.

Anfangsbestand	1.1.	130 Stück
+ Zugänge	15.1.-1.4.	350 Stück
- Endbestand	31.4.	90 Stück
= Verbrauch		390 Stück

---

[1] Freidank, C. (1992), S. 101.

5.8.2.2.1 Durchschnittsmethoden
a) Die periodische Durchschnittsmethode
In der Praxis zählt die Durchschnittsmethode zu den verbreitetsten Bewertungsverfahren. Bei der periodischen Durchschnittsmethode wird ein gewogener Mittelwert berechnet. Die Gesamtsumme (Menge · Preis) wird durch die Gesamtmenge (Anfangsbestand plus sämtliche Zugänge der Periode) dividiert. In die Gesamtsumme gehen sämtliche Einstandspreise pro Stück gewichtet mit den jeweiligen Mengen ein. Der Endbestand und die Abgänge (Verbräuche) werden dann mit dem ermittelten gewogenen Durchschnittspreis bewertet (s. Abb. 5.42).

	Datum	Stück	€	Wert in €
Anfangsbestand	1.1.	130	10,00	1300,00
1. Zugang	15.1.	70	12,00	840,00
2. Zugang	15.2.	90	9,00	810,00
3. Zugang	18.2.	80	11,00	880,00
4. Zugang	1.4.	110	11,00	1210,00
Summe		480		5040,00

$$\text{Durchschnittspreis} = \frac{5040}{480} = 10{,}50 \text{ DM / Stück}$$

Abgänge		390 · 10,50 =		4095,00
Endbestand		90 · 10,50 =		945,00

Abb. 5.42: Beispiel Perioden-Durchschnittspreismethode

Die Berechnungen lassen sich auch in T-Konten darstellen, wie die nachstehende Abbildung zeigt.

Soll				Materialbestandskonto				Haben
Anfangsbestand	130 Stück a	10,00	1300,00	Abgänge	390 Stück a	**10,50**	4095,00
1. Zugang	70 Stück a	12,00	840,00	Endbestand	90 Stück a	**10,50**	945,00
2. Zugang	90 Stück a	9,00	810,00				
3. Zugang	80 Stück a	11,00	880,00				
4. Zugang	110 Stück a	11,00	1210,00				
			5040,00				5040,00

Abb. 5.43: Materialbestandskonto in T-Kontenform

b) Die permanente Durchschnittsmethode

Eine weitere Möglichkeit der Verwendung von Durchschnittspreisen bietet die permanente Durchschnittsmethode. Bei diesem Verfahren werden gleitende Durchschnittswerte berechnet. Nach jedem Zugang wird ein neuer Durchschnittspreis ermittelt, mit dem die nachfolgenden Abgänge (bis zum nächsten Zugang) bewertet werden. Die Anwendung der gleitenden Durchschnittsmethode erfordert die genaue Aufzeichung der einzelnen Zu- und Abgänge. Bezogen auf das Ausgangsbeispiel ergeben sich die folgenden Werte (Abb. 5.44).

	Datum	Stück	€ je Stück	Wert in €	
Anfangsbestand	1.1.	130	10,00	1300,00	
+ Zugang	15.1.	70	12,00	840,00	
Bestand		200		2140,00	10,70
./. Abgang	1.2.	160	**10,70**	1712,00	
Bestand		40		428,00	10,70
+ Zugang	15.2.	90	9,00	810,00	
Bestand		130		1238,00	9,52
+ Zugang	18.2.	80	11,00	880,00	
Bestand		210		2118,00	10,09
./. Abgang	1.3.	90	**10,09**		
./. Abgang	5.3.	70	**10,09**	1614,40	
Bestand		50		503,60	10,09
+ Zugang	1.4.	110	11,00	1210,00	
Bestand		160		1713,60	10,71
./. Abgang	15.4.	70	**10,71**	749,70	
Endbestand		90		963,90	

Abb. 5.44: Beispiel Permanente-Durchschnittspreismethode

Als Verbrauchsfolgeverfahren kommen für die Bewertung gleichartiger Wirtschaftsgüter des Vorratsvermögens nach § 256 HGB die folgenden Verfahren der Sammelbewertung in Frage:

Verbrauchsfolge bezüglich der zeitlichen Reihenfolge der Anschaffung oder Herstellung	• **Fifo-Methode** • **Lifo-Methode**
Verbrauchsfolge bezüglich der Höhe der Anschaffungs- oder Herstellungskosten	• **Hifo-Methode** • **Lofo-Methode**

Abb. 5.45: Verbrauchsfolgeverfahren im Überblick

5.8.2.2.2 Fifo-Methode

Beim Fifo-Verfahren wird angenommen, daß die zuerst beschafften Materialien auch als erste verbraucht werden. Die ältesten Bestände werden zuerst dem Lager entnommen. Die am Ende der Periode noch vorhandenen Mengen werden so stets zu den Preisen der letzten Zugänge bewertet. Die Verbrauchsfolge kann technisch vorgegeben sein, z.B. wird bei der Silo-Lagerung der Silobehälter von oben aufgefüllt, die Entnahme erfolgt dagegen am unteren Teil des Behälters, so daß das Schüttgut durch den Behälter läuft.

Zur Bestimmung des wertmäßigen Endbestandes genügt es beim Perioden-Fifo, wenn die Zugänge solange zurückverfolgt werden, bis der mengenmäßige Inventurbestand mit den entsprechenden Einkäufen übereinstimmt.

	Datum	Stück	€ je Stück	Wert in €
Anfangsbestand	1.1.	130	10,00	1300,00
1. Zugang	15.1.	70	12,00	840,00
2. Zugang	15.2.	90	9,00	810,00
3. Zugang	18.2.	80	11,00	880,00
4. Zugang	1.4.	110	11,00	1210,00
Summe		480		5040,00
- Verbrauch		390		4050,00
Endbestand		90	**11,00**	990,00

Abb. 5.46: Beispiel Perioden-Fifo-Verfahren

Im Beispiel der Abb. 5.46 wird der Restbestand von 90 Stück mit dem Preis des 4. Zugangs (jüngster Zugang) bewertet. Es wird davon ausgegangen, daß der Verbrauch von 390 Stück sich aus dem Anfangsbestand 130 Stück, 1. Zugang= 70 Stück, 2. Zugang = 90 Stück und 3. Zugang = 80 Stück sowie 20 Stück aus dem 4. Zugang zusammensetzt.

Beim permanenten Fifo-Verfahren wird der Materialverbrauch fortlaufend während des gesamten Zeitraums erfaßt und nach der Methode "first in - first out" bewertet. Um das permanente Fifo-Verfahren anwenden zu können, ist die laufende mengen- und wertmäßige Aufzeichnung der Zu- und Abgänge erforderlich. Bezogen auf das Ausgangsbeispiel ergibt sich die folgende Abbildung:

	Datum	Stück	€ je Stück		Wert in €
Ab	1.1.	130	10,00		1300,00
1. Zugang	15.1.	70	12,00		840,00
Bestand		200			2140,00
1. Abgang	1.2.	130	10,00	1300,00	
		30	12,00	360,00	
		160			1660,00
Bestand		40			480,00
2. Zugang	15.2.	90	9,00		810,00
Bestand		130			1290,00
3. Zugang	18.2.	80	11,00		880,00
Bestand		210			2170,00
2. Abgang	1.3.	40	12,00	480,00	
		50	9,00	450,00	
		90			930,00
Bestand		120			1240,00
3. Abgang	5.3.	40	9,00	360,00	
		30	11,00	330,00	
		70			690,00
Bestand		50			550,00
4. Zugang	1.4.	110	11,00		1210,00
Bestand		160			1760,00
4. Abgang	15.4.	70	11,00 (50 St. v. 3. ZG)		770,00
Endbestand		90			990,00

Abb. 5.47: Beispiel permanentes Fifo-Verfahren

5.8.2.2.3 Lifo-Methode

Beim Lifo-Verfahren wird eine im Vergleich zur Fifo-Methode umgekehrte Verbrauchsfolge unterstellt, d.h., daß die zuletzt beschafften Materialien (jüngste Zugänge) zuerst verbraucht werden. Beispiele, bei denen diese Verbrauchsfolge vorliegt, sind: Schraubenkiste, Kohlenhalde. Der letzte Zugang wird in diesen Fällen auch zuerst wieder entnommen.

Zur Bestimmung des wertmäßigen Endbestandes werden die Anschaffungskosten der zuerst beschafften Materialien (älteste Bestände) zugrundegelegt. Das Lifo-Verfahren kann in Form der sog. **permanenten Lifo-Methode** oder in Form der **Perioden-Lifo-Methode** durchgeführt werden.

Beim permanenten Lifo-Verfahren wird der Materialverbrauch fortlaufend während des gesamten Zeitraums erfaßt und nach der Methode "last in - first out" bewertet. Es ist wie beim permanenten Fifo-Verfahren die laufende mengen- und wertmäßige Aufzeichnung der Zu- und Abgänge erforderlich.

	Datum	Stück	€ je Stück		Wert in €
Anfangsbestand	1.1.	130	10,00		1300,00
1. Zugang	15.1.	70	12,00		840,00
Bestand		200			2140,00
1. Abgang	1.2.	70	12,00	840,00	
		90	10,00	900,00	
		160			1740,00
Bestand		40			400,00
2. Zugang	15.2.	90	9,00		810,00
Bestand		130			1210,00
3. Zugang	18.2.	80	11,00		880,00
Bestand		210			2090,00
2. Abgang	1.3.	80	11,00	880,00	
		10	9,00	90,00	
		90			970,00
Bestand		120			1120,00
3. Abgang	5.3.	70	9,00 (vom 2. ZG)		630,00
Bestand		50			490,00
4. Zugang	1.4.	110	11,00		1210,00
Bestand		160			1700,00
4. Abgang	15.4.	70	11,00		770,00
Endbestand		90			930,00

Abb. 5.48: Beispiel permanentes Lifo-Verfahren

Beim Perioden-Lifo-Verfahren wird der Bestand am Ende der Periode bewertet. Die Aufzeichnung der Zugänge und Materialverbräuche wie beim permanenten Lifo-Verfahren ist nicht erforderlich, da lediglich der Endbestand mit dem Anfangsbestand verglichen wird.

	Datum	Stück	€ je Stück	Wert in €
Anfangsbestand	1.1.	130	10,00	1300,00
1. Zugang	15.1.	70	12,00	840,00
2. Zugang	15.2.	90	9,00	810,00
3. Zugang	18.2.	80	11,00	880,00
4. Zugang	1.4.	110	11,00	1210,00
Summe		480		5040,00
- Verbrauch		390		4140,00
Endbestand		90	**10,00**	900,00

Abb. 5.49: Beispiel Perioden-Lifo-Verfahren

5.8.2.2.4 Hifo-Methode

Dem Hifo-Verfahren liegt folgendes Prinzip zugrunde: Die Materialien mit den höchsten Anschaffungskosten werden zuerst verbraucht. Bei konstant steigenden Preisen stimmt das Hifo-Verfahren mit dem Lifo-Verfahren, bei konstant sinkenden Preisen mit dem Fifo-Verfahren überein. Das Hifo-Verfahren kommt für Material-arten mit schwankenden Preisen in Frage. Der Endbestand wird mit den preisgünstigsten Zugängen bewertet.

Auch das Hifo-Verfahren bietet zwei Anwendungsmöglichkeiten, nämlich das **Perioden-Hifo-Verfahren** und das **permanente Hifo-Verfahren**.
Beim Perioden-Hifo-Verfahren werden lediglich die Zugänge der Periode mit den jeweiligen Mengen und Preisen festgehalten. Am Ende der Periode wird der End-bestand mit dem niedrigsten Preis bewertet, da die Verbrauchsfolge entsprechend der Einstandspreishöhe erfolgte (s. Abb. 5.50).

	Datum	Stück	€ je Stück	Wert in €
Anfangsbestand	1.1.	130	10,00	1300,00
1. Zugang	15.1.	70	12,00	840,00
2. Zugang	15.2.	90	9,00	810,00
3. Zugang	18.2.	80	11,00	880,00
4. Zugang	1.4.	110	11,00	1210,00
Summe		480		5040,00
- Verbrauch		390		4230,00
Endbestand		90	**9,00**	810,00

Abb. 5.50: Beispiel Perioden-Hifo-Verfahren

Das permanente Hifo-Verfahren setzt wie das permanente Lifo-Verfahren eine umfangreiche Fortschreibung der Bestände voraus, so daß alle wert- und mengen-mäßigen Zu- und Abgänge erfaßt werden. Bei jedem Lagerabgang müssen die am teuersten eingekauften Bestände festgestellt werden. Die Bewertung der Verbräuche erfolgt in abnehmender Reihenfolge, bezogen auf den Preis.

	Datum	Stück	€ je Stück		Wert in €
Anfangsbestand	1.1.	130	10,00		1300,00
1. Zugang	15.1.	70	12,00		840,00
Bestand		200			2140,00
1. Abgang	1.2.	70	12,00	840,00	
		90	10,00	900,00	
		160			1740,00
Bestand		40			400,00
2. Zugang	15.2.	90	9,00		810,00
Bestand		130			1210,00
3. Zugang	18.2.	80	11,00		880,00
Bestand		210			2090,00
2. Abgang	1.3.	80	11,00	880,00	
		10	10,00	100,00	
		90			980,00
Bestand		120			1110,00
3. Abgang	5.3.	30	10,00	300,00	
		40	9,00	360,00	
		70			660,00
Bestand		50			450,00
4. Zugang	1.4.	110	11,00		1210,00
Bestand		160			1660,00
4. Abgang	15.4.	70	11,00		770,00
Endbestand		90			890,00

Abb. 5.51: Beispiel permanentes Hifo-Verfahren

5.8.2.2.5 Die Lofo-Methode

Bei der Lofo-Methode wird angenommen, daß die Stoffe mit den niedrigsten Einstandspreisen zuerst verbraucht werden. Der Endbestand wird daher mit den höchsten Einstandspreisen bewertet. Das Verfahren ist quasi die Umkehrung der Hifo-Methode. Die Lofo-Methode widerspricht häufig dem Niederstwertprinzip, nämlich immer dann, wenn die Preise kontinuierlich sinken bzw. bei schwankenden Preisen über einen längeren Zeitraum hinweg sinken.

Die Zulässigkeit des Verfahrens im externen Rechnungswesen wird daher in Frage gestellt, da Zweifel bestehen, ob die Lofo-Methode den Grundsätzen ordnungsgemäßer Buchführung (GOB) entspricht.[1] Auch das Lofo-Verfahren kann in Form des **permanenten Lofo-Verfahrens** oder des **Perioden-Lofo**-Verfahrens angewendet werden. Für das Ausgangsbeispiel zeigt die Abb. 5.52 das Perioden-Lofo-Verfahren.

Das Lofo-Verfahren entspricht bei konstant steigenden Preisen dem Fifo-Verfahren und bei konstant sinkenden Preisen dem Lifo-Verfahren.

	Datum	Stück	€ je Stück	Wert in €
Anfangsbestand	1.1.	130	10,00	1300,00
1. Zugang	15.1.	70	12,00	840,00
2. Zugang	15.2.	90	9,00	810,00
3. Zugang	18.2.	80	11,00	880,00
4. Zugang	1.4.	110	11,00	1210,00
Summe		480		5040,00
Verbrauch		390		3980,00
Endbestand		90	70 zu 12,00	1060,00
			20 zu 11,00	

Abb. 5.52: Beispiel Perioden-Lofo-Verfahren

Die handelsrechtliche und steuerrechtliche Zulässigkeit der Verfahren zeigt die nachstehende Abbildung.

---

[1] Vgl. Eisele, W. (1990), S. 474.

Methode	handelsrechtlich	steuerrechtlich
Durchschnittsmethode	Zulässig für gleichartige Vermögens-gegenstände des Vorratsvermögens sowie für andere gleichartige oder annähernd gleichwertige bewegliche Vermögensgegenstände (§ 240 HGB Abs.4)	Zulässig für vertretbare Wirtschaftsgüter des Vorrats-vermögens (Wirtschaftsgüter des Vorratsvermögens, die im Verkehr nach Maß, Zahl oder Gewicht bestimmt werden), bei denen die Anschaffungs- oder Herstellungskosten wegen der Schwankungen des Einstands-preises im Laufe des Wirtschafts-jahres im einzelnen nicht mehr feststellbar sind (Abschn. 36 Abs. 3 Satz 1 - 3 EStR)
Fifo-Methode	Zulässig für gleichartige Vermögens-gegenstände des Vorratsvermögens nach § 256 HGB. Das Fifo-Verfahren wird handels-rechtlich in der Regel immer anerkannt.	Steuerrechtlich ist die Anwendung grundsätzlich nicht zulässig.[1] Ausnahme: Das Unternehmen macht glaubhaft, daß die tatsäch-liche Verbrauchsfolge dem Fifo-Verfahren entspricht, z.B. bei Silo-Lagerung.
Lifo-Methode	Zulässig für gleichartige Vermögens-gegenstände des Vorratsvermögens nach § 256 HGB.	Das Verfahren wird steuerrechtlich gem. § 6 Abs. 1 Nr. 2a EStG auch dann anerkannt, wenn die tatsächliche Verbrauchsfolge nicht voll dem Lifo-Prinzip entspricht. Die steuerrechtliche Anwendung ist allerdings an die Voraussetzung gebunden, daß nicht gleichzeitig ein Importwarenabschlag gem. § 51 Nr. 2a S.1 EStG vorgenommen wird.
Hifo-Methode	Das Verfahren wird als zulässig angesehen.[2]	Das Verfahren wird steuerrechtlich nicht anerkannt.
Lofo-Methode	Das Verfahren wird überwiegend abgelehnt, da es dem Prinzip der kaufmännischen Vorsicht wider-spricht.	Die Zulässigkeit der Lofo-Methode in der Steuerbilanz wird seit der Steuerreform im Jahre 1990 kontrovers diskutiert.[3] Das Verfahren wird steuerrechtlich nicht anerkannt.

Abb. 5.53: Handels- und steuerrechtliche Zuläßigkeit der Verbrauchsfolgeverfahren

---

[1] Vgl. Coenenberg, A. (1993), S. 127.
[2] Vgl. Coenenberg, A. (1993), S. 129.
[3] Vgl. Coenenberg, A. (1993), S. 127.

5.8.3 Bewertung zu festen Verrechnungspreisen

Ist in einem Unternehmen die Kosten- und Leistungsrechnung (Geschäftsbuchhaltung) in Form eines Plankostenrechnungssystems realisiert, erfolgt die Bewertung des Materialverbrauchs nicht zu Istpreisen, sondern zu **festen Verrechnungspreisen** (auch Planpreise genannt). Hierbei handelt es sich um geschätzte oder geplante Einstandspreise, die für eine bestimmte Anzahl von Abrechnungsperioden, z.B. 12 Monate, konstant gehalten werden. Der wichtigste Vorteil für die Kostenrechnung liegt darin, daß Preisschwankungen aus der Kostenrechnung herausgehalten werden. Die im Rahmen der Kostenkontrolle ermittelten Materialkostenabweichungen sind dann nämlich ausschließlich auf Mehr- oder Minderverbräuche zurückzuführen.[1] Rein buchungstechnisch werden die Preisabweichungen zwischen den tatsächlichen Anschaffungspreisen und den Verrechnungspreisen auf Preisdifferenzkonten beim Lagerzugang oder Lagerabgang erfaßt.[2]

Die Ermittlung der geplanten Verrechnungspreise erfolgt am genauesten mit Hilfe der statistischen Auswertung von tatsächlichen Beschaffungspreisen (Istpreis-Zeitreihen) vergangener Perioden. Dabei können die Verfahren der gleitenden Durchschnitte, der exponentiellen Glättung und der Regressionsanalyse eingesetzt werden.[3] Die Ermittlung der geplanten Verrechnungspreise wird durch den Einsatz der EDV unterstützt. Liegen keine Vergangenheitsdaten vor, so kann auch eine Schätzung der Planpreise aufgrund der letzten Preisangebote und der vermuteten Preisentwicklung erfolgen.[4]

5.8.4 Bewertung zu Wiederbeschaffungspreisen

Der Wiederbeschaffungspreis ist der Preis, der für die Ersatzbeschaffung der verbrauchten Materialmenge zum jeweiligen Ersatzzeitpunkt zu entrichten ist. Beim Wiederbeschaffungspreis handelt es sich um Tageswerte, wie Preise an den Rohstoffbörsen oder Marktpreise. Als Bewertungsstichtag kann der Verbrauchs-, Abschluß- oder Wiederbeschaffungstag in Frage kommen.

Die Bewertung der Materialverbrauchsmenge zu Tagespreisen gestaltet sich in der Praxis als recht umständlich und aufwendig. Wegen des hohen Aufwandes beschränkt sich die Bewertung daher zumeist auf hochwertige Materialarten. Die

---

[1] Vgl. Gabele, E. / Fischer, P. (1992), S. 78.

[2] Ausführliche Darstellungen der Verbuchung findet man bei Wahle, O. (1989), S. 36-40; Michel, R. / Torspecken, H. (1989), S. 68-70; Kilger, W. (1992), S. 90-93.

[3] Die Methoden wurden bereits an anderer Stelle behandelt (Vgl. S. 146 ff.).

[4] Vgl. Kilger, W. (1992), S. 88-91.

Bewertung zu Wiederbeschaffungspreisen hat bislang noch keine größere praktische Bedeutung gehabt.[1]

5.9 Die Inventur

Die Inventur dient dazu, den tatsächlichen Bestand des Vermögens und der Schulden eines Unternehmens für einen bestimmten Zeitpunkt mengen- und wertmäßig durch körperliche Bestandsaufnahme festzustellen. Mit der Inventur werden die folgenden Zwecke erfüllt:[2]

a) Erfüllung gesetzlicher Auflagen
b) Interne Kontrollen und Vorbereitung von Entscheidungen.

zu a): Gem. § 240 HGB sowie §§ 140, 141 AO hat jeder Kaufmann die Pflicht, das Vermögen und die Schulden seines Unternehmens festzustellen, und zwar zu Beginn seines Handelsgewerbes (Gründung oder Übernahme), am Schluß eines jeden Geschäftsjahres und bei Auflösung oder Veräußerung des Unternehmens.

> Die Inventur ist die mengenmäßige körperliche Aufnahme und die Bewertung der Vermögensgegenstände und Schulden des Unternehmens. Die mengenmäßige Aufnahme (Bestandsaufnahme) erfolgt durch Zählen, Messen und Wiegen. Die Inventur ist erforderlich, damit das Inventar erstellt werden kann.

Das **Inventar** ist ein Verzeichnis, in dem das Vermögen und die Schulden des Unternehmens aufgeführt sind. Die Roh-, Hilfs- und Betriebsstoffe stellen für das Unternehmen Vermögensgegenstände dar und müssen deshalb ins Inventar aufgenommen werden. Dies bedeutet, daß auch die Materialwirtschaft die Mengen und Werte der Stoffe feststellen muß.

zu b): Die Inventur ist ein Instrument, daß den Vergleich zwischen den tatsächlich vorhandenen Beständen (Istbeständen) und den Buchbeständen (Sollbeständen) ermöglicht. Abweichungen zwischen den Ist- und den Sollbeständen können auf Schwund, Verdunstung, Diebstahl oder Buchungsfehler zurückzuführen sein. Die Inventur wird so zu einem Bestandteil des internen Kontrollsystems. Ist keine Materialrechnung (Lagerbuchführung) vorhanden, so bildet die Inventur die einzige Möglichkeit, Informationen über die vorhandenen Bestände zu erhalten. Diese Informationen können die Grundlage für eventuell notwendige Verbesserungen im Bestell- und Lagerwesen sein.

---

[1] Vgl. Gabele, E. / Fischer, P. (1992), S. 78-99.
[2] Vgl. Layer, M. (1980), S. 279.

Die Inventur kann mittels der folgenden Methoden erfolgen, die sich aus dem § 241 HGB und Abschnitt 30 der Einkommenssteuerrichtlinien (EStR) ableiten lassen:[1]

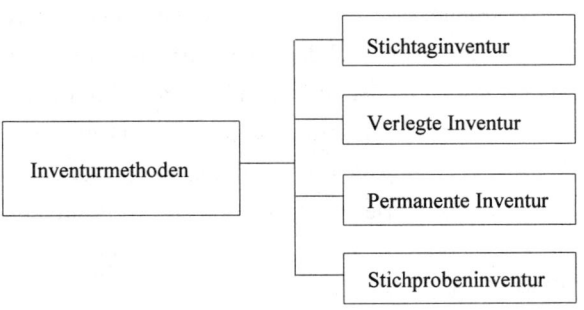

Abb. 5.54: Inventurmethoden

5.9.1 Stichtaginventur

Bei der Stichtaginventur handelt es sich um das klassische Inventurverfahren. Mit ihr werden die Vorstellungen von einer körperlichen Inventur, d.h. einer Bestandsaufnahme durch Zählen, Messen oder Wiegen der Vorräte am Bilanzstichtag verbunden. Der Idealfall, daß die Inventur am Bilanzstichtag stattfindet, läßt sich in den seltensten Fällen realisieren. Die Stichtaginventur sollte jedoch **zeitnahe** erfolgen, d.h. innerhalb von zehn Tagen vor oder nach dem Bilanzstichtag. Bestandsveränderungen, die im Zeitraum des Abweichens vom Bilanzstichtag auftreten, sind durch eine mengen- und wertmäßige Fortschreibung bzw. Rückrechnung zum Bilanzstichtag zu berücksichtigen. Bei diesem Inventurverfahren sind die Daten am Bilanzstichtag verfügbar. Der Aufwand zur Fortschreibung und Rückrechnung der Bestände auf den Bilanzstichtag ist gering. Die Stichtaginventur hat die folgenden Nachteile:

- Der Betriebsablauf wird gestört, eventuell sogar die Produktion unterbrochen.
- Aufnahmefehler durch die Eile der Aufnahme
- Die Aufnahme aller Vermögensgegenstände ist bei umfangreichen Vorräten nur erreichbar, wenn neben dem Lagerpersonal und der Inventuraufsicht auch ungeschultes Personal eingesetzt wird.
- Hoher Arbeitsaufwand infolge hoher Lagerbestände
- Im Gegensatz zur permanenten Inventur hat die Stichtaginventur einen geringen Kontrollwert (keine laufende Kontrolle).

---

[1] Vgl. Olfert, K. / Körner, W. / Langenbeck, J. (1992), S, 46-49; Layer, M. (1980), S. 279-282.

5.9.2 Verlegte Inventur

Gem. § 241 Abs. 3 HGB ist die Inventur zum Bilanzstichtag dann nicht erforderlich, wenn die körperliche Bestandsaufnahme zeitlich verlegt durchgeführt wird, d.h., die Inventur in einem Zeitraum von drei Monaten vor bis zwei Monate nach dem Bilanzstichtag durchgeführt wird. Der zu diesem Zeitpunkt ermittelte Bestand wird in das sog. "besondere Inventar" eingetragen, das das Datum der tatsächlichen Aufstellung trägt. Zur Ermittlung des am Bilanzstichtag tatsächlich vorhandenen Bestandes muß auch bei der verlegten Inventur eine Fortschreibung bzw. Rückrechnung erfolgen. Diese braucht allerdings nur wertmäßig, d.h. ohne Mengenangaben, durchgeführt werden.

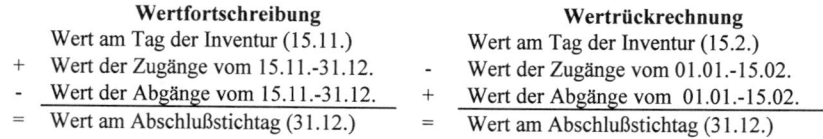

Abb. 5.55: Beispiel für Fortschreibung oder Rückrechnung

Treten bei Vermögensgegenständen unkontrollierbare Bestandsverminderungen durch Verdunsten, Schwund, Verderb oder leichte Zerbrechlichkeit auf, deren Umfang nicht genau bestimmt werden kann, so darf auf diese Güter die verlegte Inventur nicht angewendet werden. Dies gilt auch für besonders wertvolle Bestände.[1] Durch die zeitliche Ausdehnung des Inventurzeitraums werden die von der Inventur verursachten Störungen des Betriebsablaufs verringert.

5.9.3 Permanente Inventur

Der Zeitpunkt der Bestandsaufnahme innerhalb des Geschäftsjahres ist nicht festgelegt, wenn die Bestandsfortschreibung auf den Bilanzstichtag mit Hilfe einer ordnungsgemäßen Materialrechnung (Lagerbuchführung) erfolgt. § 241 Abs. 2 HGB sieht vor, daß die Inventurarbeiten auch über den gesamten Zeitraum zwischen zwei Bilanzstichtagen verteilt werden können. Es handelt sich in diesem Fall um die sog. permanente Inventur.

Voraussetzung ist allerdings die Materialrechnung im Sinne der oben beschriebenen Skontration, d.h., alle Zu- und Abgänge müssen nach Tag, Art und Menge laufend erfaßt werden. Alle durchgeführten Buchungen müssen gem. § 30 Abs. 2 EStR belegmäßig nachgewiesen werden. In jedem Wirtschaftsjahr muß mindestens einmal

---

[1] Vgl. Coenenberg, G. (1993), S. 48.

eine körperliche Bestandsaufnahme durchgeführt werden, um Abweichungen zwischen den buchmäßig aufgeführten und den tatsächlich vorhandenen Beständen festzustellen. Sollten Differenzen festgestellt werden, so sind die Lagerbücher zu berichtigen. Die Abstimmung der Buchbestände mit den tatsächlichen Beständen muß nicht gleichzeitig für alle Vorräte vorgenommen werden. Die Abstimmung kann deshalb an Tagen mit niedrigen Beständen erfolgen. Die Durchführung und das Ergebnis der körperlichen Bestandsaufnahme sind zu protokollieren. Die permanente Inventur ist keine reine Buchinventur, sondern eine Buchinventur mit körperlicher Bestandsaufnahme. Die körperliche Inventur erfolgt lediglich zu einem anderen Zeitpunkt als zum Bilanzstichtag[1]

Die permanente Inventur ist ebenso wie die verlegte Inventur nicht anwendbar, wenn bei den Vorräten unkontrollierbare Abgänge (Bestandsveränderungen) durch Schwund, Verdunsten, Verderb, leichte Zerbrechlichkeit auftreten. Die Verfahren sind ebenfalls nicht anwendbar, wenn es sich um besonders wertvolle Vermögensgegenstände handelt. Die permanente Inventur bietet folgende Vorteile:

- Es erfolgt die laufende Aufnahme während des Geschäftsjahres und während des Geschäftsbetriebes.
- Es läßt sich grundsätzlich eine höhere Genauigkeit erreichen als beispielsweise bei der Stichtagsinventur.
- Auf den Einsatz ungeschulten Personals kann verzichtet werden. Der Einsatz freier Personalkapazitäten kann flexibel erfolgen.
- Möglicherweise auftretende Differenzen können bei mehrfachen Kontrollen früher erkannt werden, außerdem kann eine vorzeitige Ursachenforschung erfolgen.
- Hoher Kontrollwert
- Weniger Störungen im Betriebsablauf als beispielsweise bei der Stichtaginventur.

5.9.4 Stichprobeninventur

Bei der Stichprobeninventur wird der Lagerbestand nach Art, Menge und Wert auf der Grundlage einer entnommenen Stichprobe ermittelt. Zur Hochrechnung von der Stichprobe auf die Grundgesamtheit (Gesamtbestand) werden anerkannte mathematisch-statistische Verfahren eingesetzt. Soweit die Verfahren der Stichprobeninventur den GOB entsprechen, sind sie gem. § 241 Abs. 1 HGB handelsrechtlich zuläßig. Während bei der permanenten Inventur in der Regel der

---

[1] Vgl. Falterbaum,H. / Beckmann, H. (1989), S. 67.

Arbeitsaufwand nicht abnimmt, führt der Einsatz der Stichprobeninventur zu einer Rationalisierung, da der Arbeitsaufwand, der mit der körperlichen Bestandsaufnahme verbunden ist, entfällt. Die nachstehende Abbildung zeigt die Inventurtermine im Überblick.

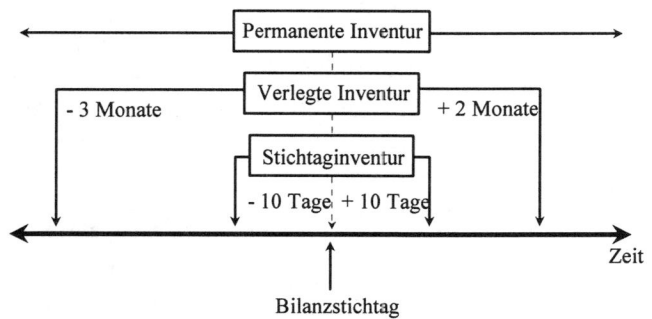

Abb. 5.56: Inventurtermine

5.9.5 Grundsätze

Die Inventur muß den Grundsätzen ordnungsgemäßer Buchführung entsprechen. Beachtet werden müssen insbesondere die Grundsätze der Wahrheit, Vollständigkeit und Klarheit. Ebenfalls zu beachten ist der Grundsatz der Wirtschaftlichkeit / Wesentlichkeit.[1]

1. Grundsatz der Vollständigkeit und Richtigkeit

    Diese Grundsätze fordern, daß sämtliche Bestände aufzunehmen und mit den richtigen Werten im Inventar aufzuführen sind.

2. Grundsatz der Wirtschaftlichkeit und Wesentlichkeit

    Alle Bestände sind grundsätzlich genau zu erfassen, d.h. allerdings nicht, daß nicht auch Schätzungen durchgeführt werden dürfen. Bestände an Betriebsstoffen können beispielsweise, sofern sie keinen erheblichen Teil des Vorratsvermögens darstellen, geschätzt werden.

3. Klarheit und Nachprüfbarkeit

    Im Inventar sind die einzelnen Bestände mit den entsprechenden Gegenstandsbezeichnungen aufzuführen, so daß die Gegenstände genau zu identifizieren sind.

---

[1] Vgl. Olfert, K. / Körner, W. / Langenbeck, J. (1992), S. 50.

Fragen und Aufgaben zur Wiederholung (S. 246 - 314)

1. *Welche technischen Aufgaben sind bei der Lagerung zu erfüllen?*

2. *Kann ein Lager eine Produktionsfunktion übernehmen?*

3. *Welche Vorteile bietet ein Zentrallager?*

4. *Die Einteilung der Lagerarten kann nach unterschiedlichen Kriterien erfolgen. Nennen Sie ihnen bekannte Merkmale mit dazugehörigen Beispielen!*

5. *Wie würden Sie ein Hochregallager nach den von Ihnen in Frage 4 genannten Merkmalen beschreiben?*

6. *Beschreiben Sie die Funktionsweise eines Hochregllagers!*

7. *Welche technischen Aufgaben und Verwaltungsaufgaben erfüllt die Lagerung?*

8. *Nennen Sie die Methoden zur Erfassung des Materialverbrauchs!*

9. *Welche Inventurverfahren kennen Sie? Beschreiben Sie die Vor- und Nachteile der Verfahren!*

10. *In welchem Fall kommt das Hifo-Verfahren zum gleichen Ergebnis wie das Lifo-Verfahren?*

11. *Ermitteln Sie den wert- und mengenmäßigen Materialendbestand und die wert- und mengenmäßigen Materialverbräuche nach dem permanenten Hifo-Verfahren auf der Basis der folgenden Materialbewegungen:*

Bestandsveränderungen	Datum	Menge	Stückpreis
Anfangsbestand	*1.1.*	*500*	*15,- €*
1. Zugang	*4.1.*	*350*	*18,- €*
2. Zugang	*7.1.*	*500*	*12,- €*
3. Zugang	*15.1.*	*450*	*16,- €*
1. Abgang	*6.1.*	*400*	
2. Abgang	*9.1.*	*300*	
3. Abgang	*29.1.*	*600*	

6 Interne und externe Materialflußsteuerung

Lernziele und –aufgaben

Der Leser soll

1. die Produktionsplanung und-steuerung
2. die Bedutung der Durchlaufzeit
3. die Funktionsweise des KANBAN-Systems
4. die Umsetzungsmöglichkeiten eines KANBAN-Systems
5. die Ziele der Just-in-Time-Beschaffung
6. die Varianten der Just-in-Time-Beschaffung kennenlernen.

6.1 Produktionsplanung und -steuerung

6.1.1 Begriffliche Grundlagen

Zur internen Materialflußsteuerung werden, unter Einsatz der Datenverarteitung, Produktionsplanungs- und -steuerungssysteme (PPS-Systeme) eingesetzt. Die Entwicklung von PPS-Systeme begann bereits Anfang der sechziger Jahre. Verursacht wurde die Entwicklung im wesentlichen durch die Bemühungen, die äußerst daten- und rechenintensive Stücklistenauflösung durch EDV-Einsatz zu erleichtern.[1]

> "Das Gebiet der Produktionsplanung und -steuerung (PPS) umfaßt die Gesamtheit von (mittel- bzw. kurzfristigen) Aktivitäten, die auf die Ermittlung eines Absatz- bzw. Produktionsprogramms sowie auf die Festlegung des Vollzugs bzw. der Realisierung dieses Programms in mengenmäßiger und terminlicher Hinsicht ausgerichtet sind."[2]

Zu den ersten PPS-Systemen zählen die MRP-Systeme. Systeme zur Materialbedarfsplanung (**Material Requirements Planning, MRP**) beinhalten neben der Bedarfsmengenbestimmung eine Losbildung und eine Vorlaufterminierung. Nachteil der MRP-Systeme ist, daß zwar die Produktionsmengen auf den verschiedenen Produktionsstufen koordiniert werden können, aber nicht berücksichtigt wird, ob die Pläne mit der vorhandenen maschinellen Kapazität realisiert werden können.

Der nächste Schritt im Zuge der Entwicklung von PPS-Systemen bestand darin, MRP

---

[1] Vgl. Zäpfel, G. / Missbauer, H. (1988b), S. 74.
[2] Glaser, H. (1989), S. 344.

um eine Kapazitätsplanung zu erweitern. Diese Systeme werden als **Manufacturing Resource Planning** bzw. MRP II bezeichnet. Die Abstimmung der Pläne erfolgt sukzessive, d.h., zunächst wird in der Materialbedarfsplanung ein vorläufiger Produktionsplan ohne Berücksichtigung der Kapazitätsrestriktionen aufgestellt. Treten Engpässe auf, so sind sie durch Verringerung von Losen in der betreffenden Periode oder durch Vorterminierung von Aufträgen zu beseitigen. Durch diese Maßnahmen können erneut auf anderen Produktionsstufen und in anderen Perioden Unzulänglichkeiten auftreten. Der Prozeß wird daher so lange fortgesetzt, bis ein zulässiger Gesamtplan gefunden ist. PPS-Systeme wurden anfänglich individuell auf die Bedürfnisse einzelner Anwender zugeschnitten. Da solche Konzepte recht teuer und aufwendig waren, wurden anschließend von zahlreichen Software-Herstellern modular aufgebaute Standard-PPS-Systeme angeboten, aus denen sich ein Anwender die für ihn erforderlichen Bausteine auswählen und an seine Anforderungen anpassen konnte.[1] Die traditionellen PPS-Systeme haben nicht alle in sie gesetzten Erwartungen erfüllt. Insbesondere waren diese Systeme nicht in der Lage, die hohen Bestände an Halb- und Fertigfabrikaten zu vermeiden und die hohen Durchlaufzeiten zu senken.[2] Die häufigsten Schwachstellen, die im Zusammenhang mit den klassischen PPS-Systemen genannt werden, sind:[3]

- Zu starke Zentralisierung der Planungs- und Steuerungsaufgaben. Eine erhöhte Störanfälligkeit des Gesamtsystems bei einzelnen Störungen ist die Folge. Die mittleren Führungskräfte werden durch mangelnde Entscheidungskompetenz demotiviert.
- Zu viele Steuerungsparameter und zu hoher Feinheitsgrad der Planung. Für die Mitarbeiter sind die Auswirkungen der unterschiedlichen Steuerungsparameter auf die Zielgrößen der Fertigungssteuerung nicht mehr durchschaubar.
- Zu große Streuung der Durchlaufzeiten. Durchlaufzeitschwankungen, die aus unterschiedlichen Auftragslosgrößen und Abfertigungsregeln resultieren, führen zu Unsicherheiten hinsichtlich der Plandurchlaufzeit. Die Auftragsfreigabe erfolgt dann oft zu früh. Es bilden sich Warteschlangen vor den nachgelagerten Arbeitssystemen. Die Folge sind hohe Werkstattbestände. Dies wiederum führt zu verlängerten mittleren Durchlaufzeiten. Man begegnet diesem Trend mit der frühzeitigen Freigabe geplanter Fertigungsaufträge (sog. Durchlaufzeit-Syndrom).

---

[1] Vgl. Kistner, K. / Steven, M. (1991), S. 13-14 .

[2] Vgl. Zäpfel, G. / Missbauer, H. (1988b), S. 77; Fleischmann, B. (1988), S. 350-351.

[3] Vgl. Förderkreis Betriebswirtschaft an der Universität Stuttgart e.V. (Hrsg.), (1988), S. 75.

- Zu langsame und ungezielte Reaktion auf Bedarfsänderungen. Treten auf dem Markt Bedarfsänderungen auf, erfolgt eine Programmänderung im (End)-Montage-Bereich. Eine Umsetzung von Änderungen in den vorgelagerten Fertigungsstufen erfolgt i.d.R jedoch nicht.

Die Kritik an den traditionellen PPS-Systemen führte zur Entwicklung neuer Konzepte der PPS-Systeme. Zu diesen Systemen zählen:

- die belastungsorientierte Auftragsfreigabe (BOA)[1]
- das Fortschrittszahlenkonzept[2]
- Input/Output-Control[3]
- die Optimized Production Technologie (OPT)[4]
- die Retrograde Terminierung[5]
- das KANBAN-System.

Die Auswahl der Systeme ist abhängig von dem vorliegenden Fertigungsverfahren. Gemeint ist die Mengenleistung der Fertigung und die räumliche und zeitliche Strukturierung der Fertigung. Das Fortschrittszahlenkonzept wird demnach vorwiegend dort eingesetzt, wo Fließfertigung vorliegt, also in der Massenfertigung, während die belastungsorientierte Fertigungssteuerung und das KANBAN-System dort eingesetzt werden, wo Werkstattfertigung vorliegt, also in der Serien- und Einzelfertigung.[6]

6.1.2 Ziele der Produktionsplanung und -steuerung

Die Ziele der Produktionsplanung und -steuerung lassen sich aus den Unternehmenszielen ableiten. Ziele moderner PPS-System sind:[7]

- niedrige Bestände
- kurze Durchlaufzeiten
- hohe Kapazitätsauslastung
- hohe Flexibilität
- hohe Termintreue.

---

[1] Vgl. Wiendahl, H. (1988), S. 51- 87; ders. (1987).

[2] Vgl. Heinemeyer, W. (1988), S. 5-32.

[3] Vgl. Corsten, H. (1991), S. 425-4430; Hoitsch, H.-J. (1993), S.475-478.

[4] Vgl. Corsten, H. (1991), S. 434-439; Hoitsch, H.-J. (1993), S. 464-466.

[5] Vgl. Adam Adam, D. (1988d), S. 98-106.

[6] Ausführlicher bei Wiendahl, H. (1987), S. 321-322; Busch, U. (1987), S. 52-54.

[7] Vgl. z.B.: Glaser, H. / Geiger, W. / Rohde, V. (1991), S. 305; Koffler, J. (1987), S. 20-22; Hackstein, R. (1984), S. 1.

6.1.2.1 Senkung der Bestände

Eines der wesentlichen Ziele von PPS-Systemen sind niedrige Bestände. Neben den Lagerbeständen zählen auch die Bestände an Teilen, die sich im Fertigungsprozeß befinden (sog. Werkstattbestand) und der Verkaufsbestand (Erzeugnisse, Ersatzteile und Handelswaren) zu den Beständen des Unternehmens. In einem Industriebetrieb haben die Bestände die folgenden Aufgaben:[1]

- Realisierung des Produktionsprozesses
- Realisierung einer angemessenen Wirtschaftlichkeit beim Materialeinkauf und in der Fertigung
- Realisierung eines kontinuierlichen Fertigungsvollzugs
- Realisierung einer ausreichenden Lieferfähigkeit.

Im Rahmen des sog. **Bestandsmanagements** erfolgt eine intensive Betrachtung aller im Unternehmen vorhandenen Bestände. Bestandssenkungen bewirken[2]

- eine Verminderung der Kapitalbindung. Jede Reduktion eines überhöhten Zwischenlagers wirkt sich positiv auf die Rentabilität des Unternehmens aus, außerdem kann der Flächen- und Transportmittelbedarf gesenkt werden.

- eine Verringerung der Durchlaufzeiten der Aufträge um die Zeit, die die verschiedenen Zwischenprodukte in den jeweiligen Zwischenlägern liegen. Würde jedes Teil exakt zum Bedarfszeitpunkt auf der nachfolgenden Produktionsstufe eintreffen, ließen sich die Durchlaufzeiten auf das theoretische Minimum, nämlich die Summe der Bearbeitungszeiten, reduzieren.

- Erhöhung der Flexibilität. Treten auf den Absatzmärkten Nachfrageänderungen auf und verfügt das Unternehmen über hohe Bestände an Halb- und Fertigfabrikaten, so werden rasche Reaktionen auf die Dynamik der Märkte erschwert. Theoretisch kann eine Umstellung des Produktionsprogramm dazu führen, daß die Zwischenprodukte überhaupt nicht weiterverwendet werden können.

- Aufdecken von Planungsfehlern. Hohe Lagerbestände verdecken Planungsfehler. Ein wesentlicher Grund für den Aufbau überhöhter Zwischenläger liegt darin, daß Fehler in der Terminplanung ausgeglichen werden, wenn die fehlenden Teile zunächst aus dem Lager entnommen werden können. Gerade das Fehlen der Teile deutet auf Schwächen der Planung hin, die in Zukunft vermieden werden sollten.

6.1.2.2 Verminderung der Durchlaufzeiten

Das zweite wichtige Ziel moderner PPS-Systeme, und zugleich Ansatzpunkt zu einem erfolgreichen Bestandsmanagement, ist die Verkürzung der Durchlaufzeiten der Aufträge. Bei einer Untersuchung von Durchlaufzeiten in der Einzel- und Klein-

---

[1] Vgl. Tretow, G. (1988), S.18.
[2] Vgl. Pfohl, H. (1990), S. 40; Kistner, K. / Steven, M. (1991), S. 15.

serienfertigung wurden an 32 Arbeitsplätzen 9000 Arbeitsvorgänge vier Monate lang analysiert.[1] Es zeigt sich, daß das Verhältnis der Bearbeitungszeit zur Durchlaufzeit in der Regel unter 10% liegt. Auf die gesamten Liegezeiten entfallen 85%, während die Transport- und Kontrollzeiten nur insgesamt 5% ausmachen.

Die Aufteilung der Liegezeit (Untersuchungsergebnis 85%) zeigt, daß 75% der Durchlaufzeit durch ablaufbedingte Liegezeit verursacht werden und die Lagerzeit und die störungsbedingten -bzw. druch Menschen bedingten Liegezeiten insgesamt nur 10% ausmachen (vgl. Abb. 6.1).

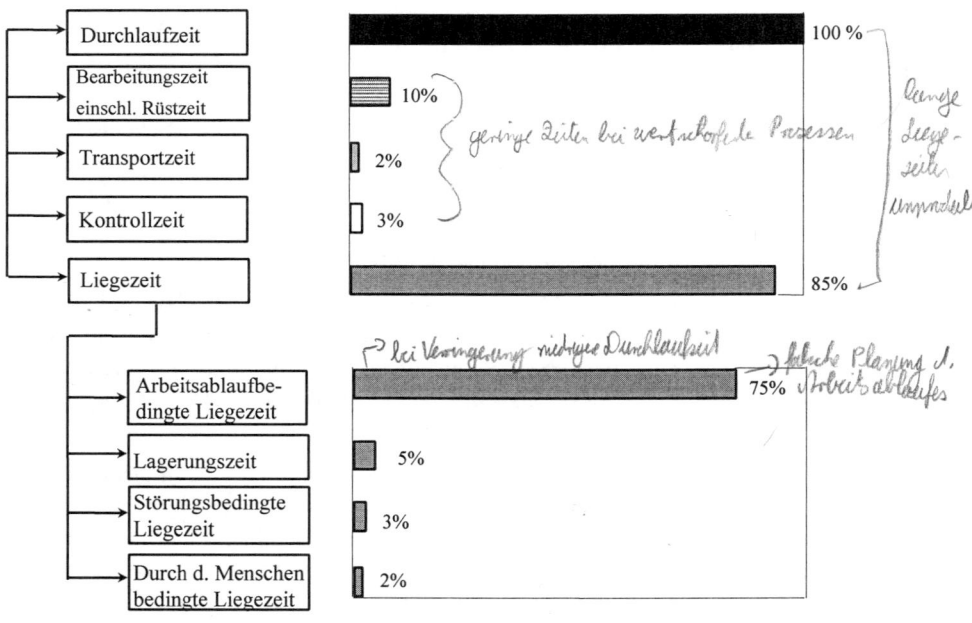

Abb. 6.1: Aufteilung der Durchlaufzeiten in einem Betrieb der metall-
verarbeitenden Industrie mit Einzel- und Serienfertigung[2]

Maßnahmen zur Verkürzung der Liegezeiten sollten bei den dominierenden ablaufbedingten Liegezeiten vor der Bearbeitung ansetzen. Es handelt sich hierbei um die Wartezeiten vor der Bearbeitung eines Auftrages und damit um Wartezeiten, die vor allem in Kauf genommen werden, um eine hohe Kapazitätsauslastung der Fertigung erreichen zu können.

---

[1] Vgl. Wiendahl, H. (1987), S. 48 ff.

[2] Wiendahl, H. (1987), S. 49.

6.1.2.3 Erhöhung der Kapazitätsauslastung

Ein weiteres Ziel der PPS-Systeme ist die Kapazitätsauslastung. Die Kapazitätsauslastung ist das Verhältnis der genutzten zur technisch verfügbaren Kapazität einer
Produktionseinheit innerhalb eines bestimmten Zeitraums. Das Ziel eines PPS-System
ist es, die Produktionseinheiten auf dem Niveau der Optimalkapazität auszulasten,
d.h., daß Überbelastungen bzw. geringe Auslastungen der Produktionseinheiten
vermieden werden müssen.[1] Stand früher dieses Ziel im Mittelpunkt der Betrachtung
(s. Abb. 6.2), so hat sich in den vergangenen Jahren eine deutliche Verlagerung zu den
übrigen Zielen vollzogen. Die konfliktäre Beziehung zwischen der
Kapazitätsauslastung und der Minimierung der Durchlaufzeit (minimale Wartezeiten)
ist in der Betriebswirtschaftslehre unter der Bezeichnung "Dilemma der
Ablaufplanung"[2] bekannt geworden.

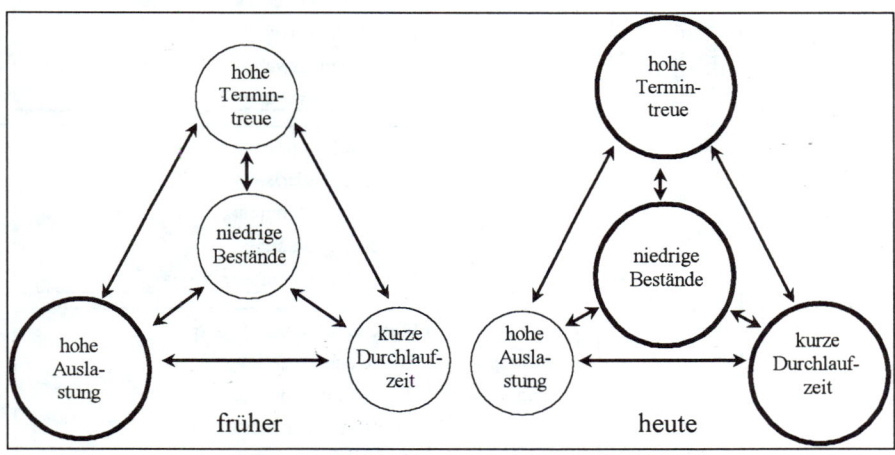

Abb. 6.2: Gewichtsverschiebung bei den Zielgrößen[3]

6.1.2.4 Erhöhung der Flexibilität und Termintreue

PPS-Systeme sollen eine kurzfristige Anpassung an geänderte Kundenwünsche ermöglichen. Ist es möglich, kurzfristig auf geänderte Kundenwünsche zu reagieren, so
liegt eine hohe Flexibilität vor. Termintreue bedeutet, daß mit den Kunden vereinbarte
Termine eingehalten werden müssen.

Die Abbildung 6.3 zeigt die Aufgaben eines PPS-Systems im Überblick.

---

[1] Vgl. Geiger, W. (1992), S. 30.

[2] Vgl. Gutenberg, E. (1979), S. 216.

[3] Vgl. Wiendahl, H. (1987), S. 18.

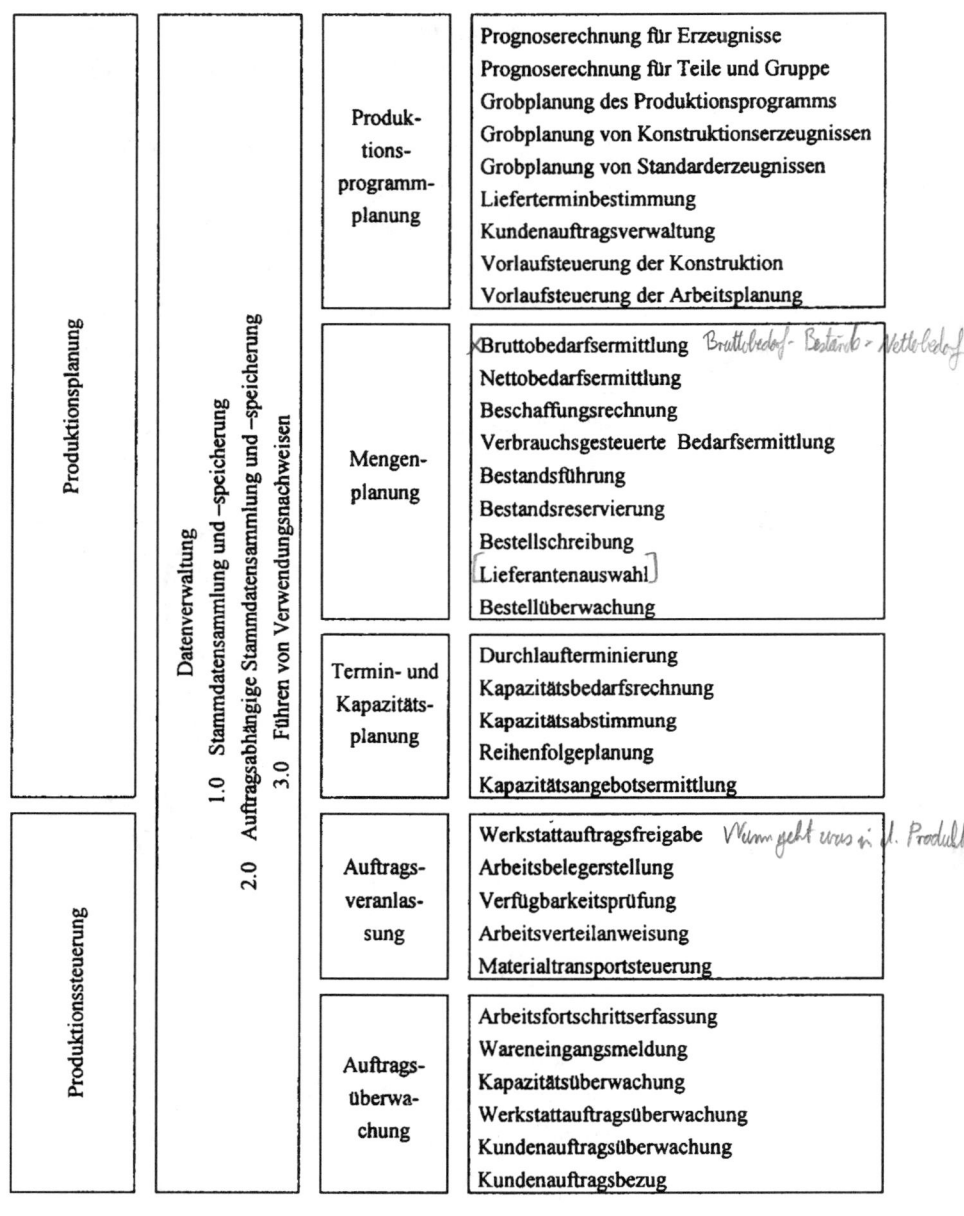

Abb. 6.3: Aufgaben der Produktionsplanung und -steuerung[1]

---

[1] Koschnitzki, K. (1999), S. 723.

6.2 Just-in-Time-Produktion mit dem KANBAN-System

Das KANBAN-System ist für die folgende Betrachtung aus zwei Gründen von Interesse. Einerseits ist es ein Konzept zur dezentralen Materialflußsteuerung, das die im Umlauf einer Werkstatt befindlichen Bestände an Teilen und Material reduzieren bzw. auf einem niedrigen Niveau halten kann (Just-in-Time-Produktion), andererseits kann das System auch für die Selbststeuerung des Materialflusses zwischen dem abnehmenden Unternehmen und den Zulieferern eingesetzt werden, sog. Just-in-Time-Produktion-Beschaffung.

Das aus Japan kommende KANBAN-System soll nicht nur die Reduzierung der Materialbestände bewirken, es soll auch die Durchlaufzeiten verringern und die Arbeitsproduktivität erhöhen. Das Ziel des KANBAN-Systems besteht darin, auf allen Produktionssstufen eine Produktion auf Abruf zu erreichen (JiT-Produktion). Das Ziel des JiT-Prinzips ist, das richtige Teil in der richtigen Menge zur rechten Zeit am rechten Ort verfügbar zu haben. Grundgedanke ist, daß ein Teil erst dann produziert bzw. beschafft wird, wenn es auch tatsächlich benötigt wird.

> Wird die interne Materialbeschaffung betrachtet, so wird von **JiT-Produktion** (einsatzsynchrone Produktion) gesprochen. Soll hingegen die externe Material-beschaffung betrachtet werden, so wird der Begriff **"JiT-Beschaffung"** verwendet.

Die Steuerung des Materialflusses mit Hilfe des KANBAN-Systems ist informationstechnisch aber nicht die einzige Möglichkeit, das Just-in-Time Prinzip zu verwirklichen. Beispielsweise ist die Realisation des Just-in-Time-Prinzips auch mittels Electronic Mail möglich.[1]

> Das Wort KANBAN ist aus dem Japanischen entliehen und bedeutet sinngemäß "Schild" bzw. "Karte". Es steht für den Beleg, der als Informationsträger für die notwendige Steuerung im Rahmen der Leistungserstellung eingesetzt wird.

Angang der fünfziger Jahre wurde das KANBAN-System unter der Leitung des damaligen Vizepräsidenten der Toyota-Motor-Company *Taiichi Ohno* entwickelt. Zu dieser Zeit wurde die japanische Wirtschaft nicht nur durch die in Japan bestehende Raumknappheit, sondern auch durch Kapitalknappheit zur Reduzierung ihrer Materialbestände gezwungen. In den Folgejahren verbesserte Toyota das System kontinuierlich. Als 1973 die erste Ölkrise auch bei japanischen Firmen Verluste

---

[1] Vgl. Fandel, G. / François, P. (1989), S. 531.

verursachte, während Toyota zur gleichen Zeit noch ansehnliche Gewinne verbuchen konnte, kam es zur Verbreitung des Toyota Production Systems in japanischen und in den Folgejahren auch in amerikanischen und europäischen Unternehmen[1].

Die Grundidee Taiichi Ohnos bestand darin, das **Supermarktprinzip** auf den Produktionsbetrieb zu übertragen. Beim Supermarktprinzip entnimmt ein Kunde aus einem vollen Regal die benötigte Menge eines Artikels. Der Fehlbestand wird bemerkt und wieder aufgefüllt. Erst die Entnahme eines Teils oder die Unterschreitung einer bestimmten kritischen Bestandsgrenze löst die Nachbestellung aus. Bei der Produktions- bzw. Materialflußsteuerung nach KANBAN können die folgenden zwei Varianten unterschieden werden:

- Ein-Karten-System
- Zwei-Karten-System.

Der Unterschied zwischen den beiden Systemen besteht in der verwendeten Kartenart. Während im Ein-Karten-System lediglich Produktionskanbans benutzt werden, finden im Zwei-Karten-System neben den Produktionskanbans auch Transportkanbans Verwendung.

6.2.1 Funktionsweise des Ein-Karten-Systems [2]

Die Übertragung des Supermarktprinzips auf die Fertigung erfordert eine Veränderung der Informationsbeziehungen, die dem Materialstrom entgegengesetzt ausgerichtet sind, und eine entsprechende Anpassung der Produktionsstruktur. Für die Steuerung der Beschaffung werden jeweils zwei in der Ablauffolge benachbarte Produktionseinheiten (z.B. Endmontage und Vormontage) zu einem Regelkreis zusammengefaßt. Die Materialflußsteuerung erfolgt dann, im Gegensatz zur "klassischen Steuerung", dezentral. Der Steuerimpuls wird durch die jeweils nachgelagerte Einheit, in der die Teile verbraucht werden (auch Senke genannt), ausgelöst (**Holprinzip bzw. Pullprinzip**). Die Bereitstellung der Teile durch die Quelle, das ist der Bereich, in dem die benötigten Teile hergestellt werden, erfolgt immer erst, wenn von dem Verbraucher ein Bedarf signalisiert wird. Als Informationsübermittler dienen die KANBAN-Karten; sie stellen für die Quelle einen Produktionsauftrag für die entsprechenden Teile dar. Die produzierten Teile werden

---

[1] Vgl. Fandel, G. / François, P. (1989), S. 531; Eschenbach, R. (1990), S. 244; Suzaki, K. (1989), S. 141.

[2] Vgl. Wildemann, H. (1982), S. 395-396; Zäpfel, G. (1989), S. 229; Wurl, H-J. (1990), S. 27.

in Standardbehälter abgelegt. Einem Behälter mit einer bestimmten Anzahl an Teilen wird jeweils ein KANBAN zugeordnet. Da die einzelnen Produktionsstellen sowohl Quellen und Senken darstellen, ergibt sich ein System vermaschter selbststeuernder Regelkreise. Die einzelnen Produktionsstellen sind dabei durch einen vorwärtslaufenden Material- und einen rückwärtslaufenden Informationsfluß miteinander verbunden. Die erforderlichen Produktionsaktivitäten werden durch den retrograden Informationsfluß aktiviert. Zwischen den Quellen und Senken sind möglichst klein gehaltene Pufferlager einzurichten.

Beispiel:

Wird ein Erzeugnis vom Kunden nachgefragt, so wird ein voller Behälter, der die Fertigteile enthält, aus dem Pufferlager entnommen, und die Fertigteile werden in der Endmontage montiert. Der vorgelagerten Produktionsstufe (Vormontage), die die Fertigteile produziert, wird die Lücke im Pufferlager durch einen KANBAN signalisiert und so die Auftragsfreigabe zur Nachproduktion ausgelöst. Bei der Produktion verbraucht diese Fertigungsstelle wiederum Einsatzmaterialien aus einem vorgelagerten Pufferlager. Diese Lagerabgänge bewirken bei der vorhergehenden Produktionsstufe eine Freigabe, die entnommene Menge nachzuproduzieren usw. (vgl. Abb. 6.4).

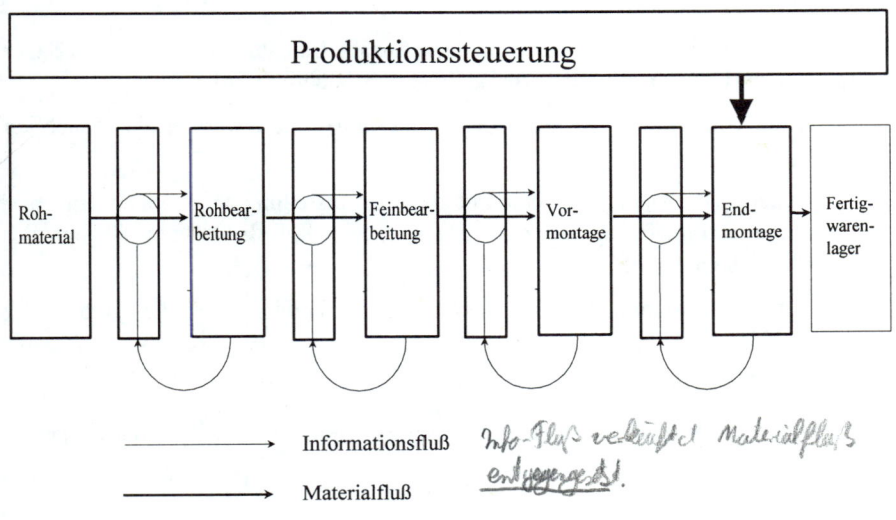

Abb. 6.4: Das KANBAN-Regelkreissystem[1]

---

[1] Wildemann, H. (1988), S. 39; ders. (1988b), S. 36.

Merkmale des KANBAN-Systems sind:[1]

- Es handelt sich um ein dezentrales selbststeuerndes Regelkreissystem, d.h., der Ablauf erfordert keine Vorgabe- und Vollzugsinformationen durch eine zentrale Planungsstelle, da der Material- und der Informationsfluß zwischen den beteiligten Stellen quasi autonom ablaufen können.
- Die Produktion erfolgt als Reaktion auf eine Bedarfsmeldung der jeweils unmittelbar vorausgehenden (liefernden) Fertigungsstufe (Holprinzip).
- Durch einen flexiblen Betriebsmittel- und Personaleinsatz werden Bedarfsschwankungen niviliert.
- Zwischen den Fertigungsstufen befinden sich (möglichst geringe) Pufferlager, die zentral bei der Implementierung des KANBAN-Systems festgelegt werden.
- Zwischen zwei direkt miteinander kommunizierenden Stellen (Produktionseinheiten) werden KANBANs als Informationsträger eingesetzt.

6.2.1.1 KANBAN-Regeln

Um einen reibungslosen Ablauf im KANBAN-System zu gewährleisten, sind die folgenden allgemeinen Ablauf- bzw. Steuerungsregeln einzuhalten:[2]

- Jede Senke (Verbraucher) hat die von ihr zu bearbeitenden Teile vom jeweiligen Pufferlager abzuholen bzw. mittels eines Transportsystems abholen zu lassen (Holpflicht).
- Jede Senke darf nur die Materialmenge (Anzahl Behälter) aus dem Pufferlager entnehmen (bzw. entnehmen lassen), die gerade benötigt wird.
- Es dürfen von einer Senke nie früher Teile angefordert werden als tatsächlich benötigt.
- Jede Quelle (Erzeuger) darf erst mit der Teileerstellung beginnen, wenn eine Entnahme im Pufferlager erfolgt ist bzw. ein KANBAN den Beginn der Produktion signalisiert.
- Jede Quelle darf nur die Teilemenge wieder bereitstellen, die mittels der KANBANs von der Senke angefordert wird.
- Für jeden Behälter existieren mindestens zwei KANBANs.
- Es dürfen nur qualitativ einwandfreie Teile ("Gutteile") in die Behälter gelegt werden.
- Es werden nur die Standardbehälter eingesetzt.

---

[1] Vgl. Zäpfel, G. / Hödlmoser, P. (1992), S. 439; Wildemann, H. (1983), S. 582.

[2] Vgl. auch Glaser, H./Geiger, W./Rohde, V. (1991), S. 259; Soom, E. (1986), S. 447; Fuchs, D. (1989), S. 61; Corsten, H. (1991), S. 431-432.

6.2.1.2 Anzahl der KANBANS [nicht benötigt]

Durch die Festlegung der Anzahl der im Umlauf befindlichen KANBANs (und damit der Behälter) sowie der Behälterfüllmenge werden die Bestandspuffer festgelegt.

Bei der Einführung des Systems ist darauf zu achten, daß ein kontinuierlicher Materialfluß gewährleistet ist und gleichzeitig die Kapitalkosten der Bestände minimiert werden. Wird die Anzahl der KANBANs zu gering gewählt, kann der Produktionsfluß abbrechen, eine zu hohe Anzahl führt zu hohen Pufferlagerbeständen und damit zu erhöhten Lagerkosten. Die Anzahl der KANBANs, die zu Beginn eines Planungszeitraums pro Regelkreis eingesetzt werden, kann mit der folgenden Formel ermittelt werden[1]:

$$Y = \frac{D \cdot t_w \cdot (1+\lambda)}{k}$$

y	=	Anzahl der KANBANs pro Regelkreis
D	=	Teilebedarf (durchschnittlicher) pro Zeiteinheit
t_w	=	Wiederbeschaffungs- bzw. Wiederauffüllzeit
λ	=	Sicherheitsfaktor
k	=	Anzahl Teile je Standardbehälter (Stück)
m	=	Anzahl der Teile je Planperiode (Stück/Planperiode)
t	=	Periodenlänge

$$D = \frac{m}{t}$$

Beispiel :
Bei einem Monatsbedarf von 100 Teilen, einer Wiederbeschaffungszeit von 4 Tagen, einer Periodenlänge von 20 Arbeitstagen (entspricht einer Periode von einem Monat), einem Sicherheitsfaktor von 0,2 (entspricht einer Sicherheitszeit von 4 Tagen = 4/20) und einem Fassungsvermögen der Standardbehälter von 6 Teilen je Behälter werden 4 KANBANs benötigt. Bei vier benötigten KANABANs zirkulieren maximal 24 Teile in diesem Regelkreis.

$$4 = \frac{\frac{100}{20} \cdot 4 \cdot (1+0,2)}{6}$$

Durch die Einbeziehung des Sicherheitsfaktors (λ), der zur Vermeidung von Fehlmengen eingesetzt wird, die infolge kurzfristiger Bedarfsschwankungen und/oder

---

[1] Vgl. auch Koffler, J. (1987), S. 186; Glaser, H./Geiger, W./Rohde, V. (1991), S. 257; Stahlmann, V. (1988), S. 132; Zimmermann, G. (1984), S. 281.

Fertigungsstörungen auftreten könnten, wird ein Sicherheitsbestand (r) aufgebaut, der mit der folgenden Formel berechnet werden kann:

$$D \cdot t_w \cdot l = r$$

Auf obiges Beispiel bezogen ergibt sich ein Sicherheitsbestand in Höhe von:

$$5 \cdot 4 \cdot 0,2 = 4$$

Für die Bestimmung der Höhe des Sicherheitsfaktors gibt es keine Methode. In der Praxis müssen daher Erfahrungswerte eingesetzt werden. In der Anlaufphase ist der Sicherheitsfaktor dabei eher großzügig zu bemessen, dieser kann dann sukzessive nach sich abzeichnender Stabilität des Materialflusses gesenkt werden [1].

Die Formel zur Ermittlung der KANBANs ist nicht neu; sie entspricht im Prinzip der Bestimmungsgleichung für den Meldebestand, wie er in Verbindung mit dem Bestellpunktverfahren ermittelt wird. Dies zeigt sich, wenn die Behältermenge (k) gleich 1 gesetzt wird. Die Größe y entspricht dann der Meldemenge[2].

Es zeigt sich deutlich, daß die Pufferlagerbestände ein unverzichtbarer Bestandteil des KANBAN-Systems sind, von einer "lagerbestandslosen Fertigung" kann daher nicht gesprochen werden.

Die Wiederbeschaffungszeit setzt sich aus verschiedenen Zeitspannen zusammen, hierzu zählen: Rüstzeit, Wartezeit und Anlieferzeit. Die Wiederbeschaffungszeit umfaßt so den gesamten Zeitraum von der Beauftragung (KANBAN-Impuls) bis zur Verfügbarkeit der Teile am Verbrauchsort.

Die Standardmenge eines KANBANs entspricht i.d.R. einer Behälterfüllmenge und wird grundsätzlich nicht geändert, sofern nicht langfristige Programmänderungen Anpassungsmaßnahmen erfordern. Vorteile ergeben sich durch die einfache visuelle Stückzahlenkontrolle, die günstige Raumnutzung und die Reduzierung des Handlungsaufwandes[3].

---

[1] Vgl. Zäpfel, G. (1989), S. 233; Glaser, H./Geiger,W./Rohde,V. (1991), S. 258.

[2] Vgl. Glaser, H./Geiger,W./Rohde,V. (1991), S. 258-259.

[3] Vgl. Wildemann, H. (1988b), S. 37.

6.2.1.3 KANBAN-Karten

Für den Inflormationsfluß zwischen den einzelnen Regelkreisen des KANBAN-Systems werden die KANBANs (Karten bzw. Schilder) eingesetzt. Folgende KANBAN-Arten lassen sich unterscheiden:

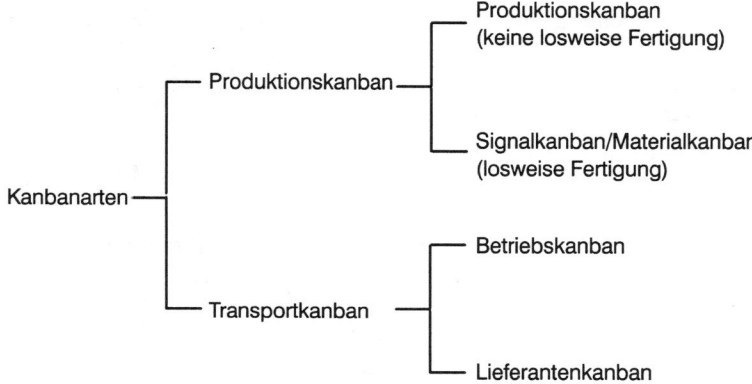

Abb. 6.5: KANBAN-Karten

Produktionskanbans zirkulieren zwischen Quelle und Pufferlager und lösen bei der Quelle die Produktion aus. Ein Produktionskanban stellt für die Quelle einen Produktionsauftrag dar. Auf einem Produktionskanban sind gewöhnlich die folgenden Daten angegeben:

- Identifikationsdaten eines Teiles, wie Teilenummer, Teilebezeichnung und Modelltyp
- Lagerort
- Bezeichnung des Behältertyps für das betreffende Teil
- Standardaufnehmemenge des Behälters
- die zur Produktion des Teils notwendigen Arbeitsgänge
- Abbildung oder Skizze des Teils

25 (Dreherei)	⇨	Lagerplatz Nr. P 25/5	P
Teile Nr.	49-6170-21	Modell-Typ Z 40	
Teile-bezeichnung	Zahnrad	Aussehen	Prozess (Arbeitsgang)
Behälter	Gitterbox		
Behälter-kapazität	50		Drehen

Abb. 6.6: Muster: Produktionskanban

Transportkanbans (Verbrauchskanbans) zirkulieren zwischen Senke und Puffer-lager. Sie dienen dazu, bestimmte Teile aus dem Pufferlager abzuholen. Die auf einem Transportkanban gespeicherten Daten entsprechen im wesentlichen den Daten, die auf dem entsprechenden Produktionskanban gedruckt sind. Anstelle der Bezeichnung der Quelle wird die Bezeichnung der verbrauchenden Senke angegeben (vgl. Abb. 6.7).

Lagerplatz Nr. P 25/5	⟹	26 Schleiferei	T
Teile Nr.	49-6170-21	Modell-Typ Z 40	
Teile- bezeichnung	Zahnrad	Aussehen	Erzeugende Stelle:
Behälter	Gitterbox		Dreherei (25)
Behälter- kapazität	50		

Abb. 6.7: Muster: Transportkanban

Lieferantenkanbans werden eingesetzt, wenn Zulieferer in das KANBAN-System einbezogen werden. Im Rahmen des Fremdbezugs von Teilen übernimmt der Lieferantenkanban die Funktion eines Bestellscheins und dient dazu, eine Material-bereitstellung beim Zulieferer auszulösen. Die Abb. 6.8 zeigt ein Lieferatenkanban mit Barcode. Ein Lieferantenkanban enthält für gewöhnlich die nachstehend aufge-führten Daten:
(1) Name des Lieferanten
(2) Name des Auftraggebers
(3) Lagerort
(4) Teilenummer
(5) Teilebezeichnung
(6) Qualität des Teils

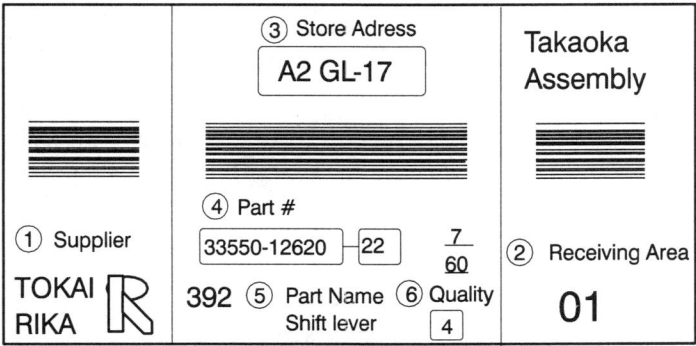

Abb. 6.8: Muster: Lieferantenkanban

Signalkanbans und **Materialkanbans** werden verwendet, wenn mehrere Behälter für ein Los eingesetzt werden und die Materialbeschaffung ab einem gewissen Meldebestand erfolgen soll.

Die Behälter werden sukzessive vom Stapel abgetragen. Wird der Behälter mit dem Signalkanban (Hinweiskanban) erreicht, wird die Neufertigung oder Bestellung eines Loses in der vorgelagerten Stufe ausgelöst. Die Stückzahl der Teile unterhalb des Signalkanbans (Sicherheitsbestand) muß für die Wiederbeschaffungszeit ausreichen. Die zusätzlich einzusetzenden Materialkanbans entsprechen den bereits beschriebenen Transportkanbans und dienen dazu, die Teile von dem vorgelagerten Pufferlager abzuholen.

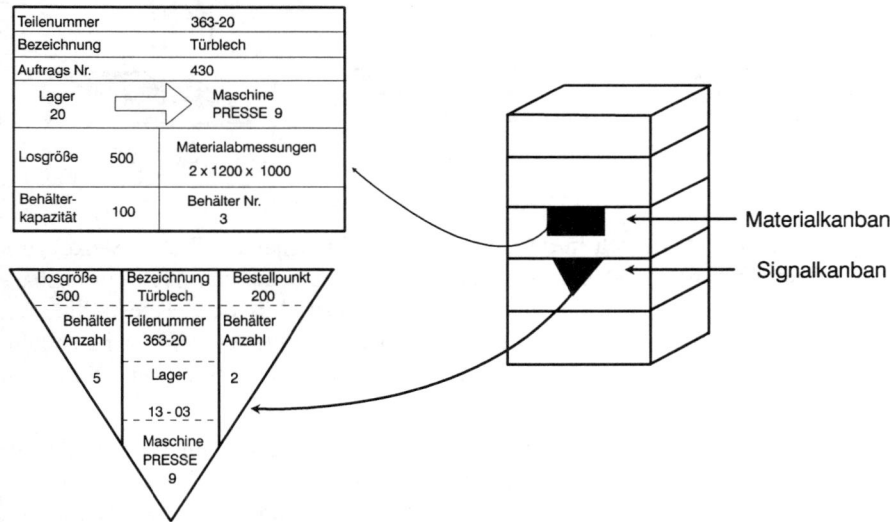

Abb. 6.9: Muster: Signal- und Materialkanban

x **6.2.2 Funktionsweise des Zwei-Karten-Systems** *wichtig!*

Die Steuerung des Materialflusses bei Verwendung des Zwei-Karten-Systems durch zwei Fertigungsstufen unter Berücksichtigung zwischengeschalteter Pufferlager erfolgt unter Verwendung von Produktionskanbans und Transportkanbans. Das System erweist sich insbesondere in Verbindung mit einem (organisatorisch) gesonderten Transportsystem als zweckmäßig und notwendig. Ausgehend von dem aktuellen Bedarf einer Senke nach einem bestimmten Teil kann der Ablauf im Zwei-Karten-System innerhalb eines Regelkreises wie folgt stattfinden:[1]

---

[1] Vgl. zum Ablauf auch Glaser, H./Geiger,W. / Rohde, V. (1991), S. 262-264; Schweitzer, M. (1990), S, 674 - 675.

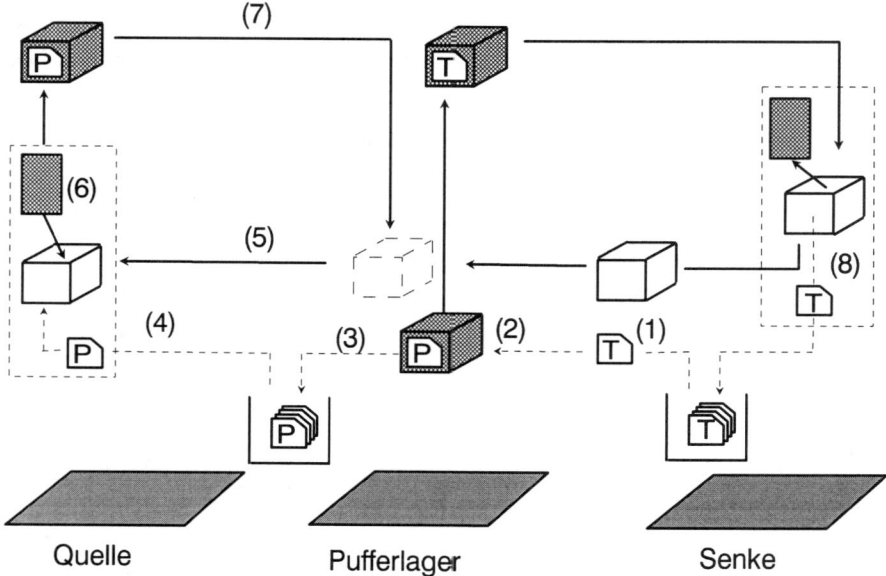

Abb. 6.10: Ablauf im Zwei-Karten-System

(1) Ausgangspunkt ist auch in diesem Fall die verbrauchenden Stelle (Senke). Ein für den Transport zuständiger Mitarbeiter entnimmt aus der Transportkanban-Sammelbox den entsprechenden Transportkanban. Mit dem Transportkanban und dem leeren Behälter, der für die Teileart verwendet wird, geht er zum Pufferlager. Den leeren Behälter stellt er an die dafür vorgesehene Stelle im Pufferlager ab.

(2) Von dem auf dem mitgeführten Transportkanban angegebenen Platz im Puffer-lager entnimmt der Mitarbeiter den vollen Behälter. Am vollen Behälter befindt sich der Produktionskanban. Dieser wird vom Mitarbeiter gegen den mitge-brachten Transportkanban ausgetauscht. Beim Austausch der KANBANs muß der Mitarbeiter auf die Übereinstimmung der Daten auf den korrespondierenden KANBANs achten. Der Transportkanban wird dann am vollen Behälter befestigt.

(3) Der vom vollen Behälter entfernte Produktionskanban wird in eine dafür vorge-sehene Produktionskanban-Sammelbox ablegt.

(4) Ein Mitarbeiter der Quelle nimmt in kurzen Zeitabständen die Produktions-kanbans aus der Produktionskanban-Sammelbox. Die Produktionskanbans stellen für die Quelle Fertigungsaufträge dar.

(5) Die leeren Behälter werden aus dem Pufferlager geholt und für die Teileauf-nahme bereitgestellt.

(6) Die mit den Produktionskanbans angeforderten Mengen werden dann von der Quelle hergestellt. Die produzierten Teile werden in den für die Teileart vorge-

schriebenen leeren Behälter gelegt. Gleichzeitig wird der aufgefüllte Behälter mit dem entsprechenden Produktionskanban versehen.

(7) Der volle Behälter wird in das Pufferlager transportiert, so daß die Teile wieder für die Senke zur Abholung bereitstehen.

(8) Der Behälter, der im Schritt (2) vom Mitarbeiter der Senke geholt wurde, ist inzwischen bei der Senke angekommen. Bei der Entnahme der Teile aus dem vollen Behälter wird der Transportkanban vom Behälter entfernt und in die Transportkanban-Sammelbox gelegt. Entsteht in der Senke ein neuer Bedarf, so wird wieder der Schritt (1) ausgeführt.

6.2.3 Einsatzvoraussetzungen des KANBAN-Systems sind:[1]

• Harmonisierung und Stabilisierung des Produktionsprogramms
• Materialflußorientierte Werkstattorganisation
• Qualitätssicherung
• Ausbildung und Motivation der Mitarbeiter

6.2.3.1 Harmonisierung und Stabilisierung des Produktionsprogramms

Ein stetiger Teileverbrauch minimiert die Fluktuationen in der Fertigung und führt zu einem stabilen Produktionsgeschehen. Durch die Einführung von Teilestandardisierungsmaßnahmen, Teilefamilienbildung und durch Änderungen in der Absatzpolitik soll ein stetiger Teileverbrauch und damit auch eine stetige Fertigung erreicht werden.

Das Ziel der Verstetigung der Teileproduktion führte in Japan zu der Entwicklung eines besonderen Ansatzes zur Losgrößenberechnung. Es wird nicht, wie bei allen klassischen Losgrößenformeln, eine optimale Lösung aus der Optimierung Rüstkosten / Lagerhaltungskosten bestimmt, sondern es wird der Periodenbedarf (z.B. Monat) durch die Anzahl der Arbeitstage dividiert. Die so ermittelte Mindestlosgröße (Produktionsmenge pro Tag) ist häufig aufgrund der Rüstkosten nicht wirtschaftlich zu fertigen, so daß die Losgrößenermittlung durch eine Kostenvergleichsrechnung zu erweitern ist. Die Rüst- und Lagerhaltungskosten werden verglichen, und es wird die Losgröße für zwei, drei usw. Produktionstage ermittelt. Die Losgröße mit den geringsten Gesamtkosten wird dann ausgewählt. Wie die Erfahrungen mit dieser Losgrößenrechnung (ohne Veränderung der Rüstkonzepte) zeigen, ist es sinnvoll,

---

[1] Vgl. auch Wildemann, H. (1984c), S. 77-80; ders. (1983), S. 583-584; Zäpfel, G. (1989), S. 234-235; Soom, E. (1986), S. 363-364; Lakes, R. (1990), S. 24-25.

zusätzlich Obergrenzen für die Losgrößenreichweite anzugeben (eine Woche, ein Monat).

Um bei Verbrauchsschwankungen ebenfalls eine gleichmäßige Produktion zu gewährleisten, werden nicht mehr die Losgrößen gerändert, sondern es erfolgt eine Anpassung durch die Änderung der Losauflagenfrequenz.

Um möglichst kleine Lose (Tageslose) zur realisieren, haben vor allem japanische Unternehmen versucht, neue Umrüstkonzepte zu entwickeln, die auf eine Verkürzung der Umrüstzeiten und -kosten abzielen.

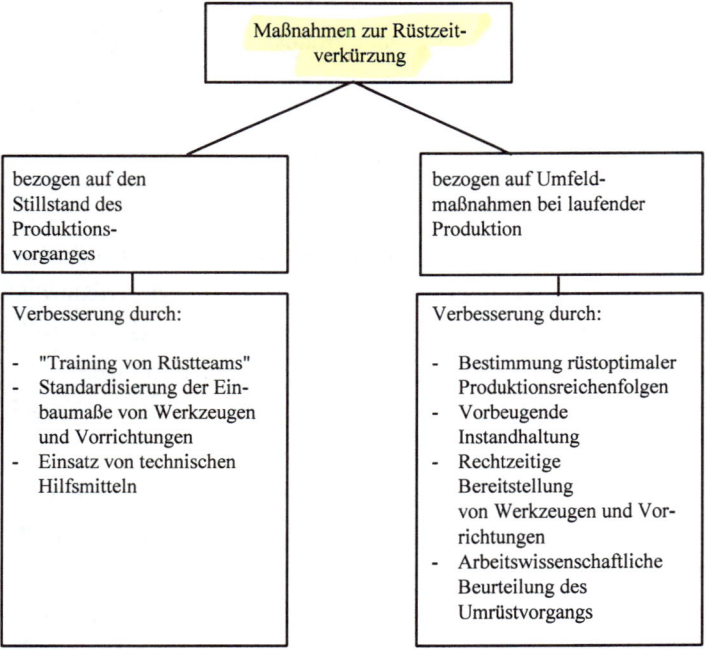

Abb 6.11: Maßnahmen zur Rüstzeitverkürzung[1]

Verringerte Umrüstkosten ermöglichen die Realisierung kleiner Losgrößen, dies wirkt sich dann wiederum positiv auf die Bestände und Durchlaufzeiten aus.

---

[1] Zäpfel, G. (1989), S. 234 u. Wildemann, H. (1984), S. 42.

6.2.3.2 Materialflußorientierte Werkstattorganisation

Eine weitere wichtige Voraussetzung für den Einsatz des KANBAN-Systems ist eine ablauforientierte Betriebsmittelgestaltung und -anordnung. Um diese Ablauforientierung zu erreichen, ist eine dem Fließprinzip angenäherte Layoutplanung und die Harmonisierung der einzelnen Kapazitätseinheiten erforderlich.

Zur Verwirklichung des Flußprinzips ist eine Angleichung der Arbeitsrhythmen der produzierenden Stellen notwendig. Damit beschränkt sich die Funktion der Pufferläger auf den Ausgleich von Störungen. Die bisher dominierende Lagerfunktion - Ausgleich unterschiedlicher Arbeitsgeschwindigkeiten und Arbeitstakte - verliert so an Bedeutung.

6.2.3.3 Qualitätssicherung

Da keine Reserveteile eingeplant sind, spielt die Qualitätssicherung eine erhebliche Rolle. Die Weitergabe von fehlerhaften Teilen muß daher vermieden werden. Zur Qualitätssicherung können die folgenden beiden Strategien verfolgt werden:[1]

(1) Automatisierte Qualitätssicherung (bzw. automatische Prozeßüberwachung). Die Überprüfung bzw. Messung der Qualität erfolgt mittels automatischer Meß- und Prüftechniken. Die für diese Aufgaben eingesetzten Prozeßrechner sichern eine gleichbleibende Wiederholqualität.

(2) Qualitätssicherung durch Selbstkontrolle. Die Mitarbeiter werden durch eine aktive Selbstkontrolle in den Qualitätssicherungsprozeß einbezogen. Eine hohe Motivation ist zwingende Voraussetzung dafür, daß jeder Mitarbeiter die eigenen Arbeiten und Aufgaben kontrolliert. Jedem Mitarbeiter muß daher die Wirkung einer Weitergabe von Ausschußmaterial vor Augen geführt werden. Wann jedes Teil nach einem Bearbeitungsvorgang von dem entsprechenden Mitarbeiter auf seine Qualität geprüft wird, werden Produktionsfehler schnell erkannt, und die negativen Auswirkungen auf den Materialfluß lassen sich begrenzen.

6.2.3.4 Ausbildung und Motivation der Mitarbeiter

An die Mitarbeiter stellt das KANBAN-System hohe Anforderungen bezüglich der Einsatzflexibilität und Motivation. Durch entsprechende Schulungsmaßnahmen muß sichergestellt werden, daß jeder Mitarbeiter der Quelle eines Regelkreises sämtliche dort zu verrichtende Arbeitsgänge beherrscht und die maschinellen Aggregate

---

[1] Vgl. Wildemann, H. (1984c), S. 79.

bedienen kann. Dies ermöglicht eine wechselseitige Hilfestellung bei der Teileerstellung (job rotation). Die universelle Einsetzbarkeit der Mitarbeiter ermöglicht die kurzfristige Kompensation von arbeitskraftbedingten Ausfallzeiten und damit die Ausschaltung von Störungen des angestrebten kontinuierlichen Materialflusses.[1]

Die Bereitschaft der Mitarbeiter zur Übernahme der Qualitätssicherung durch Selbstkontrolle kann durch die Einbindung der Mitarbeiter in Quality-Circles und die Schaffung differenzierter Prämienlohnsysteme gefördert werden. Prämienlöhne können z.B. gezahlt werden, wenn es den Mitarbeitern gelingt, Stillstandzeiten zu vermeiden und eine hohe Qualität der Teile bei wenig Ausschuß zu produzieren. Vom Einsatz akkordbezogener Entlohnungssysteme sollte abgesehen werden, da sie sich als ungeeignet erwiesen haben, die Motivation und das Qualitätsbewußtseins der Mitarbeiter zu steigern.

6.2.4 Vor- und Nachteile des KANBAN-Systems

Mit dem KANBAN-System sind folgende Vor- und Nachteile verbunden:[2]

Vorteile

- Die Materialbestände im Produktionsbereich (Werkstattbestände) sind bei gleichzeitig hoher Termineinhaltung und Lieferbereitschaft gering.

- Reduzierung der Durchlaufzeiten der Fertigungsaufträge aufgrund kleiner Losgrößen.

- Erhöhte Transparenz des Materialflusses durch die geringeren Bestände und die kürzeren Durchlaufzeiten.

- Durch die weitgehende Selbststeuerung des Systems ist der Steuerungsaufwand gering. Im Bereich der Datenverarbeitung und speziell im Bereich der Betriebsdatenerfassung (BDE) sind daher geringere Aufwendungen nötig.

- Die geringen Bestände führen dazu, daß operative Probleme im Fertigungsbereich besser erkannt werden können.

- Die gestiegene Verantwortung der Mitarbeiter wirkt sich motivationsfördernd aus und führt zu einer erhöhten Arbeitsproduktivität.

Nachteile

- Treten bei einer Produktionsstelle, einem Arbeitsplatz oder einem Betriebsmittel Störungen auf, wirken sich diese wegen der geringen Pufferbestände sehr schnell

---

[1] Vgl. Glaser, H./Geiger,W./Rohde,V. (1991), S. 266-267.

[2] Vgl. Fandel, G. / François, P. (1989), S. 541-542.

auf weitere Produktionsstellen oder den gesamten Produktionsbereich aus, so daß Produktionsverzögerungen und Produktionsstillstände auftreten können.

- Treten starke Schwankungen der Produktionsmenge auf, ist das System ungeeignet, da eine Erhöhung der Menge nicht durch erhöhte Losgrößen, sondern nur durch eine Erhöhung der Auflagehäufigkeit und damit durch Überstunden erreicht werden kann.

- Probleme ergeben sich auch bei kundenspezifischen Sonderanfertigungen mit vergleichsweise kurzen Lieferzeiten. Auch wenn es sich nur um geringfügige Änderungen handelt, können sie kaum realisiert werden, da für einen längeren Zeitraum ein Produktionsplan mit gleichem täglichem Ablauf vorliegen muß.

6.2.5 Wirtschaftlichkeitsbetrachtung

Soll eine Wirtschaftlichkeitsbetrachtung erfolgen, müssen die folgenden Kosten beachtet werden, die sich durch die Implementierung des Systems ergeben:[1]

- Schulungsmaßnahmen
- Konstruktion der Regelkreise
- Betriebsmittelanordnung und Harmonisierung der Kapazitäten
- Kosten zur Ermittlung der für KANBAN geeigneten Teilbereiche der Produktion
- Beschaffung von geeigneten Behältern
- Veränderung der Lohnformen
- Auswahl der Kanbanarten, Bestimmung der Anzahl der KANBANs
- Planung der Transportwege und der Freiflächen für die Pufferläger
- häufigere Instandhaltungsmaßnahmen zur Vorbeugung von Betriebsmittelausfällen
- , zusätzliche Investitionen auf dem Gebiet der Qualitätssicherung und der Reduzierung der Rüstzeiten

Wildemann[2] berichtet, daß die Realisation der **JiT-Produktion** in der Praxis eine Reduzierung der Durchlaufzeiten von 60-90%, eine Halbierung der Bestände im Umlaufvermögen, eine Reduzierung der Lager- und Transportkosten bis zu 20%, eine Steigerung der Qualität und der quantitativen Flexibilität sowie der Produktivität von mehr als 25% gegenüber der Ausgangslage ermöglicht. Die Reduzierung der Gesamtkosten gegenüber der konventionellen Fertigung von 8 bis 12% lassen sich

---

[1] Vgl. auch Fandel, G. / François, P. (1989), S. 541-542; Wildemann, H. (1984c), S. 84-86; ders. (1987), S. 58.

[2] Vgl. Wildemann, H. (1990), S. 313.

daraus ableiten. Die Angaben beruhen auf einer empirischen Analyse der JiT-Produktion und -Zulieferung in 172 europäischen Unternehmen.

6.2.6 Anwendungsbereiche und Implementierung des KANBAN-Systems

Zur Auswahl der Teile für die JiT-Produktion sollte eine ABC-Analyse in Verbindung mit einer XYZ-Analyse durchgeführt werden, da die A- und B-Teile zu höheren Kapitalbindungskosten als C-Teile führen.

Der Einsatz der JiT-Produktion und damit auch des KANBAN-Systems ist vom Produktionsverfahren abhängig. Bei kontinuierlichen Verfahren, wie z.b. in der Roheisengewinnung, der Draht- oder der Papierproduktion, kann JiT nicht eingesetzt werden, da in ununterbrochener Folge Ausbringungseinheiten hervorgebracht werden.

Bei diskontinuierlichen Verfahren mit **geschlossener Produktion** (Chargenproduktion) ist die JiT-Produktion selten geeignet, da die Chargengrößen in den meisten Fällen sowohl aus technischen als auch aus wirtschaftlichen Gründen große Lose erfordern.[1] Man denke z.b. an Brennöfen in der Porzellanindustrie, Hochofenprozesse zur Roheisengewinnung, Kaffeerösterei.

Die JiT-Produktion setzt voraus, daß relativ kleine Losgrößen und kurze Rüstzeiten realisiert werden können. Außerdem müssen ständig wiederkehrende Fertigungsabläufe vorliegen, die keinen Schwankungen unterworfen sein dürfen[2]

6.3 Just-in-Time -Beschaffung

Bei der JiT-Beschaffung geht es um den Materialfluß zwischen dem Unternehmen und dessen Zulieferern. Anstelle des Begriffs JiT-Beschaffung wird auch von produktions- bzw. einsatzsynchroner Beschaffung oder Lieferabrufsystem gesprochen. Gegenüber herkömmlichen Beschaffungsstrategien weist die JiT-Beschaffung die folgenden Änderungen auf:

---

[1] Vgl. Fandel, G. / François, P. (1989), S. 537.
[2] Vgl. Lempa, S. (1990), S. 33.

Einkaufs- /Beschaffungsstrategien	
herkömmlich	**JiT-Erfordernis/Unterstützung**
Einzel-/Jahreskontakt	langfristige Kontakte
späte Lieferantenfestlegung	frühe Lieferantenauswahl
viele Lieferanten je Teil	Teilefamilienlieferaten
ungleiche Quoten	annähernd gleiche Quoten
Wareneingangsprüfung	FMEA (Failure Mode Effects Analysis)
Einzelbeurteilungskriterien	komplexe Lieferantenbeurteilung
viele Entscheidungsstufen	direkte Beschaffungs-/Dispostufen
Papierkommunikation	direkte Kommunikation
Einzelbetrachtung der Stufe	Einwirkung auf Vorstufen

Abb. 6.12: Vergleich von Beschaffungsstrategien[1]

6.4 Ziele und Voraussetzungen der Jit-Beschaffung

6.4.1 Ziele der JiT-Beschaffung

Die JiT-Beschaffung verfolgt im wesentlichen die folgenden Ziele:[2]

- Verbesserung des Servicegrades
- Senkung der Logistikkosten
- Verringerung der Materialbestände und damit der Kapitalbindungskosten des Materials
- Verringerung des Lagerraumbedarfs und der Lagerkosten
- Erhöhung der Arbeitsproduktivität
- Erhöhung der Transparenz der Abläufe
- Erhöhung der Flexibilität bezüglich der kurzfristigen Lieferbereitschaft
- Realisierung einer Wertschöpfungspartnerschaft.

Voraussetzungen beim Abnehmer

Um einen reibungslosen Produktionsablauf zu gewährleisten, müssen sowohl Abnehmer als auch Zulieferer verschiedene Voraussetzungen erfüllen. Folgende Voraussetzungen müssen beim Abnehmer gegeben sein:

- Es müssen Module zur computergestützten Bestellschreibung vorhanden sein, die dabei helfen, die Bestellvorgänge hinreichend zu standardisieren, um die bestellfixen Kosten zu senken
- Möglichst nur einen oder zwei Zulieferer pro Teil
- Eignung der Teile- und Teilefamilien für die JiT-Beschaffung

---

[1] Vgl. Schmidt, K.-J. (1990), S. 6.
[2] Vgl. Lachmann, E. (1993), S. 583; Zibell, R. (1990), S. 2; Fandel, G./Francois, P. (1989), S. 531.

- Es muß die Möglichkeit der Anlieferung der Materialien am Verbrauchsort gegeben sein, um Behinderungen des innerbetrieblichen Transports und im Bereich der Warenannahme Warteschlangen zu vermeiden

- Vertragliche Regelungen der JiT-Beziehung müssen vorliegen

- Wirtschaftlichkeit. Ob für ein Teil oder eine Teilefamilie die JiT-Beschaffung durchgeführt werden soll, ist auf der Basis einer Kosten-Nutzen-Untersuchung zu entscheiden.

6.4.2 Voraussetzungen beim Zulieferer

Für den Zulieferer gelten im wesentlichen folgende Voraussetzungen: [1]

- Die Bereitschaft zur JiT-Lieferung muß gegeben sein

- Gewährleistung der Liefertreue gegenüber dem Abnehmer

- Die Belieferungsmöglichkeiten müssen den Anforderungen des Abnehmers entsprechen

- JiT-Informationssysteme, die die schnelle Übermittlung von Datenänderungen sicherstellen, damit der Zulieferer auch auf kurzfristige Bestandsänderungen schnell und zuverlässig reagieren kann EDI-Systeme

- Die rechtzeitige Anlieferung des Materials muß gewährleistet sein

- Eine möglichst geringe Entfernung zum Abnehmer ist vorteilhaft

- Hohe Qualität der zu liefernden Materialien, die auch über einen längeren Zeitraum noch gesichert sein muß

- Die Durchführung der Qualitätskontrollen erfolgt in den Zulieferwerken.

Fieten kommt bei einer Befragung von 50 Kfz-Zulieferern nach den spezifischen Anforderungen, die in Zukunft an die Zulieferer gestellt werden, zu folgendem Ergebnis: (Aus der Sicht der Zulieferer trifft es voll zu, daß folgende spezifische Anforderugen auf sie zukommen:)[2]

- Mehr Qualitätsverantwortung (100%)

- Akzeptanz perfektionierter Lieferantenbeurteilungssysteme (100%)

---

[1] Vgl. Fandel, G./Francois, P. (1989), S. 537 - 540; Hessenberger, M. (1991), S. 122.

[2] Vgl. Fieten, R. (1991), S. 32 und S. 55-56.

- Mehr Innovation (84%)
- Verkürzte Entwicklungszeiten (80%)
- Verlagerung der Bevorratung zum Zulieferer (70%)
- Informationstechnische Verknüpfung (DFÜ) (70%)
- Kürzere Lieferzeiten /JiT-Anlieferung (66%)

Die Prozentangaben geben den Anteil der Zulieferer an, die meinten, daß die genannte Anforderung voll zutrifft.

6.5 Kriterien für die Auswahl von JiT-Teilen

- Wertigkeit des Teiles: Durch den Einsatz der ABC-Analyse kann eine erste Selektion von JiT-Teilen erfolgen. Mit nur wenigen Teilepositionen lassen sich hohe Bestandskostenreduzierungen verwirklichen.
- Die Vorhersagegenauigkeit: Je präziser der Verbrauch eines Teiles nach Art und Menge im voraus bestimmt werden kann, desto eher eignet sich das Teil für die JiT-Beschaffung. Die Klassifizierung der Teile erfolgt über die XYZ-Analyse.
- Volumen und/oder Gewicht: Teile mit hohem Volumen benötigen große Lager -, Abstell- und Produktionsflächen, außerdem entstehen erhöhte Handling-Kosten.
- Einfluß auf die Produktion: Der Einfluß der Teile auf die Produktion sollte im Hinblick auf die Folgewirkungen einer verspäteten Lieferung oder einem Lieferausfall betrachtet werden. Produktionskritische Teile (unabdingbare Teile) sind für die JiT-Einbindung weniger geeignet. Teile, die nachrüstbar oder substituierbar sind, eignen sich dagegen eher für eine JiT-Beschaffung.
- Qualität der Teile: Teile, die große Qualitätsschwankungen aufweisen, führen zu Unsicherheit bei der Beurteilung der Versorgungssicherheit. JiT erfordert Teile mit gleichbleibend hoher Qualität.
- Handlings- und Transporteinfluß: Die Realisierung der JiT-Beschaffung führt zu nachhaltigen Änderungen der Materialflussysteme.
- Transportbesonderheiten: Teile, die einen bosonderen Teileschutz erfordern oder besondere Transportanforderungen (mechanischer, chemischer, klimatischer Teileschutz) stellen, eignen sich i.d.R. weniger für die JiT-Beschaffung als solche, die eine Variabilität des Transport- und Verpackungssystems zulassen.

6.6 Varianten der JiT-Beschaffung

In der Praxis werden mit dem Begriff JiT-Beschaffung sehr unterschiedliche Vorstellungen verbunden. Während in manchen Unternehmen bereits bei mehrmaliger

Lieferung pro Woche von JiT-Beschaffung gesprochen wird, verbinden andere Unternehmen JiT-Beschaffung mit der Vorstellung, daß Module im Stundenrythmus, wenigstens aber mehrmals täglich und ohne Kontrolle direkt an das Fließband geliefert werden. Hinsichtlich der JiT-Beschaffung kann man drei Grundformen unterscheiden, die im folgenden näher erläutert werden sollen. Es handelt sich um

- die sequenzgenaue JiT-Belieferung (Band-zu-Band-Belieferung)
- die Anlieferung über ein externes Lager
- die Belieferung über einen Gebietsspediteur.

6.6.1 Die sequenzgenaue JiT-Belieferung

Bei der sequenzgenauen JiT-Belieferung bzw. Band-zu-Band-Belieferung erfolgt eine Synchronisierung der Montagesequenz des beschaffenden Unternehmens und des Zulieferers ohne nennenswerte zeitliche Puffer zwischen Anlieferung und Einbauzeitpunkt. Beispiele für dieses JiT-Beschaffungskonzept findet man in der Automobilindustrie, z.B. a) Sitzefertigung (Daimler Benz AG in Bremen, BMW in Regensburg, AUDI Ingolstadt, Opel Rüsselsheim), b) Fertigung von Stoßfängern (VW-Werk Emden), c) Fertigung von Kraftstoffbehältern (VW-Werk Emden, AUDI Ingolstadt), d) Fertigung von Schiebedächern (BMW Regensburg).[1]

Der Ablauf in der Automobilindustrie ist folgender: Der Lieferant erhält nach einem zeitlich abgestuften Verfahren über die verschiedenen Materialdispositionssysteme des Automobilbauers die benötigten Fahrzeuginformationen, um eigene Vormaterialien zu disponieren und Vorprodukte und Halbfertigteile herzustellen. Der eigentliche JiT-Teileabruf erfolgt allerdings erst, wenn eine lackierte Karosse beim Automobilhersteller auf das Montageband aufgesetzt wird, d.h. die Montagereihenfolge damit unveränderbar festgelegt ist. Der rechnergestützte JiT-Teileabruf erfolgt per On-line-Datenverbindung. Dem Lieferanten verbleibt dann eine genau festgelegte Zeitspanne, um das benötigte Teil zu montieren, für den Versand bereitzustellen und im Werk des Automobilherstellers anzuliefern.[2]
Die sequenzgenaue JiT-Belieferung erfordert sowohl beim Lieferanten als auch beim Automobilhersteller einen hohen Investitions-, Dispositions- und Steuerungsaufwand. Der Lieferant stimmt seine Produktionskapazitäten auf die des Abnehmers

---

[1] Vgl. auch Nagel, B. (1990), S. 18.
[2] Vgl. Nagel, B. (1990), S. 18.

ab und ist so mit in dessen Produktionsprozeß eingebunden. Durch die enge JiT-Lieferbeziehung wird der Wettbewerb unter den Zulieferern ausgeschaltet.

Die taktgenaue Anlieferung im Stundenrhythmus beschränkt dieses Konzept auf solche Zulieferunternehmen, die sich in der Nähe des Abnehmers angesiedelt haben. Die Entfernung zwischen Lieferant und Abnehmer sollte nicht mehr als 50 km betragen. In der Automobilindustrie wird nach diesem Konzept überwiegend bei teuren Teilefamilien verfahren, die in vielen Ausführungen, Farben und Kombinationen auftreten.

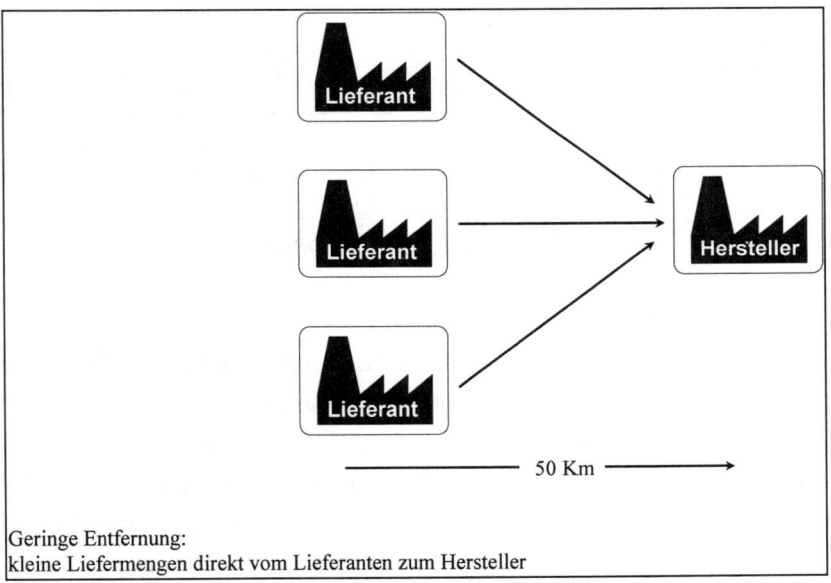

Abb. 6.13: Sequenzgenaue JiT-Belieferung[1]

6.6.2 Die Anlieferung über ein externes Lager

Ist die Entfernung zwischen dem Lieferanten und dem Abnehmer zu groß, eine direkte Anlieferung also nicht mehr möglich, kann die Belieferung über ein JiT-Lager erfolgen. In diesem Falle wird vom Lieferanten oder mehreren Lieferanten in unmittelbarer Werksnähe des Abnehmers ein Pufferlager eingerichtet, in dem die Teile zwischengelagert werden. Im Lager wird das Material vom Lieferanten oder einem beauftragten Dienstleister (Spediteur) kommissioniert und bedarfsgerecht, z.T. wiederum sequenzgerecht, an das Montageband des Abnehmers befördert.

---

[1] Zibell, R. (1990) S. 146.

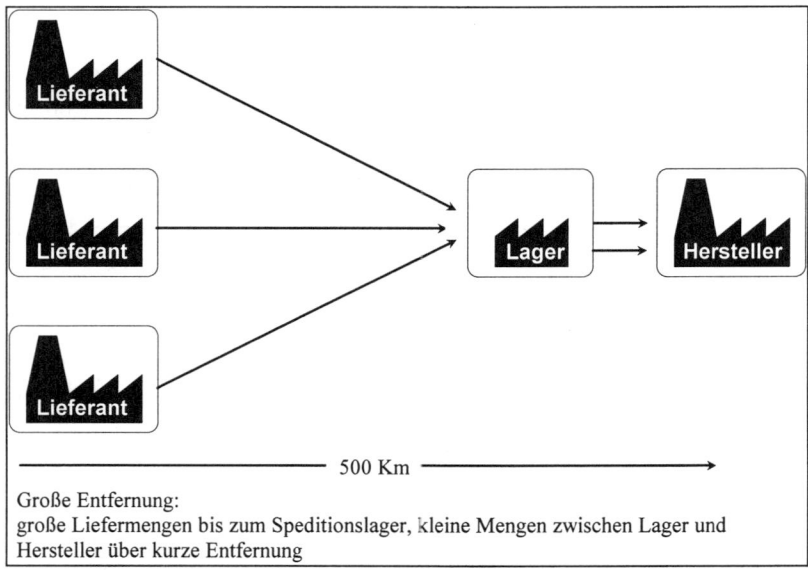

Große Entfernung:
große Liefermengen bis zum Speditionslager, kleine Mengen zwischen Lager und
Hersteller über kurze Entfernung

Abb. 6.14: Einschaltung eines Zwischenlagers[1]

6.6.3 Die Belieferung über einen Gebietsspediteur

Werden vom Abnehmer oder mehreren Abnehmern immer nur geringe Liefermengen
benötigt und liegen große Entfernungen zwischen den Lieferanten und Abnehmern,
so empfiehlt sich die Einschaltung von Spediteuren, um die Transportkosten zu
minimieren. Zunächst werden von einem Versandspediteur die Einzelsendungen
eingesammelt und als Sammelladung zum Empfangsspediteur in unmittelbarer Nähe
der Abnehmer transportiert. Dieser Spediteur übernimmt dann die Verteilung der
Teile zu den Abnehmern. Der Einsatz dieses Verfahrens erfordert in den meisten
Fällen die Einrichtung von Pufferlägern. Der Abnehmer wälzt damit nicht nur das
Risiko, sondern auch die Kosten der Lagerhaltung auf die Lieferanten ab.[2]

---

[1] Zibell, R. M. (1990), S. 146.

[2] Vgl. Jeger, A. (1993), S. 36; Zibell, R. (1990), S. 143 - 146.

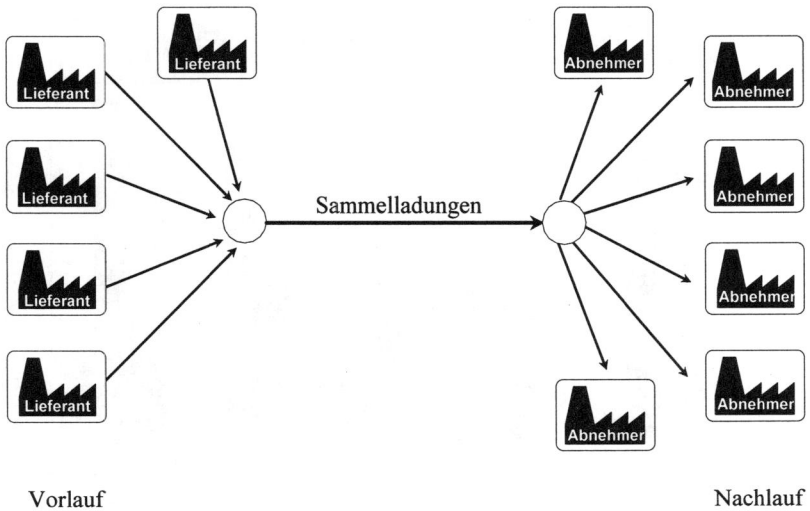

Vorlauf   Nachlauf

Abb. 6.15: Einschaltung von Spediteuren

6.6.4 Kritik an der JiT-Beschaffung

Obwohl die JiT-Beschaffung den einzelbetrieblichen Materialfluß verbessern kann und Materialkosteneinsparungen ermöglicht, darf nicht übersehen werden, daß kleine Zulieferer, die großen Abnehmern gegenüberstehen, zu erhöhten Bestandsvorräten gezwungen werden.

Angesichts des zunehmenden LKW-Verkehrs (Abb. 6.16) und den damit zusammenhängenden gesamtwirtschaftlichen Belastungen (Luftverschmutzung, Lärm, Unfälle, Verkehrsstaus) wird zunehmend Kritik an der JiT-Beschaffung geübt.[1]

---

[1] Vgl. z.B. die Ausführungen bei Lachmann, E. (1993), S. 583-585; Jeger, A. (1993), S. 35-39; Bichler, K (1992b), S. 34-38; Binnenbruck, H. (1992), S. 11-17.

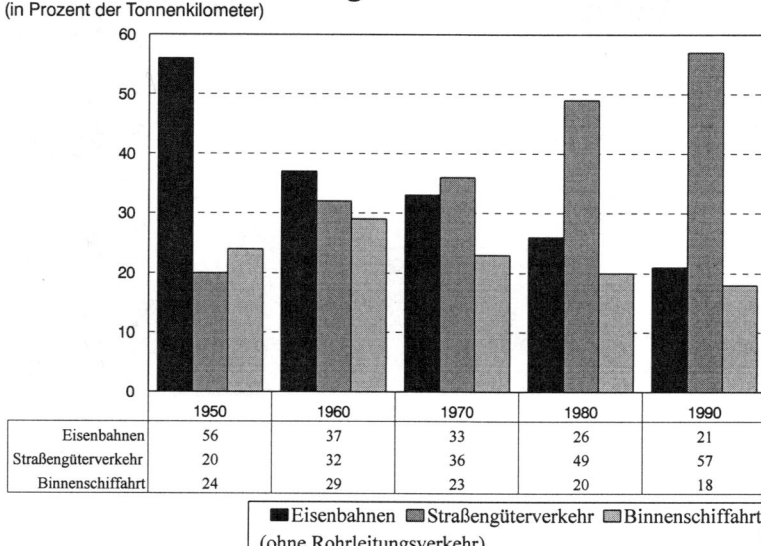

Anteile der Verkehrsträger im Güterverkehr
(in Prozent der Tonnenkilometer)

	1950	1960	1970	1980	1990
Eisenbahnen	56	37	33	26	21
Straßengüterverkehr	20	32	36	49	57
Binnenschiffahrt	24	29	23	20	18

■ Eisenbahnen ▨ Straßengüterverkehr ▧ Binnenschiffahrt
(ohne Rohrleitungsverkehr)

Abb 6.16: Anteil der Verkehrsträger im Güterverkehr[1]

In Deutschland werden jährlich etwa 3,5 Mrd. Tonnen transportiert. Für 1995 erwarten die Experten ein Verkehrsaufkommen, das dasjenige von 1990 um 40% übersteigt.[2]

Angesichts des gefürchteten Verkehrsinfarktes wird vorwiegend eine Verlagerung auf die Schiene und eine bessere Ausnutzung der LKW-Kapazitäten gefordert, denn beispielsweise die häufigeren Bestellvorgänge führen dazu, daß die Kapazitäten nicht ausgenutzt werden. Das kann teilweise dadurch vermieden werden, daß für die Lieferungen Güterverkehrszentren und Gebietsspediteure eingesetzt werden.

Zur Einbindung der Bundesbahn bietet sich der **Huckepackverkehr** an. Dabei werden die Güter zunächst per LKW vom Lieferanten zum Bahnhof gebracht, anschließend auf Waggons umgeladen und zum Zielbahnhof transportiert, umgeladen und wiederum von einem LKW zum Kunden befördert.[3] Auch andere Formen sind möglich:[4]

- Transport kompletter LKWs auf speziellen Niederflurwagen

---

[1] Vgl. Bundesministerium für Verkehr (Hrsg.)(1991).

[2] Vgl. Lachmann, E. (1993), S. 584.

[3] Vgl. Reese, J. (1993), S. 151-152.

[4] Vgl. Jünemann, R. (1989), S. 332-333.

- Transport von speziellen LKW-Wechselaufbauten (Containern) durch die Bundesbahn. Der komlette Wechselaufbau wird vom LKW auf den Bahnwaggon übertragen,
- Transport von Sattelaufliegern, die rückwärts auf sog. Wippenwagen aufgefahren werden.

Fragen und Aufgaben zur Wiederholung (S.316 - 347)

---

1. *Was unterscheidet das MRP-Konzept vom MRP II-Konzept?*

2. *Was versteht man unter einem: "Produktionsplanung und -steuerungs-system"?*

3. *Nennen Sie die wichtigsten Ziele des Produktionsplanung und -steuerungs-systems!.*

4. *Was bedeutet der Begriff "KANBAN"?*

5. *Wie funktioniert das Zwei-Karten-KANBAN-System?*

6. *Zählen Sie KANBAN-Regeln auf!*

7. *Welche Formen von KANBAN-Karten kennen Sie?*

8. *Welche Vor- und Nachteile sind mit dem KANBAN-System verbunden?*

9. *Beschreiben Sie die JiT-Beschaffung und die JiT-Produktion!*

10. *Auf welchem Prinzip beruht die JiT - Philosophie?*

11. *Welche Teile eignen sich besonders für eine JiT-Beschaffung?*

12. *Welche Voraussetzungen müssen beim Abnehmer und beim Zulieferer gegeben sein, damit eine JiT-Beschaffung erfolgen kann?*

13. *Welche Varianten der JiT-Beschaffung kennen Sie?*

14. *Beschreiben Sie die sequenzgenaue JiT-Belieferung!*

15. *Was versteht man unter Huckepackverkehr?*

7 Organisationsformen der Materialwirtschaft

Lernziele und –aufgaben

Der Leser soll

1. die organisatorischen Grundbegriffe kennenlernen
2. mögliche Organisationsformen des Materialmanagements kennenlernen
3. Vor- und Nachteile verschiedener Organisationsformen des Materialmanagements erkennen
4. das Key-Account-Management kennenlernen
5. den Einsatz von Gremien, Teams und Stäben im Materialmanagement kennenlernen
6. eine Stellenbeschreibung für einen Mitarbeiter im Materialmanagement entwickeln können.

7.1 Grundbegriffe

Die häufigste Einteilung der Organisationslehre erfolgt in die sog. **Aufbauorganisation** und die **Ablauforganisation** Dabei wird unter dem Begriff „Aufbauorganisation" die Strukturierung von Systemen und die organisatorische Gestaltung von Systemen verstanden. Die Aufbauorganisation bezieht sich auf die Gliederung der Unternehmung in aufgabenteilige Subeinheiten (Stellen, Instanzen, Abteilungen, Bereiche) und deren Koordination. Mit Hilfe von Organisationsanweisungen und Stellenbeschreibungen erhalten Systeme dauerhafte Strukturen, so daß eindeutige Regelungen in bezug auf Rechte und Pflichten der Stelleninhaber sowie Anweisungsbefugnisse und Berichtswege entstehen.

Die Ablauforganisation ist primär für die räumliche und zeitliche Strukturierung der Arbeitsvorgänge zuständig. Sie stellt sicher, daß sich die innerhalb und zwischen den organisatorischen Einheiten ablaufenden Vorgänge zweckmäßig und wirtschaftlich vollziehen. Hilfsmittel der Ablauforganisation sind Arbeitsablaufverzeichnisse sowie Arbeitsablaufschaubilder.[1]

---

[1] Vgl. Grochla, E. (1972), S. 22.

Weitere wichtige organisatorische Grundbegriffe sind

Stelle: Eine Stelle ist die kleinste organisatorische Einheit, ihr werden Aufgaben, Aufgabenträger und Sachmittel zugeordnet. Handelt es sich um eine Stelle mit Vorgesetztencharakter, so erhält der Aufgabenträger zusätzliche Kompetenzen (Pflichten und Rechte) übertragen.

Abteilung: Werden mehrere Stellen zu einer Organisationseinheit zusammengefaßt, so entsteht eine Abteilung.

Instanz : Besitzt eine Stelle Entscheidungs- und Anweisungsrechte für zugeordnete Verantwortungsbereiche, so spricht man von einer Instanz.

7.2 Einflußfaktoren auf die Aufbauorganisation

Die aufbauorganisatorische Gestaltung der Materialwirtschaft hängt von unterschiedlichen unternehmensinternen und -externen Faktoren ab. Es handelt sich dabei z.B. um:

- Unternehmensgröße (Mitarbeiterzahl, Kundenkreis)
- Wirtschaftszweig
- vorhandene Organisationsstruktur
- Art der Fertigung
- Materialintensität
- Einkaufsvolumen
- Produktstruktur (homogene oder heterogene)
- Transport- und Lagermöglichkeiten

7.3 Instrumente der organisatorischen Gestaltung

Ein Instrument zur Gestaltung von Organisationseinheiten ist die **Spezialisierung,** auch Arbeitsteilung genannt. Unter Spezialisierung wird die artmäßige Arbeitsteilung verstanden. Artmäßige Arbeitsteilung bedeutet dabei die Aufteilung der betrieblichen Gesamtaufgaben in Teilaufgaben nach qualitativen Gesichtspunkten. Neben der qualitativen Aufteilung können die Aufgaben auch quantitativ aufgeteilt werden, in diesem Fall wird von der Mengenteilung gesprochen. Bei der Spezialisierung im Sinne der qualitativen Aufgabenteilung werden gleichartige Aufgaben bestimmten Abteilungen oder Stellen zugeordnet, die sich auf die Aufgabe spezialisieren.[1] Im Zusammenhang mit der Spezialisierung sind zwei wichtige Fragen zu klären.

---

[1] Vgl. Staehle, W. (1985), S. 400-407; Schierenbeck, H. (1993), S. 100-103.

a) Wie groß soll der Umfang der Spezialisierung sein? Wieviele spezialisierte organisatorische Einheiten sollen im Unternehmen existieren?

b) Wie soll die Art der Spezialisierung sein? Soll die Spezialisierung nach den Verrichtungen erfolgen oder soll die Spezialisierung sich auf Objekte beziehen?

Erfolgt die Spezialisierung nach der **Verrichtung**, so werden funktionsorientierte Stellen oder Abteilungen gebildet. In diesem Fall sind unterhalb der obersten Leitungsinstanz (Geschäftsführung, Vorstand) die Hauptorganisationseinheiten nach Funktionen aufgeteilt. Es wird daher auch von der **funktionalen Organisationsstruktur** gesprochen, wie sie die Abb. 7.1 zeigt. Die Hauptorganisationseinheiten heißen Funktionsbereiche. Eine Objektzentralisation (Spezialisierung auf Objekte) liegt vor, wenn objektbezogene Teilaufgaben der Unternehmung den Objekten zugeordnet werden. In diesem Fall entsteht eine **divisionale Organisationsstruktur** oder **Spartenorganisation**. Die Hauptorganisationseinheiten unterhalb der obersten Leitungsinstanz sind die Sparten bzw. die Divisions.

In der einfachen eindimensionalen Organisationsstruktur, also in solchen Strukturen, bei denen keine zusätzlichen Verbindungen zwischen den Stellen bzw. Abteilungen vorgesehen sind, führt die Zentralisation nach dem Merkmal Verrichtung zwangsläufig auf der folgenden Stufe zu einer Dezentralisation nach dem Kriterium Objekte.

Während die funktionale Organisationsstruktur häufig in kleinen und mittleren Unternehmungen anzutreffen ist, sind divisionale Organisationsstrukturen eher bei Mischkonzernen anzutreffen, die ein sehr heterogenes Produktionsprogramm mit einem entsprechend heterogenen Beschaffungsprogramm aufweisen.

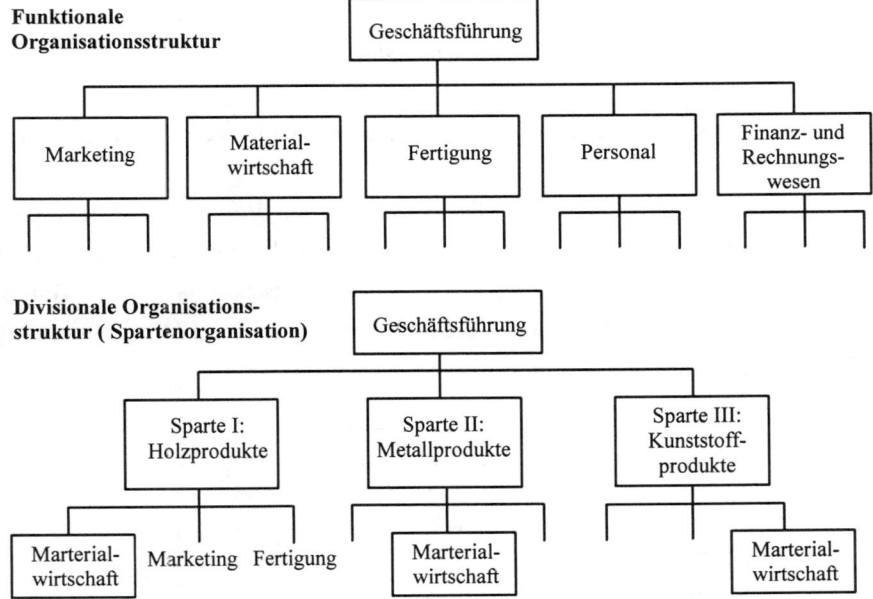

Abb. 7.1: Funktionale und divisionale Organisationsstruktur

Als **Vorteile der verrichtungsorientierten Zentralisation** werden oft genannt:[1]

- Höhere Marktmacht durch die Zusammenfassung mehrerer Materialbedarfs-mengen, insbesondere dann, wenn es sich um ein homogenes Material handelt
- einheitliche Einkaufspolitik
- Rationalisierungsmöglichkeiten
- mehr Möglichkeiten zur Beschaffungsprogrammbereinigung durch Standardi-sierung.
- Spezialisierung und erhöhter Kenntnisstand der Mitarbeiter
- optimale Koordination der Beschaffungstätigkeiten
- Sicherung der Teilnahme an strategischen Entscheidungsprozessen der Unternehmung

Vorteile der Dezentralisation

- Höherer Informationsgrad
- Minderung der Bürokratie
- kurze Wege zwischen Bedarfsträger und Einkauf
- größere Entscheidungsfreiheit der Einkäufer

---

[1] Vgl. Franken, R. (1984), S. 34; Kopsidis, R. (1989), S. 182-183; Heuer, M. (1988), S. 206.

- höhere Motivation und Verantwortung der Einkäufer
- größere Flexibilität bei unvorhergesehenen Störungen

Die Vorteile der Zentralisierung können als Nachteile der Dezentralisierung aufgefaßt werden.

Aus der organisationstheoretischen Diskussion über die Vor- und Nachteile einer verrichtungs- und objektorientierten Organisation entstand das Konzept der **gemischt zentralen/dezentralen Eingliederung** der Materialwirtschaft und die **Matrix-Organisation**. Die gemischt zentrale/dezentrale Eingliederung der Materialwirtschaft in die Unternehmungsorganisation zeigt die nachstehende Abbildung.

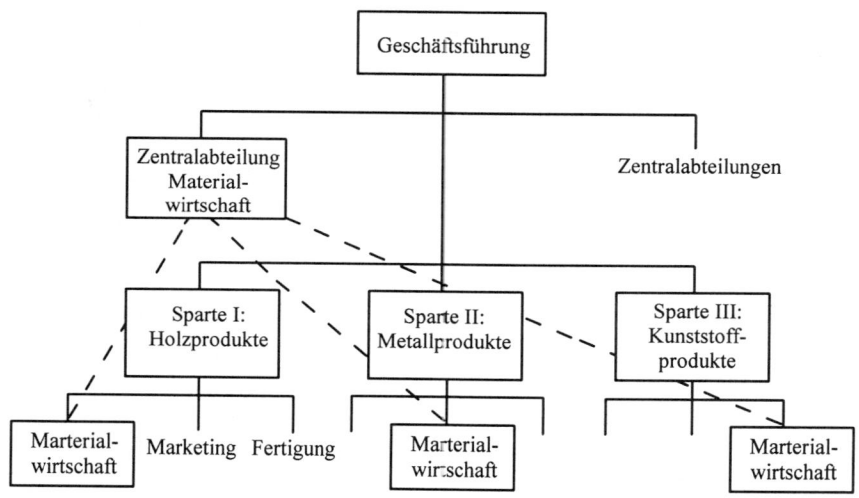

Abb. 7.2: Gemischt zentrale/dezentrale Eingliederung der
Materialwirtschaft

Typisch für die Matrix-Organisation ist, daß die nach Funktionen gegliederte Organisation (sog. vertikale Strukturierung) von einer projekt- bzw. produktorientierten Organisation (sog. horizontale Strukturierung) überlagert wird.[1]

In der Matrixorganisation (Abb. 7.3) erfolgt die gleichzeitige Ordnung nach Funktionen und Objekten.

---

[1] Vgl. Grochla, E. (1980), S. 204-207.

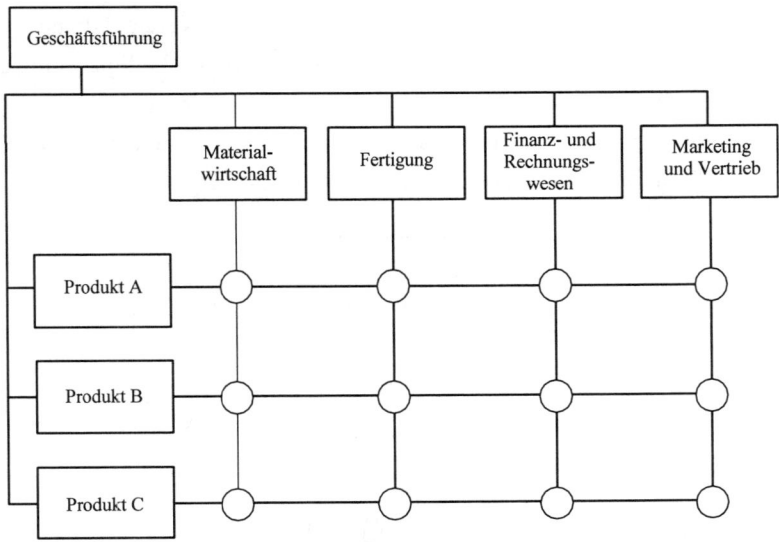

Abb. 7.3: Matrixorganisation

Der Vorteil der Matrixorganisation gegenüber eindimensionalen Organisationen liegt in der großen Flexibilität bei der Anpassung an veränderte Umweltbedingungen und effiziente Nutzung des vorhandenen Know-hows. Nachteilig ist die komplexe zweidimensionale Struktur. Die Mitarbeiter sind zwei Vorgesetzten unterstellt, dies birgt ein erhebliches Konfliktpotential, da oft konfliktäre Zielvorgaben auftreten.[1]

7.4 Organisationsalternativen der Materialwirtschaft

7.4.1 Materialwirtschaft als Funktion der Fertigung

Eine Möglichkeit zur Aufbauorganisation der Materialwirtschaft besteht darin, sie als **Teil der Fertigung** zu betrachten, wobei sich das in Abb. 7.4 dargestellte Organigramm ergeben würde. Diese Organisationsform war kennzeichnend für die Zeit der industriellen Entwicklung, in der die Fertigung als Hauptaufgabe der Unternehmung angesehen wurde und alle anderen Teilaufgaben lediglich Hilfsfunktionen der Fertigung waren. Der Materialwirtschaft kommt keine wesentliche Bedeutung zu. Die Eingliederung des Lager- und Transportwesens in die Fertigung kann zum einen erfolgen, um die gesamte Güterbeschaffung, Güterverarbeitung und den Güterversand in einem Bereich zu vereinen. Andererseits können auch die räumlichen Gegebenheiten die Angliederung des Lager- und Transportwesens erzwingen.

---

[1] Vgl. Rupper, R. (1988), S. 27.

Dies ist der Fall, wenn keine eindeutige Trennung der Verantwortungsbereiche Fertigung, Lager und Versand möglich ist oder wenn im Fertigungsprozeß die Halbfabrikate zeitweise gelagert werden müssen, die Lagerung also ein Teil des Fertigungsprozesses ist.[1] Vorteile dieser Organisationsform sind die Klarheit und Einfachheit des Informationsflusses, da die Verantwortung in einer Hand liegt.

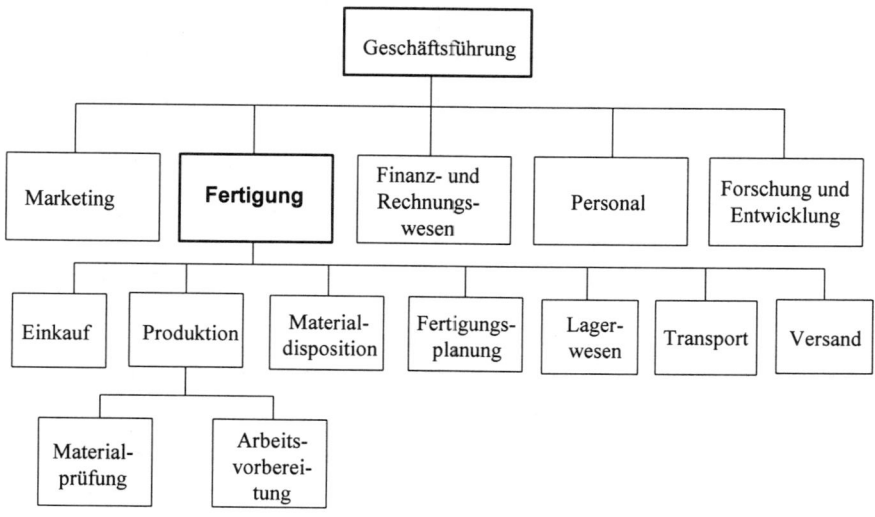

Abb. 7.4: Organigramm Materialwirtschaft als Funktion der Fertigung [2]

7.4.2　Die traditionelle Organisationsform der Materialwirtschaft

Eine weitere Form der Organisation der Materialwirtschaft zeigt das Organigramm der Abb. 7.5. Hierbei handelt es sich ebenfalls um ein Liniensystem, bei dem die der Geschäftsführung folgende Hierarchieebene ebenfalls funktional gegliedert ist. Die materialwirtschaftlichen Aufgaben sind jedoch nicht in einer Abteilung zusammengefaßt. Da die materialwirtschaftlichen Aufgaben unterschiedlichen Funktionsbereichen zugeordnet sind, ergibt sich ein hoher Koordinationsaufwand. Eine einheitliche Steuerung der Materialwirtschaft wird durch die Aufgliederung der Verantwortungsbereiche erschwert. Von dieser Organisationsform wird in der Praxis immer stärker abgerückt.[3]

---

[1] Vgl. Frotz, H. (1982), S. 2527.

[2] Vgl. Frotz, H. (1982), S. 2527.

[3] Vgl. Grochla, E./ Fieten, R. / Puhlmann, M. (1984), S. 104.

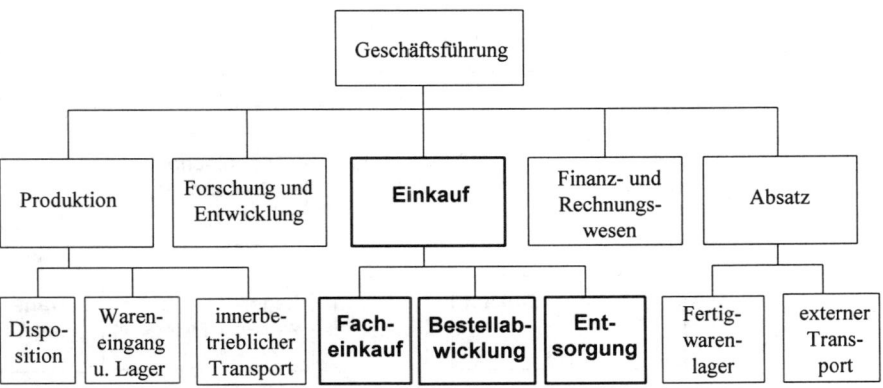

Abb. 7.5: Traditionelle Organisationsform der Materialwirtschaft[1]

7.4.3 Die Aufteilung in kaufmännische und technische Leitung der Material-wirtschaft

Eine weitere Möglichkeit der Organisation der Materialwirtschaft besteht darin, die Aufgaben der Materialwirtschaft in kaufmännische und technische Aufgaben aufzu-spalten und einer entsprechenden Leitung zu unterstellen. Man erhält so eine dezentrale Leitung der Materialwirtschaft. Ein Beispiel zeigt das Organigramm der Abb. 7.6.

Diese Form der Organisationsgestaltung ist immer dann möglich, wenn der Fertigungsprozeß bzw. die Transport- und Lagermöglichkeiten keine Zentralisation der Materialwirtschaft erzwingen.

Mit der Organisationsform sind jedoch erhebliche Probleme verbunden. So wird auch in diesem Fall durch die getrennten Zuständigkeiten die Koordination der Aufgaben erschwert.[2] Da die bereichsspezifischen Informationen bei der Geschäftsführung zusammenfließen, übernimmt sie die Koordination der materialwirtschaftlichen Fragen.[3]

---

[1] Grochla, E./ Fieten, R. / Puhlmann, M. (1984), S. 104.

[2] Vgl. Hartmann, H. (1990), S. 56.

[3] Vgl. Frotz, H. (1982), S. 2528.

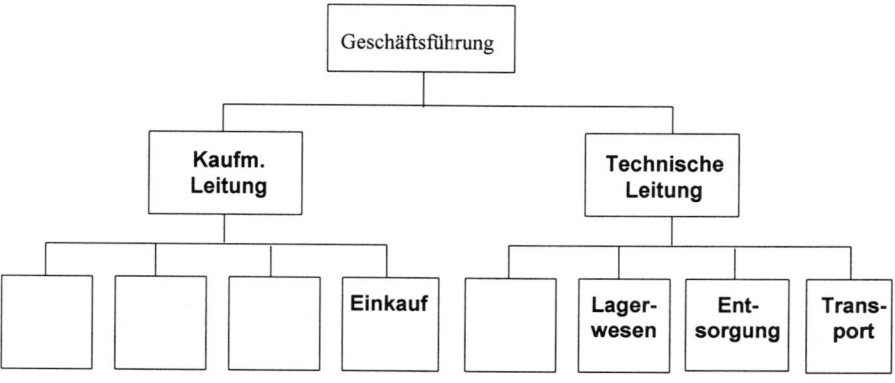

Abb. 7.6: Die Aufteilung in kaufmännische und technische Leitung
der Materialwirtschaft

7.4.4　Die zentralen Leitung der Materialwirtschaft

Bei dieser Organisationsform sind alle Aufgaben der Bewirtschaftung und Bereitstellung von fremdbezogenem Material in einer zentralen Abteilung zusammengefaßt. Sie gewährleistet eine einheitliche Steuerung des Materialflusses vom Lieferanten bis zur Übergabe an die Bedarfsträger bzw. die Fertigung.[1] Die Materialwirtschaft steht dabei gleichrangig neben anderen Bereichen, wie der Fertigung, Marketing / Vertrieb, Finanz- und Rechnungswesen sowie Forschung und Entwicklung.

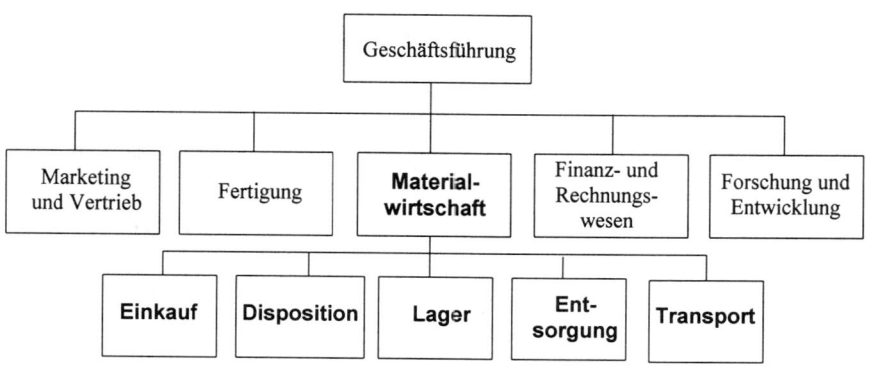

Abb. 7.7 Zentralen Leitung der Materialwirtschaft

Bei dieser Organisationsform liegt die Verantwortung für Materialbeschaffung, Lagerung, Bereitstellung, Transport und Entsorgung in einer Hand. Nachteilig kann

---

[1] Vgl. Puhlmann, M. (1990), S. 62.

sich eine solche Organisationsform in bezug auf die objektspezifischen Charakteristika auswirken, z.B. wegen fehlender Kenntnisse technischer Material-gegebenheiten oder der Beschaffungsmärkte. Dies ist vor allem beim Vorliegen eines breiten Beschaffungsprogramms der Fall.

7.4.5 Materialmanagement als Unternehmensbereich

Die Zuordnung der Aufgabenbereiche kann entsprechend der in Abb. 1.20 Seite 37 vorgestellten Funktionsbereiche unterschiedlich erfolgen. Die Aufgabenzuordnung hängt dabei wesentlich von der Kompetenz ab, die die Abteilung erhalten soll. Der Abteilung kann z.B. zusätzlich der Versand oder sogar die Kundenauftrags-abwicklung übertragen werden.[1] Ein solches System zeigt das nachstehende Organigramm.

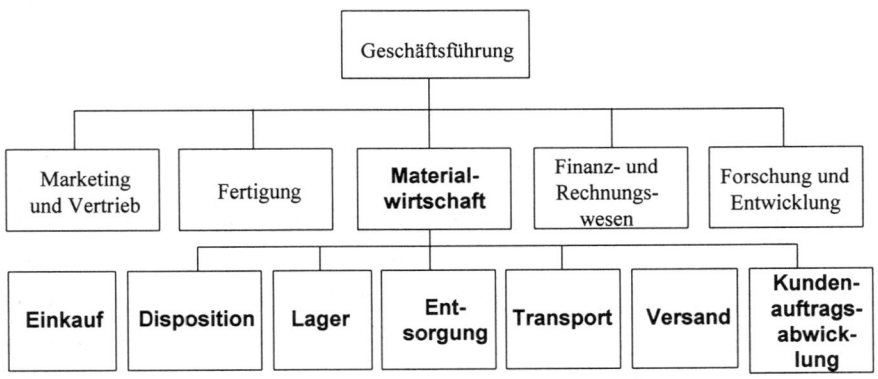

Abb. 7.8: Materialmanagement als Unternehmensbereich

Bei einer solchen Organisationsform erhält die Materialwirtschaft die gleiche Bedeutung wie die anderen Funktionsbereiche. Wird der Abteilung Material-wirtschaft auch die Distribution (Versand), Kundenauftragsabwicklung oder sogar die Fertigungssteuerung übertragen, können Koordinationsprobleme und Wider-stände mit den untergeordneten Abteilungen oder Stellen entstehen.

7.4.6 Andere Organisationsstrukturen innerhalb der Materialwirtschaft

Die organisatorische Gestaltung innerhalb der Materialwirtschaft muß nicht zwingend funktional sein. Auch innerhalb der Materialwirtschaft kann eine objekt-orientierte Gliederung erfolgen, z.B. nach

---

[1] Vgl. Puhlmann, M. (1990), S. 64-67.

a) dem Material

Sämtliche materialwirtschaftlichen Aufgaben werden gegliedert

- nach dem Grad der technischen Verwandtschaft (z.B. Einkauf Holz; Einkauf Kunststoff; Einkauf Stahl- und Metallerzeugnisse; Einkauf Elektrobedarf)
- nach üblichen herkunftsbezogenen Sortimentsbündeln (Gießereierzeugnisse, Einrichtungsbedarf)
- nach Bedarfsgruppen für einzelne Werke, Betriebsstätten, Fertigungsgruppen (Materialbedarf Werk A)
- nach Endprodukten.

b) den Beschaffungsmärkten

Beispielsweise kann die Einteilung der materialwirtschaftlichen Aufgaben nach geographischen Bereichen erfolgen (z.B. Inland, EG, USA, Süd-Ost-Asien).

c) den Zulieferern

Bei dieser Einteilung ist beispielsweise eine Abteilung für die Materialbeschaffung bei einem bestimmten Zulieferer oder für bestimmte Zulieferer (einer Branche, einer Region) zuständig. Werden Aufgaben, die einen oder mehrere Lieferanten betreffen, zusammengefaßt, so handelt es sich um das sog. Key-Account-Management.

7.4.7   Key-Account-Management

Key-Account-Management ist eine Organisationsform, bei der neben einer klassischen Organisationsform, einer Abteilung oder einer Person, alle material-wirtschaftlichen Aktivitäten (Beschaffungsmarktforschung, Lieferantenauswahl, Bestellabwicklung usw.) übertragen werden, die bestimmte **einzelne Lieferanten** oder **Lieferantengruppen** betreffen.[1]

Die Abb. 7.9 zeigt, wie die einzelnen Teilaufgaben zusammengefaßt und den speziellen Abteilungen übertragen werden.

Key Account-Management / Funktionen	Lieferant A	Lieferant B	Lieferant C
1. Qualitative Bedarfsermittlung			
2. Eigenfertigung / Fremdbezug			
3. Quantitative Bedarfsplanung			
4. Quantitative Bestandsplanung			
5. Beschaffungsplanung			

Abb. 7.9: Key-Account-Management

---

[1] Vgl. Westermann, H. (1990), S. 24-26.

7.4.8 Gremien, Teams und Stäbe

Um eine Möglichkeit, eine zentrale Koordination des Material- und Warenflusses zu schaffen, ohne dabei eine neue Abteilung bilden zu müssen, gibt es die Möglichkeit, eine zentrale Koordinationsstabsstelle einzurichten. Die Stabsstelle ermöglicht eine Verbesserung der Abstimmungsprobleme zwischen den materialwirtschaftlichen Teilbereichen innerhalb einer bereits bestehenden traditionellen Organisationsstruktur. Die Kompetenzen für die Steuerung der Material- und Warenflüsse sind in diesem Fall weitgehend gesplittet, d.h. auf andere Funktionsbereiche, wie Fertigung, Absatz etc., verteilt. Dem Stab fehlen i.d.R. die Weisungskompetenz und Entscheidungsbefugnisse.[1]

Teams und Gremien haben wie die Stäbe den Vorteil, daß bei ihrem Einsatz nicht unbedingt eine Reorganisation erforderlich wird. **Gremien** (Konferenzen, Komitees, Sitzungen oder Besprechungen) eignen sich als regelmäßig stattfindende Koordinationstreffen. Sie fördern den Informationsaustausch, die Beratung, Abstimmung und Entscheidungsfindung aller Stellen, die am Materialfluß beteiligt sind. Als problematisch erweist sich in der Regel die zeitliche Abstimmung der Treffen zwischen den beteiligten Personen.[2]

Teams sind weitgehend autonome, leistungsorientierte Gruppen, denen von außen Aufgaben übertragen werden. Sie sind insbesondere für übergreifende Aufgaben geeignet und können zeitlich befristet oder auch als Dauereinrichtungen institutionalisiert werden. Beispiele sind

- Wertanalyse-Team
- EDV-Entwicklungsteam
- Betändesenkungsprogramm-Team.

7.5 Ablauforganisatorische Gestaltungsmittel

Die Ablauforganisation beschäftigt sich mit der zweckmäßigen Gestaltung der Arbeitsvorgänge, d.h. mit der Gestaltung des Material- und Informationsflusses im Unternehmen. Dazu gehören die:

- Zweckmäßige Unterteilung des Gesamtablaufs

---

[1] Vgl. Puhlmann, M. (1990), S. 44.
[2] Vgl. Puhlmann, M. (1990), S. 44.

- Festlegung der optimalen Ablauffolge
- Parallelschaltung von Vorgängen, die gleichzeitig durchgeführt werden können.[1]

Mögliche Gestaltungen des Informations- und Materialflusses wurden an anderer Stelle bereits vorgestellt.

7.6 Organisationsmittel

Organisationsmittel dienen zur Fixierung der Abläufe verbindlicher Regeln. Zu ihnen zählen z.B.

- Richtlinien
- Arbeitsanweisungen
- Stellenbeschreibungen
- Karteien und Dateien
- Formulare
- Einkaufshandbücher.

Richtlinien und Arbeitsanweisungen sind die internen Vorschriften, die von den Mitarbeitern in den materialwirtschaftlichen Funktionsbereichen zu beachten sind. Den Mitarbeitern muß eine verläßliche Grundlage für ihr Handeln an die Hand gegeben werden, damit sie wissen,

- was sie zu tun haben
- was sie nicht dürfen
- was sie zu berichten haben
- wen sie zu informieren haben.[2]

Die Stellenbeschreibung dient dazu, die Über-, Gleich- oder Unterordnungs-verhältnisse der Stelle und ihre Beziehungen zu anderen Abteilungen festzulegen. Die nachstehende Abbildung zeigt die Stellenbeschreibung für einen Haupt-abteilungsleiter.

---

[1] Vgl. Hartmann, H. (1990), S. 84 -91.
[2] Vgl. Hartmann, H. (1990), S. 91-93.

Stellenbeschreibung Nr.	
Ressort	
Hauptabteilung	Materialwirtschaft
Abteilung	-
Sachgebiet	-

1. Bezeichnung der Stelle:	Hauptabteilungsleiter Materialwirtschaft
2. Mit der Stelle verbundene Zeichnungsvollmachten:	Prokura
3. Der Stelleninhaber ist unterstellt:	dem kaufmännischen Geschäftsführer
4. Der Stelleninhaber ist überstellt:	den Leitern der Abteilungen – Einkauf – Disposition und Steuerung – Lager, Transport und Versand – Entsorgung dem Assistenten Materialwirtschaft (Beschaffungsmarktforschung, Wertanalyse, Statistik, EDV, Systemkoordination).
5. Der Stelleninhaber wird vertreten:	durch die ihm unterstellten Abteilungsleiter in deren Aufgabenbereichen.
6. Der Stelleninhaber vertritt:	in seinem Aufgabenbereich den kaufmännischen Geschäftsführer in dessen Eigenschaft als Ressortleiter
7. Zielsetzung	Der Stelleninhaber stellt sicher, daß Fertigung und Verkauf in quantitativer, qualitativer und zeitlicher Hinsicht planmäßig ablaufen können, soweit dies von der Material- und Warenversorgung abhängt. Der Stelleninhaber soll dabei gewährleisten, daß diese Versorgung nicht zu Lasten von günstigen Einstandspreisen, niedrigen Beständen und niedrigen Materialflußkosten geht.
8. Der Stelleninhaber erarbeitet bzw. entscheidet über:	– Bestellungen im Wert von mehr als _____ € – Rahmenabschlüsse und Lieferverträge im Wert von _____ € bis _____ € – Abrufaufträge im Wert von mehr als _____ € – Einkaufsverhandlungen über Bezüge im Wert von mehr als _____ € – Festsetzung des in den Lägern gebundenen Kapitals im Rahmen der vorgegebenen Planung – Lagerhaltungs- und Verteilungssysteme – Verfahren der Disposition und Fertigungssteuerung – Freigabe von überzähligem oder unbrauchbarem Material im Wert von mehr als _____ € – Einrichtung und Ausstattung von Lager und Transport mit Kosten bist zu _____ € – Budget-Ansätze in Abstimmung mit dem kaufmännischen Geschäftsführer – Produktionspläne in Abstimmung mit den Leitern Fertigung und Verkauf – Aus- und Weiterbildung

9. Der Stelleninhaber koordiniert:	– EDV-Projekte in Abstimmung mit dem Leiter EDV – Wertanalyse-Projekte in Abstimmung mit Konstruktion und Fertigung
10. Der Stelleninhaber berät:	seinen Vorgesetzten bei dessen Entscheidungen über – Rahmenabschlüsse und Lieferverträge im Wert von mehr als _____ € – Einrichtung und Ausstattung von Lager und Transport mit Kosten von mehr als _____ €
10. Der Stelleninhaber informiert:	seinen Vorgesetzten über – die Situation am Beschaffungsmarkt (Preise, Mengen, Qualität, Termine, Lieferanten), dessen Veränderungen und Auswirkungen – Abweichungen von den geplanten Materialbeständen (wenn sie mehr als _____ € betragen) – Abschlüsse mit Lieferanten im Wert von mehr als _____ € – das in den Lägern gebundene Kapital – den Fortschritt laufender Projekte
Wichtige Hinweise	

Abb. 7.10: Stellenbeschreibung Hauptabteilungsleiter Materialwirtschaft[1]

Fragen und Aufgaben zur Wiederholung (S. 348 - 362)

1. *Nennen Sie eine gebräuchliche Einteilung der Organisationslehre!*

2. *Was versteht man unter dem Begriff "Instanz"?*

3. *Zählen Sie mögliche unternehmensinterne und -externe Faktoren auf, die die Aufbauorganisation beeinflussen!*

4. *Was versteht man unter dem Begriff "Spezialisierung"?*

5. *Wie ist die divisionale Organisationsstruktur aufgebaut?*

6. *Beschreiben Sie die Matrixorganisation!*

7. *Welche Vorteile bietet die verrichtungsorientierte Zentralisation?*

8. *Beschreiben Sie die Möglichkeit, die materialwirtschaftlichen Funktionen einer kaufmännischen und technischen Leitung zu unterstellen!*

9. *Nach welchen Kriterien kann eine objektorientierte Gliederung innerhalb der Materialwirtschaft erfolgen?*

10. *Beschreiben Sie das Key-Account-Management!*

---

[1] Vgl. Schmidt, G. (1984), Sp. 3721; Puhlmann, M. (1990), S. 80-83.

8 Das strategische Materialmanagement

Lernziele und –aufgaben

Der Leser soll

1. die strategische Bedeutung des Materialmanagements erkennen
2. den Einsatz von Portfolios im strategischen Materialmanagement kennen lernen
3. die Bedeutung des Produktlebenszykluskonzepts für das Materialmanagement erkennen
4. die Wertanalyse anwenden können
5. den Einsatz von Kreativitätstechniken lernen
6. Sourcing-Strategien kennen lernen
7. eine Typologie von Zulieferern erstellen können.

8.1 Begriff, Ziele und Aufgaben

Seit den 70er Jahren wurde eine zunehmende Instabilität der Märkte sowie eine wachsende Diskontinuität und Komplexität der Umwelt wahrgenommen.[1] Dies führte zur Entwicklung völlig neuer Planungs- und Entscheidungsverfahren, mit denen der erhöhten Unsicherheit in der Umweltentwicklung begegnet werden sollte. So war zunächst im Bereich der Planung eine deutliche Verschiebung der Diskussion von Problemen der taktischen und operativen Planung zur strategischen Planung hin festzustellen.[2] In den Folgejahren wurden zahlreiche Funktionsbereiche um die strategische Komponente ergänzt, zu nennen wären strategisches Marketing, strategisches Controlling, strategisches Management.

In zunehmendem Maße erfährt auch die Materialwirtschaft eine stärkere strategische Ausrichtung. Auslöser hierfür sind die nach wie vor spürbaren Verknappungserscheinungen auf den Rohstoff- und Energiemärkten und der Trend zur kundenspezifischen Differenzierung des Angebots, was nicht nur eine Flexibilisierung der

---

[1] Vgl. Albach, H. (1978), S. 702; Koch, H. (1976), S. 330-332.
[2] Vgl. Serfling, K. (1983), S. 28.

Produktion, sondern auch der Materialbereitstellung voraussetzt.[1] Die strategische Ausrichtung einerseits und die zunehmende Internationalisierung andererseits führen zu völlig neuen Betrachtungsweisen, wie die Abb. 8.1 zeigt.

Ziel des strategischen Materialmanagements ist nicht die unmittelbare Beeinflussung des Erfolgsziels in der Gegenwart, sondern die langfristige Existenzsicherung des Unternehmens und die Schaffung von Erfolgspotentialen und Wettbewerbsvorteilen auf den Beschaffungsmärkten.

Es geht im wesentlichen darum, die Möglichkeiten des eigenen Unternehmens mit den Chancen und Risiken der relevanten Unternehmensumwelt bestmöglich abzustimmen. Hierfür reichen die internen Unternehmensanalysen nicht aus, es müssen ebenfalls die externen Umweltbedingungen beobachtet und analysiert werden. Da die Informationen der Unternehmensumwelt i.d.R. nur sehr global ausfallen, verlangt Werturteile, Kreativität als Lösungshilfen.

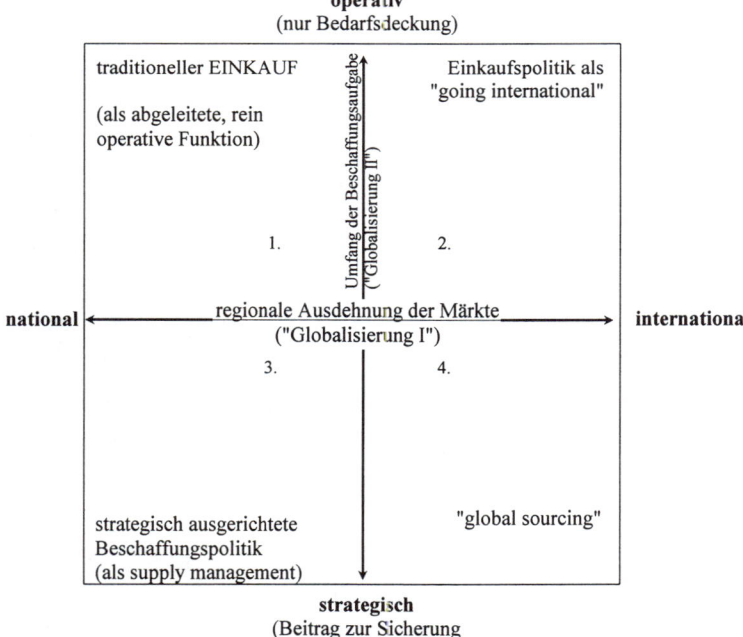

Abb. 8.1: Beschaffungstypen[2]

---

[1] Vgl. auch Grün, O. (1990), S. 450.

[2] Arnold, U. (1990), S. 14.

8.1.1 Anmerkungen zum Strategiebegriff

Der Begriff "Strategie" kommt aus dem Militärsprachgebrauch[1]. Etymologisch geht das Wort "Strategie" auf das altgriechische Wort "strategia" zurück und bedeutet soviel wie: das Tun an den übergeordneten Zielen ausrichten und dabei keine Ablenkung durch vordergründige Dringlichkeiten, d.h. Augenblicksvorteile oder -nachteile, zulassen. Ziel der strategischen Kriegslehre ist es, allgemeingültige Grundregeln aufzustellen, die dann auf aktuelle Probleme übertragen werden. Bei kriegerischen Auseinandersetzungen ist die strikte Beachtung von Grundregeln von Bedeutung.[2]

Anfang der 40er Jahre wurde der Strategiebegriff im Zusammenhang mit der "Spieltheorie" erstmals in die betriebswirtschaftliche Diskussion eingeführt und hat sich hier inzwischen etabliert.[3] *von Neumann / Morgenstern* definieren die Strategie eines Spielers als seinen Plan, mit dem "er sich über sein Vorgehen bei allen möglichen Situationen vorher schlüssig wird."[4] Anders gesagt: "Bei der Analyse eines Spiels sind alle möglichen Situationen zu erfassen, denen sich ein Spieler ausgesetzt sehen könnte und die ein Handeln erfordern. Eine Strategie eines Spielers ist dann ein vollständiger Verhaltensplan, der für jede mögliche Situation, in die ein Spieler im Verlauf eines Spieles gelangen kann, die in dieser Situation zu ergreifende Handlung festlegt."[5]

Eine wesentliche Eigenschaft jeder Strategie ist demnach der durchgängige Zusammenhang zwischen Anfangshandeln und Enderfolg in bezug auf ein übergeordnetes Ziel. Ausgehend von einem engen Begriffsverständnis zeigen Unternehmensstrategien die allgemeine Richtung, in die hinein sich ein Unternehmen entwickeln soll, damit die Unternehmensziele erreicht werden.[6]

Nach *Gabele und Börsig*[7] kann erst dann von einer Strategie gesprochen werden, wenn mindestens die folgenden drei Bedingungen erfüllt sind, die es ermöglichen, eine Strategie von sonstigen geschäftspolitischen Aktionen sowie Verhaltens- und Handlungsweisen abzugrenzen:

---

[1] Vgl. Gabele, E. / Börsig, C. (1977), S. 206.
[2] Vgl. Coenenberg, A. / Baum, H. (1987), S. 28.
[3] Vgl. Coenenberg, A. / Baum, H. (1987), S. 28.
[4] Neumann, von J. / Morgenstern, O. (1967), S. 79.
[5] Pfohl, H. / Braun, G. (1981), S. 298.
[6] Vgl. Picot, A. (1981), S. 529; Kreikebaum, H. / Grimm, U. (1983), S. 6.
[7] Vgl. Gabele, E. / Börsig, C. (1977), S. 206.

- Ein nicht-triviales Problem steht zur Lösung an, wobei ein gegenwärtiger Zustand in einen zukünftigen Zustand überführt werden muß. Weder der gegenwärtige noch der Ziel- oder Endzustand sind leicht und eindeutig zu bestimmen.

- Der Strategieanwender legt explizit fest, welche Wege er zur Ziel- bzw. Endergebniserreichung beschreiten will. Mit anderen Worten: Der Problemlöser bestimmt genau die einzelnen Schritte sowie deren Umfang und die Schrittfolge seiner Problemlösungsbemühungen.

Der Strategieanwender bewältigt komplizierte Vereinfachungsvorgänge und Voraussagen. "Gegenstand der Formulierung einer Strategie im Sinne der Vorzeichnung eines globalen Weges zur Zielerreichung ist die Aufdeckung und Ansteuerung von langfristigen Erfolgspotentialen, mit deren Hilfe eine Vorsteuerung des laufenden Erfolgs, der laufenden Zielerreichung also, möglich werden soll."[1]

8.1.2 Unterschiede zwischen dem strategischen und dem operativen Materialmanagement

Die strategische Denkhaltung kann wie folgt beschrieben werden:[2]
- nicht am Ist-Zustand festhalten, sondern zu permanenter Änderung bereit sein
- nicht auf das Eintreten von Problemen warten und erst dann reagieren, wenn diese eingetreten sind, sondern aktiv Chancen und Risiken antizipieren
- umfassend nach Alternativen suchen und so auch bewährte Strukturen in Frage stellen und ggf. neu definieren
- sämtliche Veränderungen der für die strategischen Zielsetzungen relevanten Faktoren (Rohstoffe, Märkte, Produkte) beobachten und gegebenenfalls Strategien anpassen bzw. neue Strategien entwickeln.

Das strategische Materialmanagement ist **vorwiegend extern** orientiert, d.h., es werden die relevanten Umweltfaktoren, die Stärken und Schwächen des Unternehmens und die sich aus beiden Faktoren ergebenden Chancen und Risiken für das Unternehmen systematisch erfaßt sowie entsprechende Strategien geplant. Durch den weiteren Zeithorizont nimmt die Unsicherheit zu. Die Chancen und Risiken sind also schwerer zu bewerten; es wird daher im Rahmen des strategischen Materialmanagements eher auf qualitative Faktoren zurückgegriffen. Die Abbildung 8.2 zeigt

---

[1] Picot, P. (1981), S. 529.
[2] Vgl. Drexel, A. (1987), S. 122.

zusammenfassend die Merkmale der strategischen und der operativen Materialwirtschaft.[1]

Merkmale	Strategische Materialwirtschaft	Operative Materialwirtschaft
Zeithorizont	langfristig (quasi unbegrenzt)	primär kurzfristig (z.B. ein Jahr)
Vorherrschende Orientierung	primär Unternehmensumwelt (externe Beschaffungsmärkte)	unternehmensinterne Orientierung (kurzfristige Disposition)
Planungsstufe	strategische Planung	taktische und operative Planung
Beitrag zum Unternehmensziel	langfristige Existenzsicherung	Gewinn, ROI
Mögliche Ziele	nachhaltige Sicherung von Rohstoffquellen Aufbau und Nutzung von Erfolgspotentialen	kurzfristige Lieferbereitschaft niedrige Bestände schnelle Logistikabwicklung schneller Transport
Dimensionen	Chancen / Risiken Stärken / Schwächen	Preise / Konditionen Qualität / Menge kurzfristige zeitliche und örtliche Verfügbarkeit Kosten / Leistung
Abstraktionsgrad	hoch	gering
Komplexität	hoch	mittel bis gering
Art der Information	hohe Unsicherheit	geringe Unsicherheit
Kontrollierbarkeit	gering	hoch
Strukturierung und Formalisierungsgrad	beschränkt sich auf die Vorgabe eines Methoden- und Vorgehensrasters	stark strukturiertes und formalisiertes Vorgehen
Freiheitsgrade	bewußte Veränderbarkeit aller Planungs- und Steuerungsparameter, um Handlungsalternativen zu finden	weitgehende Konstanz der grundsätzlichen Ziele und Handlungsalternativen

Abb. 8.2: Unterschiede zwischen dem strategischen und dem operativen Materialmanagement

Es gibt auch Fragestellungen, die sowohl einen strategischen als auch einen operativen Charakter haben können. Die Fragestellung "Eigenfertigung oder Fremdbezug?" ist beispielhaft. Unter strategischen Gesichtspunkten geht es u.a. darum, die Fertigungsstufen zu reduzieren und langfristige Zulieferstrategien zu entwickeln. Operative und damit eher kurzfristige Entscheidungen sind zu treffen über den Zukauf, um kurzfristige Lieferengpässe auszugleichen.

---

[1] Vgl. auch Busch, H. (1988), S. 5.

8.2 Instrumente

Aus der Vielzahl strategischer Instrumente, die im Rahmen des strategischen Materialmanagements eingesetzt werden können, sollen die folgenden vorgestellt werden:

- Portfolioanalyse
- Erfahrungskurveneffekt
- Produktlebenszyklus
- Wertanalyse.

8.3 Portfolio-Konzepte in der Materialwirtschaft

8.3.1 Entwicklung der Portfolio-Theorie

Die Portfolio-Theorie (auch als portfolio selection theory bezeichnet) wurde 1952 von *Harry M. Markowitz* für den Finanzbereich entwickelt. Gegenstand der Theorie ist die optimale Gestaltung von Wertpapierdepots unter Beachtung von Rendite und Risikoaspekten[1]. Ziel der Portfolio-Theorie ist dabei die optimale Zusammenstellung von Wertpapier-Portefeuilles. Durch die Streuung der Wertpapiere wird das Risiko gemindert, gleichzeitig werden aber auch die Gewinnerwartungen beeinflußt. Der Investor versucht für einen geforderten Ertrag das Risiko zu minimieren bzw. für eine bestimmte Risikobereitschaft die Gewinnerwartung zu maximieren.

Die Portfolio-Theorie wurde Ende der 50er, Anfang der 60er Jahre von der Marketingseite aufgegriffen und zur Erklärung der Zusammensetzung des Absatzprogramms und zur Entwicklung von Marktstrategien eingesetzt. Werden die Tätigkeiten und Geschäfte eines Unternehmens als Portfolio aufgefaßt, so können analog zum Wertpapierportefeuille strategische Überlegungen angestellt werden. Ähnlich wie der Bankier versucht, ein optimales Wertpapier-Portefeuille zusammenzustellen, sollen die Unternehmen versuchen eine optimale Produktpalette zusammenstellen. Die Produkte zeichnen sich durch unterschiedliche Wachstumschancen, Ertragspotentiale, Finanzmittelanforderungen und Risiken aus. Ziel der Portfolio-Planung ist es deshalb u.a., die knappen Ressourcen (Know-how, Technologie, Finanzmittel) in Abhängigkeit von den Markt- und Wettbewerbspositionen, in denen sich die Produkte befinden, optimal zu verteilen.[2] Meilensteine der Portfolio-Entwicklung im Marketing-Bereich sind:

---

[1] Vgl. auch Perridon, L./Steiner, M. (1991), S. 239.
[2] Vgl. Hentze, J. / Brose, P. (1985), 417.

a) Das Marktanteils-Marktwachstums-Portfolio der Boston Consulting Group (BCG)

b) Das Marktattraktivitäts- /Relative Wettbewerbspositions - Portfolio von McKinsey

Das **Marktanteils-Marktwachstums-Portfolio** wurde von der Boston Consulting Group entwickelt und wird daher auch Boston 1-Portfolio genannt. Es basiert im wesentlichen auf den Erkenntnissen der Produkt-Lebenszyklusanalyse, dem Erfahrungskurven-Effekt und dem PIMS-Programm.[1] Beim PIMS-Programm (Profit Impact of Market Strategies) handelt es sich um eine empirische branchenübergreifende Untersuchung von strategischen Erfolgsfaktoren, die im Jahre 1960 von der General Electric Company initiiert wurde.[2] Das PIMS-Programm wird heute vom Strategic Planning Institute (SPI) in Cambridge (Massachusetts) betreut. Das Hauptanliegen von PIMS ist, herauszufinden, welche Faktoren den ROI und den Cash-flow im wesentlichen beeinflussen.

Beim Marktanteils-Marktwachstums-Portfolio werden vier Felder (Quadranten) gebildet. Als erste Bewertungsdimension bzw. erstes Einteilungskriterium wird auf der Abszisse der Marktanteil, entsprechend auf der Ordinate das Marktwachstum abgetragen. Die grobe Einteilung erfolgt für beide Einteilungskriterien in "niedrig" und "hoch". Es ergibt sich dann eine aus vier Feldern bestehende Matrix (Abb. 8.3).

Bei der Berechnung des relativen Marktanteils wird der eigene betrachtete Marktanteil zum stärksten Konkurrenten ins Verhältnis gesetzt, wie die nachstehende Beispielrechnung zeigt.

Beispiel:

Absoluter Marktanteil des Unternehmens = 20 %

Absoluter Marktanteil des stärksten Konkurrenten = 40 %

Relativer Marktanteil $= \dfrac{20\ \%}{40\ \%} = 0,5$

Der so ermittelte relative Marktanteil wird für die strategische Geschäftseinheit B dann auf der Abszisse abgetragen, wie die Abb. 8.4 zeigt. Zu beachten ist, daß ein logarithmischer Maßstab verwendet wird. Angenommen, das Marktwachstum beträgt

---

[1] Vgl. Kreikebaum, H. (1981), S. 72.

[2] Vgl. Coenenberg, A. / Baum, H.-G. (1987), S. 60-61.

für B 12 %, so ergibt sich die in der Abb. 8.4 dargestellte Lage innerhalb des Portfolios.

Ein Unternehmen ist i.d.R. nicht auf einem einzigen Markt mit einem einzigen Produkt vertreten. Die Tätigkeitsbereiche eines Unternehmens müssen daher in sinnvolle Geschäftsfelder, sog. strategische Geschäftseinheiten (SGE), eingeteilt werden. SGE sind weitgehend selbständige, homogene Produkt-Markt-kombinationen. Die Abgrenzung sollte möglichst so erfolgen, daß die SGE unabhängig voneinander sind. Die Abb. 8.3 zeigt ein Beispiel für die Einrichtung verschiedener SGE.

Segmentierungen				
Kunden	Techno-logie	Geographische Gebiete		
		USA	EU	Spanien/Portugal
Haushalte	T$_1$	SGE 1	SGE 2	SGE 3
	T$_2$			
	T$_3$	SGE 4		
Industrie	T$_1$	SGE 5		
	T$_2$			

Abb. 8.3: Beispiel strategische Geschäftseinheiten[1]

In das Portfolio werden dann die strategischen Geschäftseinheiten (SGE) eingetragen. Die unterschiedlich großen Kreisflächen der Portfolioelemente zeigen das unterschiedliche Umsatzvolumen der SGE an. Die Felder der Produkt / Markt Matrix erhalten entsprechend den aus der amerikanischen Literatur verwendeten Originalbezeichnungen die folgenden Namen: "Wildcat" bzw. "Questions","Star", "Cash Cow" und "Poor Dog". Die Bezeichnungen veranschaulichen bildlich die Situation der jeweiligen Portfolioelemente.

---

[1] Vgl. Picot, A. (1981), S. 564.

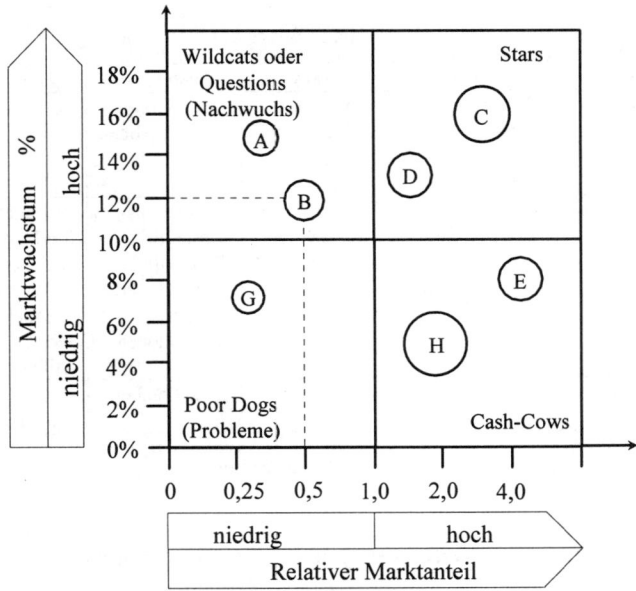

Abb. 8.4: Marktanteils-Marktwachstums-Portfolio

Ist das Ist-Portfolio erstellt, das die gegenwärtige Situation beschreibt, so wird anschließend ein Soll-Portfolio erstellt, oder es werden in das bestehende Portfolio die gewünschten Lagen der Portfolioelemente eingetragen. Um die Lage der Portfolioelemente zu verändern, werden verschiedene Strategien vorgeschlagen. Beispielsweise für "Stars": Investitionsstrategien, für "Wildcats": Desinvestitions- oder Investitionsstrategien, für "Cash-Cows": Abschöpfungsstrategien, für "Dogs": Desinvestitionsstrategien. Im Hinblick auf das Ziel eines finanziell ausbalancierten Portfolios, d. h. die optimale Mischung des Portfolios wird vorgeschlagen, die insbesondere durch die "Cash-Cows" sowie durch die liquiden "Questions" und "Poor Dogs" gewonnenen Finanzmittel dazu einzusetzen, die "Stars" und die ausgewählten "Questions" zu finanzieren.[1]

---

[1] Vgl. Kreikebaum, H. (1981), S. 72; Dunst, K. (1979), S. 94-98 u. 108-113.

Strategische Elemente	Portfolio-Kategorie			
	Questions	Stars	Cash Cows	Poor Dogs
Zielvorstellung	Selektiver Abbau bzw. Ausbau des Marktanteiles	Halten bzw. leichter Aus- bau des Marktanteiles	Halten bzw. leichter Abbau des Markt- anteiles	Abbau des Marktanteiles
Investitionsaufwand	Hoch: Erweiterungs- investition oder Verkauf	Hoch: Reinvestition des Netto- Cash Flow	Gering: aus- schließlich Rationali- sierungs- und Ersatz- investitionen	Minimal: Verkauf von Anlagen bei Gelegenheit / möglicher- weise Stillegung
Verhalten gegenüber dem Risiko	Akzeptieren		Einschränken	Stark reduzieren

Abb. 8.5: Verhaltensweisen[1]

Das **Marktattraktivitäts-Wettbewerbsvorteil-Portfolio** (Branchenattraktivität-Ge-schäftsfeldstärken-Portfolio) wurde von dem amerikanischen Beratungsunternehmen McKinsey entwickelt und bei General Electric praktisch erprobt. Mit Bezug auf die Entwickler der Matrix wird auch von dem McKinsey-Portfolio gesprochen. Es wurde aus der Kritik an der relativ einfachen und vergröbernden Feldeinteilung und den wenig aussagefähigen Einteilungskriterien der Marktwachstums-Marktanteils-Matrix entwickelt. Das Marktattraktivitäts-Wettbewerbsvorteil-Portfolio setzt sich aus neun Feldern zusammen, wie die Abb. 8.6 zeigt. Die Einteilung erfolgt nach der Markt-attraktivität und den Wettbewerbsvorteilen. Sowohl die Marktattraktivität als auch der Wettbewerbsvorteil müssen näher konkretisiert werden. Hierzu werden verschiedene Kriterien herangezogen, die in der Abb. 8.7 aufgeführt sind.[2]

Während es sich bei den Beurteilungskriterien für die Marktattraktivität um externe Kriterien handelt, die vom Unternehmen i.d.R. nicht beeinflußt werden können, handelt es sich bei den Kriterien für die Beurteilung der relativen Wettbewerbs-vorteile um unternehmensspezifische Faktoren, auf die das Unternehmen einen Einfluß ausüben kann.

---

[1] Vgl. Nieschlag, R. / Dichtl, E./ Hörschgen, H. (1985), S. 848.

[2] Vgl. Dunst, K. (1979), S. 104; Pfeil, B. (1984), S. 51-54; Robens, H. (1985), S. 194; Hinterhuber, H. (1980), S. 148.

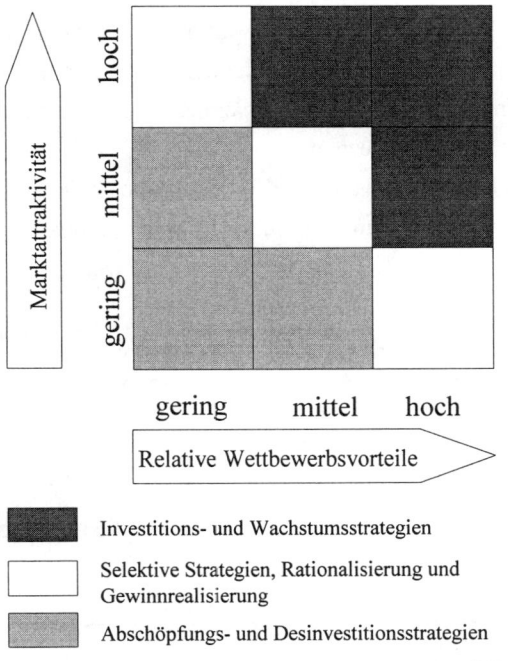

Investitions- und Wachstumsstrategien

Selektive Strategien, Rationalisierung und Gewinnrealisierung

Abschöpfungs- und Desinvestitionsstrategien

Abb. 8.6: Marktattraktivitäts-Wettbewerbsvorteil-Portfolio

Marktattraktivität des betrachteten Marktes	relative Wettbewerbsvorteile des betrachteten Unternehmens
• Marktwachstum • Marktgröße • Marktrisiko • Markteintrittskosten • Konkurrenzsituation • Preiselastizität • Konjunkturanfälligkeit • Investitionsattraktivität • Innovationspotential • Soziale Attraktivität • Kundenstruktur • Kundenverhalten • Umwelteinflüsse (Gesetzgeber, öffentliche Meinung) • Inflationsauswirkungen • Rentabilität der Branche • Wettbewerbsintensität	• Relativer Marktanteil • Größe und Finanzkraft • Wachstumsrate • Kostenvorteile • Know-how • Image • Kapazität • Produktqualität • Technische Position • Produktionspotential • Arbeitsorganisation • Distribution • Vertrieb • Forschungs- und Entwicklungspotential • Service • Lieferbereitschaft • Marketing-Mix • Finanzielles Ergebnis

Abb. 8.7: Kriterien zur Erstellung des Marktattraktivitäts-Wettbewerbsvorteil-Portfolios

Das Problem besteht darin, daß eine Bewertung der einzelnen Kriterien für die Produkte bzw. strategischen Geschäftseinheiten erfolgen muß. Zu diesem Zweck können sog. Scoring-Modelle eingesetzt werden. Die Anwendung wird später an Hand eines anderen Portfolios gezeigt.

Nachdem der Markt erforscht wurde und nachdem die Stärken und Schwächen des eigenen Unternehmens (bzw. seiner Produkte) absolut und relativ zu den Stärken und Schwächen der relevanten Konkurrenz untersucht wurden, sind Strategien zu entwickeln.[1]

a) Position halten und sichern ➜   defensives Verhalten
b) Position vergrößern, wachsen ➜   aggressives Verhalten
c) Spezialisierung und Profilierung in   konstruktives Verhalten
    Marktnischen ➜
d) Ernten und aussteigen ➜   destruktives Verhalten

Die von *Ansoff* entwickelte **Produkt / Markt Matrix** dient ebenfalls als Hilfsmittel für den Suchprozeß nach neuen Strategien.

Produkt / Markt	gegenwärtig	neu
gegenwärtig	Marktdurch-dringung	Produkt-entwicklung
neu	Marktent-wicklung	Diversifikation - horizontale - vertikale - laterale

Abb. 8.8: Produkt / Markt-Matrix

Konzentriert sich das Unternehmen auf die vorhandenen Produkte auf dem gegenwärtigen Markt, so spricht man von Marktdurchdringung. Die Konzentration aller Mittel auf die vorhandenen Produkte ist allerdings mit der Abhängigkeit von "alten" Produkten verbunden. Um eine Risikostreuung zu erreichen, muß die Diversifikation (neue Produkte in neuen Märkten) vorgenommen werden. Die Diversifikation ist so als das Gegenstück zur Konzentration anzusehen. Die Diversifikation bietet sich besonders dann an, wenn bei den angestammten Produkten negative Entwicklungen

---

[1] Vgl. Pfeil, B. (1984), S. 57.

zu erwarten sind oder wenn das Unternehmen über hohe Liquiditätsreserven verfügt, die nicht sinnvoll in vorhandene Produkte und Märkte investiert werden können. Investiert das Unternehmen in neue Produkte auf gegenwärtigen Märkten, betreibt es also eine Sortimentspolitik, so spricht man von Marktentwicklung. Werden die gegenwärtigen Produkte auf neuen Märkten angeboten (auf regionaler, nationaler oder internationaler Ebene), so handelt es sich um eine Marktentwicklung.

8.3.2 Die Bedeutung der Portfolios in der Praxis

Im Rahmen einer von *Coenenberg* und *Günther* durchgeführten empirischen Untersuchung zum Einsatz strategischer Instrumente in deutschen Unternehmen wurden 283 Unternehmen unterschiedlicher Branchen auch zum Einsatz von Portfolios befragt. Die Autoren geben an, daß 122 der strategischen Planer Angaben zu dem Einsatz von Portfolios machten. Das Ergebnis zeigt die Abb. 8.9.[1]

Am häufigsten eingesetzt wird bei den Matrixdarstellungen das Boston 1-Portfolio (Marktanteils-Marktwachstums-Portfolio), gefolgt vom McKinsey-Portfolio (Markt-attraktivitäts-Wettbewerbsvorteil-Portfolio). Selbstdefinierte und demnach problem-angepaßte Matrizen nehmen den dritten Rang ein. Das noch zu behandelnden Technologieportfolio steht mit 23 % der Stichprobe an vierter Stelle. 10,7 % der Nennungen entfallen auf Ressourcen-Portfolios. Portfolios, die sich mit Spezialproblemen beschäftigen (z.B. Schrumpfmatrizen), sind dagegen eher von untergeordneter Bedeutung.

---

[1] Vgl. Coenenberg A. / Günther, T. (1990), S. 464.

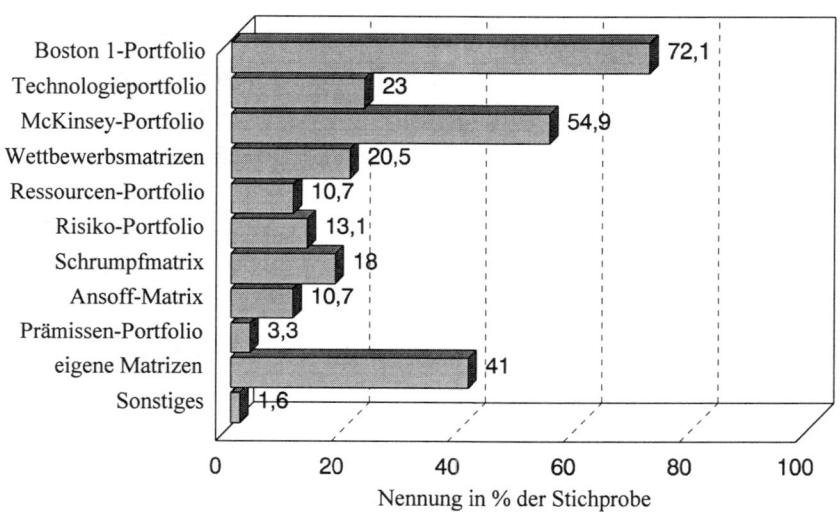

Mehrfachnennungen
Stichprobe 122 strategische Planer

Abb. 8.9: Einsatz von Matrixdarstellungen[1]

8.3.3 Überblick über die Portfolios im Materialmanagement

Der Einsatz der Portfolio-Technik im Materialmanagement dient dem Ziel, die Bedrohungspotentiale, die vom Beschaffungsmarkt ausgehen, zu erfassen und die strategischen Chancen, die der Markt bietet, offenzulegen. Auf der Grundlage der Erkenntnisse können Beschaffungsstrategien entwickelt und Einkaufsmaßnahmen ergriffen werden, die der Situation des Marktes angemessen und auf die Position des einkaufenden Unternehmens abgestimmt sind.[2] In den vergangenen Jahren sind verschiedene Formen von Portfolios entwickelt worden. Eine Übersicht zeigt die Abb. 8.10.

---

[1] Vgl. Coenenberg A. / Günther, T. (1990), S. 465.

[2] Vgl. Heege, F. (1981), S. 18.

Portfolio	Kriterien / Schlüsselfaktoren	Zielsetzung	Quellen
Ergebnis-Risiko-Portfolio	Einkaufsvolumen (oder Einfluß auf das Unternehmensergebnis) und Beschaffungsrisiko	Klassifizierung der Güter nach der strategischen Bedeutung, Ableitung von Einzelmaßnahmen für die Beschaffungsartikel	Kraljic, P. (1985), S. 6-12; Grün, O. (1990), S. 480-481.
Versorgungsrisiko-ABC-Portfolio	Gegenüberstellung des Versorgungsrisikos und der ABC-Ausprägung	siehe Ergebnis-Risiko-Portfolio	Westermann, H. (1989), S. 21.
Lieferanten-Portfolio	Gegenüberstellung des Lieferanteils und der Marktbedeutung der Lieferanten	Klassifizierung der Lieferanten nach der strategischen Bedeutung, Ableitung von Lieferanten-Verhandlungsstrategien	Kraljic, P. (1988), S. 486.
Einkaufs-Portfolio (Marktmacht-Portfolio)	Gegenüberstellung der Stärke des Lieferanten (Lieferantenmacht) und der Stärke des Abnehmers (Nachfragemacht)	Ableitung von Beschaffungsstrategien, um die Chancen zu nutzen und die Risiken zu vermeiden, die sich aus den Machtverhältnissen ergeben	Heege, F. (1981), S.18-21; Kraljic, P. (1985), S. 6-12.
Risiko-Anfälligkeits-Portfolio	Gegenüberstellung des Versorgungsrisikos und der Anfälligkeit des Unternehmens bei Versorgungsproblemen	Bestimmung eines optimalen Beschaffungsprogramms	Heege, F. (1981), S. 21-23.
Geschäftsfeld-Ressourcen-Portfolio	Die Absatzprodukte werden mit ihren Ausgangsstoffen (Ressourcen) in das Portfolio eingeordnet	Aufdecken kritischer Geschäftsfeld-Ressourcen-Kombinationen	Albach, H. (1978), S. 708-710.

Abb. 8.10: Überblick über diverse Portfolios für das Materialmanagement

8.3.4 Schritte zur Erstellung eines Portfolios

Die Erstellung der Portfolios für die Beschaffungsseite erfolgt analog zur Erstellung der Portfolios für den Absatzbereich im Rahmen des Marketings bzw. Marketing-Controllings.

1. Auswahl einer geeigneten Portfoliodarstellung (Einteilungskriterien der Abszisse und der Ordinate)
2. Auswahl der Einsatzgüter bzw. Abgrenzung der strategischen Ressourceneinheiten
3. Positionierung der strategischen Ressourceneinheiten im Portfolio (Abbildung des Ist-Zustandes)
4. Ableitung von Beschaffungsstrategien für die SRE.

Schritt 1: Zunächst muß überlegt werden, welche Portfolio-Darstellung gewählt werden soll. Hierzu werden verschiedene Modelle angeboten, wie sie in Abb. 8.10 bereits gezeigt wurden. Die Portfolios können teilweise auch kombiniert werden, wie noch zu zeigen sein wird. Die folgenden Schritte sollen am Beispiel des Ergebnis-Beschaffungsrisiko-Portfolios näher erläutert werden.

Schritt 2: Auswahl der zu untersuchenden Ressourcen (Beschaffungsartikel). In diesem Zusammenhang wird analog zur Bildung Strategischer Geschäftseinheiten im Absatzbereich (SGE) die Abgrenzung in Form von Strategischen Ressourcen-Einheiten (SRE) vorgeschlagen. Vielfach wird auch von strategischen Beschaffungseinheiten gesprochen. SRE sind Einsatzgüter, also Materialien oder Materialgruppen, die auf bestimmten Märkten beschafft werden.[1] Die Abgrenzung von strategischen SRE kann z.b. nach den nachstehenden Kriterien erfolgen:[2]

- Merkmale und Anforderungen der Beschaffungsobjekte (Materialart, gefährliche, problemlose Güter, Massenware, Einzelstücke, hohes / geringes Beschaffungsvolumen
- regionale Aspekte (Beschaffungsmärkte, Inland / Ausland)
- Lieferanten(gruppen) (geringe / hohe Anzahl potentieller Lieferanten, geringe / hohe Kapazitätsausstattung der Lieferanten.

Zu beachten ist, daß die SRE unabhängig voneinander sein müssen. Dies ist notwendig, damit gesonderte Strategien für die einzelnen SRE entwickelt werden können. Bei der Planung muß die Frage gestellt werden: Können die Beschaffungsaktivitäten in dem abgegrenzten Bereich geändert werden, ohne daß die Bedingungen in einem anderen Bereich beeinflußt werden? Die Unabhängigkeit ist z.B. nicht gegeben,

- wenn zwei gleiche Materialarten in das gleiche Produkt eingehen oder vom gleichen Lieferanten bezogen werden,
- ein Lieferant auf zwei getrennten Märkten tätig ist oder
- zwei Lieferanten einer Materialart in Beziehung zueinander stehen.[3]

Schritt 3: Die Positionierung der SRE erfolgt entsprechend dem gewählten Portfolio-Modell. Die Positionierung im Ergebnis-Beschaffungsrisiko-Portfolio erfordert die Auswahl von geeigneten, möglichst überschneidungsfreien, Kriterien, die die Bewertungsdimensionen a) Ergebnis und b) Beschaffungsrisiko und damit die

---

[1] Vgl. Franken, R. (1984), S. 68; Grün, O. (1990), S. 480.

[2] Vgl. Franken, R. (1984), S. 68; Melzer-Ridinger, R. (1989), S. 74.

[3] Vgl. Franken, R. (1984), S. 68.

Analyse des Beschaffungsmarktes möglichst gut beschreiben. Wichtige Kriterien für die **Beurteilung der Risiken** können z.B. sein:[1]

- Marktgröße/-kapazität
- Abhängigkeitsgrad
- Kapazitätsauslastung/ Engpaßrisiko
- Rentabilität der Lieferanten
- Eigenfertigungs- u. Substitutionsmöglichkeiten
- Durchschnittliches jährliches Wachstum
- Marktpreisentwicklung
- Beschaffungsmarktphasen
- Konkurrenzsituation (Zahl der Lieferanten)
- Energieeinsatz und langfristige physiche Verfügbarkeit des Rohstoffs
- Eintrittsbarrieren (Know-how / Kapital / Gesetze)
- Umweltrisiken (politische Risiken, Streiks, politische Ereignisse, witterungsbedingte Transportausfälle)
- Technologische Stabilität
- Recyclinganteil am Gesamtverbrauch.

Wie die Aufzählung der Kriterien zeigt, ist eine **systematische Analyse** der relevanten Beschaffungsmärkte erforderlich, um das Beschaffungsrisiko beschreiben zu können.

Alle in die Betrachtung einbezogenen SRE werden entsprechend den aufgestellten Kriterien bewertet. Da es sich um die Aufzählung sehr heterogener Kriterien handelt, die von Fall zu Fall eine unterschiedliche Bedeutung haben, muß nach der Möglichkeit einer Gesamtbeurteilung gesucht werden. Hierzu bieten sich einfache Scoring-Modelle an. Für die o.g. Kriterien zeigt die Abb. 8.11 ein Beispiel. Für jede SRE wird eine Bewertung anhand der vorgegebenen Kriterien durchgeführt. Die Gewichtung der Kriterien bringt den Stellenwert der Kriterien untereinander zum Ausdruck. Ist der Gewichtungsfaktor (Spalte 2) sehr hoch, wird das Kriterium in dem betrachteten Fall hoch eingeschätzt, umgekehrt zeigt eine geringe Gewichtung an, daß das Kriterium für den Planer von untergeordneter Bedeutung ist.

---

[1] Vgl. Heege, F. (1981), 22.

Einfach gestaltet sich die Punktezuordnung, wenn sich für die Kriterien objektive Meßeinheiten finden lassen und die relevanten Zahlen zu beschaffen sind. Dies ist dann der Fall, wenn sich Kardinalskalen (Intervall- und Verhältnisskalen) bilden lassen. Problematisch wird es, wenn sich die Kriterien nur nominal oder ordinal skalieren lassen. Bei der Nominalskala kann nur eine Verschiedenartigkeit oder Gleichheit festgestellt werden. Die Ordinalskala ermöglicht dagegen die Abbildung von größer - kleiner Beziehungen und Gleichheitsbeziehungen. So muß der Planer beim Kriterium Beschaffungsmarktphasen den Phasen Einführungs-, Wachstums-, Reife- und Sättigungsphase Punkte zuordnen. Je nachdem, in welcher Phase sich die betrachtete SRE befindet, erfolgt eine entsprechende Punktezuordnung.

In die Betrachtungsweise sollten nicht nur Klassifikationsmerkmale, die eine objektive Meßgenauigkeit garantieren, sondern auch subjektive Kriterien einbezogen werden.

Für die zweite Dimension des Portfolios wird das Einkaufsvolumen eingesetzt. Es erfolgt dann die Einteilung in geringes und großes Einkaufsvolumen entsprechend der Abb. 8.12. Anstelle des Einkaufsvolumens wird auch die Dimensionen "Einfluß auf das Betriebsergebnis" verwendet. Der Einfluß der Materialien auf das Betriebsergebnis wird in diesem Fall an den zu beschaffenden Mengen, ihrem Anteil an den gesamten Beschaffungskosten und ihrer Bedeutung für die Produktqualität und das Unternehmenswachstum gemessen.[1] Die Bewertung der SRE für die Dimension "Einfluß auf das Betriebsergebnis" erfolgt analog zum Beispiel der Abb. 8.11.

---

[1] Vgl. Grün, O. (1990), S. 480.

Lieferantenmarkt Umweltfaktoren Marktbezogene Kriterien SRE	Einteilung	Ge-wich-tung	negativ ←———————→ positiv									Wert ge-wichtet
			1	2	3	4	5	6	7	8	9	
1. Marktgröße / -kapazität	Mio. €	10				x						40
2. Abhängig-keitsgrad	gering - sehr groß	9					x					45
3. Kapazitäts-auslastung/ Engpaßrisiko	Mio. € oder Tonnen	8					x					40
4. Rentabilität der Lieferanten	in Prozent	9				x						36
5. Eigenfertigungs-u. Substitutions-möglichkeiten	gering - zahlreich	7			x							21
6. Durchschnitt-liches jährliches Wachstum	in Prozent	6			x							18
7. Marktpreis-entwicklung	in Prozent	10						x				60
8. Beschaffungs-marktphasen	Phasen	5		x								10
9. Konkurrenz-situation (Zahl der Lieferanten)	Markt-form	7			x							21
10. Energieeinsatz	hoher - geringer Einsatz	7				x						28
11. Eintrittsbarrieren	Kapital (Mio. €)	6				x						24
12. Umweltrisiken (politische Risiken)	hohes - geringes Risiko	6					x					30
13. Technologische Stabilität	hohe - geringe Stabilität	6				x						24
14. Recyclinganteil am Gesamtver-brauch	Prozent-angaben	4							x			28
		100	Durchschnittswert: 4,25									425

Abb. 8.11: Beispiel zur Bewertung des Versorgungsrisikos (Beschaffungsrisikos)

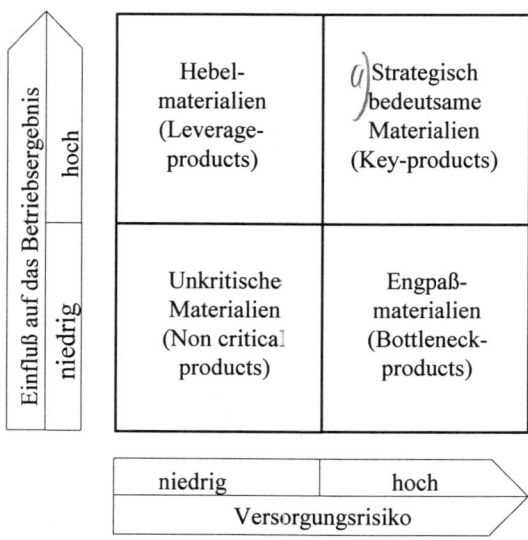

Abb. 8.12: Das Ergebnis-Beschaffungsrisiko-Portfolio

Im Ergebnis-Beschaffungsrisiko-Portfolio werden die Einsatzstoffe in die folgenden vier Gruppen klassifiziert: a) **strategisch** bedeutsames Material, das sind SRE mit großem Einkaufsvolumen und hohem Beschaffungsrisiko, b) **Engpaßmaterialien**, zeichnen sich durch geringes Einkaufsvolumen und hohes Beschaffungsrisiko aus, c) **Hebelmaterialien** haben ein großes Einkaufsvolumen, sind aber mit einem geringen Beschaffungsrisiko behaftet, d) **unkritische Materialien** haben ein geringes Einkaufsvolumen und ihre Beschaffung ist mit einem geringen Risiko verbunden.

Schritt 4: wenn das SRE oder die SRE im Portfolio positioniert sind, erfolgt die Ableitung geeigneter Strategien.

Für die SRE sind Handlungsempfehlungen unter Berücksichtigung der unternehmensinternen und -externen Strukturen zu entwickeln.[1]

a) Strategisch bedeutsame Materialien
Entsprechend der Einordnung (hohes Versorungsrisiko und großes Einkaufsvolumen) sind Strategien zu entwickeln. I.d.R. ergibt sich für das Unternehmen wenig Handlungsspielraum, eine längerfristige Sicherung der Versorgung zu gewährleisten. Folgende Strategien sind für strategisch bedeutsame Materialien denkbar:

---

[1] Vgl. auch Arnold, U. (1990), S. 3; Hubmann, H. / Barth, M. (1990), S. 30.

- Aufbau langfristiger Zusammenarbeit mit Lieferanten
- Single-sourcing-Politik
- Förderung einer aktiven Beschaffungsmarktforschung
- intensive Analysen zur Fragestellung: Eigenfertigung- oder Fremdbezug?
- Unterstützung von Standardisierungsbemühungen.

b) Engpaßmaterialien

Wie die kritisch einzustufenden strategisch bedeutsamen Materialien sind auch die Engpaßmaterialien als kritisch einzustufen. Zwar ist das Einkaufsvolumen gering, dafür das Versorgungsrisiko hoch einzustufen. Das Versorgungsrisiko sollte daher im Vordergrund bei der Strategiebildung stehen, um eine reibungslose Versorgung zu sichern. Mögliche Strategien sind:

- Sicherstellung der Versorgung über längerfristige Lieferverträge
- keine kurzfristigen Lieferantenwechsel und Konzentration auf relativ sichere Lieferanten
- Bestände zur Risikovermeidung halten
- Förderung neuer Lieferanten (Lieferantenpflege).

c) Hebelmaterialien

Das große Einkaufsvolumen und der damit verbundene hohe Einfluß auf das Unternehmensergebnis sowie das relativ geringe Versorgungsrisiko führen zu Abschöpfungsstrategien. Das vorhandene Marktpotential sollte optimal genutzt werden. Beispiele hierfür sind:

- Aggressives Auftreten auf den Beschaffungsmärkten
- Aufbau und Nutzung von Nachfragemacht
- Stimulierung des Anbieterwettbewerbs
- intensive Suche nach neuen Lieferanten
- internationaler Preisvergleich
- Qualitätssicherung und Lagerkonzeption beim Lieferanten
- Überprüfung der Preisbestandteile.

d) Unkritische Materialien

Unkritische Materialien sollten einer effizienten Abwicklung unterzogen werden. I.d.R. ist bei ihnen der Lieferantenwettbewerb groß, die Beschaffungskomplexität gering. Hieraus resultieren geringe Informationskosten der Beschaffung. Als Strategie steht in diesem Fall die Kostensenkung im Mittelpunkt der Betrachtung. Dienlich sind:

- Aufbau neuer Informations- und Kommunikationstechniken im Beschaffungs-
  bereich
- Anwendung neuer Versorgungskonzepte (JiT-Beschaffung)
- Übergang von der Eigenfertigung zur Fremdfertigung.

Die Einordnung der SRE im Ergebnis-Beschaffungsrisiko-Portfolio, führt nicht nur zu unterschiedlichen Strategien, sondern auch zu einer differenzierten Informations-versorgung und Verteilung der organisatorischen Zuständigkeiten, entsprechend der Abb. 8.13.

Beschaffungs-schwerpunkt	Hauptaufgabe	Erforderliche Informationen	Entscheidungs-ebene
Strategische Artikel	Präzise Bedarfsprognose, genaue Marktforschung, Schaffung langfristiger Beziehungen zu Lieferanten Entscheidungen über Eigen-fertigung oder Zukauf, Staffel-verträge, Risikoanalyse, Notfallplanung, Logistik-, Bestands- und Lieferantenkontrolle	Sehr detaillierte Marktdaten, Informationen über langfristige Angebots- und Bedarfs-entwicklungen, gute Kenntnis des Wettbewerbs, Industriekostenkurven	Oberste Ebene (z.B. Vize-präsident Einkauf)
Engpaßartikel	Mengensicherung (wenn notwendig gegen Aufpreis), Lieferantenkontrolle, Bestandssicherung, Ausweichpläne	Prognosen über die mittelfristige Entwick-lung von Angebot und Nachfrage, sehr gute Marktdaten, Bestands-kosten, Erhaltungspläne	Höhere Ebene (z.B. Bereichs-leiter)
Hebelprodukte	Ausnutzen der vollen Einkaufs-macht, Lieferantenauswahl, Produktsubstitution, gezielte Preis- und Ver-handlungsstrategien, Mischung aus Vertragseinkäufen und Einkäufen auf den Spot-märkten, Auftragsmengen-optimierung	Gute Marktdaten, kurz- bis mittelfristige Bedarfsplanung, exakte Lieferantendaten, Prognose von Preis-entwicklungen und Frachtraten	Mittlere Ebene (z.B. Chef-einkäufer)
Unkritische Artikel	Produktstandardisierung, Überwachung und Optimierung der Auftragsmengen, effiziente Bearbeitung, Bestands-optimierung	Gute Marktübersicht, kurzfristige Bedarfs-prognosen, optimale Bestandshöhe für wirtschaftliche Auftragsgrößen	Untere Ebene (z.B. Einkäufer)

Abb. 8.13: Klassifizierung des Einkaufsbedarfs[1]

---

[1] Vgl. Kraljic, P. (1985), S. 9.

8.3.5 Das Beschaffungsrisiko-ABC-Portfolio

Anstelle des Einkaufsvolumens wie beim Ergebnis-Beschaffungsrisiko-Portfolio kann auch die ABC-Einteilung der Güter als Einteilungskriterium verwendet werden. Als zweites Einteilungsmerkmal wird das Beschaffungs- bzw. Versorgungsrisiko herangezogen. Das Beschaffungsrisiko-ABC-Portfolio kommt zur gleichen Einteilung wie das Ergebnis-Beschaffungsrisiko-Portfolio. Die aus dem Portfolio abzuleitenden Strategien entsprechen denen des Ergebnis-Beschaffungsrisiko-Portfolios.

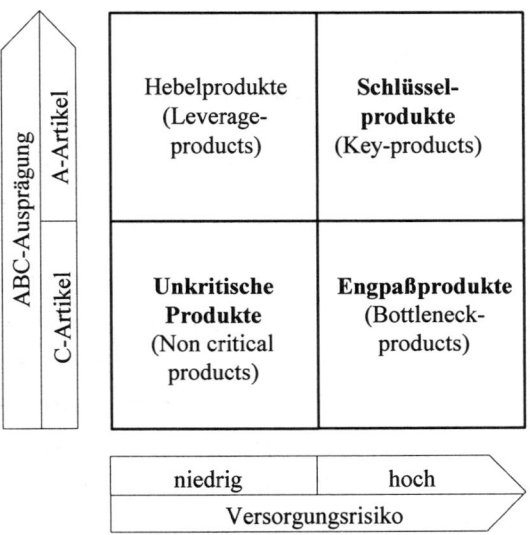

Abb. 8.14: Beschaffungsrisiko-ABC-Portfolio[1]

8.3.6 Das Lieferanten-Portfolio

Analog zum Ergebnis-Beschaffungsrisiko-Portfolio, bei denen die SRE klassifiziert werden, schlägt *Kraljic* vor, die Lieferanten in einem Portfolio zu positionieren. Mit der Gegenüberstellung des Lieferanteils und der Marktbedeutung der Lieferanten gelangt man zum sog. Lieferanten-Portfolio (Abb. 8.15).

---

[1] Vgl. Westermann, H. (1989), S. 21.

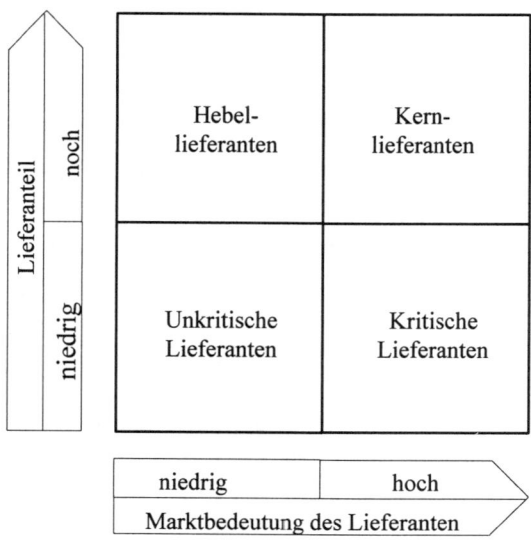

Abb. 8.15: Lieferantenportfolio[1]

Zur Bestimmung des Lieferanteils des Lieferanten kann auf die Daten der Lager-buchhaltung bzw. Materialrechnung zurückgegriffen werden. Die Marktbedeutung des Lieferanten wird durch den Marktanteil des Lieferanten am relevanten Markt bestimmt. Der relevante Markt ist derjenige, von dem das Unternehmen derzeit seine Teile bezieht, er kann ein Erdteil (wie Asien oder Europa), eine Wirtschaftsregion (wie die EG), ein Land (wie Deutschland oder Frankreich) oder ein regionales Gebiet (wie das Ruhrgebiet oder Norddeutschland) sein.

Im Lieferanten-Portfolio ergeben sich die folgenden Matrixfelder:

a) Kernlieferanten (hohes Einkaufsvolumen bei diesem Lieferanten, hohe Markt-bedeutung des Lieferanten)

b) Hebellieferanten (hohes Einkaufsvolumen bei diesem Lieferanten, niedrige Marktbedeutung des Lieferanten),

c) kritische Lieferanten (hohe Marktbedeutung des Lieferanten, niedriges Einkaufs-volumen bei diesem Lieferanten)

d) unkritische Lieferanten (niedrige Marktbedeutung des Lieferanten und niedriges Einkaufsvolumen bei diesem Lieferanten).

---

[1] Kraljic, P. (1988), S. 486.

Erfolgt ein Abgleich des Ergebnis-Beschaffungsrisiko-Portfolios (Abb. 8.12) mit dem Lieferantenportfolio (Abb. 8.15), so ergibt sich das in der Abb. 8.16 dargestellte Portfolio, das auf besondere Chancen und Risiken hinweist. Besondere Risiken können sich z.B. daraus ergeben, wenn strategisch bedeutsame Materialien oder Engpaßmaterialien bei kritischen Lieferanten gekauft werden.[1] Das zusammengesetzte Portfolio hilft bei der Überlegung, welche Materialien und Lieferanten einer detaillierten Untersuchung unterzogen werden sollen.

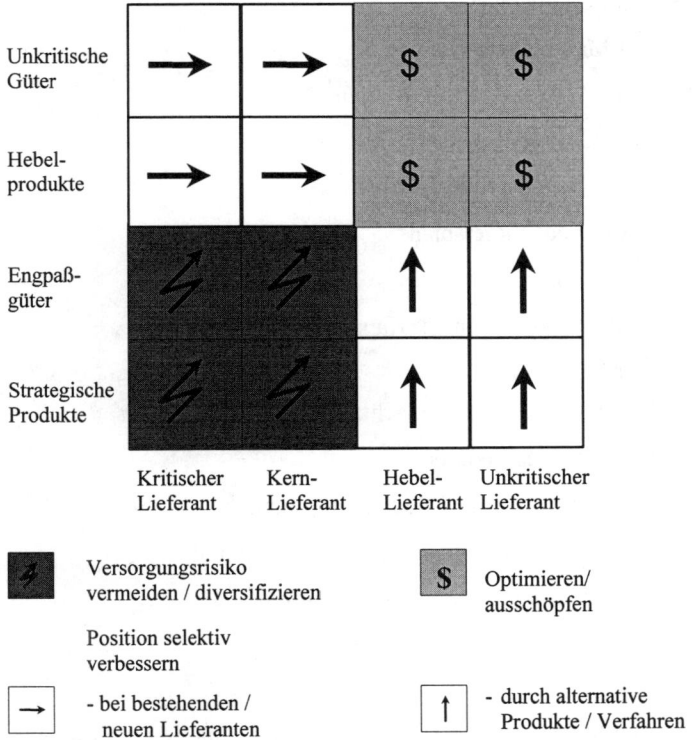

Abb. 8.16: Differenzierung / Prioritätensetzung auf der Basis des zusammengeführten Material-/Lieferantenportfolios[2]

8.3.7 Das Einkaufsportfolio (Marktmacht-Portfolio)

Beim Einkaufs-Portfolio werden die **Angebotsmacht der Lieferanten** und die **Nachfragemacht** (Unternehmensstärke) des Abnehmers einander gegenübergestellt

---

[1] Vgl. Kraljic, P. (1988), S. 486-489.
[2] Kraljic, P. (1988), S. 486.

(s. Abb. 8.17). Die Matrix zeigt die Stärken des nachfragenden Unternehmens und die Stärken des Beschaffungsmarktes. Das beschaffende Unternehmen erhält durch das Einkaufsportfolio Informationen über bestehende Risiken und Chancen, die für die betrachteten Artikel auf dem Beschaffungsmarkt bestehen. Die Machtverhältnisse werden durch die folgenden Faktoren bestimmt:[1]

Angebotsmacht-Faktoren

- Marktform (Anzahl der Anbieter)
- Knappheit des Gesamtangebotes
- Verteilung der Marktanteile
- Möglichkeit des Auftretens neuer Anbieter
- Einzigartigkeit des Produkts
- Anteil der Lieferanten am Gesamtmarkt
- Leistungsfähigkeit des Lieferanten
- Kapazitätsauslastung
- Gewinnschwelle im Vergleich zur Kapazitätsauslastung

Nachfragemacht-Faktoren

- Anteil des Bedarfs an der Gesamtnachfrage des Marktes
- Jährliche Steigerung des Bedarfs
- Möglichkeit des Übergangs auf die Eigenfertigung
- Möglichkeit der Lieferantenentwicklung und -förderung
- Möglichkeit der Weitergabe von Preissteigerungen
- Höhe der Fehlmengenkosten bei Lieferausfall

Die o.g. Faktoren können wieder die Ausgangsbasis für Scoring-Modelle sein, um die Beschaffungsgüter bzw. SRE in das Portfolio zu positionieren. *Kraljic* schlägt zu diesem Zweck die in der Abb. 8.17 aufgeführten Bewertungskriterien vor.

---

[1] Vgl. Franken, R. (1984), S. 69; Melzer-Ridinger, R. (1989), S. 76-77.

	Lieferantenmacht	Nachfragemacht
1	Marktgröße im Verhältnis zur Lieferantenkapazität	Einkaufsmenge im Verhältnis zur Kapazität der wichtigsten Produktionseinheiten
2	Marktwachstum im Verhältnis zur Kapazitätsausweitung	Nachfragewachstum im Verhältnis zur Kapazitätsausweitung
3	Kapazitätsauslastung oder Engpaßrisiko	Kapazitätsauslastung der wichtigsten Produktionseinheit
4	Wettbewerbssituation	Marktanteil im Vergleich zu den wichtigsten Wettbewerbern
5	ROI und/oder ROC	Ergebnisbeitrag der wichtigsten Fertigprodukte
6	Kosten- und Preisstruktur	Kosten- und Preisstruktur
7	Gewinnschwelle	Kosten bei Lieferausfall
8	Besonderheit des Produkts und technologische Stabilität	Möglichkeiten zur Eigenfertigung bzw. Integrationstiefe
9	Eintrittsbarrieren (wegen des erforderlichen Kapitals oder Know-hows)	Eintrittskosten für neue Bezugsquellen im Verhältnis zu den Kosten einer Eigenfertigung
10	Logistische Situation	Logistik

Abb. 8.17: Klassifizierung des Einkaufsbedarfs[1]

Die Felder des Einkaufs-Portfolios entsprechen drei grundsätzlichen Risikokategorien, für die jeweils eine unterschiedliche strategische Vorgehensweise notwendig ist. Für Artikel, bei denen das nachfragende Unternehmen eine dominierende Rolle am Markt spielt und die Stärke des Lieferanten als mittel oder niedrig eingeschätzt wird, sollten aggressive Strategien verfolgt werden ("Abschöpfen"). Bedingt durch das geringe Lieferrisiko bieten sich dem Unternehmen große Chancen, einen hohen Ergebnisbeitrag durch Preisdruck und günstige Vertragsbedingungen zu erzielen.

Für Artikel, bei denen das nachfragende Unternehmen auf dem Beschaffungsmarkt nur eine untergeordnete Rolle spielt und das Unternehmen starken Lieferanten gegenübersteht, sind defensive Strategien zu wählen. Möglichkeiten sind z.B.: die Suche nach Substitutionsmöglichkeiten, Auswahl neuer Lieferanten, Budgeterhöhung für die Suche nach Beschaffungsalternativen ("Diversifizieren").

Für Artikel, bei denen keine größeren Risiken bestehen, wäre eine defensive Haltung übertrieben und zu kostspielig. Andererseits würde eine übertrieben aggressive Haltung gegenüber den Lieferanten auch nicht angebracht sein. In solchen Fällen sollte man eine abwägende Strategie der Mitte verfolgen ("Abwägen").[2]

---

[1] Kraljic, P. (1985), S. 9.
[2] Vgl. Kraljic, P. (1985), S. 11.

Ausgehend von diesen Grundausrichtungen können die einzelnen Elemente der Beschaffungs-/ Versorgungsstrategie, wie z.B. die Mengenzuteilung, die Preisgestaltung, die vertragliche Absicherung, die Fertigungstiefe (Eigenfertigung- oder Fremdbezug) bis hin zu den Fragen der Bestandssteuerung und Logistik festgelegt werden.

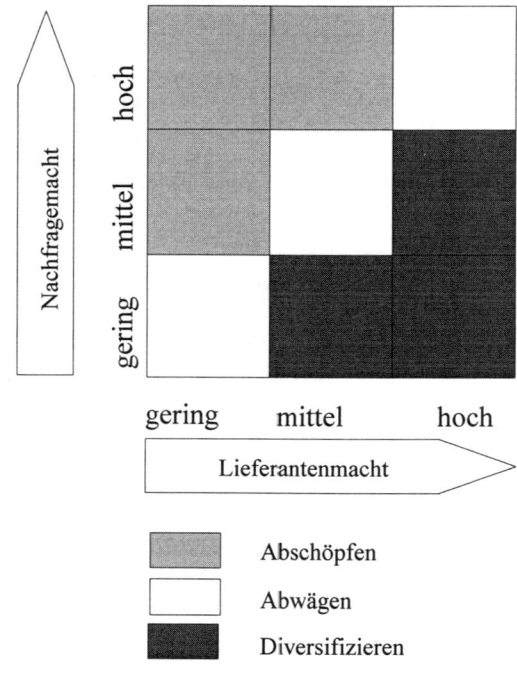

Abschöpfen

Abwägen

Diversifizieren

Abb. 8.18: Einkaufs-Portfolio[1]

Im abschließenden Schritt der Einkaufsportfolioanalyse soll durchdacht werden, welche Konsequenzen sich aus den unterschiedlichen strategischen Stoßrichtungen für die einzelnen Elemente der Einkaufsstrategie - wie Mengen, Preise, vertragliche Absicherung, Lieferanten - (Abb. 8.19) ergeben. Die Handlungsalternativen sind gegeneinander abzuwägen, und auf dieser Basis sind die detaillierten Ziele, Einzelschritte, Verantwortlichkeiten und Eventualpläne für die bevorzugte Versorgungsstrategie festzulegen. Für die unterschiedlichen Felder des Portfolios lassen sich die folgenden strategischen Grundrichtungen formulieren.[2]

---

[1] Kraljic, P. (1988), S. 486.
[2] Vgl. Kraljic, P. (1988), S. 490-492.

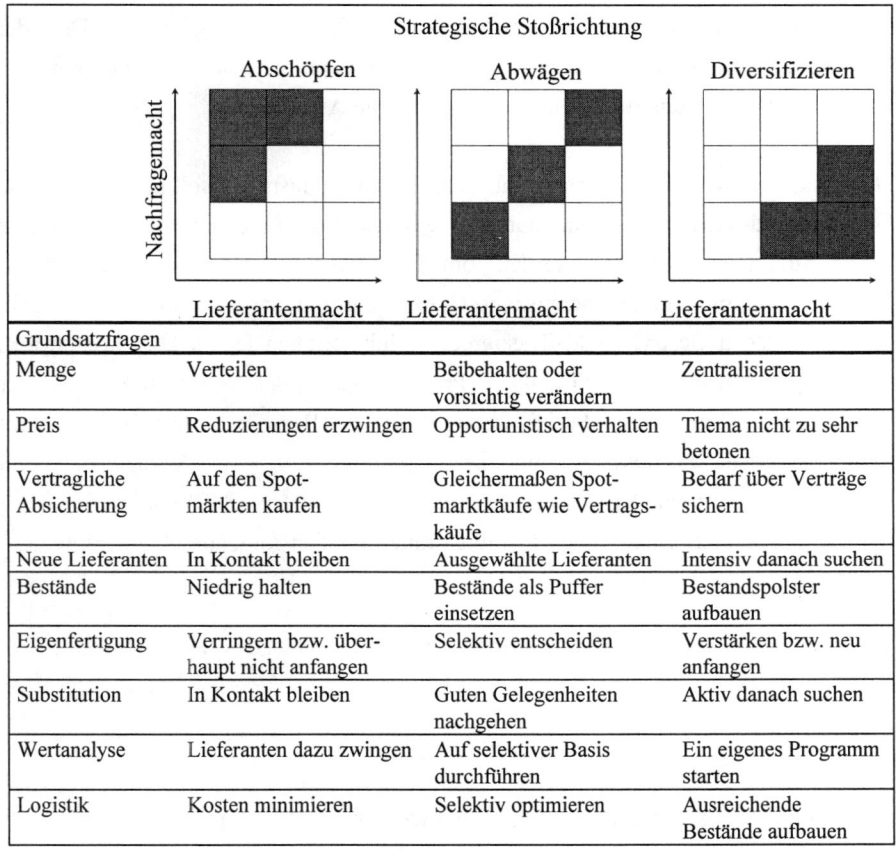

Abb. 8.19: Strategische Konsequenzen der Positionierung im Einkaufsportfolio[1]

8.3.8 Das Geschäftsfeld-Ressourcen-Portfolio

Albach entwickelt mit dem Geschäftsfeld-Ressourcen-Portfolio (GRP) ein integriertes Konzept, das sowohl den Absatzmarkt als auch den Beschaffungsmarkt enthält. Auf der Beschaffungsseite werden die Ressourcen nach den Dimensionen Verfügbarkeit und Kostenentwicklung in die Ressourcen-Matrix eingeordnet. Auf der Absatzseite dienen der Produktlebenszyklus und die Marktattraktivität als Einteilungskriterien für die Positionierung der Produkte in der Produkt-Matrix.

Durch die bestehenden Technologien besteht die Verbindung der Produkte, die in der Produkt-Matrix dargestellt sind und den Ressourcen der Ressourcen-Matrix. A → Y bedeutet z.B., daß das Produkt Y aus dem Rohstoff A hergestellt wird. Über die

---

[1] Kraljic, P. (1985), S. 12; Kraljic, P. (1988), S. 488.

Gesamtbeurteilung sowohl von der Rohstoff- als auch von der Produktseite werden die Produkte in das Ressourcen-Geschäftsfeld-Portfolio eingeordnet. Der der Produktbezeichnung nachgestellte Buchstabe in Klammern weist dabei auf den Rohstoff hin. Die Konstruktion der Matrix zeigt die Abb. 8.20.

Das integrierte Konzept für den Absatz- und Beschaffungsmarkt soll helfen, kritische Geschäftsfeld-Ressourcen-Kombinationen aufzudecken. In einem weiteren Schritt sollen Strategien entwickelt werden, um Produkte aus kritischen Geschäftsfeld-Ressourcen-Kombinationen herauszuholen bzw. dafür zu sorgen, daß Produkte nicht in die kritischen Geschäftsfeld-Ressourcen-Kombinationen fallen. Dies könnte z.B. dadurch geschehen, daß das Produkt X (Produkt Matrix) der Abb. 8.20 nicht aus der Ressource B (Ressourcen-Matrix), sondern aus A (Ressourcen-Matrix) hergeteilt wird. Das neue Produkt X* auf der Basis des Rohstoffs A läge dann im nichtkritischen Bereich der Ressourcen-Geschäftsfeld-Matrix. X(B) wird zu $X^*(A)$. Für die beispielhaft eingesetzten Kombinationen werden folgende "Normstrategien" vorgeschlagen:[1]

Y (A): Abschöpfungsstrategie (Ausnutzung von Schwächen des Beschaffungsmarktes)

U (C): Stufenweise bzw. sofortige Desinvestition

X (B): Wachstumsstrategie (z.B. Produktentwicklung, sofern im Ressourcenbereich eine Strategie der Substitution kritischer Ressourcen durch nicht kritische Ressourcen möglich ist. Beispiel: X (B) wird zu X*(A); sonst Abschöpfungsstrategie

Z(C): siehe X (B).

---

[1] Vgl. Picot, A. (1981), S. 566; Albach, H. (1978), S. 710.

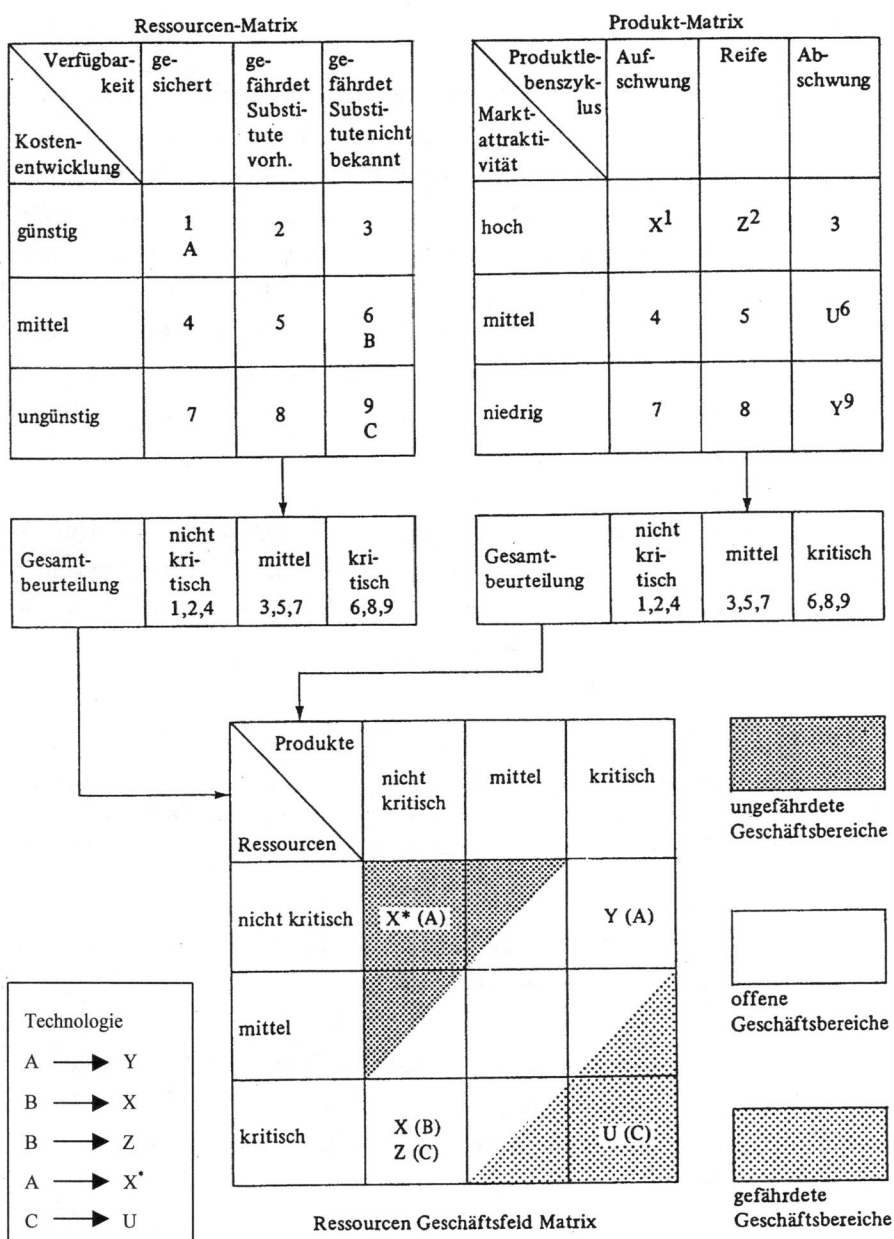

Abb. 8.20: Geschäftsfeld-Ressourcen-Portfolio[1]

---

[1] Albach, H. (1978), S. 709.

8.4 Das Erfahrungskurvenkonzept

Beobachtungen in einer Montagehalle für Flugzeugbau bei der Wright-Patterson Air Force Base im Jahre 1925 ergaben, daß mit jeder Wiederholung der Fertigungsvorgänge Lerneffekte auftraten. Beobachtet wurde, daß die Montagezeit von Flugzeugen im Laufe der Zeit immer geringer wurde. Diese grundlegenden Effekte wurden 1936 (etwa zehn Jahre nach ihrer Entdeckung) von Wright wissenschaftlich begründet. Etwa vierzig Jahre später wurde in den 60er Jahren der Effekt von der Boston Consulting Group (BCG) wieder aufgegriffen und auf Vollkostenentwicklungen übertragen. Die Anwendung bestand darin, eine langfristige Gesamtkostenentwicklung der von BCG beratenen Unternehmen zu beschreiben. Es konnte dabei eine negative Korrelation zwischen den Stückkosten und der kumulierten Gesamtproduktion nachgewiesen werden. [1]

Das Konzept der Erfahrungskurve beschreibt die Beziehung zwischen dem kumulierten Ausstoß eines Produktes und den dabei entstehenden Kosten. In der Zwischenzeit konnte in zahlreichen empirischen Untersuchungen gezeigt werden, daß die Produktionskosten mit jeder Verdoppelung des Gesamtausstoßes um 10 bis 30 Prozent fallen.[2] Der Erfahrungskurveneffekt kann wie folgt beschrieben werden:

> Mit jeder Verdoppelung der im Zeitablauf kumulierten Ausbringungsmenge eines Produktes gehen die auf die Wertschöpfung bezogenen zahlungswirksamen Stückkosten eines Produktes potentiell inflationsbereinigt um einen bestimmten Prozentsatz zurück. Das Stückkostensenkungspotential liegt dabei zwischen 20-30%.

Angenommen die Produktionsmenge beträgt 1000 Stück und die Selbstkosten je Stück betragen 100 €. Legt man eine Erfahrungskurve von 20% zugrunde, führt die Verdoppelung der Ausbringungsmenge auf 2000 Stück zu Stückkosten von 80 €. Legt man eine Kostenreduktion von 30% zugrunde, betragen die Stückkosten nach der Verdoppelung der Ausbringungsmenge sogar nur 70 €. Die Abb. 8.21 zeigt beispielhaft den Zusammenhang zwischen der Kostenentwicklung eines Produktes und der kumulierten Produktionsmenge an.

---

[1] Vgl. Albach, H. (1987), S. 1; Coenenberg, A. /Baum, H. (1987), S. 49.

[2] Vgl. Bauer, H. (1986), S. 1; Dunst, K. (1979), S. 69; Picot, A. (1981), S. 563-564.

Produktionsmenge		Reduktion der Selbstkosten je Stück bei	
Periode	kumuliert Menge	20%	30%
1	1000	100,0	100,0
2	2000	80,0	70,0
3	4000	64,0	49,0
4	8000	51,2	34,3
5	16000	41,0	24,0
6	32000	32,8	16,8
7	64000	26,2	11,8
8	128000	21,0	8,2
9	256000	16,8	5,8
10	512000	13,4	4,0
11	1024000	10,7	2,8

Abb. 8.21: Rechenbeispiel für eine Erfahrungskurve (20% und 30 %)

Wie die grafische Darstellung der Erfahrungskurve (Abb. 8.22) zeigt, nehmen die Stückkosten exponentiell ab. Die logarithmische Darstellung der Erfahrungskurve (Abb. 8.23) zeigt deutlich die konstante Wechselbeziehung zwischen der "Erfahrung" (kumulierte Produktionsmenge) und den Stückkosten.

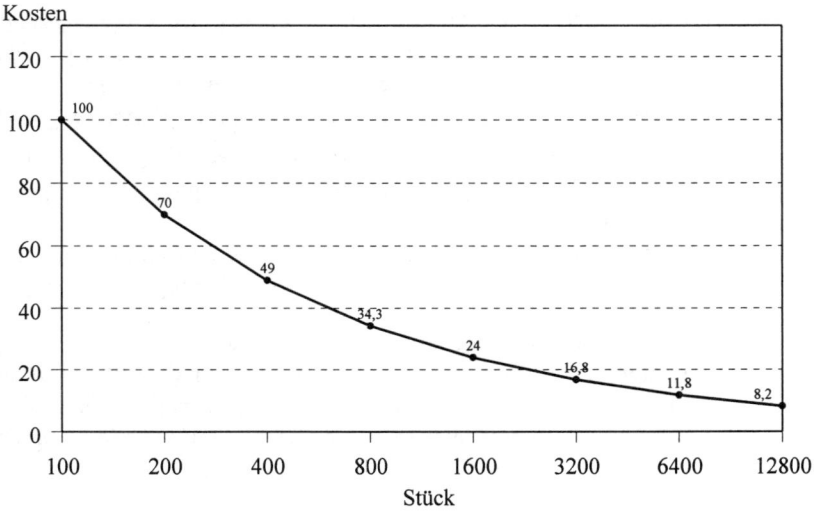

Abb. 8.22: Beispiel für eine Erfahrungskurve (30 % Rückgang)

↳ Bei Verdopplung d. Menge werden
30% eingespart.
[20% - 30%]
↳ nachgewiesen

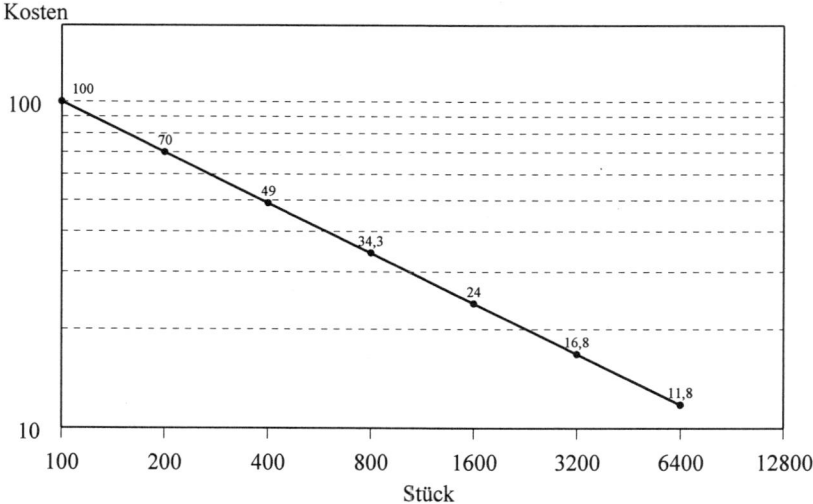

Abb. 8.23: Beispiel für eine Erfahrungskurve, logarithmischer Maßstab (30 % Rückgang)

Die Existenz des Erfahrungskurveneffektes wirft die Frage nach den Ursachen auf. Die folgenden Gründe können genannt werden:[1]

1) Übungsgewinne durch wiederholte Arbeitsverrichtung. Diese Übungsgewinne sind vorwiegend in der Handarbeit festzustellen, wo zu beobachten ist, daß die Arbeitsgänge mit der Dauer der Tätigkeit effizienter verrichtet werden. Die beteiligten Arbeitskräfte werden zu Spezialisten für bestimmte Verrichtungen.

2) Kostensenkung durch den Größeneffekt (sog. statischer Skaleneffekt), Fixkostendegression. Im Falle der Beseitigung von Unterbeschäftigung oder bei partieller Kapazitätsanpassung verteilen sich (unter der Annahme eines degressiv steigenden oder linearen Gesamtkostenverlaufs) die Fixkosten auf eine größere Ausbringungsmenge. Die fixen Kosten je Stück werden geringer.

3) Degression durch Betriebsgrößenvariation (economics of scale, Gesetz der Massenproduktion). Dieser Effekt resultiert aus Vorteilen bei der Beschaffung, in Forschung und Entwicklung und im produktionstechnischen Bereich. Voraussetzungen sind degressiv steigende oder linear verlaufende langfristige Kostenkurven.

4) Übergang zu kostengünstigeren Produktionstechnologien. Als Beispiel kann der Übergang von der Werkstatt- zur Fließfertigung genannt werden. Einsatz bestimmter Technologien, die erst ab einer bestimmten Betriebsgröße lohnend sind.

---

[1] Vgl. Bauer, H. (1986), S.4; Dunst, K. (1979), S. 69.

5) Rationalisierungsmaßnahmen. Die Durchführung von Rationalisierungsmaßnahmen führt zur Unterstützung des Erfahrungskurveneffekts, da das Ziel
verfolgt wird, mehr Output mit den gleichen Kosten zu erzielen.

6) Technischer Fortschritt. Verbesserungen, die durch allgemein zugängliches
technisches Wissen und durch Rückkopplung mit den Kunden erzielt werden.

7) Ablauforganisatorische Verbesserungen. z.B. neue Management-Informaitons-,
Kontroll- und Steuerungssysteme, effizientere Ersatzteillager und leistungs-
fähigere Instandhaltung, verbesserte Arbeitsmethoden und Koordination bei
Routineabläufen.

Die Bedeutung der Erfahrungskurve liegt nicht in einer mathematisch exakten
Abbildung oder Prognose der Kostenentwicklung, vielmehr zeigt sie das Kostensenkungspotential für durchzuführende Rationalisierungs- und Kostensenkungs-
programme. Die Ausnutzung des Erfahrungskurveneffekts ist auch nicht beliebig oft
nutzbar. Mit der ständigen Ausweitung der Outputmenge treten Kosten auf, die den
Effekt sogar umkehren können.

Bedeutung des Erfahrungskurvenkonzeptes für das Materialmanagement

Es ist oft festzustellen, daß die Lieferanten die vorhandenen Kostensenkungs-
potentiale nicht nutzen und in absoluten oder relativen Preissenkungen an die/den
Abnehmer weitergeben. Somit fällt dem Materialmanagement die Aufgabe zu, die
Anbieter auf die Potentiale aufmerksam zu machen (z.B. durch eine Wertanalyse).
Beim Einkauf können die Kenntnisse über die Erfahrungskurve genutzt werden, wie
das folgende Beispiel zeigt:

Beispiel zur Anwendung der Erfahrungskurve[1]

<u>Aufgabenstellung</u>

Einem Lieferanten wurde ein Auftrag über 100 Baugruppen zum Stückpreis von 100 €
erteilt. Der Gesamtwert betrug somit $100 \cdot 100$ € = 10000 €. Es ist ein Anschlußauftrag
über weitere 100 Baugruppen zu vergeben. Für Werkzeugkosten sind bereits 1000 €
(waren im Stückpreis enthalten) ausgegeben; die eigene Kalkulation hat die Materialkosten
pro Baugruppe mit 15 € ermittelt. Mit welcher Preisvorstellung beginnt man die
Verhandlung mit dem Lieferanten?

<u>Lösungsvorschlag</u>

Da die Werkzeugkosten bereits beim ersten Auftrag amortisiert wurden (1000 € bei 100
Baugruppen = 10 € pro Baugruppe), vermindert sich der Bestellwert pro Baugruppe von
100 € um 10 € auf 90 €. Unbeeinflußbar durch das Lernen in der Produktion ist auch der

---

[1] Entnommen aus: Stark, H. / Werner, W. (1989), S. 75.

Materialwert (15 € pro Baugruppe), so daß für die weitere Betrachtung ein Wert von 90 € minus 15 € = 75 € verbleibt.

Nimmt man an, daß der Lieferant mit Gesamtkosten von 15 € für eine Arbeitsstunde rechnet, dann ermittelt man durch Division $\frac{75}{15} = 5$ die Zahl der Arbeitsstunden für jede Baugruppe. Nimmt man weiterhin als Voraussetzung eine 85%ige Lernkurve, dann kann man ermitteln, daß bei einer Gesamtbestellmenge von 200 Baugruppen nur noch $0,85 \cdot 5 = 4,25$ Arbeitsstunden als durchschnittlicher Arbeitsaufwand pro Baugruppe gerechnet werden müssen.

Das bedeutet, daß der Gesamtaufwand an Arbeitsstunden für 200 Baugruppen $200 \cdot 4,25 = 850$ Arbeitsstunden beträgt. Der Zeitaufwand für die ersten 100 Baugruppen betrug $100 \cdot 5 = 500$ Arbeitsstunden. Aus der Differenz der Gesamtarbeitszeit von 850 Stunden abzüglich der 500 Stunden Arbeitszeit für die ersten 100 Baugruppen ergeben sich die Arbeitsstunden für die zweiten 100 Baugruppen mit 350 Stunden. Das entspricht pro Baugruppe einem Zeitaufwand von 3,5 Stunden. Der Stundensatz des Lieferanten beträgt nach wie vor 15 €. Multipliziert mit dem Zeitaufwand $3,5 \cdot 15 = 52,50$ € entspricht das dem Vergleichswert von 75 € für die ersten 100 Baugruppen.

Zu den mit 52,50 € ermittelten Arbeitskosten sind nun wieder die unbeeinflußbaren Materialkosten zuzuschlagen, so daß man mit 52,50 € + 15 € = 67,50 € pro Baugruppe erreicht. Damit hat man eine fundierte Preisvorstellung für kommende Preisgespräche und braucht sich nicht darauf zu beschränken, als einzige beweisbare Größe innerhalb der Kostenkalkulation die Werkzeugkosten vom bisherigen Stückpreis abzuziehen.

Die in der jüngsten Vergangenheit festzustellende Unternehmenspolitik, die Zahl der Lieferanten drastisch zu reduzieren, im Extremfall auf einen einzigen zu beschränken (single sourcing), wie dies insbesondere in der Automobilindustrie zu beobachten ist, ist sicherlich auch auf die Erfahrungskurve zurückzuführen, wie *Dichtel* feststellt. Diese Entwicklung geht allerdings auch mit dem Bestreben einher, den Aufwand zu reduzieren, der aus der Zusammenarbeit mit Tausenden von Zulieferern entsteht.[1]

Damit die Kenntnisse des Erfahrungskurveneffektes überhaupt für die Beschaffungs-Preispolitik genutzt werden können, ist eine systematische Beschaffungsmarkt-forschung (speziell Preisentwicklungsanalysen) unbedingt erforderlich. Als problematisch gestaltet sich dabei erfahrungsgemäß die Informationsbeschaffung.

8.5 Das Produktlebenszykluskonzept

Ein analytisch deskriptives Modell ist der Produktlebenszyklus. Das Produkt-lebenszyklusmodell geht von der Grundannahme aus, daß jedes Produkt einen mehr oder weniger langen Lebenszyklus durchläuft. Unternehmen, die in einer evolutionären Wirtschaft ihr Produktsortiment bzw. ihre Produkttechnologie im Zeit-

---

[1] Vgl. Dichtel, E. (1991), S. 56.

ablauf nicht den von den Lebenszyklen vorgegebenen anpassen, verschwinden als Marktteilnehmer[1]. Der Lebenszyklus läßt sich in mehrere Phasen gliedern. Üblicherweise erfolgt die Einteilung in vier Phasen, nämlich die Einführungs-, Wachstums-, Reife- und Sättigungsphase.[2] Andere Bezeichnungen für diese Phasen sind Markteinführung, Marktdurchdringung, Marktsättigung und Marktdegeneration. Diese Phasen beschreiben die sog. **Marktphase** eines Produktes. Der Produktlebenszyklus ist um die Entstehungsphase, die der Marktphase vorgelagert ist, und die Entsorgungsphase, die teilweise parallel zur Marktphase verläuft und teilweise nachgelagert ist, zu erweitern, wie dieAbb. 8.24 zeigt.

Daß bestimmte Produkte einen Lebenszyklus durchlaufen, wurde bereits empirisch nachgewiesen. Die Feststellung jedoch, in welcher Phase sich ein bestimmtes Produkt zum Beobachtungszeitpunkt gerade befindet, ist äußerst problematisch, da sich keine funktionalen Zusammenhänge zwischen Absatzmengen im Zeitablauf und den jeweiligen Phasen ableiten lassen. Auch erweist sich die Abgrenzung eines Produktes in der Praxis als äußerst problematisch.[3] Der aus dem Produktlebenszykluskonzept abzuleitende Erkenntniswert wird daher oft als gering angesehen. Der Nutzen des Beschreibungsmodells kann daher nur in der Bewußtseinsbildung gesehen werden, daß sich die Absatz- und Marktbedingungen im Zeitablauf ändern. Auch wenn eine Positionierung einzelner Produkte in das Phasenschema nur sehr grob vorgenommen werden kann, können doch strategische Handlungsempfehlungen abgeleitet werden, wie z.B. eine "gesunde Altersmischung" der Produkte oder Diversifikationsstrategien.

Aus Sicht des Materialmanagements kann das Erklärungsmodell dazu benutz werden, den Lebenszyklus bestimmter Teile und Baugruppen zu erklären, man denke beispielsweise an den Lebenszyklus von Chips als Teilen von Personalcomputern. Der gesamte erweiterte Lebenszyklus würde in diesem Fall auf ein bestimmtes Teil angewendet. Werden die Fertigprodukte eines Unternehmens betrachtet, so dürfte das Hauptinteresse aus materialwirtschaftlicher Sicht bei der Entstehungsphase sowie der Entsorgungsphase liegen. Bereits bei der Entwicklung eines neuen Produktes könnte das Materialmanagement darauf hinwirken, daß lediglich solche Materialien eingesetzt werden, die später eine reibungslose Entsorgung oder ein Recycling gewährleisten.

---

[1] Vgl. Coenenberg, A. / Baum, H.-G. (1987), S. 55.

[2] Vgl. Ziegenbein, K. (1986), S. 68-69; Coenenberg, A. /Baum, H-G. (1987), S. 56.

[3] Vgl. Coenenberg, A. / Baum, H-G. (1987), S. 57; Hentze, J. / Brose, P. (1985), S. 415.

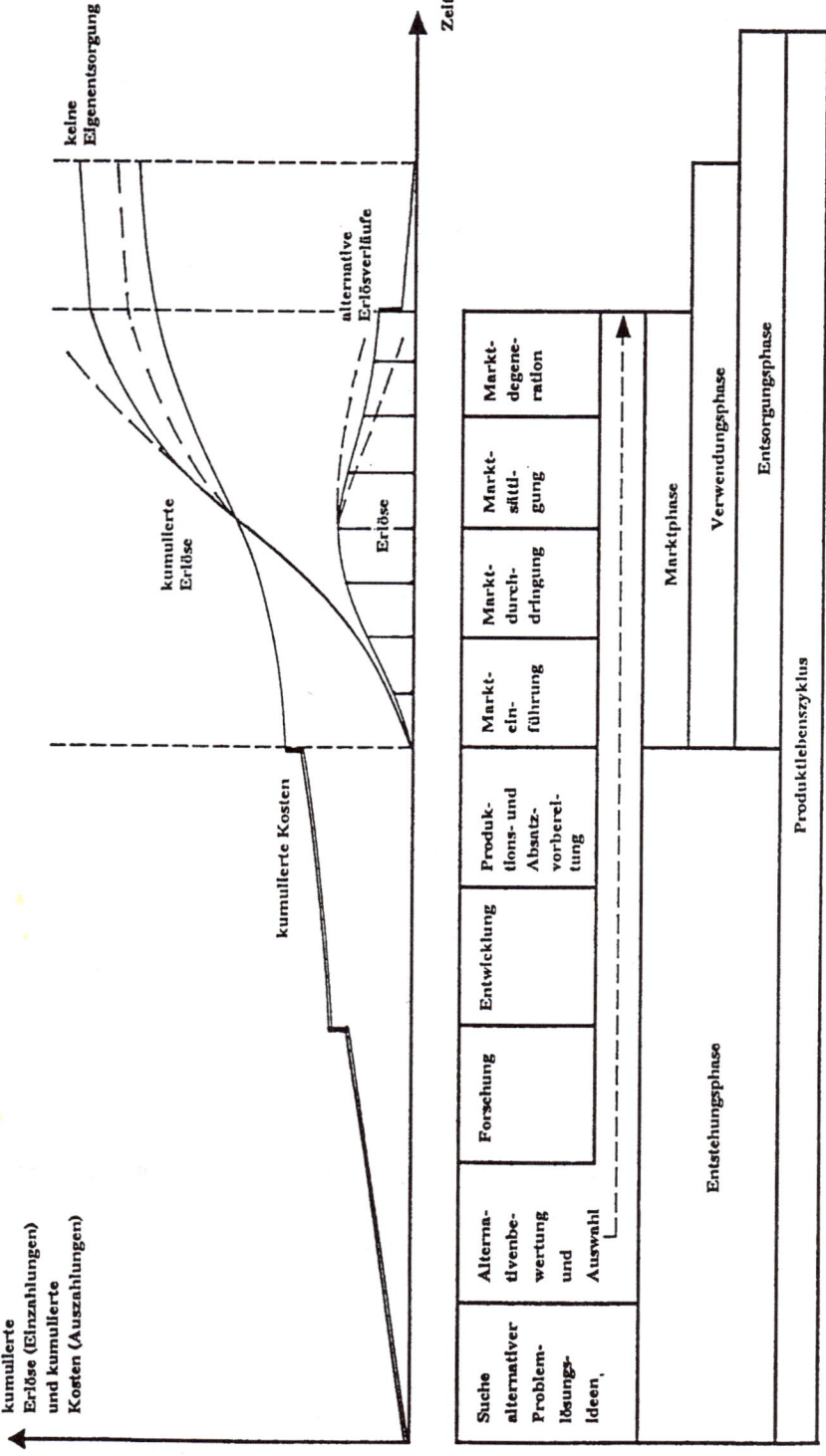

Abb. 8.24: Erweiterter Produktlebenszyklus [Hahn, D. / Laßmann, G. (1990), S. 142.]

8.6   Die Wertanalyse

8.6.1   Entstehung, Aufgaben und Objekte

Der Begriff "Wertanalyse" ist eine wörtliche Übersetzung von "value analysis". Bei der (klassischen) Wertanalyse handelt es sich um ein systematisches Rationalisierungsverfahren, mit dessen Hilfe das Ziel verfolgt wird, die Produktherstellkosten zu senken, ohne dabei eine Qualitätsminderung in Kauf zu nehmen. Das Verfahren wurde von dem amerikanischen Ingenieur *Lawrence D. Miles*[1] nach dem 2. Weltkrieg entwickelt und von ihm im Jahre 1947 bei der General Electric, Baltimore, USA, in der er der Einkaufsleiter war, eingeführt.[2]   Ursprünglicher Anlaß für die Entwicklung der Wertanalyse war die im Krieg gemachte Erfahrung, daß in Mangelsituationen bei der Suche nach Material- oder Handlungsalternativen häufig Ersatzlösungen gefunden werden, die sogar höheren Ansprüchen genügen und oft auch kostengünstiger sind, als die gewohnten Lösungen. *Miles* gelang es, den Gedanken auf den industriellen Einkaufsbereich zu übertragen, und entwickelte eine Methode, mit der man diesen Effekt der Wertverbesserung nicht nur zufällig, sondern gewollt und systematisch erreichen kann. *Miles* gilt seither als der Vater der Wertanalyse. Bemerkenswert ist, daß *Miles* bei der Konzeption der Wertanalyse lediglich auf bereits bekannte methodische Elemente wie Teamarbeit, Funktionenbegriffe, Analysetechniken und Ideenfindungskonzepte zurückgriff.[3]

Zunächst wurde die Wertanalyse bei bereits bestehenden Produkten eingesetzt (value analysis). Später wurde die Wertanalyse auch im Rahmen der Neugestaltung von Produkten in der Konzeptions- und Planungsphase verwendet (value engineering). Das Anwendungsgebiet der Wertanalyse wurde konsequent erweitert, so daß heute Wertanalysen auch im administrativen Bereich eingesetzt werden.

In der deutschsprachigen Literatur und in der Praxis wird die Einteilung der Wertanalyse nach den Objekten der WA vorgenommen. In Anlehnung an den angelsächsischen Sprachgebrauch erfolgt so die Einteilung in Wertverbesserung und Wertgestaltung. Die **Wertverbesserung** bezieht sich auf ein bereits realisiertes (gestaltetes) Objekt, sie kann während der Laufzeit eines Objektes mehrmals einge-

---

[1] Vgl. Miles, L. (1969).

[2] Vgl. Lück, W. (1984b), S. 999 ff.; Wehlau, S. (1981), S. 1425 ff.; Hahn, D. / Laßmann, G. (1990), S. 162-165.

[3] Vgl. VDI Zentrum Wertanalyse (Hrsg.),(1991), S. 10 ff.; Wehlau, S. (1981), S. 1425-1426.

setzt werden. Dagegen bezieht sich die **Wertgestaltung** auf ein noch nicht realisiertes Objekt.[1]

Die Erfolge der Wertanalyse führten in den USA im Jahre 1959 zur Gründung der Society of American Value Engineers (SAVE), die sich auf breiter Basis um die Wertanalyse-Ausbildung, den Erfahrungsaustausch und die Weiterentwicklung der Methode kümmert. In Deutschland wurden ähnliche Aufgaben von dem VDI-Gemeinschaftsausschuß "Wertanalyse" übernommen, der 1975 innerhalb des Vereins Deutscher Ingenieure (VDI) gegründet wurde. Als Folgeeinrichtung des Gemeinschaftsausschusses "Wertanalyse" wurde 1984 das VDI ZENTRUM WERTANALYSE (ZWA) gegründet, das die konzeptionelle Weiterentwicklung und Verbreitung des Gedankengutes der Wertanalyse betreibt. In Österreich nimmt das ZENTRUM WERTANALYSE im Wirtschaftsförderungsinstitut der Bundeskammer der gewerblichen Wirtschaft (WIFI-ZWA) diese Aufgaben wahr. Die entsprechende Einrichtung ist in Frankreich die Association Française pour l'Analyse de la Valeur (AFAV) und in Japan die Society of Japanese Value Engineering (S.J.V.E.)[2]. In der Literatur lassen sich zahlreiche Beispiele für erfolgreich durchgeführte Wertanalysen finden.[3]

Das Vorgehen der Wertanalyse ist weitgehend vereinheitlicht worden. Diese Vereinheitlichung hat seinen Niederschlag in diversen Normen und Richtlinien gefunden. Im deutschsprachigen Raum gelten die folgenden Normen bzw. Richtlinien, die sich sehr stark ähneln:

- VDI-Richtlinie zur Wertanalyse (2801), 1970. Diese Richtlinie war die Grundlage für die DIN 69910.
- DIN 69910, 1973 u. wesentliche Erweiterungen und Neuerungen 1987
- ÖNORM A 6750 (Österreichische Norm), 1975.

Die Wertanalyse läßt sich durch folgende Merkmale beschreiben:[4]

- schrittweise, anwendungsneutrale Vorgehensweise
- funktionsbezogene Betrachtung des Objektes
- Vorgabe von Wertzielen
- interdisziplinäre Teamarbeit

---

[1] Vgl. Lück, W. (1984b), S. 999.

[2] Vgl. VDI Zentrum Wertanalyse (Hrsg.),(1991), S. 12. Einen Überblick über weitere internationale WA-Institute bei VDI Zentrum Wertanalyse (Hrsg.),(1991), S. 456 ff.

[3] Vgl. VDI Zentrum Wertanalyse (Hrsg.),(1991), S. 28-30. Weitere Beispiele: Hahn, D. / Laßmann, G. (1990), S. 165-170 ; Bronner, A. (1989), S. 132-150.

[4] Vgl. VDI Zentrum Wertanalyse (Hrsg.),(1991), S. 28.

- ganzheitliche Problembetrachtung und systematische Vorgehensweise
- Einsatz von Kreativitätstechniken
- Gegenüberstellung hinsichtlich Nutzen und Aufwand der Wertanalyse.

8.6.2 Die Elemente des Systems Wertanalyse

In der zweiten Auflage der DIN 69910 im Jahr 1987 wird die Wertanalyse wie folgt definiert: "Die Wertanalyse ist ein System zum Lösen komplexer Probleme, die nicht oder nicht vollständig algorithmierbar sind. Sie beinhaltet das Zusammenwirken der Systemelemente Methode, Verhaltensweisen, Management bei deren gleichzeitiger gegenseitiger Beeinflussung mit dem Ziel einer Optimierung des Ergebnisses." Durch die Neufassung der DIN 69910 wird der Systemgedanke stärker als bisher betont. Damit wird der Tatsache Rechnung getragen, daß der Wertanalyse-Erfolg nicht nur vom Beherrschen der Methode, sondern auch von den Verhaltensweisen der am Wertanalyse-Prozeß direkt und indirekt beteiligten Personen und vom Management des Unternehmens sowie vom Zusammenwirken dieser Systemelemente abhängt.[1] Das durch die Wertanalyse gewonnene Wissen und die Erfahrungen beeinflussen die Verhaltensweisen der Mitglieder und das Management. Die Veränderungen dieser Systemelemente wirken wiederum auf das Element "Methode" zurück. Dies kann zur Überarbeitung, Verbesserung oder Erweiterung der Methode führen. Das System Wertanalyse zeigt die Abb. 8.25.

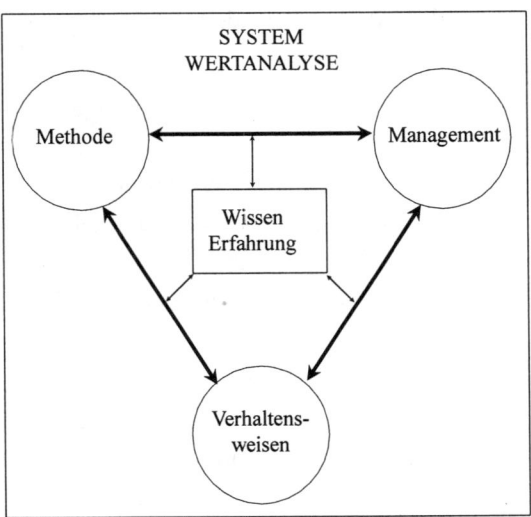

Abb. 8.25: WA-Systemelemente

---

[1] Vgl. Jehle, E. (1992), S. 71-73.

Die Hauptelemente des Systems Wertanalyse lassen sich wie folgt beschreiben:[1]

Das Systemelement "**Methode**" der WA ist besonders gekennzeichnet durch
- Arbeiten in bereichsübergreifend zusammengesetzten Teams
- marktorientiertes Ermitteln der produktbezogenen Unternehmensziele
- an Zielen orientiertes Ermitteln der Produkt-Funktionen sowie lösungs-
  bedingender Vorgaben
- funktionsorientiertes Suchen nach Lösungen
- Trennen der schöpferischen von der bewertenden Phase
- anwender- und herstellerorientiertes Bewerten der Lösungsvorschläge
- Realisieren der ausgewählten Lösungen in Form technisch wirtschaftlich
  optimierter Produkte.

Ob die Methode richtig eingesetzt wird, ist in hohem Maße davon abhängig, ob die
Teammitglieder die Reihenfolge des WA-Arbeitsplanes einhalten.
Das zweite Systemelement "**Verhaltensweisen**" bezieht sich auf alle an der
Wertanalyse direkt oder indirekt beteiligten Personen. Die Durchführung der
Wertanalyse fordert von den beteiligten Personen, sich so zu verhalten, daß es für das
Gelingen des WA-Projektes förderlich ist. Kennzeichen für das erforderliche
Verhalten sind:
- Bereitschaft zur Teamarbeit, d. h. ungehinderte Weitergabe und Aufnahme von
  Informationen
- Erkennen und Darstellen von Problemen, daß deren Lösung gefördert bzw.
  überhaupt erst möglich wird
- kooperatives Verhalten der Teammitglieder untereinander
- Bereitschaft, auch ungewohnte Vorgehensweisen und Problemlösungen zu
  akzeptieren
- kritische Beurteilung bisheriger Lösungen, auch dann, wenn diese eigenen Ideen
  entstammen.
- Änderung des persönlichen Verhaltens, falls dies erforderlich ist.
  a) Verhalten als Vorgesetzter: Neuerungen gegenüber aufgeschlossen sein,
  Delegieren von Verantwortung, Kreativität und Initiative fördern, Teamarbeit
  fordern und fördern.

---

[1] Vgl. VDI Zentrum Wertanalyse (Hrsg.),(1991), S. 82-87.

b) Verhalten als Mitarbeiter: Neuerungen gegenüber aufgeschlossen sein, Qualifikation für die Teamarbeit, den Erfolg des Teams über den eigenen stellen, Verantwortung übernehmen.

Das dritte Systemelement bildet das "**Management**". Der Erfolg der Wertanalyse ist sehr stark davon abhängig, ob die höchste Führungsebene die Wertanalyse fördert oder nicht. Um den Kontakt zwischen dem Management und dem WA-Team zu intensivieren, sollte eine koordinierende Stelle zwischen der Unternehmensleitung und dem WA-Team eingesetzt werden. Hier empfiehlt sich die Schaffung einer eigenen Stabstelle, die der Unternehmensleitung direkt unterstellt ist (vgl. Abb. 8.27). Es wird so die Abhängigkeit von den übrigen Unternehmensbereichen verhindert. Ein solcher Stab könnte mit den folgenden Aufgaben betraut werden:

- Information des Betriebsrates über die beabsichtigte Einführung der Wertanalyse
- Einführung der Wertanalyse
- Aus- und Fortbildung
- WA-Tätigkeiten planen
- WA-Objekte auswählen
- Ziele setzen
- Delegation der Kompetenzen an die Mitglieder der Projektorganisation
- Planung und Genehmigung der WA-Projekte
- Bereitstellen der erforderlichen Kapazitäten für die Projektablaufzeit (z.B. Personalkapazität, finanzielle Mittel)
- Arbeitsfortschritte kontrollieren und würdigen
- Entscheidungen treffen (z.B. über Realisierung, projektbedingte Investitionen usw.)
- Ergebnisse sicherstellen und realisieren.

Da die Wertanalyse durch die Neufassung der DIN 69910 eine wesentliche Erweiterung erfahren hat, wird von einigen Autoren vorgeschlagen, den Wertanalyse-Begriff durch das Begriffspaar "Value-Management" zu ersetzen[1]. Da sich der Begriff bisher jedoch noch nicht einheitlich durchsetzen konnte, soll hier dem Vorschlag noch nicht gefolgt werden. Die wichtigsten Merkmale der **Methode** sollen näher analysiert werden; und zwar

- das systematische Vorgehen
- die Teamarbeit

---

[1] Vgl. z.B. Jehle, E. (1992) und die dort angegebene Literatur.

- die funktionsbezogene Betrachtung
- das kreative Vorgehen.

8.6.3 Grundschritte der Wertanalyse

Die Durchführung einer Wertanalyse setzt ein systematisches Vorgehen voraus. Als Orientierungshilfe bietet sich der Arbeitsplan nach DIN 69910 an, der die erforderlichen Schritte ausführlich beschreibt (vgl. Abb. 8.27). Die nachstehende Abbildung zeigt die Grundschritte der Wertanalyse.

Grundschritte	Phasen / globale Maßnahmenbeschreibung
1. Projekt vorbereiten	Initialphase: Phase, in der das WA-Objekt ausgewählt, Ziele gesetzt, die Arbeitsgruppe gebildet und der Ablauf der Wertanalyse geplant wird.
2. Objektsituation analysieren	Informationsphase: Es werden Informationen über das WA-Objekt beschafft.
3. SOLL-Zustand beschreiben	Definitionsphase: Informationen werden ausgewertet und die SOLL-Funktionen für das WA-Objekt formuliert.
4. Lösungsideen entwickeln	Kreationsphase: Suche nach alternativen Lösungen zur Erfüllung der SOLL-Funktionen.
5. Lösungen festlegen	Bewertungsphase: Prüfung der sachlichen und wirtschaftlichen Durchführbarkeit der alternativen Lösungen.
6. Lösungen verwirklichen	Realisierungsphase: Realisation einer Lösung und Abschluß des Projektes.

Abb. 8.26: Kurzbeschreibung der WA-Phasen[1]

Die in der Abb. 8.26 aufgeführten Grundschritte werden in der DIN 69910 durch Teilschritte und Anmerkungen näher beschrieben. Die Schritte und Anmerkungen der Norm sind so allgemein formuliert, daß sie universell auf verschiedene WA-Objekte angewendet werden können. Der WA-Arbeitsplan muß deshalb objektspezifisch angepaßt werden und sollte später bei der Wertanalyse eingehalten werden. Zur Orientierungshilfe sollte jedem WA-Mitarbeiter der WA-Arbeitsplan zur Verfügung gestellt werden.[2] Die nachstehende Tabelle zeigt den vollständigen WA-Arbeitsplan gem. DIN 69910.

---

[1] Vgl. auch Bronner, A. (1989), S. 23.
[2] Vgl. VDI Zentrum Wertanalyse (Hrsg.),(1991), S. 91.

Grund-schritte	Teilschritt	Anmerkungen zu den Grundschritten	Anmerkungen und Beispiele zu den Teilschritten
1 Projekt vorbereiten	1.1 Moderator benennen	1 Die Projektvorbereitung ist Voraussetzung für einen gesicherten Ablauf und gute Ergebnisse	1.1 Das Unternehmensmanagement (WA-Koordinator) legt den projektgebundenen (unternehmensinternen oder -externen) Moderator fest.
	1.2 Auftrag übernehmen, Grobziel mit Bedingungen festlegen		1.2 Grobziel und Bedingungen, unter denen es erreicht werden soll, mit Auftraggeber abklären.
	1.3 Einzelziele setzen		1.3 Einzelziele beschreiben (z.B. Kosten-, Funktions-, Leistungs-, Markt-, Qualitäts- und Terminziele). Einzelziele quantifizieren (z.B. Amortisationszeit, Aufwand, Durchlaufzeitverkürzung und Kostensenkung).
	1.4 Untersuchungsrahmen abgrenzen		1.4 Randbedingungen festlegen, die durch Unternehmenspolitik, Gesetze, Vorschriften usw. gegeben sind und den Untersuchungsrahmen bestimmen.
	1.5 Projektorganisation festlegen		1.5 Entscheidungsstelle festlegen. Unter Berücksichtigung fachlicher und menschlicher Qualifikation Team bilden.
	1.6 Projektablauf planen		1.6 Einzeltermine im Rahmen der Terminziele planen.
2 Objekt-situation analysieren	2.1 Objekt- und Umfeldinformationen beschaffen	2 Das Analysieren der Ausgangssituation des WA-Objektes bedeutet deren umfassendes Erkennen mit dem Zweck, durch Abstrahieren in Form von Funktionen ein möglichst breites Lösungsfeld zu erschließen. (Bei vorhandenem IST-Zustand stellt dieser die Objektsituation im Ausgangszustand dar.)	2.1 Anwender-, Markt-, Unternehmens-, Wettbewerbsdaten sowie relevante Gesetze, Vorschriften usw. sammeln und auswerten. Problemliste erstellen. Stand des Wissens ermitteln. Ablaufstrukturen analysieren (z.B. technische und organisatorische Abläufe).
	2.2 Kosteninformationen beschaffen		2.2 Kalkulationsunterlagen, Vergleichskosten, ABC-Analysen und dgl. beschaffen bzw. im erforderlichen Umfang erstellen lassen.
	2.3 Funktionen ermitteln		2.3 Die (IST-)Funktionen formulieren. (IST-)Funktionen gliedern in Funktionenarten (Gebrauchsfunktionen, Geltungsfunktionen) und Funktionenklassen (Hauptfunktionen und Nebenfunktionen sowie Gesamtfunktionen und Teilfunktionen). Unerwünschte Funktionen kennzeichnen. (IST-)Funktionenstruktur erstellen (z.B. Funktionenbaum, FAST-Diagramm).
	2.4 Lösungsbedingende Vorgaben ermitteln		2.4 Vorhandene lösungsbedingende Vorgaben feststellen und erforderlichenfalls quantifizieren.
	2.5 Kosten den Funktionen zuordnen		2.5 Den Funktionen über die Kosten der Funktionenträger die beanspruchten Kostenanteile zuordnen und daraus eine Funktionenkostenmatrix erstellen.

Grundschritte	Teilschritt	Anmerkungen zu den Grundschritten	Anmerkungen und Beispiele zu den Teilschritten
3 SOLL-Zustand beschreiben	3.1 Informationen auswerten	3 Mit dem Beschreiben des SOLL-Zustandes wird die Grundlage für die Ideensuche und für die Auswahl der Lösungen zum Erreichen der Einzelziele gegeben.	3.1 Informationen prüfen, Schwerpunkte bilden, nach den Zielvorgaben Kriterien aufstellen, die zur späteren Bewertung herangezogen werden.
	3.2 SOLL-Funktionen festlegen		3.2 Unter Berücksichtigung der Einzelziele sowie auf der Basis der (IST-) Funktionen, deren Gliederung und Struktur SOLL-Funktionen formulieren, gliedern und strukturieren. SOLL-Funktionen gegebenenfalls quantifizieren.
	3.3 Lösungsbedingende Vorgaben festlegen		3.3 Lösungsbedingende Vorgaben auf Gültigkeit für den SOLL-Zustand prüfen, auswählen und gegebenenfalls quantifizieren.
	3.4 Kostenziele den SOLL-Funktionen zuordnen		3.4 Diese Zuordnung ist eine mögliche Grundlage zum späteren Feststellen des Grades der Annäherung an das Kostenziel durch die gefundenen Lösungen.
4 Lösungsideen entwickeln	4.1 Vorhandene Ideen sammeln	4 Dieser Grundschritt ist der schöpferische Schwerpunkt des Elementes Methode der Wertanalyse. Kreativitätsfördernde Maßnahmen und die Nutzung von Informationsquellen steigern die Quantität der Ideen. Eine große Ideenquantität erhöht die Wahrscheinlichkeit, über eine große Anzahl von Lösungsansätzen qualitativ hochwertige Lösungen zu finden.	4.1 Anregungen, Verbesserungs- und Änderungsvorschläge von Mitarbeitern, Kunden und Lieferanten heranziehen, Markt- und Wettbewerbsinformationen nutzen, Schrifttum, Datenbanken und dgl. auswerten.
	4.2 Neue Ideen entwickeln		4.2 Ideenfindungstechniken anwenden (z.B. Brainstorming, Morphologie, Synektik), Kreativitätsregeln beachten, Kreativitätshilfen nutzen. Kreativitätshilfen sind z.B. die Ideenstimulation durch Analyse erfolgreicher Produkte, Lösungen aus anderen Branchen, Unternehmen oder Bereichen, Lösungskataloge, Normen, Patente, Schrifttum sowie Informationen von Spezialisten.

Grund-schritte	Teilschritt	Anmerkungen zu den Grundschritten	Anmerkungen und Beispiele zu den Teilschritten
5 Lösungen festlegen	5.1 Bewertungskriterien festlegen 5.2 Lösungsideen bewerten 5.3 Ideen zu Lösungsansätzen verdichten, darstellen 5.4 Lösungsansätze bewerten 5.5 Lösungsansätze ausarbeiten 5.6 Lösungen bewerten 5.7 Entscheidungsvorlage erstellen 5.8 Entscheidungen herbeiführen	5 Dieser Schritt führt von der Ideensammlung durch Verdichten und Bewerten stufenweise zu einer nachvollziehbaren Entscheidung.	5.1 Bewertungskriterien nach den Zielvorgaben übernehmen und durch lösungsrelevante allgemeingültige ergänzen. 5.2 Günstige Ideen hervorheben, nach dem Grad ihrer Realisierungsmöglichkeit ordnen. Nicht realisierbare Ideen ausschalten. 5.3 Ideen kombinieren, Ideen ausscheiden, neue Ideen festhalten. 5.4 Lösungsansätze auf ihren Erfüllungsgrad prüfen und ordnen. 5.5 Lösungsansätze im einzelnen darstellen, Lösungsansätze variieren, Lösungen festlegen. 5.6 Lösungen an den Bewertungskriterien messen und nach ihrem Erfüllungsgrad ordnen. 5.7 Detailinformationen für Entscheidungsstelle erarbeiten, z.B. über Art des Projektes, Einführungsstrategie, Ergebnisse, Wirtschaftlichkeitsangaben, Termine, Kapazitäten, Vor- und Nachteile der Lösungen, Risiken, Verbesserungen im humanitären Bereich, Verantwortlichkeiten, Realisierungsplanung. 5.8 Entscheidungsvorlage der Entscheidungsstelle durch eine "Präsentation" vorstellen. In diese Präsentation sollten alle mit der Durchführung befaßten und alle verantwortlichen Stellen einbezogen sein.
6 Lösungen verwirklichen	6.1 Realisierung im Detail planen 6.2 Realisierung einleiten 6.3 Realisierung überwachen 6.4 Projekt abschließen	6 Die Umsetzung der verabschiedeten Lösungen in die Praxis stellt das Arbeitsergebnis sicher und schließt das WA-Projekt ab.	6.1 Arbeitsablauf, Personal- und Finanzaufwand, Kapazitäten, Termine, Markteinführung, Zuständigkeiten, Informationswege und dergleichen planen. Alle betroffenen Personen und Stellen eingehend informieren. 6.2 Entscheidung über Realisierungsplanung herbeiführen. Aktivitäten nach Plan einleiten. 6.3 Durchführung überwachen, Abweichung vom Ziel erkennen, Zwischenentscheidungen herbeiführen, ggf. korrigierende Maßnahmen einleiten. 6.4 Abschlußbericht erstellen, Team entlasten, Erfahrungen und Lösungsunterlagen für weitere Verwendung aufbereiten, Kenngrößen ermitteln, Regeln erstellen, Grad der Zieleannäherung feststellen, Projektorganisation auflösen.

Abb. 8.27: Einzelschritte der Wertanalyse [gem. DIN 69.910 in der Fassung von 1987]

8.6.4 Auswahl des Wertanalyse-Objektes

Die Durchführung einer Wertanalyse, wie im Grundschritt 1 vorgesehen, ist mit relativ hohen Kosten und hohem Zeitaufwand verbunden. Es können daher in der Regel nicht alle Produkte bzw. Materialien eines Unternehmens wertanalystisch untersucht werden. Bei der Auswahl des WA-Objektes und bei der Aufgabenformulierung sind die jeweilige Situation und die übergeordneten Zielsetzungen (z.B. Nutzensteigerung, Qualitätsverbesserung, Produktivitätssteigerung) zu berücksichtigen. Die Auswahl der Beurteilungskriterien ist davon abhängig, ob es sich um ein Produkt oder um Material handelt.[1]

a) Beispiele für Beurteilungskriterien für Produkte sind:
- Umsatzanteil des Produktes.
- Die erwartete Lebensdauer des Produktes: Für Produkte, die sich bereits im abfallenden Bereich (Degenerationsphase) des Produkt-Lebenszyklus befinden, wird sich die Wertanalyse nicht lohnen.
- Der technische Reifegrad: Wenig ausgereifte Produkte enthalten i.d.R. ein größeres Kostensenkungspotential als technisch ausgereifte Produkte.
- Komplexität: Komplex aufgebaute Produkte eröffnen in den meisten Fällen entsprechend viele neue Möglichkeiten gegenüber einfachen Produkten.
- Wettbewerbssituation: Bevorzugte Produkte für die Wertanalyse sind ebenfalls Produkte, die einem starken Wettbewerb im Markt ausgesetzt sind.

b) Beispiele für Beurteilungskriterien einer Materialart sind:
- Marktaspekte, wie strategische Bedeutung der Beschaffungsquellen,
- das vermutete Kosteneinsparungspotential (z.B. Beschränkung auf A-Teile),
- Gewinnbeitrag der Materialart.

8.6.5 Die interdisziplinäre Zusammensetzung des Wertanalyse-Teams

Die Erfolge der Wertanalyse beruhen im wesentlichen auf der Ausnutzung von Synergieeffekten der Gruppe und dem gezielten Einsatz von Kreativitätstechniken. Damit in der kreativen Phase der Wertanalyse (Grundschritt 4 = Lösungsideen entwickeln) möglichst viele unterschiedliche Ideen entwickelt werden, ist die interdisziplinäre Zusammensetzung des WA-Teams unabdingbar. Alle relevanten

---

[1] Vgl. Franken, R. (1984), S. 54; Eschenbach, R. (1990), S. 148-149.

Unternehmensbereiche sollten mindestens einen Teilnehmer in das WA-Team entsenden. Die Teammitglieder sollten möglichst alle auf gleicher hierarchischer Ebene stehen. Für bestimmte Informationen und Problemstellungen können Spezialisten/Berater herangezogen werden. Vor dem Hintergrund einer zunehmenden Integration der Zulieferer dürfte auch die Einbeziehung von Lieferanten in den meisten Fällen sehr sinnvoll sein.

Durch Untersuchungen läßt sich belegen, daß durch Teamarbeit ein Problem erschöpfender abgehandelt werden kann, als dies von denselben Mitgliedern in Einzelarbeit möglich ist. Die Mitglieder regen sich in einer freien und gelösten Atmosphäre gegenseitig zu Ideen an. Die gefundenen Ideen sollen vorurteilsfrei gegenübergestellt und bewertet werden.[1]

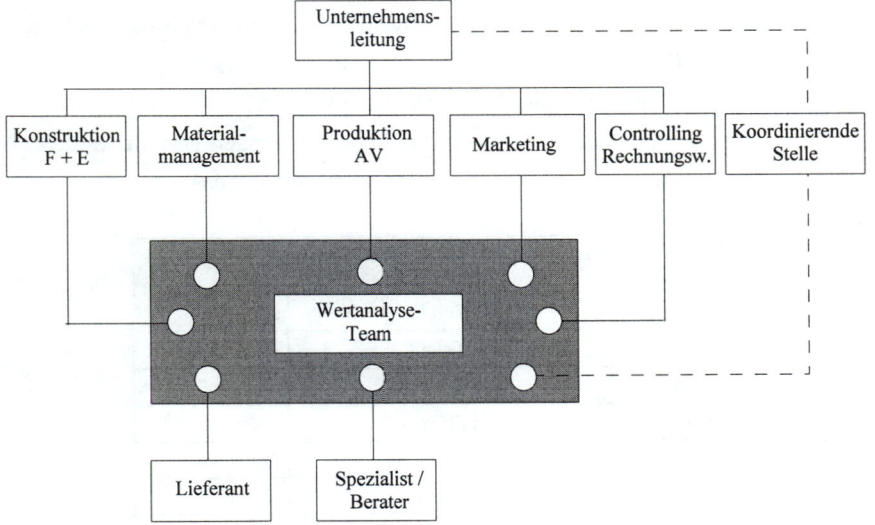

Abb. 8.28: Interdisziplinäre Zusammensetzung des WA-Teams

8.6.6 Funktionsbezogene Betrachtungsweise

Charakteristisch für die Wertanalyse ist das Denken in Funktionen. Um die Funktionen des WA-Objektes zu eruieren, wird die Funktionenanalyse durchgeführt. Nach DIN 69910 ist eine "Funktion im Sinne der WA jede einzelne Wirkung des WA-Objektes". Wirkungen sind Tätigkeiten, Aufgaben oder (Verwendungs-)Zwecke des WA-Objektes. Die Funktionenformulierung wird durchgeführt, um alle

---

[1] Vgl. Lingk, W. (1988), S. 203.

Objekteigenschaften möglichst vollständig darzustellen. Außerdem sollen sich die Wertanalytiker vom vorgefundenen (IST-)Zustand lösen, indem versucht wird, vom Einzelfall ausgehend, auf das typische Wirken des Objektes zu schließen. Das zu untersuchende Objekt stellt nämlich i.d.R. nur eine von vielen Möglichkeiten der Realisierung der Wirkungen dar.

Zur verbalen Funktionen-Beschreibung hat es sich bewährt, das Substantiv (Objektbereich, mit oder an dem bzw. durch den etwas geschieht oder geschehen soll) und das Verb (was in dem vom Substantiv angegebenen Bereich oder durch diesen geschieht bzw. geschehen soll) anzugeben (vgl. Abb. 8.29).

Die Formulierung der Funktionen erweist sich oft als äußerst diffizil. Die Beschreibung darf weder zu weit noch zu eng gefaßt werden. Die Wahl des optimalen Abstraktionsgrades führt so in der späteren Ideensuche zu einem großen Suchfeld. So ist beispielsweise für das Objekt "Ölpumpe" die Beschreibung "Öl pumpen" zu stark einengend. Besser wäre in diesem Fall "Flüssigkeit fördern". [1]
Um die Funktionen zu erhalten, können die folgenden Fragen gestellt werden: Was macht das Objekt? Wozu ist es da? Warum macht das Objekt das?

WA-Objekt	Funktion	
	Substantiv	Verb
Uhr	Zeit	anzeigen
Schraube	Teile	verbinden
Waage	Gewicht	ermitteln
Feuerzeug	Flamme	erzeugen
Kleiderhaken	Kleidung	festhalten
Kugelschreiber	Linien	ziehen

Abb. 8.29: Beispiel Funktionen von Objekten

So wird beispielsweise die Funktion "Zeit anzeigen" nicht nur von einer Uhr erfüllt. Die Zeit kann auch angezeigt werden durch den Sonnenstand oder den Atomzerfall. Die Funktion "Teile zusammenhalten" erfolgt nicht nur durch eine Schraube; die Funktion kann eventuell auch durch Nieten, Nägel, Schweißen, Löten, Verleimen, Klammern, Magnete oder Kleben erfolgen.
Die wertanalytische Untersuchung beschränkt sich nicht darauf, eine alles beschreibende Funktion des zu untersuchenden Objektes zu ermitteln, vielmehr

---

[1] Vgl. VDI Zentrum Wertanalyse (Hrsg.),(1991), S. 55-56.

können einem Objekt i.d.R. mehrere Funktionen zugeschrieben werden. Die Auswahl der Funktionen sollte jedoch auf max. 30 Funktionen beschränkt werden, um eine Konzentration auf die Schwerpunkte zu erzwingen[1]. Die Funktionen können unterschiedlich gegliedert werden.

8.6.6.1 Einteilung der Funktionsarten

Erfolgt die Einteilung der Funktionen nach der **Art der Funktionen,** so gelangt man zu den **Gebrauchsfunktionen** und den **Geltungsfunktionen.** Während eine Gebrauchsfunktion die technische und wirtschaftliche Verwendung des Objektes gewährleistet, spricht eine Geltungsfunktion den Geschmack, das Prestige, den Stil und die ästhetische Auffassung des Benutzers an. Während bei Konsumgütern oft sowohl Gebrauchsfunktionen als auch Geltungsfunktionen vorzufinden sind, dominieren bei Investitionsgütern i.d.R. die Gebrauchsfunktionen. Bei Luxusgütern spielen die Gebrauchsfunktionen dagegen nur eine untergeordnete Rolle (vgl. Abb. 8.30). Die Gebrauchsfunktionen sind i.d.R. aufgrund physikalischer und/oder wirtschaftlicher Daten, Qualitäts- und/oder Verhaltensstandards quantifizierbar. Geltungsfunktionen hingegen sind nur schwer bewertbar, da sie ausschließlich subjektiv wahrnehmbare, personenbezogene Wirkungen (Aussehen, Komfort, Sozialmaßnahmen) des WA-Objektes darstellen. Die Messung kann mit den Methoden der Meinungsforschung erfolgen.[2]

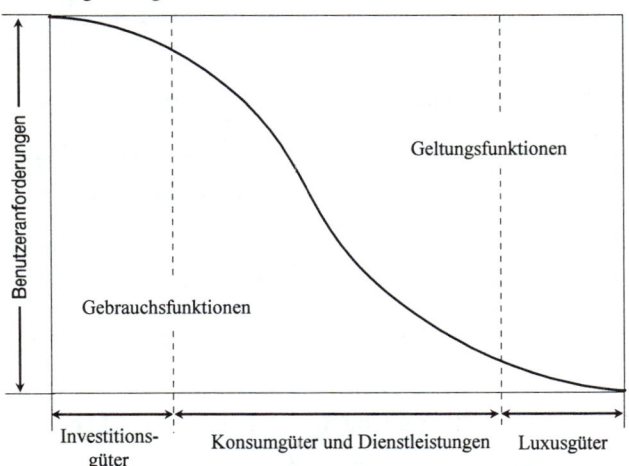

Abb. 8.30: Benutzeranforderungen bei verschiedenen WA-Objekten in Abhängigkeit von Gebrauchs- und Geltungsfunktionen[3]

---

[1] Vgl. Händel, S. (1989), S. 2215.

[2] Vgl. VDI Zentrum Wertanalyse (Hrsg.),(1991), S.18.

[3] VDI Zentrum Wertanalyse (Hrsg.),(1991), S.19.

Beispiele für Geltungsfunktionen von WA-Objekten zeigt die Abb. 8.31.

WA-Objekt	Gebrauchsfunktion	Geltungsfunktion
Uhr	• Zeit anzeigen • u.a.	• Aufmerksamkeit erzeugen • Prestigebedürfnis befriedigen • u.a.
Kugelschreiber	• Linien ziehen • Mine halten • Mine schützen • u.a.	• Aufmerksamkeit erzeugen • u.a.
Schreibtisch	• Arbeitsfläche bieten • Ablage ermöglichen • u.a.	• Repräsentation ermöglichen • u.a.
Lack	• Korrosion verhindern • u.a.	• Aussehen verbessern • u.a.

Abb. 8.31: Unterscheidung Gebrauchsfunktion und Geltungsfunktion[1]

Die Wertanalytiker müssen sowohl die Gebrauchsfunktionen als auch die Geltungsfunktionen in die Betrachtung einbeziehen.

8.6.6.2 Weitere Einteilungsmöglichkeiten der Funktionen

• Haupt- und Nebenfunktionen (Einteilung der Funktionen in Funktionsklassen. Betrachtet wird der Zweck des Objektes vom Objektnutzer oder vom Objekthersteller aus.),

• vermeidbare und unvermeidbare "unnötige Funktionen",

• Gesamt- und Teilfunktionen bzw. Hilfsfunktionen (Charakterisierung der Position in einer Funktionsstruktur),

• IST- und Soll-Funktionen (Einteilung der Funktionen danach, ob das WA-Objekt bereits über die Funktion verfügt oder verfügen sollte).

Betrachtet man die Bedeutung, die der Objektnutzer oder Objekthersteller einer bestimmten Funktion beimißt, so gelangt man zu der Einteilung der Funktionen in

---

[1] Vgl. auch VDI Zentrum Wertanalyse (Hrsg.),(1991), S.18.

Haupt- und Nebenfunktionen. Hauptfunktionen lassen sich aus den Bedürfnissen und sonstigen Anforderungen der Objektnutzer, Hersteller bzw. der Umwelt unmittelbar ableiten. Es handelt sich demnach um die Funktionen, die zur Erfüllung der Hauptaufgabe des Objektes unbedingt erforderlich sind. Nebenfunktionen unterstützen oder ergänzen die Hauptfunktionen. Läßt sich eine Funktion weder den Hauptfunktionen noch den Nebenfunktionen zuordnen, so handelt es sich um eine "unnötige Funktion". Unnötige Funktionen spenden keinen Gebrauchs- und Geltungsnutzen und sollten deshalb eliminiert werden, soweit dies möglich ist. Das Auftreten der unnötigen Funktionen kann unterschiedliche Ursachen haben. Es kann beispielsweise ein Bedürfniswandel der Objektnutzer eingetreten sein, so daß Funktionen überflüssig geworden sind. Unnötige Funktionen sind aber auch solche Funktionen, deren Nutzen geringer als der mit ihnen verbundene Schaden (=Kosten) ist[1].

Die Einteilung der Funktionen in Klassen kann mit dem Schema der Abb. 8.32 erfolgen.

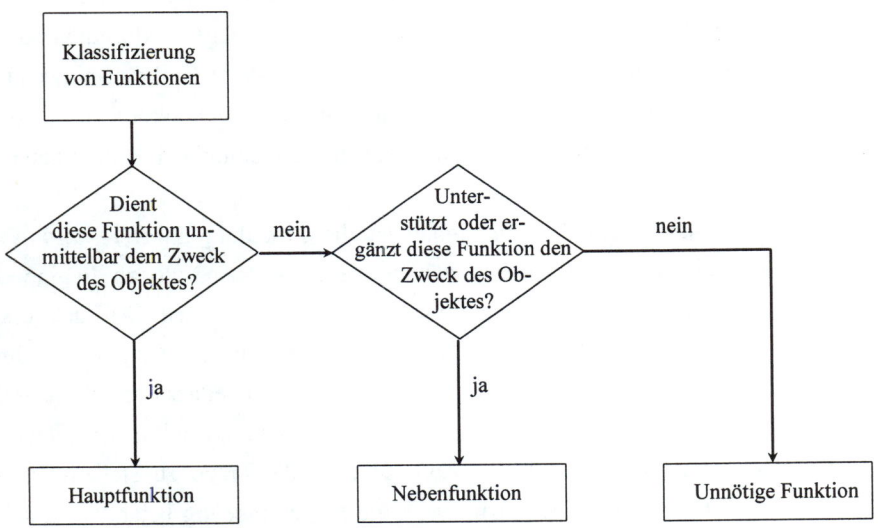

Abb. 8.32: Klassifizierung von Funktionen

Im Rahmen der Wertanalyse wird dem WA-Objekt eine **Gesamtfunktion** zugewiesen, die einer funktionalen Charakterisierung des Objektes entspricht. Durch eine detaillierte **Funktionenanalyse** lassen sich jedoch mehrere Funktionen des

[1] Vgl. auch Bronner, A. (1989), S.17-20; Arnolds, H. / Heege, F./ Tussing, W. (1988), S. 165-168.

Objektes ermitteln, diese Funktionen stellen dann **Teilfunktionen** dar. Teil-funktionen ergeben sich einerseits dadurch, daß sich ein WA-Objekt i.d.R. einerseits aus mehreren Baugruppen und Teilen zusammensetzt, denen jeweils auch Funktionen zugeordnet werden, andererseits aus bestimmten Anforderungen (Kundenwünsche, Gesetze usw.). Betrachtet man die Teilfunktionen genauer, so sind wechselseitige Abhängigkeiten zwischen den Teilfunktionen festzustellen. Die Funktionen können deshalb in einer hierarchischen Struktur dargestellt werden (vgl. Abb. 8.33).

Diejenigen Funktionen, die zunächst keine direkten Beziehungen zueinander auf-weisen, werden in der ersten Gliederungsstufe aufgeführt. Diese Funktionen werden auch **Grundfunktionen** genannt. Alle anderen in den nachgeordneten Stufen aufgeführten Teilfunktionen beschreiben dann die Grundfunktionen. Die Gliederung der Funktionen sollte dabei so erfolgen, daß die Funktionen der Folgestufe nicht mehr und nicht weniger darstellen als die direkt übergeordnete Funktion. Für das in der Abb. 8.33 dargestellte Taschenfeuerzeug existieren 6 Grundfunktionen. Um zu der nächsten Stufe zu gelangen, ist es hilfreich, die Frage zu stellen: Wie wird die übergeordnete Funktion erfüllt? Die Frage wird auch gestellt, um auf die nächstniedrigere Stufe zu gelangen. Umgekehrt ist eine nachgelagerte Funktion mit der nächsthöheren Funktion durch die Frage Warum ist diese Funktion notwendig? verbunden. Kann diese Frage nicht durch die nächsthöhere Funktion beantwortet werden, so liegt die Vermutung nahe, daß es sich um eine unnötige Funktion handelt.

Eine weitere Unterteilung der Funktionen ist die Einteilung in **IST- und Soll-funktionen**. Zu den IST-Funktionen zählen die Funktionen, die zu Beginn der Wertanalyse am WA-Objekt festgestellt werden. SOLL-Funktionen sind Funktionen, über die das WA-Objekt noch nicht verfügt, die aber im Sinne der Aufgabenerfüllung des WA-Objektes erforderlich oder zweckmäßig sind. Auch bei der Formulierung der SOLL-Funktionen sollte eine kritische Prüfung erfolgen. Es sollte das Nutzen / Kosten-Verhältnis überprüft werden. Außerdem ist die Frage zu stellen: Ist die Funktion tatsächlich erforderlich? Nur wenn die Frage eindeutig bejaht wird, sollte die Funktion näher erklärt werden.

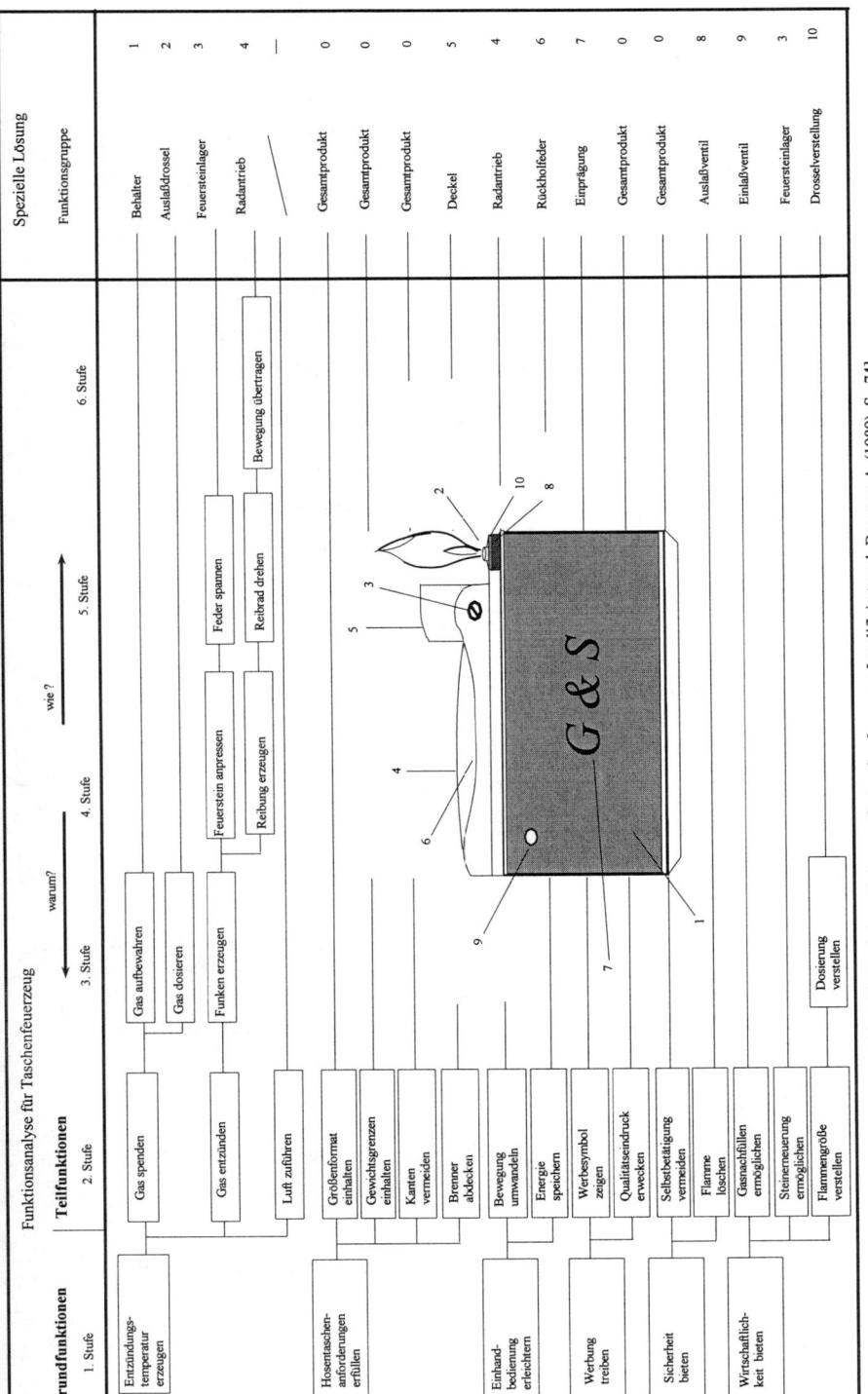

Abb. 8.33: Funktionsgliederung Gastaschenfeuerzeug [modifiziert nach Bronner, A. (1989), S. 74]

8.6.7 Der Einsatz von Kreativitätstechniken zur Ideenfindung

Im Rahmen des Grundschritts 4 (Lösungsideen entwickeln) sollten Ideenfindungs-techniken bzw. Kreativitätstechniken eingesetzt werden. Unter Kreativität versteht man die Fähigkeit zu schöpferischen Tätigkeiten, d.h. unkonventionelle Ideen zu entwickeln. Wurde früher angenommen, daß Kreativität mit bestimmten angeborenen Eigenschaften im mysteriösen Inneren des Menschen verbunden sei, ist die Kreativitätsforschung zu der Erkenntnis gelangt, daß der Ablauf des kreativen Denkens nicht nur als Anlage, sondern als teilweise lehr- und erlernbar angesehen werden kann.[1] Kreativität ist ein dynamischer Prozeß, der, von einem gegebenen Zustand ausgehend, zu neuen, zunächst nur in Gedanken gefaßten, Zuständen hinführt. Der kreative Prozeß ist im wesentlichen durch die folgenden Komponenten bestimmt:

Dynamische Komponenten	Statische Komponenten
• Kombinationsfähigkeit • Phantasie • Intuition • Originalität • Unvoreingenommenheit • Flexibilität	• Informationen • Kenntnisse • Erfahrungen • Vorbilder

Abb. 8.34: Kreatives Vorgehen[2]

Voraussetzung dafür, daß die kreative Phase erfolgreich durchlaufen wird, ist, daß die Wertanalytiker sich so verhalten, wie dies bereits beim Systemelement "Verhaltensweisen" beschrieben wurde.

Die Verfahren zur kreativen Ideenfindung, kurz Kreativitätstechniken, sind heuristische Verfahren, die den Prozeß der Ideenfindung verstärken und den Ablauf systematisieren sollen. Zu den bewährten Verfahren zählen: Brainstorming, Brain-writing (635-Technik), Morphologie und Synektik.

8.6.7.1 Brainstorming

Das Brainstorming wurde 1939 von *A. F. Osborn*[3] entwickelt und bei der Werbe-firma BBD&O (Batten, Barton, Durstine and Osborn, Inc.) erstmals angewandt.[4] Das

---

[1] Vgl. Böcker, F. / Müller-Heumann, G. (1975), S. 545; VDI Zentrum Wertanalyse (Hrsg.),(1991), S. 69 und die dort angegebene Literatur.

[2] Vgl. Lingk, W. (1988), S. 204.

[3] Vgl. Osborn, A. (1963).

[4] Vgl. Ulrich, W. (1977), S. 54.

Brainstroming stellt den Versuch dar, die Generierung kreativer Gedanken auf der Grundlage gruppendynamischer Effekte effizient zu gestalten. Grundprinzip des Brainstormings ist das Aufgreifen und spontane "Weiterspinnen" der von den Sitzungsteilnehmern hervorgebrachten Ideen und Anregungen. Durch das Verknüpfen unterschiedlicher Anregungen entstehen sogenannte Assoziationsketten. Von ausschlaggebender Bedeutung beim Brainstorming ist die Schaffung einer Atmosphäre, die die freie Assoziation erleichtert und Kettenreaktionen der freien Assoziation auslöst. Die Ergebnisse des Brainstormings sind abhängig vom Sitzungsort, der Teilnehmerstruktur (Anzahl und Fachkenntnisse der Sitzungsteilnehmer), der Sitzungsdauer und der Moderation.[1]

Folgende Grundregeln sollten beim Brainstorming beachtet werden:

1. Regel: "Kritik ist verboten!"
Alle Teilnehmer sollen während der Ideenfindungsphase vom Druck kritischer Beurteilungen befreit werden. Kritische Äußerungen, wie etwa: "So haben wir das früher nie gemacht", "Geht nicht", "Alles graue Theorie", "Was für ein Phantast ist denn darauf gekommen", sollten unterbunden werden[2]. Auch nichtverbale Kritik (Kopfschütteln, Stirnrunzeln, mißbilligender Gesichtsausdruck, Naserümpfen) sollte unbedingt vermieden werden.

2. Regel: "Freie Assoziation und ausgefallene Ideen werden begrüßt."
Je ausgefallener eine Idee ist, um so besser. Gefragt ist Spontanität und keine defensive Haltung der Beteiligten. Dies ist nur in einer freien Atmosphäre möglich. Hemmende Barrieren bei den Beteiligten sollten daher möglichst abgebaut werden.

3. Regel: "Quantität geht vor Qualität."
Zunächst zählt nur die Anzahl der Ideen. Jede Idee - auch wenn die Realisierbarkeit zunächst unmöglich erscheint - sollte unbedingt geäußert werden.

4. Regel: "Ideen kombinieren."
Charakteristisch am Brainstorming ist die Kombination verschiedener Ideen. Ideen werden von den Beteiligten gegenseitig aufgegriffen und weitergesponnen. Durch die

---

[1] Vgl. Böcker, F. / Müller-Heumann, G. (1975), S. 546; Corsten, H. (1991), S. 123.
[2] Vgl. Corsten, H. (1991), S. 123.

Kombination verschiedener Ideen kann eine Verbesserung der Ausgangsideen herbeigeführt werden. Die Wahrscheinlichkeit, daß durch die Kombination von Ideen eine Verbesserung der Ideen eintritt, ist insbesondere von den Gesprächskontakten zwischen den Teilnehmern abhängig.

Mit Ausnahme der vier Grundregeln kann das Brainstorming frei gestaltet werden. Es empfiehlt sich jedoch, einen Moderator zu benenne, der die Sitzung vorbereiten und leiten sollte. Der Moderator sollte u.a. die folgenden Aufgaben wahrnehmen:[1]

* Der Moderator wählt die Teilnehmer aus und informiert sie rechtzeitig, damit die Teilnehmer sich bereits vor der Sitzung mit dem Problem vertraut machen können;

* er erläutert zu Beginn der Sitzung nochmals die vier Grundregeln, die er für alle Teilnehmer sichtbar notiert;

* er gibt zu Beginn der Sitzung Hinweise auf die ungefähre Dauer der Sitzung und deren Ablauf;

* er führt vor der eigentlichen Sitzung das Problem ein (Zusätzlich kann auch ein Experte oder der Auftraggeber eingeladen werden, der dann für Fragen zur Verfügung steht. Sobald das eigentliche Brainstorming beginnt, sollte er die Gruppe wieder verlassen.);

* er hat dafür zu sorgen, daß die vier Grundregeln eingehalten werden, und insbesondere dafür, daß jegliche Ideenkritik vermieden wird;

* er sorgt dafür, daß alle Ideen durch einen Protokollführer festgehalten oder auf Band aufgezeichnet werden;

* er startet das Brainstorming durch vorbereitete Ideen, die den Gedankenfluß der Teilnehmer in Fahrt bringen sollen;

* er führt die Gruppe über Flauten hinweg, indem er Fragen stellt, die bisherigen Ideen rekapituliert, motiviert;

* sind genügend Ideen gesammelt und läßt der Elan der Gruppe nach, bricht er die Sitzung ab.

Da sich die Sitzungsteilnehmer auch nach der Sitzung noch mit der Problemstellung auseinandersetzen, sollte sich der Moderator nach einiger Zeit bei allen Teilnehmern nach eventuellen nachträglichen Einfällen erkundigen und diese an den zuständigen Sachbearbeiter weiterleiten.

---

[1] Vgl. Ulrich, W. (1977), S. 54-55.

Die Brainstorming-Sitzung sollte 15-30 Minuten dauern. An einer Sitzung sollten nur 6 bis 12 Personen teilnehmen. Die Beteiligung direkter Vorgesetzter bzw. Untergebener sollte nicht erfolgen, weil durch die hierarchischen Einflüsse Barrieren für die freie Kommunikation entstehen können.

8.6.7.2 Die 635-Technik

Die 635-Technik ist eine Variante des Brainwritings. Die Zahl 635 bedeutet dabei, daß 6 Personen jeweils 3 Ideen in 5 Minuten schriftlich fixieren. Jeder Teilnehmer schreibt 3 Ideen auf ein Blatt Papier oder ein für das Verfahren verwendetes Formular. Nach Ablauf der 5 Minuten werden die Blätter in einem Rotations-verfahren weitergegeben. Abgabe des Blattes an den linken Tischnachbarn und Empfang des Blattes vom rechten Tischnachbarn. Ausgehend von den bereits auf den Blättern schriftlich fixierten Ideen müssen wiederum von jedem Teilnehmer 3 Ideen zusätzlich aufgeschrieben werden. Die Weitergabe der Blätter erfolgt so lange, bis die Ausgangssituation wieder erreicht ist. Da jeder der Teilnehmer auf alle 6 Blätter drei Ideen niedergeschrieben hat, liegen maximal 108 Lösungsmöglichkeiten vor.

Als gravierender Nachteil des Verfahrens wird herausgestellt, daß der vorgegebene Rhythmus nicht immer dem Leistungsvermögen der Teilnehmer entspricht.[1] Zur Überwindung dieser Schwäche können sog. Brainwriting-Pools entwickelt werden. Jeder Teilnehmer erhält mehrere Blätter bzw. Formulare, auf denen er seine Ideen notiert. Weitere Blätter bzw. Formulare werden in die Tischmitte (Pool) gelegt. Diejenigen Teilnehmer, die bereits Ideen schriftlich fixiert haben, legen die beschrifteten Blätter zur Tischmitte und nehmen dort ein neues Formular. Andere Teilnehmer, deren Ideenfluß abnimmt, tauschen ihre Formulare gegen die im Pool befindlichen Blätter und erhalten so neue Anregungen für weitere Lösungs-vorschläge. Der vorgegebene Rhythmus der 635-Technik wird so durchbrochen.

Im Vergleich zum Brainstorming ist die Anzahl der produzierten Ideen bei der 635-Technik geringer. Die gruppendynamischen Prozesse der Ideenfindung, wie sie für das Brainstorming charakteristisch sind, treten bei der 635-Methode nicht auf. Andererseits wird oft darauf hingewiesen, daß die Qualität der Lösungsvorschläge der 635-Technik in der Regel besser ist als beim Brainstorming.[2]

---

[1] Vgl. Corsten, H. (1991), S. 126.
[2] Vgl. Böcker, F. / Müller-Heumann, G. (1975), S. 546.

8.6.7.3 Die Delphi-Methode

Das Verfahren wurde zu Beginn der sechziger Jahre in der RAND-Corporation entwickelt.[1] Seinen Namen hat das Verfahren vom Orakel zu Delphi. Delphi war die wichtigste Kult- und Orakelstätte der Griechen, wo die Wahrsagerin Pythia Ratschläge gab.

Das Verfahren ist eine formalisierte Expertenbefragung durch Interviews oder Fragebögen zur Gewinnung von Informationen. Die Befragung erfolgt üblicherweise in mehreren Runden. Jeder befragte Experte erhält im ersten Durchgang dasselbe Problem vorgelegt. Erfolgt eine schriftliche Befragung, so äußert sich jeder Teilnehmer auf dem Fragebogen, unabhängig von der Meinung anderer Gruppenmitglieder, zum gestellten Problem. Die Einzelantworten auf den Fragebögen bleiben anonym. Die Ergebnisse werden zu einer Gruppenmeinung verdichtet, wobei aus den Einzelantworten eine Gruppenantwort als statistischer Mittelwert berechnet wird.

Das Verfahren kann abgeschlossen werden, wenn die zentrale Auswertung eine weitgehende Übereinstimmung der Meinungen ergibt. Bestehen jedoch Unterschiede, was in der Mehrzahl der Problemstellungen der Fall ist, werden die Äußerungen der Experten mit den entsprechenden Begründungen allen Teilnehmern bekanntgegeben. In einem erneuten Durchgang werden die Experten gebeten, mit den Zusatzinformationen erneut ihr Urteil abzugeben. Nach der Auswertung der Ergebnisse werden ggf. neue Befragungsrunden gestartet. In der letzten Runde werden die repräsentativ gewerteten Antworten als verbindliche Ergebnisse der Befragungsaktion dokumentiert.[2] Die Abb. 8.35 zeigt zusammengefaßt das Verfahren.

Allgemein läßt sich die Delphi-Methode durch die folgenden fünf Merkmale kennzeichnen:[3]

- Verwendung eines Fragebogens
- anonyme Behandlung der Einzelantworten
- Ermittlung einer Gruppenantwort, die durch statistische Kennziffern beschrieben wird
- Information der Experten über die statistische Gruppenantwort
- mehrere aufeinanderfolgende Befragungsrunden.

---

[1] Vgl. Albach, H. (1984), Sp. 3866.

[2] Vgl. Blohm, H./ Beer, T./ Seidenberg, U./ Silber, H. (1987), S. 190.

[3] Vgl. Albach, H. (1984), Sp. 3866 - 3867.

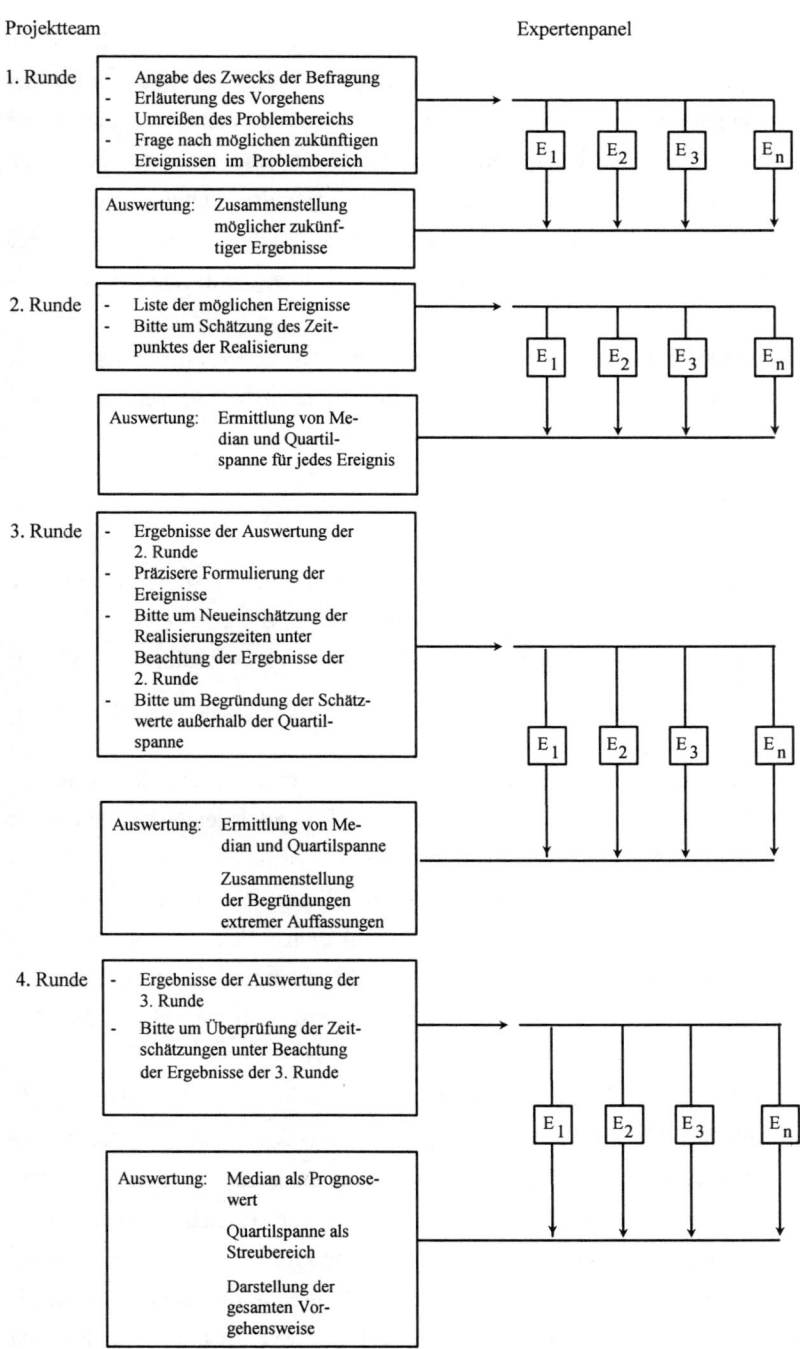

Abb. 8.35: Ablauf der klassischen Delphi-Befragung[1]

---

[1] Corsten, H. (1991), S. 129.

Die Delphi-Methode basiert auf der Erkenntnis, daß diese Form der strukturierten Gruppenbefragung zu besseren Ergebnissen führt als die Befragung einzelner Personen. Dabei geht man davon aus, daß die Befragung eines einzelnen nicht besser ist als die eines anderen und daß damit die Befragung einer größeren Zahl von Personen im Durchschnitt sicher nicht schlechtere Ergebnisse liefern wird als die Befragung eines einzelnen. Durch die Anonymität des Verfahrens wird erreicht, daß dominante Persönlichkeiten keinen Einfluß auf das Gesamtergebnis haben.[1]

Die Delphi-Methode kann in der oben beschriebenen klassischen Form oder als sog. computergestützte Delphi-Methode im Rahmen der Wertanalyse eingesetzt werden.

8.6.7.4 Die morphologische Methode

Wenn es zutrifft, daß die meisten Erfindungen nichts anderes sind als neuartige Kombinationen an sich bereits bekannter Elemente, so ist die von *F. Zwicky*[2] entwickelte morphologische Methode die Entwicklungs- und Konstruktionsmethode par excellence.

Für die Entwicklung einer morphologischen Systematik muß das Problem zunächst möglichst präzise und umfassend definiert werden. Das zu lösende Problem wird dann in einzelne Elemente (Merkmale) aufgeteilt. Die Merkmale werden klassifiziert und im sog. morphologischen Kasten dargestellt. Dieser Kasten zeigt dann alle bekannten und vorstellbaren Lösungsmöglichkeiten des Problems. Die morphologische Methode führt i.d.R. nicht zu völlig revolutionären Ideen, aber zu neuen Kombinationsmöglichkeiten. Die Vorgehensweise soll zunächst näher beschrieben werden.

Die Klassifikation gehört zu den grundlegenden menschlichen Denkmethoden. Wo immer menschliches Denken mit einer Vielzahl verschiedenartiger Phänomene konfrontiert wird, versucht es, diese Menge von Gegenständen zu gliedern und in eine gewisse Ordnung zu bringen, indem Gruppen von Einzelgegenständen zu Klassen zusammengefaßt werden oder umgekehrt eine große Menge in Teilmengen zerlegt wird. So wird beispielsweise die Menge der Bäume in die Klasse der Nadelbäume und die Klasse der Laubbäume gegliedert, die Klasse der Laubbäume

---

[1] Vgl. Albach, H. (1984), Sp. 3866.
[2] Vgl. Zwicky, F. (1971).

wiederum in die Klasse der immergrünen Laubbäume und die Klasse der sommergrünen Laubbäume.[1]

Bei der Klassifikation werden Merkmale gesucht, die die Eigenschaften jedes einzelnen Elementes der betrachteten Menge beschreiben, diese werden im morphologischen Sprachgebrauch als "intensionale Merkmale" bezeichnet. Die Merkmalsausprägungen selbst bezeichnet man als "extensionale Merkmale". So ist beispielsweise das Merkmal "Farbe" ein intensionales Merkmal, dem die extensionalen Merkmale "rot", "grün", "blau", "gelb" usw. zugeordnet werden können. Ein intensionales Merkmal ist "Motor"; die extensionalen Merkmale (Merkmalsausprägungen) wären dann: "Elektromotor", "Dieselmotor", "Benzinmotor", "Federmotor" etc.

Im Rahmen der morphologischen Methode wird nicht nur ein intensionales Merkmal betrachtet, sondern es werden verschiedene intensionale Merkmale und die dazugehörigen extensionalen Merkmale in einem morphologischen Kasten (morphologische Matrix) dargestellt (vgl. Abb. 8.36). Ein zu klassifizierendes Element läßt sich dann durch die Kombination der Merkmalsausprägungen beschreiben. Zu diesem Zweck werden die Felder mit Lauflinien verbunden. Beginnt man mit dem Zeichnen der Linie in der ersten Zeile, so darf ein Feld jeweils nur mit einem anderen Feld der folgenden Zeile verbunden werden. Jede denkbare Lauflinie stellt dann eine mögliche Merkmalskombination dar.[2]

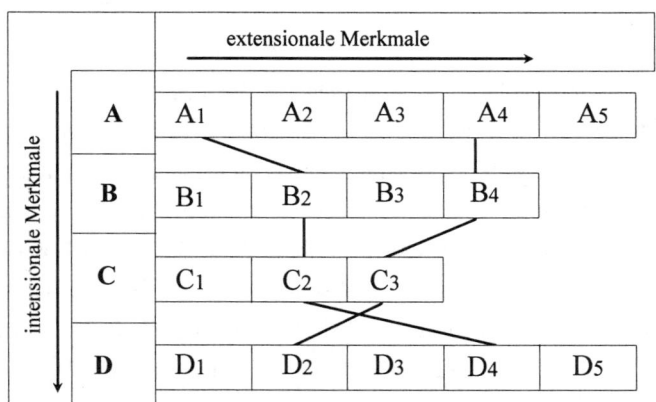

Abb. 8.36: Allgemeine Struktur des morphologischen Kastens

---

[1] Vgl. Ropohl, G. (1972), S. 496-499.
[2] Vgl. Ropohl, G. (1972), S. 498.

Die Anzahl der möglichen Merkmalskombinationen kann nach dem Gesetz der Kombinatorik berechnet werden. Ist die Anzahl der Merkmale A, B, C usw. gleich f und lassen sich für jedes intensionale Merkmal w_f Merkmalsausprägungen unterscheiden, so ergibt sich die Gesamtzahl N_T der möglichen Kombinationen nach der folgenden Formel:

$$N_T = \prod_1^f w_f$$

Für das abgebildete Beispiel gibt es demnach 5 · 4 · 3 · 5 = 300 verschiedene Kombinationsmöglichkeiten.

Bei der Problemdefinition und der Präzisierung der Merkmale leistet die Systemtheorie wertvolle Hilfe. *Ropohl* verdeutlicht dies am Beispiel einer Armbanduhr. Eine Armbanduhr ist ein informationelles System, genauer gesagt ein Meßsystem, das über eine als Anzeigevorrichtung bezeichnete Informationsausgabe Informationen über bestimmte Zeitwerte gibt, indem eine aus einer Energiequelle stammende und in einem Energiespeicher verfügbar gehaltene Energie mittels eines Motors in mechanische Energie umgewandelt und indem diese mechanische Energie durch einen als Regler bezeichneten Taktgeber gesteuert wird und über ein Getriebe die Anzeigevorrichtung betätigt. Die Abb. 8.37 zeigt den morphologischen Kasten, der sich aus dieser Definition ergibt. Die erste Spalte zeigt die Subsysteme des Meßinstruments Uhr (intensionale Merkmale). Die nachfolgenden Felder zeigen zeilenweise Lösungsmöglichkeiten, die für die einzelnen Subsysteme zur Verfügung stehen.

Allein die bereits ausgefüllten Felder lassen für die Uhr nicht weniger als 30240 Kombinationsmöglichkeiten zu. Viele Kombinationen erweisen sich als praktisch nicht realisierbar; so wird man Temperaturschwankungen kaum dazu nutzen können, einen Gewichtsspeicher zu laden usw. Allerdings werden neben den Kombinationsmöglichkeiten, die kaum zu überbrückende Unverträglichkeiten aufweisen, auch solche Kombinationsmöglichkeiten sichtbar, die zunächst als abwegig erscheinen, sich später jedoch als realisierbar herausstellen. Die durchgehende Lauflinie in der Abbildung zeigt die Merkmale einer Uhr mit Federaufzug, die gestrichelte Lauflinie die einer Elektroarmbanduhr.

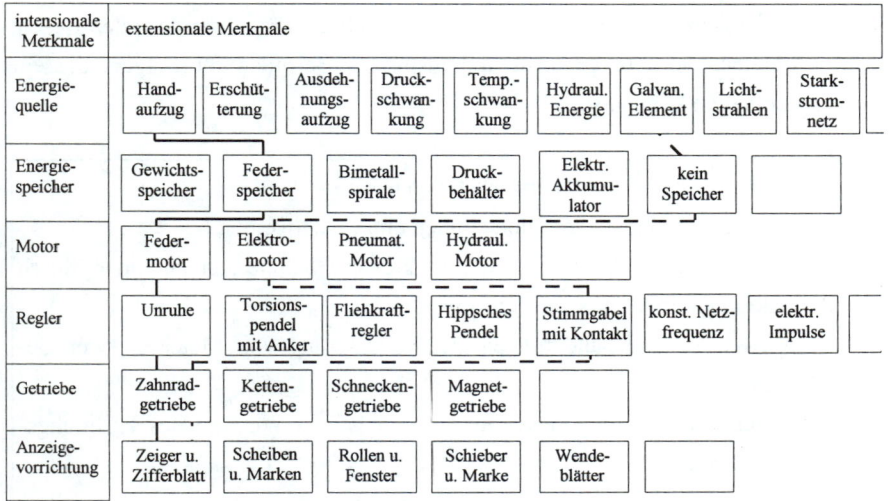

intensionale Merkmale	extensionale Merkmale								
Energie-quelle	Hand-aufzug	Erschüt-terung	Ausdeh-nungs-aufzug	Druck-schwan-kung	Temp.-schwan-kung	Hydraul. Energie	Galvan. Element	Licht-strahlen	Stark-strom-netz
Energie-speicher	Gewichts-speicher	Feder-speicher	Bimetall-spirale	Druck-behälter	Elektr. Akkumu-lator	kein Speicher			
Motor	Feder-motor	Elektro-motor	Pneumat. Motor	Hydraul. Motor					
Regler	Unruhe	Torsions-pendel mit Anker	Fliehkraft-regler	Hippsches Pendel	Stimmgabel mit Kontakt	konst. Netz-frequenz	elektr. Impulse		
Getriebe	Zahnrad-getriebe	Ketten-getriebe	Schnecken-getriebe	Magnet-getriebe					
Anzeige-vorrichtung	Zeiger u. Zifferblatt	Scheiben u. Marken	Rollen u. Fenster	Schieber u. Marke	Wende-blätter				

Abb. 8.37: Morphologische Systematik einer Uhr[1]

8.6.7.5 Synektik

Ein bekanntes Anwendungsbeispiel für die Synektik ist die "Wirbelknochen-Antenne"[2]. Das Problem bestand darin, eine Antenne zu entwickeln, die mindestens 20 Meter hoch sein und sich innerhalb kürzester Zeit aufrichten und wieder zusammenlegen lassen sollte. Ein Mann sollte die Antenne bequem transportieren können. Eine Synektik-Gruppe stieß bei der Bildung von direkten Analogien u.a. auf die Wirbelsäule des Dinosauriers; diese war nämlich lang und elastisch und erlaubte es diesem vorgeschichtlichen Tier, sich hoch aufzurichten. Bei der Übertragung auf das zu lösende Problem wurde vorgeschlagen, die Konstruktion aus Plastikteilen analog dem aus vielen Wirbeln bestehenden Rückgrat vorzunehmen. Durch die Plastikteile wurde ein Antennenkabel gezogen, das die Elemente bei Anspannung zusammen halten sollte. Die Antenne ließ sich leicht verpacken und transportieren. Das Antennensystem soll sich in der Praxis der amerikanischen Armee bewährt haben. Die Nutzung von Analogien aus der Natur hat in den technischen Wissenschaften zu völlig neuen Disziplinen geführt, wie z.B. der Bionik.

8.6.7.6 Fragelisten zur Alternativen-Entwicklung

Neben den Kreativitätstechniken können auch Fragelisten als Hilfsmittel verwendet werden, um den Teammitgliedern Anregungen für die Entwicklung von Lösungs-

---

[1] Ropohl, G. (1972), S. 544.

[2] Vgl. Böcker, F. / Müller-Heumann, G. (1975), S. 546-547.

vorschlägen zu geben. Die Teilnehmer werden durch die Fragelisten mit den wesentlichen Problemen vertraut gemacht und inspiriert. Beispiele für Fragen, die eine Frageliste enthalten könnte, sind:[1]

- Wie können funktionelle Schwachstellen beseitigt werden?
- Welche Substitutionsmaterialien können eingesetzt werden?
- Kann der Materialverbrauch durch kleinere Abmessungen oder durch Reduzierung des Abfalls verringert werden?
- Führen Konstruktionsänderungen zur Reduzierung von Material- oder Bearbeitungskosten?
- Existieren andere Fertigungsverfahren und ist ein Wechsel des Fertigungsverfahrens möglich?
- Ist die Eigenfertigung oder der Fremdbezug vorteilhafter?
- Ist es vorteilhaft, wenn ein Teil aus mehreren Einzelteilen zusammengesetzt wird?
- Kann die Funktion eines Teils von einem anderen Teil übernommen werden?
- Welche funktionsbedingten Eigenschaften sind überdimensioniert?
- Können Toleranzen ohne Funktionsbeeinträchtigung erweitert werden?
- Existieren Produkte mit ähnlichen Funktionen und eventuell niedrigeren Kosten?
- Existieren bereits Konkurrenzprodukte, die bessere Eigenschaften aufweisen?
- Kann der Ausschuß durch Konstruktionsänderungen oder andere Fertigungsverfahren verringert werden?
- Können Spezialteile durch Normteile ersetzt werden?
- Können bestimmte Arbeitsgänge entfallen oder verkürzt werden?
- Führt eine Änderung der Lagerung des Transports oder der Verpackung zu Kosteneinsparungen?

Eine solche Frageliste kann beliebig erweitert und ausgestaltet werden. Es können allgemeine oder objektspezifische Fragen aufgenommen werden.

Die Abbildung 8.38 zeigt das Vorgehen bei der Wertanalyse im Überblick.

---

[1] Vgl. auch Grochla, E./ Fieten,R./ Puhlmann, M. (1984), S. 64-65; Arnolds, H./ Heege,F./ Tussing, W. (1988), S. 175-176; Eschenbach, R. (1990), S. 150-153.

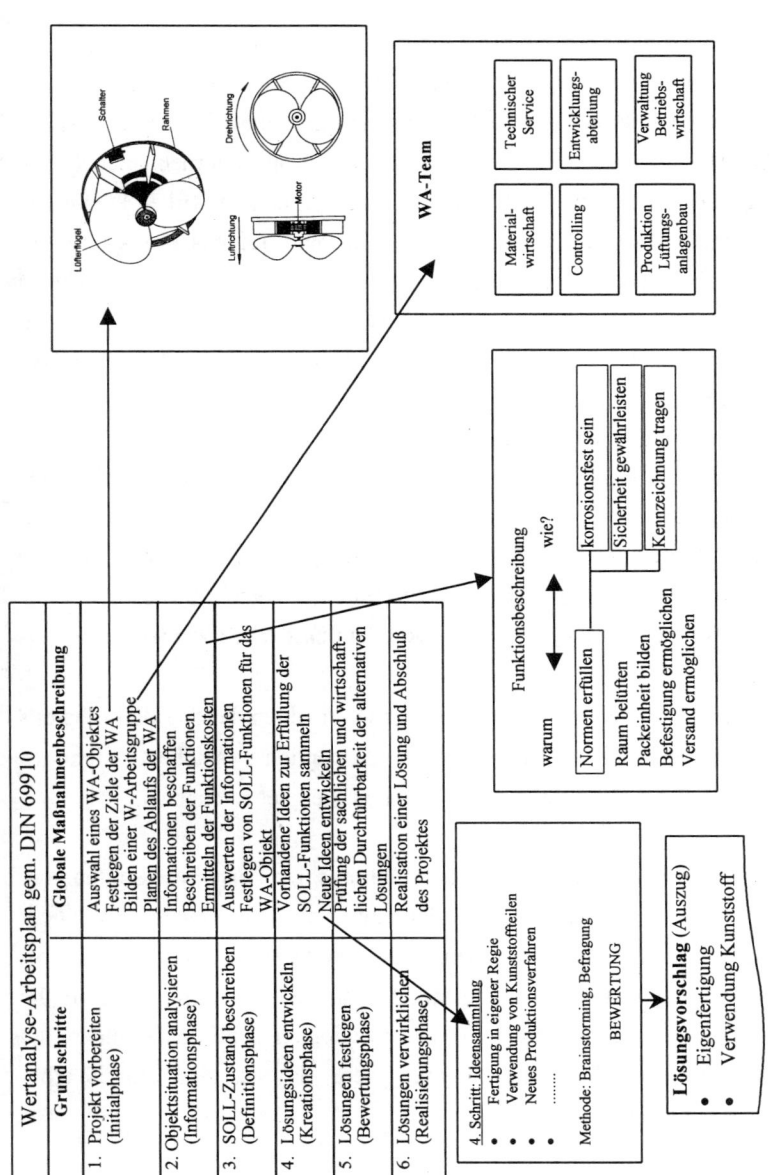

Abb. 8.38: Beispiel einer Wertanalyse

8.6.8 Wertanalyse mit Lieferanten

Vielfach wird vorgeschlagen, die Wertanalyse zusammen mit den Lieferanten durchzuführen.[1] Angesichts der zunehmenden Integration der Zulieferer gewinnt diese Forderung an Bedeutung. Trotzdem bestehen oft Vorbehalte bei den Unternehmen, dies gilt insbesondere für Unternehmen mit einem hohen technischen Know-how. Die Befürchtung, daß die Weitergabe von unternehmensinternen Informationen und Daten sich nachteilig für das Unternehmen auswirken könnte, ist vielfach auch nicht unbegründet. Andererseits sollte man auf das Know-how der Geschäftspartner nicht verzichten. Eine Möglichkeit, trotz der vorhandenen Interessenkonflikte vom Know-how des Geschäftspartners zu partizipieren, besteht darin, entsprechende vertragliche Vereinbarungen zu treffen. Derartige Vereinbarungen könnten folgendes beinhalten:[2]

- Art und Dauer der geplanten Zusammenarbeit
- Art und Dauer der Vertraulichkeit (z.B. welche Daten nicht an Dritte weitergegeben werden dürfen)
- Beteiligung des Lieferanten am Projekterfolg (Teilungsmodus des Projekterfolges oder Honorierung entsprechend dem innerbetrieblichen Vorschlagswesen)
- Nutznießung etwaiger Patente, die im Projektablauf entwickelt werden.

Eine weitere Möglichkeit, den Interessenkonflikt zu vermeiden, besteht darin, bereits bei der Lieferantenauswahl darauf zu achten, möglichst solche Lieferanten auszuwählen, die für die Einbeziehung in WA-Teams geeignet erscheinen.

Die vom Lieferanten im Rahmen der Wertanalyse erbrachten Leistungen sollten vom Unternehmen anerkannt werden. Der Lieferant kann an einem Teil der Rationalisierungsgewinne beteiligt werden. Eine weitere Möglichkeit, die oft praktiziert wird, ist die Ausgabe von Zertifikaten an den Zulieferer, in dem die Leistungen des Lieferanten gewürdigt werden. Zulieferer sind insbesondere an Zertifikaten renommierter Unternehmen interessiert, da sie diese für Werbemaßnahmen nutzen können.

---

[1] Vgl. Emmerling, G. (1988); Burmeister, D. (1981), S.23-34; Fieten, R. (1991), S. 127.
[2] Vgl. auch Emmerling, G. (1988), S. 42.

8.7 Strategische Zulieferer-Abnehmer-Beziehungen

8.7.1 Zulieferstrategien

Zulieferer sind Unternehmen, die die strategische Entscheidung getroffen haben, Teile, Baugruppen, Komponenten oder (Sub)Systeme nicht für Endabnehmer, sondern zum überwiegenden Teil bzw. vollständig für den Bedarf industrieller Abnehmer (Hersteller) zu produzieren. Zulieferprodukte sind i.d.R. so beschaffen, daß diese erste durch den Einbau in oder den Anbau an ein komplexes Endprodukt (Auto, Computer) ihren Funktionszweck erfüllen können. Die wichtigsten Kunden der Zulieferer sind die Hersteller von Endprodukten, die sich entschieden haben, ihren Bedarf an Teilen, Baugruppen, Komponenten oder (Sub)Systemen nicht oder nur teilweise aus eigener Fertigung zu decken. Diese Hersteller konzentrieren ihre Aktivitäten auf die Montage, die Entwicklung und das Design der Produkte.[1]

Das traditionelle Verhältnis zwischen Herstellern und Zulieferer ist geprägt von kurzfristigen Vorteilen. Die Beziehungen zwischen den Zulieferern und Abnehmern beschränken sich im wesentlichen auf Preisverhandlungen. Neue Formen der Zulieferer-Abnehmer-Beziehungen streben die kooperative Zusammenarbeit an. Die Gegenüberstellung der Abb. 8.39 zeigt die wesentlichen Unterschiede.

Die meisten neuen Zulieferstrategien haben ihren Ursprung in der Automobilindustrie, die somit eine Vorreiterrolle einnimmt. Folgende Hersteller-Zuliefer-Beziehungen sollen vorgestellt werden:

- Simultaneous Engineering
- Modular-Sourcing
- Single-Sourcing
- Global-Sourcing.

---

[1] Vgl. Fieten, R. (1991), S. 15.

traditionell	neue Formen und Ansätze
• Auswahlkriterium vor allem der Preis	• Auswahlkriterium vor allem die Entwicklungskompetenz
• ständige Preisverhandlungen	• langfristige Partnerschaft
• viele Zulieferer pro Teil, große Teilevielfalt	• ein oder zwei Zulieferer pro Teil, Systemlösungen
• Austausch nach ein bis zwei Jahren	• Festlegung für Modellzyklus
• Konstruktion beim Hersteller, Blaupausen an Zulieferer	• eigenständige oder kooperative Konstruktion mit Zulieferern
• nach Serienlauf zahlreiche Änderungswünsche	• wenig Änderungen, z.B. durch Simultaneous Engineering
• kein Austausch von Kosten- informationen	• Austausch von Kosteninformationen
• Preisoptimierung über Ausschreibung	• gemeinsame Kostensenkungsmaßnahmen
• Preiserhöhung bei Konstruk- tionsänderungen	• kontinuierliche Kostenreduzierung durch Wertanalysen
• verzögerte Informationspolitik	• intensiver Informationsaustausch
• Qualitätskontrollen nach Liefer- eingang	• durchgehendes Qualitätsmanagement
• schwankende Abrufe in Losen	• produktionssynchrone Beschaffung
• gegenseitiges Abgrenzungs- und Konkurrenzverhalten	• Lieferantenförderung,-pflege und - entwicklung

Abb. 8.39: Gegenüberstellung Verhältnis Zulieferer und Abnehmer[1]

8.7.2 Simultaneous Engineering

Durch verkürzte Produktlebenszyklen und das beschleunigte Innovationstempo entsteht vielfach die Notwendigkeit, die Zeitspanne von der Produktentwicklung bis zur Markteinführung zu verkürzen. Dies soll durch Simultaneous Engineering geschehen. Simultaneous Engineering ist gekennzeichnet durch:[2]

• weitgehende Parallelisierung der Produkt- und Produktionsmittelentwicklung statt sequentieller Arbeitsweise,

• frühzeitige und umfassend abgestimmte Marktorientierung kritischer Qualitäts- merkmale des neuen Produktes

• direkte Kommunikation durch Bildung von Cross functional-Teams, deren Mit- glieder jeweils ihr Spezialwissen in das Produktkonzept einbringen

---

[1] Vgl. Fieten, R. (1993), S. 28; Groth, U. / Kammel, A. (1993), S. 72.
[2] Vgl. Hentze, J. / Kammel, A. (1992), S. 635.

- Vermeidung von zeitintensiven nachträglichen Änderungen im Entwicklungsprozeß durch umfassende Planung und rechtzeitige Abstimmung
- Einbeziehung der Entwicklungsressourcen von Produktionsmittelherstellern und Komponentenzulieferern durch enge Kooperation
- Bestreben nach interner Integration (Schnittstellenkoordination zwischen den Funktionsbereichen und Abteilungen) und externe Integration von Konsumerwartungen und Herstellervorstellungen.

> Unter Simultaneous Engineering versteht man die enge Zusammenarbeit von Entwicklungsingenieuren, Materialmanagern, Designern, Informatikern, Marketingfachleuten, Controllern zur Optimierung der Aktivitäten von der ersten Produktidee bis hin zum After Sales-Service. Bereits beim Produkt- und Produktionsentwicklungsprozeß sollen die Zulieferer in das Simultaneous Engineering-Team aufgenommen werden.

Ein Beispiel für Simultaneous Engineering bietet das von der VW AG in Wolfsburg 1993 eingerichtete Technikzentrum, in dem bereits bei der Konzeptentwicklung eines neuen Autos eine optimale Arbeitsteilung ermöglicht wird.

8.7.3 Modular-Sourcing

Bei der traditionellen Teilebeschaffung (Abb. 8.40) werden die vom Hersteller (Abnehmer) benötigten Teile von vielen, voneinander unabhängigen, Lieferanten bezogen. Diese Vorgehensweise hat den Nachteil, daß zahlreiche Material- und Informationsflüsse zwischen den Zulieferern und dem Hersteller existieren. Außerdem ist der Zulieferer nur für die Entwicklung, Funktion und Qualität seines Erzeugnisses verantwortlich. Die Verantwortung für das Funktionieren des Enderzeugnisses, das aus vielen verschiedenen Teile zusammengefügt wird, obliegt allein der Zuständigkeit des Herstellers. In der jüngsten Vergangenheit ist die Abkehr von der Beschaffung vieler Einzelteile von vielen Lieferanten festzustellen. Stattdessen wird von wenigen Modullieferanten bezogen.

> Unter Modular-Sourcing versteht man den Bezug kompletter Module (Funktionseinheiten), d.h. kompletter, einbaufähiger Systeme und Subsysteme, die i.d.R. direkt an das Montageband geliefert werden.[1]

---

[1] Vgl. Eicke, H. / Femerling, C. (1991b), S. 54.

In diesem System hat nur noch der Modullieferant direkten Kontakt zum Abnehmer. Die Sublieferanten der zweiten und dritten Ebene arbeiten lediglich mit dem Modullieferanten zusammen. Durch die Einführung des Konzepts Modular-Sourcing bilden sich neue Beschaffungsstrukturen und eine veränderte Arbeitsteilung in der Zulieferkette.[1] Die Veränderungen der Zulieferkette zeigen die Abb. 8.40 und 8.41.

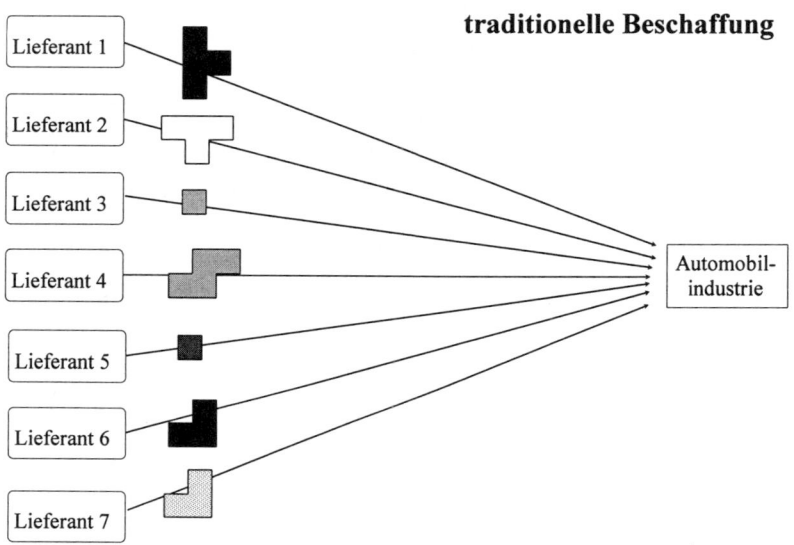

Abb. 8.40: Traditionelle Teilebeschaffung

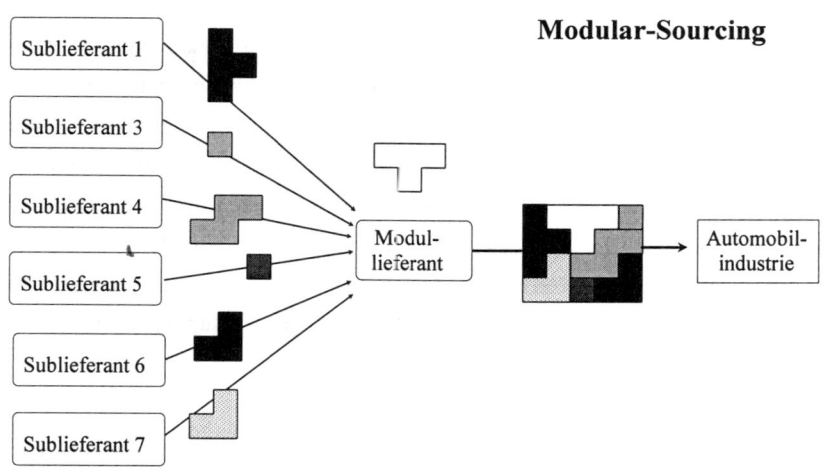

Abb. 8.41: Beispiel Modular Sourcing[2]

---

[1] Vgl. Womack, J. / Jones, D. / Roos, D. (1991) S. 66 und 153; Daum, M./ Piepel, U. (1992) S. 43; Fieten, R. (1992) S. 35; Eicke, H. / Femerling, C. (1991), S. 31 - 36.

[2] Vgl. Eicke, H. / Femerling, C. (1991b), S. 34.

Daraus ergibt sich, daß der Lieferant, der die effizienteste Produktion besitzt, Modul-lieferant wird. Er montiert die von seinen Sublieferanten bezogenen Teile zu einbaufertigen Modulen zusammen und liefert diese direkt (just-in-time) an das Endmontageband des Abnehmers. Es entsteht eine pyramidenförmige Struktur der Zulieferkette, die aus First-, Second- und Third-Lieferanten besteht. Jeder Modul-lieferant hat, eine Reihe von Zulieferern der zweiten Stufe hinter sich. Bei diesen Lieferanten handelt es sich um Fertigungsspezialisten, die zwar kein be-sonderes Fachwissen in der Entwicklung und Konstruktion von Produkten besitzen, dafür aber große Erfahrungen im Prozeßablauf und Fabrikbetrieb. Diese Zulieferer der zweiten Stufe können wiederum Lieferanten der dritten oder sogar vierten Stufe der Pyramide einschalten.

8.7.3.1 Ziele des Modular-Sourcings

Die Modularisierung ist in erster Linie auf die Reduzierung der Teilevielfalt gerichtet und soll eine Verringerung der Produktionskosten, insbesondere der Montagekosten bewirken. Modular-Sourcing führt insbesondere zur:

- Verringerung der Anzahl der Zulieferer durch die Einschaltung ausgewählter Modullieferanten
- Reduzierung der Fertigungstiefe durch den Bezug ganzer Systeme anstatt einzelner Teile und Komponenten
- Integration der Modullieferanten in die Entwicklung neuer Produkte, das Know-how des Zulieferers kann somit genutzt werden
- Zeit- und Kostenersparnis durch die Verlagerung der Montage einzelner Teile auf die Modullieferanten
- Möglichkeit der JiT-Anlieferung der Systeme und Baugruppen.

8.7.3.2 Voraussetzungen für Modular-Sourcing

Da das Modular-Sourcing die gegenseitigen Abhängigkeitsbeziehungen zwischen Hersteller und Lieferant erhöht, ist es erforderlich, auf beiden Seiten die Verant-wortungsbereiche, die rechtlichen, die informatorischen und die organisatorischen Rahmenbedingungen, genau zu fixieren. Voraussetzungen für die Einführung sind insbesondere:[1]

---

[1] Vgl. Eicke, H. / Femerling, C. (1991), S. 142-147.

- vertragliche Regelungen über die Pflichten und Rechte der Leistungsbeziehungen zwischen Abnehmer und Zulieferer
- der Modullieferant muß durch den Verkauf von Systemen höhere Gewinne erwirtschaften als durch den Verkauf einzelner Teile
- für den Abnehmer müssen sich durch den Bezug von Modulen wesentliche Leistungs- und Kostenvorteile ergeben
- der Modullieferant darf nur Module mit erstklassiger Qualität liefern; daher ist die Qualitätskontrolle bereits beim Lieferanten durchzuführen
- Definition von Informationsschnittstellen, d.h. Bestimmung der Ansprechpartner mit den entsprechenden Verantwortungsbereichen, Implementierung des technischen Informationsaustausches, z.B. Austausch von CAD-Daten
- Bildung spezieller Teams, die sich aus Mitarbeitern des Herstellers und des Modullieferanten zusammensetzen, die mit der gemeinsamen oder arbeitsteiligen Entwicklung kompletter Module beauftragt werden.

Zur Intensievierung der Zusammenarbeit können gemeinsame Wertanalyseteams oder Qualitätszirkel aus Mitarbeitern beider Seiten gebildet werden, um in der Fertigung von Modulen auftretende Schwachstellen und Probleme frühzeitig erkennen und gemeinsam analysieren und lösen zu können.[1]

8.7.3.3 Anforderungskriterien an Modullieferanten

An einen potentiellen Modullieferanten stellt der Hersteller verschiedene Anforderungen. Eine empirische Befragung in der Automobil- und Zulieferindustrie ergab eine nahezu übereinstimmende Rangfolge der folgenden Kriterien: [2]

1. Forschungs- und Entwicklungs-Know-how in vom Abnehmer ausgelagerten Bereichen

2. Nachweis eines kontinuierlich hohen Lieferservice

3. gleichbleibend hohe Produktqualität

4. JiT-Kompetenz

5. Flexibilität in Produktion und Beschaffung

6. hohes Produktions-Know-how

7. ausreichende Montageeinrichtungen

8. zentrale Stellung im Produktions- und Bearbeitungsprozeß

9. Produktionsstandorte in räumlicher Nähe zu Lieferanten und/oder Abnehmern.

---

[1] Vgl. auch Eicke, H. / Femerling, C. (1991), S. 142-147.
[2] Vgl. Eicke, H /Femerling, C. (1991), S. 68.

Der Modullieferant verfügt gegenüber seinen Konkurrenten i.d.R. über

- eine bessere Kapitalstruktur
- eine ausgeprägte Management-Organisation
- eine bessere Kommunikation
- bessere Ausbildungsangebote
- höhere Automatisierungsgrade
- einen intensiveren Einsatz von EDV-Systemen.

8.7.3.4 Beurteilung von Modular-Sourcing und seine praktische Relevanz

Durch die Einführung des Modular-Sourcing-Konzeptes ist es den Abnehmern möglich, das Ziel der Reduzierung der Fertigungstiefe mit dem Ziel der Verringerung der Lieferantenzahl zu verbinden. Bei den ausgewählten Modulliefe-ranten handelt es sich um Wertschöpfungspartner. Die Endprodukthersteller verbinden damit die Erwartung, daß die intensivere Zusammenarbeit mit den Modullieferanten ihnen zu Kosteneinsparungen und Leistungsverbesserungen verhilft. Um diesen Erwartungen gerecht zu werden, müssen sich die Zulieferer nach den Prinzipien der Lean Production neu positionieren und Leistungsreserven in allen Teilfunktionen aktivieren.

8.7.4 Single-Sourcing

Single-Sourcing zeichnet den Trend, einen Artikel (Modul) von nur jeweils einem Lieferanten zu beziehen (Einquellenbelieferung). Mit dem Konzept werden die folgenden Ziele verfolgt:

- Vereinfachung der Lieferbeziehungen (Wegfall zahlreicher Wareneingangs- und Qualitätskontrollen)
- Senkung der Beschaffungskosten
- Übersichtliche Materialflüsse (Transparente Beschaffungsprozesse)
- Kooperative Zusammenarbeit mit dem Zulieferer (Austausch von Erfahrungen)
- Konzentration auf die eigenen Stärken
- Abbau der Kapitalbindung (Verbesserung der Lagerhaltung und -verwaltung)

Voraussetzung für die Umsetzung des Single-Sourcing-Konzeptes ist die Auswahl qualifizierter Zulieferer. Um die mit der Konzentration auf einen Zulieferer einhergehende Abhängigkeit zu mindern, wird vielfach das Double-Sourcing (Zweiquellenbelieferung) vorgeschlagen. Außer dem erhöhten Sicherheitsaspekt weist Double-Sourcing keine weiteren Unterschiede zum Single-Sourcing auf.

8.7.5 Global-Sourcing

8.7.5.1 Begriffliche Grundlagen

Der steigende Wettbewerbsdruck auf den In- und Auslandsmärkten zwingt die Erzeugnishersteller dazu, die ausländischen Beschaffungsmärkte mit ihren niedrigen Preisen (Stichwort "Billiglohnländer") intensiver zu nutzen. Deutsche Hersteller haben den Nachteil, daß sie am Standort Deutschland auf einem wesentlich höheren Kostenniveau entwickeln und produzieren müssen als ihre asiatischen und amerikanischen Konkurrenten. Ein weiterer Grund für den Kauf im Ausland können vorgeschriebene ausländische Lieferanten oder ausländische Standards sein.[1] Mit Global-Sourcing sollen die Kosten- und Preisvorteile des internationalen Wettbewerbs strategisch genutzt werden, dies geschieht durch eine systematische Ausdehnung der Beschaffungspolitik auf die Auslandsbeschaffungsmärkte.

Neben dem Begriff "Global-Sourcing" werden auch die Begriffe "weltweiter Einkauf" und "internationaler Einkauf" (international purchasing) verwendet.

> Von Global-Sourcing wird dann gesprochen, wenn die strategischen Aufgaben-stellungen des Materialmanagements in einen internationalen Transaktionsrahmen gestellt werden.[2]

Obwohl mit der Globalisierung der Beschaffung auch eine Zunahme der Zulieferer verbunden ist, stellt das Global-Sourcing nicht das Pendant zum bereits erwähnten Single-Sourcing dar.

Eine gemeinsam vom Handelsblatt, dem Emnid-Institut und dem Seminar für ABWL, Beschaffungs- und Produktlehre der Universität Köln durchgeführte repräsentative Befragung der deutschen Industrie nach ihrem Einkaufsverhalten im Ausland ergab, daß knapp 80% der Befragten nur im Inland und nur 20% auch im Ausland beschaffen. In der Investitionsgüterindustrie beschaffen lediglich 16% der Unternehmen und in der Konsumgüterindustrie 31% der Unternehmen im Ausland.

---

[1] Vgl. Schneider, H. (1989), S. 19; Arnold, U. (1990c), S. 58.
[2] Vgl. Arnold, U. (1990), S. 13.

Beim Export sieht es völlig anders aus, so ergab die Befragung, daß 54% des gesamten Produktionsvolumens exportiert werden.

Gründe für den Auslandseinkauf						
	Unternehmensgrößen und Branche					
	unter 1000 %	1000 bis 1999 %	2000<	Konsum-Güter %	Invest-Güter %	Dienst-Leistung %
1. Preisgünstigkeit	44	48	41	42	42	48	40
2. Qualitätsstandard	46	43	52	42	48	40	60
3. Stabilität	4	4	5	3	3	4	5
4. Kompensation	6	5	8	8	2	11	5
5. andere	7	8	7	6	9	5	5
Summe	107	108	113	101	104	108	115
Basis	284	143	73	66	109	137	40

Abb. 8.42: Gründe für den Auslandseinkauf[1]

8.7.5.2 Ziele und Voraussetzungen

Als wesentliche Ziele des Global-Sourcing und der stärkeren internationalen Leistungsverflechtungen werden im einzelnen die folgenden Ziele genannt:

- Material- und Bezugskostensenkung
- Intensivierung des inländischen Wettbewerbs der Zulieferer durch Auslandsangebote[2]
- Aufbau eines weltweiten Lieferantenmanagements
- Erschließung neuer Absatzmärkte über die Beschaffungsmärkte, d.h. das Unternehmen lernt die Marketingbedingungen durch die Beschaffungsmarktforschung (Wertvorstellungen, Strukturgegebenheiten des Auslandes) kennen
- Möglichkeit, neue Lieferquellen kennenzulernen
- Nutzung der Technologien aller Länder sowie des weltweiten Fortschrittes
- Nutzung des weltweiten Lieferanten-Know-hows
- Erhalt von Informationen zu Vergleichszwecken (Kenntnisse über freie Kapazitäten und neueste Preisangebote der Lieferanten)
- Beseitigung bestehender Importbeschränkungen auf der Vertriebsseite durch entsprechende Einkaufsaktivitäten auf den Absatzmärkten (Kompensations-

---

[1] Vgl. Koppelmann, U. (o.Jg.), S. 3 (korrigierte Summen)
[2] Vgl. Sauer, K. (1991), S. 30.

geschäfte sind in einigen Ländern die Voraussetzung, um Fertigerzeugnisse und Ersatzteile verkaufen zu können).

- Aufbau von Frühwarnsystemen
- Ausnutzung der Lohnstruktur und der damit verbundenen Preisvorteile bei Bezug aus sogenannten Niedriglohnländern
- Konzentration der Nachfragemacht durch gemeinsames Auftreten aller verbundenen Produktionsunternehmen auf dem Weltmarkt.

Hersteller	in Mio DM 1987	in Prozent des Einkaufsvolumens 1987	in Prozent des Einkaufsvolumens 1992
Opel	1700	22%	25%
Porsche	57	5%	15%
VW	2543	15%	20%
Audi	280[*]	6%[*]	15%
Mercedes	1777	10%	>10%
Ford	2070	30%	50%[**]
BMW	1400	16%	>20%
*)= inklusive interne Verbundlieferungen			
**)= Schätzung			

Abb. 8.43: Auslandsbezüge deutscher Automobilhersteller[1]

Voraussetzungen für die erfolgreiche Anwendung des Global-Sourcing sind: [2]

1. Kenntnisse über die Wirtschaftsordnungen, den Stand der Technologien, die Konkurrenzfähigkeit der Branchen, die Rechts- und Gesellschaftssysteme, die Normen, die Ethik und die Moralvorstellungen anderer Länder *Soft-facts*

2. Erfahrung des Abnehmers im internationalen Geschäft

3. Möglichkeit zur Durchführung intensiver Beschaffungsmarktforschungen

4. Auf- oder Ausbau der logistischen und datentechnischen Infrastruktur über die Ländergrenzen hinweg

5. qualifizierte Mitarbeiter mit Fremdsprachenkenntnissen

6. eine gewisse Mindestgröße des Unternehmens

7. Auslandsbeschaffungsmärkte, die eine wirtschaftliche und politische Stabilität aufweisen.

---

[1] Sauer, K. (991), S. 32.
[2] Vgl. Arnold, U. (1990c), S. 58 - 66; Diller, U. (1989), S. 28-29.

8.7.5.3 Risiken des Global-Sourcing

Vor dem Hintergrund der Kostenvorteile des Global-Sourcings stellt sich die Frage, warum das Global-Sourcing bisher noch keine größere Verbreitung gefunden hat. Gründe sind:

1. Akzeptanzprobleme
- Die Sprache ist ein ernstlicher Hinderungsgrund bei Vertragsverhandlungen.
- Unterschiedliche Kulturen erschweren das Verständnis für Verhandlungsprobleme.
- Vorurteile können die Bereitschaft dämpfen, sich intensiv mit fremden Ländern zu befassen.

2. Logistische Probleme
- Informationsprobleme treten aufgrund der großen Entfernung zwischen Zulieferer und Abnehmer auf. Fehlende und unzureichende Informations- und Kommunikationstechniken.
- Zeitprobleme. JiT-Belieferung ist bei Global-Sourcing nur schwer oder gar nicht durchführbar.
- Klimaprobleme bei Anbauprodukten

3. Qualitätsprobleme
- Qualitätsschwankungen
- Transport- und Lagerrisiken

4. Kostenprobleme
- Aufgrund des Risikos, daß sich die Kosten in einem fremden Land, mit dem man informationstechnisch verbunden ist, anders entwickeln als geplant, lassen sich diese unter Umständen nur schlecht prognostizieren.
- Währungsrisiko

5. Politische Probleme
- Politische Instabilitäten vermindern die Planbarkeit.
- Politische Restriktionen schränken den Handlungsraum ein.

Möglichkeiten, durch entsprechende Instrumente den Problemen zu begegnen, zeigt die von *Koppelmann, Kraljic* und *Wolfmeyer* zusammengestellte Tabelle:[1]

---

[1] Vgl. Koppelmann, U. / Wolfmeyer, P. / Kraljic, P. (1989), S. 27 - 28.

Probleme/ Problemfelder	Instrumente	Instrumentalvariablen	Maßnahmen
PROBLEMKATEGORIE: Kostenprobleme			Planungshilfen
Prognosefähigkeit der Kosten	Bezugspolitik	Bezugsmengenpolitik	kleine Bezugsmengen
		Bezugslogistikpolitik	Fremdbezug
			Zentrallagerbezug
		Bezugsmodalitätspolitik	Subcontracting
			Konsignationsbezug
	Produktpolitik	Produktmodifikationspolitik	Produktvereinheitlichung
			Produktkonstanz
	Entgeltpolitik	Preispolitik	Festpreispolitik
			Preissetzungspolitik
			Preisdruckpolitik
Währungsrisiko	Bezugspolitik	Bezugsmengenpolitik	kleine Bezugsmengen
			variable Bezugsmengen
	Entgeltpolitik	Zahlungsmodalitätspolitik	Zahlungsmittelpolitik
			Zahlungsterminpolitik
			Zahlungswegepolitik
Senkungsfähigkeit der Kosten	Servicepolitik	Lieferantendienstpolitik	Wertanalysehilfen
			Fertigungshilfen
			Sachmittelbereitstellung
PROBLEMKATEGORIE: Logistische Probleme			
Informationsprobleme	Kommuni- kationspolitik	Kontaktmodalitätspolitik	Kontaktbereitschaft
			Medienadäquanz
			Einkaufsmessen
			Lieferantentage
		Know-how-Transferpolitik	forcierter direkter Daten- austausch
			Produkt-/Logistikberatung
	Produktpolitik	Produktmodifikationspolitik	Produktvereinheitlichung
	Servicepolitik	Lieferantendienstpolitik	Personalbereitstellung
	Bezugspolitik	Bezugsorganpolitik	Einkaufsniederlassung
			Einkaufskooperation
Quantitätsprobleme	Bezugspolitik	Bezugsmodalitätspolitik	Konsignationsbezug
		Bezugsmengenpolitik	große Bezugsmengen
		Bezugsorganpolitik	Einkaufskooperationen
Ortsprobleme	Bezugspolitik	Bezugslogistikpolitik	Zentrallagerbezug
			Transportwegevorschriften
		Bezugsmengenpolitik	variable/kleine Bezugs- mengen
		Bezugsmodalitätspolitik	Erfüllungsortbestimmung
	Servicepolitik	Liefer-/Abnahmeleistungs- politik	Zustellung/Abholung
Zeitprobleme	Bezugspolitik	Bezugslogistikpolitik	Konsignationsläger
		Bezugsmodalitätspolitik	Rahmen-/Abrufbezug
			Fixhandelsbezug
			Zentrallagerbezug
			Transportsicherungspolitik
			Rückgabe von beschaffungs- problematischen Werk- stoffen
		Bezugsmengenpolitik	konstante Bezugsmengen
	Servicepolitik	Liefer-/Abnahmeleistungspolitik	Liefer-/Abnahmezu- verlässigkeit
	Kommunikati- onspolitik	Einkaufsabwicklungs- modalitäten	Bestell-/Stornierungsmodus
		Produktmodifikationspolitik	Produktvereinheitlichung
			Produktkonstanz
Klimaprobleme	Bezugspolitik	Bezugsmodalitätspolitik	Vorkaufsoption

Probleme/ Prob.-felder	Instrumente	Instrumentalvariablen	Maßnahmen
PROBLEMKATEGORIE: Qualitätsprobleme			
Qualitätskonstanz	Bezugspolitik	Bezugsorganpolitik	Einkaufsniederlassung
			Einkaufsreisende
		Bezugsmodalitätspolitik	Transportsicherungspolitik
			Rückgabe von Wertstoffen
		Bezugslogistikpolitik	Transportmittel- und -
		Bezugsmengenpolitik	wegevorschriften
			konstante Bezugsmengen
	Produktpolitik	Produktgestaltungspolitik	Gestaltungs- und Leistungs-
		Produktmodifikationspolitik	Vorschriften
			Produktvereinheitlichung
			Produktkonstanz
	Servicepolitik	Lieferleistunspolitik	Lieferqualität
			Kontrollmodus
		Garantieleistungspolitik	Garantieleistung
			After-Sale-Service
	Entgeltpolitik	Rabattpolitik	Treuerabatt
	Kommuni-	Einkaufsabwicklungs-	Reklamations-/Stornierungs-
	kationspolitik	modalitätspolitik	modus
		Know-how-Transferpolitik	forciert direkter Daten-
			austausch
Qualitätssteigerung	Kommuni-	Kontaktmodalitätspolitik	Leistungswettbewerbe
	kationspolitik	Know-how-Transferpolitik	Bedarfs-/Trendberatung
	Servicepolitik	Lieferantendienstpolitik	F & E - Hilfen
			Beschaffungshilfen
			Fertigungshilfen
			Personal- und Sachmittel-
			bereitstellung
	Entgeltpolitik	Preispolitik	Leistungspreispolitik
		Prämienpolitik	Sonderleistungsprämien
		Kreditpolitik	Beschafferkredite
PROBLEMKATEGORIE: Akzeptanzprobleme			Kontrollmodus
Sprache, Kultur, Vorur-	Kommuni-	Kontaktmodalitätspolitik	Medienadäquanz
teile	kationspolitik		Lieferantentag
			Einkaufsmesse
		Know-how-Transferpolitik	Personalschulung
			Unternehmensberatung
	Bezugspolitik	Bezugsorganpolitik	Einkaufsniederlassung
			Einkaufsreisende
			Einkaufskooperation
		Bezugsmodalitätspolitik	Abrufbezug
			Subcontracting
	Servicepolitik	Abnahmepolitik	Abnahmebereitschaft
PROBLEMKATEGORIE: Politische Probleme			
Instabilitäten des	Bezugspolitik	Bezugsmengenpolitik	kleine Bezugsmengen
politischen Umfeldes			variable Bezugsmengen
und politische		Bezugsorganpolitik	Einkaufsniederlassung
Restriktionen		Bezugslogistikpolitik	Transportmittel- und
		Bezugsmodalitätspolitik	-wegevorschriften
			Vorkaufsoption
			Konsignationsbezug
	Kommuni-	Kontaktmodalitätspolitik	Frühwarnbereitschaft
	kationspolitik		Kontaktbereitschaft
	Entgeltpolitik	Preispolitik	Preisanpassungspolitik
Kompensationsprobleme	Servicepolitik	Abnahmeleistungspolitik	Abholen
(kein typisches			Abnahmetoleranz
Einkaufsproblem)			

Abb. 8.44: Instrumente und Probleme des Global-Sourcing

8.7.6 Typologie der Zulieferer

Wildemann[1] führt eine Klassifizierung von Zulieferunternehmen nach den Kriterien Produktions-Know-how und Produktions- und Produkt-Know-how durch. Wie die Abb. 8.45 zeigt, ergeben sich die folgenden Typen: Teilefertiger, Produktionsspezialist, Entwicklungspartnerschaften und Wertschöpfungspartnerschaften. werden Entwicklungsstrategien für Zulieferunternehmen diskutiert.

Leistungsumfang / Kompetenz des Zulieferers	Vordefinierte Produkte und Varianten	System- und Problemlöser
Produktions-Know-how	A Teilefertiger	B Produktionsspezialist
Produktions- und Produkt-Know-how	C Entwicklungspartnerschaften	D Wertschöpfungspartnerschaften

Abb. 8.45: Zulieferertypen[2]

Die Beherrschung von Prozeßtechnologien und die gezielte Ausrichtung dieser Technologien auf die Anforderungen des Abnehmers sind Voraussetzungen für eine kostengünstige und qualitativ hochwertige Produktion.

Produkt-Know-how zeigt sich in der Fähigkeit, unter Berücksichtigung von Zeit-, Kosten- und Qualitätszielen bedarfsgerecht Produkte entwickeln zu können.

A. Teilefertiger

Der Teilefertiger stellt quasi die verlängerte Werkbank des Abnehmers (Herstellers) dar. Er fertigt vom Abnehmer entwickelte standardisierte Teile. Die für die Fertigung benötigten Werkzeuge und Vorrichtungen werden häufig ebenfalls vom Hersteller entwickelt und dem Teilefertiger zur Verfügung gestellt. Da auf diesem Markt die technologischen Eintrittsbarrieren relativ niedrig sind, herrscht unter den Zulieferern

---

[1] Vgl. Wildemann, H. (1992b), S. 391-413.

[2] Wildemann, H. (1992), S. 399.

ein großer Konkurrenzkampf. Sowohl die zunehmenden Global-Sourcing-Strategien und die Modular-Sourcing-Strategien der Hersteller führen dazu, daß die Zukunftsaussichten des Teilefertigers als schlecht einzustufen sind. Das Global-Sourcing führt zu einer Ausdehnung des potentiellen Konkurrentenkreises, der den Konkurrenzdruck für die Teilefertiger noch verstärken wird. Modular-Sourcing-Strategien führen dazu, daß nur noch ganze Baugruppen bezogen werden, die vom einfachen Teilefertiger nicht gefertigt werden können.

B. Produktionsspezialist

Der Produktionsspezialist zeichnet sich durch ein hohes Produktions-Know-how, große Prozeßsicherheit und damit der Fähigkeit der teilespezifischen Prozeßinnovation aus. Diese Prozeßinnovation wird vom Zulieferer eigenständig initiiert und auf eigenes Risiko durchgeführt. Da der Zulieferer vorwiegend kostenintensive A- und B-Teile fertigt, ist ein verläßliches Variantenmanagement und eine hohe Termintreue erforderlich. Der Produktionsspezialist tritt fast ausschließlich in Single-Sourcing-Beziehungen auf, da seine Innovationen immer mit erheblichen Investitionskosten verbunden sind, die durch die Schaffung von Kapazitäten in der Vorrichtungs- und Werkzeugkonstruktion und im Anlagenbau entstehen.

C. Entwicklungspartnerschaften

Die kundennahe variantenreiche Produktion hat in der Vergangenheit zu einer zunehmenden Bedeutung der Entwicklungszeit und der Marktbelieferungszeit (time to market) als eigenständigen Wettbewerbsgrößen geführt. Der Forschungs- und Entwicklungsbereich (F & E - Bereich) hat in diesem Zusammenhang in der Vergangenheit erheblich an Bedeutung gewonnen. Entwicklungspartnerschaften sollen das Produkt-Know-how des Abnehmers und das des Zulieferers verbinden.

Der Gedanke des bereits beschriebenen **Simultaneous Engineering** wird durch Entwicklungspartnerschaften institutionalisiert. Grundvoraussetzung für eine Entwicklungspartnerschaft ist, daß der Zulieferer über spezifisches Produkt-Know-How verfügt, das vom Abnehmer in Form einer Auftragskonstruktion genutzt werden kann. Zwischen den Abnehmern und Zulieferern werden meist langfristige Lieferverträge (Life-Time-Verträge) geschlossen. Durch die engen Beziehungen der

Abnehmer und Zulieferer wird der Marktzugang potentieller Zulieferkonkurrenten erschwert.[1]

D. Wertschöpfungspartner

Zulieferer, die gemeinsam System- und Problemlösungskapazität sowohl für Produkte und Bauteile als auch für Prozeßinnovationen anbieten, sind Wertschöpfungspartner. Wertschöpfungspartner sind selbständige Unternehmen, die ebenfalls zur Erreichung eines Zwecks enge vertragliche Bindungen mit den Abnehmern eingehen. Derartige horizontale Verbundsysteme werden im japanischen auch als "Keiretzu" bezeichnet, sie umfassen Zulieferer verschiedener Branchen.

Vorteil der engen Kooperation zwischen den Zulieferern und Herstellern ermöglichen innovative Produkte und Prozesse vergleichsweise schnell und kostengünstige einzuführen. Vorteile von Wertschöpfungspartnerschaften sind:

- Intensiver Erfahrungsaustausch
- gemeinsame Schulungsmaßnahmen
- Reduzierung der Risiken
- Möglichkeit der Stückkostendegression. → Fixkostendegression; Erfahrungsdegression,

Da die Wertschöpfungspartnerschaft sowohl über Produktions- als auch Produkt-Know-how verfügt, kann der Abnehmer seine Bezugsaktivitäten auf ein Minimum reduzieren. Es genügt oftmals, wenn der Abnehmer dem Zulieferer eine Problemdefinition oder Bedürfnisanzeige vorlegt, wodurch er seine Transaktionskosten beschränken kann. Zusätzlich gehen die Hersteller vermehrt dazu über, die Qualitätssicherung auf den Zulieferer zu übertragen. Innerhalb der Wertschöpfungspartnerschaften, die ihre Problemlösungen selbständig erarbeiten, ist diese Funktionsübernahme von Anfang an gegeben. Die Qualitätssicherung wird von speziellen Qualitätsteams durchgeführt, die sich in regelmäßigen Audits zusammenfinden.[2]

Entwicklungsstrategien für Zulieferer

Strategien, die darauf gerichtet sind, die Voraussetzungen zu schaffen, damit aus dem Teilefertiger Produktionsspezialisten, Entwicklungspartner oder Wert-

---

[1] Vgl. Wildemann, H. (1992b), S. 400-401.

[2] Vgl. Wildemann, H. (1992b), S. 403-404; Womack, J./ Jones, D./ Roos, D. (1992), S. 204.

schöpfungspartner werden, setzen folgende Maßnahmen voraus:

- Aufbau von F&E-Kapazitäten beim Zulieferers oder Stärkung vorhandener F&E-Kapazitäten
- Erhöhung des Produkt-Know-hows des Zulieferers
- Reorganisation der Fertigung des Zulieferers
- Abschluß langfristiger Lieferverträge
- Kooperative Produktentwicklung
- Vereinbarung von Qualitätsstandards
- Anlageinvestitionen
- Finanzielle Unterstützung des Zulieferers.[1]

Fragen und Aufgaben zur Wiederholung (S. 363 - 447)

1. *Welche Zielsetzung verfolgt das strategische Materialmanagement?*

2. *Was versteht man unter dem Begriff "Hebelmaterial" im Rahmen der Beschaffungs-Portfolios?*

✗ 3. *Beschreiben Sie das Verfahren der Wertanalyse als Maßnahme der Materialrationalisierung!*

4. *Welche Elemente umfaßt das System "Wertanalys"?*

5. *Zählen Sie die Grundschritte der Wertanalyse auf!* S. 406 links oder rechts

6. *Grenzen Sie die Begriffe value engineering und value analysis gegeneinander ab!* bestehendes Objekt, - am neuen Objekt S. 407

7. *Nennen Sie Ihnen bekannte Kreativitätstechniken, die zur Ideenfindung eingesetzt werden können!* Brainstorming, Delphi, etc. S. 418 ff.

8. *Um den Kontakt zwischen dem Wertanalyse-Team und dem Management herzustellen, wird vorgeschlagen, einen Stab einzurichten. Welche Aufgaben hätte ein solcher Stab zu erfüllen?*

9. *Nennen Sie mögliche Beurteilungskriterien, mit denen ein Produkt für eine Wertanalyse ausgewählt werden sollte?* Materialwert, Komplexität, PLZ

10. *Aus welchen Mitgliedern setzt sich ein Wertanalyse-Team üblicherweise zusammen?*

11. *Erklären Sie die Begriffe "Geltungsfunktion" und "Gebrauchsfunktion" sowie "Hauptfunktion" und "Nebenfunktion" und "unnötige Funktion"!*

12. *Beschreiben Sie die morphologische Methode! Was versteht man unter einem morphologischen Kasten?* es gibt nichts neues, sondern nur eine Kombination v. bereits bekanntem Wissen

---

[1] Ausführlich bei Wildemann, H. (1992b), S. 406-411.

durchgeführt werden soll. Stellen Sie die Rangfolge der Maschinentypen auf, nach der die Wertanalysen durchgeführt werden sollten! Begründen Sie Ihre Entscheidungen!

Gerätetyp	A	B	C	D	E
Geschätzte Restlebensdauer in Jahren	3 Jahre	4 Jahre	2 Jahre	7 Jahre	9 Jahre
Materialwert pro Fertigerzeugnis	300 €	200 €	800 €	700 €	600 €
Absatzerwartungen	stagnierend	stagnierend	stagnierend	steigend	steigend
Eine Wertanalyse wurde früher bereits durchgeführt	nein	ja	nein	ja	nein
Technischer Reifegrad	technisch ausgereift	wenig ausgereift	technisch ausgereift	wenig ausgereift	wenig ausgereift
Komplexität des Produktes	geringe Komplexität	geringe Komplexität	hohe Komplexität	hohe Komplexität	hohe Komplexität
Wettbewerbs-situation	schwacher Wettbewerb	hoher Wettbewerb	schwacher Wettbewerb	hoher Wettbewerb	hoher Wettbewerb

15. Für das folgende Produkt soll eine Wertanalyse durchgeführt werden. Führen Sie die Funktionsanalyse durch!

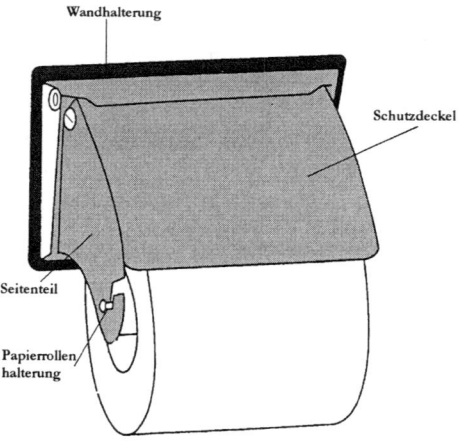

Wandhalterung

Schutzdeckel

Seitenteil

Papierrollen halterung

9 Logistikcontrolling und Kostenmanagement

Lernziele und -aufgaben

Der Leser soll

1. das Benchmarking kennenlernen
2. Controlling und Logistikcontrolling beschreiben können
3. operatives und strategisches Controlling unterscheiden können
4. das Prozeßcontrolling kennenlernen
5. Kennzahlen und Kennzahlensysteme unterscheiden können
6. die Prozeßkostenrechnung kennenlernen
7. das Target Costing kennenlernen.

9.1 Grundlagen des Controllings

Der Begriff „Controlling" wird in der Praxis und der Literatur nicht einheitlich verwendet. Einigkeit besteht jedoch darin, daß der Begriff nicht mit „Kontrolle" gleichgesetzt werden kann. Abgeleitet wird der Begriff oft vom englischen bzw. amerikanischen Verb „to control". „to control" bedeutet: behrrschen, lenken, leiten, steuern, regeln, regulieren oder prüfen.

Das Controlling ist aus der Praxis entstanden, daher besteht ein Großteil der Controlling-Literatur aus Praktikerbeiträgen. Diese praxisorientierten Publikationen entsprechen dem Sprachgebrauch der Unternehmenspraxis und sind daher oft nicht frei von Prestigeaspekten. In vielen Praktikerbeiträgen werden Metaphern und informelle Bezeichnungen zur Erklärung des Controlling bzw. Controllers herangezogen. So wird der Controller z.B. als Watchdog, Unternehmensmoderator, Ziel- und Planverkäufer, Fluglotse (Airtraffic-Controller), betriebswirtschaftliches Gewissen oder als graue Eminenz des Managements bezeichnet. Typisch dürfte wohl die Beschreibung von *Zünd* sein: "Der Controller beschränkt sich nicht mehr auf die passive Rolle des Registrators ('Thermometer'), sondern wurde zum aktiv handelnden Navigator ('Thermostat'). Er ist selber nicht der Kapitän (die Unternehmungsleitung), aber einer seiner wichtigsten Mitarbeiter, der dafür zu sorgen hat, daß das Schiff (die

Unternehmung) allen Unbilden zum Trotz das Ziel erreicht."[1] Obwohl die bildhafte Sprache der Praktikerbeiträge i.d.R. recht ungenau erscheint, werden doch die wesentlichen Merkmale des Controllings sichtbar:

- Es besteht eine enge Verbindung zwischen Controlling und Führung

- Controlling schafft Transparenz und sorgt für die Informationsversorgung der Entscheidungsträger

- Unterstützt die Führung bei der Entscheidungsfindung

- Controlling ist zukunftsorientiert

In vielen Veröffentlichungen wird die historische Entwicklung des Controllers bzw. des Controlling-Gedankens ausführlich dargestellt und mit historischen Quellen belegt. Es erfolgt eine Aufzählung der Unternehmen, in denen sog. Controller- bzw. Comptrollerstellen im Laufe der Zeit eingerichtet wurden. So wurde beispielsweise im Jahre 1778 in den USA ein "Comptroller" per Gesetz bestimmt, dessen Aufgabe in der Verwaltung des staatlichen Budgets lag. Die Aufgaben dieser sog. "Comptroller" oder "Controller" dürften jedoch - wenn überhaupt - nur sehr wenig mit den Aufgabenstellungen heutiger Controller zu tun haben.[2] Festzuhalten bleibt, als Keimzelle des Controllings kann das betriebliche Rechnungswesen angesehen werden. In den vergangenen Jahren hat sich dann das Controlling zu einem umfassenden Führungsunterstützungssystem entwickelt.[3]

Horváth[4] nennt die Planung und Kontrolle als zentrale Führungsaufgaben. Die Informationsversorgung der Führung nimmt ebenfalls eine zentrale Stellung ein, denn schließlich ist ja das Controlling aus dieser Fragestellung entstanden.

Controlling kann als Subsystem der Führung mit der führungsinternen Koordination definiert werden. Die Koordination bedeutet dabei die Abstimmung des Planungs- und Kontrollsystems (PK-System) einerseits und des Informationsversorgungs- systems (IV-System) andererseits. Koordination bedeutet dann die laufende Abstim- mung von Einzelaktivitäten im Hinblick auf ein übergeordnetes Ziel.[5]

---

[1] Zünd, A. (1978), S. 51.

[2] Zur Geschichte des Controllings vgl. Lingnau, V. (1998), S. 274-281.

[3] Vgl. Horváth, P. (1990), S.30.

[4] Vgl. Horváth, P. (1991), S. 109.

[5] Vgl. Küpper, H-U. (1987), S. 89.

Bei der systembildenden Koordination handelt es sich um die Schaffung eines geeigneten PK-Systems und IV-Systems sowie die Schaffung besonderer Koordinationsorgane und/oder Regelungen zur Behandlung der im bestehenden Systemgefüge auftretenden Koordinationsprobleme. Resultate der systembildenden Koordination sind beispielsweise die Organisation der Planungs- und Kontrollprozesse, der Planungs- und Kontrollrichtlinien oder der Planungsformulare.[1] Da selbst einfache Systeme nicht vollständig und eindeutig beschreibbar sind, kann eine vollständige Formalisierung durch die systembildende Koordination nicht erreicht werden. Es stellt sich die Frage, wie man auf unvorhergesehene Situationen reagieren soll. Die systemkoppelnde Koordination soll im Rahmen bestehender Systemstrukturen der Problemlösung und der Aufrechterhaltung und Anpassung der Informations-Verbindungen zwischen den Teilsystemen dienen. Die Revision als Teil des Controlling-Systems übernimmt die Koordinationskontrolle. Die Zusammenhänge sind der folgenden Abbildung zu entnehmen:

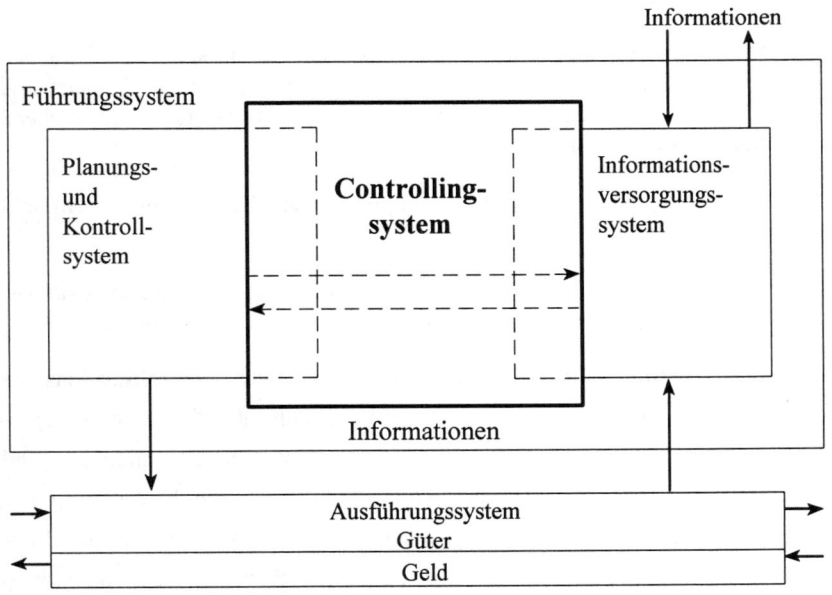

Abb. 9.1: Controlling und Führungssystem[2]

Das Controlling stellt ein Subsystem der Organisationsführung dar, mit den Zielen der systembildenden und systemkoppelnden Koordination des betrieblichen

---

[1] Vgl. Küpper, H-U. (1987), S. 95.
[2] Horváth, P. (1991), S. 109.

Informationsversorgungssystems und des gesamten Planungs- und Kontrollsystems. Es soll durch die Erfassung, Aufbereitung und Bereitstellung führungsrelevanter Informationen die Integration und Koordination aller Teilsysteme auf die Ziele des Gesamtsystems hin unterstützen.

9.1.1 Strategisches und operatives Controlling

Die Weiterentwicklung des operativen Controllings zum strategischen Controlling war die Reaktion auf die Zunahme der Umweltkomplexität und Umweltdynamik (zunehmender Wettbewerb, Kostendruck). Der Aufbau moderner Methoden der Planungsrechnung, die Institutionalisierung von Soll-Ist-Vergleichen und die damit verbundenen Abweichungsanalysen mit den entsprechenden Gegensteuerungsmaßnahmen waren wesentliche Faktoren für die Weiterentwicklung des Controllings.[1] Mit zunehmender Betonung der strategischen Aufgaben der Unternehmensführung müssen sich auch die Controlling-Funktionen stärker am strategischen Denken orientieren. Das bedeutet, daß

- die für das Unternehmen relevanten Umweltfaktoren, die Stärken und Schwächen des Unternehmens und die sich aus beiden Faktoren ergebenden Chancen und Risiken für das Unternehmen systematisch erfaßt sowie und entsprechend strategisch ausgewertet werden,

- die Verwirklichung der geplanten Strategien nach Ausmaß und Zeitpunkt systematisch verfolgt wird,

- Veränderungen der für die strategischen Zielsetzungen relevanten Faktoren beobachtet und gegebenenfalls Gegensteuerungsmaßnahmen erfolgen.[2]

Das strategische Controlling ist ein Pendant zum operativen Controlling, das die strategische Führung umfassend unterstützen soll. Es soll zukünftig zu berücksichtigende Beziehungen zwischen Unternehmen und der Umwelt aufzeigen und Erfolgspotentiale, Chancen und Risiken analysieren. Durch die Erweiterung des Controllings um die strategische Komponente verändern sich die Controlling-Funktionen nicht. Folgende Merkmale können zur Abgrenzung des operativen Controlling herangezogen werden:

- Das strategische Controlling ist extern orientiert, d.h., es werden die relevanten Umweltfaktoren, die Stärken und Schwächen des Unternehmens und die sich aus beiden Faktoren ergebenden Chancen und Risiken für das Unternehmen systematisch erfaßt sowie entsprechende Strategien geplant.

---

[1] Vgl. Scheffler, E. (1984), S. 2149.
[2] Vgl. Scheffler, E. (1984) , S.2149; Böcker, F. (1985), 138.

- Außerdem zeichnet sich das strategische Controlling durch eine größere Reichweite aus als das operative Controlling. Es werden daher nicht kurzfristige Unternehmensziele betrachtet, sondern die nachhaltige Existenzsicherung des Unternehmens steht im Vordergrund.

- Durch den weiteren Zeithorizont nimmt die Unsicherheit zu. Die Chancen und Risiken sind also schwerer zu bewerten. Es wird daher im Rahmen des strategischen Controllings i.d.R. eher auf qualitative Faktoren zurückgegriffen.

- Die Verwirklichung der geplanten Strategien nach Ausmaß und Zeitpunkt wird systematisch verfolgt.

- Sämtliche Veränderungen der für die strategischen Zielsetzungen relevanten Faktoren werden beobachtet, und gegebenenfalls werden Strategien angepaßt bzw. neue Strategien entwickelt.

Die nachstehende Abbildung zeigt die wesentlichen Unterschiede zwischen dem strategischen und dem operativen Controlling im Überblick.

	Operatives Controlling	Strategisches Controlling
Zielgrößen	primär quantitative Zielgrößen: Wirtschaftlichkeit, Gewinn, Rentabilität, Effizienz	primär qualitative Zielgrößen: nachhaltige Existenzsicherung, Aufbau von Erfolgspotentialen, Produktqualität
Orientierung	unternehmensinterne Orientierung: Wirtschaftlichkeit betrieblicher Prozesse	Unternehmensumwelt und Unternehmung
Dimensionen	Einzahlungen / Auszahlungen Einnahmen / Ausgaben Aufwand / Ertrag Kosten / Leistungen	Chancen / Risiken Stärken / Schwächen
Planungsstufe	taktische und operative Planung, Budgetierung	strategische Planung
Instrumente	quantitative Instrumente: Kennzahlen Budgets Kosten- und Leistungsrechnung Berichtswesen	vorwiegend qualitative, heuristische Instrumente: Portfolios Erfahrungskurven Gap Analyse Stärken- und Schwächenprofile

Abb. 9.2: Gegenüberstellung strategisches und operatives Controlling[1]

---

[1] Vgl. Horváth, P. (1998), S. 250.

Es kann festgestellt werden, daß Controlling ein informationsversorgendes System zur Unterstützung der Unternehmensführung durch Planung, Kontrolle, Analyse und Entwicklung von Handlungsalternativen zur Steuerung des Unternehmensgeschehens ist (vgl. Serfling 1992: 18). Controlling kann überall dort eingesetzt werden, wo zielorientiertes Handeln vorherrscht. Es muß jedoch an den Zielen, Aufgaben und Bedürfnissen der Institutionen ausgerichtet werden. Eine Controlling-Konzeption sollte demnach die folgenden Bestandteile enthalten:

(1) Controlling-Ziele	Es sollte dargestellt werden, was mit dem Controlling erreicht werden soll.
(2) Controlling-Funktionen (Aufgaben)	Beschreibung der Aufgaben des Controllings, hierzu gehören: (1) die Planungsfunktion (2) die Kontrollfunktion (3) die Informationsfunktion und (4) die Steuerungsfunktion
(3) Controlling-Instrumente	Methoden, Verfahren, Techniken und Modelle, die durch ihre Anwendung das Controlling in der Praxis unterstützen und verbessern
(4) Controlling-Institution	Dies sind mögliche Organisationsformen zur Institutionalisierung des Controllings. Wer ist für das Controlling verantwortlich?

Abb. 9.3: Bestandteile einer Controlling-Konzeption

9.1.2   Prozeßorientierung im Controlling

Seit einigen Jahren ist ein Übergang zum prozeßorientierten Controlling festzustellen. Für die Umstrukturierung des Controllings sprechen die folgenden Gründe. Zum einen hat der Controller in einer prozeßorientierten Organisation seine Aufgaben und Instrumente prozeßorientiert auszurichten, und zum anderen kann er durch diesen Schritt seine Aufgaben effizienter wahrnehmen.[1]

„Beim prozeßorientierten Controlling gilt es, sich von der an den hierarchischen Führungsprozessen ausgerichteten systembildenden und systemkoppelnden Koordination zu lösen. Der Controller hat sich vielmehr an den horizontalen Geschäftsprozessen zu orientieren."[2]

Der Controller ist bei der Schaffung der prozeßorientierten Organisation der Prozeßinnovator, der Innovationen anregt, die Teams mit Informationsmaterial versorgt und

---

[1] vgl. Horváth, P. (1998), S. 831.
[2] Horváth, P. (1998), S. 832/833.

die Projekte unterstützt und realisiert. Die Prozeßorientierung hat folgende Auswirkungen auf Aufgaben, Organisation und Instrumente des Controllers:[1]

- **Aufgaben:** Die strikte Trennung zwischen Controller und Manager, wie sie in der Vergangenheit üblich war, liegt nicht mehr vor und der Controller ist in die Prozeßgestaltung eingebunden.

- **Organisation:** Der Controlling-Bereich wird umstrukturiert. Auch in diesem Bereich erfolgt die Strukturierung nach Prozessen. Kunden und Produkte werden zentrale Begriffe des Controllings.

- **Instrumente:** Bei der Informationsversorgung konzentriert sich das Controlling auf Steuerungsgrößen, die die Prozeßbeteiligten verwenden können. Neben Wertgrößen werden auch kundenorientierte Zeit-, Qualitäts- und Mengengrößen in die Betrachtung einbezogen.

	Hierarchisch orientiertes Controlling	**Prozeßorientiertes Controlling**
Organisatorische Ausrichtung	• ist an hierarchisch gestuften, vertikalen Regelkreisen orientiert. • Steuerung durch vermaschte Regelkreise mit separierten Controlling-Institutionen	• ist an prozeßbegleitenden horizontalen Regelkreisen orientiert • kurze Regelkreise im Team • keine separate Controlling-institutionen für den Betrieb
Organisation	• ist auf die vorhandene Aufbau-organisation ausgerichtet.	• ist an Geschäftsprozessen orientiert.
Prozeßbezug	• unterstützt zentral abgestimmte, auf das Geschäftsziel ausge-richtete, entpersonifizierte Prozesse in einer festgefügten Organisation.	• unterstützt dezentrale, direkt mit dem Markt gekoppelte frei-laufende Prozesse in flexiblen Arbeitsgruppen.
Abläufe	• unternehmensweit standar-disierte Top down - Bottom up Planung • zentral koordinierte Planungs-, Vorschau- und Ist-Prozeduren	• geschäftsprozeßspezifische Feed back - Feedforward Planung zum Markt • dezentral koordinierte Prozeduren im zentralen Rahmen
Steuerungszweck	• unterstützt die Management-abläufe im Rahmen der vor-handenen Führungshierarchie.	• unterstützt die Selbststeuerung der Beteiligten im Arbeitsprozeß. • Kosten- und Leistungstrans-parenz für die Mitarbeiter der Prozeßkette

---

[1] vgl. Horváth, P. (1998), S. 830-835.

Informations-systeme	• nutzt zentralisierte DV-Systeme mit vorgegebenen Steuerungs- und Ab- rechnungsmethoden (intransparentes Methodenkorsett) • zentriert auf Information über-geordneter Managementebenen	• nutzt PC-Werkzeuge, die vom Mitarbeiter eigenständig angepaßt werden können • mitarbeiterzentriert, sein Prozeß-Know-how nutzende Steuerungs- und Doku-mentationsmethoden • orientiert auf Team und team-übergreifende Kommunikation
System-implementierung	• verwendet komplexe, integrierte Informationssysteme mit hohem (monetären und zeitlichen) Investitions- und Desinvesti-tionsaufwand.	• verwendet einfache und preiswerte Endnutzertools, die schnell einführbar und modifizierbar sind.
Einsatz- und Nutzungs-flexibilität	• verwendet auf Controlling-Abläufe spezifisch ausgerichtete „One Purpose Systeme". • organisatorisch separierte Technologie	• verwendet „Multipurpose"-Endnutzersysteme, die arbeitsorganisatorisch flexibel gestaltbar sind. • von den Mitarbeitern beherrschbare Technologie

Abb. 9.4: Gegenüberstellung von hierarchisch orientiertem und prozeßorientiertem Controlling[1]

9.1.3 Begriff und Aufgaben des Logistikcontrollings

Das Logistikcontrolling kann als Subsystem des Material- und Logistikmanagements aufgefaßt werden. Zu den Aufgaben gehören:

- Sicherstellung der laufenden Wirtschaftlichkeitskontrolle, der Planung und Kontrolle der logistischen Aktivitäten

- laufende Entscheidungsunterstützung des Material- und Logistikmanagements durch entscheidungsbezogene Aufbereitung und Bereitstellung von Informationen

- gesamtunternehmenszielbezogene Koordination logistischer Prozesse[2]

- Aufbau von Frühwarn- und Früherkennungssystemen mit Hilfe von Kennzahlen

- Bereitstellung von Steuerungs- und Kontrollinformationen (Soll-Ist-Vergleiche, Abweichungsanalysen)

- und die Budgetierung.

---

[1] Horváth, P. (1998), S. 834.
[2] Vgl. Reichmann, T. / Palloks, M. (1990), S. 212.

9.2   Kennzahleneinsatz und Kennzahlensysteme

9.2.1   Begriffsabgrenzung

Kennzahlen und Kennzahlensysteme sind wesentliche Informationsinstrumente für die Planung, Steuerung und Kontrolle des gesamten Unternehmensablaufs. In der Praxis werden betriebliche Kennzahlen zu sehr unterschiedlichen Zwecken und von sehr verschiedenen Interessengruppen verwendet. Während die Unternehmen selbst Kennzahlen vorwiegend zur Unternehmensführung einsetzen, dienen Kennzahlen externen Interessengruppen, wie Banken, Aktionäre, Kunden, Lieferanten, Verbände, Wissenschaftler, statistische Ämter, Behörden dazu, das Unternehmen oder deren Leistungen zu bewerten. Anstelle des Begriffs Kennzahl werden in der Literatur und in der Praxis auch andere Bezeichnungen verwendet, wie Kennziffer, Kontrollziffer, Meßziffer, Richtziffer, Schlüsselziffer, Standardzahl, Standardziffer oder Betriebsziffer[1]. In der Unternehmenspraxis gehören die Kennzahlen und die auf ihrer Basis durchgeführten Vergleichsrechnungen zu den wichtigsten Instrumenten einer rationalen Entscheidungsfindung[2].

"Betriebswirtschaftliche Kennzahlen sind Zahlen, die in präziser und konzentrierter Form über wichtige zahlenmäßig erfaßbare Tatbestände und Entwicklungen einer Unternehmung informieren."[3]

Mit Hilfe von Kennzahlen sollen komplexe, abstrakte betriebliche Sachverhalte in komprimierter Form abgebildet werden. Sie sollen Informationen liefern, die aus dem laufenden betrieblichen Informations- und Rechnungswesen nicht unmittelbar ersichtlich sind.[4] Die wichtigsten Elemente einer Kennzahl sind der Informationscharakter, die Quantifizierbarkeit der Information und die spezifische Form der Information[5].

9.2.2   Kennzahlensysteme

"Unter Kennzahlensystemen wird im allgemeinen eine Zusammenstellung von quantitativen Variablen verstanden, wobei die einzelnen Kennzahlen in einer sach-

---

[1] Vgl. Geiss,W. (1986), 18-19 und die dort angegebene Literatur.
[2] Vgl. Merkle, E. (1982), S. 325.
[3] Groll, K-H. (1986), S. 11.
[4] Vgl. Lachnit, L. (1975), S. 34; Reichmann, T. (1976), S.483. Franke, R. (1988), S. 7.
[5] Vgl. Reichmann, T. (1985b), S. 891.

lich sinnvollen Beziehung zueinander stehen, einander ergänzen oder erklären und insgesamt auf ein gemeinsames Ziel ausgerichtet sind"[1]. Die Kennzahlensysteme sind i.d.R. in der Form einer **Pyramide** aufgebaut, wobei die oberste Kennzahl **(Spitzenkennzahl)** sich aus anderen Kennzahlen zusammensetzt, die ihrerseits auch wiederum aus der Zusammenführung von Kennzahlen gebildet worden sind. Ein Kennzahlensystem haben wir bereits im ersten Kapitel dieses Buches kennengelernt, es ist das ROI-Schema.[2] Kennzahlensysteme für die Materialwirtschaft sind eher selten.[3]

9.2.3 Kennzahlenformen

In der Literatur besteht keine einheitliche Meinung darüber, ob eine einzelne Zahl, wie z.b. Artikel- oder Beschäftigtenzahl, bereits eine Kennzahl darstellt oder ob immer zwei Größen in Verbindung gebracht werden müssen. Wir wollen davon ausgehen, daß es sich bereits bei Einzelwerten um Kennzahlen handelt. Bezüglich der Bildung von Kennzahlen kann die Einteilung in **absolute Zahlen** und **Verhältniszahlen** erfolgen. Absolute Zahlen können in Form von Einzelwerten, Summen, Differenzen und Mittelwerten gebildet werden. Verhältniszahlen sind Gliederungs-, Beziehungs- oder Indexzahlen.[4]

a) absolute Zahlen

- Einzelwerte (z.B. Größe eines Lagers in m²; Sicherheitsbestand einer Materialart)

- Summen (z.B. Zahl der Zulieferer, Zahl der Arbeiter in einem bestimmten Lager, Jahreseinkaufsvolumen)

- Differenzen (z.B. Inventurdifferenzen; Bestellobligo = Summe der Bestellungen - Rechnungseingänge; Inventurdifferenz)

- Mittelwerte (z.B. durchschnittlicher Lagerbestand, durchschnittliche Lagerdauer, durchschnittlicher Bestellwert)

---

[1] Reichmann, T. (1985b), S. 891.

[2] Vgl. z.B. Botta, V. (1984), 8-9; Geiss, W. (1986), S. 86-88; Küting, K. (1983), 291-292; Liebig, V. (1977), S. 75.

[3] Vgl. hierzu: Piontek, J. (1993), S. 171-177; Sell, J. (1983), S. 472-479.

[4] Nähere Erläuterungen bzw. Darstellungen der Kennzahlenarten findet man bei Wolf, J. (1977), 11-14; Merkle, E. (1982), S. 326; Geiss, W. (1986), 24-25; Groll, K. (1986), S. 11-18.

b) Verhältniszahlen

Die Bildung von Verhältniszahlen (relative Zahlen) erfolgt dadurch, daß relevante Größen zueinander in Beziehung gesetzt werden. Es handelt sich dabei um Quotienten aus zwei absoluten Zahlen. Eine Zahl wird an der anderen gemessen. Um sinnvolle Verhältniszahlen zu erhalten, muß ein sachlicher Zusammenhang zwischen den beiden absoluten Zahlen bestehen. Je nach Auswahl der Zahlen können folgende Verhältniszahlen gebildet werden:

- Gliederungszahlen

- Beziehungszahlen

- Indexzahlen.

c) Gliederungszahlen

Gliederungszahlen dienen dazu, bestimmte betriebliche strukturelle Verhältnisse anzuzeigen. Charakteristisch für Gliederungszahlen ist, daß gleichartige Größen, die sich auf denselben Zeitraum beziehen, in Beziehung zueinander gesetzt werden. Dabei wird ein Ganzes im allgemeinen gleich 100 gesetzt, und eine Teilmenge in Prozent vom Ganzen ausgedrückt. Im Zähler steht eine Teilmenge und im Nenner die entsprechende Gesamtmenge. Durch Multiplikation mit 100 ergibt sich der entsprechende Prozentsatz. Beispiele für Gliederungszahlen sind: Kostenstruktur, Lieferantenstruktur, Lagerstruktur oder die Materialintensität = Anteil der Materialkosten an den Gesamtkosten.

d) Beziehungszahlen

Bei den Beziehungszahlen werden zwei gleichrangige, aber wesensverschiedene Größen, die sich auf denselben Zeitraum bzw. Zeitpunkt beziehen, zueinander ins Verhältnis gesetzt. Zwischen den beiden Größen muß allerdings ein sachlicher Zusammenhang bestehen. Pro-Kopf-Umsatz = Umsatz / Beschäftigte, Kosten pro Bestellung, Lagerkostensatz.

e) Indexzahlen

Bei den Indexzahlen (auch Meßzahlen genannt) werden zwei gleichrangige und gleichartige Größen zueinander ins Verhältnis gesetzt, die sich nur durch ein Merkmal unterscheiden. Das Unterscheidungsmerkmal kann zeitlicher, räumlicher oder sachlicher Art sein. Mit Meßzahlen können zeitliche Entwicklungen eines Sachverhalts beobachtet und dargestellt werden. Ein bestimmtes Basisjahr wird gleich 100 gesetzt, und alle entsprechenden Daten der Folgejahre werden auf diese

Basis bezogen, z.B. Entwicklungen der Einstandspreise, Preis- und Kostenentwicklungen, Verbrauchsentwicklungen.

9.2.3.1 Kennzahlenvergleiche

Eine einzelne Kennzahl für sich genommen hat keine Aussagekraft. So nutzt es einem Einkäufer nichts, wenn er einen Einstandspreis für ein bestimmtes Teil, die Kosten einer Bestellung oder den durchschnittlichen Lagerbestand kennt. Erst durch den Vergleich mit anderen Kennzahlen kann er Informationen gewinnen. Sind dem Einkäufer beispielsweise der durchschnittliche Lagerbestand oder die Kosten einer Bestellung eines anderen Unternehmens bekannt, so kann er beurteilen, ob die eigenen Kennzahlen vergleichsweise hoch oder niedrig liegen. Auch der Vergleich des aktuellen Einstandspreises eines bestimmten Materials mit den Vorjahresdaten gibt dem Einkäufer Informationen über die Preisentwicklung.

Die Ausführungen zeigen, daß Kennzahlen erst dann eine Aussagekraft erhalten, wenn sie zu Vergleichszwecken herangezogen werden können. Vergleiche können unternehmensintern durchgeführt werden (innerbetrieblicher Kennzahlenvergleich), oder aber es können Vergleiche mit anderen Unternehmen vorgenommen werden (zwischenbetrieblicher oder überbetrieblicher Kennzahlenvergleich). Weiterhin kann die Entwicklung einer Kennzahl auch im Zeitablauf beobachtet werden (Zeitvergleich). Im wesentlichen lassen sich die folgenden Vergleichsarten unterscheiden:[1]

9.2.3.2 Soll-Ist-Vergleich

Der Einsatz von Kennzahlen dient nicht nur der retrospektiven Betrachtung abgeschlossener Vorgänge oder gegebener Strukturen, sondern Kennzahlen können auch für prospektive Betrachtungen eingesetzt werden. Kennzahlen können auch Planzahlen für einen bestimmten Zeitraum oder Zeitpunkt sein. Beim anschließenden Soll-Ist-Vergleich (Plan-Ist-Vergleich) erfolgt eine Gegenüberstellung der Soll-(Plan-) werte mit den korrespondierenden Istwerten für denselben Zeitpunkt bzw. Zeitraum. Diese Vergleichsart liefert Angaben über Abweichungen vom Geplanten und zeigt auf Ansatzpunkte für Korrekturmaßnahmen hin.

---

[1] Vgl. Lachnit, L. (1975), S.41; Matzenbacher, H. (1978), S. 16; Hecker, R. (1975), S. 16.

9.2.3.3 Zeitvergleich

Beim Zeitvergleich erfolgt eine Gegenüberstellung von Ist- oder Plan - Kennzahlen eines Sachverhaltes für verschiedene Zeitpunkte oder Zeiträume. Dieser Vergleich dient zur Feststellung vollzogener oder zukünftiger Entwicklungen.

9.2.3.4 Zwischenbetrieblicher Vergleich

Bei dieser Vergleichsart werden Kennzahlen (Istkennzahlen) zum gleichen Sachverhalt, bezogen auf denselben Zeitpunkt (Zeitraum), in zwei oder mehr Betrieben einander gegenübergestellt. Dieser Vergleich gibt Auskunft darüber, wie der Einzelbetrieb im Hinblick auf das betriebliche Merkmal, gemessen an dem (den) anderen Betrieb(en), dasteht. Es werden so die Stärken und die Schwächen der Unternehmen im Vergleich aufgedeckt.

9.2.3.5 Überbetrieblicher Vergleich

Bei diesem Vergleich wird nicht eine Angabe aus einem anderen Unternehmen als Vergleichsmaßstab herangezogen, sondern eine überbetriebliche Angabe benutzt, wie etwa Branchendurchschnittswerte, Betriebsgrößenklassen. Mit Hilfe des überbetrieblichen Vergleichs werden die Stärken und die Schwächen des Einzelbetriebes aufgezeigt. Ebenso wie im Rahmen des innerbetrieblichen Vergleich lassen sich auch beim zwischenbetrieblichen und überbetrieblichen Vergleich Plan-Ist-Vergleiche und Zeitvergleiche durchführen. Alle o.g. Vergleiche spielen in der Materialwirtschaft eine wichtige Rolle. Um operationale Kennzahlen zu erhalten, sollten neben der oben bereits erwähnten Vergleichbarkeit auch die Anforderung der Verständlichkeit und der Rechengenauigkeit erfüllt sein[1].

Die Funktionen von Kennzahlen sind sehr vielfältig. Kennzahlen können praktisch in allen Phasen des Planungsprozesses eingesetzt werden.[2] Die Abb. 9.5 zeigt verschiedene Kennzahlenfunktionen.

---

[1] Vgl. z.B. Heckert, R. (1975), S. 72-81.
[2] Vgl. Melzer-Ridinger, R. (1989), S. 206.

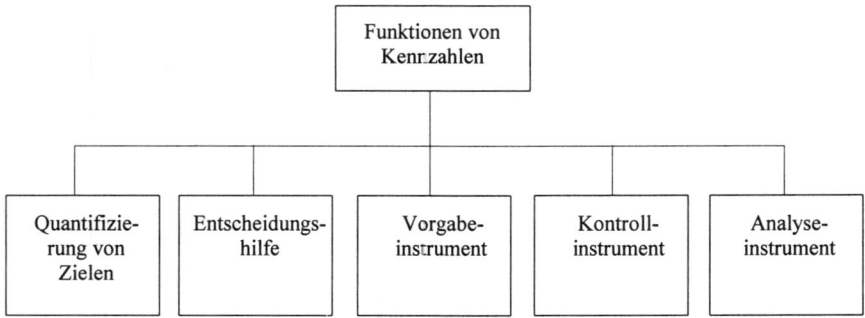

Abb. 9.5: Funktionen von Kennzahlen

a) Kennzahlen als Instrument zur Quanitifizierung von Zielen

Kennzahlen können als Zielvorgaben dienen. Operationalisierung bedeutet, daß das Ziel in den Dimensionen Qualität, Quantität, Zeit und Raum definiert sein muß, damit es genau angesteuert werden kann.

b) Kennzahlen als Entscheidungshilfe

Kennzahlen unterstützen die operativen und strategischen Entscheidungen durch die Informationsbereitstellung über Lieferanten, Preisentwicklungen am Beschaffungsmarkt.

c) Kennzahlen als Vorgabeinstrument

Kennzahlen werden bestimmten Verantwortungsbereichen und deren Mitarbeitern vorgegeben.

d) Kennzahlen als Kontrollinstrument

Kennzahlen dienen der Erfolgskontrolle. Der Vergleich der Planwerte mit den Istwerten (Plan-Ist-Vergleich) zeigen auf Fehlentwicklungen hin und geben Anstöße für Gegensteuerungsmaßnahmen.

d) Kennzahlen als Analyseinstrument

Kennzahlen dienen zur Untersuchung von Strukturen, Entwicklungen, Wirtschaftlichkeit oder der Leistung der Materialwirtschaft.

9.2.4   Ablauf der Kennzahlenanwendung

Den Ablauf des Kennzahleneinsatzes zur Steuerung und Analyse der Materialwirtschaft zeigt die Abb. 9.6. Periodisch werden Sollwerte, wie etwa Einkaufsvolumen, Bestellobligo oder Servicegrad an die Verantwortungsbereiche (Abteilungen oder Stellen) als Vorgabewerte übermittelt. In regelmäßigen Abständen werden Soll-Ist-Vergleiche durchgeführt. Treten Abweichungen zwischen den Soll- und Istwerten auf, so sind zusätzliche Analysen zur Erklärung der Abweichungen notwendig. Diese Analysen der Abweichungen erfolgen ebenso anhand von Zeit- und/oder Betriebsvergleichen wie sonstige Analysen. Bei den Analysen unterscheidet man zwischen periodisch, global und fallweise detaillierten Analysen. Detaillierte Untersuchungen werden i.d.R. immer dann notwendig, wenn Abweichungen beim Zeit- oder Betriebsvergleich ungewöhnlich groß oder nicht unmittelbar erklärbar sind.[1] Die Interpretation der Kennzahlenergebnisse im Anschluß an die Kennzahlenanalyse gestaltet sich am schwierigsten. Es müssen Erklärungen für die Ursachen der Abweichungen gefunden werden. Abweichungsursachen können falsche Vorgabewerte, Erfolge/Mißerfolge, Leistungsschwankungen oder außerbetriebliche Ursachen sein.

---

[1] Vgl. Grochla, E. /Fieten, R. / Puhlmann, M. / Vahle, M. (1983), S. 77.

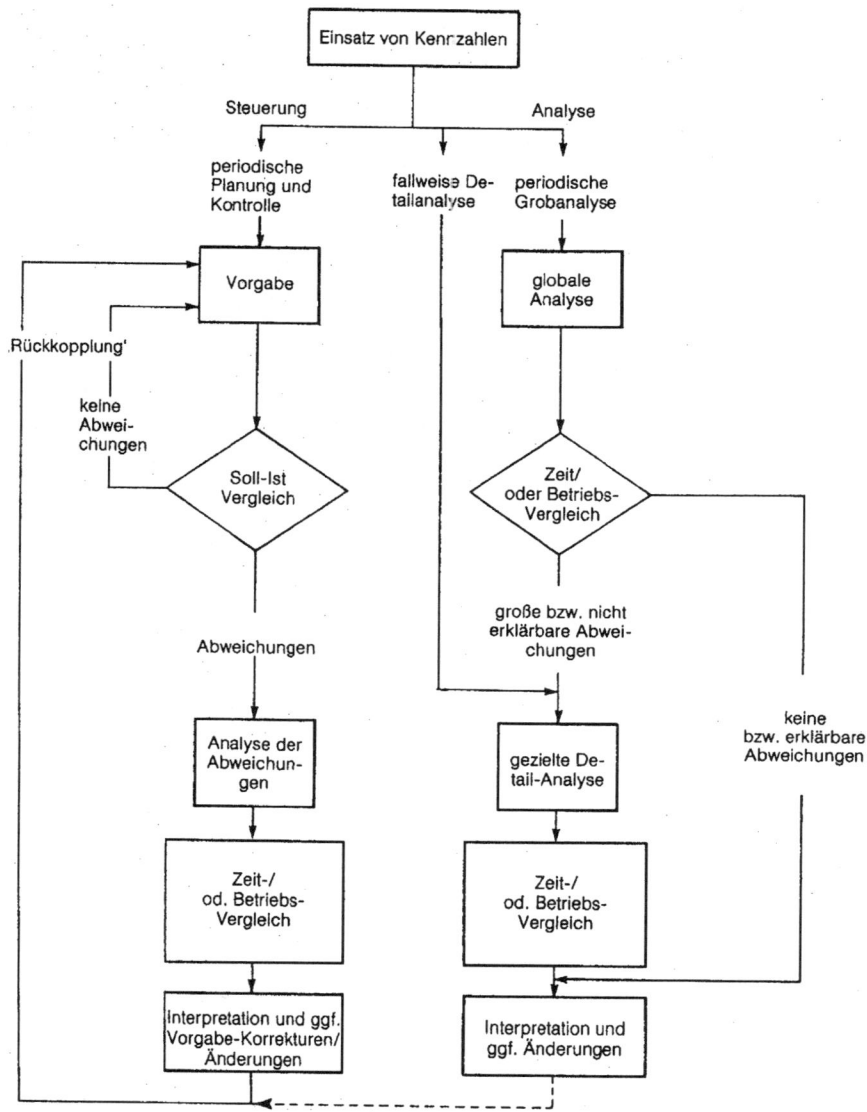

Abb. 9.6: Ablauf des Kennzahleneinsatzes[1]

9.2.5 Systematisierung der materialwirtschaftlichen Kennzahlen

9.2.5.1 Spitzenkennzahlen der Materialwirtschaft

Die Spitzenkennzahlen ermöglichen die Steuerung der Materialwirtschaft aus einer übergeordneten Perspektive. Sie müssen sich dabei an den übergeordneten

---

[1] Grochla, E. /Fieten, R. / Puhlmann, M. / Vahle, M. (1983), S. 78.

Unternehmenszielen, wie Rentabilität (ROI), Liquiditätsstatus, Lieferbereitschaft und Qualität ausrichten. Als Spitzenkennzahlen bieten sich an:[1]

- Jahreseinkaufsvolumen
- Bestellobligo
- Servicegrad (Lieferbereitschaftsgrad)
- Sicherheitstsbestand
- Kosten der Materialwirtschaft (gegliedert nach Kostenstellen und Kostenarten)
- Bestände (Sicherheitsbestand, Höchstbestand, Reichweite).

Im folgenden soll die Anwendung und Interpretation der Kennzahlen beschrieben werden, die bisher noch nicht behandelt wurden bzw. sich nicht selbst erklären.[2]

Das Jahreseinkaufsvolumen zeigt den Gesamtwert der beschafften Materialien einer Periode an. Die Kennzahl wird nur in größeren Zeitabständen ermittelt. Sie läßt auch die Bedeutung der Materialwirtschaft des betrachteten Unternehmens erkennen.

KNr. 1	**Einkaufsvolumen**
Formel	Liefermenge bzw. Bestellmenge · Einstandspreis (pro Periode)[3]
Anwendung	Die Kennzahl dient Unternehmensleitung und Materialmanagement zur systematischen Planung und Kontrolle des Einkaufsvolumens. Sie ist ebenfalls eine wichtige Größe für die Beschaffungspolitik.
Interpretation	Die Kennzahl zeigt den wertmäßigen Umfang der Beschaffungsaktivitäten an. Änderungen wirken sich auf die Rentabilität aus. Mögliche Abweichungsursachen: schlechte Markttransparenz, mangelhafte Lieferantenbewertung und -pflege.
Vergleich	Soll-Ist-Vergleich und Zeitvergleich

Wird der Anteil des Einkaufsvolumens der einzelnen Materialarten am gesamten Materialeinkaufsvolumen bestimmt, so erhält man die Materialeinkaufsvolumenstruktur.

---

[1] Vgl. Grochla, E. /Fieten, R. / Puhlmann, M. / Vahle, M. (1983), S. 69.

[2] Die folgendenden Ausführungen basieren im Wesentlichen auf Berg, C. (1982); Grochla, E. / Fieten, R. / Puhlmann, M. / Vahle, M. (1983), 142-218; Schaeuffelen, H. (1990), S. 13-19, S. 377-381; Budde, R. / Schwarz, W. (1983), S. 452-454.

[3] Zur Berechnung des Einstandspreises s. S. 25.

KNr. 2	**Materialeinkaufsvolumenstruktur**
Formel	$$= \frac{\text{Jahreseinkaufsvolumen des Materials}}{\text{Gesamtes Materialeinkaufsvolumen pro Jahr}} \cdot 100$$
Anwendung	Die Kennzahl liefert Informationen zur Zusammensetzung des Einkaufsvolumens und kann zur Beurteilung der Sortimentsbreite verwendet werden.
Interpretation	Änderungen beeinflussen die Rentabilität und die Lieferbereitschaft. Mögliche Abweichungsursachen: mangelhafte Normung und Typung, unzureichende Entscheidungen über Eigenfertigung und Fremdbezug, veränderter Bedarf.
Vergleich	Zeitvergleich, zwischenbetrieblicher Vergleich

Eine Kennzahl, die sich an dem Liquiditätsstatus des Unternehmens orientiert, ist das Bestellobligo.

KNr. 3	**Bestellobligo (Bestellausstand)**
Formel	= Bestellbestand + Bestellwertzugang - Rechnungseingang (per Datum)
Anwendung	Die Kennzahl dient Unternehmensleitung und Materialmanagement zur systematischen Planung und Kontrolle des Einkaufsvolumens. Kennzahl für den Einkauf, für die Bestell- und Beschaffungspolitik sowie die Zusammenarbeit mit dem Finanzwesen.
Interpretation	Das Bestellobligo zeigt den durchschnittlichen Überhang zukünftiger Lieferantenverbindlichkeiten. Veränderungen beeinflussen die Liquidität des Unternehmens. Mögliche Abweichungsursachen: unzureichende Bestellplanung, mangelnde Terminverfolgung, schlechte Lieferbedingungen, mangelnde Koordination zwischen den beteiligten Stellen.
Vergleich	Soll-Ist-Vergleich und Zeitvergleich

Das Ziel der hohen Lieferbereitschaft[1] kann mit der Kennzahl Lieferbereitschaft bzw. Lieferbereitschaftsgrad oder Servicegrad kontrolliert und gesteuert werden. Sie zeigt an, in welchem Verhältnis die Materialwirtschaft den Materialanforderungen der Bedarfsträger nachkommen konnte. Die Kennzahl dient damit der Messung der Lagerleistung und der Transportleistung.

---

[1] Vgl. S. 21.

KNr. 4	Lieferbereitschaft (Servicegrad)
Formeln	(a) $=\dfrac{\text{Anzahl sofort bedienter Anforderungen}}{\text{Anzahl der eingegangenen Anforderungen}} \cdot 100$ (b) $=\dfrac{\text{Summe der sofort bedienten Menge}}{\text{Summe der insgesamt angeforderten Menge}} \cdot 100$
Anwendung	Die Kennzahl dient Unternehmensleitung und Materialmanagement zur systematischen Planung und Kontrolle der Lagerbestände. Sie gibt Informationen zur Bevorratungspolitik.
Interpretation	Die Kennzahl läßt auf mögliche Fehlleistungen der Lagerhaltung oder Fehler bei der Transportleistung schließen. Die Kennzahl gibt Auskunft, in welchem Umfang der geplante Bedarf fristgerecht befriedigt werden konnte. Zu niedrige Lieferbereitschaft führt zu Fehlmengenkosten. Eine zu hohe Lieferbereitschaft führt zu überhöhten Lagerhaltungskosten. Mögliche Abweichungsursachen: mangelhafte Disposition, unzureichende Bestellpolitik.
Vergleiche	Soll-Ist-Vergleich, Zeitvergleich, zwischenbetrieblicher Vergleich

Bei den oben aufgeführten Beispielen wird davon ausgegangen, daß die Anforderungen sofort bedient wurden, d.h., daß die **Servicezeit** gleich Null ist. Um eine Vergleichbarkeit zwischen Lieferbereitschaften herstellen zu können, muß die Servicezeit unbedingt angegeben werden. So bedeutet eine Lieferbereitschaft von 95% bei einer Servicezeit von sieben Tagen, daß in 5 von 100 Fällen nicht innerhalb von sieben Tagen der Bedarf befriedigt werden konnte. Dies bedeutet aber auch, daß eine Lieferbereitschaft von 95% bei einer Servicezeit von sieben Tagen mit einer Lieferbereitschaft von 98% bei einer Servicezeit von zehn Tagen kompatibel sein kann. [1]

Zur Kontrolle des materialwirtschaftlichen Ziels der günstigen Einstandspreise und kostengünstigen Versorgung sollten Kostenkennzahlen und Bestandskennzahlen herangezogen werden.

Die zeitliche Verfolgung der **Kostenentwicklung** einzelner Kostenarten reicht i.d.R. nicht aus, da erhöhte Kosten nicht zwangsläufig auf Unwirtschaftlichkeiten zurückzuführen sind. Die Kostenarten, wie Lagerkosten, Bestellkosten, Transportkosten, sollten deshalb auf materialwirtschaftliche Größeneinheiten bezogen werden.

KNr. 5) Lagerkosten bezogen auf den $\varnothing$Lagerbestand $= \dfrac{\text{Lagerkosten}}{\varnothing\text{Lagerbestand}}$

---

[1] Vgl. Berg, C. (1982), S. 379.

KNr. 6) Transportkosten zum Transportvolumen $= \dfrac{\text{Transportkosten}}{\varnothing \text{ Transportvolumen}}$

bzw. $= \dfrac{\text{Transportkosten}}{\text{Fördereinheiten}} , \dfrac{\text{Transportkosten}}{\text{Zeiteinheiten}}$

KNr. 7) Relativer Anteil der Beschaffungskosten am Einkaufsvolumen $= \dfrac{\text{Beschaffungskosten}}{\text{Einkaufsvolumen}}$

Die Kosten können auch auf materialwirtschaftliche Vorgänge bezogen werden:

KNr. 8) Kosten pro Bestellung $= \dfrac{\text{Gesamtkosten des Einkaufs}}{\text{Anzahl der Bestellungen}}$

KNr. 9) Bestellkosten pro Bestellung $= \dfrac{\text{Bestellkosten}}{\text{Anzahl der Bestellungen}}$

KNr. 10) Lagerkosten je Lagerbewegung $= \dfrac{\text{Lagerkosten}}{\text{Anzahl der Lagerbewegungen}}$

KNr. 11) Dispo.-Kosten je Disposition $= \dfrac{\text{Dispositionskosten}}{\text{Anzahl der Dispositionen}}$

KNr. 12) Kosten je Transport $= \dfrac{\text{Transportkosten}}{\text{Anzahl der Transporte}}$

Die Kosten-Kennzahlen dienen zur Steuerung und Kontrolle der materialwirtschaftlichen Teilbereiche. Mögliche Abweichungsursachen können sein: unwirtschaftliche Bestellabwicklung, unzureichende Verfahren und Techniken, mangelhafte Einrichtungen, schlecht organisierte Abwicklung.

Auch ausgewählte **Bestandszahlen** für A-Materialien sollten der Unternehmensleitung und dem Materialmanagement für die Kennzahlenvorgabe und Kontrolle zur Verfügung stehen.

Der Sicherheitsbestand (Mindestbestand oder eiserner Bestand) soll im Bedarfsfall helfen, daß Versorgungsengpässe überbrückt werden können.

KNr. 13	Sicherheitsbestand
Formel	Der Sicherheitsbestand läßt sich u.a. aus der Standardabweichung (bzw. mittleren absoluten Abweichung) von einem prognostizierten Durchschnittsbedarf multipliziert mit einem Sicherheitsfaktor (in Abhängigkeit vom Servicegrad) errechnen.
Anwendung	Die Kennzahl liefert Informationen für die Disposition und das Lagerwesen sowie zur Bevorratungspolitik.
Interpretation	Die Kennzahl läßt auf mögliche Fehlentwicklungen bei den Sicherheitsbeständen schließen. Mögliche Abweichungsursachen: zu hohe Sicherheitsbestände, zu großes Sortiment, mangelnde Transparenz der Läger, mangelnder Materialfluß.
Vergleiche	Soll-Ist-Vergleich und Zeitvergleich

Wird der Sicherheitsbestand durch den durchschnittlichen Lagerbestand dividiert, so erhält man den Sicherheitskoeffizienten.

KNr. 14	Sicherheitskoeffizient
Formel	$= \dfrac{\text{Sicherheitsbestand}}{\varnothing \text{ Lagerbestand}} \cdot 100$
Anwendung	Die Kennzahl zeigt den Anteil des Sicherheitsbestandes am durchschnittlichen Lagerbestand an. Sie dient dem Lagerwesen zur Bevorratungspolitik.
Interpretation	Mögliche Abweichungsursachen: zu hohe Sicherheitsbestände, unzureichende Transparenz der Läger, Fehler in der Material-rechnung, schlechter Materialfluß. Veränderungen dieser Kennzahl beeinflussen die Lieferbereitschaft, die Rentabilität und die Liquidität.
Vergleich	Zeitvergleich

Der Höchstbestand gibt denjenigen Bestand an, der nicht überschritten werden sollte. Er ist die Obergrenze des im Lager gebundenen Vermögens in bestimmten Materialien.

KNr. 15	Höchstbestand
Formel	Sicherheitsbestand + $\varnothing$ Bestellmenge (bzw. optimale Bestell-menge)
Anwendung	Die Kennzahl dient zur Planung und Kontrolle der Lagerbestände, insbesondere zur Überwachung wertintensiver Lagerbestände.
Interpretation	Ursachen für zu hohe Bestände: zu hoher Sicherheitsbestand, zu große Bestellmengen, schlechte Terminplanung, zu lange Bestellintervalle.
Vergleiche	Soll-Ist-Vergleich und Zeitvergleich

KNr. 16	**Meldebestand**
Formel	a) Meldebestand = Sicherheitsbestand + Tagesverbrauch • Lieferzeit b) Meldebestand = Tagesverbrauch • Sicherheitszeit + Tagesverbrauch • Lieferzeit
Anwendung	Die Kennzahl dient zur Planung und Kontrolle der Lagerbestände.
Interpretation	Der Meldebestand signalisiert, daß eine Neubestellung erfolgen muß. Im Meldebestand ist der Sicherheitsbestand enthalten. Der Sicherheitsbestand (Mindestbestand oder eiserner Bestand) dient zur Überbrückung der Sicherheitszeit. Der Sicherheitsbestand gewährleistet, daß auch dann Material zur Verfügung steht, wenn unvorhergesehene Störungen beim Auffüllen des Lagers eintreten.
Vergleiche	Soll-Ist-Vergleich und Zeitvergleich

Die Reichweite zeigt die Zeit an, die ein Lagerbestand bei einem durchschnittlichen oder geplanten Materialverbrauch pro Tag (Woche, Monat) noch ausreicht oder ausreichen sollte.

KNr. 17	**Reichweite**
Formel	a) $= \dfrac{\text{aktueller Lagerbestand am Stichtag}}{\varnothing \text{ Bedarf pro Tag (Woche, Monat)}}$ b) $= \dfrac{\text{Lagerbestand + offene Bestellmengen}}{\text{geplanter Verbrauch pro Tag (Woche, Monat)}}$
Anwendung	Die Kennzahl dient zur Planung und Kontrolle der Lagerbestände.
Interpretation	Die Kennzahl gibt Auskunft über die interne Versorgungssicherheit durch die Läger in Tagen, Wochen oder Monaten. Veränderungen beeinflussen die Lieferbereitschaft und können zu Fehlmengenkosten oder erhöhten Lagerhaltungs- oder Kapitalbindungskosten führen. Mögliche Abweichungsursachen: unzureichende Disposition, unzureichende Bevorratungspolitk, Lieferengpässe.
Vergleiche	Soll-Ist-Vergleich und Zeitvergleich

Die Reichweite kann auf den Gesamtbestand oder auf Roh-, Hilfs- und Betriebsstoffe, Halbfabrikate, Ersatzteile usw. bezogen werden. Die folgende Abbildung zeigt die Reichweite einzelner Branchen.

Bestandsart \ Branche	Maschinen-bau	Elektro-technik	Automobil-zulieferer
Gesamtbestand	4,4	4,1	4,0
Roh-, Hilfs- u. Betriebsstoffe	3,8	5,2	2,9
gekaufte Montageteile	3,5	2,7	3,3
Handelswaren	3,1	3,8	2,2
Halbfabrikate	3,5	2,4	2,9
Fertiglager (Werk)	3,4	3,1	2,0
Ersatz- u. Verschleißteile	5,9	3,0	4,3

Abb. 9.7: Reichweiten nach Branchen in Monaten[1]

9.2.5.2 Kennzahlen zur Struktur- und Schwachstellenanalyse

Die folgenden Kennzahlen zur Strukturanalyse ermöglichen es der Unternehmensleitung bzw. dem Materialmanagement, den Stellenwert der Materialwirtschaft im Gesamtunternehmen zu beurteilen.

Kennzahlen zur Strukturanalyse sind:

- Materialaufwand am Umsatz

- Materialaufwand an der Gesamtleistung

- Anteil der Vorräte am Umsatz

- Anteil der Vorräte am Umlaufvermögen

- Anteil der Vorräte an der Bilanzsumme

- Materialeinkaufsvolumenstruktur

- Anteil der Materialkosten an den Herstellkosten

- Lieferantenstruktur

- Vorratsstruktur

- Personalstruktur

Die Kennzahl "Materialaufwand an der Gesamtleistung" und die Kennzahl "Anteil der Vorräte an der Bilanzsumme" wurden bereits an anderer Stelle vorgestellt[2]. Die Vorräte können auch als relativer Anteil des Umlaufvermögens ermittelt werden. Die Vorräte beinhalten die Bestände an Roh-, Hilfs- und Betriebsstoffen, unfertigen und fertigen Erzeugnissen sowie Handelswaren und Fertigerzeugnissen.

---

[1] Vgl. VDMA / BME (Hrsg.), (1989), S. 12
[2] Vgl. Abb. 21, S. 38

KNr. 18	**Anteil der Vorräte am Umsatz**
Formel	$$= \frac{\text{Vorräte (Lagerbestandswert)}}{\text{Umsatz (bzw.Gesamtleistung)}} \cdot 100$$
Anwendung	Die Kennzahl zeigt die Struktur der Materialwirtschaft im Hinblick auf die Bevorratungsintensität des Unternehmens.
Interpretation	Abweichungen beeinflussen die Rentabilität und die Liquidität. Mögliche Abweichungsursachen: zu hohe Sicherheitsbestände, zu breites Sortiment, geringe Transparenz der Läger, schlechter Materialfluß.
Vergleiche	Zeitvergleich, zwischenbetrieblicher und überbetrieblicher Vergleich

Die Kennzahl "Anteil der Vorräte am Umlaufvermögen" zeigt den relativen Anteil der Vorräte am Umlaufvermögens an. Zum Umlaufvermögen zählen neben den Vorräten die Forderungen und liquiden Mittel.

KNr. 19	**Anteil Vorräte am Umlaufvermögen**
Formel	$$= \frac{\text{Vorräte (Lagerbestandswert)}}{\text{Umlaufvermögen}} \cdot 100$$
Anwendung	Die Kennzahl zeigt die Struktur der Materialwirtschaft und die Kapitalbindung in Vorräten.
Interpretation	Veränderungen beeinflussen den Kapitalumschlag (s. ROI, S. 41) und somit auch die Rentabilität. Mögliche Abweichungsursachen: zu hohe Sicherheitsbestände, zu breites Sortiment, mangelnde Disposition.
Vergleiche	Zeitvergleich, zwischenbetrieblicher und überbetrieblicher Vergleich

Eine Kennzahl zur systematischen Analyse des Lieferantenstammes bietet die Lieferantenstruktur. Der Anteil des Jahreseinkaufsvolumen der jeweiligen Lieferanten am Gesamteinkaufsvolumen wird bestimmt.

KNr. 20	**Lieferantenstruktur**
Formel	$$= \frac{\text{Jahreseinkaufsvolumen beim Lieferanten}}{\text{Gesamtjahreseinkaufsvolumen}} \bullet 100$$
Anwendung	Die Kennzahl dient der systematischen detaillierten Analyse des Lieferantenstammes. Sie dient zur Früherkennung von Abhängigkeiten und liefert Informationen für die Verhandlungen über Konditionen mit den Lieferanten.
Interpretation	Mögliche Abweichungsursachen: Abhängigkeiten von wenigen Stammlieferanten, mangelnde Markttransparenz, mangelnde Lieferantenbewertung.
Vergleiche	Zeitvergleich, zwischenbetrieblicher und überbetrieblicher Vergleich

Die Vorratsstruktur zeigt den Anteil der jeweilig bevorrateten Materialien am Gesamtlagerbestand.

KNr. 21	**Vorratstruktur**
Formel	$$= \frac{\text{Lagerbestandswert Material X}}{\text{Gesamtlagerbestand}} \bullet 100$$
Anwendung	Die Kennzahl liefert wichtige Hinweise zur Zusammensetzung der Lagerbestände und die Breite des Sortiments. Sie liefert Informationen für die Materialbevorratung (Lagerpolitik).
Interpretation	Mögliche Abweichungsursachen: zu breites Sortiment, veränderter Bedarf, veränderte Lagerkapazitäten.
Vergleiche	Zeitvergleich, zwischenbetrieblicher und überbetrieblicher Vergleich

Die Kennzahl Personalstruktur offenbart, wie personalintensiv die Materialwirtschaft geführt wird. Die Kennzahl läßt sich auch auf materialwirtschaftlichen Bereiche Materialdisposition, Einkauf, Lagerwesen, Transport und Entsorgung anwenden.

KNr. 22	**Personalstruktur**
Formel	$$b) = \frac{\text{Zahl der Mitarbeiter in der Materialwirtschaft}}{\text{Gesamtzahl der Mitarbeiter des Unternehmens}} \bullet 100$$
Anwendung	Die Kennzahl dient zur globalen Analyse der Personalintensität der Materialwirtschaft bzw. Teilbereichen der Materialwirtschaft.
Interpretation	Mögliche Abweichungsursachen: unzreichende Qualifikationen, Änderungen der Aufgabenbereiche, erhöhter Krankenstand, erhöhte Fluktuation.
Vergleiche	Zeitvergleich, zwischenbetrieblicher und überbetrieblicher Vergleich

9.2.5.3 Kennzahlen zur Früherkennung außer- und innerbetrieblicher Entwicklungen

Kennzahlen zur Beurteilung der außerbetrieblichen Entwicklung sind z.B. Preisindizes für wichtige Materialien. Sie zeigen die Entwicklung der Einstandspreise an. Die Preisentwicklung wird in der Regel von externen Faktoren, wie der konjunkturellen Entwicklung, den Fördermengen, der Gesamtnachfrage etc. beeinflußt. Das Unternehmen kann auf sich abzeichnende Preiserhöhungen mit größeren Bestell- und Lagermengen reagieren. Kennzahlen zur Beobachtung innerbetrieblicher Entwicklungen

- Kosten (absolut) nach Stellen / Bereichen und Kostenarten

- Kostenrelationen bzw. Kostenquoten

- Lagerhaltungskostensatz

- Lagerumschlagshäufigkeit

- Lagerbestand

- Lagerdauer

9.2.5.4 Kennzahlen der Funktionsbereiche

9.2.5.4.1 Kennzahlen der Materialdisposition

- Anzahl verspäteter Bedarfsmeldungen

- Kosten je Dispositionsvorgang

- Anzahl der Fehlteile

- Dispositionskosten je Disponent

- Verbrauchsabweichung

KNr. 23	**Verbrauchsabweichung**
Formel	$$= \frac{\text{tatsächlicher Materialverbrauchswert}}{\text{geplanter Materialverbrauchswert}} \bullet 100$$
Anwendung	Die Kennzahl dient zur Leistungsbeurteilung in der Bedarfs-ermittlung.
Interpretation	Die Kennzahl weist auf Dispositionsfehler hin. Mögliche Abweichungsursachen: Anwendung ungeeigneter Dispositionsverfahren, Abstimmungsproblemen zwischen den beteiligten Stellen. Unwirtschaftlicher Materialeinsatz.
Vergleich	Zeitvergleich

9.2.5.4.2 Kennzahlen des Einkaufs und Beschaffungsmarketings

Zur Analyse der Leistungsfähigkeit des Einkaufs können die folgenden Kennzahlen verwendet werden:

- Kosten pro Bestellung

- Preisindex

- Preisnachlaßquote

- Verzugsquote

- Anzahl der Bestellungen je Einkäufer

- Anzahl eingeholter Angebote

- Anzahl Eil-/Nach- und Notbestellungen

- $\varnothing$ Lieferzeitüberschreitungen

- $\varnothing$ Skontosatz.

KNr. 24	Preisindex
Formel	$= \dfrac{\text{tatsächlich bezahlter Istpreis}}{\text{Planpreis}} \cdot 100$
Anwendung	Die Kennzahl dient zur Kontrolle der Lieferantenpreise. Der Planpreis wird vor Beginn der Periode festgelegt. Der Istpreis ist der durchschnittliche Preis, der vom Lieferanten in Rechnung gestellt wurde. Ist der Preisindex größer als 100, so sind die tatsächlich gezahlten Preise höher als die kalkulierten Planpreise gewesen. Werte unter 100 sind für das Unternehmen positiv zu werten.
Interpretation	Die Kennzahl zeigt an, ob Preissenkungsmaßnahmen durchgeführt werden müssen. Mögliche Maßnahmen wären neue Preisverhandlungen, Abschluß von Rahmenverträgen, Lieferantenwechsel, Wertanalyse.
Vergleich	Zeitvergleich und Soll-Ist-Vergleich

Die Kennzahlen Preisnachlaßquote oder Rabattquote dienen dazu, die Einkaufsvorteile sichtbar zu machen.

KNr. 25	Preisnachlaßquote, Rabattquote
Formel	a) $= \dfrac{\text{erzielte Preisnachlässe}}{\text{Durchschnittspreis}} \cdot 100$ b) $= \dfrac{\text{erzielte Preisnachlässe}}{\text{Materialeinkaufsvolumen}} \cdot 100$ c) $= \dfrac{\text{Gesamtrabattwert}}{\text{Materialeinkaufswert} \left(\text{zu Bruttopreisen} \right)} \cdot 100$
Anwendung	Die Kennzahlen dienen zur Leistungsbeurteilung und Wirtschaftlichkeitsanalyse des Einkaufbereichs.
Interpretation	Mit der Kennzahl werden die erzielten Einkaufsvorteile angezeigt. Mögliche Abweichungsursachen: mangelnde Transparenz der Beschaffungsmärkte, unzureichende Beschaffungsmarktforschung, zu kleine Bestellmengen, unzureichende Lieferantenbewertung und – pflege.
Vergleich	Zeitvergleich

Wird der Anteil des Materialeinkaufsvolumens, der auf Rahmenverträgen beruht, ins Verhältnis zum gesamten Materialeinkaufsvolumen gesetzt, so erhält man die Rahmenvertragsquote.

KNr. 26	Rahmenvertragsquote
Formel	$$\frac{\text{Materialeinkaufsvolumen aus Rahmenverträgen}}{\text{Gesamtes Materialeinkaufsvolumen}} \bullet 100$$
Anwendung	Die Kennzahl dient der globalen Leistungsbeurteilung und Wirtschaftlichkeitsanalyse.
Interpretation	Die Kennzahl zeigt die langfristige Bindung an Lieferanten an. Mögliche Abweichungsursachen: Abhängigkeiten von Lieferanten, mangelnde Beschaffungsplanung, mangelnde Lieferantenpflege, zu breites Sortiment.
Vergleich	Zeitvergleich

Die Reklamationsquote (Beanstandungsquote) zeigt die Termintreue des oder der Lieferanten sowie die Qualitäts- und Mengentreue an. Es wird die Anzahl der beanstandeten Lieferungen zur Gesamtzahl der Lieferungen ins Verhältnis gesetzt.

KNr. 27	Reklamationsquote
Formel	$$= \frac{\text{Anzahl beanstandeter Lieferungen}}{\text{Gesamtzahl der Lieferungen}} \bullet 100$$
Anwendung	Die Kennzahl dient zur detaillierten Analyse. Angezeigt wird die Qualitäts-, Termin- und Mengentreue der Lieferanten.
Interpretation	Mögliche Abweichungsursachen: unzureichende Lieferantenbewertung und –pflege, mangelnde Qualitätsvereinbarung, mangelhafte Normung/ Typung, Mängel der Transportmittel.
Vergleich	Zeitvergleich

Beziehen sich die Reklamationen auf schlechte Materiallieferungen, so kann dies darauf zurückzuführen sein, daß a) der Lieferant Material geliefert hat, das nicht der geforderten Qualität entsprach, oder b) das Material beim Transport beschädigt wurde und dadurch die Qualitätbeeinträchtigung eintrat. Beide Fälle können mit den folgenden Kennzahlen überwacht werden:

$$\text{Lieferantenmängel} = \frac{\text{Reklamationen aufgrund schlechter Materialqualität}}{\text{Gesamtzahl der Reklamationen}} \bullet 100$$

$$\text{Transportmängel} = \frac{\text{Reklamationen aufgrund von Transportschäden}}{\text{Gesamtzahl der Reklamationen}} \bullet 100$$

Die Reklamationsquote kann auch auf einzelne Lieferanten angewendet werden.

KNr. 28	Reklamationsquote pro Lieferant
Formel	$= \dfrac{\text{Anzahl beanstandeter Lieferungen des Lieferanten}}{\text{Gesamtzahl der Lieferungen des Lieferanten}} \cdot 100$
Anwendung	Angezeigt wird die Qualitäts-, Termin- und Mengentreue eines Lieferanten.
Interpretation	Mögliche Abweichungsursachen: unzureichende Lieferanten-bewertung und –pflege, mangelnde Qualitätsvereinbarung, mangelhafte Normung/ Typung, Mängel der Transportmittel.
Vergleich	Zeitvergleich

Die Verzugsquote bezieht sich dagegen lediglich auf die Termintreue der Lieferanten. Sie ergibt sich als Quotient aus der Anzahl nicht eingehaltener Liefer-termine der Lieferanten zur Gesamtzahl geplanter Lieferungen.

KNr. 29	Verzugsquote
Formel	$= \dfrac{\text{Anzahl verfallener Liefertermine der Periode}}{\text{Gesamtzahl der Lieferungen}} \cdot 100$
Anwendung	Die Kennzahl dient zur detaillierten Analyse der Lieferanten-beurteilung und zeigt die Termintreue der Lieferanten an.
Interpretation	Mögliche Abweichungsursachen: mangelhafte Terminüberwachung, unzureichende Lieferantenbewertung und -pflege, schlechte Liefer-bedingungen.
Vergleich	Zeitvergleich

Die Fehllieferungsquote zeigt den Anteil der Fehllieferungen an der Gesamtzahl der Lieferungen an.

KNr. 30	**Fehllieferungsquote**
Formel	$= \dfrac{\text{Zahl der Fehllieferungen}}{\text{Gesamtzahl der Lieferungen}} \cdot 100$
Anwendung	Die Kennzahl dient zur detaillierten Analyse der Lieferanten-beurteilung.
Interpretation	Mögliche Abweichungsursachen: mangelnde Abstimmung mit den Lieferanten, Übermittlungsfehler, Dispositionsfehler.
Vergleich	Zeitvergleich

9.2.5.4.3 Kennzahlen der Bevorratung und der Lagerwirtschaft

- Raum-/Flächennutzungsgrad
- ∅ Lagerbestand
- Lagerdauer
- Lagerdauerquote
- Bevorratungsquote
- Umschlagshäufigkeit (Lager-Umschlagskoeffizient)
- Freifläche zu Lagerfläche
- Kosten je Lagerbewegung
- Wertminderungen im Lager
- Inventurdifferenzen / Schwund
- Lagerhüter
- Lagerbewegungen je Mitarbeiter
- Anzahl / Dauer der Qualitätsprüfungen
- Anzahl der Lagerartikel
- Gesamtdurchschnittsbestand
- Lagerkapazität
- Lagerhaltungskostensatz (vgl. S. 30)
- Lagerkostensatz
- Sicherheitskoeffizient

Die Belegung der zur Verfügung stehenden Läger wird mit dem Raum- bzw. Flächennutzungsgrad gemessen.

KNr. 31	**Raum-/ Flächennutzungsgrad**
Formel	$$RNG = \frac{\text{betrieblich genutzter Lagerraum (in m}^3)}{\text{insgesamt vorhandener Lagerraum (in m}^3)} \cdot 100$$ $$FNG = \frac{\text{betrieblich genutzte Lagerfläche (in m}^2)}{\text{insgesamt vorhandene Lagerfläche (in m}^2)} \cdot 100$$
Anwendung	Die Kennzahlen dient zur Leistungsbeurteilung und Wirtschaftlichkeitsanalyse in der Bevorratung. Sie kann außerdem dazu eingesetzt werden, die Lagermethoden festzulegen oder zu ändern.
Interpretation	Die Kennzahl zeigt die Kapazitätsausnutzung im Lagerbereich. Änderungen wirken sich auf die Rentabilität (Lagerhaltungskosten) und den Servicegrad (Lieferbereitschaftsgrad) aus. Mögliche Abweichungsursachen: Überkapazitäten, Engpässe, unzureichende Lagereinrichtung.
Vergleich	Zeitvergleich

Der **durchschnittliche Lagerbestand** kann wert- oder mengenmäßig berechnet werden. Je nach Zweck kann er monatlich, quartalsweise, halbjährlich oder jährlich ermittelt werden.

KNr. 32	⌀ **Lagerbestand**
Formeln	$= \dfrac{\text{Summe der Periodenbestände}}{\text{Periodenanzahl}}$ **Beispiele:** a) $= \dfrac{\text{Anfangsbestand} \ + \ \text{Endbestand}}{2}$ b) $= \dfrac{\text{Anfangsbestand} \ + \ 4 \ \text{Quartalsendbestände}}{5}$ c) $= \dfrac{\text{Anfangsbestand} \ + 12 \ \text{Monatsendbestände}}{13}$ d) $= \dfrac{\frac{1}{2}\,\text{Anfangsbestand} + 11\,\text{Monatsendbestände} + \frac{1}{2}\,\text{Endbestand}}{12}$
Anwendung	Die Kennzahl informiert das Materialmanagement über die durchschnittliche Kapitalbindung im Lager. Sie wird angewendet für die Disposition, den Einkauf und die Bevorratung sowie die Beschaffungs- und Bestellplanung. Die Kennzahl geht außerdem in diverse andere Kennzahlen ein.
Interpretation	Die Kennzahl zeigt das durchschnittlich im Lager gebundene Kapital an. Veränderungen bewirken insbesondere eine Beeinflussung der Kapitalbindungskosten und somit auch der Lagerhaltungskosten. Mögliche Abweichungsursachen: zu hohe Sicherheitsbestände, ungenaue Bedarfsvorhersagen, mangelnde Transparenz der Läger, ungünstige Sortimentszusammensetzung, Lagerhüter zurückzuführen sein.
Vergleiche	Zeitvergleich, zwischenbetrieblicher und überbetrieblicher Vergleich

Die durchschnittliche Lagerdauer zeigt an, wie viele Verbrauchsperioden (Tage, Wochen) ein durchschnittlicher Lagerbestand abdeckt.

KNr. 33	$\varnothing$ **Lagerdauer**
Formel	$$a) = \frac{\varnothing \text{ Lagerbestand} \bullet 360 \text{ oder } 240 \text{ Tage}}{\text{Jahresverbrauch}}$$ $$b) = \frac{\text{Bestand} \bullet 360 \text{ oder } 240 \text{ Tage}}{\text{Abgänge}}$$ $$c) = \frac{360 \text{ oder } 240 \text{ Tage}}{\text{Umschlagshäufigkeit}}$$ $$d) = \frac{\text{Länge der Periode}}{\text{Umschlagskoeffizient}}$$
Anwendung	Die Kennzahl informiert das Materialmanagement über die Situation und Entwicklung der Dauer der Kapitalbindung im Lager. Sie wird angewendet für die Disposition, den Einkauf und die Bevorratung sowie die Beschaffungs- und Bestellplanung.
Interpretation	Veränderungen der Kennzahl beeinflussen die Lagerhaltungskosten sowie die Qualität / Nutzungsmöglichkeiten des Materials (Veralterung, Verderb). Mögliche Abweichungsursachen: zu hohe Sicherheitsbestände, mangelnde Transparenz der Läger, ungenaue Bedarfsvorhersagen, zu große Losgrößen.
Vergleiche	Zeitvergleich, zwischenbetrieblicher und überbetrieblicher Vergleich

Angaben zum Verhältnis sog. Schnelläufer zu Langsamläufern liefert die Kennzahl Lagerdauerquote.

KNr. 34	**Lagerdauerquote**
Formel	$$= \frac{\text{Anzahl Lagergüter mit einer } \varnothing \text{ Lagerdauer unter } \ldots \text{ Tagen}}{\text{Anzahl Lagergüter mit einer } \varnothing \text{ Lagerdauer über } \ldots \text{ Tagen}}$$
Anwendung	Die Kennzahl zeigt das Verhältnis zwischen kapitalbindungsextensiven und -intensiven Lagergütern.
Interpretation	Mögliche Abweichungsursachen: zu hohe Sicherheitsbestände, zu großes Sortiment, mangelnde Transparenz der Läger, mangelnder Materialfluß.
Vergleich	Zeitvergleich

Wird der Anteil der bevorrateten Materialien ins Verhältnis zu den insgesamt beschafften Materialien gesetzt, so erhält man die Bevorratungsquote.

KNr. 35	**Bevorratungsquote**
Formel	$= \dfrac{\text{Gesamtzahl der bevorrateten Güter *)}}{\text{Gesamtzahl der beschafften Artikel}} \bullet 100$ *) ohne Halb- und Fertigerzeugnisse
Anwendung	Die Kennzahl dient zur systematischen Analyse der Struktur der Materialwirtschaft im Hinblick auf die Bevorratungsintensität.
Interpretation	Die Kennzahl gibt Auskunft über die Bevorratungsintensität des beschafften Materials. Änderungen wirken sich auf die Lagerhaltungskosten, die Liquidität und die Lieferbereitschaft aus. Mögliche Abweichungsursachen: Einkaufsengpässe, schlechter Materialfluß, Dispositionsfehler, zu breites Sortiment, veränderter Bedarf, veränderte Lagerkapazitäten.
Vergleiche	Zeitvergleich, zwischenbetrieblicher und überbetrieblicher Vergleich

Die Kennzahl Umschlagshäufigkeit zeigt an, wie oft sich das Lager in einer Periode umgeschlagen hat.

KNr. 36	**Umschlagshäufigkeit (Lager-Umschlagskoeffizient)**
Formel	a) $= \dfrac{\text{Lagerabgänge (pro Periode)}}{\varnothing \text{ Lagerbestand}}$ bzw. b) $= \dfrac{360 \text{ oder } 240 \text{ Tage}}{\varnothing \text{ Lagerbestand}}$
Anwendung	Die Kennzahl dient zur zur globalen und detaillierten Analyse der Lagerbestände. Sie zeigt an, wie oft sich das Lager oder bestimmte Lagerbestände in einer Verbrauchsperiode umschlagen.
Interpretation	Die Umschlagshäufigkeit gibt wertvolle Informationen über die Zusammensetzung der Lagerbestände. So wird oft vorgeschlagen, Vorräte mit einer Umschlagshäufigkeit von x < = 0,5 aus dem Lagerbestand zu entfernen. Diese Beseitigung des sog. "Totbestandes" ermöglicht die Freisetzung von Lagerraum und führt.[1] Mögliche Abweichungsursachen: zu hohe Sicherheitsbestände, mangelnde Transparenz der Läger, ungenaue Bedarfsvorhersagen.
Vergleiche	Zeitvergleich, zwischenbetrieblicher und überbetrieblicher Vergleich

Das Verhältnis der Fertigungsfläche zur Lagerfläche zeigt die folgende Kennzahl an.

---

[1] Vgl. Wäscher, D. (1987), S. 299.

KNr. 37	Fertigungsfläche zu Lagerfläche
Formel	$$= \frac{\text{Fertigungsfläche}}{\text{Lagerfläche}}$$ Die Lagerfläche betrifft dabei auch die Lagerflächen in der Fertigung.
Anwendung	Die Kennzahl dient zur detaillierten Analyse der Flächennutzung.
Interpretation	Die Kennzahl dient zur Beurteilung der Bedeutung der Lagerflächen. Üblicherweise liegt die Relation Fertigungsfläche zu Lagerfläche zwischen 0,6 und 1,6. Eine Verringerung der Lagerfläche führt zu einer Erhöhung der Kennzahl und deutet auf eine bessere Flächennutzung hin. Der Einsatz der Kennzahl kann bei der JiT-Einführung erfolgen, da diese Maßnahmen ebenfalls eine Verbesserung der Kennzahl zur Folge hat.
Vergleiche	Zeitvergleich, zwischenbetrieblicher und überbetrieblicher Vergleich

9.2.5.4.4 Kennzahlen Transport

Die Auswahl des verwendeten Transport- oder Fördermittels wird wesentlich von dem Fördergut (Stückgut, Schüttgut, Fließgut) bestimmt. Es lassen sich daher sehr viele spezielle Kennzahlen bilden, die sich auf die jeweils verwendeten Transport- und Fördermittel beziehen. Allgemeine Kennzahlen des Transportbereichs sind:

- Transportmittelnutzungsgrad
- Einsätze je Mitarbeiter
- Anzahl Fördergutschäden
- Anzahl Paletten
- Anzahl der Fördermittel
- Kapazitäten der Fahrzeuge.

KNr. 38	Transportmittelnutzungsgrad
Formel	$$= \frac{\text{Tatsächliche Einsatzstunden}}{\text{Summe möglicher Einsatzstunden}} \cdot 100$$ $$= \frac{\text{Tatsächliches Transportvolumen}}{\text{Summe möglicher Transportvolumen}} \cdot 100$$
Anwendung	Die Kennzahl dient zur detaillierten Analyse des innerbetrieblichen Transportes. Angezeigt wird die Kapazitätsausnutzung im innerbetrieblichen Transport.
Interpretation	Mögliche Abweichungsursachen: Überkapazitäten, Engpässe, unzureichende Einsatzplanung, Mängel der Transportmittel.
Vergleich	Zeitvergleich

Kennzahlen, die aus dem Verhältnis von Förder- bzw. Transportkosten zu Mengen- und Zeiteinheiten gebildet werden, sind:

- Transportkosten je Fördereinheit $= \dfrac{\text{Transportkosten}}{\text{Fördereinheit}} \left(\dfrac{\text{DM}}{\text{Stück}} \right), \left(\dfrac{\text{DM}}{\text{Tonne}} \right)$

- Transportkosten je Zeiteinheit $= \dfrac{\text{Transportkosten}}{\text{Zeiteinheit}} \left(\dfrac{\text{DM}}{\text{h}} \right), \left(\dfrac{\text{DM}}{\text{Schicht}} \right)$

- Transportkosten nach der Förderlänge $= \dfrac{\text{Transportkosten}}{\text{Förderlänge}} \left(\dfrac{\text{DM}}{\text{m}} \right), \left(\dfrac{\text{DM}}{\text{Schicht}} \right)$

Wird der Anteil der Förderzeiten durch die Produktion an der gesamten Durchlaufzeit gemessen, so erhält man den Förderfaktor.

- Förderfaktor $= \dfrac{\text{Anteil Förderzeit}}{\text{Gesamtdurchlaufzeit}}$

- Durchlaufleistungsgrad $= \dfrac{\text{Summe der Fertigungszeiten}}{\text{Gesamtdurchlaufzeit}} \cdot 100$

- Förderintensität $= \dfrac{\text{Fördermenge oder - volumen}}{\text{Zeiteinheit}} \quad \text{z. B.} \quad \dfrac{\text{kg}}{\text{h}}$

- Förderleistung = Förderintensität $\cdot$ Förderweg

- Förderfrequenz $= \dfrac{\text{Anzahl Förderlose}}{\text{Zeiteinheit}}$

9.2.5.4.5 Kennzahlen der Reststoffverwertung und Entsorgung
- Schrottverkaufserlös

- Recyclingquote

- Schrottverkaufserlös pro Periode

- Abwasserabgaben pro Periode

- Energieverbrauch

- Energiekostenanteil an den Gesamtkosten

- Kosten der Entsorgungssicherheit

KNr. 39	**Recyclingquote**
Formel	$$= \frac{\text{Anteil des recycelten Materials}}{\text{Gesamtmaterialverbrauch Mitarbeiterzahl}} \cdot 100$$
Anwendung	Die Kennzahl dient zur Analyse der Bedeutung des Recyclings des betrachteten Unternehmens.
Interpretation	Zeitraumbetrachtungen weisen auf Verbesserungen oder Verschlechterungen der Ausnutzung der Recyclingmöglichkeiten hin. Unternehmens- oder Branchenvergleich weist auf die Dringlichkeit einzurichtender Verfahren hin.
	Die Kennzahl wird durch das Produktionsverfahren (z.B. Kuppelproduktion) sowie das ökologische Verhalten des Managements beeinflußt. Mögliche Abweichungsursachen: unzureichende Recyclingverfahren, Änderungen der Aufgabenbereiche und Produktionsverfahren.
Vergleiche	Zeitvergleich, zwischenbetrieblicher und überbetrieblicher Vergleich

KNr. 40	**Ausschußquote**
Formel	$$= \frac{\text{Ausschußmaterialwert}}{\text{gesamter Materialverbrauch}} \cdot 100$$
Anwendung	Überprüfung der Materialverwertung
Interpretation	Zeigt den Grad der Materialverwertung an. Abweichungen weisen auf mangelnde Materialausnutzung hin.
Vergleich	Zeitvergleich

9.2.6 Kennzahleninterpretation und Anwendungsbereiche

Auf den Vorteil, mit Hilfe von Kennzahlen große und dementsprechend unüberschaubare Datenmengen zu einigen wenigen Größen zu verdichten, wurde bereits hingewiesen. Diesem Vorteil steht der gravierende Nachteil gegenüber, daß der Kennzahlenbildung vom Umfang her kaum Grenzen gesetzt sind. Oft werden Kennzahlen gebildet, deren Informationswert im Verhältnis zum Erstellungsaufwand gering ist. Um einer möglichen Kennzahleninflation zu begegnen, sollte die Anzahl der Kennzahlen auf wenige Kennzahlen begrenzt werden, deren Erfassung wirtschaftlich vertretbar und deren Basiszahlen verfügbar sind. Gleichzeitig sollten die aussagefähigsten Kennzahl ausgewählt werden. Die Anzahl der Kennzahlen wird allerdings durch die Unternehmensgröße, die Branche und die speziellen Unternehmensgegebenheiten determiniert.

9.3 Kosten- und Leistungsrechnung

Ein wichtiges Instrument des Controllings ist die Kosten- und Leistungsrechnung. In der Praxis und Literatur sind zahlreiche Verfahren konzipiert worden. Die Kostenrechnungssysteme lassen sich entsprechend dem Zeitbezug der Kostengröße und dem Ausmaß der Kostenverrechnung einteilen, wie die nachstehende Abbildung 9.8 zeigt.

Ein Kostenrechnungssystem ist z.B. die Vollkostenrechnung auf Istkostenbasis. Da die Verteilung der gesamten Kosten auf die Kostenträger in bestimmten Entscheidungssituationen zu Fehlentscheidungen führt und mit der Verwendung von Istkosten ein hoher Rechenaufwand bei Änderungen der Kosteneinflußgrößen verbunden ist, wurden die in der nachstehenden Abbildung aufgeführten Kostenrechnungssysteme entwickelt.

Zeitbezug der Kostengröße / Ausmaß der Kostenverrechnung	Vergangenheitsorientierung		Zukunftsorientierung
	Istkosten	Normalkosten	Plankosten
Verrechnung der "vollen" Kosten auf die Objekte, insbesondere die Kostenträger	Vollkostenrechnung auf Istkostenbasis	Vollkostenrechnung auf Normalkostenbasis	Vollkostenrechnung auf Plankostenbasis
Verrechnung nur bestimmter Kategorien von Kosten auf die Kalkulationsobjekte, insbes. die Kostenträger	Teilkostenrechnung auf Istkostenbasis	Teilkostenrechnung auf Normalkostenbasis	Teilkostenrechnung auf Plankostenbasis

Abb. 9.8: Kostenrechnungssysteme[1]

Bei den Kostenrechnungssystemen auf Normalkostenbasis werden statt der tatsächlich eingetretenen Istkosten feste, normalisierte Verrechnungssätze (Normalkosten) verwendet. Bei den Normalkosten handelt es sich um durchschnittliche Istkosten der Vergangenheit. Die Normalisierung erfolgt für die Faktorpreise und/oder für die Faktorverbrauchsmengen.

Kostenrechnungssysteme auf Plankostenbasis verwenden Plankosten. Plankosten sind Kosten, bei denen das Mengen- oder Zeitgerüst sowie die Wertansätze geplante Größen sind.

---

[1] Vgl. Männel, W. (1990b), S. 8.

Die Festlegung der Plankosten erfolgt im voraus (unter weitgehender Loslösung von den Vergangenheitswerten) aufgrund wirtschaftlicher Überlegungen, technischer Berechnungen und von Verbrauchsmessungen. Plankosten haben Vorgabecharakter, da sie auf der Basis eines angestrebten optimalen Betriebsablaufes für den Planungszeitraum festgelegt werden.

In den vergangenen Jahren sind neue Verfahren entwickelt worden, die unter dem Oberbegriff Kostenmanagement subsumiert werden. Zu diesen Verfahren zählen die Prozeßkostenrechnung und das Target Costing zählen, die im folgenden vorgestellt werden sollen.

9.4   Prozeßkostenrechnung

9.4.1 Wesensmerkmale

Die jüngere Vergangenheit war durch eine zunehmende Automatisierung, Globalisierung der Märkte und zunehmenden Einsatz moderner Informations- und Kommunikationstechnologien gekennzeichnet. Dies führte zu einer starken Zunahme der Gemeinkosten. Beispielsweise führte die Verdrängung menschlicher Arbeit durch Maschinen zu einer Erhöhung der Abschreibungen bei gleichzeitigem Rückgang der Fertigungslöhne in den Unternehmen. Im Rahmen der traditionellen Zuschlagskalkulation hatte die Zunahme der Gemeinkosten Zuschlagsätze von einigen hundert oder sogar tausend Prozent zur Folge. Bei derart hohen Zuschlagssätzen kann jedoch nicht mehr von einer verursachungsgerechten Kostenverrechnung gesprochen werden. Ziel der Prozeßkostenrechnung ist es, eine möglichst verursachungsgerechte Verrechnung der Gemeinkosten der sog. indirekten Bereiche auf die Kostenträger zu erreichen. Zu den indirekten Bereichen gehören neben der Materialwirtschaft / Logistik auch: Forschung und Entwicklung, Arbeitsvorbereitung, Verwaltung und Vertrieb / Marketing. Bei der Prozeßkostenrechnung handelt es sich um eine Plankostenrechnung auf Vollkostenbasis, da mit ihr nicht nur die Einzelkosten, sondern auch die Gemeinkosten auf die Kostenträger verrechnet werden.

9.4.2 Durchführungsschritte

Die Prozeßkostenrechnung wird in folgenden Schritten durchgeführt:

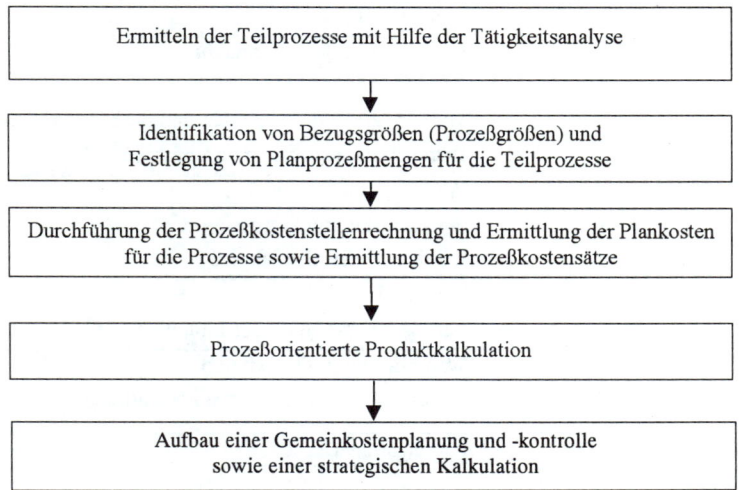

Abb. 9.9: Schritte zur Durchführung der Prozeßkostenrechnung[1]

Im ersten Schritt erfolgt die Tätigkeitsanlayse, sie dient zur Identifizierung von Prozessen.[2] Die Tätigkeitsanalyse ist eine wichtige Voraussetzung für den Aufbau der Prozeßkostenrechnung. Es handelt sich dabei um eine Analyse und Strukturierung aller in einer betrachteten Kostenstelle oder einem Unternehmensbereich durchgeführten Tätigkeiten. Mit der Tätigkeitsanalyse wird das Ziel verfolgt, auf der Basis vorhandener Bereichs- und Kostenstelleneinteilungen unterscheidbare Teilprozesse herauszufiltern. Die Erfassung der Tätigkeiten kann mittels Befragung der Mitarbeiter, Dokumentenanalyse (Auswertung von Stellenbeschreibungen und Ablaufdiagrammen), Ablaufbeobachtung (Zeitaufnahmen mit Hilfe des Multimomentverfahrens) oder durch Rückgriff auf bereits durchgeführte Projekte (Gemeinkostenwertanalyse, Verfahrensanweisungen) erfolgen.[3]

Die Tätigkeitsanalyse stellt in vielen Unternehmen das größte Problem dar, da die Aktivitäten oft nicht detailliert erfaßt werden können. Ein Beispiel für Teilprozesse zeigt die nachstehende Abbildung.

---

[1] Vgl. auch Horváth, P. / Renner, A. (1990), S. 102 ff.

[2] Vgl. Horváth, P. / Mayer, R. (1989), S. 216.

[3] Vgl. Horváth, P. / Renner, A. (1990), S. 102.

Kostenstelle	Teilprozesse (Beispiele)
Einkauf	1. Rahmenverträge aushandeln
	2. Einzelbestellungen durchführen
	3. Warenbegleitpapiere prüfen und bearbeiten
	4. Wareneingangsprüfung durchführen
Lager	5. Waren / Material einlagern
	6. Waren / Material komissionieren
	7. Waren / Material auslagern
Innerbetrieblicher Transport	8. Waren / Material transportieren
	9. Ver- und Entsorgung der Ladungsträger sicherstellen
Materialdisposition	10. Waren/Material disponieren
	11. Lieferstand der Lieferanten kontrollieren
Ladungsträgerdisposition	12. Ladungsträger beschaffen
	13. Bedarfs- und termingerechte Ladungsträgerbereitstellung für werksinterne Kostenstellen
	14. Bedarfs- und termingerechte Ladungsträgerbereitstellung für Lieferanten
Produktionssteuerung	15. Sachnummern dokumentieren und pflegen
	16. Fertigungsaufträge bearbeiten
Versand	17. Waren/Material versenden
	18. Verkehrsträger koordinieren und Verladung überwachen
	19. Versandpapiere prüfen und bearbeiten

Abb. 9.10: Teilprozesse einzelner Kostenstellen[1]

Im nächsten Schritt werden die ermittelten Teilprozesse daraufhin untersucht, ob sie sich in Bezug auf das von der Kostenstelle zu erbringende Leistungsvolumen mengenvariabel oder mengenfix verhalten. Ein leistungsmengenvariabler Teilprozess in der Kostenstelle „Einkauf" ist z.B. der Teilprozeß „Warenbegleitpapiere prüfen und bearbeiten". Dieser Teilprozeß ist von der Anzahl der Warenbegleitpapiere bzw. Bestellungen abhängig. Mengenfix ist demgegenüber der Teilprozeß „Abteilung leiten". Mengenvariable Teilprozesse werden leistungsmengeninduzierte (lmi) Teilprozesse, mengenfixe Teilprozesse leistungsmengenneutrale (lmn) Teilprozesse genannt.

Für jeden lmi-Prozeß muß eine Bezugsgröße (Maßgröße, kostentreibender Faktor, cost-driver) gefunden werden, mit dessen Hilfe die Prozesse mengenmäßig

---

[1] Vgl. Hardt, R. (1995), S. 200.

quantifiziert werden können. Die nachstehende Abbildung zeigt eine Auswahl solcher Bezugsgrößen.

Kostenstelle	Teilprozesse (Beispiele)	Bezugsgrößen
Einkauf	1. Rahmenverträge aushandeln	Rahmenverträge
	2. Einzelbestellungen durchführen	Einzelbestellungen
	3. Warenbegleitpapiere prüfen und bearbeiten	Lieferscheine
	4. Wareneingangsprüfung durchführen	Ladungsträger, Kaufteile
Lager	5. Waren / Material einlagern	Ladungsträger
	6. Waren / Material komissionieren	Ladungsträger
	7. Waren / Material auslagern	Ladungsträger
Innerbetrieblicher Transport	8. Waren / Material transportieren	Ladungsträger
	9. Ver- und Entsorgung der Ladungsträger sicherstellen	Ladungsträger
Materialdisposition	10. Waren/Material disponieren	Sachnummern Kaufteile
	11. Lieferstand der Lieferanten kontrollieren	Sachnummern Kaufteile

Abb. 9.11: Beispiel Bezugsgrößen (Auszug)[1]

Zur Messung der Leistung einer Kostenstelle müssen die Planprozeßmengen, die zu einer Prozeßgröße (Teilprozeß) gehören, bekannt sein. Beispiel:

Prozeß	Prozeßgröße	Prozeßmenge
Rahmenverträge aushandeln	Rahmenverträge	200 Verträge

Die lmn-Prozesse fallen unabhängig vom Leistungsvolumen der Kostenstellen an. Für diese Prozesse sind Bezugsgrößen nicht erforderlich. Die Kosten dieser Prozesse werden mit einem Umlageschlüssel, z.B. auf der Basis der Anteile an den Mitarbeiterjahren (MJ), auf die lmi-Prozesse verteilt, wie das Beispiel Abbildung 9.13 zeigt.[2]

In der Kostenstelle „Einkauf" sind 6 Mitarbeiter beschäftigt. Insgesamt fallen in der Kostenstelle 570.000 € an. Dies entspricht 95.000 € pro Mitarbeiter bzw. Mitarbeiterjahr (MJ). In der Spalte [5] werden die Mitarbeiter entsprechend ihren Tätigkeiten den Teilprozessen zugeordnet. Ein Mitarbeiter ist für das Aushandeln der Rahmenverträge zuständig. 1,5 MJ werden jeweils den beiden Teilprozessen Nr. 2 (Einzelbestellungen durchführen) und Nr. 3 (Warenbegleitpapiere prüfen und

---

[1] Vgl. auch Hardt, R. (1995), S. 205.
[2] Vgl. auch Mayer, R. (1990), S. 309.

durchführen) zugeordnet, d.h., für Nr. 2 und Nr. 3 ist jeweils ein Mitarbeiter, ein weiterer Mitarbeiter ist je zur Hälfte für Nr. 2 und Nr. 3 zuständig. Für die Teilprozesse Nr. 4 und Nr. 5 ist ebenfalls jeweils ein Mitarbeiter zuständig. Bei den ersten vier Prozessen handelt es sich um lmi-Prozesse. Der 5. Prozeß (Abteilung leiten) ist ein lmn-Prozeß.

In der Spalte [6] wird der lmn-Prozeß Abteilung leiten (Nr. 5) prozentual auf die lmi-Prozesse (Nr. 1 bis Nr. 4) verteilt. In den Spalten [10], [11] und [12] werden die Prozeßkostensätze ermittelt. Für den Prozeß „Rahmenverträge aushandeln" ergibt sich ein Prozeßkostensatz (gesamt) von 1425,00 €.

[1] Nr.	[2] Teilprozeß	[3] Maßgröße	[4] Prozeßmenge	[5] Kostenschlüssel (MJ)	[6] Umlageschlüssel (MJ) für lmn-Prozeß	Prozeßkosten			Prozeßkostensätze		
						[7] lmi	[8] lmn	[9]=[7]+[8] gesamt	[10]=[7]/[4] lmi	[11]=[8]/[4] lmn	[12]=[10]+[11] gesamt
		Anzahl der ...									
1	Rahmenverträge aushandeln	Rahmenverträge	200	1	0,2	95.000	19.000	114.000	1187,50	237,50	1425,00
2	Einzelbestellungen durchführen	Einzelbestellungen	2300	1,5	0,3	142.500	28.500	171.000	61,96	12,39	74,35
3	Warenbegleitpapiere prüfen und bearbeiten	Lieferscheine	4000	1,5	0,3	142.500	28.500	171.000	35,63	7,13	42,76
4	Wareneingangsprüfung durchführen	Ladungsträger	4000	1	0,2	95.000	19.000	114.000	23,75	4,75	28,50
	Summe lmi			5	1	475.000					
5	Abteilung leiten (lmn)			1			95.000				
	Summe lmi + lmn			6				570.000			

Abb. 9.12: Prozeßkostenstellenrechnung (Kostenstelle Einkauf)

9.4.3 Bildung von Hauptprozessen

Jeder Teilprozeß (TP) gehört eventuell zu einem kostenstellenübergreifenden Hauptprozeß (siehe Abb. 9.13). Ein Hauptprozeß ist ein Aufgabenkomplex, der sich aus mehreren Teilprozessen zusammensetzt. Es gehen mehrere Teilprozesse verschiedener Kostenstellen in einen Hauptprozeß ein.

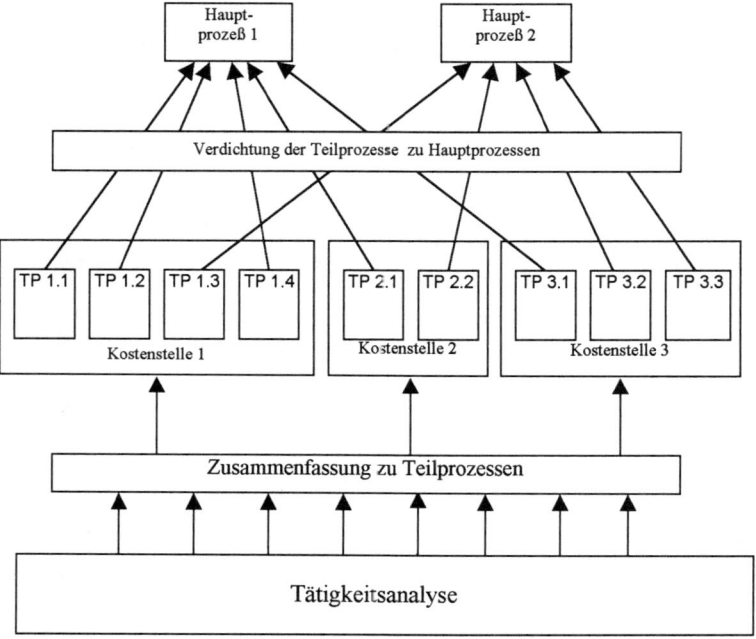

Hauptprozeß = Teilprozeß 1 + Teilprozeß 2 + ... Teilprozeß n

Abb. 9.13: Verdichtung der Teilprozesse zu kostenstellenübergreifenden Hauptprozessen

Ein Beispiel für den kostenstellenübergreifenden Hauptprozeß „Material beschaffen" zeigt die Abbildung 9.14.

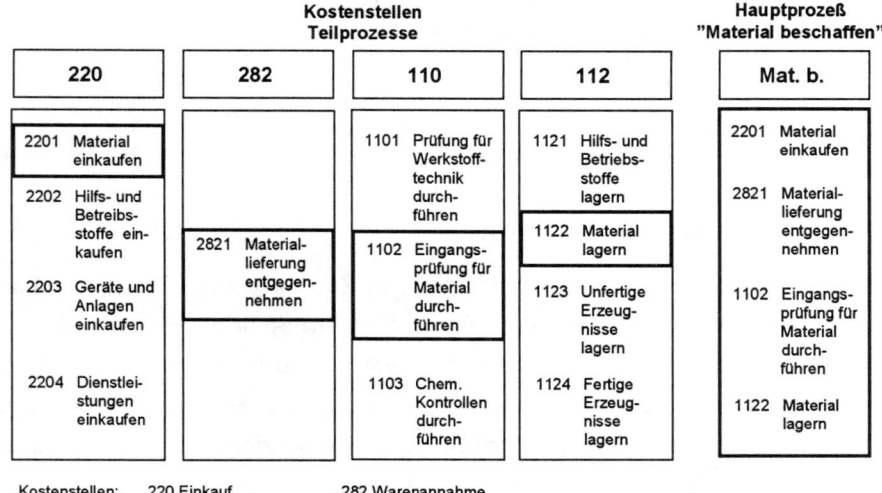

Abb. 9.14: Bildung des Hauptprozesses „Material beschaffen"
aus verschiedenen Teilprozessen[1]

Bei der Bildung von Hauptprozessen sind folgende Verdichtungsmöglichkeiten denkbar:

• Mehrere Teilprozesse verschiedener Kostenstellen gehen in einen Hauptprozeß ein.
• Mehrere Teilprozesse derselben Kostenstelle gehen in einen Hauptprozeß ein.
• Ein Teilprozeß einer Kostenstelle geht in mehrere Hauptprozesse ein.
• Ein Teilprozeß ist zugleich ein (unechter) Hauptprozeß.

Für Kalkulationszwecke müssen auch für die Hauptprozesse die Prozeßkostensätze berechnet werden. Dazu ist es erforderlich, daß die Prozeßmengen ermittelt werden. Anschließend werden die Prozeßkosten pro Durchführung des Hauptprozesses berechnet, indem die Prozeßkosten durch die entsprechende Prozeßmenge dividiert werden:

$$\text{Prozeßkostensatz} = \frac{\text{Prozeßkosten}}{(\text{Plan}-)\,\text{Prozeßmenge}}$$

---

[1] Vgl. Coenenberg, A. (1992), S. 202.

Prozeß:	Material beschaffen
Prozeßgröße:	Anzahl der Materialpositionen
Prozeßmenge:	60.000
Prozeßkosten:	3.025.800 €

$$50,43 = \frac{3.025.800}{60.000}$$

9.4.4 Prozeßorientierte Kalkulation

Die prozeßorientierte Kalkulation ermöglicht die Zurechnung der Prozeßkosten auf die Kostenträger entsprechend der tatsächlichen Inanspruchnahme der Prozesse durch den Kostenträger. Sie ermöglicht zu unterscheiden, ob viele oder wenige Materialarten Verwendung finden, eine hohe oder geringe Fertigungstiefe vorliegt, ein Großserienprodukt oder eine spezielle Variante produziert oder ein aufwendiger oder weniger aufwendiger Vertriebsweg gewählt wird.[1]

Wie bei der traditionellen Zuschlagskalkulation werden auch bei der prozeß-orientierten Produktkalkulation die Einzelkosten direkt auf den (die) Kostenträger verrechnet. Die Gemeinkosten werden bei der prozeßorientierten Kalkulation über die Prozeßkostensätze auf die Kostenträger verrechnet. Eine Gegenüberstellung zeigt die Abbildung 9.15.

Traditionelle Zuschlagskalkulation	Prozeßorientierte Kalkulation
Materialeinzelkosten	Materialeinzelkosten
Materialgemeinkosten (%)	Materialgemeinkosten
(Materialkosten)	**(Materialkosten)**
Fertigungseinzelkosten	Fertigungseinzelkosten
Fertigungsgemeinkosten (%)	Prozeßbedingte Fertigungskosten
(Fertigungskosten)	**(Fertigungskosten)**
Herstellkosten	**Herstellkosten**
Verwaltungsgemeinkosten (%)	Prozeßbed. Verwaltungskosten
Vertriebsgemeinkosten (%)	Prozeßbed. Vertriebskosten
Selbstkosten	**Selbstkosten**

In Klammern = Zwischensummen

Abb. 9.15: Traditionelle Kalkulation und prozeßorientierte Kalkulation

Die Abbildung 9.16 zeigt, wie sich die prozeßorientierte Kalkulation auswirkt. Der Krawattenhändler bietet lediglich die beiden Sorten A und B an. Der Einstandspreis für die Krawatte B ist zehnmal so hoch wie der für die Krawatte A. Die Gemeinkosten in Höhe von 1.100 € werden über den Zuschlagsatz von 200% auf die

---

[1] Vgl. Mayer, R., / Glaser, H. (1991), S. 298.

Krawatten verteilt. Für eine Krawatte der Sorte A werden 10 € und auf die Sorte B 100 € Gemeinkosten errechnet. Die Gesamtkosten der Sorte A betragen 15 € und die der Sorte B 50 €.

Wird die Prozeßkostenrechnung angewendet, so ergeben sich für die Sorte A 60 € und für die Sorte B 105 €. Vergleicht man die Ergebnisse, so zeigt sich, daß die Gesamtkosten der Sorte A bei der traditionellen Kalkulation gegenüber der Prozeßkostenrechnung zu gering, während die Gesamtkosten der Sorte B bei der traditionellen Kalkulation gegenüber der Prozeßkostenrechnung zu hoch kalkuliert werden.

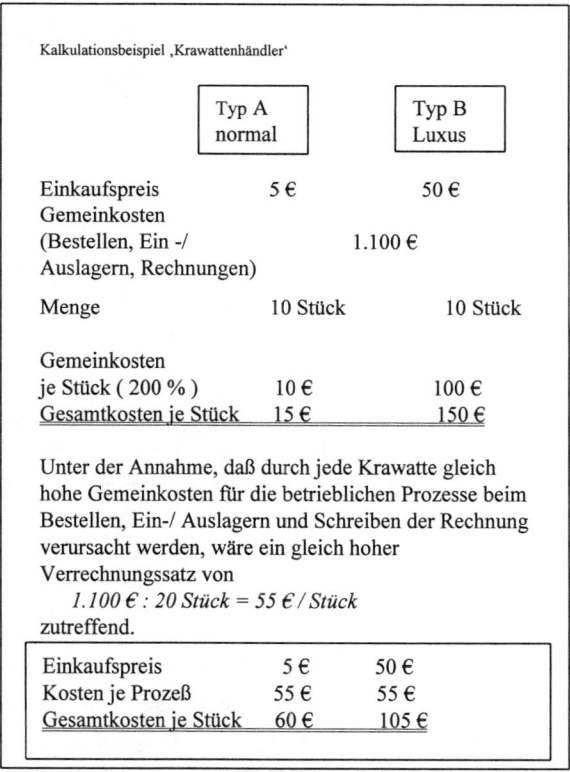

Abb. 9.16: Prozeßorientiertes Kalkulationsbeispiel[1]

9.4.5   Strategische Informationsvorteile der Prozeßkostenrechnung

Im Zusammenhang mit der prozeßorientierten Kalkulation lassen sich die folgenden drei Effekte nennen, die für die strategieorientierte Gestaltung des Produkt-Mix von

---

[1] Vgl. Olshagen, C. (1991), S. 15.

besonderer Bedeutung sind: Allokationseffekt, Degressionseffekt und Komplexitätseffekt.

Allokationseffekt

Bei der traditionellen Kalkulation werden die Gemeinkosten über die Zuschlagssätze
auf die Produkte verrechnet. Die Zuschläge werden auf der Basis von Einzelkosten
(Material-, Fertigungseinzelkosten) ermittelt. Hohe Materialeinzelkosten pro Stück
beispielsweise führen zu hohen Materialgemeinkosten pro Stück (vgl. Spalte [3] der
nachstehenden Tabelle). Umgekehrt führen geringe Materialeinzelkosten zu geringen
Materialgemeinkosten. Diese Vorgehensweise führt demnach zu einer proportionalen
Verteilung der Gemeinkosten auf die Produkte. Die Prozeßkostenrechnung
ermöglicht dagegen die Zuordnung (Allokation) der Gemeinkosten auf die Produkte,
unabhängig von der Höhe der Zuschlagsbasen. Bei der Prozeßkostenrechnung erfolgt
die Kostenzuordnung nach der Inanspruchnahme der betrieblichen Ressourcen. So
müßte beispielsweise die Steckkarte A mit 5,00 € mehr Gemeinkosten belastet
werden, damit der tatsächlichen Inanspruchnahme der Ressourcen im Materialbereich Rechnung getragen wird.

Erzeugnis	Material-einzelkosten €	Material-gemeinkosten Zuschlag 25%	Materialgemeinkosten Prozeßkostensatz €	Allokationseffekt (Gemeinkost.-Differenz) €
[1]	[2]	[3]	[4]	[5] = [4] - [3]
Steckkarte A	76,00	19,00	24,00	+ 5,00
Steckkarte B	128,00	32,00	24,00	- 8,00
Steckkarte C	230,00	57,50	24,00	- 33,50

Abb. 9.17: Beispiel Allokationseffekt in der Gemeinkostenverrechnung[1]

Degressionseffekt

Bei der traditionellen Zuschlagskalkulation wird (bedingt durch die proportionale
Gemeinkostenzuordnung) jeweils nur ein konstanter Gemeinkostensatz pro Stück
verrechnet. Bei der Prozeßkostenkalkulation werden dagegen die Prozeßkosten pro
ausgelöstem Prozeß und nicht in Abhängigkeit von der Stückzahl auf die Produkte
verrechnet. Beispielsweise entstehen die Vertriebsgemeinkosten (VGK) durch die
Bearbeitung eines Kundenauftrages (Abwicklung, Ausgangskontrolle, Auslagerung,
Versand, Verbuchung) (s. Abb. 9.18). Die Kosten entstehen unabhängig von der
bestellten Stückzahl. Sie fallen einmalig und in einer bestimmten Höhe an (im

---

[1] Vgl. Coenenberg, A. (1992), S. 210.

Beispiel 800 €), gleichgültig, ob der Auftrag 1, 100 oder 1.000 Stück umfaßt. Bezieht man diese Kosten auf die Stückzahl, so sinken die VGK pro Stück bei Anwendung der Prozeßkostenrechnung (Spalte [5] untere Tabelle der Abb. 9.18). Im Rahmen der Zuschlagskalkulation erfolgt die Verrechnung der VGK allerdings als pauschaler Zuschlagssatz (im Beispiel 20%) auf die wertmäßige Höhe der Herstellkosten. Werden die VGK ebenfalls pro Stück errechnet, so ergibt sich ein gleichbleibender Satz pro Stück (im Beispiel 80 €, Spalte [5]). Die proportionale Verrechnung im Rahmen der Zuschlagskalkulation führt dazu, daß bei kleinen Mengen zu geringe und bei großen Mengen zu hohe Kosten pro Stück verrechnet werden (s. Abb. 9.19). Ab einer kritischen Menge (im Beispiel 10 Stück) sind die VGK pro Stück bei Anwendung der Prozeßkostenkalkulation unter dem Satz, der bei Anwendung der Zuschlagskalkulation pro Stück verrechnet würde.

Zuschlagskalkulation (Zuschlagssatz = 20%)

Stück	HK (gesamt)	VGK (20%)	gesamte Stückk.	VGK / Stück
[1]	[2]	[3] = 0,2 · [2]	[4]=([2] + [3])/[1]	[5]=[3] / [1]
1	400	80	480	80
5	2000	400	480	80
10	4000	800	480	80
15	6000	1200	480	80
20	8000	1600	480	80

Prozeßkostenrechnung (Prozeßkosten = 800)

Stück	HK (gesamt)	VGK / Prozeß pro Prozeß 800	gesamte Stückk.	VGK / Stück
[1]	[2]	[3]	[4]=([2] + [3])/[1]	[5]=[3] / [1]
1	400	800	1200	800
5	2000	800	560	160
10	4000	800	480	80
15	6000	800	453	53
20	8000	800	440	40

VGK = Vertriebsgemeinkosten

Abb. 9.18: Beispiel Degressionseffekt

Der Degressionseffekt liefert Informationen für zukünftiges Handeln. Es kann z.B. der Vertrieb aufgefordert werden, bei der Auftragsaquisition eine vorgegebene Mindestauftragsgröße (kritische Masse) einzuhalten, die im Beispiel 10 Stück beträgt (s. Abb. 9.19). Da die Kosten pro Auftrag nur einmal anfallen, bietet die

Überschreitung der kritischen Masse gegenüber der Zuschlagskalkulation zusätzliche Wettbewerbsvorteile.[1]

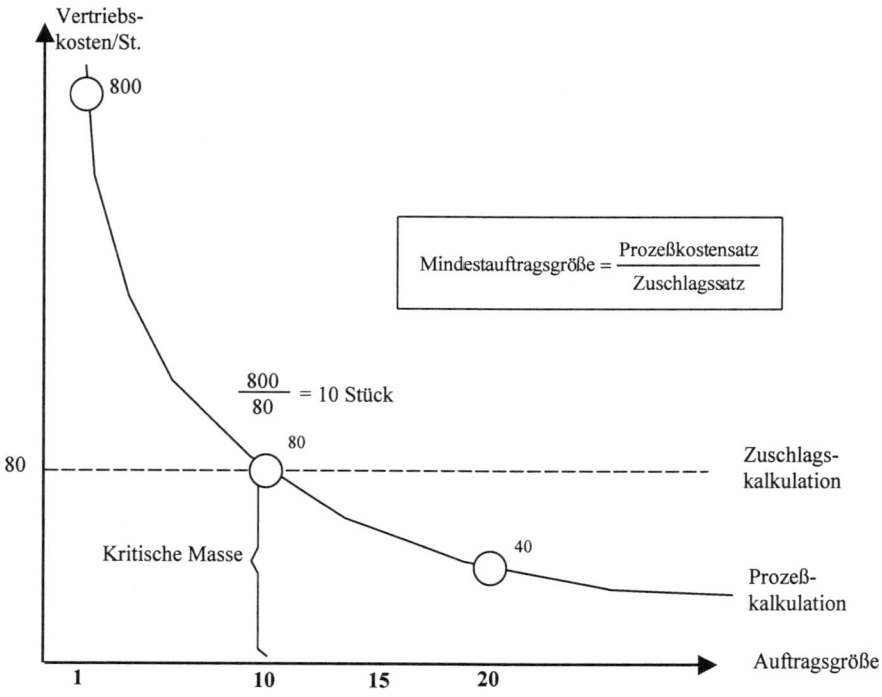

Abb. 9.19 : Degressionseffekt und Mindestauftragsgröße

Komplexitätseffekt

Die Prozeßkostenrechnung ermöglicht es, die Komplexität und den Varianten-reichtum der Produkte bei der Kalkulation zu berücksichtigen. Es ist somit möglich, daß Produkte mit niedriger Komplexität und geringer Wertschöpfung (Standard-produkte) (im Vergleich zur Zuschlagskalkulation) billiger und umgekehrt Produkte mit hoher Komplexität und umfangreicher Wertschöpfung (Spezialprodukte) teurer angeboten werden. Für vielschichtige Produktvarianten ist gegenüber einfachen Standardprodukten ein höherer Bedarf an gemeinkostenverursachenden Tätigkeiten, wie z. B. Materialdisposition, Fertigungssteuerung und Qualitätsprüfung, notwendig. Bei Anwendung traditioneller Kalkulationsverfahren werden bei komplexen Produkten zuwenig Gemeinkosten verrechnet. Dies führt zu einem steigenden Absatz der Produkte, bedingt durch den zu niedrigen Angebotspreis; dadurch wird die Gewinnspanne immer geringer. Um dem entgegenzuwirken, sollten Produkte nur bis

---

[1] vgl. Coenenberg, A, 1992, S. 212.

zu einem Komplexitätsgrad angeboten werden, bei der die Inanspruchnahme betrieblicher Ressourcen durch den Marktpreis zumindest noch gedeckt ist.[1] Den Zusammenhang zeigt die Abbildung 9.20.

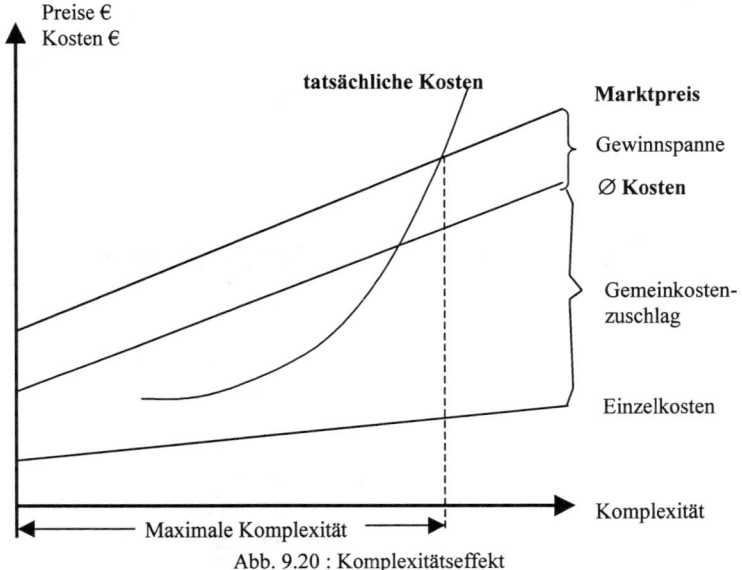

Abb. 9.20 : Komplexitätseffekt

9.5   Target Costing

9.5.1   Entwicklung des Target Costings

Entwicklung des Target Costing Das Target Costing (Zielkostenmanagement) ist ein Kostenmanagementkonzept, das seit den 70er Jahren in japanischen Unternehmen praktiziert wird. Der Grund für die Entwicklung des Target Costings lag in der Energiekostensteigerung, die durch die erste Ölkrise im Jahre 1973 ausgelöst wurde. Die Energiekostensteigerung führte bei den japanischen Unternehmen zu einem hohen Kostendruck und zu der Gefahr, die Wettbewerbsfähigkeit zu verlieren.[2] Japanische Unternehmen begannen daraufhin, amerikanische Betriebswirtschafts- konzepte und –techniken einzuführen. Einige japanische Hightechunternehmen, die einem sehr hohen Wettbewerbsdruck ausgesetzt waren, wie Toyota, NEC und Sharp, entwickelten die Konzepte und Techniken weiter. Eines der entwickelten Instru- mente war das Target Costing. Wesensmerkmal dieses Instruments ist, daß man

---

[1] Vgl. Coenenberg, A. (1992), S. 210 f.
[2] Vgl. Franz, K. (1993), S. 124.

global wettbewerbsfähige Kosten nicht einfach durch Kostenplanung und -kontrolle erreicht, sondern daß die Kosten über die gesamte Lebensdauer eines Produktes aktiv gestaltet werden müssen. Der Einsatz des Target Costing führte dann zu einer Verringerung der Produktkosten und zur Verbesserung der Produktivität.[1] In den 80er Jahren hat dann das Target Costing seinen Weg nach Europa gefunden. Die Vorgehensweise beim Target Costing weicht vom Vorgehen der traditionellen Kostenrechnung, wie sie in Europa und den USA praktiziert wird, ab, wie die Abbildung 9.21 zeigt:

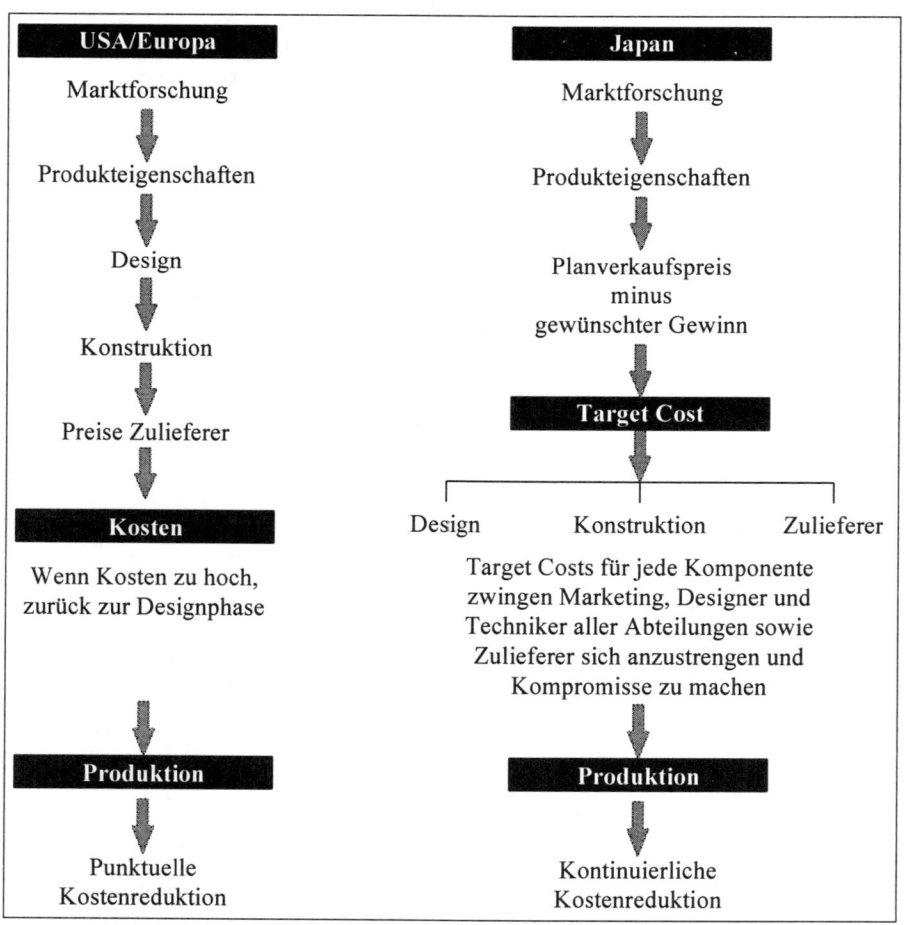

Abb.9.21: Unterschiedliche Vorgehensweise beim Kostenmanagement.[2]

---

[1] Vgl. Klingler, B. (1993), S. 200.
[2] Klingler, B. (1993), S. 202.

Wurde in Europa und den USA bisher die Frage „Was *wird* ein Produkt kosten?"
gestellt (sog. Technology-Driven Cost Management), wird beim Target Costing die
Frage „Was *darf* ein Produkt kosten?" gestellt (sog. Market-Driven Cost Management).[1] Hauptaufgaben des Target Costing sind: Verstärkung der Kundenorientierung, aktive Kostensteuerung bzw. –beeinflussung bereits in frühen Phasen
der Produktentstehung (Kostenforechecking), kunden- und wettbewerberorientierte
kostensenkende Verbesserungsmaßnahmen, Analyse der für die Produkterstellung
und Vermarktung erforderlichen Prozeßketten.[2]

Target Costing ist ein marktorientiertes Kostenmanagement, das die kostenorientierte
Koordination aller Unternehmensbereiche , wie Marketing, Forschung- und Entwicklung, Materialwirtschaft, Logistik, Produktion, in Bezug auf den Lebenszyklus
eines Produktes sicherstellt.[3]

9.5.2 Durchführungsschritte

Die nachstehende Abbildung zeigt den Ablauf des Target Costings.

---

[1] Vgl. Seidenschwarz, W. (1991), S. 199; Serfling, K. / Schultze, R. (1996), S. 29 f.
[2] Vgl. Hahn, 1993, S. 110; Hagenloch, T (1997), S. 323.
[3] Vgl. Seidenschwarz, W. (1996), S. 752.

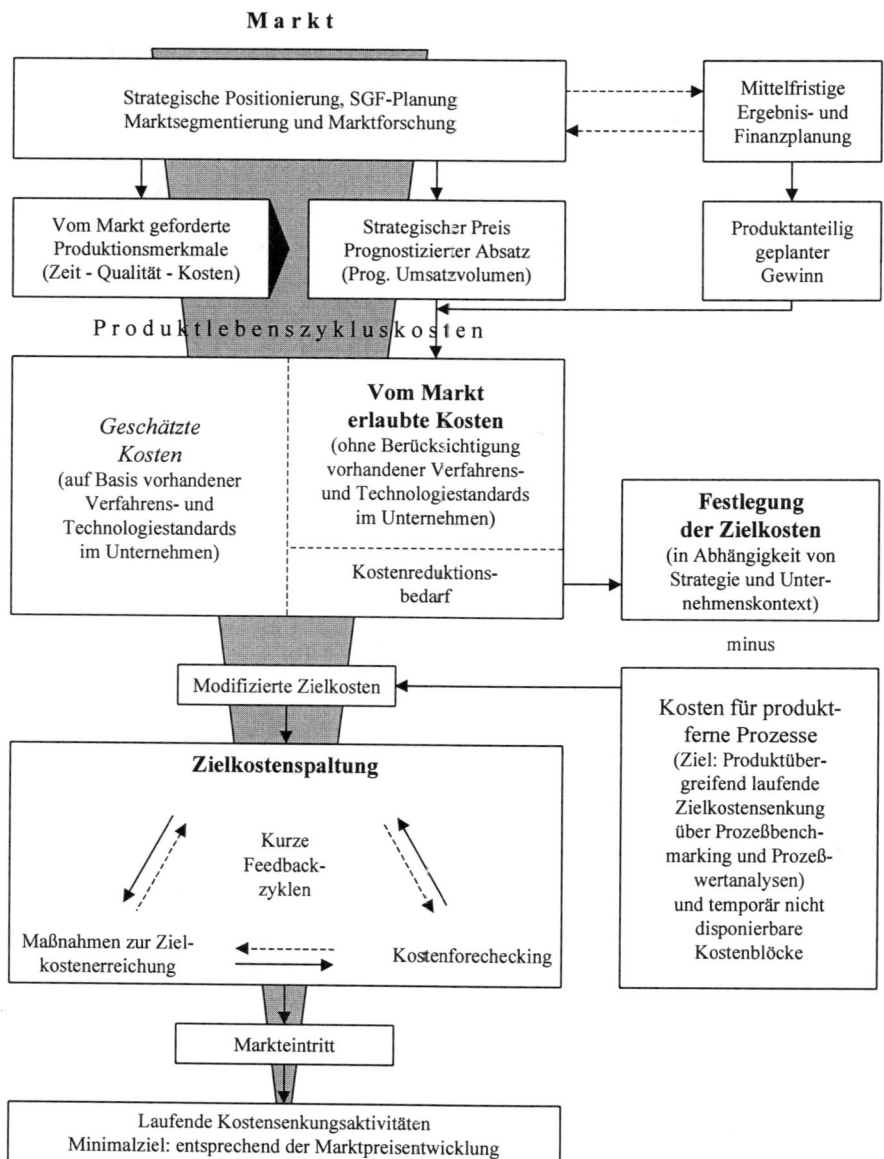

Abb. 9.22: Ablauf des Target Costing[1]

[1] Seidenschwarz, W. (1994), S. 75.

9.5.3 Verfahren zur Zielkostenbestimmung

In der Literatur und der Praxis werden folgenden Verfahren vorgeschlagen, wie die Zielkosten ermittelt werden können:

- Market into Company - Methode

- Out of Company - Methode

- Into and out of Company - Methode

- Out of Competitor - Methode

- Out of Standard Costs - Methode

9.5.3.1 Market into Company – Methode

Da es sich bei der Market into Company-Methode um die „Reinform" des Target Costings (in Japan „Genka Kikaku" genannt) handelt, soll diese Vorgehensweise ausführlicher dargestellt werden.[1] Bei der Market into Company-Methode werden die Zielkosten (Target Costs) aus den am Markt erzielbaren Preisen und der Gewinnplanung abgeleitet.

Die Zielkostenbestimmung erfolgt zunächst für das Gesamtprodukt. Ausgehend von dem Preis (Zielpreis, Target Price), den der Kunde bereit ist für das Produkt zu zahlen, werden die Allowable Costs errechnet, indem man vom Zielpreis den gewünschten Gewinn (Target Profit, Target Margin) abzieht. Die Allowable Costs sind die im Hinblick auf den Markt bzw. Kunden zulässigen Selbstkosten. Als Drifting Costs bezeichnet man diejenigen Kosten, die auftreten würden, wenn keine Änderungen der bisher angewendeten Technologien, Methoden und Prozesse erfolgen würden. Die Zielkosten (Target Costs) werden dann als ein Kompromiß aus den Allowable Costs und den Drifting Costs festgelegt. Die Differenz zwischen den beiden Kostenarten stellt den Kostenreduktionsbedarf dar. Erfahrungsgemäß läßt sich die Lücke zwischen den idealen Allowable Costs und den Drifting Costs durch die einzuleitenden Kostensenkungsmaßnahmen nicht vollständig schließen. Es verbleibt eine auch künftig vorerst vorhandene Lücke (sog. Markt-Produktionslücke).[2] Diese Lücke kann auf der Basis gegenwärtiger technologischer und organisatorischer Bedingungen nicht geschlossen werden. Um die Lücke zu schließen, sind innovative

---

[1] Vgl. Seidenschwarz, W. (1991), S. 199.
[2] Vgl. Hieke, H. (1994), S. 499.

Maßnahmen erforderlich. Sind die Zielkosten festgelegt, so bilden sie die neuen Standardkosten. Den Zusammenhang zeigt die nachstehende Abbildung.

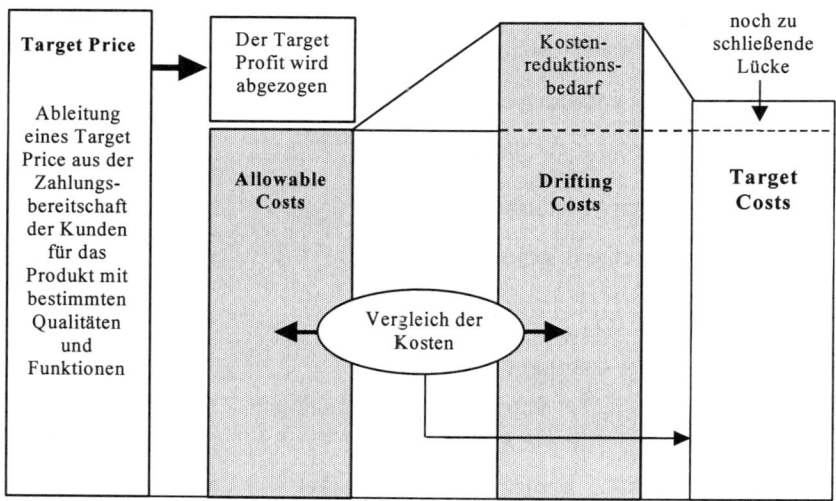

Abb. 9.23: Ableitung der Target Costs vom Target Price

Rechenbeispiel

Zunächst muß der von den potentiellen Kunden akzeptierte Preis (Target Price) ermittelt werden. Zu diesem Zweck kann eine Befragung im Rahmen der Marktforschung durch die Marketing - Abteilung erfolgen. Im Beispiel sind die Kunden bereit, einen Preis von 2.000 € zu zahlen. Anschließend wird vom Target Price der Target Profit abgezogen. Im Beispiel gibt die Unternehmensleitung eine Umsatzrendite von 20% vor (= Target Profit), die mit dem Verkauf dieses neuen Produktes mindestens erzielt werden soll. Wird jetzt vom Target Price die geforderte Mindestrendite abgezogen, so erhält man die vom Markt akzeptierten Allowable Costs.

Nach Ermittlung der Allowable Costs wird ermittelt, wie hoch die Kosten sein werden, wenn die gegenwärtigen Bedingungen unverändert auch in Zukunft fortbestehen bleiben. Auf diese Weise ergeben sich die Drifting Costs (Standardkosten), die im Beispiel 1.800 € betragen. Die Drifting Costs liegen mit 1.800 über den Allowable Costs. Die Differenz zwischen den Allowable Costs und den Drifting Costs stellt eine „Ziellücke" (auch als „Target Gap" bezeichnet) dar, die möglichst vollständig zu schließen ist, um die angestrebten Zielkosten zu erreichen.

Das zu realisierende Kostensenkungsziel liegt im Beispiel bei 160 €.

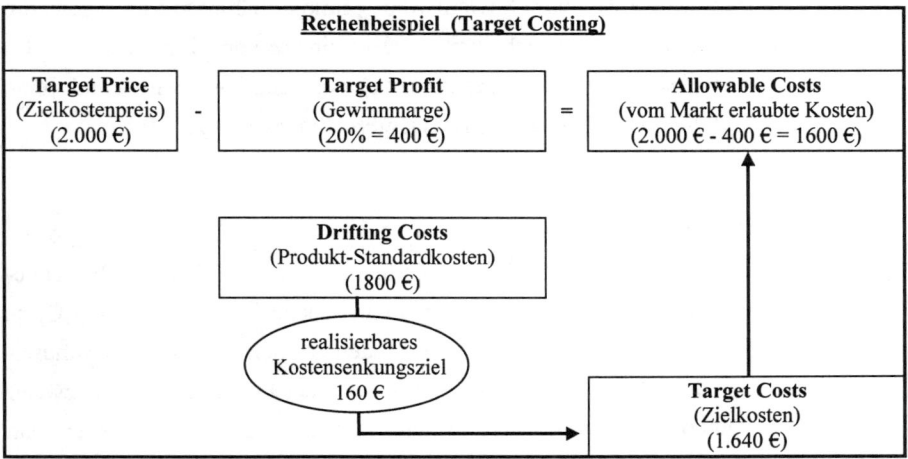

Abb.9.24: Rechenbeispiel Target Costing

In Unternehmen werden die Allowable Costs mit den angestrebten Target Costs gleichgesetzt (sog. einstufige Zielkostenfestlegung). Dies ist z.B. dann der Fall, wenn eine Strategie der Kostenführerschaft verfolgt wird.

In den meisten Fällen wird jedoch ein Target Gap vorliegen, und man wird bemüht sein, die Target Costs möglichst nahe an die Allowable Costs heranzuführen (sog. zweistufige Zielkostenfestlegung).

9.5.3.2 Out of Company - Methode

Bei dieser Methode werden die Zielkosten aus konstruktions- und fertigungstechnischen Faktoren in Abhängigkeit von vorhandenen Fähigkeiten und Fertigkeiten, vorhandenem Erfahrungsschatz und vorhandenen Produktionsmöglichkeiten hergeleitet.[1] Die Ermittlung der Zielkosten erfolgt auf der Basis bereits vorhandenem Know-Hows. Dieses Vorgehen ist dann sinnvoll, wenn sich der Marktpreis für ein Produkt nur schwer oder gar nicht feststellen läßt oder wenn die Preiselastizität der Nachfrage sehr gering ist.[2]

---

[1] Vgl. Seidenschwarz, W. (1991), S. 199.
[2] Vgl. Hardt, R. (1998), S. 111.

9.5.3.3   Into and out of Company - Methode

Dieses Verfahren stellt eine Kombination der Market into Company-Methode und Out of Company-Methode dar. Sowohl die Marktverhältnisse als auch die spezifischen Unternehmensgegebenheiten werden einbezogen. Ein Nachteil des Verfahrens kann sein, daß der Marktbezug vernachläßigt wird und eine Konzentration auf die internen Strukturen des Unternehmens erfolgt.

9.5.3.4   Out of Competitor - Methode

Bei dieser Methode werden die Zielkosten aus den Kosten der Wettbewerber abgeleitet. Ein wichtiges Instrument, den Kostenreduktionsbedarf bei den Drifting Costs zu ermitteln, ist das Benchmarking. Hierbei handelt es sich um einen kontinuierlichen Prozeß, bei dem Produkte, Methoden, Prozesse oder Funktionsbereiche zweier oder mehrerer Unternehmen verglichen werden. Beim Benchmarking orientiert man sich an Unternehmen, die Spitzenleistungen erbringen, auch wenn diese nicht zur eigenen Branche zählen. Zweck des Benchmarkings ist es, von „den Besten" (sog. Best-Practice-Unternehmen) zu lernen und „der Beste der Besten" zu werden. Beim Benchmarking steht die Suche nach rationellen Vorgehensweisen und besseren Lösungen für Prozesse und Problemfelder im Vordergrund. Schwerpunkt ist die Suche nach den besten Praktiken, mit denen überdurchschnittliche Wettbewerbsvorteile erreicht werden. Somit ist Benchmarking ein Instrument zum Aufdecken von Innovationen.

9.5.3.5   Out of Standard Costs-Methode

Bei dieser Vorgehensweise bilden die unternehmenseigenen, aktuellen Standardkosten (Drifting Costs) die Ausgangsbasis für die Ermittlung der Zielkosten und des möglichen Kostensenkungspotentials.

Die nachstehende Übersicht zeigt die Methoden im Überblick.

Art der Zielkosten-bestimmung	Einsetzbar für		
	Markt-orientierung	innovative Neuprodukte	Marktstandard-produkte
Market into Company	sichergestellt	empfehlenswert	möglich
Out of Company	möglich	möglich	möglich
Into and out of Company	möglich	möglich	möglich
Out of Competitor	sichergestellt	nicht möglich	empfehlenswert
Out of Standard Costs	möglich	möglich	möglich

Abb. 9.25: Verfahren der Zielkostenbestimmung im Überblick[1]

9.5.4 Zielkostenspaltung

Im Anschluß an die Zielkostenbestimmung erfolgt die Zielkostenspaltung, d.h., daß die Gesamtproduktzielkosten bis auf Einzelmaßnahmen (Produktfunktionen, Funktionsbaugruppen, Teile und Prozesse) heruntergebrochen werden. Auch bei dieser Maßnahme steht der Kundenwunsch im Vordergrund. Gefragt wird, was der Kunde bereit ist zu zahlen.[2] Ein Hauptproblem besteht darin, daß sich die Zielkosten oft nicht unmittelbar vom Kunden ableiten lassen. Eine Möglichkeit, dieses Problem zu umgehen, bietet auch das o.g. Benchmarking.

Die Durchführung der Zielkostenspaltung geschieht in folgenden Schritten:[3]

Schritt 1: Bestimmung und Strukturierung der Produktfunktionen. Bei detaillierter Analyse können die Funktionen weiter in sog. harte Funktionen (Beschreibung der technischen Leistungen eines Produktes) und weiche Funktionen (Beschreibung der Benutzerfreundlichkeit) aufgeteilt werden.

Schritt 2: Gewichtung der ermittelten Funktionen in Bezug auf das gesamte Produkt. Für jede einzelne Funktion wird ein Prozentteil ermittelt, der widerspiegelt, welchen Beitrag eine Funktion im Verhältnis zum Gesamtnutzen des Produktes erbringt. Die Prozentzuordnung erfolgt aus Kundensicht.

Schritt 3: Gewichtung der Produktkomponenten in Bezug auf die Erfüllung der Produktfunktionen.

Schritt 4: Ermittlung der Kosten einzelner Produktkomponenten.

Schritt 5: Berechnung eines komponentenspezifischen Zielkostenindex.

---

[1] Horváth, P. / Seidenschwarz, W. (1992), S. 144.

[2] Vgl. Seidenschwarz, W. (1996), S. 754.

[3] Vgl. auch Hardt,R. (1998), S.113.

Schritt 6: Erstellen eines Zielkostenkontrolldiagramms.

Schritt 7: Einleitung von Kostensenkungsmaßnahmen.

Beispiel

Am Beispiel eines Diesel-Notstrom-Aggregats soll die Vorgehensweise veranschaulicht werden.[1] Zuerst werden die Hauptfunktionen des Produkts zur Erfüllung des Kundennutzens aufgelistet. Anschließend wird der prozentuale Nutzen aus Kundensicht im Verhältnis zum Gesamtnutzen des Produktes festgetellt. Es ergibt sich eine Tabelle, die den Grad der Funktionserfüllung zeigt (Tabelle1).[2]

Anschließend muß für die einzelnen Produktkomponenten festgestellt werden, in welchem Umfang sie zur Realisierung der Hauptfunktionen beitragen können. Es entsteht eine Tabelle, die den Nutzenbeitrag je Produktkomponente zeigt (Tabelle 2).

Im nächsten Schritt wird der Nutzenbeitrag je Produktkomponente (Tabelle 2) mit dem zuvor ermittelten Grad der Funktionserfüllung (Tabelle 1) gewichtet. Es ergibt sich die Tabelle 3. Anschließend werden in der letzten Spalte die Summen des Nutzenbeitrags je Komponente ermmittelt.

Die so ermittelten (gewichteten) Nutzenbeiträge je Komponente und die Kostenanteile (%) (Standardkosten) werden in die Tabelle 4 eingetragen. In der Spalte [5] der Tabelle wird anschließend der jeweilige Zielkostenindex für jede Komponente errechnet. Dazu wird der Nutzenbeitrag in % (Spalte [3])durch den Kostenanteil in % (Spalte [4]) dividiert.

$$\text{Zielkostenindex} = \frac{\text{Nutzenbeitrag}}{\text{Kostenanteil}}$$

---

[1] Weitere Fallbeispiele siehe: Fischer, T. / Schmitz, J. (1995), S. 832-839 und S. 947-94; Hieke, H. (1994), 498 ff.

[2] In Anlehnung an Leitsch, P. (1997), S. 50-51.

Tabelle 1: Vom Produkt geforderte Hauptfunktionen zur Erfüllung des Kundennutzens und prozentuales Gewicht aus Kundensicht

Hauptfunktion		
Lebensdauer	20%	⎫
Anlagenleistung	25%	
Geräuschdämpfung	15%	Prozentualer Anteil am
Reparatur- Wartungskosten	20%	Gesamtnutzen des
Einfache Bedienung	10%	Erzeugnisses
Einfache Wartung	10%	⎭
Summe	100 %	

Tabelle 2: Nutzenbeitrag je Produktkomponente

Funktionen ⇨	Lebens-dauer	Anlagen-leistung	Geräusch-dämpfung	Reparatur-Wartungs-kosten	Einfache Bedienung	Einfache Wartung
Produktkomponenten ⇩	20%	25%	15%	20%	10%	10%
Dieselmotor	20	40	20	45	15	15
Ventilatorkühler	10	15	20	15	5	10
Drehstromgenerator	15	30	15	15	5	15
Grundrahmen	10	-	10	5	-	5
Abgassystem	15	5	30	5	10	15
Kraftstofftank	10	-	-	5	10	10
Steuer-/Schalteinricht.	10	5	-	5	50	20
Be- und Entlüftung	10	5	5	5	5	10
Summe	100	100	100	100	100	100

Tabelle 3: Gewichteter Nutzenbeitrag je Komponente

Funktionen ⇨	Lebens-dauer	Anlagen-leistung	Geräusch-dämpfung	Reparatur-Wartungsk.	Einfache Bedienung	Einfache Wartung	Σ
Produktkomponenten ⇩	20%	25%	15%	20%	10%	10%	
Dieselmotor	4	10	3	9	1,5	1,5	29
Ventilatorkühler	2	3,75	3	3	0,5	1	13,25
Drehstromgenerator	3	7,5	2,25	3	0,5	1,5	17,75
Grundrahmen	2	0	1,5	1	0	0,5	5
Abgassystem	3	1,25	4,5	1	1	1,5	12,25
Kraftstofftank	2	0	0	1	1	1	5
Steuer-/Schalteinricht.	2	1,25	0	1	5	2	11,25
Be- und Entlüftung	2	1,25	0,75	1	0,5	1	6,5
Summe	20	25	15	20	10	10	100

Nr.	Komponente	Nutzenbeitrag (%)	Kostenanteil (%) (Standardkosten)	ZK-Index
[1]	[2]	[3]	[4]	[5] = [3] : [4]
K1	Dieselmotor	29	40	0,73
K2	Ventilatorkühler	13,25	6,4	2,07
K3	Drehstromgenerator	17,75	6,1	2,91
K4	Grundrahmen	5	3,5	1,43
K5	Abgassystem	12,25	11	1,11
K6	Kraftstofftank	5	6	0,83
K7	Steuer-/Schalteinrichtung	11,25	12	0,94
K8	Be- und Entlüftung	6,5	15	0,43
	Summe	100	100	

Abb. 9.26: Errechnung des Zielkostenindex

Der Zielkostenindex (Spalte [5]) läßt folgende Aussagen zu:

Werte > 1 : Kundenanforderungen sind zu einfach realisiert, der Kunde hat höhere Ansprüche oder Anforderungen oder das Kostenziel ist bereits übererfüllt.

Werte < 1 : Die Produktkomponente ist aus Sicht der Kunden zu teuer realisiert, d.h., es besteht Potential zur Kostensenkung.

Wert = 1: Idealfall: Kundenanforderungen und Kostenanteile stimmen überein.

Die Ergebnisse der Spalte [5] werden in ein Zielkostendiagramm eingetragen.

Zielkostenkontrolldiagramm

Im Rahmen des Target Costing-Prozesses bieten Zielkostenkontrolldiagramme folgende Unterstützung:

- grafische Darstellung des Zielkostenerreichungsgrades

- Sicherung der vom Markt geforderten Produktwertrelation im Hinblick auf die Produktausgestaltung

- Zusammenführung von den vom Markt gesetzten Produktanforderungen und technischen Realisierungsmöglichkeiten

- Einflußmöglichkeit der Unternehmensführung auf das Produktteam hinsichtlich der Begrenzung des Kosteneinsatzes.[1]

---

[1] Vgl. Seidenschwarz, W. (1994), S. 80.

In der Literatur wird vorgeschlagen, den Zielkostenbereich mit folgenden Funktionen einzugrenzen.

$$Y1: y = \sqrt{x^2 - q^2}$$

$$Y2: y = \sqrt{x^2 + q^2}$$

Y1 = Untere Begrenzung der Zielkostengrenze
Y2 = Obere Begrenzung der Zielkostengrenze
x = Komponentenanteilgewicht
y = Komponentenkostenanteil
q= Entscheidungsparameter zur Definition der Zielkostenzone, gesetzt vomTop Management

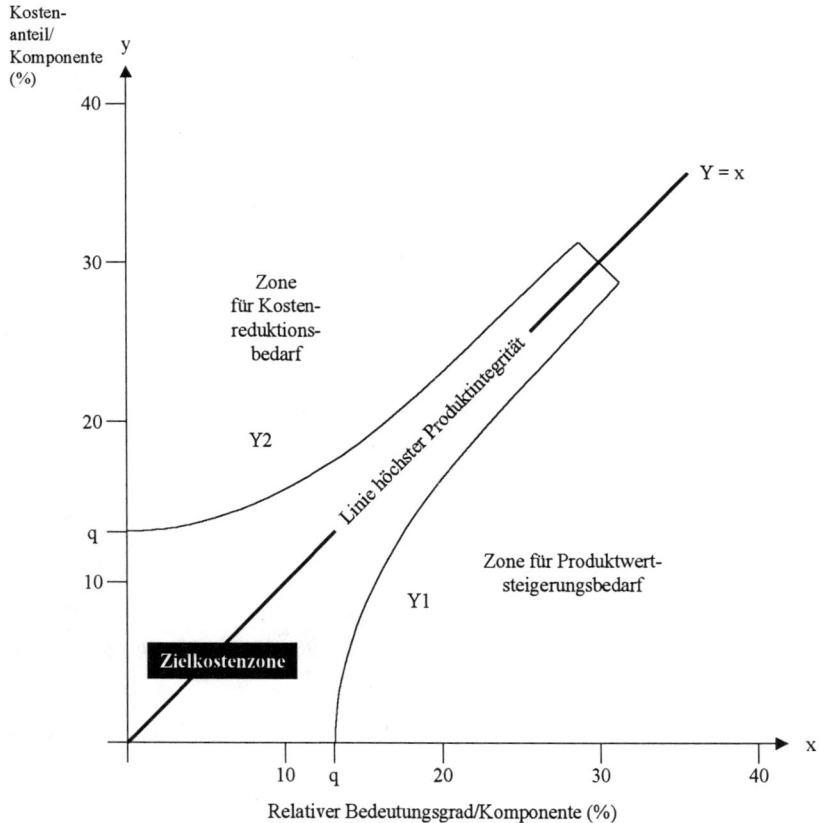

Abb. 9.27: Zielkostenkontrolldiagramm

Für das o.g. Beispiel (Seite 510) ergibt sich das in Abbildung 9.28 erstellte Zielkostenkontrolldiagramm.

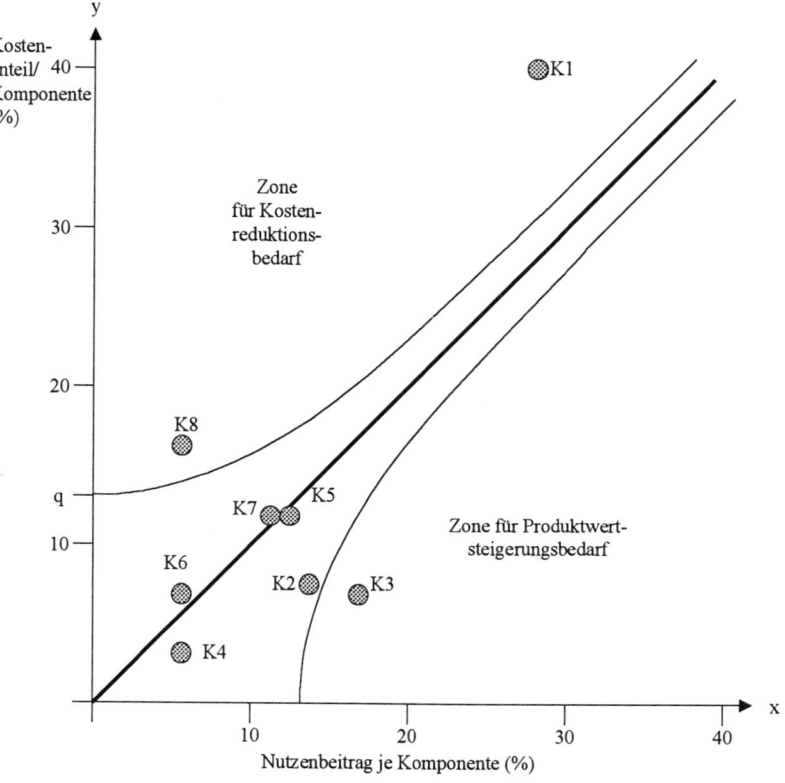

Abb. 9.28: Zielkostenkontrolldiagramm Beispiel Diesel-Notstrom-Aggregat

Für diejenigen Komponenten, die sich oberhalb der Zielzone befinden, sind die Drifting Costs höher als die angestrebten Target Costs. Für die Drifting Costs müssen Kostensenkungsmaßnahmen eingeleitet werden. Bei denjenigen Komponenten, die sich unterhalb der Zielzone befinden, sind produkt- und kostengestalterische Maßnahmen erforderlich.

Folgende Maßnahmen können eingeleitet werden:[1]

• Einsatz preisgünstigerer Materialien

• Änderung des Beschaffungsprozesses

---

[1] Vgl. Leitsch, P. (1997), S. 51.

- Einkauf weltweit

- Rahmenvereinbarungen mit Lieferanten

- Einbezug der Zulieferer in den Entwicklungsprozeß

- Minimierung von Nacharbeiten.

9.5.5 Allgemeine Beurteilung des Target Costings

Target Costing kann zu entscheidenden Strukturveränderungen im Unternehmen führen, wie z.B. Outsourcing, Technologieveränderungen, Verschlankung der Produktion, Verringerung der Fertigungstiefe oder der Variantenanzahl.

Target Costing soll während des gesamten Produktlebenszyklus betrieben werden. Besondere Bedeutung hat es jedoch in der frühen Entwicklungsphase eines Neu-produktes, denn bereits während der ersten Produkt- und Prozeßentwicklungsphase werden durch die Konstruktion und das Design die Folgekosten determiniert. Schätzungen gehen davon aus, daß etwa 70 bis 80% der Folgekosten bereits in dieser Phase festgelegt werden.[1]

Das Target Costing ist eine innovationsorientierte Methode zur marktorientierten Neuproduktplanung. Nur eine minimale Entwicklungszeit (Time-to-Market) sichert einem Unternehmen Kostenvorteile gegenüber den Wettbewerbern beim Marketing und in der Produktion (Economics of Scale). Ein Fertigerzeugnis muß in der vom Kunden geforderten Qualität hergestellt werden, denn allgemein gilt: Qualität ist das, was der Kunde verlangt. Das Erzeugnis muß deshalb fehlerfrei in all seinen Funktionen sein. Andererseits muß darauf geachtet werden, daß das Budget für die Produktionskosten nicht übermäßig belastet wird.

9.5.6 Systematisches Zulieferermanagement im Zielkostenmanagement

Die Verzahnung des Zulieferermanagements und des Zielkostenmanagements hat in Japan eine lange Tradition. Auf der einen Seite wird oft auf die partnerschaftlichen Beziehungen zwischen den Unternehmen und deren Zulieferern, auf der anderen Seite darauf hingewiesen, daß große Unternehmen Druck auf die Zulieferer ausüben, damit die Zielkosten erreicht werden. Von Toyota wird berichtet, daß das Unternehmen seine Stahlzulieferer mit Nachdruck auffordert, jeden Monat zwei oder drei Ideen zu Kostensenkung vorzuschlagen. An europäischen Zulieferern

---

[1] Vgl. Serfling, K. / Schultze, R. (1996), S. 30; Seidenschwarz, W. (1996), S. 753.

bemängeln japanische Unternehmen, daß diese Kosteninformationen nicht offengelegt, Fertigungslinien nicht gezeigt werden, unvernünftige Kostensteigerungen zu verzeichnen sind und keine Teilekalkulation vorgelegt wird.[1]

Im Rahmen des Target Costings ist eine herkömmliche Zuliefererbewertung, wie sie beispielsweise bei der Fragestellung des kurzfristigen Make-or-Buy-Problems oder bei der strategischen Zuliefererbeurteilung in Form von Nutzwertanalysen erfolgt, nicht ausreichend. Bei dieser Entscheidung geht es „um die kontinuierliche Zuliefererersteuerung im Sinne der permanent anspruchsvoller werdenden Marktanforderungen"[2]. Eine partnerschaftliche und vertrauensvolle Zusammenarbeit allein ist auch nicht ausreichend. Folgende drei Elemente ermöglichen die Zuliefererintegration in das Target Costing:

• Zulieferer-Cost-Engineering

• kontinuierliche Verbesserung (KVP), gesützt durch systematisches Benchmarking

• Einsatz des Intruments Kostentableau.

Beim Zulieferer-Cost-Engineering werden einem Team (oder einer Einzelperson) folgende Aufgaben übertragen:

• Unterstützung der Zielkostenspaltung beim Zulieferer

• Schnittstellenkoordination

• Kostenreduktionsberatung.

Das Zulieferer-Cost-Engineering erfordert ein detailliertes Wissen über Kostenstrukturen und Kostensenkungspotentiale auf Seiten des Zulieferers. Dies erlaubt es dem Cost-Engineering-Team bereits in einer frühen Entwicklungsphase, Vorschläge zur Zielkostenspaltung zu machen.[3] Wichtig ist, daß dem Zulieferer nicht durch zu restriktive Kostenvorgaben das Potential für eine innovative Produktentwicklung und Fertigung genommen wird. Andererseits soll aber auch das Kostensenkungspotential auf seiten des Zulieferers konsequent ausgenutzt werden. Im Rahmen des Zulieferer-Cost-Engineering werden Vorgaben für die Zulieferer erarbeitet .

Mit der **Schnittstellenkoordination** ist die Koordination zwischen dem Hersteller und Zulieferer gemeint. Das technische Know-how des Endproduktes auf Seiten des

[1] Vgl. Franz, K.-P. (1993), S. 128-129.
[2] Seidenschwarz, W. / Niemand, S. (1994), S. 265.
[3] Vgl. Seidenschwarz, W. / Niemand, S. (1994), S. 265.

Herstellers und das Zulieferer-Know-how bezüglich des zu liefernden Moduls muß aufeinander abgestimmt werden. Änderungen von Spezifikationen oder Teilen sind zeitnah mit allen Betroffenen abzustimmen. Marktanforderungen bezüglich des Endproduktes müssen dem Zulieferer bekanntgegeben werden. Die Kompetenz des Zulieferers bei Problemen muß genutzt werden.

Damit die **Kostenreduktionsberatung** erfolgen kann, ist es erforderlich, daß der Zulieferer seine Kostenstrukturen offenlegt. Als Gegenleistung für das Offenlegen der Kostenstrukturen kann dem Zulieferer zugesichert werden, daß über eine längere Zeit keine Auftragsvergabe an einen anderen Mitwettbewerber des Zulieferers erfolgt. Ein ständiger Austausch der Zulieferer erfolgt nicht.

Die Abbildung 9.29 zeigt den Prozeß eines systematischen Zulieferer-Cost-Engineering im Rahmen des Target Costing

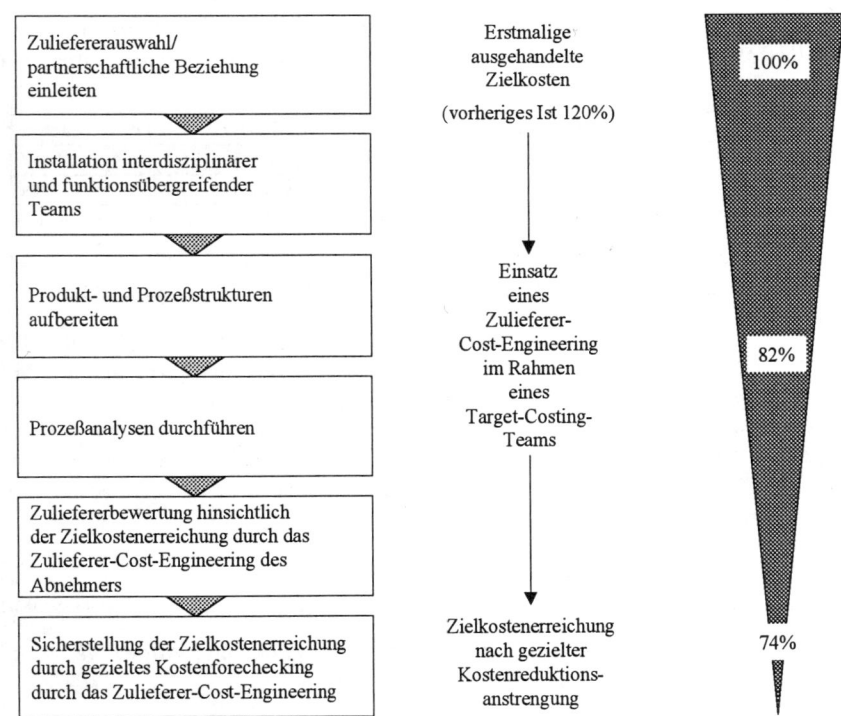

Abb. 9.29: Prozeß eines systematischen Zulieferer-Cost-Engineering[1]

---

[1] Seidenschwarz, W. / Niemand, S. (1994), S. 268.

| Fragen und Aufgaben zur Wiederholung (S. 449 - 517) |

1. Erläutern Sie die Begriffe "Verhältniszahlen", "Indexzahlen", "Gliederungszahlen"!

2. Was versteht man unter einem Kennzahlensystem?

3. Nennen Sie mögliche Kennzahlenvergleiche!

4. Welche Funktionen können Kennzahlen übernehmen?

5. Beschreiben Sie den Ablauf der Kennzahlenanwendung!

6. Nennen Sie die Spitzenkennzahlen der Materialwirtschaft!

7. Wie kann die durchschnittliche Lagerdauer ermittelt werden?

8. Nennen Sie Gründe, die zur Entwicklung der Prozeßkostenrechnung führten!

9. Was ist ein Hauptprozeß?

10. Anwendung der Prozeßkostenrechnung
In der Kostenstelle Fertigungssteuerung wurden die in der nachstehenden Tabelle zusammengestellten Teilprozesse festgestellt. In der Kostenstelle entstehen Kostenstellenkosten in Höhe von 800.000,00 . Es werden 6 Mitarbeiter in der Kostenstelle beschäftigt.

	Teilprozeß	Maßgröße	Prozeßmenge
a)	Fertigungsaufträge steuern	Fertigungsaufträge	1.000
b)	Materialbereitstellungen	Fertigungsaufträge	1.000
c)	NC-Programmierung	neue Produkte	147
d)	Abteilung leiten	x	
e)	Verwaltungstätigkeiten durchführen	x	

Mit der „Fertigungsaufträge steuern" sind 2 Personen beschäftigt. Die „Materialbereitstellungen" werden von einer Person durchgeführt. Auf die NC-Programmierung entfallen 2 Mitarbeiterjahre (MJ). Die Prozesse d) und e) werden von einem Mitarbeiter (1 MJ) durchgeführt. Auf den Prozeß „Abteilung leiten" entfallen 60%, auf den Prozeß „Verwaltungstätigkeiten durchführen" entfallen 40% der Arbeitsleistung. Errechnen Sie die Prozeßkosten und Prozeßkostensätze mit Hilfe des Formulars Seite 493!

11. Was ist für das Target Costing charakteristisch?

12. Target Costs stellen in der Regel einen Kompromiß der Allowable Costs und der Drifting Costs dar. Was versteht man unter Allowable Costs und Drifting Costs?

13. Beschreiben Sie die Form und die Funktion eines Zielkostenkontrolldiagramms!

10 Moderne Methoden und Instrumente

Lernziele und -aufgaben

Der Leser soll

1. das Benchmarking
2. das Ideenmanagement
3. das Outsourcing kennenlernen
4. imstande sein, Berechnungen im Rahmen der Make-or-Buy-Entscheidungen durchzuführen
5. verschiedene Formen des Outsourcings kennenlernen.

10.1 Benchmarking

10.1.1 Grundlagen

Benchmarking (engl. Referenzpunkt) ist eine von Praktikern und Theoretikern anerkannte strategische Methode. Es handelt sich dabei um einen systematischen, kennzahlengeleiteten Vergleich des eigenen Unternehmens mit Unternehmen, die ähnliche Prozesse oder Produkte aufweisen. Durch den Vergleich sollen Erkenntnisse bezüglich der Positionierung, der Potentiale sowie der Effizienz der Vergleichsunternehmen gewonnen werden.[1] Benchmarking ist nicht mit dem klassischen Unternehmensvergleich gleichzusetzen, bei dem es um die quantifizierbaren Unterschiede zwischen den betrachteten Unternehmen geht. Beim Benchmarking steht die Suche nach rationellen Vorgehensweisen und besseren Lösungen für Prozesse und Probleme im Vordergrund. Schwerpunkt ist die Suche nach den besten Praktiken, mit denen überdurchschnittliche Wettbewerbsvorteile erreicht werden können.[2] Das Benchmarking kann als eine Weiterentwicklung des Reverse Product Engineering und der Konkurrenzanalyse aufgefaßt werden.

Beim **Reverse Product Engineering** (Reverse Engineering) geht es darum, Produkte im Hinblick auf ihre Eigenschaften, ihre Funktionalität und Leistungsfähigkeit zu vergleichen. Dabei werden Konkurrenzprodukte in Einzelteile zerlegt, analysiert und

---

[1] Vgl. Serfling, K. / Schultze, R. (1997), S. 193.
[2] Vgl. Schäfer, S. / Seibt, D. (1998), S. 370.

bewertet. Bei der Konkurrenzanalyse werden Produkte und Geschäftsvorfälle mit den direkten Wettbewerbern verglichen.

Beim Benchmarking orientiert man sich an Unternehmen, die Spitzenleistungen erbringen, auch wenn die Unternehmen nicht zur eigenen Branche zählen.

Zweck des Benchmarking ist es, von „den Besten" (sog. Best-Practice-Unternehmen) zu lernen und „der Beste der Besten" zu werden.

> „Benchmarking ist ein kontinuierlicher Prozeß, bei dem Produkte, Dienstleistungen und insbesondere Prozesse und Methoden betrieblicher Funktionen über mehrere Unternehmen hinweg verglichen werden. Dabei sollen die Unterschiede zu anderen Unternehmen offengelegt, die Ursachen für die Unterschiede und Möglichkeiten zur Verbesserung aufgezeigt sowie wettbewerbsorientierte Zielvorgaben ermittelt werden."[1]

10.1.2 Entstehung und Entwicklung des Benchmarkings

Ende der 70er Jahre befand sich das amerikanische Unternehmen Xerox in einer fatalen Wettbewerbsposition. Die Konkurrenz von Xerox, insbesondere Canon, brachte Kopierer zu Preisen auf den Markt, die unter den Herstellkosten für vergleichbare Geräte bei Xerox lagen. Die Marktanteil von Xerox auf dem Kopierermarkt sanken rapide. Xerox versuchte in einem ersten Ansatz durch „Reverse Product Engineering" den Markterfolg der Wettbewerber zu verstehen. Da Xerox feststellte, daß sich die Produkte der Mitwettbewerber von den eigenen kaum unterschieden, mußten die Vorteile in der effizienten Prozeßgestaltung und Prozeßdurchführung liegen, insbesondere im Bereich der Logistik. Xerox suchte daraufhin nach einem überlegenen und kooperationswilligen Kopiererhersteller. Fündig wurde Xerox bei der japanischen Joint Venture Tochter Xerox Fujizu Co. Sämtliche Teilprozesse wurden adaptiert, die fortschrittlicher als die eigenen waren. Dies löste eine revolutionäre Verbesserung der Fertigung aus.[2] Die Erfolge in der Fertigung veranlaßten das Management dazu, daß Benchmarking auf andere Geschäftsbereiche wie Logistik und Vertrieb anzuwenden.[3]

In der Folgezeit wurden auch Vergleiche mit Nicht-Konkurrenten durchgeführt:[4]

---

[1] Horváth, P. / Herter, R. (1992), S. 5.
[2] Vgl. Schäfer, S. / Seibt, D. (1998), S. 369; Horváth, P. / Herter, R. (1992), S. 4.
[3] Vgl. Camp, R. (1994), S. 7.
[4] Vgl. Horváth, P. / Herter, R. (1992), S. 8.

• Vergleich im Bereich der Logistik/ des Vertriebs mit dem Versandhandelsunternehmen L.L. Bean

• Vergleich der Kapitalumschlagshäufigkeit mit Sony

• Vergleich der Fakturierung mit American Express.

Das Benchmarking hat seit den Anfängen bei Xerox insbesondere in den USA eine weite Verbreitung gefunden. Inzwischen sind zahlreiche Institutionen zur Förderung des Benchmarkings gegründet worden, wie z.B. das International Benchmarking Clearinghouse (Einrichtung des American Productivity & Quality Centers in Houston/Texas) oder das Informationszentrum Benchmarking in Berlin.

Nach Deuschland gelangte das Benchmarking durch international tätige Konzerne und Unternehmensberatungen. Von *C. Homburg, H. Werner und M. Englisch* wurde in deutschen Unternehmen eine empirische Untersuchung zum Benchmarking durchgeführt.[1] Angeschrieben wurden 469 Firmenmitglieder des BME, von denen allerdings nur 67 Firmen antworteten. 64 Fragebögen konnten letztendlich in die Auswertung einbezogen werden. Die Autoren begründen die relativ geringe Rücklaufquote von 14,29 % mit dem tendenziell niedrigen Verbreitungsgrades des Benchmarkings. Die Mehrzahl der befragten Unternehmen hatten mehr als 2.000 Mitarbeiter.

Die Untersuchung ergab, daß 38% der Befragten die Leistung der eigenen Beschaffungsabteilung in der Vergangenheit mit der Leistung anderer Beschaffungsabteilungen verglichen hatten.

10.1.3 Der Benchmarking-Prozeß

Namhafte Unternehmen, wie Xerox, Alcoa oder AT&T, haben unterschiedliche Phasenkonzepte des Benchmarking-Prozesses entwickelt und vorgestellt. Aus diesen Vorschlägen haben *P. Horváth* und *R. Herter* das folgende einheitliche Phasenschema erarbeitet.[2]

---

[1] Vgl. Homburg, C. / Werner, H / Englisch, M. (1997), S. 56-64.

[2] Vgl. Horváth, P. / Herter, R. (1992), S. 8.

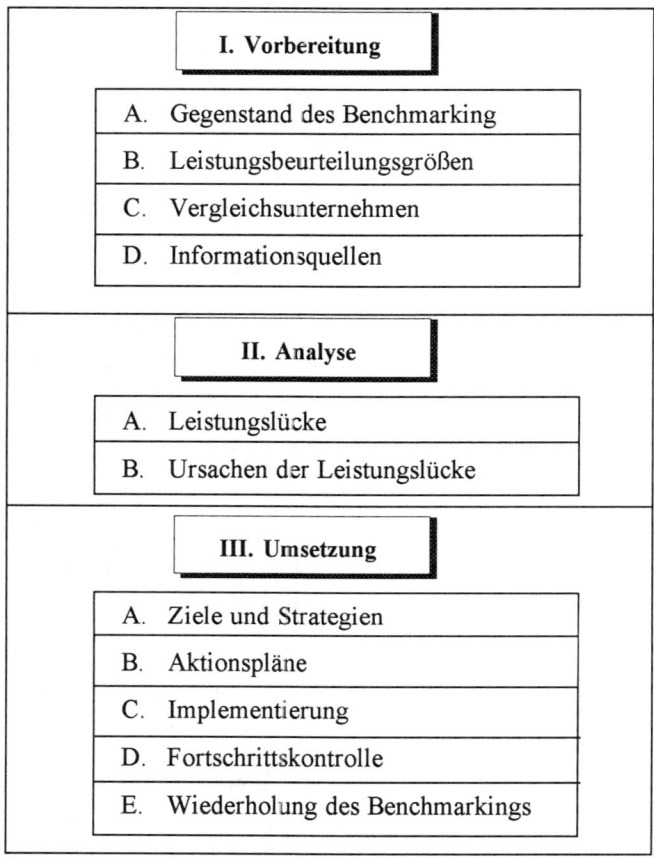

Abb. 10.1: Der Benchmarkingprozeß[1]

In der **ersten Phase** (Vorbereitungsphase) wird das Benchmarking-Objekt bestimmt. Wie bei der Wertanalyse empfiehlt sich die Bildung eines interdisziplinär besetzten Benchmarking-Teams, das das Untersuchungsobjekt festlegt. Alles, was meßbar ist, kann dabei zum Benchmarking-Objekt werden. Benchmarking-Objekt können sein:

- **Produkte** mit ihren Merkmalen wie Kosten, Qualität oder Funktionalität
- **Prozesse**, wie etwa die Abwicklung eines Kundenauftrages, Reklamations-bearbeitung, Bearbeitung von Investitionsanträgen oder die Materialbeschaffung. Werden Geschäftsprozesse, wie beispielsweise im Rahmen des Business Process Reengineering (BRP), in den Mittelpunkt der Betrachtung gestellt, so führt dies zum sog. Prozeß-Benchmarking.
- **Funktionen** oder Funktionsbereiche, wie Rechnungswesen, Controlling, Logistik, Vertrieb

---

[1] Horváth, P. / Herter, R. (1992), S. 8.

- **Methoden und Verfahren**, wie Produktionsprogrammoptimierung, Investitions-rechnungen
- weitere meßbare betriebliche Bedingungen, wie finanzielle Performanz oder Grad der Kundenzufriedenheit.

Der Bereich Materialwirtschaft und Logistik ist wegen seines Rationalisierungs-potentials besonders geeignet für das Benchmarking. Je schneller sich dieser Bereich durch Optimierung seiner Strukturen und Abläufe den veränderten Anforderungen anpaßt, desto besser kann er die Wettbewerbsposition des Unternehmens aktiv stützen.

Bei der Auswahl des Benchmarking-Objektes soll bereits versucht werden, Kenn-zahlen für die Messung des In- und Outputs auszuwählen und auf Ihre Eignung hin zu überprüfen. Globale Kennzahlen für den Einkaufsbereich werden z.B. regelmäßig von der National Association of Purchasing Management (der amerikanischen Schwesterorganisation des BME) und ihrem Institut (Center of Advanced Purchasing Studies, Tempe / Arizona) herausgegeben.[1] In Deutschland wurden ebenfalls Kenn-zahlenzusammenstellungen und Kennzahlensysteme für den Bereich Materialwirt-schaft und Logistik vorgestellt. Die Abbildungen 10.2 und 10.3 zeigen Beispiele. Bereits die Auswahl möglicher Kennzahlen führt zu einer intensiven Ausein-andersetzung mit dem zu analysierenden Bereich. Das ist ein wichtiger Schritt, die Aktivitäten und Prozesse im eigenen Unternehmen besser zu verstehen und beurteilen zu können.[2]

- Einkaufsvolumen bezogen auf die Gesamtleistung
- Einkaufsvolumen pro Einkaufsmitarbeiter
- Einkaufsvolumen pro aktiven Lieferanten
- Anteil des über den Einkauf abgewickelten Beschaffungsvolumens
- Zahl der Einkaufsmitarbeiter bezogen auf die Zahl aller Mitarbeiter eines Unternehmens
- Kosten des Einkaufs bezogen auf die Gesamtleistung bzw. auf das Einkaufs-volumen
- Einkaufskosten pro aktiven Lieferanten
- Aktive Lieferanten pro Einkaufsmitarbeiter
- Veränderung der Zahl aktiver Lieferanten gegenüber dem Vorjahr
- Anzahl der A-Lieferanten (90 % des Einkaufsvolumens)
- Bestellzykluszeit
- Anteil des Einkaufsvolumens, das über elektronischen Datenaustausch abge-wickelt wird

Abb. 10.2: Kennzahlensystem für den Beschaffungsbereich[3]

---

[1] Vgl. Berning, R. / Wierdemann, W. (1995), S. 34.

[2] Vgl. Horváth, P. / Herter, R. (1992), S. 8.

[3] Vgl. Berning, R. / Wierdemann, W. (1995), S. 35.

A. Leistungsstandard-Kennzahlen

Al Kosten

A.1.1	Anzahl der Einkäufer bezogen auf eine bestimmte Anzahl von Einkauftpositionen
A.1.2	Anzahl der Einkäufer bezogen auf ein bestimmtes wertmäßiges Einkaufsvolumen
A.1.3	Abteilungskosten /Beschaffungskosten
A.1.4	Beschaffungskostensenkung über alle Materialien hinweg innerhalb einer bestimmten Periode

A 2 Qualität

A.2.1	Anzahl der verspäteten Lieferungen /Anzahl der Lieferungen insgesamt
A.2.2	Anzahl der zurückgewiesenen Lieferungen/Anzahl der Lieferungen insgesamt
A.2.3	Wertmäßiges Einkaufsvolumen, das die Eingangskontrolle nicht passiert / wertmäßiges Einkauftvolumen insgesamt
A.2.4	Anzahl der nicht sofort bedienten Materialanforderungen /Anzahl der Materialanforderungen insgesamt

A 3 Zeit

A.3.1	Durchschnittlicher Zeitraum, der zwischen dem Zeitpunkt der ersten internen Bedarfsmeldung und dem Zeitpunkt liegt, an dem die Bestellung den Lieferanten erreicht

B. Leisungsschlüssel-Kennzahlen

B. 1 Lieferantenstruktur

B.1.1	Anzahl der Lieferanten, auf die x% des wertmäßigen Einkaufsvolumens entfällt /Anzahl der Lieferanten insgesamt
B.1.2	Änderung der Lieferantenanzahl während einer bestimmten Periode
B.1.3	Anzahl der Lieferanten mit Auslieferung im Umkreis von x km von der eigenen Produktionsstätte / Anzahl der Lieferanten insgesamt
B.1.4	Anzahl der Lieferanten, die zertifiziert sind / Anzahl der Lieferanten insgesamt
B.1.5	Anzahl der Lieferanten, an denen eine Beteiligung gehalten wird/Anzahl der Lieferanten insgesamt

B.2 Lieferanteneinsatz

B.2.1	Wertmäßiges Einkaufsvolumen, das von höchstens n Lieferanten bezogen wird / wertmäßiges Einkaufsvolumen insgesamt
R2.2	Wertmäßiges Einkaufsvolumen, das auf komplett und funktional abgrenzbare Baugruppen entfällt / wertmäßiges Einkaufsvolumen insgesamt
B.2.3	Wertmäßiges Einkaufsvolumen, dem Rahmenverträge zugrunde liegen / wertmäßiges Einkaufsvolumen insgesamt
B.2.4	Neuproduktentwicklungen, in denen von Anfang an der Lieferant einbezogen ist / Neuproduktentwicklungen insgesamt
B.2.5	Anzahl der Qualitätsprobleme bei zugekauftem Material, die durch ein gemeinsames Lieferanten-Abnehmerteam bearbeitet werden /Anzahl der Qualitätsprobleme insgesamt
B.2.6	Kosten von Lieferantenschulungen
B.2.7	Anzahl der Tage gemeinsam durchgeführter Workshops im Jahr
B.2.8	Anzahl der Lieferantenbesuche in Manntagen im Jahr
B.2.9	Durchschnittlicher Zeitraum, der zwischen dem Zeitpunkt, an dem die Bestellung den Lieferanten erreicht, und dem Zeitpunkt der Lieferung liegt
B.2.10	Wertmäßiges Einkaufsvolumen, das durch elektronischen Datenaustausch bestellt wird / wertmäßiges Einkaufsvolumen insgesamt

B.3 Mitarbeiterstruktur

B.3.1	Anzahl der Einkäufer mit mind. x-jähriger Einkaufserfahrung / Anzahl der Einkäufer insgesamt
B.3.2	Anzahl der Einkäufer mit technischer Ausbildung / Anzahl der Einkäufer insgesamt
B.3.3	Anzahl der Sprachen, die verhandlungssicher beherrscht werden

B.4 Mitarbeitereinsatz

B.4.1	Wertmäßiges Einkaufsvolumen, das vom Einkauf abgewickelt wird / wertmäßiges Einkaufsvolumen insgesamt
B.4 2	Anzahl der Fortbildungstage je Einkäufer und Jahr
B.4.3	Arbeitszeit, die der Einkäufer auf Verwaltungsarbeit verwendet / Arbeitszeit insgesamt
B.4.4	Arbeitszeit, die der Einkäufer auf Qualitätsprobleme von Beschaffungsobjekten verwendet / Arbeitszeit insgesamt
B.4.5	Anzahl der Einkaufsobjekte, die jährlich formal hinsichtlich der günstigsten globalen Beschaffungsmöglichkeiten überprüft werden / Anzahl der Einkaufsobjekte insgesamt
B.4.6	Anzahl der vereinbarten Treffen mit Produktion und Forschung und Entwicklung (F&E) im Monat
B.4.7	Anzahl der standardisierten Einkaufsteile / Anzahl der Einkaufsteile insgesamt
B.4.8	Wertmäßiges Einkaufsvolumen, das bereits bestellt, aber innerhalb der ersten x Tage noch umdisponiert wird / wertmäßiges Einkaufsvolumen insgesamt

Abb. 10.3: Kennzahlensystem für den Beschaffungsbereich[1]

---

[1] Entnommen: Homburg, C. / Werner, H. / Englisch, M. (1997), S. 55.

Im nächsten Schritt erfolgt die Suche nach einem geeigneten Vergleichsunternehmen (Benchmarking-Partner). Angestrebt wird der Vergleich mit einem Best-Practice-Unternehmen (Klassenbesten).

Große Konzerne, die bereits als Weltführer in bestimmten Bereichen gelten, haben es sicherlich schwerer, Unternehmen zu finden, von denen sie noch lernen können, als kleine Unternehmen, die noch keine Erfahrungen im Qualitätsmanagement vorweisen können. Kleine Unternehmen werden von großen Unternehmen nicht als Benchmarking-Partner akzeptiert, denn die Best-Practice-Unternehmen erhalten eine große Anzahl an Anfragen für Benchmarking-Projekte, von denen nur wenige realisiert werden können. Ein weiteres Problem besteht darin, daß Best-Practice-Unternehmen oft nicht bereit sind, sich mit „zweitklassigen" Partnern zu vergleichen, da sie für sich dabei keinen Nutzen sehen. In den USA haben sich Unternehmen, die den Malcolm Baldrige National Quality Award gewonnen haben, dazu verpflichtet, ihre Erfahrungen an andere amerikanische Unternehmen partizipieren zu lassen. [1]

Die Auswahl des geeigneten Benchmarking-Partners ist von der Unternehmenssituation und dem Benchmarking-Objekt abhängig. Die Suche nach Vergleichspartnern sollte sich dabei nicht nur auf direkte Wettbewerber beschränken. Bei vielen Funktionen, die in unterschiedlichen Branchen vorkommen (z.B. Mahnwesen, Lagerhaltung), sollten auch branchenfremde Unternehmen in den Kreis der potentiellen Partner aufgenommen werden. Je ausgefallener der Vergleichspartner zunächst erscheint, desto größer ist die Chance, mit Hilfe neuer Ansätze entscheidende Wettbewerbsvorteile vor den direkten Wettbewerbern zu erzielen. [2]

So ist z.B. der Vergleich mit einem Versandhandelsunternehmen im Bereich Logistik / Vertrieb für solche Unternehmen zu empfehlen, die in diesem Bereich Leistungslücken aufweisen, wie das bereits erwähnte Beispiel des Vergleichs Xerox mit dem Versandhandelsunternehmen L.L. Bean eindrucksvoll zeigt.

Je globaler Institutionen mit besten Praktiken („best practice") gesucht werden, je höher sind die zu erwartenden Leistungssprünge, wie die nachstehende Abbildung zeigt:

---

[1] Vgl. Schäfer, S. / Seibt, D. (1998), S. 374; Töpfer, A. (1997), S. 204.
[2] Serfling, K. / Schultze, R. (1997), S. 194.

Abb. 10.4: Hierarchie der Vergleichsmaßstäbe[1]

Parallel zu der Suche nach geeigneten Benchmarking-Partnern kann die Daten-
gewinnung erfolgen. Als **Informationsquellen** kommen zunächst Sekundärinfor-
mationen in Frage. Hierzu zählen Firmenpublikationen im Internet, Geschäftsberichte, Fachliteratur, Veröffentlichungen in Fachzeitschriften, Verbands-
informationen und Informationen von öffentlichen Stellen und Wirtschaftsverbänden
sowie Unternehmensberater.

Anschließend erfolgt die Erhebung von Primärinformationen. Diese können in erster
Linie bei Firmenbesichtigungen gewonnen werden. Soll eine Firmenbesichtigung
durchgeführt werden, so sollte dieser eine sorgfältige Vorbereitung vorausgehen und
wie folgt durchgeführt werden:

- Bestimmung der geeignetsten Kontaktperson bei dem Benchmarking-Partner.
- Entwicklung einer klaren Vorstellung über Zweck und Ziele der Besichtigung.
- Es hat sich herausgestellt, daß es am besten ist, das Interesse an der Entdeckung der besten Praktiken in der Industrie herauszustellen. Wenn dies bei einem Kontakt von Spezialisten getan wird, weckt dies das Interesse für einen Informationsaustausch.
- Vorbereitung einer Beschreibung der zu untersuchenden Themen als Richtlinie für die Besichtigung.
- Sichtung und Auswertung aller wichtigen erhältlichen Daten vor der Besichtigung.
- Wenn das Unternehmen ein Kunde oder Zulieferer ist, Kontaktaufnahme mit dem Vertreter oder Kundenbetreuer zur Unterstützung bei der Identifikation der geeigneten Bereiche und Ansprechpartner sowie als Vermittler.
- Sicherstellung, daß die entsprechende interne Funktion dokumentiert ist und sowohl hinsichtlich der angewandten Methoden als auch der geeigneten Leistungs-messungsgrößen Klarheit besteht.

---

[1] Serfling, K. / Schultze, R. (1997), S. 194.

- Die beste Teamgröße besteht aus zwei bis drei Personen. Vor der Besichtigung sollte der Führer sowie der Interviewer festgelegt werden.
- Vorbereitung einer Fragenliste mit zwei Schwerpunkten bei den Antwortmöglichkeiten: Die gegenwärtigen oder geplanten besten Methoden und Maßgrößen, die eine Bestätigung liefern, daß die besten Methoden tatsächlich vorliegen.
- Durchführung der Werksbesichtigung und Sammlung aller benötigten Daten.
- Während der Tour kann es unmöglich sein, Notizen zu machen. Die Kernpunkte sollten so schnell wie möglich nach der Besichtigung festgehalten werden.
- Nach der Führung muß ausreichend Zeit zur Verfügung stehen, um eventuelle Unklarheiten über die Beobachtungen und Informationen beseitigen zu können.
- Vorbereitung, daß die entsprechenden eigenen Daten diskutiert werden können.
- Bei Beendigung des Besuchs muß unbedingt ein klares Verständnis der erhaltenen Informationen vorliegen.
- Gegebenenfalls Angebot eines Gegenbesuchs.
- Auswertung durch die Gruppe möglichst unmittelbar nach der Besichtigung. Eine gute Möglichkeit, um dies durchzuführen und einen Bericht vorzubereiten, ist es, die anschließende Besprechung mit einem Rekorder aufzuzeichnen. Die Diskussion sollte sowohl die Beobachtungen als auch die erhaltenen Informationen beinhalten.
- Sowohl formlose als auch formelle schriftliche Danksagung an den Benchmarking-Partner für die Kooperation und die aufgebrachte Zeit.
- Schriftliche Dokumentation der Besichtigung in einem Bericht.
- Gegebenenfalls Erweiterung um einen Gegenbesuch.

Abb. 10.5: Allgemeine Regeln für einen Firmenbesuch[1]

Die **Phase II** (Analysephase) dient dazu, die eigene Position quantitativ und qualitativ festzustellen. Gleichzeitig soll ermittelt werden, in welchem Umfang eine Leistungsverbesserung möglich ist. Im Rahmen der Analysephase wird die **Leistungslücke** festgestellt. Bei der Leistungslücke handelt es sich um den Unterschied zwischen der eigenen Leistung und der entsprechenden Leistung des Vergleichsunternehmens. Die Feststellung der Leistungslücke erfolgt über die Erfassung der relevanten Wertschöpfungskette des eigenen Unternehmens sowie die Erfassung der entsprechenden Wertschöpfungskette des Benchmarking-Partners in qualitativer und quantitativer Hinsicht. Die einzelnen Teilbereiche bzw. Aufgaben der Wertschöpfungsfunktion zeigt die nachstehende Abbildung.

---

[1] Vgl. Camp (1989), S. 114 / 115.

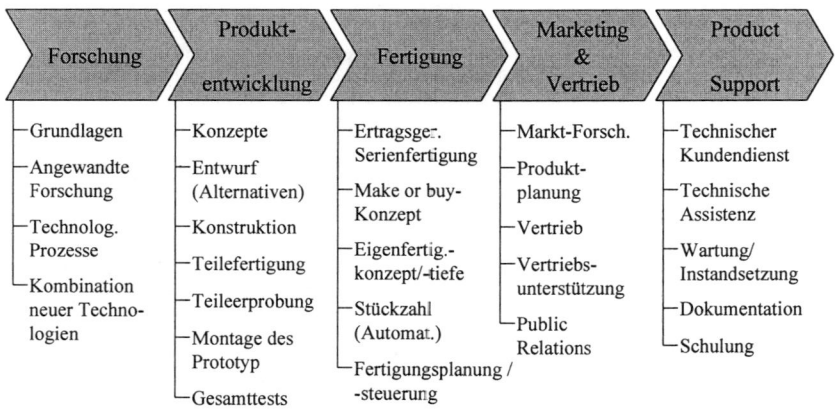

Forschung	Produkt-entwicklung	Fertigung	Marketing & Vertrieb	Product Support
┌Grundlagen	┌Konzepte	┌Ertragsger. Serienfertigung	┌Markt-Forsch.	┌Technischer Kundendienst
├Angewandte Forschung	├Entwurf (Alternativen)	├Make or buy-Konzept	├Produkt-planung	├Technische Assistenz
├Technolog. Prozesse	├Konstruktion	├Eigenfertig.-konzept/-tiefe	├Vertrieb	├Wartung/ Instandsetzung
└Kombination neuer Techno-logien	├Teilefertigung	├Stückzahl (Automat.)	├Vertriebs-unterstützung	├Dokumentation
	├Teileerprobung	└Fertigungsplanung / -steuerung	└Public Relations	└Schulung
	├Montage des Prototyp			
	└Gesamttests			

Abb. 10.6: Aufgaben der Wertschöpfungsfunktion als Ansatz des Benchmarkings[1]

Die Analyse konzentriert sich insbesondere auf die Identifikation wichtiger kostentreibender Faktoren. Vielfach ist es dabei ausreichend, wenn sich die Analyse auf die Kostendaten des Benchmarkingpartners beschränkt, bei denen möglichst hohe Rationalisierungsreserven vermutet werden.

Sind die **Ursachen der Leistungslücke** festgestellt, so werden in der **Phase III** (Umsetzungsphase) Ziele, Strategien und Aktionspläne festgelegt, damit die Leisungslücke geschlossen werden kann. Damit die Ziele erreicht werden und Aktionspläne umgesetzt werden können, ist die Implementierung eines entsprechenden Controllings erforderlich. Die Umsetzung von Einzelmaßnahmen und Teilabschnitten wird geplant und kontrolliert (Fortschrittskontrolle). Die Implementierung des Controllings reicht allerdings für sich genommen nicht aus. Im gesamten Unternehmen muß die Benchmarking-Philosophie durchgesetzt werden, was i.d.R. mit einer Änderung der Unternehmenskultur verbunden ist. Das Topmanagement nimmt dabei eine besondere Rolle ein, denn es muß die Implementierung aktiv unterstützen und entsprechende Befugnisse und Freiräume für die Mitarbeiter schaffen. Als Mittler zwischen den beteiligten Mitarbeitern und dem Management sowie als Anlauf- und Koordinationsstelle dient das Benchmarking-Team. Insbesondere von diesem Team hängt der Erfolg des Benchmarking-Projektes ab.

---

[1] Serfling, K. / Schultze, R. (1997), S. 197.

Da die Methoden und Prozesse in den Unternehmen einem ständigen Wandel unterliegen, ist die **Wiederholung des Benchmarkings** unbedingt erforderlich. Was
gegenwärtig noch als Spitzenleistung gilt, kann bereits nach kurzer Zeit Standard
werden. Ein erfolgreiches Benchmarking darf deshalb nicht nur eine einmalige
Aktion sein. Benchmarking macht nur dann sinnvoll, wenn es wiederholt Anwendung findet.

10.1.4 Benchmarking-Varianten

10.1.4.1 Internes Benchmarking

Beim internen Benchmarking wird das Benchmarking innerhalb des eigenen
Unternehmens durchgeführt. Es kann sich dabei um einzelne Profit-Center, Tochter-
gesellschaften oder Werke an unterschiedlichen Standorten handeln. Wesensmerkmal des internen Benchmarkings ist, daß sämtliche Benchmarking-Partner zum
selben Unternehmen gehören. Im Rahmen des internen Benchmarkings werden
ähnliche Unternehmenseinheiten oder Prozesse verglichen. Vor- und Nachteile des
internen Benchmarkings zeigt die nachstehende Tabelle:[1]

Vorteile	Nachteile
• Die Datenerfassung ist relativ einfach. • Es werden die gleichen Strategien verfolgt. • Gemeinsame Unternehmenskultur • Das Verständnis und die Übertrag-barkeit gefundener Lösungen ist ein-facher, als wenn ein Vergleich mit einem externen Partner erfolgt. • Mit relativ geringem Ressourceneinsatz können wertvolle Verbesserungen induziert und durchgesetzt werden. • Förderung der Benchmarking-Idee und der Motivation für neue Benchmarking-Projekte im eigenen Unternehmen.	• Relativ geringes Verbesserungs-potential, da keine neuen Denkanstöße von außerhalb des Unternehmens kommen. • Die Wahrscheinlichkeit, globale Spitzenleistungen aufzufinden, werden im allgemeinen als gering eingestuft.

Abb. 10.7: Vor- und Nachteile des internen Benchmarkings

Internes Benchmarking bietet sich für internationale dezentral organisierte
Unternehmen (Globalplayer) an, die eine große Produktpalette und ein großes

---

[1] Vgl. auch Schäfer, S. / Seibt, D. (1998), S. 375.

Leistungsspektrum aufweisen. Für kleine oder mittlere Unternehmen kann ein Vergleich zwischen gleichen Produktionsstätten oder Filialen sinnvoll sein, wenn gleiche Prozesse oder Funktionen vorliegen. Per Saldo bietet das interne Benchmarking relativ wenig Chancen, daß gegenwärtige Leistungen verbessert werden oder das Spitzenleistungen gefunden werden. Das interne Benchmarking ist deshalb oft lediglich ein erster Schritt in Richtung auf das wettbewerbsorientierte Benchmarking.

10.1.4.2 Wettbewerbsorientiertes Benchmarking

Beim wettbewerbsorientierten Benchmarking (Konkurrenzbezogenes Benchmarking) handelt es sich um einen Vergleich zwischen direkten Wettbewerbern. Wesensmerkmal des wettbewerbsorientierten Benchmarkings ist demnach, daß zwischen den Benchmarking-Partnern direkte Konkurrenzbeziehungen bestehen. Ein Beispiel für einen derartigen Vergleich wäre der Vergleich zwischen großen Automobilherstellern. Denkbar wäre ein Vergleich der Produktionsprozesse von VW mit denen von BMW. Das wettbewerbsorientierte Benchmarking führt zu einer intensiven Auseinandersetzung mit den Wettbewerbern.

Vorteile	Nachteile
• Die Unternehmen haben vergleichbare Markt-, Kunden-, Personal- und Auftragsstrukturen, dies führt u.U. zu einer Vereinfachung des Vergleichs. • Hohe Vergleichbarkeit von Prozessen, da die Benchmarking-Partner gleiche Ziele verfolgen.	• Beschränkte Auskunftsbereitschaft des Wettbewerbers. • Leistungsfähigkeit anderer Branchen wird ausgeblendet. • Gefahr der Stagnation, wenn alle Wettbewerber den gleichen Stand erreicht haben.

Abb. 10.8: Vor- und Nachteile des wettbewerbsorientierten Benchmarkings

Unternehmen, die miteinander im Wettbewerb stehen, werden nur in den seltensten Fällen bereit sein, Informationen über die Prozesse, die Produkte, die Arbeitsabläufe bekanntzugeben, denn gerade diese Faktoren sind es, die ein erfolgreiches Unternehmen auszeichnen und Wettbewerbsvorteile darstellen.

10.1.4.3 Funktionales Benchmarking

Beim funktionalen Benchmarking werden Prozesse verglichen, die in gleichen Funktionsbereichen vorkommen. Die Benchmarking-Partner gehören dabei i.d.R. unterschiedlichen Branchen an. Wesensmerkmal des funktionalen Benchmarkings ist, daß der Benchmarking-Partner kein Wettbewerber ist. So kann es sich um Unternehmen der gleichen Branche handeln, die aber in unterschiedlichen Regionen ihre Absatzmärkte haben, z.B. ein Vergleich von Abfallwirtschaftsbetrieben verschiedener Großstädte.

Vorteile	Nachteile
• Es treten keine Interessenkonflikte auf, wie dies beim wettbewerbsorientierten Benchmarking der Fall ist. • Hohe Auskunftsbereitschaft des Benchmarking-Partners • Relativ hohes Innovationspotential	• Akzeptanzprobleme bei den Mitarbeitern, da diese eventuell nicht bereit sind, ähnliche Geschäftsabläufe von fremden Branchen zu übernehmen.

Abb. 10.9: Vor- und Nachteile des funktionalen Benchmarkings

10.1.4.4 Generisches Benchmarking

Das generische Benchmarking stellt die schwierigste Variante des Benchmarkings dar, bietet aber zugleich hohe Chancen, Schwachstellen zu identifizieren. Beim generischen Benchmarking werden Geschäftsprozesse branchenfremder Unternehmen verglichen, es erfolgt ein Vergleich mit Institutionen, die völlig andere Zielsetzungen haben. Beispiele:[1]

• Vergleich der Firma South-West-Airlines mit den Boxenstopps beim Indianapolis-Autorennen, um die Verkürzung der Bodenzeiten ihrer Flugzeuge (Ausstieg der Passagiere, Reinigung, Betankung) zu erreichen.

• Vergleich der Firma Pizza Domino mit dem Notfallbereich eines Krankenhauses, um Krisensituationen zu meistern.

Ähnlich wie bei der Synektik und Bionik[2] wird versucht, die Erkenntnisse anderer Institutionen oder Lebensbereiche für eigene Zwecke im Unternehmen zu nutzen. Dabei liegt das Hauptaugenmerk jedoch auf den Geschäftsprozessen.

---

[1] Vgl. Schäfer, S. / Seibt, D. (1998), S. 376 / 377.

[2] Vgl. S. 417

Vor- und Nachteile des internen Benchmarkings zeigt die nachstehende Tabelle:

Vorteile	Nachteile
• Sehr hohes Innovationspotential	• Akzeptanzprobleme bei den Mitarbeitern, da diese ev. nicht bereit sind, ähnliche Geschäftsabläufe von fremden Branchen zu übernehmen.

Abb. 10.10: Vor- und Nachteile des generischen Benchmarkings

Wesensmerkmal des generischen Benchmarkings ist ein Vergleich von Geschäfts-prozessen, die auf verschiedene Funktionen und Ziele ausgerichtet sind, da sie unterschiedlichen Branchen oder Bereichen entstammen. Der Zweck des generischen Benchmarkings besteht darin, Potentiale innovativer Praktiken aufzudecken, die in der eigenen Branche nicht gefunden werden. Diese Praktiken sollen im eingenen Unternehmen integriert werden.

Ein Benchmarking-Projekt kann folgendermaßen charakterisiert werden:[1]

Benchmarking-Projekte	Produkte	Methoden Verfahren		Funktionen Funktionsbereiche	Prozesse
	Aufgaben	Unternehmen		Dienstleistungen	Strategien
Leistungsdimensionen	Kosten	Qualität	Zeit	Kundenzufriedenheit	
Benchmarking-Varianten	Internes Benchmarking	Wettbewerbs-orientiertes Benchmarking		Funktionales Benchmarking	Generisches Benchmarking
Datenerhebung	Eigenerhebung	Fremderhebung Beteiligte		Fremderhebung Neutrale Stelle	
Erhebungsformen	Interview / Vor-Ort-Analyse	indirekt - interne Unterlagen		indirekt - externe Unterlagen	

Abb. 10.11: Charakterisierung des Benchmarkings

10.1.5 Merkmale des Benchmarkings

Das Benchmarking ist ein kontinuierlicher systematischer Vergleich. Das Bench-marking kann Schwachstellen aufdecken und ist Auslöser für mögliche Gegen-steuerungsmaßnahmen. Es führt zu einer höheren Mitarbeitermotivation, da die

---

[1] Vgl. auch Gleich, R. / Brokemper, A. (1997), S. 203.

Mitarbeiter in die Veränderungsprozesse eingebunden sind (**Bottom up-Ansatz**). Probleme des Benchmarkings sind das Auffinden eines Benchmarking-Partners und die mit dem Benchmarking-Projekt verbundenen Kosten.

Benchmarking soll eine dauerhafte kreative Unruhe im Unternehmen schaffen und die Basis für eine kontinuierliche Verbesserung (KVP, continous improvement, Kaizen) sein.[1]

Zur Ermittlung der Erfahrungen deutscher Unternehmen mit dem Benchmarking wurde die Studie „Strategische Planung und Benchmarking" von *G. Werntze und T. Klevers* durchgeführt. Befragt wurden 1.000 Unternehmen bezüglich durchgeführter und geplanter Benchmarking-Projekte. 11% der Unternehmen gaben an, noch keine Erfahrungen mit Benchmarking gemacht zu haben. 52% konnten Projekterfahrung vorweisen und 37% hatten sich bereits auf andere Weise mit dem Thema beschäftigt.

Als besonders interessant gelten laut der Befragung die nachstehend aufgeführten Bereiche: [2]

Benchmarking-Projekte

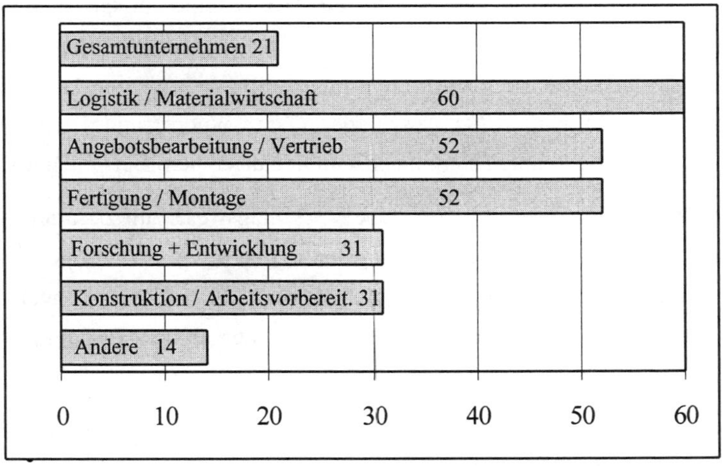

Insges. 261 Nennungen

Abb. 10.12: Benchmarking-Projekte

---

[1] Vgl. Serfling, K. / Schultze, R. (1997), S. 193.
[2] Vgl. Werntze, G. / Klevers, T. (1997), S. 30-32.

Grundsätze des Benchmarkings sind

- genaue Kenntnis der eigenen Benchmarking-Werte
- Sicherstellung der Vergleichbarkeit
- Akzeptanz des Benchmarkings auf allen Hierarchieebenen
- unbedingter Wille zur Veränderung
- systematisches Vorgehen unter Einschaltung von Experten.[1]

Benchmarking ist keine einmalige Aktion, vielmehr sollten bei professioneller Anwendung vor dem Hintergrund von Veränderungsprozessen im Unternehmen die vorgenannten Benchmarking-Prozeßschritte immer wieder durchlaufen werden.[2]

10.2   Ideenmanagement

10.2.1 Stand und Entwicklung des Ideenmanagements

Als Vorläufer des Ideenmanagements gilt das betriebliche Vorschlagswesen. Vor etwa hundert Jahren wurden in Deutschland die Grundsteine für das betriebliche Vorschlagswesen gelgt. Von den Unternehmern *Alfred Krupp* und *August Borsig* wurden 1872 bzw. 1902 die Mitarbeiter zur Abgabe von Verbesserungsvorschlägen angeregt. Es folgten im Jahre 1904 *Ernst Abbe* (Zeiss-Werke) und 1910 *Werner Siemens*. Zahlreiche Unternehmen sind in den Jahren danach dem Beispiel gefolgt.[3]

Mitte der neunziger Jahre hat das betriebliche Vorschlagswesen im Zusammenhang mit der Diskussion um das Qualitätsmanagement (TQM, KAIZEN, KVP) eine Renaissance erfahren. Vielfach sind die Qualitätsmanagementkonzepte auch unter der neuen Bezeichnung Ideenmanagement in den Unternehmen zusammengefaßt worden.

Insbesondere die Automobilindustrie übernahm eine Vorreiterrolle, so wurden das Kostensenkungspotential und die Möglichkeit der Optimierung von Prozessen, der Erhöhung der Arbeitssicherheit und der Qualitätssteigerung erkannt und das Ideenmanagement in Unternehmen implementiert.

---

[1] Vgl. Kreuz, W. (1997), S. 280 / 281; Töpfer, A. (1997), S. 205.
[2] Vgl. Töpfer, A. (1997), S. 202.
[3] Vgl. Läge, K. (1999), S. 261.

10.2.2 Ideenmanagement bei der Volkswagen AG

Ein Beispiel für die Umsetzung des Ideenmanagements bei VW zeigt der folgende Auszug aus der Betriebsvereinbarung „Ideenmanagement bei Volkswagen":

> „Zur Verbesserung der Qualität, Produktivität und Arbeitszufriedenheit sollen im Sinne der Vereinbarungen zur Standort- und Beschäftigungssicherung die Kreativität und das Ideenpotential sowie deren Entfaltung weiter gefördert werden. Damit sollen insbesondere die Kenntnisse und Erfahrungen aller Beschäftigten über noch nicht genutzte Verbesserungspotentiale aktiviert und in den Prozeß der kontinuierlichen Verbesserung unserer Produkte, Dienstleistungen und unserer Produktions- und Arbeitsabläufe sowie der Arbeitsbedingungen einschließlich des Gesundheitsschutzes, der Arbeitssicherheit und des Umweltschutzes zum Nutzen des Unternehmens und seiner Belegschaft eingebracht werden."[1]

Leitgedanke des Ideenmanagements ist: „Jede Idee ist gut – keine Idee soll verloren gehen". Ideenmanagement ist somit die systematische Ausschöpfung des Verbesserungspotentials.

Verbesserungsideen beziehen sich im allgemeinen auf die Verbesserung:

- der Qualität
- der Produktivität
- der Arbeitssicherheit
- der Arbeitserleichterung
- des Gesundheitsschutzes
- des Umweltschutzes und
- der Anlagenverfügbarkeit.

Die Wiederherstellung ursprünglicher Zustände (Reparaturen), Änderungen und Erweiterungen des Warenangebotes, Maschinenwartung, Vorschläge für Unternehmensentscheidungen zählen bei VW nicht zu den Verbesserungsideen.

Den Ablauf des Ideenmanagements zeigt die nachstehende Abbildung.

---

[1] VW-Betriebsvereinbarung Nr.1/99 vom 16.6.1999.

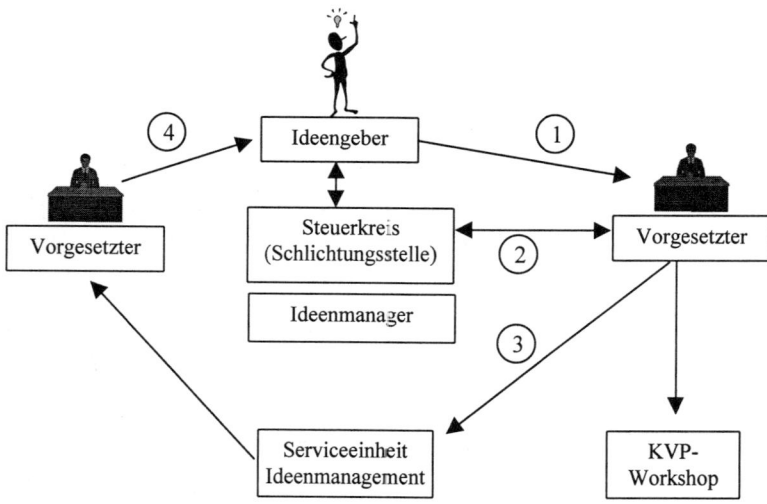

Abb. 10.13: Ideenmanagement bei VW

(1) Der Ideengeber (Mitarbeiter, der einen Verbesserungsvorschlag machen möchte) reicht bei seinem Vorgesetzten einen Verbesserungsvorschlag mit dem Ideenblatt (s. Abb. 10.14) ein. Nach Vollständigkeits- und Verständlichkeitsprüfung kennzeichnet der Vorgesetzte die Idee/Problemstellung entweder als Verbesserungsidee oder KVP-Workshop. Ein KVP-Workshop ist ein Team, daß sich mit einer Idee oder einem Problem auseinandersetzt. Grundsätzlich ist der Vorgesetzte für die Bearbeitung und Umsetzung der Verbesserungsidee verantwortlich.

(2) Falls eine Idee nicht umgesetzt werden soll, so ist der Ideengeber über die Ablehnung der Idee zu informieren. Der Ideengeber hat das Recht, die Einschaltung des Steuerkreises zu verlangen, der innerhalb von drei Monaten eine Klärung herbeiführen muß. Der Steuerkreis ist eine Schlichtungsstelle zwischen dem Ideengeber und dem Vorgesetzten. Neben Schlichtungen fördert der Steuerkreis als insti-tutionalisiertes Gremium das Ideenmanagement und unterstützt die schnelle Bearbeitung und Realisierung erfolgversprechender Ideen.

(3) Die Serviceeinheit (Abteilung) Ideenmanagement erhält neben dem Vorgesetzten einen Durchschlag des Ideenblattes. Diese Abteilung sortiert, erfaßt und ordnet eine Idee bestimmten Bereichen zu. Auch wird festgelegt, welcher Ideenmanager für welche Idee zuständig ist. Der Vorgesetzte kann die Einschaltung einer weiteren Fachabteilung vorschlagen. Außerdem in diesem Fall übernimmt die Serviceeinheit

Ideenmanagement die Koordination zwischen dem Vorgesetzten und der eingeschalteten Fachabteilung.

(4) Liegen alle Stellungnahmen vor, so kann die Idee abschließend beurteilt werden. Im Falle einer Ablehnung wird der Vorgesetzte mit dem Ideengeber ein Gespräch führen und die Ablehnungsgründe erläutern. Sofern sich der Ideengeber mit den Ablehnungsgründen nicht einverstanden erklärt, kann er eine Eingabe bei der Serviceeinheit Ideenmanagement machen. Bei positiv bewerteten Vorschlägen wird eine Prämie gezahlt oder der Gegenwert der Prämie auf dem Zeitwertpapier gutgeschrieben.

Folgende Personen und Institutionen sind am Prozeß des Ideenmanagements beteiligt:[1]

Der Mitarbeiter

Das Ideenmanagement ermöglicht es jedem Mitarbeiter aktiv an Veränderungen im Unternehmen mitzuwirken. Am Arbeitsplatz erkennt der Mitarbeiter i.d.R. als erster Schwachstellen und deren Ursachen. Der Mitarbeiter hat die Möglichkeit, Rationalisierungsreserven zu entdecken und kreative Lösungsmöglichkeiten vorzuschlagen. Vorteile sind:

- Der Mitarbeiter erhält eine Prämie bei einem positiv bewerteten Vorschlag.
- Hohe Motivation und Arbeitszufriedenheit (ev. gerade durch die selbst initiierte umgestaltete Arbeitsumgebung)
- Aus der Veränderung des eigenen Arbeitsplatzes und höherer Motivation ergeben sich bessere Arbeitsergebnisse.
- Der Mitarbeiter erhält zusätzliche Erkenntnisse über betriebliche Zusammenhänge.

Der Vorgesetzte

Der direkte Vorgesetzte nimmt den Vorschlag vom Mitarbeiter an. Er ist der Ansprechpartner und übernimmt federführend die weitere Bearbeitung einer Idee. Dem Vorgesetzten steht mit dem Ideenmanagement ein „Führungsinstrument" zur Verfügung. Er kann damit

- die Fähigkeiten der Mitarbeiter fördern
- die Mitarbeiter am Verbesserungsprozeß aktiv beteiligen

---

[1] Vgl. VW (Hrsg.), (1999).

- eine bessere Akzeptanz neuer Lösungen in den Reihen der Mitarbeiter erzielen
- die Kenntnisse der betrieblichen Abläufe und Zuständigkeiten bei den Mitarbeitern vertiefen
- die Zielerreichung des Budgets und die Qualität unterstützen
- die Leistungen der Mitarbeiter honorieren.

Der Vorgesetzte unterstützt die Mitarbeiter beim Ausfüllen der Formulare und bei der Formulierung der Idee. Bei den Mitarbeiterbesprechungen werden die neuen Ideen auch den anderen Mitarbeitern vorgestellt.

Die Führungskraft

Die Führungskraft (Leiter einer Organisationseinheit) hat im Zusammenhang mit dem Ideenmanagement die folgenden Aufgaben:

- Herbeiführung pragmatischer Entscheidungen in Konfliktfällen
- Planung und Durchführung von Schulungsmaßnahmen zum Ideenmanagement
- Durchführung der Evaluation der Vorgesetzten im Zusammenhang mit dem Ideenmanagement
- Schaffung der Rahmenbedingungen, damit eine zügige Umsetzung der Ideen erfolgen kann
- Überwachung, daß die Ideen in ihren Organisationseinheiten umgehend geprüft und verwirklicht werden.

Der Ideenmanager

Der Ideenmanager ist das Bindeglied zwischen dem Mitarbeiter (Ideengeber) und dem Vorgesetzten einerseits und denjenigen Personen, die an der Realisierung der Idee mitwirken sollen, andererseits. Der Ideenmanager hat folgende Aufgaben:

- Er vermittelt Kontakte zu den beteiligten Fachabteilungen und stimmt mit dem Controlling Wirtschaftlichkeitsfragen ab.
- Ihm obliegt die Berichterstattung, und er ist Geschäftsführer des Steuerkreises.
- Er übernimmt die KVP-Workshop-Koordination.
- Ideenmanager beraten und unterstützen die Führungskräfte und Vorgesetzten beim Ideenmanagement.

Der Steuerkreis

Der Steuerkreis ist ein Gremium, das sich aus Vertretern der am Ideenmanagement beteiligten Personen zusammensetzt. Dem Steuerkreis gehören an:

- Leiter der jeweiligen Organisationseinheit

- Controller

- Ideenmanager

- Bereichsbetriebsrat

- Mitarbeiter der Serviceeinheit Ideenmanagement.

Bei Problemfällen werden die Ideengeber und ihre direkte Vorgesetzten hinzugezogen. Der Steuerkreis ist die Schlichtungsstelle bei Problemfällen. Vor dem Steuerkreis berichten die Ideenmanager über die Entwicklung des Ideenmanagements in ihren Bereichen.

Die Serviceeinheit Ideenmanagement

Die Serviceeinheit übernimmt die mit dem Ideenmanagement verbundenen administrativen Tätigkeiten. Sie stellt den Ablauf des Systems Ideenmanagement bei VW sicher. Zu den Aufgaben gehören:

- Beratung der Vorgesetzten, Ideenmanager und Führungskräfe

- Qualifizierung der Vorgesetzten, Führungskräfte und Ideenmanager zu den Themen Mitarbeitermotivation, Ideenbearbeitung, KVP-Workshop-Durchführung, Prämierung und EDV-System

- Prüfung der Priorität von Produktideen

- Erfassung und Auswertung der Ideen

- Herbeiführung von Sachentscheidungen über produktbezogene, bereichs- oder werksübergreifende Ideen

- Erarbeitung von Empfehlungen zu Prämien für berechenbare und nicht berechenbare Vorteile

- Erstellung von Statistiken bezüglich der Anzahl der eingereichten, umgesetzten und prämierten Ideen.

Ideenblatt □-□□- 10509

zur Einreichung über die / den Vorgesetzte(n)

Mach mit.
Gute Ideen helfen uns allen!

□ Verbesserungsidee

□ Thema für KVP-Workshop

Deckblatt	an Vorgesetzten
Blatt 2	für den Vorgesetzten
Blatt 3	an Ideenmanagement
Blatt 4	für den Ideengeber

eigenes Aufgabengebiet: □ ja   □ nein

□ Prämierung/Honorierung als Zeitwert

Eingereicht beim Vorgesetzten:

Name (in Druckschrift)	K'st.	Stamm-Nr.	Telefon	Datum	Unterschrift Vorgesetzter

Name	Vorname	Stamm-Nr.	K'st.	Schicht	Ideen-Nummer	Netto-Betrag	Betrag erhalten	Zeitwert Ja
1.								
2.								
3.								
4.								
5.								
6.								

Weitere an der Lösung Beteiligte bitte auf einem Extrablatt vermerken.   Je Ideenblatt nur eine Idee.

Bei produktbezogenen VI ist die Teil-Nr. und/oder der Typ anzugeben, sonst ist keine Bearbeitung möglich.

IST-Zustand/ Problem

Halle	Feld	betr. K'st.
Typ/Artikel	Maschine oder Anlage	Inv. Nr.
Teil-Nr./Artikel-Nr.		Werkzeug/Vorrichtung Nr.

Muster

Wie soll der IST-Zustand verbessert werden?

Skizze auf Extrablatt

Ideengeber: _____ _____
            Unterschrift   Telefonnummer

Die Verbesserungsidee kann nicht in der eigenen OE bearbeitet/entschieden werden;
bitte weiterleiten an (ggf. Stellungnahme aus Ihrer Sicht): _____
Die Bearbeitung durch die/den Vorgesetzte/n erfolgt auf der Rückseite.

Blatt 4 des Ideenblattes gilt als Eingangsbestätigung und verbleibt beim Ideengeber.

Abschlußangaben

Ablehnung - Ideennummer / K'st./ Datum	Prämie A/G/V	Betrag	Datum/Unterschrift
		DEM/EUR	
Einsparung:	DEM/EUR	Honorierung Vorgesetzter □ 19,- DM □ 28,- DM Zeitwert	

Form Pe 7 e - 10 J - 5 99   © VOLKSWAGEN AG   *Nicht zutreffende Währung streichen. Ab dem 01.01.2002 nur noch EUR.

Bitte kräftig durchschreiben

Gutachten zur Verbesserungsidee

Umgehend weiterleiten an das
Ideenmanagement nach
Entscheidung bzw. Realisierung

Die Verbesserungsidee wird befürwortet ☐ und wird/wurde umgesetzt am: _____

Die Verbesserungsidee wird mit folgender Begründung nicht befürwortet ☐

_____
_____
_____
_____
_____

Diese Stellungnahme wurde abgestimmt mit OE bzw. Ideengeber:

_____
Unterschrift

Einsparungen, die sich durch die Änderung ergeben:

Reparaturzeit/Nacharbeit: Material: Fertigungszeit:

● Dauer _____ Std./Rep.   ● Lager-Mat.-Nr. _____   ● Zeitveränderung _____ Min./Teil

● Häufigkeit _____ pro Monat ● Kosten/Teil _____   ● Schichtart _____

● Mengen _____ pro Monat   ● Nacharbeit _____ Min./Teil   ● Entgeltstufe _____

Prämierung/Honorierung der Idee

Nicht berechenbare Vorteile:

... für Verbesserungen
im eigenen
Aufgabengebiet:

Bei sehr großen
Vorteilen bitte nur ankreuzen!
Prämie wird durch
Ideenmanagement
ermittelt.

Bei mehreren Vorteilsarten
(ankreuzen) ist der DM-Wert
in der Matrix bis zu max.
DM 500,- brutto
zu addieren.

19% der Prämie

_____ DEM/EUR*

ist Zeitwert gewählt:

25% der Prämie

_____ DEM/EUR*

	200,-		
200,-	100,-		
200,-	100,-	60,-	
200,-	100,-	60,-	20,-
sehr groß	200,-	100,-	60,-	20,-	Qualität
groß	100,-	60,-	20,-		Arbeitserleichterung
mittel	60,-	20,-			Arbeitssicherheit
klein	20,-				verbessertes Handling
gering					Umweltschutz

... für Vorgesetzte

☐ 19,- DM

☐ 25,- DM als
Zeitwert

Prämie DM _____ (max. DM 500,- brutto)   **davon 40% = DM** _____
                                                 (volle DM 10,- Beträge)

Unterschrift direkte/r Vorgesetzte/r	K'st.:	Name:	Telefon:	Datum:

Bei berechenbaren Einsparungen bitte Unterschrift K'st.-Verantwortliche/r

Unterschrift	K'st.:	Name:	Telefon:	Datum:

* Nicht zutreffende Währung streichen. Ab dem 01. 01. 2002 nur noch EUR.

Abb. 10.14: Ideenblatt VW

10.2.3 Ziele und Nutzen des Ideenmanagements

Am Beispiel Audi läßt sich der finanzielle Nutzen zeigen. Bei der Audi AG in Ingolstadt und Neckarsulm wurde 1994 ein Ideen-Programm eingeführt. Innerhalb von sechs Jahren wurden 250.000 Ideen eingereicht. Für das Unternehmen ergaben sich Einsparungen von 132 Millionen Mark. Hauptziel des Ideenprogramms war es, das Ideenpotential aller Mitarbeiter zu nutzen, um betriebliche Prozesse und Produkte zu optimieren und das Engagement und die Einbindung der Beschäftigten in das Unternehmen zu fördern.[1]

Folgender Nutzen und folgende Kosten sind mit dem Ideenmanagement verbunden:

Nutzen	Kosten
• Steigerung der Qualität, der Liefertreue und der Produktivität	• Prämien
• Erhöhung der Einsparungen	• Allgemeine Verwaltungskosten
• Eliminierung von Verschwendungen	• Schulungskosten
• Optimierung von Arbeitsmethoden und -abläufen	• Gutachterkosten
• Erhöhung der Motivation der Mitarbeiter durch die Mitarbeiterbeteiligung am Verbesserungsprozeß	• Kosten für Werbung
• Beitrag zum Umweltschutz	
• Beitrag zur erhöhten Arbeitssicherheit	
• Transparenz der betrieblichen Abläufe	

Abb. 10.15: Nutzen und Kosten des Ideenmanagements

10.2.4 Prämiensysteme

Geldprämien

Geldprämien können ein Teil der jährlichen Nettoeinsparung (Bruttoeinsparung abzüglich neu entstehender Kosten im Zusammenhang mit der Umsetzung des Verbesserungsvorschlages) sein. Im ersten Schritt wird die Bruttoersparnis errechnet, indem von den Kosten vor Realisierung des Verbesserungsvorschlages die Kosten nach Realisierung des Verbesserungsvorschlages abgezogen werden. Im zweiten

---

[1] Vgl. o.V. (2000), S. 32.

Schritt werden die mit der Realisierung des Verbesserungsvorschlages verbundenen Kosten subtrahiert. Als Ergebnis erhält man die Nettoersparnis. Üblicherweise bildet die Nettoersparnis für das erste Anwendungsjahr die Basis für die Prämien-berechnung.[1] Die Prämie wird anschließend ermittelt, indem die Nettoersparnis mit dem Prämiensatz (Prozentangabe) multipliziert wird. Zur Berechnung des Auszahlungsbetrages wird von der Prämie die Prämienhöchstgrenze abgezogen:

	Kosten vor Realisierung des Verbesserungsvorschlages
-	Kosten nach der Realisierung des Verbesserungsvorschlages
=	Bruttoersparnis
-	Realisierungskosten
=	Nettoersparnis
•	Prämiensatz
=	Prämie (rechnerische)
-	Höchstprämie
=	**Prämienauszahlung**

Zeitwert

Anstelle einer Barprämie wird der Gegenwert als zusätzliche Freizeit gewährt. Die Zeiten werden auf Zeitkonten erfaßt.

Sachprämien:

Sachprämien können Erzeugnisse oder Dienstleistungen sein. Sachprämien sind immer dann sinnvoll, wenn sich eine Geldprämie nicht oder nur schwer errechnen läßt. Probleme bei der Berechnung von Geldprämien ergeben sich i.d.R. bei Ideen im Umweltschutz und der Arbeitssicherheit.

Sonderprämien

Sonderprämien in Form von Geld oder Sachprämien können gewährt werden, wenn ein einzelner Mitarbeiter oder eine Gruppe eine bestimmte Anzahl von Ideen einreicht. Eine Sonderprämie kann auch gewährt werden, wenn eine bestimmte Anzahl von Ideen einer Person oder Gruppe umgesetzt worden ist. Außerdem kann mit dieser Prämie kurzfristig eine Erhöhung der Einreichung von Ideen erreicht werden. Die Durchführung von zeitlich begrenzten Aktionen ist möglich.

---

[1] Vgl. Hardt, R. (1998), S. 156.

Incentives

Hierbei handelt es sich um Ehrungen, z.B. in Form von Urkunden. Incentives können eingesetzt werden, um Gutachter oder Vorgesetzte für ihre Mitarbeit zu ehren.

10.3   Outsourcing

10.3.1 Stand und Entwicklung des Outsourcings

Der Grundgedanke des Outsourcings ist keineswegs neu. Die Fragestellung „Eigen-fertigung oder Fremdbezug (Make-or-Buy)" gehört zu den klassischen Themen der Betriebswirtschaftslehre, konzentrierte sich aber zunächst auf den Produktions-bereich. Es ging um die Frage, ob ein Unternehmen Teile, Zwischenprodukte, Baugruppen oder komplette Fertigerzeugnisse selbst fertigen oder zukaufen sollte. Ausgeweitet wurde die Fragestellung dann auf: Eigentransport oder Fremdtransport, selbsterzeugte oder fremdbezogene Verpackungsmittel, eigener Forderungseinzug oder Heranziehen von Factoring-Instituten und eigene Datenverarbeitung oder DV außer Haus.[1]

Eine Wiederbelebung trat ein, als große Automobilhersteller erfolgreiche Ausgliederungen ihrer Informations- und Datenverarbeitungsabteilungen vornahmen, z.B. sind General Motors/Opel auf die EDS GmbH und Daimler Benz auf die Debis Systemhaus GmbH. Für den Bereich der Informationsverarbeitung (IV) haben sich bereits früh Anbieter von Informationsverarbeitungsleistungen in Form von Gebietsrechenzentren, Software-Dienstleistern, Systemhäusern als „Professional-Services" auf dem Markt für externe Dienstleistungen etabliert. Der Auslagerung von Informationsverarbeitung folgten bald weitere Dienstleistungen, wie Gebäude-reinigung, Werkschutz, Büro- und Botendienste, soziale Dienste (Catering, medizinischer Dienst), Telekomunikation (Call-Center), Immobilienbewirtschaftung / Facility Management (Instandhaltung und Betriebsführung), Finanzbuchhaltung, Werbung, Fuhrpark und Lagerleistung. Mit der Ausgliederung wurde allgemein die Hoffnung auf eine optimale unternehmensübergreifende Arbeitsteilung verbunden. Trennt sich ein Unternehmen von diesen Bereichen, führt dies dazu, daß sich das Unternehmen mit den verbleibenden Ressourcen auf seine Kernaktivitäten (Kerngeschäft, Kernkompetenz) konzentrieren kann.[2]

---

[1] Vgl. Männel, W. (1984), Sp. 1232.
[2] Vgl. Knüppel, L. / Heuer, F. (1994), S. 334.

Da das Outsourcing die teilweise oder vollständige Auslagerung technischer und personeller Ressourcen zur Folge hat, handelt es sich für das Unternehmen um eine Entscheidung von strategischer Bedeutung. Von Outsourcing-Entscheidungen werden Aufwandsminimierung, Reduzierung des Kapitaleinsatzes, Flexibilitätserhöhung, Erhöhung der Übersichtlichkeit und Verbesserung der Wettbewerbssituation erwartet.

10.3.2 Der Begriff Outsourcing

Die Bezeichnungen Outsourcing und Make-or-Buy sind eng verbunden. Folgende Begriffsauffassungen können unterschieden werden:

- Outsourcing bezieht sich immer auf bereits durchgeführte Leistungen. Make-or-Buy-Entscheidungsprozesse dagegen werden in einem früheren Stadium durchgeführt, d.h. schon vor Beginn der Entwicklung eines Produktes.

- Outsourcing ist nur ein Teilbereich oder eine besondere Art der Make-or-Buy – Entscheidung. Make-or-Buy wird als übergeordneter Begriff aufgefaßt und ist daher weiter gefaßt als der Outsourcing-Begriff.

- Outsourcing bezieht sich nicht auf Produkte, sondern auf Dienstleistungen.[1]

Folgt man den beiden letztgenannten Auffassungen, so stellt Outsourcing eine besondere Art der Make-or-Buy-Entscheidung dar. Outsourcing bezieht sich dann weniger auf Produkte, sondern mehr auf Leistungen, wie die nachstehende Abbildung verdeutlicht.

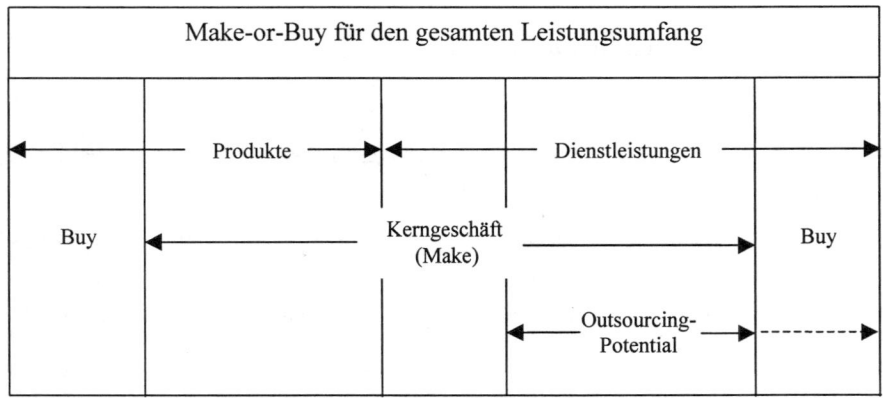

Abb. 10.16: Abgrenzung Make-or-Buy und Outsourcing[1]

---

[1] Vgl. Bliesener, M. (1994), S. 278-279.

Der Begriff Outsourcing basiert auf der aus dem anglo-amerikanischen Sprachraum stammenden Formulierung „Outside Resource Using"[2]. **Outside** bedeutet dabei eine Leistungserstellung außerhalb des betrachteten Unternehmens. Angesichts der Zunahme von strategischen Allianzen und der Verselbständigung einzelner Abteilungen (Profit Center) verschwimmen jedoch die Grenzen. *Arnold*[3] stellt fest, daß Outsourcing zugleich Ursache und Folge eines grenzenlosen Unternehmens ist.

Resource bezieht sich auf die Ressourcen, die das Unternehmen von den Beschaffungsmärkten erhält. Das Unternehmens bedient sich außerhalb des Unternehmens liegender Quellen und überträgt die Verantwortung für umfangmäßig festgelegte Ressourcen auf Externe.

Using bedeutet, daß Unternehmenstätigkeiten aus dem Verantwortungsbereich eines Unternehmens auf externe Organisationen übertragen werden. Es genügt nicht, daß externe Ressourcen vorhanden sind, sie müssen auch erschlossen und genutzt werden.

Eine exakte Abgrenzung der Begriffe „Outsourcing" und „Make-or-Buy" ist problematisch, denn zwischen Eigenfertigung und Fremdbezug sind eine Fülle von Mischformen möglich: Kooperationen, gemeinsame Serviceeinrichtungen, Wert-schöpfungspartnerschaften und Industrieparks.

Die Bezeichnung: **Insourcing** kann als Gegenbegriff zu Outsourcing aufgefaßt werden. Insourcing betrifft Bereiche, in denen wieder selbst hergestellt werden soll (Make) oder den strategischen Kern eines Unternehmens (Eigenfertigungsbereich), der nicht outgesourcet werden soll.[4]

10.3.3 Formen des Outsourcings

Internes Outsourcing

Beim internen Outsourcing erfolgt die Verlagerung von Tätigkeiten aus einem Bereich auf einen anderen Bereich des Unternehmens. Bei dieser Form des Outsourcings werden hierarchische Steuerungsmechanismen mehr oder weniger intensiv genutzt. Je nach Grad der hierarchischen Koordination reichen die Möglichkeiten von der Aufgabenübertragung auf eine Abteilung im Unternehmen bis

---

[1] Vgl. Bliesener, M. (1994), S. 281.
[2] Vgl. Arnold, U. (1999), S. 309.
[3] Vgl. Arnold, U. (1999), S. 310.
[4] Vgl. Bliesener, M. (1994), S. 279 und Arnold, U. (1999), S. 311.

hin zur Kapitalbeteiligung an Outsourcing-Partnern. Folgende Formen des internen Outsourcings sind denkbar:

- (teilweise) Verselbständigung von Abteilungen im Unternehmen zu Centern (kosten-, leistungs- und/oder finanzwirtschaftlich eigenverantwortlich)

- horizontale Outsourcing-Kooperation in Form einer Betreibergesellschaft zwischen Unternehmen derselben Wertschöpfungsstufe

- vertikale Kooperation mit einem Outsourcing-Partner, bspw. durch die Gründung einer Tochtergesellschaft

- Kapitalbeteiligung am Outsourcing-Partner.[1]

Externes Outsourcing

Beim externen Outsourcing werden die Leistungen auf rechtlich und kapitalmäßig (vom betrachteten Unternehmen) unabhängige Unternehmen übertragen. Die Form der Übertragung reicht von der formalisierten Zusammenarbeit bis zu spontanen Transaktionen (s. Abb. 10.17).

In-sourcing	Internes Outsourcing				Externes Outsourcing		
Eigen-erstel-lung	Center-Kon-zeption	Koopera-tion	gemein-same Service-gesell-schaft	Kapital-beteili-gung	formali-sierte Zusam-menarbeit	lose Form der Zusam-menarbeit	spontane Trans-aktion

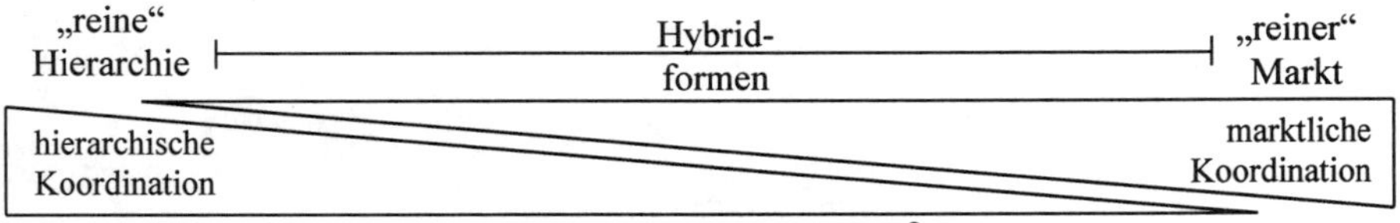

„reine" Hierarchie ├───────────────── Hybrid-formen ─────────────────┤ „reiner" Markt

hierarchische Koordination   marktliche Koordination

Abb. 10.17: Outsourcingformen[2]

Eine weitere Einteilung des Outsourcings hinsichtlich des Umfangs und der Dauer der Auslagerung führt zu Übergangs-Outsourcing, Komplett-Outsourcing und Modul-Outsourcing.

---

[1] Vgl. Arnold, U. (1999), S. 313.
[2] Arnold, U. (1999), S. 313.

Übergangs-Outsourcing (temporäres Outsourcing) kennzeichnet die kurzfristige externe Ressourcennutzung. Leistungen werden zeitlich begrenzt an ein externes Unternehmen übertragen. Diese Form wird bei Umstellungen praktiziert, wie z.B. Technologiewechsel oder Anpassung der DV an neue Systeme oder beim Ausfall der internen Informationsverarbeitung.

Komplett-Outsourcing (totales Outsourcing) bezeichnet die überwiegend langfristige Auslagerung eines gesamten Aufgabenbereiches. Bedingt durch die vollständige Übernahme durch den Outsourcing-Anbieter wird die ausgelagerte Funktion im Unternehmen stillgelegt. Beispiele: Die Auslagerung der Steuerabteilung an einen externen Steuerberater oder die Auslagerung der Informationsverarbeitungsabteilung an einen externen Dienstleister.

Modul-Outsourcing (Selectives Outsourcing, partielles Outsourcing) charakterisiert die Auslagerung eines bestimmten Teiles eines Aufgabenbereiches. Ausgelagert werden vornehmlich kostenintensive Routinearbeiten an externe Anbieter. Der für das Unternehmen bedeutsame Rest des betreffenden Aufgabenbereiches verbleibt weiterhin im Unternehmen. Ein typisches Beispiel ist die Auslagerung der Lohn- und Gehaltsbuchhaltung aus der Personalverwaltung; die übirgen Tätigkeiten des Personalbereichs verbleiben im Unternehmen.[1]

Eine andere Sichtweise führt zur Einteilung Geschäfts-, Prozeß- und Produkt-Outsourcing. Outsourcing wird bei dieser Einteilung immer als ein Make and Buy aufgefaßt. Dabei wird davon ausgegangen, daß mit dem „Buy" die vollkommen externe Wertschöpfung, mit dem „Make" die interne Wertschöpfung verbunden ist. Die Wertschöpfung umfaßt dabei die Organisations-, Prozeß- und Produktkompetenz (vgl. Abb. 10.18).

---

[1] Vgl. Büchner, R. / Tuschke, A. (1997), S. 21.

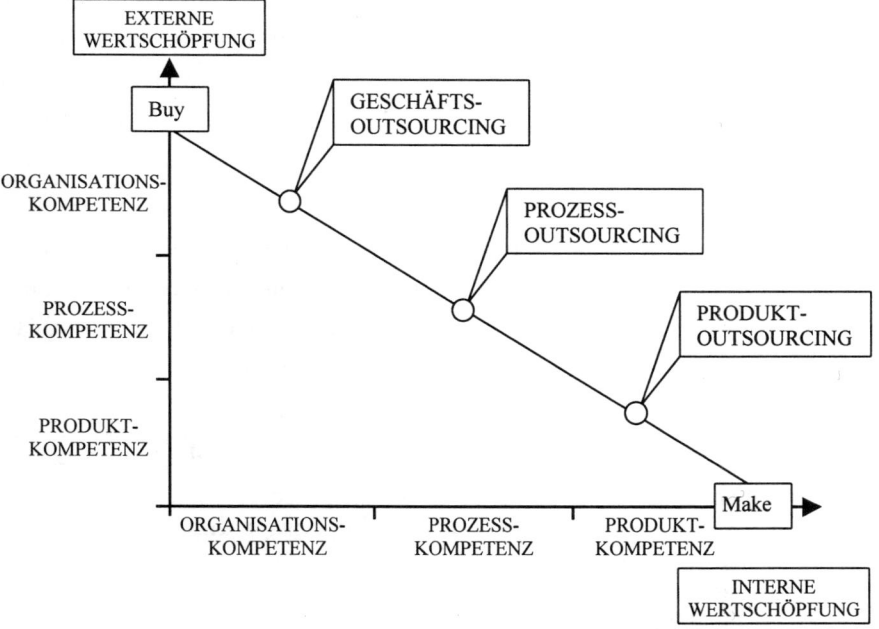

Abb. 10.18: Outsourcingformen als Make and Buy-Kombinationen[1]

Geschäfts-Outsourcing

Beim Geschäfts-Outsourcing wird ein Geschäftsfeld ausgelagert. Das Unternehmen übergibt sowohl die produkt- als auch die prozeßbezogenen Aufgaben an den Outsourcing-Anbieter. Es werden aber nicht alle Organisationsleistungen extern bezogen. Das Geschäfts-Outsourcing kommt der klassischen Buy-Alternative am nächsten und entspricht dem o.g. Komplett-Outsourcing. Der Outsourcing-Anbieter stellt als Problemlöser maßgeschneiderte, hoch kundenspezifische Leistungen bereit.

Produkt-Outsourcing

Beim Produkt-Outsourcing verbleibt die Verantwortung für Prozeß- und Organisation im Unternehmen. Nur das Outsourcing-Produkt wird beim Zulieferer in Auftrag gegeben. Beispiel: Der Zulieferer fertigt nach den Zeichnungen des outsourcenden Unternehmens und stellt somit lediglich seine Fertigungskapazität zur Verfügung.

---

[1] Reiß, M. (1997), S. 28.

Eine Mittelstellung nimmt das **Prozeß-Outsourcing** ein. Die Porzeßverantwortung und damit auch die Produktverantworung werden auf den Zulieferer übertragen. Das outsourcende Unternehmen tritt jedoch als Organisator der Wertschöpfungskette auf. Es übernimmt z.B. die Erfolgskontrolle.[1]

10.3.4 Outsourcing-Anlässe

Bei der traditionellen Make-or-Buy-Entscheidung waren es vorwiegend Kosten-aspekte und die Überbrückung kurzfristiger Kapazitätsauslastungen, die zur Frage-stellung Make-or-Buy führten. In den vergangenen Jahren sind weitere Anlässe hinzugekommen. Die Anlässe können in interne und externe Anlässe geordnet werden.

Interne Anlässe	Externe Anlässe
• Kostendruck • starke Auslastungsschwankungen • erforderliche Investitionen • Problem- und Risikotransfer auf externe Dritte • Steigerung der eigenen Flexibilität • Erhöhung der Lohn- und Gehaltsflexibilität • Anstreben eines geringeren Haftungsrisikos	• steigende Kundenanforderungen • wachsender Wettbewerbsdruck *Kosten senken* • fehlendes qualifiziertes Personal • erfolgreiche Outsourcingbeispiele

Abb. 10.19: Outsourcing-Anlässe[2]

10.3.5 Der Outsourcing-Prozeß

Der Outsourcing-Prozeß beginnt damit, daß geeignete Unternehmensbereiche ausgewählt werden (Abb. 10.20). Entsprechend dem ausgewählten Bereich sollte dann ein Projektteam zusammengestellt werden, daß mit dem Outsourcing betraut wird. Im Rahmen einer folgenden Ist-Analyse wird der Bereich einer sorgfältigen Untersuchung unterzogen. Anschließend werden die künftigen Anforderungen festgelegt. Insbesondere erfolgt eine genaue Bestimmung des quantitativen und qualitativen Personalbedarfs. Es folgt die Lieferantensuche und -analyse. Bei der Auswertung der Angebote spielen nicht nur Kostenvorteile eine Rolle. Wegen der

---

[1] Vgl. Reiß, M. (1997), S. 28.
[2] Vgl. Balze, W. / Rebel, W. / Schuck, P. (1997), S. 7.

langfristigen strategischen Bedeutung des Outsourcings sind Entwicklungs-Know-how, Marktanteile, Service ebenfalls zu bewerten. Hat sich das Unternehmen für einen Dienstleister bzw. Zulieferer entschieden, folgt die Vertragsgestaltung und Implementierung. Nach erfolgreicher Implementierung folgt das laufende Controlling der Ergebnisse.[1] Alle bereichsspezifischen Tätigkeiten werden von dem Projektteam durchgeführt und von der Unternehmensleitung geprüft und genehmigt. Die nachstehende Abbildung zeigt die einzelnen Schritte des Outsourcingprozesses im Überblick.

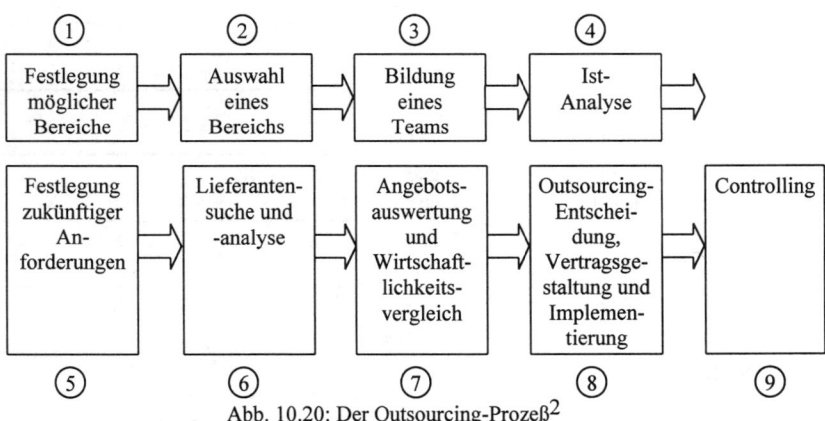

Abb. 10.20: Der Outsourcing-Prozeß[2]

10.3.5.1 Festlegung und Auswahl der Outsourcing-Bereiche

Theoretisch lassen sich alle Bereiche eines Unternehmens outsourcen. Ein Beispiel hierfür ist die Firma Nike. Bei dem Sportwarenanbieter werden nur die Kern-aufgaben Forschung und Entwicklung sowie Marketing und Vertrieb im eigenen Unternehmen wahrgenommen. Alle übrigen wurden outgesourcet. Bei der Firma Adidas beschränkt sich die Aufgabe auf die Vermarktung der Produkte. Alle sonstigen Aufgaben werden zugekauft.[3]

Waren es anfänglich die sog. Sekundärfunktionen (Gebäudereinigung, Werkschutz, Catering), werden zunehmend auch für Querschnittsaufgaben, wie Logistik, Finanz- und Rechnungswesen, Outsourcing-Überlegungen angestellt. Die nachstehende

---

[1] Vgl. Bliesener, M. (1994), S. 282.
[2] In Anlehnung an: Bliesener, M. (1994), S. 282.
[3] Vgl. Büchner, R. / Tuschke, A. (1997), S. 23.

Abbildung zeigt die Bandbreite des Outsourcings von der Auslagerung der Verpackung bis hin zur vollständigen Auslagerung aller Bereiche:

EK:	Einkauf	PA:	Verpackung
MAT:	Materiallager	DI:	Distribution
PR:	Produktion	MKT:	Marketing/Verkauf

		EK	MAT	PR	PA	DI	MKT
1. Externe Durchführung der Verpackung	Käufer	X	X	X		X	X
	Lieferant				X		
2. Fremdbetrieb führt Teileproduktion aus	Käufer	X	X		X	X	X
	Lieferant			X			
3. Produktion und Verpackung sind ausgelagert	Käufer	X	X			X	X
	Lieferant			X	X		
4. Produktion, Verpackung und Distribution sind ausgelagert	Käufer	X	X				X
	Lieferant			X	X	X	
5. Die Bereiche Produktion bis Verkauf sind ausgelagert	Käufer	X	X				
	Lieferant			X	X	X	X
6. Materiallager sind ausgelagert	Käufer	X		X	X	X	X
	Lieferant		X				
7. Einkauf und Materiallager sind ausgelagert	Käufer			X	X	X	X
	Lieferant	X	X				
8. Bereiche Einkauf bis Produktion sind ausgelagert	Käufer				X	X	X
	Lieferant	X	X	X			
9. Bereiche Einkauf bis Verpackung sind ausgelagert	Käufer					X	X
	Lieferant	X	X	X	X		
10. Bereiche Einkauf bis Distribution sind ausgelagert	Käufer						X
	Lieferant	X	X	X	X	X	
11. Alle Bereiche sind ausgelagert	Käufer						
	Lieferant	X	X	X	X	X	X

Abb. 10.21: Outsourcing-Möglichkeiten[1]

Will ein Unternehmen bestimmte Bereiche auslagern, kommen zunächst die strategisch unbedeutenden Bereiche in Betracht, da reine Kostenüberlegungen im Vordergrund stehen. Der ersten Bereich, der ausgewählt wird, wird derjenige sein, bei dem die höchsten Kosteneinsparungen zu erzielen sind. Bei einem strategisch bedeutenden Bereich müssen auch andere Parameter, wie z.B. Wettbewerbsvorteile, berücksichtigt werden.[2]

---

[1] Bliesener, M. (1994), S. 283.

[2] Vgl. Bliesener, M. (1994), S. 284.

10.3.5.2 Bildung eines Teams

Für ein Outsourcing-Projekt muß ein Team gebildet werden, daß aus qualifizierten Mitarbeitern der betroffenen Bereiche bestehen sollte. Mitarbeiter aus den Bereichen Materialwirtschaft und Controlling bzw. Rechnungswesen sollten immer im Team vertreten sein. Da das Outsourcing i.d.R. auch personelle Auswirkungen hat, ist es zweckmäßig, die Personalabteilung und den Betriebsrat hinzuzuziehen. Die Teammitglieder sollten über die Ziele des Outsourcings informiert werden. Zu den Aufgaben des Teams gehören die folgenden Aufgaben:

- Ist-Analyse
- Erstellen des Anforderungskataloges
- Lieferantensuche
- Angebotsauswertung und Wirtschaftlichkeitsvergleiche
- Lieferantenanalyse und -bewertung
- Beschreibung der Vor- und Nachteile
- Prüfung und Bewertung der Risiken
- Vertragsgestaltung.

10.3.5.3 Ist-Analyse und Festlegung zukünftiger Anforderungen

Die in dem ausgewählten Bereich anfallenden Tätigkeiten werden im Hinblick auf Qualität und Quantität analysiert und beschrieben. Die Ausstattung der Bereiche mit Personal und anderen Ressourcen wird qualitativ und quantitativ erfaßt. Eine Informationsquelle stellt u.a. der Betriebsabrechnungsbogen (BAB) dar.[1] Im Anschluß an die Ist-Analyse werden die zukünftigen Anforderungen qualitativ und quantitativ genau beschrieben. Zu erwartende Änderungen der jeweiligen Dienstleistungsfunktionen werden abgeschätzt. Wegen der Änderung der Anforderungen sind eventuell Anpassungen erforderlich. Eine bessere Ausstattung des Bereichs und veränderte Personalanforderungen werden beschrieben und festgelegt.

10.3.5.4 Lieferantensuche und -analyse

Während beim Fremdbezug einfacher vordefinierter Produkte der Zulieferer als Teilefertiger auftritt, wird im Rahmen des Outsourcings eine Wertschöpfungs-

---

[1] Vgl. Bliesener, M. (1994), S. 285.

partnerschaft angestrebt.[1]

Der Zulieferer (Wertschöpfungspartner) muß frühzeitig integriert werden, damit die Prozesse definiert, Verantwortungen übertragen, die Prozesse analysiert, quantifiziert und optimiert werden können (vgl. Abb. 10.22).

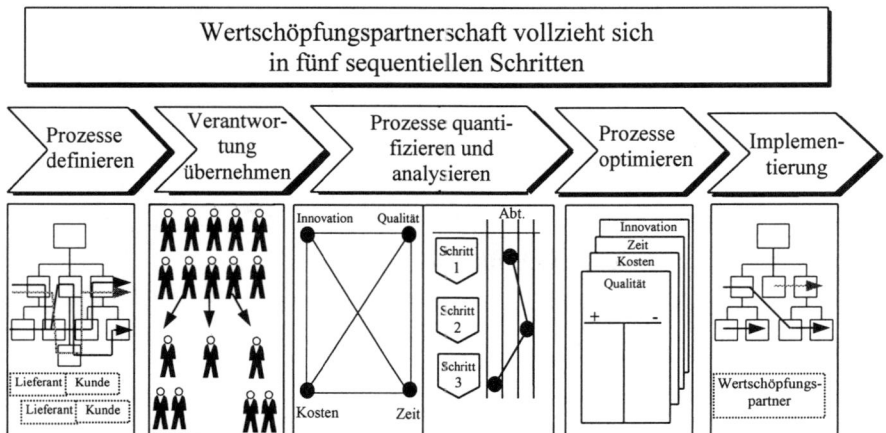

Abb. 10.22: Aufbau einer Wertschöpfungspartnerschaft[2] → z.b. gemeinsame F & E

Wird eine Wertschöpfungspartnerschaft angestrebt, so treten bei den Vertragsverhandlungen Preise, Reklamationsmöglichkeiten bei nicht eingehaltenen Terminen und Qualitäten sowie die Zuständigkeit von Qualitätsprüfungen in den Hintergrund. Ziele der Wertschöpfungspartnerschaft sind:

- gemeinsame Entwicklung der synchronisierten Materialbereitstellung
- durchgängiges Qualitätsmanagement
- integrierte Kommunikation
- Markt- und Kundennähe
- „Null-Fehler"-Belieferung
- gemeinsame Kostensenkungsmaßnahmen
- gemeinsames Komplexitätsmanagement (Begrenzung der Variantenvielfalt)
- offener Informationsaustausch.[3]

---

[1] Vgl. S. 445
[2] Brandt, M. / Weller, H. (1995), S. 38.
[3] Vgl. Brandt, M. / Weller, H. (1995), S. 37.

Voraussetzung für das Gelingen einer Wertschöpfungspartnerschaft ist, daß alle Beteiligten in Prozessen denken und nicht in Abhängigkeiten, Hierarchien oder Funktionen. Der Partner muß entsprechend den folgenden Kriterien beurteilt werden:

- Fachkompetenz und Marktkenntnisse

- Qualität des Personals

- Servicegrad und

- Liefer- und Logistikkonzept.

10.3.5.5 Angebotsauswertung und Wirtschaftlichkeitsvergleich

Eine Angebotsauswertung schließt sich an die Lieferantensuche und –analyse an. Insbesondere erfolgt ein Vergleich der Angebotspreise möglicher Lieferanten (Wertschöpfungspartner) mit den entstehenden Kosten, wenn kein Outsourcing erfolgt. Dabei spielt die Abbaufähigkeit der fixen Kosten im outzusourcenden Bereich eine besondere Rolle. Im Rahmen des Kostenvergleichs werden Nutzenschwellenanalysen durchgeführt, auf die noch näher eingegangen wird.

10.3.5.6 Controlling der Outsorcing-Aktivitäten

Ist die endgültige Outsourcing-Entscheidung gefällt und sind die Beziehungen zum Lieferanten durch entsprechende Verträge geregelt worden, so schließt sich das Controlling der Leistungen des Outsourcing-Partners an. Controlling darf dabei nicht nur mit Kontrolle gleichgesetzt werden. Zum Controlling der Outsourcing-Aktivitäten gehört die permanente Planung, Steuerung und Kontrolle der Leistungen aus der Lieferanten-Partnerschaft.

10.3.6 Vor- und Nachteile des Outsourcings

Die Vor- und Nachteile des Outsourcings können sehr unterschiedliche sein, sie sind insbesondere von der Intensität und Dauer der Bindung und der Art und dem Umfang der auszulagernden Leistungen abhängig.[1] Die nachstehende Abbildung zeigt eine Gegenüberstellung möglicher Vor- und Nachteile, die beim Outsourcing eintreten können.[2]

---

[1] Vgl. Knüppel, L. / Heuer, F. (1994), S. 336.

[2] Vgl. auch: Stark, H. / Werner, W. (1990), S.40; Männel, W. (1997), S. 308; Hardt, R. (1998), S. 172; Knüppel, L. / Heuer, F. (1994), S. 349-349.

Vorteile	Nachteile
Strategie	**Strategie**
• Konzentration auf Kernkompetenzen und Erhöhung des Handlungsspielraums durch reduzierte Fertigungstiefe • Entlastung des eigenen Managements • Erhöhung der Flexibilität	• Entstehung von Abhängigkeit vom Outsourcing-Partner (abhängig von der Nachfragemacht des outsourcenden Unternehmens bzw. der Angebotsmacht des Outsourcing-Anbieters). Durch die Abhängigkeit entsteht ein erhöhtes Beschaffungsrisiko. • Verlust von Kompetenzen, Minderung der Planungs- und Steuerungshoheit • Verbesserung der Position des Outsourcing-Partners zu Lasten der eigenen Position • Outsourcing-Entscheidungen lassen sich kurzfristig nicht rückgängig machen.
Leistung (Leistungserstellung)	**Leistung (Leistungserstellung)**
• Flexible Kapazitätsanpassung • Effizientere Nutzung relevanten Knowhow durch Spezialisierung • Wirtschaftliche Beseitigung von Knowhow-Defiziten • Nutzung fremden Know-hows • Gemeinsam mit den Zulieferern getragenes Beschäftigungsrisiko • Schnelles Reagieren bei Modelländerungen oder Technologiewechsel • Kein Ausschußrisiko	• Ungeplante Know-how-Verluste • Schnittstellenprobleme zwischen den Unternehmen • Koordinationsprobleme • Bekanntwerden von Betriebsgeheimnissen (Gefahr des Mißbrauchs betrieblicher Daten) • Innovationen in dem outgesourceten Bereich erfolgen nicht mehr im eigenen Unternehmen, sondern werden bei den Outsourcing-Partnern erzielt • Bereitstellungsrisiken, z.B. Terminüberschreitungen • Keine direkte Beeinflussung der Produktqualität • Unsicherheit über die zukünftige technologische Entwicklung des Outsourcing-Partners
Personal	**Personal**
• Beseitigung von Personalprobleme (z.B. Fachkräftemangel) • Unabhängigkeit von Problemen der Personalbeschaffung • Entlastung der Personalabteilung	• Entstehen von Personalproblemen zum Zeitpunkt der Übertragung des Aufgabenbereichs durch freigesetztes Personal • Entstehen von Motivationsproblemen

Kosten	Kosten
• Personalkostenabbau • Senkung der Komplexitätskosten durch Reduktion der Kosten für Planungs-, Kontroll- und Steuerungsvorgänge • Erhöhung der Kostentransparenz • Abbau von Fixkosten	• Erhöhte Kommunikations- und Koordinationskosten durch zusätzlich erforderliche Abstimmungsaktivitäten • Zusätzliche Kontrollkosten
Investition und Finanzierung	**Investition und Finanzierung**
• Keine Kapitalbindung durch zusätzliche Investitionen • Konzentration der Finanzmittel auf die Kernbereiche • Kein Aufbau von Kapazitäten, die später eventuell nicht genutzt werden können • Kein Investitionsrisiko • Senkung des Kapitalbedarfs für fixkostenintensive Ressourcen	• Einschränkung der Minderung des steuerlichen Gewinns durch Investitionen

Abb. 10.23: Mögliche Vor- und Nachteile des Outsourcings

Wie die obige Gegenüberstellung der Vor- und Nachteile verdeutlicht, können durch das Outsourcing strategische Wettbewerbsvorteile durch Nutzung von Synergieeffekten mit Zulieferern erzielt werden. Diese Synergieeffekte können auf technischen, personellen, know-how-bezogenen und/oder kapazitätsmäßigen Gebieten liegen. Durch die Nutzung dieser Synergieeffekte ist es zwar möglich, relative Wettbewerbsvorteile zu erzielen, jedoch sind mit dem Outsourcing auch verschiedene Risiken verbunden. Zwar ist es auch eines der Outsourcing-Ziele, Risiken auf den Zulieferer zu transferieren (Investitionsrisiko, Beschäftigungsrisiko, Ausschußrisiko), doch ist festzustellen, daß mit dem Outsourcing neue Risiken entstehen, wie Know-how-Verluste, Abhängigkeiten, Qualitäts- und Terminrisiken.

Je mehr Bereiche ein Unternehmen auslagert, desto größer wird die Distanz zu den vorgelagerten Beschaffungs- und den nachgelagerten Absatzmärkten, denn die Outsourcing-Partnern werden ihrerseits die Kontakte zu den Faktorlieferanten bzw. Endverbrauchern pflegen.[1]

Das Outsourcing wird in der Praxis als überwiegend positiv eingestuft und dürfte in Zukunft weiter an Bedeutung gewinnen. Besonders positiv wird Outsourcing hinsichtlich der Leistungskriterien Qualität, Kosten, Zeit und Flexibilität einge-

---

[1] Vgl. Heyd, R. (1998), S. 906.

schätzt. Von den Outsourcing-Partnern erwarten die Unternehmen überwiegend ein Wachstum bei den von ihnen angebotenen Outsourcing-Leistungen in einer Größenordnung von bis zu 20%.[1]

10.3.7 Kostenrechnerische Aspekte des Outsourcings und bei Make-or-Buy-Entscheidungen

Outsourcing-Entscheidungen sind langfristige strategische Entscheidungen, Make-or-Buy-Entscheidungen können kurz- oder langfristig sein. Ein kurzfristiger Fremdbezug kann z.B. bei Vollbeschäftigung in Betracht gezogen werden, um die Kapazitäten zu erweitern und einer erhöhten Nachfrage gerecht werden zu können. Sofern es sich um kurzfristige Make-or-Buy-Entscheidungen handelt, ist die Anwendung der Deckungsbeitragsrechnung erforderlich. Die Art und Menge der Zukaufsmenge kann mit relativen (spezifischen) Deckungsbeiträgen bestimmt werden. Handelt es sich um langfristige Entscheidungen, so können die Verfahren der dynamischen Investitionsrechnung angewendet werden.[2]

Sowohl bei der langfristigen Make-or-Buy-Entscheidung als auch bei der Outsourcing-Entscheidung kann eine Nutzenschwellenanalyse durchgeführt werden. Bei der Nutzenschwellenanalyse werden den fixen und variablen Kosten der Eigenfertigung die Gesamtkosten des Frembezuges gegenübergestellt. Sind die Gesamtkosten der Eigenfertigung (Summe aus fixen und variablen Kosten der Eigenfertigung) geringer als die Kosten des Fremdbezuges, so ist die Eigenfertigung vorteilhaft. Bedingt durch den Fixkostenblock der Eigenfertigung ist bei kleinen Mengen i.d.R. der Fremdbezug vorzuziehen. Erst ab einer bestimmten Mindestmenge lohnt sich die Eigenfertigung, wie die nachstehende Abbildung zeigt.

---

[1] Vgl. Arnold, U. (1999), S. 315.
[2] Zu den Verfahren der Investitonsrechnung vgl. Schulte, G. (1999).

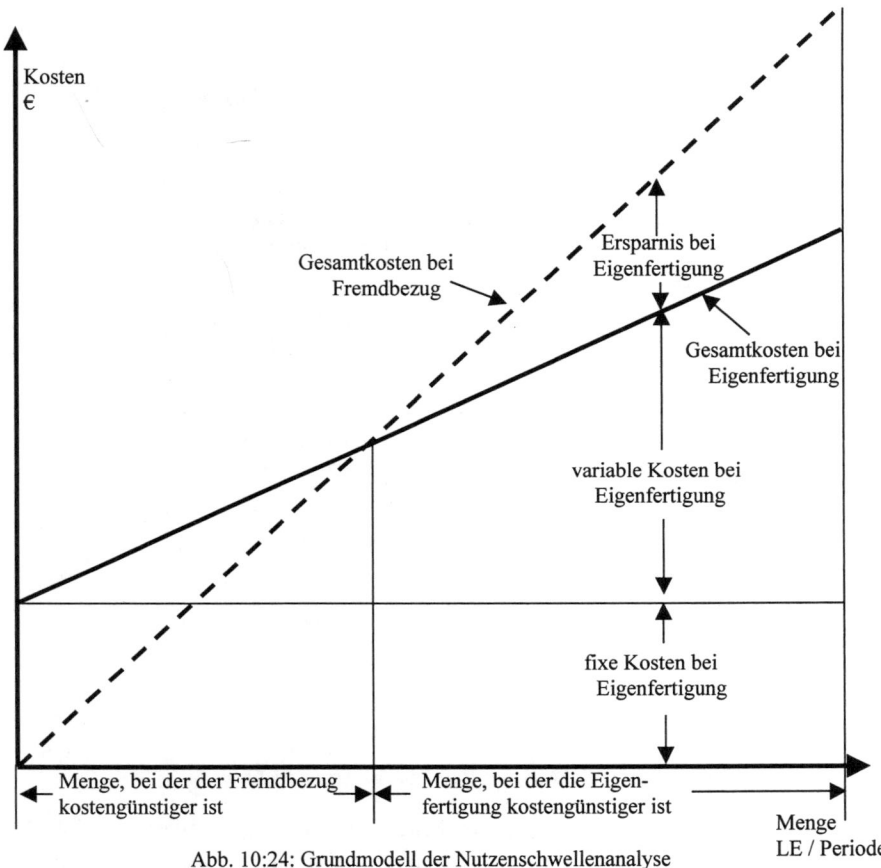

Abb. 10:24: Grundmodell der Nutzenschwellenanalyse

Bei der Kostenbetrachtung gilt grundsätzlich:

> Kosten des Zukaufs + Stillegungskosten < Kosten der Eigenfertigung ⇨Fremdbezug

Bei den Kosten des Zukaufs handelt es sich um den Zukaufspreis abzüglich Preisminderungen und zuzüglich interner Zukaufskosten.

Die Höhe der Kosten der Eigenfertigung werden von der Beschäftigungssituation des Unternehmens (Voll- oder Unterbeschäftigung) und der Kapazitätsrestriktion determiniert. Je nach Situation ergeben sich unterschiedliche Kosten, mit denen der Fremdbezugspreis (Preisobergrenze) zu vergleichen ist.

Beschäftigungs-situation Kapazitäts-restriktion	Unterbeschäftigung	Vollbeschäftigung
unveränderliche Kapazitäten	**Entscheidungs-situation I:** POG = var. Herstellkosten	**Entscheidungs-situation II:** POG = var. Herstellkosten + Opportunitätskosten
veränderliche Kapazitäten	**Entscheidungs-situation III:** POG = var. Herstellkosten + abbaufähige Fixkosten	**Entscheidungs-situation IV:** POG = var. Herstellkosten + abbaufähige Fixkosten + Opportunitätskosten

(POG=Preisobergrenze)

Abb. 10.25: Make-or-Buy-Entscheidungssituationen[1]

Ist das Unternehmen unterbeschäftigt und sind die Kapazitäten unveränderlich (**Ent-scheidungssituation I**), so sind nur diejenigen Kosten entscheidungsrelevante Kosten, die durch eine Make-Entscheidung zusätzlich entstehen bzw. bei einer Buy-Entscheidung wegfallen. Die Preisobergrenze liegt bei den variable Herstellkosten. Erst wenn der Fremdbezugspreis unter den variablen Herstellkosten liegt, kommt ein Fremdbezug in Frage. Mit diesem Ansatz wird eine höhere Auslastung der eigenen Kapazitäten verfolgt. Bei der Entscheidungssituation I handelt es sich um eine kurzfristige Entscheidungssituation. Mit zunehmendem Betrachtungszeitraum werden auch Fixkosten variabel, z.B. Einsparung von Personalkosten durch den Ablauf von Kündigungsfristen oder Einsparung von Kosten durch das Auslaufen von Leasingverträgen für Maschinen. Beim Kostenvergleich sind daher die abbaufähigen Fixkosten zu berücksichtigen (**Entscheidungssituation III**). Die Ersparnis beim

---

[1] Reichmann, T. / Palloks, M. (1995), S. 6.

Fremdbezug erhöht sich tendenziell um die im Planungszeitraum disponierbaren, abbaufähigen Fixkosten.[1]

Erfolgt die Kostenbetrachtung bei Vollbeschäftigung (**Entscheidungssituationen II und IV**), so sind Opportunitätskosten zu berücksichtigen. Durch den Fremdbezug eines Gutes werden vorhandene Kapazitäten freigesetzt, die zur Fertigung eines anderen Gutes verwendet werden können. Sollen diese Güter verkauft werden, so stellen diese Alternativerträge sog. Opportunitätskosten dar, die bei der Vergleichsrechnung berücksichtigt werden müssen.

10.3.8 Fallbeispiel langfristige Make-or-Buy-Entscheidung

In einem Unternehmen soll eine Entscheidung über den Fremdbezug oder die Eigenfertigung eines Bauteiles gefällt werden.[2] Für die Eigenfertigung muß eine Spezialmaschine angeschafft werden, die in jeder Periode mit steigendem Wertverlust auch wieder veräußert werden kann. Im Eingabebereichs der EXCEL-Tabelle[3] sind die Ausgangsdaten eingetragen worden. Hinter den Zahlen der Abschnitte 2, 3 und 4 verbergen sich Formeln, die sich auf die Ausgangsdaten beziehen.

Die jährlichen Bedarfsmengen stellen die Mengenkomponente dar. Für den Fremdbezug wird mit konstanten Stückpreisen je Mengeneinheit gerechnet. Bei den erzeugungsmengenabhängigen Auszahlungen der Eigenfertigung wird eine steignde Tendenz der Eigenfertigungsstückkosten untertellt. Dies wird mit dem Rückgang der technischen Produktionsfähigkeit der Spezialmaschine (höhere Ausschußquote) begründet. Die Eigenfertigung erfordert auch Auszahlungen für Instandhaltungen und für die Aufrechterhaltung der Betriebsbereitschaft (hierunter fällt auch das Bedienungspersonal). Während die Instandhaltungskosten leistungsunabhängig sind und mit steigender Tendenz geplant werden, können die Bereitschaftskosten mit zurückgehender Bedarfsmenge zumindest teilweise abgebaut werden. In den Bereitschaftskosten dürfen keine Abschreibungen und Kapitalzinsen enthalten sein, da diese bereits über den Zinssatz in die Berechnung eingehen. Die Anschaffungskosten der Spezialmaschine belaufen sich auf 125.000,00 €. Die Entscheidung wird auch durch den zu erwartenden Liquidationserlös zum Ende der jeweiligen Periode beeinflußt. Für jede Periode ist daher der Liquidationswert (Resterlöswert) prognostiziert worden.

Wie die Entwicklung der Kapitalwerte (Anschaffungswert – kumulierte Barwerte der Ersparnisse + Barwert der Liquidationserlöse) zeigt, beträgt die Amortisationsdauer (pay-off-time) 5 Jahre. Erst ab dem 6. Jahr werden die Kapitalwerte positiv. Mit Hilfe von Sensitivitätsanalysen können die kritischen Einflußfaktoren ermittelt werden. Hierzu können im Eingabebereich die erwarteten Bedarfsmengen, der Zinssatz, die Anschaffungsauszahlung oder die Liquidationswerte geändert werden.

---

[1] Vgl. Reichmann, T. / Palloks, M. (1995), S. 6.

[2] Vgl. Warnick, B. (1989), S. 131-134.

[3] Die EXCEL-Tabelle können Sie herunterladen: www.bwl-info.de/materialmanagement

Nutzungsjahre der Investition	1	2	3	4	5	6	7	8	9
1. Eingabedaten									
erwartete Bedarfsmengen	2000	2000	2000	2000	1800	1500	1200	900	500
lfd. Auszahlungen für den Fremdbezug (€/LE)	55	55	55	55	55	55	55	55	55
lfd. Auszahlungen für die Eigenfertigung									
a) erzeugungsmengen abhängig (€/LE)	24,00	24,00	24,00	24,00	24,50	25,00	26,00	27,50	29,50
b) Unterhaltung der Spezialmaschine (€)	2000	2000	2000	2000	2400	3000	3800	4800	6000
c) Aufrechterhaltung der Betriebsbereitschaft (€)	30000	30000	30000	30000	28000	25000	22000	19000	15000
Anschaffungskosten der Spezialmaschine (€)	125000								
Erzielbarer Liquidationserlös am Ende der Periode (€)	55000	40000	28000	22000	18000	16000	15000	15000	13000
Anzusetzender Zinssatz für die Rentabilitätsberechnung	10%								
2. Ermittlung der erzielbaren Ersparnisse an laufenden Auszahlungen									
Periodenauszahlungen für den Fremdbezug (€)	110000	110000	110000	110000	99000	82500	66000	49500	27500
Periodenauszahlungen für die Eigenfertigung (€)									
a) erzeugungsmengen abhängig Unterhaltung der Spezialmaschine	48000	48000	48000	48000	44100	37500	31200	24750	14750
b) Aufrechterhaltung der Betriebsbereitschaft	32000	32000	32000	32000	30400	28000	25800	23800	21000
Ersparnisse (€)	30000	30000	30000	30000	24500	17000	9000	950	-8250
3. Statische Amortisationsrechnung ohne Berücksichtigung von Zinsen auf das investierte Kapital									
Kumulierte Ersparnisse (€)	30000	60000	90000	120000	144500	161500	170500	171450	16320
Investitionsüberschuß ohne Berücksichtigung des jeweiligen Liquidationswertes der Anlage (€)	-95000	-65000	-35000	-5000	19500	36500	45500	46450	38200
Investitionsüberschuß mit Berücksichtigung des jeweiligen Liquidationswertes der Anlage (€)	-40000	-25000	-7000	17000	37500	52500	60500	61450	51200
4. Rentabilitätsrechnung unter Berücksichtigung von Zinsen auf das investierte Kapital (Kapitalwert)									
Abzinsungsfaktoren	0,9091	0,8264	0,7513	0,6830	0,6209	0,5645	0,5132	0,4665	0,4241
Barwerte der Ersparnisse	27273	24793	22539	20490	15213	9596	4618	443	-3499
Barwerte Ersparnisse kumuliert (€)	27273	52066	74606	95096	110309	119905	124523	124966	12146
Barwerte der Liquidationswerte (€)	50000	33057,9	21036,8	15026,3	11176,6	9031,6	7697,4	6997,6	5513,3
Kapitalwert (€)	-47727	-39876	-29358	-14878	-3515	3936	7220	6964	1981

Abb. 10.26: Investitionskalkül zur Beurteilung des langfristigen Überganges vom Fremdbezug zur Eigenfertigung[1]

---

1 Vgl. Warnik, B. (1989), S. 132.

Fragen und Aufgaben zur Wiederholung (S. 519 - 562)

1. *Was versteht man unter Reverse Product Engineering?*

2. *Beschreiben Sie den Benchmarking-Prozeß!*

3. *Welche Benchmarking-Varianten kennen Sie?*

4. *Nennen Sie Nutzen und Kosten des Ideenmanagements!*

5. *Nennen Sie die verschiedenen Formen des Outsourcings!*

6. *Beschreiben Sie den Outsourcing-Prozeß!*

7. *Stellen Sie die Vor- und Nachteile des Outsourcings gegenüber!*

8. *Fallbeispiel Seite 561*

   Wie ändern sich die Kapitalwerte der Abb. 10.16 (S. 562), wenn Sie folgende Änderungen der Ausgangsdaten vornehmen?

   a) Ändern Sie den Zinssatz von 10% auf 15%!

   b) Ändern Sie die Bedarfsmengen wie folgt ab:
   (von Periode 1 - 9)
   (Stück:) 1800, 1800, 1800, 1800, 1800, 1700, 1400, 1100,700
   bei gleichzeitiger Abänderung der Kosten für die Aufrechterhaltung der Betriebsbereitschaft
   (von Periode 1 - 9):
   (€) 28000, 28000, 28000, 28000, 28000, 27000, 24000, 21000, 17000.

11 Materialmanagement und Internet

Lernziele und -aufgaben

Der Leser soll

1. die verschiedenen Formen von Computernetzen unterscheiden können
2. die verschiedenen Netzformen kennenlernen
3. die Chancen und Risiken des Electronic Commerce erkennen
4. die elektronischen Marktplätze beschreiben können
5. elektronische Handelssysteme und Marktunterstützungssysteme kennenlernen.

11.1 Entwicklung des Internets

Im Jahre 1969 wurde von amerikanischen Wissenschaftlern im Auftrage des Verteidigungsministeriums der USA das ARPANET (**A**dvanced **R**esearch **P**rojects **A**gency **Net**work) entwickelt.[1] ARPANET gilt als der Vorläufer des Internets und diente zunächst experimentellen und theoretischen Untersuchungen auf dem Gebiet der Rechnernetze. Das Netz wurde später für wissenschaftliche und staatliche Institutionen und Forschungseinrichtungen geöffnet, Computerfirmen kamen hinzu. Mittlerweile sind auch Unternehmen anderer Branchen, Verwaltungen und Privatpersonen dem Internet angeschlossen. Das Internet bildet das größte weltumspannende Rechnernetz, das aus einer Vielzahl lokaler Netze besteht und dem derzeit etwa 100 Länder angeschlossen sind. Basis für die fortschreitende globale Verbreitung des Netzes ist das einheitliche TCP/IP-Protokoll, ein Standard, der die Verbindung unterschiedlicher Hardware- und Software-Konfigurationen ermöglicht.[2] Die Zahl der Internetanschlüsse und Internetnutzer wächst derzeit exponentiell.[3]

11.2 Die Bedeutung des Internets für das Materialmanagement

Für das Materialmanagement bietet das Internet nicht nur eine vereinfachte Informationsbeschaffung, sondern auch die Möglichkeit, eine große Zahl von Anbietern in den Angebotsprozeß einzubeziehen. Suchmaschinen und branchenspezifische Web-Sites ermöglichen die schnelle Beschaffung von Produkt- und Preisinformationen. Internet-Ausschreibungen und Online-Auktionen können in Echtzeit erfolgen. Informationsaustausch und Zusammenschluß mehrerer beschaffender Einkäufer führen zur Erhöhung der Angebotstransparenz, der

---

[1] Vgl. o.V. (1999c), S. 1200.

[2] Vgl. Hermanns, A. / Sauter, M. (1999), S. 17.

[3] Zur Geschichte des Internets: www.w3history.org

Bündelung von Einkaufsmacht auf virtuellen Marktplätzen und durchgreifende Rationalisierung von der Bestellung bis zur Bezahlung. Der Einkäufer wird immer stärker zu einem Informationsmanager. [1]

Die am weitesten entwickelte Form der Verbindung Internet und Materialmanagement stellt das Desktop Purchasing dar. Jeder Mitarbeiter eines Unternehmens ist in der Lage, von seinem Schreibtisch aus über seinen PC Bestellvorgänge vollständig abzuwickeln. Voraussetzung ist, daß er die Berechtigung dazu besitzt.

Der wesentliche Vorteil der Abwicklung der Bestellungen über das Internet liegt in der Reduzierung der Prozeßkosten pro Bestellung, wie die nachstehende Abbildung zeigt:

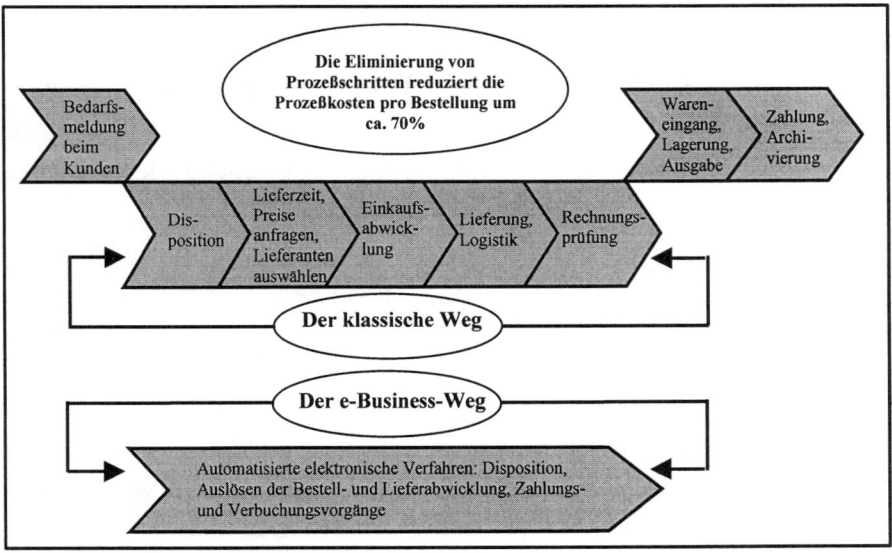

Abb. 11.1: Reduzierung der Prozeßkosten pro Bestellung[2]

11.3   Netzformen

11.3.1 Das Internet

Der Name Internet setzt sich aus den Wörtern **Inter**connecting **Net**works zusammen. Es handelt sich um ein weltweites offenes Rechnernetz, das jedermann zugänglich

---

[1] Vgl. o.V. (1999), S. 12.

[2] In Anlehung an o.V. (1999b), S. 27.

ist. Das Internet ermöglicht den Zugriff auf hunderttausende von Computern, die dem Netz angeschlossen sind, den Informationsaustausch von Privatpersonen, Firmen und Institutionen, das Versenden von Nachrichten per e-Mail und das Herunterladen von Daten und Programmen von Servern (Texte, Bilder und Klang-Informationen) auf den eigenen PC und Online-Recherchen in externen Datenbanken.

Zu den Internet-Diensten gehören:

- World Wide Web (www), der Austausch von multimedialen Informationen und Dokumenten

- E-Mail (Electronic Mail), das elektronische Pendant zur Briefpost

- FTP (File Transfer Protocol), Übertragung von Dateien zwischen verschiedenen Rechnern

- Newsgroups: Diskussionsforen für den Informationsaustausch unterschiedlicher Interessengruppen

- Neue www-Dienste, wie Internet Relay Chat (IRC), Mehrbenutzer-Kommunikation, Internet-Telefonie und Videokonferenz.

Das World Wide Web (www) ist ein Dienst im Internet[1] und ermöglicht durch seinen Aufbau und die Funktionsweise betriebswirtschaftliche Anwendungen. Zu diesen Merkmalen zählen:

Interaktivität,   d.h., direkter interaktiver Informationsaustausch zwischen den Kommunikationspartnern. Der Austausch erfolgt z.B. über dynamische WWW-Seiten.

Hypermultimedialität, d.h., das WWW ermöglicht die multimediale Darstellung von vernetzten Informationen. Texte, Grafiken, Töne, Bilder und Filme können via WWW übertragen, die Medienelemente miteinander verknüpft werden.

Schnelligkeit, d.h., Informationsanbieter können Informationen schnell verbreiten, Informationsnachfrager haben einen schnellen Zugriff auf Daten und Programme.

---

[1] Aufbau und Funktionsweise des www erhält der interessierte Leser z.B. unter URL http://www.Irz-muenchen.de/service/netzdienste/www/www-kurs/.

Aktualität, d.h., Daten können ohne großen Aufwand im www aktualisiert werden.

Räumliche Verfügbarkeit, d.h., das Informationssystem ist nahezu weltweit verfügbar. Ein Informationsanbieter kann seine Informationen weltweit verbreiten, ein Informationsnachfrager auf Informationen weltweit nachfragen.

Zeitliche Verfügbarkeit, d.h., das www steht ohne zeitliche Einschränkungen zur Verfügung. Das Zeitzonenproblem entfällt. Anbieter und Nachfrager können das www zu unterschiedlichen Zeitpunkten nutzen.[1]

11.3.2 Das Intranet

Ein Intranet (=internes Internet) ist ein Firmennetzwerk. Die Intranet-Technologie nutzt die Internet-Technologie, wie E-Mails, News, World Wide Web, für die unternehmensinterne Kommunikation. Ein Intranet ist eine Art Mini-Internet innerhalb eines Unternehmens. Ein unternehmensinternes Intranet kann, muß aber nicht, mit dem öffentlichen Internet verbunden sein. Über das Intranet erhalten alle Mitarbeiter dieselben aktuellen Informationen. Dabei ist es gleichgültig, ob sie im eigenen Büro oder an entfernten Orten arbeiten.[2]

11.3.3 Das Extranet

Das Extranet stellt eine Netzwerkverbindung zwischen einer geschlossenen Gruppe von Benutzern dar. Zu den Benutzer zählen auch Personen von außerhalb des Unternehmens, wie Kunden und Lieferanten. Extranets eignen sich insbesondere für die Beschaffung von geringwertigen Massenprodukten. Der Vorteil ist, daß keine teure EDI-Netzwerktechnologie implementiert werden muß. Extranets ermöglichen also eine kostengünstige Zusammenarbeit mit Zulieferern und Kunden. Existieren bei den Zulieferern und Kunden bereits Intranets, führt die Verknüpfung dieser Netze zu einem Extranet.

Gefördert wird die Schaffung von Extranets durch das Outsourcing. Bedenken gegen Extranets werden oft wegen der Sicherheitsprobleme vorgebracht. Dadurch, daß die Daten über das Internet transferiert werden, ergeben sich Möglichkeiten, daß Nichtbefugte sich Zugang zu den Daten verschaffen. Dieser Form von

---

[1] Vgl. Jaros-Sturhahn, A. / Schachtner, K. (1998), S. 86.
[2] Vgl. Fieten, R. (1999), S. 58.

Werksspionage wird mit Verschlüsselungsprogrammen entgegengewirkt. Der unerlaubte Zugang wird durch Firewalls verhindert. Als Firewall bezeichnet man Sicherheitssoft- oder Hardware, die den Internetzugriff fremder unauthorisierter Personen auf die eigenen Daten verhindert.

Netz	Charakteristik und Zugang	Sicherheit
Internet	Informationsausaustausch zwischen Rechnern. Jeder Teilnehmer hat Zugang zum Informationsangebot.	Offenes Netz
Intranet	Nutzung der Internettechnologie innerhalb eines Unternehmens	Firewalls dienen zur Sicherung nach außen. Offen im Innenbereich
Extranet	Stellt eine Erweiterung des Intranets für Agenten, Lieferanten und Kunden im Business-to-Business-Bereich dar	Firewalls im Außenverhältnis. Im Innenbereich bestehen abgestufte Sicherheitsbarrieren.

Abb. 11.2: Netze im Überblick[1]

11.4 Electronic Commerce

11.4.1 Begriffsabgrenzung

Der Begriff Electronic Commerce (E-Commerce) wird in der Wissenschaft und Praxis nicht einheitlich verwendet. Es soll daher zunächst eine Begriffsabgrenzung vorgenommen werden.

Electronic Commerce ist die Zusammenfassung aller Formen der elektronischen Geschäftsabwicklungen und Transaktionen über öffentliche und private Computer-Netzwerke.

Neue Produkte und Märkte entstehen. Die Beziehungen zwischen Kunden, Unternehmen und Lieferanten verändern sich. Traditionelle Geschäftsverbindungen verlieren an Bedeutung, neue Handelsstrukturen entstehen. Waren es zunächst Geschäftsabwicklungen zwischen Konsumenten (**Consumer-to-Consumer)** in Form von Kleinanzeigen und Geschäftsabwicklungen zwischen Unternehmen und Konsumenten (Business-to-Consumer und Consumer-to-Business) in Form von Reservierungs- und Buchungssystemen von Reisebüros, Wertpapierhandel im Rahmen des sog. Direkt-Brokerage, Buch- und CD-Versand, die von sich Reden machten, so ist es heute (und auch in Zukunft) der **Business-to-Business-Bereich,** der die größten Wachstumspotentiale aufweist.

---

[1] Vgl. Baumann, M. / Kistner, A. (1999), S. 246.

11.4.2 Marktteilnehmer und Transaktionen beim Electronic Commerce

Als Akteure des Electronic Commerce können Konsumenten (Consumer), Unternehmen (Business) und öffentliche Institutionen (Administration) unterschieden werden. Kombiniert man Anbieter und Nachfrager, so ergibt sich die nachstehende Matrix: [1]

Nachfrager der Leistung

		Consumer	Business	Administration
Anbieter der Leistung	Consumer	**Consumer-to-Consumer** z.B. Internet-Kleinanzeigenmarkt	**Consumer-to-Business** z.B. Jobbörsen mit Anzeigen von Arbeitsuchenden	**Consumer-to-Administration** z.B. Steuerabwicklung von Privatpersonen (Einkommensteuer etc.)
	Business	**Business-to-Consumer** z.B. Bestellung eines Kunden in einer Internet-Shopping Mail	**Business-to-Business** z.B. Bestellung eines Unternehmens bei einem Zulieferer per EDI	**Business-to-Administration** z.B. Steuerabwicklung von Unternehmen (Umsatz-, Körperschaftsteuer etc.)
	Administration	**Administration-to-Consumer** z.B. Abwicklung von Unterstützungsleistungen (Sozialhilfe, Arbeitslosenhilfe etc.)	**Administration-to-Business** z.B. Beschaffungsmaßnahmen öffentlicher Institutionen im Internet	**Administration-to-Administration** z.B. Transaktionen zwischen öffentlichen Institutionen im In- und Ausland

Abb. 11.3: Markt- und Transaktionsbereiche des Electronic Commerce[2]

11.4.3 Chancen und Risiken

Waren es zunächst Imagegründe, die Unternehmen zur Nutzung des Internets veranlaßten, werden heute bereits die positiven Effekte des Electronic Commerce erkannt. Vorteile des Electronic Commerce sind:

- Informations- und Transaktionsprozesse werden beschleunigt, z.B. rasche Übermittlung von Informationen per E-Mail oder Online-Abfragen von Datenbanken. Dies führt zur Einsparung von Informations-, Kommunikations- und Transaktionskosten.

- Transaktionen sind unabhängig von der Zeit.

---

[1] Vgl. Hermanns, A. / Sauter, M. (1999), S. 22.
[2] Vgl. Hermanns, A. / Sauter, M. (1999), S. 23.

- Im Gegensatz zu klassischen Medien, wie Rundfunk und Fernsehen, die sich an ein anonymes Publikum wenden, besteht die Möglichkeit, einzelne Personen oder Institutionen individuell anzusprechen, selbst dann, wenn man sich an ein Massenpublikum wendet.

- Der nahezu weltweite Zugriff auf Computernetzwerke ist unabhängig von geographischen Gegebenheiten möglich.

- Der Mulimedia-Einsatz ermöglicht eine bessere Aufgabenerfüllung als bisher.

- Möglichkeit zur Schaffung neuer Produkte und Dienstleistungen.

- Aufbau neuartiger Geschäftsbeziehungen.[1]

11.4.4 Business-to-Business

Beim **Business-to-Business** handelt es sich um denjenigen Bereich des Eletronic Commerce, bei dem beide Partner Unternehmen sind. Dieser Bereich wird derzeit als das gewinnträchtigste Feld des E-Commerce angesehen. Da jeweils die gesamte Wertschöpfungskette sowie alle internen und externen Geschäftsprozesse beider Partner einbezogen werden, ist das Umsatzpotential wesentlich höher als das des Business-to-Consumer-Bereichs.

Im Business-to-Business-Bereich werden Effizienzsteigerungen in folgenden Formen erwartet: Zeit- und Kosteneinsparung, Vergrößerung des Absatzpotentials, Verbesserung der Wettbewerbssituation und der Kundenorientierung. Die Abbildung 11.4 zeigt die Nutzenpotentiale des Electronic Commerce für Unternehmen im Überblick.

---

[1] Vgl. Sauter, M. (1999), S. 102 -103.

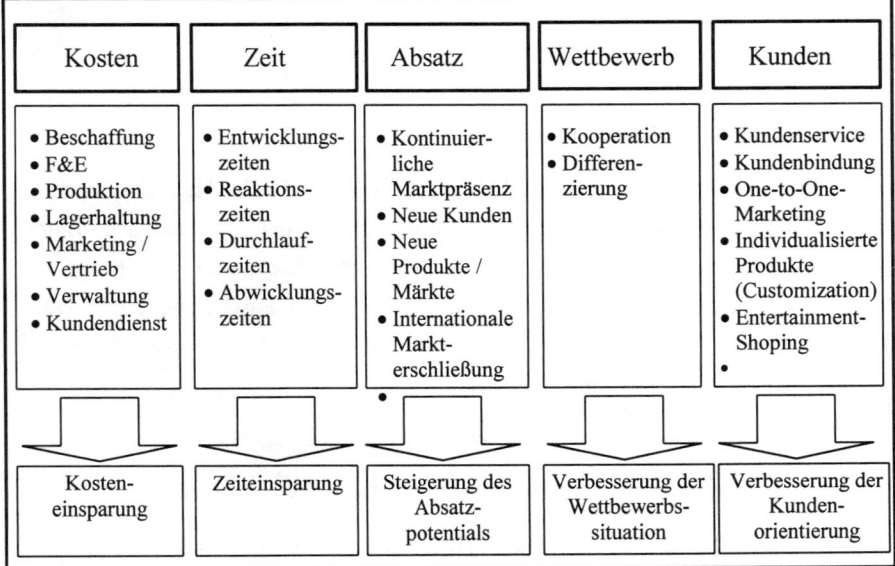

Abb. 11.4: Nutzenpotentiale des Electronic Commerce[1]

11.5   Elektronische Marktplätze

Wie auf den traditionellen realen Märkten treffen auch auf den elektronischen Marktplätzen Anbieter und Nachfrager als Marktteilnehmer aufeinander. Elektronische Marktplätze entstehen dabei durch die Medienunterstützung von Markttransaktionen bzw. die digitale Abwicklung von Geschäftsprozessen. Besondere Merkmale elektronischer Marktplätze sind die zeit- und ortsunabhängigen Zugangsmöglichkeiten, die transparenten Informationen für alle Marktteilnehmer und die niedrigen Transaktionskosten.[2]

Transaktionskosten entstehen durch die Lieferantensuche (Anbahnungskosten), den Vertragsabschluß (Vereinbarungskosten), die Überwachung der Vertragserfüllung (Kontrollkosten) und die Änderung von Terminen, Qualitäten und Preisen (Anpassungskosten).

Ein elektronischer Markt ist ein Teilmarkt eines bestimmten Gütermarktes. Der elektronische Markt für Bücher ist z.B. ein Teilmarkt des Büchermarktes. Wie bei den herkömmlichen Marktstrukturen ist für das Entstehen eines elektronischen

---

[1] Vgl. Sauter, M. (1999), S. 103.

[2] Vgl. Schinzer, H. (1998), S. 1160.

Marktes eine informationstechnische Infrastruktur erforderlich. Diese Aufgabe übernimmt bei den elektronischen Märkten das Internet.

11.5.1 Elektronische Handelssysteme

Als weiteres Element elektronischer Märktes sind elektronische Handelssysteme zu nennen, die von Anbietern, Nachfragern oder Dritten betrieben werden. Solche Handelssysteme sind Informations- und Kommunikationssysteme, die speziell der Koordination und Abwicklung des marktlichen Leistungsaustausches (Transaktionen) dienen. Nach der Anzahl der Anbieter und Nachfrager können die folgenden Kategorien unterschieden werden:

- elektronische Auktionen (ein Anbieter und viele Nachfrager)
- elektronische Ausschreibungen (ein Nachfrager und viele Anbieter)
- elektronische Stores (ein Anbieter und ein Nachfrager)
- elektronische Börsen (viele Anbieter und viele Nachfrager).[1]

Während bei einer elektronischen Aktion einem Anbieter mehrere Nachfrager gegenüberstehen, verhält es sich bei elektronischen Ausschreibungen umgekehrt. Dieser Handelsform kommt im öffentlichen Bereich große Bedeutung zu, da für die Beschaffung von Gütern und Dienstleistungen Ausschreibungen ab einem bestimmten Geldbetrag i.d.R. vorgeschrieben sind. Bei der Beschaffung über elektronische Stores (Online-Shops) trifft jeweils lediglich ein Anbieter und ein Nachfrager aufeinander, während bei elektronischen Börsen schließlich eine Vielzahl von Nachfragern einer Vielzahl von Anbietern zeitgleich aufeinandertreffen. Elektronische Stores ermöglichen den Verkauf von Waren und Dienstleistungen über digitale Kanäle. Folgende Funktionen sind möglich: Produktpräsentation in Wort und Bild, Angebotserstellung, Bestellabwicklung und Bezahlung (s. Abb. 11.5). Elektronische Börsen eignen sich besonders für standardisierte Produkte, wie Finanztitel. Ein Beispiel ist das elektronische Handelssystem XETRA der Deutschen Börse AG.[2]

---

[1] Vgl. Reichwald, R. / Hermann, M. / Bieberbach, F. (2000), S. 542.

[2] Vgl. Reichwald, R. / Hermann, M. / Bieberbach, F. (2000), S. 544; Schinzer, H. (1998), S. 1162.

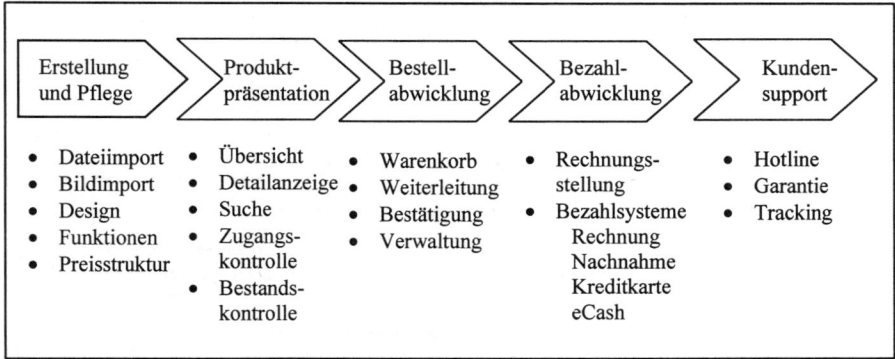

Abb. 11.5: Funktionsumfang eines elektronischen Stores[1]

11.5.2 Marktunterstützungssysteme

Marktunterstützungssysteme bauen auf den Handelssystemen auf und ermöglichen den Marktteilnehmern eine effiziente Abwicklung der Markttransaktionen.

Das Konzept der Malls (Online-Malls) basiert auf realen Shopping-Malls. In einem Shopping-Mall bündeln sich verschiedene Anbieter mit unterschiedlichem Produktsortiment zu einem gemeinsamen Einkaufszentrum. Analog besteht ein Online-Mall aus mehreren Läden, die über eine gemeinsame Internetadresse erreicht werden können. Malls bieten komfortable Suchmechanismen und anbieter-übergreifende Dienstleistungen, wie gemeinsames Marketing, Bestell- und Bezahl-abwicklung.

Als Portals bezeichnet man Web-Seiten, die eine Art „Eingangstor zum Internet" sind. Da sich die Internetnutzer über ein Portal ins Internet einwählen, sind die Portale für Werbung besonders interessant. Vertikale Portale konzentrieren sich auf einen bestimmten Themen- oder Produktbereich.

Suchmaschinen helfen einem Anwender, zu bestimmten Themenbereichen die entsprechenden Internetadressen zu bekommen. Sie erfüllen im Internet den gleichen Zweck wie ein Stichwortverzeichnis in einem Buch oder ein Branchentelefonbuch. Rating-Agenturen bewerten die Angebote im Internet und tragen so zu einer Transparenz über die Qualität von Produkten potentieller Marktpartner bei.

---

[1] Schinzer, H. (1998), S. 1164.

Die Abbildung 11.6 zeigt den Zusammenhang zwischen Elektronischen Handelssystemen und Marktunterstützungssystemen im Überblick.

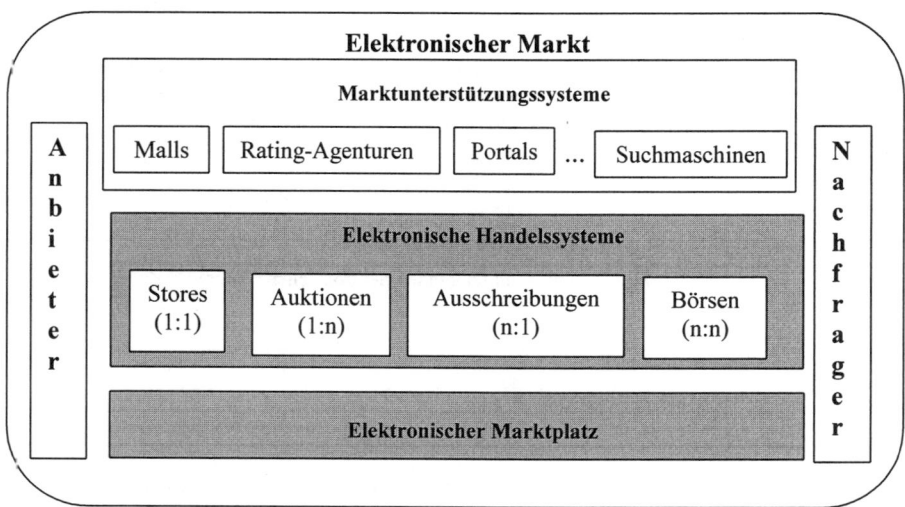

Abb. 11.6: Modell Elektronischer Markt[1]

Fragen und Aufgaben zur Wiederholung (S. 564 - 574)

1. Welche Netzformen kennen Sie?

2. Was versteht man unter einem elektronischen Marktplatz?

3. Beschreiben Sie die Chancen und Risiken des Electronic Commerce!

4. Wie läßt sich der Business-to-Business-Bereich charakterisieren?

5. Welche elektronischen Handelssysteme kennen Sie?

---

[1] Reichwald, R. / Hermann, M. / Bieberbach, F. (2000), S.544.

Abbildungsverzeichnis

Abkürzungsverzeichnis

Abb.	Abbildung
ABS	Abweichungssignal
Abs.	Absatz
Abw.	Abweichung
ABWL	Allgemeine Betriebswirtschaftslehre
AFAV	Association Française pour l`Analyse de la Valeur
Alu	Aluminium
AO	Abgabenordnung
AV	Arbeitsvorbereitung
BBD&O	Batten, Barton, Durstine and Osborn, Inc.
BCG	Boston Consulting Group
BDE	Betriebsdatenerfassung
BFuP	Betriebswirtschaftliche Forschung und Praxis
BIFOA	Betriebswirtschaftliches Institut für Organisation und Automation an der Universität zu Köln
BME	Bundesverband Materialwirtschaft und Einkauf
BOA	Belastungsorientierte Auftragsfreigabe
BRP	Business Process Reengineering
BVW	betriebliches Vorschlagswesen
CAD	Computer Aided Design
CAM	Computer Aided Manufacturing
CCG	Centrale für Coorganisation
CEN	Comité Européen de Coordination des Normes
CENELEC	Comit, Européen de Normalisation Electrotechnique
CFR	COST AND FREIGHT
CIF	COST, INSURANCE AND FREIGHT
CIM	Computer Integrated Manufacturing
CIP	CARRIAGE AND INSURANCE PAID TO ...
CPT	CARRIAGE PAID TO ...
DAF	DELIVERED AT FRONTIER
DB	Der Betrieb
DBW	Die Betriebswirtschaft
DDP	DELIVERED DUTY PAID
DDU	DELIVERED DUTY UNPAID
DEQ	DELIVERED EX QUAY
ders.	derselbe
DES	DELIVERED EX SHIP
DFÜ	Datenfernübertragung
DGQ	Deutsche Gesellschaft für Qualität
DIN	Deutsche Industrie Norm / Deutsches Institut für Normung
Diss.	Dissertation
DQS	Deutsche Gesellschaft zur Zertifizierung von Qualitätssicherungssystemen mbH
DSWR	Datenverarbeitung, Steuern, Wirtschaft, Recht
DV	Datenverarbeitung
EAN	Europäisches Artikelnummernsystem
EC	Electronic Commerce, E-Commerce
EES	Einkäufer-Expertensystem
EOS	economics of scale

EStR	Einkommensteuerrichtlinien
ETSI	European Telecommunications Standardisation Institute
EXW	EX WORKS
F & E	Forschung und Entwicklung
FAS	FREE ALONGSIDE SHIP
FAZ	Frankfurter Allgemeine Zeitung
FB/IE	Fortschrittliche Betriebsführung und Industrial Engineering
FCA	FREE CARRIER
FH	Fachhochschule
Fifo	first in, first out
FNG	Flächennutzungsgrad
FOB	FREE ON BOARD
FV	Fachvermittlungsdienst für besonders qualifizierte Fach- und Führungskräfte
GOB	Grundsätze ordnungsmäßiger Buchführung
GRP	Geschäftsfeld-Ressourcen-Portfolio
HGB	Handelsgesetzbuch
Hifo	Highest in, first out
HK	Herstellkosten
HMD	Handbuch der modernen Datenverarbeitung
i.d.R.	in der Regel
ICC	International Chamber of Commerce
IEC	International Electrotechnical Commission
IFPMM	International Federation of Purchasing and Material Management
IKR	Industriekontenrahmen
INCOTERMS	International Rules for the Interpretation of Commercial Terms
ISO	International Standardization Organization
Jg.	Jahrgang
JiT	Just in time
KL	Konsignationslager
KNr.	Kennzahlennummer
KRP	Kostenrechnungspraxis
KVP	kontinuierlicher Verbesserungsprozeß
LAN	Local area network
LB	Lagerbestand
Lifo	Last in, first out
Lofo	Lowest in, first out
MAD	mean absolute deviation
Mbz	Mengenbeziehung(en)
ME	Mengeneinheit
MJ	Mitarbeiterjahr(e)
MRP II	Manufacturing Resource Planning
MRP	Material Requirements Planning
o.g.	oben genannt
OECD	Organization for Economic Cooperation and Development
ÖNORM	Österreichische Norm
POG	Preisobergrenze
PPS	Produktionsplanung und -steuerung
QC	Quality Circles
QM	Qualitätsmanagement
QS	Qualitätssicherung
RFZ	Regalförderzeuge
RKW	Rationalisierungskuratorium der Deutschen Wirtschaft
RNG	Raumnutzungsgrad
ROI	Return on Investment
s. a.	siehe auch

S.	Seite
S.J.V.E.	Society of Japanese Value Engineering
SAQ	Summe der Abweichungsquadrate
SAVE	Society of American Value Engineers
SCM	Supply Chain Management
SGE	Strategische Geschäftseinheit
Sp.	Spalte
SPI	Strategic Planning Institute
SRE	Strategische Ressourcen-Einheit
SzU	Schriften zur Unternehmensführung
TQM	Total Quality Management
TU	Technische Universität
UM	Umweltmanagement
VDE	Verband Deutscher Elektrotechniker
VDI	Verein Deutscher Ingenieure
VDI	Verein Deutscher Ingenieure
VDI-Z	Zeitschrift des Vereins Deutscher Ingenieure für Maschinenbau und Metallbearbeitung
VDMA	Verband Deutscher Maschinen- und Anlagenbauer
VDMA	Verband Deutscher Maschinen- und Anlagenbauer
VGK	Vertriebsgemeinkosten
vgl.	vergleiche
WA	Wertanalyse
WiSt	Wirtschaftswissenschaftliches Studium
WISU	Das Wirtschaftsstudium
Wpg	Die Wirtschaftsprüfung
www	World Wide Web
z. B.	zum Beispiel
ZfB	Zeitschrift für Betriebswirtschaft
ZfbF	Zeitschrift für betriebswirtschaftliche Forschung
ZWA	VDI Zentrum Wertanalyse
ZwF	Zeitschrift für wirtschaftliche Fertigung

Literaturverzeichnis

Adam, D. **(1988):** Die Eignung der belastungsorientierten Auftragsfreigabe für die Steuerung von Fertigungsprozessen mit diskontinuierlichem Materialfluß, in: ZfB, 1/88, S. 98-115.

Adam, D. (Hrsg.),**(1988b):** Fertigungssteuerung I. SzU, Bd. 38, Wiesbaden.

Adam, D. (Hrsg.),**(1988c):** Fertigungssteuerung II. SzU, Bd. 39, Wiesbaden.

Adam, D. **(1988d):** Retrograde Terminierung: Ein Verfahren zur Fertigungssteuerung bei diskontinuierlichem Materialfluß oder vernetzter Fertigung, in: Adam, D. (Hrsg.), (1988c), S. 89-106.

Albach, H. **(1978):** Strategische Unternehmensplanung bei erhöhter Unsicherheit, in: ZfB, S. 702-715.

Albach, H. **(1984):** Technologische Prognosen, in: *Grochla, E. / Wittmann, W.* (Hrsg.),(1984): Handwörterbuch der Betriebswirtschaft, 4. Aufl., (Studienausgabe), Stuttgart, Sp. 3861-3877.

Albach, H. **(1987):** Erfahrungskurve und Unternehmensstrategie, in: ZfB, Ergänzungsheft 2, S. 1-95.

Arbeitskreis Weber-Hax (Hrsg.),**(1960):** Der Einkauf im Industriebetrieb als unternehmerische und organisatorische Aufgabe, Köln, Opladen.

Arens-Fischer, W. / Steinkamp, Th. (Hrsg.),**(1999):** Betriebswirtschaftslehre, München.

Arnold, U. **(1986):** Logistik, in: WiSt, 3/86, S. 149-150.

Arnold, U. **(1989b):** Wann ist JIT vorteilhaft?, in: Beschaffung aktuell 4/89, S. 58-63.

Arnold, U. **(1990):** Ziele, Aufgaben und Instrumente des Materialmanagements, in: *BME* (Hrsg.),**(1990)**, S. 9-16.

Arnold, U. **(1990b):** Das Materialmanagement und sein Erfolgspotential, in: Beschaffung aktuell, Beilage 9/90, S. 1-3.

Arnold, U. **(1990c):** Global Sourcing - Ein Konzept zur Neuorientierung des Supply Management von Unternehmungen, in: *Welge, M.* (Hrsg.),(1990): Globales Management-erfolgreiche Strategien für den Weltmarkt, Stuttgart, S. 49-71.

Arnold, U. **(1999):** Basisstrategien des Outsourcing aus Sicht des Beschaffungsmanagement, in: Controlling, 7/99, S. 309-316.

Arnolds, H./ Heege,F./ Tussing, W. **(1988):** Materialwirtschaft und Einkauf, 6. Aufl., Wiesbaden.

Bänsch, A. **(1991):** Einführung in die Marketing-Lehre, 3. Auflage, München.

Balze, W. / Rebel, W. / Schuck, P. **(1997):**Outsourcing und Arbeitsrecht, München.

Bartmann, D./ Beckmann, M. **(1989):** Lagerhaltung - Modelle und Methoden, Heidelberg.

Baumann, M. / Kistner, A. **(1999):** E-Business, C & L Computer und Literaturverlag, Vaterstetten.

Baumgarten, H. / Brachten, H./ Falz, E. /Gebhardt, J. / Kammann, H. / Schulte, G. **(1975):** Rationelle Vorratshaltung - Betriebswirtschaftliche Aspekte, Berlin, Köln.

Baumgarten, H./ Zibell, R. **(1989):** Ausbildung von Logistikern an der Hochschule -Anforderungen an einen interdisziplinären Studiengang, in: RKW-Handbuch Logistik, 3. Band, 15. Lfg. XI/89, S. 1-13. Berlin.

Bauer, H. **(1986):** Das Erfahrungskurvenkonzept, in: WiSt, 1/86, S. 1-9.

Bayerisches Staatsministerium für Wirtschaft, Verkehr und Technologie (Hrsg.), **(1999):** Integriertes Qualitäts- und Umweltmanagement – Ein Leitfaden für kleine und mittlere Unternehmen, München.

Bayerisches Staatsministerium für Wirtschaft, Verkehr und Technologie (Hrsg.), **(2000):** Neufassung der ISO 9000:2000. Informationsblatt zum Qualitätsmanagement, München.

Bellinger, R. **(1978):** Lagermanagement mit Hilfe der ABC-Analyse, in: DSWR, 10/78, S. 239-243.

Berg, C. **(1979):** Materialwirtschaft, Stuttgart, New York.

Berg, C. **(1979b)**: Theoretische Grundlagen und praktische Ansatzpunkte zum Aufbau von Frühwarnsystemen im Bereich der Materialwirtschaft, in: ZfB, Ergänzungsheft 2, S. 135-144.

Berg, C. **(1981)**: Beschaffungsmarketing, Würzburg, Wien.

Berg, C. **(1982)**: Formeln und Kennzahlen der betrieblichen Beschaffung und Logistik, in: WiSt,
S.377-381.

Berning, R. / Wierdemann, W. **(1995)**: Benchmarking im Einkauf-Beständig ist nur der Wandel, in:
Beschaffung aktuell, 8/95, S. 33-36.

Bestmann, U. (Hrsg.), **(1992)**: Kompendium der Betriebswirtschaftslehre, 6. Aufl., München.

Benz, H. **(1976)**: Rationeller Einkauf - optimale Lagerhaltung, 2. Aufl., Köln.

Bichler, K. **(1988)**: Beschaffungs- und Lagerwirtschaft, 4. Aufl., Wiesbaden.

Bichler, K. **(1992)**: Beschaffungs- und Lagerwirtschaft, 6. Aufl., Wiesbaden.

Bichler, K. **(1992b)**: Als Alternative das JiT-Lager, in: Beschaffung aktuell, 1/92, S. 34-38.

Bilger, W. **(1991)**: CIM für mittelständische Unternehmen, Heidelberg.

Binnenbruck, H. **(1992)**: Just in Time im Stau, in: FB/IE, 1/92, S. 11-17.

Bläsing, J. **(1989)**: Qualitätssicherung im Einkauf, in Beschaffung aktuell 7/89, S. 38-41.

Bläsing, J. **(1992)**: Über die ISO-Norm zum Total Quality Management, in: Beschaffung aktuell, 4/92,
S. 18-22.

Bleymüller, J. / Gehlert, G. / Gülicher, H. **(1981)**: Statistik für Wirtschaftswissenschaftler, 2. Aufl.,
München.

Bliesener, F. **(1990)**: Das Beispiel Just-in-Time im Mittelbetrieb, in: Beschaffung aktuell, 1/90, S. 31-
34.

Bliesener, M. **(1994)**: Outsourcing als mögliche Strategie zur Kostensenkung, in: BFuP, 4/94, S. 277-
290.

Bloech, J. **(1989)**: Beschaffungsplanung, in: *Szyperski, N.* (Hrsg.),(1989): Handwörterbuch der
Planung, Stuttgart, Sp. 121-127.

Bloech, J. **(1985)**: Materialkosten-Management, in: *Bloech, J./ Cordts, J./ Frank, W./ Wegener, H.*
(Hrsg.),(1985), S. 85-102.

Bloech, J. / Cordts, J./ Frank, W./ Wegener, H. (Hrsg.),(1985): Materialmanagement - Vorträge des
Arbeitskreises für Materialwirtschaft im Rahmen des 37. Deutschen Betriebswirtschaftler-
Tages in Berlin, Frankfurt, S. 43-62.

Bloech, J. / Rottenbacher, S. (Hrsg.),**(1986)**: Materialwirtschaft, Stuttgart.

Blohm, F. **(1989)**: Umweltbewußtes Materialmanagement, in: Beschaffung aktuell, 12/89, S. 48-52.

Blohm, H. / Lüder, K. **(1978)**: Investition, München

Blohm, H./ Beer, T./ Seidenberg, U./ Silber, H. **(1987)**: Produktionswirtschaft, Herne, Berlin.

BME (Hrsg.),**(1988)**: Materialmanagement und Logistik, Konzepte, Leinfelden-Echterdingen.

BME (Hrsg.),**(1990)**: Management der Materialwirtschaft, 2. Auflage, Leinfelden-Echterdingen.

Böcker, F. / Müller-Heumann, G. **(1975)**: Kreative Techniken, in: WiSt, 11/75, S. 545-547.

Böcker, F. **(1985)**: Strategisches Controlling als Mittel der Planung, in: WISU, S. 137-142.

Bogaschewsky, R. **(1989)**: Statische Materialdisposition im Beschaffungsbereich, in: WiSt, 11/89, S.
542-548.

Botta, V. **(1985)**: Kennzahlensysteme als Führungsinstrumente, 2. Auflage, Berlin.

Brandt, M. / Weller, H. **(1995)**: Echte Wertschöpfungspartnerschaft kennt keine Verlierer, in:
Beschaffung aktuell, 4/95, S. 36-39.

Braun, B. **(1998)**: ABC-Analyse mit EXCEL, in: WISU, 10/98, S. 1114-1128.

Braun, E. **(1982)**: Der Beitrag der Nutzwertanalyse zur Handhabung eines multidimensionalen Zielsystems, in: WiSt, 2/82, S. 49-54.

Brexel, E. / Herritsch, H. **(1989)**: Einkauf, Materialwirtschaft, Logistik, in: Bundesanstalt für Arbeit (Hrsg.), (1989), Arbeitsmarktinformation, 8/89, Frankfurt.

Brink, H. **(1983)**: Strategische Beschaffungsplanung, in: ZfB, S. 1090-1113.

Bronner, A. **(1989)**: Einsatz der Wertanalyse in Fertigungsbetrieben, 2. Auflage, Köln.

Budde, R. / Schwarz, W. **(1983)**: Kennzahlen zur Lager- und Fördertechnik, in: Io Management-Zeitschrift, Nr. 11, S. 450-454.

Büchner, R. / Tuschke, A. **(1997)**: Outsourcing, in: DBW, 1/97, S. 20-30.

Bundesministerium für Verkehr (Hrsg.), **(1991)**: Verkehr in Zahlen, Bonn.

Burmeister, D. **(1981)**: Möglichkeiten und Probleme bei der Wertanalyse mit Lieferanten, in: DBW, 2/81, S. 23-34.

Busch, H. **(1980)**: Einführung in das Materialmanagement, Frankfurt a.M.

Busch, H. **(1984)**: Materialmanagement in Theorie und Praxis, Lage/Lippe.

Busch, H. **(1988)**: Integriertes Materialmanagement hat die Schlüsselstellung im Unternehmen, in: BME (Hrsg.),(1988), S. 3-8.

Busch, H. **(1988b)**: Materialmanagement: Materialwirtschaftler, Versorgungsstratege, in Gablers Magazin, 1/88, S. 48-51.

Busch, U. **(1987)**: Entwicklung eines PPS-Systems, 2. Auflage, Berlin.

Busse von Colbe, W. **(1986)**: Bereitstellungsplanung - Einkaufs- und Lagerpolitik -, in: *Jacob, H.* (Hrsg.),(1986): Industriebetriebslehre, 3. Auflage, Wiesbaden, S. 591-654.

Camp, R. **(1994)**: Benchmarking, München, Wien.

Coenen, H. **(1989)**: EDV-Unterstützung für den Einkauf, in: Online, S. 34 ff.

Coenenberg, A. **(1993)**: Jahresabschluß und Jahresabschlußanalyse, 14. Auflage, München.

Coenenberg, A. / Baum, H.-G. **(1987)**: Strategisches Controlling, Stuttgart.

Coenenberg A. / Günther, T. **(1990)**: Der Stand des strategischen Controlling in der Bundesrepublik Deutschland, Ergebnisse einer empirischen Untersuchung, in: DBW, 4/90, S. 459-470.

Coenenberg, A. **(1992)**: Kostenrechnung und Kostenanalyse, Landsberg am Lech.

Cordts, J. **(1985)**: Informationstechnologische Aspekte des Materialmanagements, in: *Bloech, J. / Cordts, J./ Frank, W./ Wegener, H.* (Hrsg.), (1985), S. 43-62.

Corsten, H. **(1991)**: Produktionswirtschaft, 2. Auflage, München.

Czap, H. **(1991)** : Produktionsplanung und Produktionssteuerung im Wandel, in: WiSt, S. 486-491.

Daniels, H-J. **(1977)**: Die ABC-Analyse und einige typische Anwendungen, in: Betriebswirtschafts-Magazin, 2/77, S. 73-75.

Daum, M./ Piepel, U.: **(1992)**: Lean Production - Philosophie und Realität, in: IO-Management-Zeitschrift, 1/92, S. 40 - 47.

Deutsche Bundesbank (Hrsg.), **(1992)**: Ertragslage und Finanzierungsverhältnisse der westdeutschen Unternehmen im Jahre 1991, in: Monatsberichte der Deutschen Bundesbank, 11/92.

Deutsche Bundesbank (Hrsg.): Monatsberichte der Deutschen Bundesbank, mehrere Jahrgänge.

Dichtel, E. **(1991)**: Orientierungspunkte für die Festlegung der Fertigungstiefe, in: WiSt 2/91, S. 54-59.

Diller, U. **(1989)**: Das Beispiel Global Sourcing - Eine Herausforderung an das Management, in: Beschaffung aktuell, 12/89, S. 28-31.

Dorloff, F./ Roth, P. **(1985)**: Integriertes Materialmanagement im Spannungsfeld zwischen Lieferservice und Kostendruck, in: *Dorloff, E./ Roth, P.* (Hrsg.),(1985): Service- und Materialmanagement, Wiesbaden, S. 9-16.

Dorloff, F./ Roth, P. (Hrsg.),**(1985)**: Service- und Materialmanagement, Wiesbaden.

Dorloff, F. **(1988)**: Gewinnpotential im integrierten Materialmanagement, in: BME (Hrsg.),(1988), S. 60-61.

DQS **(1993)**: Informationsschrift der DQS, Frankfurt

Drexl, A. **(1987)**: Logistik und strategische Planung - Vorausschauen lohnt sich, in: Management-Zeitschrift io, 3/86, S. 121-124.

Dunst, K. **(1979)**: Portfolio-Management, Berlin, NewYork.

Eicke, H. / Femerling, C. **(1991b)**: Einkaufsstrategie der Zukunft, in: Automobil-Produktion, 6/91, S. 54-56.

Eisele, W. **(1990)**: Technik des betrieblichen Rechnungswesens: Buchführung -Kostenrechnung - Sonderbilanzen, 4. Auflage, München.

Engelhardt, W. / Schütz, P. **(1991)**: Total Quality Management, in WiSt 8/91, S. 394-399.

Eschenbach, R. **(1990)**: Erfolgspotential Materialwirtschaft, München.

Eversheim, W./ Fischer, W./ Seifert, H. **(1980)**: Systematik zur Anpassung der Materialbeschaffung an Veränderungen des Beschaffungsmarktes - dargestellt am Beispiel des Werkzeug-maschinenbaus, Opladen.

Falterbaum, H. / Beckmann, H. **(1989)**: Buchführung und Bilanz, 13. Auflage, Achim.

Fandel, G. **(1980)**: Teilebedarfsrechnung in der Mehrstufenfertigung, in: WiSt 10/80, S. 449-501.

Fandel, G. / Francois, P. **(1989)**: "Just-in-Time"-Logistik am Beispiel eines Zulieferbetriebes in der Automobilindustrie, in: ZfB, 1/89, S. 55-69.

Fandel, G. / Francois, P. **(1989b)**: Just-in-Time Produktion und Beschaffung; Funktionsweise, Einsatzvoraussetzungen und Grenzen, in: ZfB, 5/89, S. 530-544.

Fiedler, R. **(1998)**: Einführung in das Controlling, München.

Fieten, R. **(1988)**: Erfolgsstrategien für Zulieferer: von der Abhängigkeit zur Partnerschaft, Automobil- und Informationsindustrie, Wiesbaden.

Fieten, R. **(1988)**: Make-or-Buy: Die Beschaffung wird zur Innovationsdrehscheibe im Unternehmen, in: *BME* (Hrsg.),(1988), S. 57-59.

Fieten, R. **(1990)**: Beschaffung - Wege aus der operativen Problemverengung?, in: DBW 50, 3/90, S. 375-391.

Fieten, R. **(1991)**: Erfolgsstrategien für Zulieferer - Von der Abhängigkeit zur Partnerschaft, Automobil- und Informationsindustrie, Wiesbaden.

Fieten, R. **(1992)**: Gemeinsam zum Erfolg: Zeit, Qualität und Kosten sind die Parameter, in: Beschaf-fung aktuell, 7/92, S. 35 - 36.

Fieten, R. **(1993)**: Zusammenarbeit beginnt bei der Produktentwicklung, in: Beschaffung aktuell, 1/93, S. 27-28.

Fieten, R. **(1999)**: Drei-Stufen-Modell der Internet-Integration, in: Beschaffung aktuell, 4/99, S. 58-59.

Fischer, J. **(1984)**: Beschaffungsplanung in der Konsumgüterindustrie, in WiSt 2/84, S. 99-102 und 3/84, S. 149-154.

Fischer, T. / Schmitz, J. **(1995)**: Zielkostenmanagement, Teil 1 in: WISU, 10/95, S. 832-839; Teil 2 in:WISU, 11/95, S. 947-949.

Flatten, U. **(1986)**: Controlling in der Materialwirtschaft, Bergisch Gladbach.

Fleischmann, B. **(1988)**: Operations-Research-Modelle und -Verfahren in der Produktionsplanung, in ZfB, 3/88, S. 347-372.

Förderkreis Betriebswirtschaft an der Universität Stuttgart e.V. **(Hrsg.), (1988)**: Fertigungssteuerung, Stuttgart.

Franke, R. **(1988)**: Kennzahlen spiegeln das betriebliche Geschehen wider, Das Return-on-Investment ist nicht die wichtigste Größe, in: Blick durch die Wirtschaft v. 8.3.1988, Nr. 47, S.7.

Franken, R. **(1984)**: Materialwirtschaft: Planung und Steuerung des betrieblichen Materialflusses, Stuttgart, Berlin, Köln, Mainz.

Franz, K. **(1993)**: Target Costing – Konzept und kritische Bereiche, in: Controlling, 3/93, S. 124-130.

Freidank, C. **(1992)**: Kostenrechnung - Einführung in die begrifflichen, theoretischen, verrechnungs-technischen sowie planungs- und kontrollorientierten Grundlagen des innerbetrieblichen Rechnungswesens, 4. Auflage, München.

Frotz, H. **(1982)**: Die aufbauorganisatorische Gestaltung der Materialwirtschaft, in: Der Betrieb, S. 2525-2530

Fuchs, D. **(1983)**: Integrierte Materialwirtschaft, in: FB/IE 6/83, S. 382-385.

Fuchs, D. **(1989)**: Just-In-Time-Beschaffung. Macht oder Strategie?, in: Beschaffung aktuell 11/89, S. 60-63.

Gabele, E. / Börsig, C. **(1977)**: Grobplanung und Detailplanung - Zwei Strategien der Divisionalisierung von Betriebswirtschaften, in: ZfO, S. 205-217.

Gabele, E. / Fischer, P. **(1992)**: Kosten- und Erlösrechnung, München.

Gauler, E. / Meissner, H. / Thom, N. (Hrsg.), **(1986)**: Zukunftsaspekte der anwendungsorientierten Betriebswirtschaftslehre, Stuttgart.

Geider, C. **(1986)**: Beschaffungsverhalten in der industriellen Unternehmung, Köln.

Geiger, W. **(1992)**: Computergestützte Produktionsplanung und -steuerung im Mittelstand, Wiesbaden.

Geiss, W. **(1986)**: Betriebswirtschaftliche Kennzahlen: Theoretische Grundlagen einer problemorientierten Kennzahlenanwendung, Frankfurt a. M., Bern, New York.

Glaser, H. **(1986)**: Material- und Produktionswirtschaft, 3. Auflage, Düsseldorf.

Glaser, H. **(1989)**: Zum betriebswirtschaftlichen Gehalt von PPS-Systemen, in: *Scheer, A.-W.* (Hrsg.),(1989): 10. Saarbrücker Arbeitstagung 1989: Rechnungswesen und EDV, Heidelberg, S. 343-369.

Glaser, H./ Geiger, W. / Rohde, V. **(1991)**: PPS - Produktionsplanung und -steuerung, Grundlagen, Konzepte, Anwendungen, Wiesbaden.

Gleich, R. / Brokemper, A. **(1997)**: Prozeßkostenmanagement mit Prozeß-Benchmarking: In vier Phasen zum Benchmarkingerfolg – dargestellt an einem Beispiel aus dem Maschinenbau, in: *Horváth, P.* (Hrsg.),(1997): Das neue Steuerungssystem des Controllers, Stuttgart, S. 201- 231.

Golle, H. **(1990)**: Die Materialwirtschaft im Spiegel von Stellenangeboten, in: Beschaffung aktuell, 4/90, S. 134-135.

Golle, H. **(1988)**: Die Materialwirtschaft im Spiegel von Stellenangeboten, in: Beschaffung aktuell, 12/88, S. 16-17.

Grob, H. **(1985)**: Erfassung und Bewertung des Materialverbrauchs, in WISU, 11/85, S. 547-548.

Grochla, E. **(1972)**: Unternehmungsorganisation, Reinbek bei Hamburg.

Grochla, E. **(1978)**: Grundlagen der Materialwirtschaft. Das materialwirtschaftliche Optimum im Betrieb, Wiesbaden.

Grochla, E. **(1984)**: Materialwirtschaft, in: *Grochla, E./ Wittmann, W.* (Hrsg.),(1984): Handwörterbuch der Betriebswirtschaft, 4. Aufl. (Studienausgabe), Stuttgart, Sp. 2627-2645.

Grochla, E. **(1985)**: Organisatorische Grundkonzepte für die Materialwirtschaft, in: *Heinrich, L / Lüder, K.* (Hrsg.),(1985), S. 171-186.

Grochla, E./ Fieten, R./ Puhlmann, M. **(1984)**: Aktive Materialwirtschaft in mittelständischen Unternehmen, Köln.

Grochla, E. /Fieten, R. / Puhlmann, M. / Vahle, M. **(1983)**: Erfolgsorientierte Materialwirtschaft durch Kennzahlen, Baden-Baden.

Grochla, E./ Schönbohm, P. **(1980)**: Beschaffung in der Unternehmung, Stuttgart.

Groll, K.-H. **(1986)**: Erfolgssicherung durch Kennzahlensysteme, Freiburg i. Br.

Groth, U. / Kammel, A. **(1993)**: Lean Management: langfristige Zusammenarbeit von Herstellern und Zulieferern, in: IO-Management-Zeitschrift, 3/93, S. 71-75.

Grün, O. **(1990)**: Industrielle Materialwirtschaft, in: *Schweitzer, M.* (Hrsg.), (1990b), S. 439-559.

Grupp, B. **(1983)**: Materialwirtschaft mit Bildschirmeinsatz, Wiesbaden.

Grupp, B. (**1985**): Bildschirmeinsatz im Einkauf, 2. Aufl., Wiesbaden.

Gruschwitz, A. (**1993**): Global Sourcing-Konzeption einer internationalen Beschaffungsstrategie (Diss.), Stuttgart.

Gutenberg, E. (**1979**): Grundlagen der Betriebswirtschaftslehre, Bd. 1, Die Produktion, 23. Aufl., Berlin, Heidelberg, New York.

Hackstein, R. (**1984**): Produktionsplanung und -steuerung (PPS) - Ein Handbuch für die Betriebspraxis, Düsseldorf.

Händel, S. (**1989**): Wertanalyse, in: *Szyperski, N.* (Hrsg.),(1989): Handwörterbuch der Planung, Stuttgart, Sp. 2213 - 2228.

Hagenloch, T. (**1997**): Zielkostenmanagement und unterstützende Instrumente, in: KRP, 6/97, S. 315-319.

Hahn, D. (**1985**): Planungs- und Kontrollrechnung - PuK, 3. Auflage, Wiesbaden.

Hahn, D. (**1993**): Target Costing – ein überlebenswichtiges Konzept, in: Controlling, 2/93, S. 110-111.

Hahn, D. / Laßmann, G. (**1990**): Produktionswirtschaft Band 1, 2. Auflage, Heidelberg.

Hammann, P./ Lohrberg, W. (**1986**): Beschaffungsmarketing, Stuttgart.

Hammer, E. (**1977**): Industriebetriebslehre, 2. Auflage, München.

Hansen, H. (**1992**): Wirtschaftsinformatik I, 6. Auflage, Stuttgart, Jena.

Hansmann, K-H. (**1980**): Prognosen auf der Grundlage der exponentiellen Glättung, in: WISU, 1/80, S. 17-21.

Hansmann, K-H. (**1980a**): Das Trendmodell der exponentiellen Glättung (II), in: WISU, 8/80, S. 376-281.

Hapke, W. (**1988**): Der Materialbedarf - Systematik verschiedener Rechenmethoden bei unterschiedlichen Materialbedarfsarten, in: *BME* (Hrsg.), (1988), S. 28-31.

Hapke, W. (**1990**): Beschaffungsmarktforschung im Ausland, in: Beschaffung aktuell, 7/90, S. 14-16.

Hardt, R. (**1995**): Logistik-Controlling für industrielle Produktionsbereiche auf der Basis der Prozeßkostenrechnung am Beispiel des Werkes Hamburg der Mercedes-Benz AG, in: KRP, 4/95, S. 199-206.

Hardt, R. (**1998**): Kostenmanagement –Methoden und Instrumente, München, Wien.

Harlander, N. / Platz, G. (**1989**): Beschaffungsmarketing und Materialwirtschaft, 4. Aufl., Stuttgart.

Hartmann, H. (**1988**): Materialwirtschaft, 4. Aufl., Gernsbach.

Hartmann, H. (**1990**): Materialwirtschaft, 5. Aufl., Gernsbach.

Hecker, R. (**1975**): Ein Kennzahlensystem zur externen Analyse der Ertrags- und Finanzkraft von Industrieaktiengesellschaften, Frankfurt a. M. , Zürich.

Heege, F. (**1981**): Portfolio-Management in der Beschaffung, in: Der Betriebswirt, S. 17-23.

Heinemeyer, W. (**1988**):Die Planung und Steuerung des logistischen Prozesses mit Fortschrittszahlen, in: *Adam, D.* (Hrsg.), (1988c), S. 5-32.

Heinrich, S. (**1992**): Stellenanzeigen für die Materialwirtschft, in: Beschaffung aktuell, 12/95, S. 25-26.

Heinrich, L / Lüder, K. (Hrsg.),(**1985**): Angewandte Betriebswirtschaftslehre und Unternehmensführung, Festschrift zum 65. Geburtstag von Hans Blohm, Berlin.

Hentze, J./ Brose, P. (**1985**): Bausteine der Unternehmungsplanung, in: WISU, 8-9/85, S. 413-419.

Hentze, J. / Kammel, A. (**1992**): Lean Production: Erfolgsbausteine eines integrierten Management-Ansatzes, in: WISU, 8-9/92, S. 631-639.

Henzler, H. (Hrsg.),(**1988**): Strategische Führung, Wiesbaden.

Hermanns, A. / Sauter, M. (**1999**): Electronic Commerce – Grundlagen, Potentiale, Marktteilnehmer und Transaktionen, in: *Hermanns, A. / Sauter, M.* (Hrsg.),(1999): Management-Handbuch Electronic Commerce –Grundlagen, Strategien, Praxisbeispiele, München, S. 13-29.

Hessenberger, M. **(1991)**: Just-in-time im Automobilbau am Beispiel der Beschaffung von Kabelsätzen, in: *VDI* (Hrsg.),(1991), Materialfluß und Logistik in Automobilbau und Zulieferindustrie, VDI-Bericht, Band 911, Düsseldorf.

Heuer, M. **(1988)**: Kontrolle und Steuerung der Materialwirtschaft (Diss.), Göttingen.

Heyd, R. **(1998)**: Führungsorientierte Entscheidungskriterien beim Outsourcing, in: WISU, 8-9/98, S. 904-910.

Hildebrandt, H. **(1990)**: Beschaffungserfolg durch Marketing-Mix, in: Beschaffung aktuell, 3/90, S. 22-26.

Hieke, H. **(1994)**: Rechnen mit Zielkosten als Controllinginstrument, in: WiSt, 10/94, S. 498-502.

Hinterhuber, H. **(1980)**: Strategische Unternehmungsführung, 2. Auflage, Berlin, New York.

Hinterhuber, H. **(1984)**: Normung, Typung und Standardisierung, in: *Grochla, E./ Wittmann, W.* (Hrsg.),(1984): Handwörterbuch der Betriebswirtschaft, 4. Auflage, Stuttgart , Sp. 2776-2782.

Höhn, S. **(1982)**: Materialwirtschaft als Teil der Unternehmensstrategie - dargestellt am Beispiel der Automobilindustrie, in: ZfbF, 1/82, S. 52-66.

Hoitsch, H.-J. **(1992)**: Neue Ansätze der Fertigungssteuerung - Ein Vergleich, in: WISU, 4/92, S. 300-312.

Hoitsch, H.-J. **(1993)**: Produktionswirtschaft, 2. Auflage, München.

Homburg, C. / Werner, H. / Englisch, M. **(1997)**: Kennzahlengestütztes Benchmarking im Beschaffungsbereich: Konzeptionelle Aspekte und empirische Befunde, in: DBW, 1/97, S. 48-64.

Horváth, P. **(1990)**: Controlling, 2. Auflage, München.

Horváth, P. **(1991)**: Controlling, 3. Auflage, München.

Horváth, P. **(1998)**: Controlling, 7. Auflage, München.

Horváth, P. (Hrsg.),(1997): Das neue Steuerungssystem des Controllers, Stuttgart.

Horváth, P. / Herter, R. **(1992)**: Benchmarking – Vergleich mit den Besten der Besten, in: Controlling, 1/92, S. 4-11.

Horváth, P. Meyer, R. **(1988)**: Fallstudie zur Kosten- und Nutzenanalyse von Produktionssystemen, in: WiSt, 1/88, S. 48-51.

Horváth, P. / Mayer, R. **(1989)**: Prozeßkostenrechnung – Der neue Weg zu mehr Kostentransparenz und wirkungsvollen Unternehmensstrategien, in: Controlling, 4/89, S. 214-219.

Horváth, P. / Renner, A. **(1990)**: Prozeßkostenrechnung – Konzept, Realisierungsschritte und erste Erfahrungen, in: FB/IE, 3/90, S. 100-107.

Horváth, P. / Seidenschwarz, W. **(1992)**: Zielkostenmanagement, in: Controlling, 3/92, S. 142-150.

Hubmann, H. / Barth, M. **(1990)**: Portfolio-Methoden im Einkauf: Die Einkaufsmatrix, in: Beschaffung aktuell, 10/90, S. 26-30.

ICC (Hrsg.),(1990): Incoterms 1990, Köln.

Ihde, G. **(1987)**: Stand und Entwicklung der Logistik, in : DBW 47, 6/87, S. 703-716.

Jaeger, F./ Klein, A./ Kuntze, W. **(1982)**: Betriebliche Fertigungswirtschaft, Stuttgart 1982.

Jaros-Sturhahn, A. / Schachtner, K. **(1998)**: Betriebswirtschaftliches Anwendungspotential des World Wide Web, in: WiSt, 2/98, S. 85-90.

Jeger, A. **(1993)** Just-In-Time und die Folgen, in: Beschaffung aktuell, 2/93, S. 35 - 39.

Jehle, E. **(1992)**: Value-Management (Wertanalyse) als Instrument des Logistik-Controlling, in: KRP, Sonderheft 1/92, S. 68-75.

Jehle, E./ Müller, K./ Michael, H. **(1986)**: Produktionswirtschaft, 2. Aufl., Heidelberg.

Jirik, C. **(1999)**: Supply Chain Management – Gestaltung und Koordination der Lieferkette, in WiSt, 10/99, S. 547-550.

Jodin, D. / Frerich-Sagurna, R. **(1988)**: Logistikreserven ausschöpfen, in: Dynamik im Handel, 12/88, S. 56-59.

Jünemann, R. **(1979)**: Lagerhaltung: Technik und Steuerung der Lagerhaltung, in: *Kern, W.* (Hrsg.),(1979): Handwörterbuch der Produktion, Stuttgart, Sp. 1074-1089.

Jünemann, R. **(1989)**: Materialfluß und Logistik, Berlin, Heidelberg , New York.

Jünemann, R. / Stebel, Th. **(1990)**: Externe Beschaffungslager und deren Vorteile, in: Der Betriebswirt, 2/90, S. 21-26.

Kahle, E. **(1978)**: Industrielle Materialeinsatzplanung, Göttingen.

Kahle, E. **(1980)**: Produktion, München.

Kern, W. **(1981)**: Kennzahlensysteme als Niederschlag interdependenter Unternehmungsplanung, in: *Steinmann, H.* (Hrsg.),(1981): Planung und Kontrolle, München, S. 410-431.

Kettner, J. / Schmidt, J. / Greim, H. **(1984)**: Leitfaden der systematischen Fabrikplanung, München, Wien.

Kilger, W. **(1992)**: Einführung in die Kostenrechnung, 3. Auflage, Wiesbaden.

Kistner, K / Steven, M. **(1991)**: Neuere Entwicklungen in Produktionsplanung und Fertigungstechnik, in: WiSt, 1/91, S. 11-18.

Klingler, B. **(1993)**: Target Cost Management – Durch marktorientiertes Zielkostenmanagement können Automobilhersteller ihre Produktionskosten senken, in: Controlling, 4/93, S. 200 – 207.

Knüppel, L. / Heuer, F. **(1994)**: Eine empirische Untersuchung zum Outsourcing aus der Sicht potentieller und tatsächlicher Nutzer, in: BFuP, 4/94, S. 333-357.

Koch, H. **(1976)**:Wirtschaftswandel und Unternehmensplanung, in: ZfbF, S. 330-341.

Koffler, J. **(1987)**: Neuere Systeme zur Produktionsplanung und -steuerung, München.

Koppelmann, U. **(1986)**: Beschaffungsmarketing - Überlegungen zum entscheidungsorientierten Beschaffungsverhalten, in: *Gauler, E. / Meissner, H. / Thom, N.* (Hrsg.), (1986), S. 304-316.

Koppelmann, U. / Wolfmeyer, P./ Kraljic, P. **(1989)**: Der Exportweltmeister ist Importamateur, in: Beschaffung aktuell, 8/89, S. 26 - 28.

Koppelmann, U. (o. Jg.): Der Exportweltmeister ist Importamateur, Sonderteil, Beschaffung aktuell.

Kopsidis, R. **(1989)**: Materialwirtschaft, München, Wien.

Koschnitzki, K. **(1999)**: Produktionsplanung (PP) und Produktionssteuerung (PS), in: Arens-Fischer, W. / Steinkamp, Th. (Hrsg.),(1999), S. 713-771.

Kraljic, P. **(1977)**: Neue Wege im Beschaffungsmarketing, in: Manager-Magazin, 11/77, S. 72-80.

Kraljic, P. **(1985)**: Versorgungsmanagement statt Einkauf, in: Harvard Manager, 1/ 85, 6-14.

Kraljic, P. **(1988)**: Zukunftsorientierte Beschaffungs- und Versorgungsstrategie als Element der Unternehmensstrategie, in: *Henzler, H.* (Hrsg.),(1988), S. 477-497.

Kreikebaum, H. **(1981)**: Strategische Unternehmensplanung, Stuttgart, Berlin, Mainz.

Kreikebaum, H. / Grimm, U. **(1983)**: Die Analyse strategischer Faktoren und ihre Bedeutung für die strategische Planung, in: WiSt, S. 6-12.

Kroeber-Riel, W. **(1966)**: Beschaffung und Lagerung - Betriebswirtschaftliche Grundlagen der Materialwirtschaft, Wiesbaden.

Krycha, K. **(1978)**: Produktionswirtschaft, Bielefeld.

Kudert, S. **(1990)**: Der Stellenwert des Umweltschutzes im Zielsystem einer Betriebswirtschaft, in: WISU, 10/90, S. 569-575.

Küpper, H-U. **(1987)**: Konzeption des Controlling aus betriebswirtschftlicher Sicht - in: Scheer, A-W. (Hrsg.), S. 82-116.

Küpper, H-U. **(1989)**: Controlling im Materialmanagement. Beschaffung aktuell,S. 22-27 u. S. 32-39.

Küpper, H.-U. / Hoffmann, H. **(1988)**: Ansätze und Entwicklungstendenzen des Logistik-Controlling in Unternehmen der Bundesrepublik Deutschland, in: DBW, S. 587-601.

Küting, K. **(1983)**: Kennzahlensysteme in der betrieblichen Praxis, in: WiSt, S. 237-241 u. S. 291-296.

Kulow, K. **(1991)**: Die Materialwirtschaft gut verkaufen, in: Beschaffung aktuell, 10/91, S. 26-29.

Kummer, S. **(1990):** Strategisches Logistikmanagement, in: Beschaffung aktuell, 5/90, 60-64.

Kunesch, H. **(1993):** Controlling in der Materialwirtschaft - Das Erfolgspotential nutzen, in: Beschaffung aktuell, 3/93, 20-21.

Kupsch, P. **(1979):** Lager, in: *Kern, W.* (Hrsg.),(1979): Handwörterbuch der Produktion, Stuttgart, Sp. 1029-1046

Kupsch, P./ Lindner, T. **(1983):** Materialwirtschaft, in: *Heinen, E.* (Hrsg.), (1983): Industriebetriebslehre, 7. Aufl., Wiesbaden, 273 ff.

Lachmann, E. **(1993):** Ist "Just-in-Time" noch zeitgemäß? in: WISU, 7/93, S. 583 - 585.

Lachnit, L. **(1975):** Kennzahlensysteme als Instrument der Unternehmensanalyse, in: WPg, S. 41-51.

Lackes, R. **(1990):** Das KANBAN-System zur Materialflußsteuerung, in: WISU, 1/90, S23-26.

Läge, K. **(1999):** Ideencontrolling mit Kennzahlen, in: Controlling, 6/99, S. 261-266.

Layer, M. **(1980):** Die Bestimmung des Inventursystems, in: WISU, 6/80, S. 278-284.

Lempa, S. **(1990):** Flächenbedarf und Standortwirkung innovativer Technologie und Logistik - unter besonderer Berücksichtigung des Logistikkonzeptes Just-in-Time in der Automobilindustrie, Regensburg.

Leitsch, P. **(1997):** Target Costing und Einkauf, in: Beschaffung aktuell, 6/97, S. 50-51.

Liebig, V. **(1977),** Kennzahlenanalyse - Grundlagen und Möglichkeiten der praktischen Anwendung, in: ZfbF-Kontaktstudium, S. 71-79.

Lingk, W. **(1988):** Controlling und Wertanalyse, in: *Reichmann, T.* (Hrsg.),(1988), S. 198-208.

Lingnau, V. **(1998):** Geschichte des Controllings, in: WiSt, 6/98, S. 274-281.

Lippmann, H. **(1980):** Beschaffungsmarketing - Grundlagen einer einzelwirtschaftlichfunktionalen Beschaffungslehre, Bielefeld, Köln.

Lück, W. (Hrsg.),**(1984):** Logistik und Materialwirtschaft, Berlin.

Lück, W. **(1984b):** Betriebswirtschaftliche Perspektiven der Rationalisierung , in: DB, S. 997-1054.

Luger, A. / Geisbüsch, H-G. / Neumann, J. **(1991):** Allgemeine Betriebswirtschaftslehre, Band 2: Funktionsbereiche des betrieblichen Ablaufs, 3. Aufl., München.

Männel, W. **(1981):** Die Wahl zwischen Eigenfertigung und Fremdbezug, 2. Aufl., Stuttgart.

Männel, W. **(1984):** Eigenfertigung oder Fremdbezug, in: *Grochla, E./ Wittmann, W.* (Hrsg.),(1984): Handwörterbuch der Betriebswirtschaft, 4. Auflage, Stuttgart, Sp. 1231-1238.

Männel, W. **(1986):** Grundzüge einer Kosten- und Leistungsrechnung für Materialwirtschaft und Logistik, in: *Gaugler, E./ Meissner, H./ Thom, N.* (Hrsg.),(1984): Zukunftsaspekte der anwendungsorientierten Betriebswirtschaftslehre, Stuttgart, S. 317-334.

Männel, W. **(1990):** Entscheidungsorientierte Kostenvergleichsrechnungen für den kurzfristigen Übergang von der Eigenfertigung zum Fremdbezug, in: KRP, 3/90, S. 187-190.

Männel, W. **(1990b):** Effiziente Kostenrechnungslösungen für kleine und mittelgroße Unternehmen, in: KRP-Sonderheft, 1/90, S. 5-13.

Männel, W. **(1991):** Logistikcontrolling, 2. Auflage, Lauf .

Männel, W. **(1997):** Make-or-Buy-Entscheidungen, in: KRP, 6/97, S. 308.

Matzenbacher, H. **(1978):** Konzeption eines als Auslöser geeigneten Kennzahlensystems zur Überwachung und Steuerung der Organisation, Frankfurt a. M.

Mayer, R. **(1990):** Prozeßkostenrechnung, in: KRP, 5/90, S. 307-312.

Mayer, R., / Glaser, H. **(1991):** Die Prozeßkostenrechnung als Controllinginstrument, Pro und Contra, in: Controlling, 6/91, S. 296-303.

*Meffert, H.***(1989):** Marketing, 7. Auflage, Wiesbaden.

Melzer-Ridinger, R. **(1989):** Materialwirtschaft, München, Wien.

Merkle, E. **(1982)**: Betriebswirtschaftliche Formeln und Kennzahlen und deren betriebswirtschaftliche Relevanz, in: WiSt, S. 325-330.

Mertens, J. **(1986)**: Zur Entwicklung und zum konstellationsadäquaten Einsatz eines Beschaffungs-marketing-Instrumentariums im Einzelhandel, Köln.

Michel, R./ Torspecken, H. **(1989)**: Grundlagen der Kostenrechnung, 3. Auflage, München, Wien.

Miles, L. **(1969)**: Value Engineering (deutsche Übersetzung von H. Böhm), 3. Auflage, München.

Moosmüller, G. **(1988)**: Exponentielle Glättung als Prognoseinstrument, in: WiSt, 4/88, S. 209-216.

Müller-Merbach, H. **(1974)**: Statistik, Lexion 36: Exponentielle Glättung, in: WiSt, 12/74, S. 575-582.

Müller-Merbach, H. **(1974b)**: Statistik, Lektion 34: Regressionsanalyse I, in: WiSt, 10/74, S. 478-484.

Münzer, H. **(1985)**: Beschaffungsstrategien in einem Großunternehmen, in: ZfbF, 250-256.

Nagel, B. **(1990)**: Der Lieferant on line: Just-in-Time-Produktion und Mitbestimmung in der Automobilindustrie, Baden-Baden.

Neumann, von J. / Morgenstern, O. **(1967)**: Spieltheorie und wirtschaftliches Verhalten, übersetzt aus dem Englischen von M. Lappig, 2. Auflage, Würzburg.

Nieschlag, R. / Dichtl, E. / Hörschgen, H. **(1985)**: Marketing, 14. Auflage, Berlin.

Oeldorf, G./ Olfert, K. **(1985)** : Materialwirtschaft, 4. Aufl., Ludwigshafen.

Olfert, K. / Körner, W. / Langenbeck, J. **(1992)**: Bilanzen, 6. Auflage, Ludwigshafen.

Osborn, A. **(1963)**: Applied Imagination. Principles and Procedures of Creative Problem-Solving, 3. Auflage, New York 1963.

o.V. **(1993)**: Made in Germany bald ohne Wirkung, in: Logistik heute, 3/93, S. 32-34.

o.V. **(1990)**: Umweltbewußtes Materialmanagement, in: Beschaffung aktuell, 6/90, S. 37-45.

o.V. **(1999)**: Marktstudie E-Commerce – Vom After-Sales - zum After-Order-Service, in: Einkaufen im Internet, BA-Special, S. 12-13.

o.V. **(1999b)**: Innovatives Geschäftsmodell – Dienstleister online, in: Einkaufen im Internet, BA-Special, S. 27.

o.V. **(1999c)**: Bits and Bytes, in: WISU, 10/99, S. 1200.

Pampel, J. **(1993)**: Grundaufbau moderner Kalkulationen von Beschaffungskosten, in KRP, 3/93, S. 196-199.

Patridge, R. **(1983)**: Geringe Pufferbestände durch japanische Steuerungsverfahren, in: FB/IE 32, S. 374-377.

Pfeiffer, R. **(1992)**: Materialwirtschaft und Fertigung, in: *Bestmann, U.* (Hrsg.),(1992), Kompendium der Betriebswirtschaftslehre, 6. Aufl., München, S. 156-308.

Pfeil, B. **(1984)**: Planungshandbuch - mit 40 Muster-Formularen, Landsberg am Lech.

Pfohl, H. / Braun, G. **(1981)**: Entscheidungstheorie, Landsberg am Lech.

Pfohl, H. **(1990)**: Logistiksysteme - Betriebswirtschaftliche Grundlagen, 4. Aufl., Berlin, Heidelberg, New York, London, Paris, Tokyo, Hong Kong, Barcelona.

Pfohl, H. **(1991)**: Einflußfaktor Logistik, in: Beschaffung aktuell, 6/91, S. 22-30.

Perridon, L. / Steiner, M. **(1991)**: Finanzwirtschaft der Unternehmung, 6. Aufl., München.

Picot, A. **(1981)**: Strukturwandel und Unternehmensstrategie, in WiSt, S. 527-532 u. S. 563-571.

Piontek, J. **(1993)**: Kennzahlensystem zur Kostensenkungspotential-Analyse für Beschaffungsobjekte, in: KRP, 3/93, S. 171-177.

Planer, D. **(1995)**: ABC-Analyse, in: WiSt, 7/95, S. 382-385.

Plate von, B. **(1999)**: Grundelemente der Globalisierung, in: Informationen zur politischen Bildung, 263/1999, S. 3-7.

Puhlmann, M. **(1990)**: Integrierte Materialwirtschaft - Für mittelständische Unternehmen - Zweckmäßig organisieren und einführen, Frankfurt a. M.

Raffée, H. **(1979)**: Marketing und Umwelt, Stuttgart, S. 4 - 6.

Ramb, B. **(1982)**: Matrizen (VII), in WISU, 5/82, S. 257-258.

Reese, J. **(1993)**: Just-in-Time-Logistik - Ein umweltgerechtes Prinzip?, in: ZfB-Ergänzungsheft, 2/93, S. 139-156.

Reichmann, T. **(1976)**: Preis- und Produktpolitik in der Rezession mit Hilfe von Kennzahlen, ZfB, S. 481-496.

Reichmann, T. **(1985)**: Logistik-Controlling, in: KRP, 1985, S. 151-157 und S. 191-193.

Reichmann, T. **(1985b)**: Grundlagen einer systemgestützten Controlling-Konzeption mit Kennzahlen, ZfB, S. 887-898.

Reichmann, T. (Hrsg.),**(1988)**: Controlling-Praxis: erfolgsorientierte Unternehmenssteuerung, München.

Reichmann, T. **(1990)**: Controlling mit Kennzahlen, 2. Aufl., München.

Reichmann, T. / Palloks, M. **(1990)**: Logistik-Controlling, in: Controlling, 4/90, S. 212.

Reichmann, T. / Palloks, M. **(1995)**: Make-or-Buy-Entscheidungen - Was darf der Fremdbezug kosten, wenn die eigenen Kosten weiterlaufen? in: Controlling, 1/95, S. 4-11.

Reichwald, R. / Hermann, M. / Bieberbach, F. **(2000)**: Auktionen im Internet, in WISU, 4/00, S. 542-552.

Reinking, J. **(1989)**: Auswahl eines PPS-Systems als CIM-Komponente, in: ZwF, S. 667-670.

Reinschmidt, J. **(1989)**: Beschaffungs-Controlling mit Kennzahlensystemen, Bergisch Gladbach, Köln.

Reiß, M. **(1997)**: Outsourcing jenseits von „Make or Buy", in: Beschaffung aktuell, 7/97, S. 26-28.

Reiß, M. / Corsten, H. **(1990)**: Grundlagen des betriebswirtschaftlichen Kostenmanagements, in: WiSt, 8/90, S. 390-396.

Reusch, A. **(1990)**: Sonde für den Einkauf, in: Beschaffung akutell, Sonderausgabe 90/91, S. 4-5.

Robens, H. **(1985)**: Schwachstellen der Portfolio-Analyse, in: Marketing ZFP, 3/83, S. 191-200.

Ropohl, G. **(1972)**: Grundlagen und Anwendungsmöglichkeiten der morphologischen Methode in Forschung und Entwicklung, in: WiSt, 11/72, S. 495-499 und 12/72, S. 541 - 546.

Rupper, R. **(1988)**: Lagerlogistik: Zukünftige Schwerpunkte, in: Management-Zeitschrift io 2/84, S. 86-88.

*SAP (Hrsg.),***(1993)**: System RM-Mat Funktionsbeschreibung, Walldorf.

Sauer, K. **(1991)**: Datenklau als Hemmschuh, in: Automobil-Produktion 4/91, S. 30-31.

Sauter, M. **(1999)**: Chancen, Risiken und strategische Herausforderungen des Electronic Commerce, in: *Hermanns, A. / Sauter, M.* (Hrsg.),(1999): Management-Handbuch Electronic Commerce - Grundlagen, Strategien, Praxisbeispiele, München, S. 118.

Schäfer, S. / Seibt, D. **(1998)**: Benchmarking – eine Methode zur Verbesserung von Unternehmens-prozessen, in: BFuP, 4/98, S. 365-380.

Schaeuffelen, H. **(1990)**: Hohe Lieferbereitschaft Ziel Nr. 1 - Ergebnisse der BME/VDMA-Umfrage "Kennzahlen aus der Materielwirtschaft", in: Beschaffung aktuell, 2/90, S. 13-19.

Scheer, A-W. **(Hrsg.),(1987)**: Rechnungswesen und EDV, Heidelberg,

Scheer, A-W. **(1988)**: Computer integrated manufacturing :CIM-Der computergesteuerte Industriebetrieb, 3. Aufl., Berlin, Heidelberg, New-York, London, Paris, Tokyo.

Scheer, A.-W. **(1990)**: Von CIM zur Datenbank der Unternehmung, in: WISU, S. 43 - 49.

Scheffler, E. **(1984)**: Strategisches Controlling - in: DB, 1984, S. 2.149-2.152

Schierenbeck, H. **(1999)**: Grundzüge der Betriebswirtschaftslehre, 14. Auflage, München.

Schildknecht, R./ Zink, K. **(1990)**: Betriebliche Qualitätspolitik, in: VDI-Z, 10/90, S. 157-175.

Schinzer, H. **(1998)**: Elektronische Marktplätze, in: WISU, 10/98, 1160-1174.

Schinzer, H. **(1999)**: Supply Chain Management, in: WISU, 6/99, S. 857-863.

Schmidt, A. / Tabet, A. **(1990)**: Planung und Organisation der Internen Revision im Material-wirtschaftsbereich, in: DB, S. 233-236.

Schmidt, G. **(1984)**: Stellenbeschreibung, in: *Grochla, E. / Wittmann.* (Hrsg.), (1984): Handwörterbuch der Betriebswirtschaft, 4. Auflage, (Studienausgabe), Stuttgart, Sp. 3720-3755.

Schmidt, K.-J. **(1990)**: Logistik und Produktion wachsen zusammen, in: Beschaffung aktuell, Beilage 9/90.

Schneeweiß, Ch. **(1981)**: Modellierung industrieller Lagerhaltungssysteme. Einführung und Fallstudien, Berlin, Heidelberg, New York.

Schneider, H. **(1989)**: Käufe im Ausland schaffen auch Arbeitsplätze in Deutschland und stärken die Absatzposition der deutschen Unternehmen, in: Beschaffung aktuell, 8/1989, S. 19.

Schörner, M. **(1989)**: Eine PPS-Lösung für den Variantenfertiger, in: ZwF, S. 671-675.

Schröder, M. **(1993)**: Internationales Beschaffungsmarketing der Industrieunternehmung (Diss.), Göttingen.

Schulte, Ch. **(1991)**: Logistik, München.

Schulte, G. **(1999)**: Investition – Grundlagen des Investitions- und Finanzmanagements: Investitionscontrolling und Investitionsrechnung, Stuttgart, Berlin, Köln.

Schumacher, E. **(1985)**: Integriertes Material- und Informationsmanagment - das Rückgrat für moderne Logistik, HMD, S. 31-42.

Schweitzer, M. **(1990)**: Industrielle Fertigungswirtschaft, in: *Schweitzer, M.* (Hrsg.),(1990b), S. 561-696.

Schweitzer, M. (Hrsg.),**(1990b)**: Industriebetriebslehre, München.

Seidel, N. **(1985)**: Produktionslogistik - heute und morgen, in: Management-Zeitschrift io, S. 256-260 und S. 312-316.

Seidenschwarz, W. **(1991)**: Target Costing – Ein japanischer Ansatz für das Kostenmanagement, in: Controlling, 4/91, S. 198 – 203.

Seidenschwarz, W. **(1994)**: Target Costing – Verbindliche Umsetzung marktorientierter Strategien, in: Controlling, 1/94, S. 74-83.

Seidenschwarz, W. **(1996)**: Target Costing, in: Schulte, Ch. (Hrsg.),(1996): Lexikon des Controlling, S. 752-757.

Sell, J. **(1983)**: Anforderungen an Unternehmer und Materialwirtschaftler, in: ZfB, 5/84, S. 472-479.

Serfling, K. **(1983)**: Controlling, Stuttgart.

Serfling, K. / Schultze, R. **(1996)**: Target Costing – Kundenorientierung in Kostenmanagement und Preiskalkulation, in: KRP-Sonderheft, 1/96, S. 29-38.

Serfling, K. / Schultze, R. **(1997)**: Benchmarking als Tool der Unternehmensführung und des Kostenmanagements, in: KRP, 4/97, S. 193 –202.

Slomka, M. **(1990)**: Methoden der Schwachstellen- und Ursachenanalyse in logistischen Systemen, eine empirische Untersuchung, Köln.

Sonnemann, K./ Pahlitzsch, W. **(1986)**: Beschaffung / Teil 2, Wiesbaden.

Soom, E. **(1986)**: Die neue Produktionsphilosophie: Just-in-time-Production, in: Management-Zeitschrift io, 9/89, S. 362-369 und 10/86, S. 446-449.

Specht, O. **(1993)**:Betriebswirtschaft für Indenieure und Informatiker, 3. Auflage, Ludwigshafen.

Spiegel-Verlag Rudolf Augstein (Hrsg.),**(1990)**: Märkte im Wandel, Band 14: CIM, Hamburg.

Stahlknecht, P. **(1989)**: Einführung in die Wirtschaftsinformatik, 4. Auflage, Berlin, Heidelberg , New York.

Stahlmann, V. **(1988)** :Umweltorientierte Materialwirtschaft: das Optimierungskonzept für Ressourcen, Recycling, Rendite, Wiesbaden.

Stahlmann, V. **(1991)** : Materialwirtschaft als Schlüsselfaktor, in: Beschaffung aktuell, 5/91, S. 39-44.

Stangl, U. **(1988)**: Beschaffungsmarktforschung - Ein heuristisches Entscheidungsmodell, 2. Aufl., Köln.

Stark, H. **(1988)**: Bestandsmanagement - Zentralfunktion der Materialwirtschaft, in: *BME* (Hrsg.),(1988), S. 10-11.

Stark, H. **(1990)**: Erfolgsmessung in der Materialwirtschaft, in: Beschaffung aktuell, 12/90, 25-26.

Stark, H. **(1991)**: Controlling in Einkauf und Logistik, in: Beschaffung aktuell, 8/91, S. 19-25.

Stark, H. / Werner, W. **(1989)**: Erfahrungskurven-Effekt - Bezugspreisprognose, in: Beschaffung aktuell 9/89, S. 73-76.

Stark, H. / Werner, W. **(1990)**: Zulieferstrategien, in: Beschaffung aktuell, 2/90, 38-47.

Staehle, W. **(1973)**: Kennzahlensysteme als Instrumente der Unternehmensführung, in: WiSt 5/73, S. 222-231.

Staehle, W. **(1985)**: Management - Eine verhaltenswissenschaftliche Einführung, 2. Auflage, München.

Staudt, Erich / Hinterwäller, H. **(1982)**: Von der Qualitätssicherung zur Qualitätspolitik - Konzeption einer integralen unternehmerischen Qualitätspolitik, in: ZfB, 11-12/82, S. 1000-1042.

Steinbuch, P. / Olfert, K. **(1984)**: Fertigungswirtschaft, 2. Auflage, Ludwigshafen.

Steven, M. **(1992)**: Umweltschutz im Produktionsbereich, in: WISU, 1/92, S. 35-39 und 2/92, S. 105-111.

Streitferdt, L. **(o.Jg.)**: Die Produktionsfaktoren und ihre Bereitstellung, in: Müller, W. / Krink, J. (Hrsg.): Rationelle Betriebswirtschaft, (Loseblattsammlung), Darmstadt.

Studer, K. **(1985)**: Logistik-Controlling zwischen Theorie und Praxis, in: *Probst,G./ Schmitz-Dräger, R.* (Hrsg.),(1985): Controlling und Unternehmensführung, Bern, S. 136-150.

Sturm, M. **(1981)**: Elementare Verfahren der Zeitreihenanalyse (VI), in WISU, 3/81, S. 151-152.

Suzaki, K. **(1989)**: Modernes Management im Produktionsbetrieb, München, Wien.

Szyperski, N. / Roth, P. (Hrsg.),**(1982)**: Beschaffung und Unternehmungsführung, Stuttgart.

Theisen, P. **(1987)**: Beschaffungsplanung - Grundbegriffe und Aufgaben, in: WISU, 8-9/87, S. 423-429.

Theisen, P. **(1987b)**: Theoretische Modelle und praktische Verfahren der Beschaffungsplanung - Die Entscheidungsphase der Beschaffung, in: WISU, 12/87, S. 613-617.

Thom, N. / Briw, A. **(1989)**: Materialwirtschaftslehre, in: Die Unternehmung, S. 49-59.

Töpfer, A. **(1997)**: Benchmarking, in WiSt, 4/97, S. 202-205.

Tretow, G. **(1988)**: Einflußgrößen der Materialbestandsplanung, in: *BME* (Hrsg.),(1988), S. 18-20.

Tumm, G., u.a. (Hrsg.), **(1972)**: Die neuen Methoden der Entscheidungsfindung, München.

Tussing, W. **(1981)**: Die Durchsetzung beschaffungspolitischer Grundsätze in der Einkaufspraxis, in: Der Betriebswirt, S. 13-17.

Ulrich, W. **(1977)**: Einführung in die heuristische Methoden des Problemlösens: Intuitive Heuristik: Einführung in die gruppendynamischen Methoden des Problemlösens; das Brainstorming, in: WISU, 2/77, S. 51-57.

Vazsonyi, A. **(1962)**: Die Planungsrechnung in Wirtschaft und Industrie, Wien, München.

VDI (Hrsg.),**(1977)**: VDI 3590, Blatt 1,2 u. 3. Kommissioniersysteme. Düsseldorf.

VDI Zentrum Wertanalyse (Hrsg.),**(1991)**: Wertanalyse; Idee - Methode - System, 4. Auflage, Düsseldorf.

VDMA/DGQ-Schrift **(1992)**: Aufbau von Qualitätssicherungssystemen in kleinen und mittleren Unternehmen, Frankfurt.

VDMA / BME (Hrsg.),**(1989)**: Kennzahlen aus dem Bereich der Materialwirtschaft / Logistik. Ergebnisbericht der Sonderumfrage VDMA in Zusammenarbeit mit dem BME, ohne Ortsangabe.

VW (Hrsg.),**(1999)**: Ideenmanagement bei Volkswagen, Betriebsvereinbarung Nr. 1/99

Wäscher, D. **(1987)**: Gemeinkosten-Management im Material- und Logistik-Bereich, in: ZfB, S. 297-315.

Wäscher, D. (**1991**): Prozeßorientiertes Gemeinkosten-Management im Material- und Logistik-Bereich am Beispiel eines Maschinenbau-Unternehmens, in: *Scheer, A.W.* (Hrsg.), (1991): Rechnungswesen und EDV: kritische Erfolgsfaktoren im Rechnungswesen und Controlling / 12. Saarbrücker Arbeitstagung, Heidelberg, S. 190 -215.

Wahle, O. (**1989**): Kostenrechnung II für Studium und Praxis - Plankostenrechnung, Baden-Baden, Bad Homburg.

Warnecke, H.-J. / Rabus, G. (**1980**): Fertigungssteuerung - Überblick und Materialbewirtschaftung, in: WiSt, 1/80, S. 14-21.

Warnik, B. (**1989**): PC-gestütztes Investitionskalkuül bei der langfristigen Disposition über Eigenfertigung und Fremdbezug, in: KRP, 3/89, S. 131- 134.

Weber, J. (**1990**): Logistik-Controlling, Stuttgart.

Weber, J. (**1990b**): Logistik-Controlling: Instrument zur betriebswirtschaftlichen Steuerung, in: Beschaffung aktuell, 1/90, S. 24-30.

Weddig, H. (**1991**): Die Auswirkungen der Just-in-time-Produktion auf das Logistik-Controlling, in: Der Betriebswirt, 1/91, S. 11-18.

Wegener, H. (**1985**): Controllingansatz in der Materialwirtschaft, in: *Bloech, J./ Cordts, J./ Frank, W./ Wegener, H.* (Hrsg.),(1985): Materialmanagement, Frankfurt, S. 85-102.

Wehlau, S. (**1981**): Rationalisierung durch Wertanalyse, in: DB, 29/81, S. 1425-1428.

Werntze, G. / Klevers, T. (**1997**): Strategische Planung mit Benchmarking, in: Beschaffung aktuell, 2/97, S. 30-32.

Westermann, H. (**1989**): Kosten als Beurteilungsmaßstab bei Portfolio-Analysen, in: KRP, 1/89, S. 15-22.

Westermann, H. (**1990**): Key-Account-Management, in: Beschaffung aktuell, 11/90, S. 24-26.

Westermann, H. (**1992**): Anfragen optimieren, in: Beschaffung aktuell, 5/92, S. 36-41.

Wicher, H. (**1987**): Qualitätszirkel, in: WiSt, 7/87, S. 333-337.

Wicher, H. (**1988**): Qualitätsmanagement, in: WiSt, 1/88, S. 33-340.

Wiendahl, H. (**1984**): Reduzierung von Durchlaufzeiten in der Produktion, in: io Management-Zeitschrift, 9/84 , S. 391-395.

Wiendahl, H. (**1984b**): Realisierung alternativer Fertigungssteuerungsstrategien, in: VDI-Z., 10/98, S. 327-334.

Wiendahl, H. (**1987**): Belastungsorientierte Fertigungssteuerung, München-Wien.

Wiendahl, H. (**1988**): Die belastungsorientierte Fertigungssteuerung, in: *Adam, D.* (Hrsg.),(1988c), S. 51- 87.

Wiesel, J. (**1989**): JIT ist machbar, in: Beschaffung aktuell, 11/89, S. 64-68.

Wildemann, H. (**1982**): Rationalisierung des Materialflusses durch eine flexible Werkstattsteuerung nach japanischen KANBAN-Prinzipien, in: *Kilger, W. / Scheer, A.-W.* (Hrsg.),(1982): Rationalisierung / 3. Saarbrücker Arbeitstagung, Würzburg , S. 392-405.

Wildemann, H. (**1983**): Produktionssteuerung nach japanischen KANBAN-Prinzipien, in: WiSt, 11/83, S. 582-584.

Wildemann, H. (**1984**): Produktionsgrobplanung in integrierten Produktionsplanungs- und Produktionssteuerungs-Systemen, in: WiSt, 7/84, S. 340-346.

Wildemann, H. (Hrsg.)(**1984b**): Flexible Werkstattsteuerung durch Integration von KANBAN-Prinzipien, München.

Wildemann, H. (**1984c**): Materialflußorientierte Logistik, in ZfB-Ergänzungsheft 2/84, S. 71-90.

Wildemann, H. (**1987**): Das JIT-Konzept als Wettbewerbsfaktor, in: FB/IE, 2/87, S. 52-58.

Wildemann, H. (**1988**): Das Just-In-Time Konzept, Produktion und Zulieferung auf Abruf, Aschaffenburg.

Wildemann, H. **(1988b)**: Produktionssteuerung nach KANBAN-Prinzipien, in: *Adam, D.* (Hrsg.),(1988c): S.33 - 50.

Wildemann, H. **(1990)**: Kundennahe Produktion und Zulieferung: Eine empirische Bestandsaufnahme, in DBW, 3/90, S.309-331.

Wildemann, H. **(1992)**: Eigenfertigung oder Fremdbezug? Eine dynamische Entscheidung, in: Beschaffung aktuell, 3/92, S. 32-34.

Wildemann, H. **(1992b)**: Entwicklungsstrategien für Zulieferunternehmen, in: ZfB, 4/92, S 391- 413.

Wildemann, H./ Schmidt, K.-J. **(1984)**: Produktionsgrobplanung in integrierten Produktionsplanungs- und Produktionssteuerungssystemen, in: WiSt, 7/84, S. 340-346.

Wissebach, B. **(1977)**: Beschaffung und Materialwirtschaft, Herne, Berlin.

Witt, F. **(1986)**: Beschaffungs-Portfolios als strategisches Instrument, in: Beschaffung aktuell, 11/86, S. 33-35.

Witte, Th. **(1984)**: Konzepte der Lagerhaltungspolitik, in: WISU, 7/84, S. 307-312.

Wolf, J. **(1977)**: Kennzahlensysteme als betriebliche Führungsinstrumente, München.

Wolfmeyer, P. **(1990)**: Handelshürde Normen, in: Beschaffung aktuell, 1/90, S. 18-23.

Womack, J. /Jones, D. / Roos, D. **(1991)**: Die zweite Revolution in der Autoindustrie, 2. Auflage, Frankfurt a.M., New York .

Wurl, H-J. **(1990)**: Materialbeschaffung nach dem KANBAN-Konzept, in: Der Betriebswirt, 2/90, S. 27-28.

Zäpfel, G. **(1982)**: Produktionswirtschaft - Operatives Produktions-Management, Berlin, New York.

Zäpfel, G. **(1989)**: Strategisches Produktions-Management, Berlin, New York.

Zäpfel, G. **(1991)**: Produktionslogistik - Konzeptionelle Grundlagen und theoretische Fundierung, in ZfB, 2/91, S. 209-235.

Zäpfel, G. **(1991b)**: Stücklisten, Verwendungsnachweise, Arbeitspläne und Produktionsfunktionen, in: WiSt, 7/91, S. 340-346.

Zäpfel, G./ Hödlmoser, P. **(1992)**:Läßt sich das KANBAN-Konzept bei einer Variantenfertigung wirtschaftlich einsetzen?, in: ZfB, 4/92, S. 437-458.

Zäpfel, G. / Missbauer, H. **(1988)**: Bestandskontrollierte Pjroduktionsplanung und -steuerung, in: *Adam, D.* (1988b), S. 6-21.

Zäpfel, G. / Missbauer, H. **(1988b)**: Traditionelle Systeme der Produktionsplanung und -steuerung in der Fertigungsindustrie, in: WiSt, 2/88, S. 73-77.

Zäpfel, G. / Missbauer, H. **(1988c)**: Neuere Konzepte der Produktionsplanung und -steuerung in der Fertigungsindustrie, in: WiSt, 3/88, S. 127-131.

Zangemeister, C. **(1972)**: Nutzwertanalyse, in: *Tumm, G., u.a.* (Hrsg.), (1972), S. 264-285.

Zangemeister, C. **(1974)**: Nutzwertanalyse in der Systemtechnik , 4. Auflage, München.

Zwehl, von, W. **(1974)**: Die optimale Bestellmenge bei mengenabhängigen Beschaffungspreisen, in: WiSt, 11/74, S. 521-525.

Zibell, R. **(1990)**: Just-in-Time - Philosophie, Grundlagen, Wirtschaftlichkeit, München.

Ziegenbein, K. **(1986)** Controlling, 2. Auflage, Ludwigshafen.

Zimmermann, G. **(1984)**: Ursachen, Möglichkeiten und Grenzen der Reduktion von Beständen durch Anwendung von KANBAN-Prinzipien, in: Wildemann, H. (1984b), S. 266-289.

Zimmermann, H-J. **(1975)**: Lagerhaltung: Grundlagen und einfache Modelle, in WISU, 8/75, S. 375-380.

Zimmermann, W. **(1989)**: Operations Research, 4. Auflage, München.

*Zünd, A.***(1978)**: Vom Buchhalter zum Controller, in: Controller Magazin, Heft 2/78, S. 51-54.

Zwicky, F. **(1971)**: Entdecken, Erfinden, Forschen im morphologischen Weltbild, München, Zürich; 2. Auflage (1989).

Stichwortverzeichnis